Dr. STROUSBERG

UND SEIN WIRKEN.

DR. STROUSBERG

UND SEIN WIRKEN

VON

IHM SELBST GESCHILDERT.

MIT EINER PHOTOGRAPHIE

UND EINER EISENBAHN-KARTE.

BERLIN

VERLAG VON J. GUTTENTAG (D. COLLIN).

1876.

DEDICATION.

Dieses Buch widme ich den vielen Freunden, Bekannten und Collegen, die mir zwar ihr Vertrauen bewahrt, es aber unterlassen haben, durch eine einfache Bekundung der an mir gemachten Erfahrungen für mich in die Schranken zu treten.

Indem ich nunmehr selbst zu meiner Rechtfertigung schreite, verzichte ich demnach auf das mir vorenthaltene Zeugnifs und fordere Opposition heraus.

« . . . . *Give me the open manly foe*
That I may meet him, perhaps avert the blow,
But of all the curses angry heav'ns can send,
Save, oh save me from a lukewarm friend.»

MOSKAU, Juli 1876.

Dr. STROUSBERG.

INHALT.

Einleitung.

Ganz gegen meinen Willen hat die deutsche Presse seit beinahe 14 Jahren mich und meine Handlungen ihrer fortwährenden Aufmerksamkeit gewürdigt. Es folgte naturgemäss sowohl, als auch dem Character unserer Zeit-Litteratur entsprechend, dass meine Handlungen, mein Leben und Alles, was mich betraf, von verschiedenen, und fast immer von falschen Gesichtspunkten aus beleuchtet wurden.

Meine mich gänzlich absorbirende Thätigkeit, ein mir innewohnender, fast unüberwindlicher Widerwille in die Oeffentlichkeit zu treten, eine vielleicht übertriebene Selbstschätzung und schliesslich eine Unterschätzung des Einflusses der Presse, indem ich dieselbe nach ihrem inneren Werth beurtheilte und übersehen hatte, dass im Lande der Blinden der Einäugige König ist, veranlassten mich, Lob und Tadel, Lüge und Wahrheit, Verdächtigungen und Huldigungen gleichmässig unbeachtet und unberichtigt zu lassen.

Diejenigen, denen ich näher stand, wissen, dass ich, wo ich es vermeiden konnte, niemals über mich Geschriebenes gelesen habe, und selbst nachdem es während der letzten sechs Jahre zur Mode wurde, in den gegen mich gerichteten Angriffen jedes Maass der Schicklichkeit zu überschreiten, und auch das Zarteste — bis auf das Familienleben — und in materieller Beziehung das Wesentlichste — bis auf den persönlichen Credit — nicht zu verschonen, habe ich beharrlich geschwiegen und gegen den dringenden Rath meiner Freunde selbst da keine gerichtlichen Schritte gethan, wo sich die betreffenden Organe Blössen gegeben hatten, die ihnen und ihren Scribenten hätten theuer zu stehen kommen können. Meine Antwort allen Anregungen gegenüber war: Verleumder und gewissenlose Journalisten verachte ich zu sehr, um mich mit ihnen zu beschäftigen; das Publicum, welches an den Productionen Gefallen findet, ist mir gleichgültig, und die Zeit und meine Handlungen werden mich rechtfertigen. Ich habe in Alledem Unrecht gehabt, denn ich hätte berücksichtigen sollen, dass Viele im guten Glauben geschrieben haben, dass das Publicum nur nach dem urtheilen konnte, was ihm vorlag, und dass mein Auftreten, meine Unternehmungen, mein ganzes Wirken in Deutschland neu waren, ich hätte nicht übersehen dürfen, dass, wie auch die Umstände beschaffen, und wie ich mich auch hätte rechtfertigen können, Vieles in meinen Handlungen ohne diese Rechtfertigung, und vielleicht gar trotz derselben, gemissbilligt werden konnte; ich hätte mir vergegenwärtigen müssen, dass, wenn auch viele bei mir und durch mich profitirt haben, doch auch viele andere an meinen Speculationen verloren hatten, dass es natürlich sei, dass die Beschädigten nicht den Verhältnissen, nicht sich, sondern mir die Schuld aufbürden würden und dass, nachdem Unglück über mich hereingebrochen, auf mich das Wort des Markus Antonius:

„The evil that men do, lives after them,
„The good is oft interred with their bones.“

anzuwenden sein würde, und so der Tadel nur sich hören lassen, während das, was zu meinem Lobe gereichen könnte, keinen Ausdruck finden würde; und schliesslich hätte ich mich erinnern sollen, dass es nicht in meiner Macht lag, den Ausgang des Begonnenen zu bestimmen und dass die Zeit, die Alles ausgleicht, häufig zu spät kommt und für die Meisten im besten Falle auch dann nur Vergessenheit bringt. Meinem Schweigen, mir selbst habe ich es daher zuzuschreiben, dass das Renommé, welches für meinen Beruf, der Credit, der für meine Unternehmungen, und das öffentliche Vertrauen, welche zur Verwirklichung meiner idealen Bestrebungen erforderlich waren, gelitten hatten. In meiner Seele tief verletzt, in Allem, was mir theuer ist, schwer geschädigt, in meinen materiellen Verhältnissen momentan ruinirt, blicke ich zurück und finde, dass ich Vieles hätte vermeiden können, wenn ich den Zeitverhältnissen in soweit Rechnung getragen hätte, dass ich den Schein gewahrt und Angriffen entweder aus dem Wege gegangen oder, wo das nicht möglich war, denselben sofort entgegen getreten wäre.

Die im Abgeordnetenhause gegen mich geschleuderten Aeusserungen liess ich unbeachtet, theils weil der Kampf ein ungleicher gewesen wäre, indem der Angriff von einer Stelle ausging, wo man ihn nicht erwidern konnte, und wo ihm alle Vortheile der Situation zu Gute kommen, theils weil ich glaubte, Beleidigungen und blosse Redensarten, ohne jede sachliche Begründung, wenigstens so weit diese sich auf mich bezogen, würden effectlos bleiben; theils weil die öffentliche Meinung durch die Zeitverhältnisse zu aufgeregt war, um objectiv urtheilen zu können, und schliesslich weil ich hoffte, dass man, dem ersten Grundsatz der Gerechtigkeit — *audiatur et altera pars* — huldigend, mir Gelegenheit geben würde, mich vor der Untersuchungscommission zu vertheidigen. Die Reden und Vorgänge im Parlament seit jener Zeit, so weit sich dieselben direct und indirect auf Eisenbahn - Concessionen, Speculationen, Gründungs - Schwindel und den Stand unseres Handels und unserer Industrie beziehen, documentiren ein so geringes Verständniss dessen, was zum Abc des Staatsmannes gehört, ein solches Verkennen der Aufgabe und Bedeutung der Volksvertretung, eine solche Zügellosigkeit, wo es sich um die Interessen und Gefühle Anderer handelt, und eine solche Empfindlichkeit, Dünnhäutigkeit und Haltlosigkeit, wo die Wortführer selbst oder einer ihrer Parteigenossen von der Kritik berührt wurden, dass ich mich trotz der Nothwendigkeit schwer entschliessen konnte, gegen ein Idol unserer Zeit (den Parlamentarismus) aufzutreten, und dieses umsomehr, als ich erwarten musste, dass jeder dagegen gerichtete Angriff einem Stechen in's Wespennest gleichkommen würde.

Leider kann ich nicht gänzlich schweigen, denn das Publicum ist in Deutschland zu wenig gewohnt, an öffentlichen Angelegenheiten Theil zu nehmen, um dieselben ohne äussere Anregung selbstständig zu prüfen, zu wenig unterrichtet, um, was nicht zum eignen Beruf gehört, zu verstehen, zu sehr geneigt, Alles ausserhalb des eignen beschränkten Gesichtskreises Stehende zu verdächtigen, und zu egoistisch, um zu glauben, dass man neben grossen eigenen Interessen auch empfänglich für das öffentliche Wohl sein könne. Angriffe im Parlament finden ohne weiteres Glauben und dies namentlich auch, weil man unseren Volksvertretern, welcher Partei sie auch angehören, im grossen Ganzen Vaterlandsliebe, Ueberzeugungstreue, Streben für das allgemeine Wohl, dialectische Begabung und denjenigen Eifer und jene Schneidigkeit, die dem ganzen Gebräu ein äusserlich schönes Mousseux geben, nicht absprechen kann. In Deutschland folgt daher die öffentliche Meinung ihrer Vertretung statt dieselbe zu leiten, und dieses nicht nur auf dem Gebiete der Gesetzgebung, sondern auch der Verdächtigung und Verletzung von Privatpersonen, und es amüsirt sich das Publicum, die Tribüne in ein Forum verwandelt zu sehen, wo Kläger und Richter *ex parte* urtheilen und über das Wohl und Wehe Einzelner decretiren. Obgleich ich also voraussehe, dass ich möglichen Falls einen Sturm gegen mich heraufbeschwören werde, so gebietet es mir dennoch die Pflicht der Selbstvertheidigung die Verhandlungen des Abgeordnetenhauses einer Kritik zu unterwerfen. Ich war über die Gebühr schweigsam und zurückhaltend: nur die ewig gegen mich gerichteten Angriffe haben mich, abgesehen von unbeschreiblichen Kränkungen, materiell zu Grunde gerichtet, diesen Angriffen und nicht falscher Berechnung verdanke ich meinen Sturz, und Tausende von Familien Verluste und Brotlosigkeit. Nichts scheint der Bosheit indessen zu genügen; schamlos und verächtlich in ihrer Brutalität ergeht sich die Schadenfreude eines gewissen Theiles der Presse, und selbst der bessere Theil folgt diesem Impulse, indem er die so eingegebenen Nachrichten wiederholt und es nicht verschmäht, als Zuträger für die Scandalsucht des Publicums und dessen Neugierde zu dienen. Die englische Presse scheut es im öffentlichen Interesse nicht, Individuen zu nahe zu treten, aber das schmutzigste Winkelblatt Englands würde es verschmähen — weil dies dem englischen National-Gefühl zuwider sein würde — über einen Unglücklichen zu triumphiren *„to beat a man, when he is down.“* Obgleich ich mich noch kampffähig fühle und durch Thaten beweisen werde, dass ich noch Manches vermag, so betrachten mich doch Viele als abgethan, glauben mich geschlagen und kampfunfähig, und zeigen jämmerliche Feigheit, indem sie mich verfolgen und über mich fortwährend Neuigkeiten verbreiten, ohne zu prüfen, ob dieselben wahr sind und ohne zu bedenken, wie weit mich dieselben in meiner unglücklichen Lage kränken oder schädigen können.

So weit über die Vergangenheit. Ich schreite jetzt der Zukunft entgegen und fange im vorgerückten Alter, mittellos und mit Verpflichtungen aller Art belastet, das Leben von Neuem an; ich bin zu bekannt, habe zu viel zu leisten, um mich in Zurückgezogenheit verbergen zu können, ich muss von Neuem an's Tageslicht treten und bin mir bewusst, dass ich es nicht zu scheuen brauche, aber auf die richtige Beleuchtung kommt alles an und diese herbeizuführen ist meine Aufgabe und der Zweck dieser Schrift.

Gründerthum, Actienschwindel, Speculations-Manie, Finanz-Krisen, Concessionsunfug, Verschleuderung des Actiencapitals, theurer und schlechter Bau, Discreditirung eines wichtigen Industriezweiges, Demoralisation des Publicums u. s. w. sind die Ausdrücke und Begriffe, mit denen man meinen Namen anhaltend in Verbindung gebracht hat, und diese dienten denn auch statt jeder näheren Begründung mich zu discreditiren. In ihrer Gesammtheit bilden obige Redensarten eine Art Nebel, der mich umgiebt, und der meine eigene Gestalt so verschleiert, dass man mich nur in verzerrten, karikirten Umrissen wahrnehmen kann. Eine Behandlung der verschiedenen Fragen als Verdunstungsprozess muss somit der sachlichen Schilderung meiner Verhältnisse vorangehen, damit man dieselben klar sehen und richtig beurtheilen kann. Wenn diese vielleicht den Leser langweilen oder als nicht relevant erscheinen sollten, so bitte ich ihn, doch nicht darüber hinweg zu gehen und sie als Vorbereitung für ein Verständniss des Folgenden zu betrachten.

Meiner Freiheit beraubt, ohne Bücher und Akten meines Geschäftes und nicht in der Lage eine Bibliothek benutzen zu können, muss ich, bei Allem, was ich hier schreibe, mich einzig und allein auf mein Gedächtniss verlassen. Da ich ausserdem auch die Correktur der Druckbogen nicht selbst werde besorgen können, indem das Buch in Deutschland erscheint, während ich in Moskau bin, so dürften einige kleine Ungenauigkeiten mit unterlaufen, für welche ich hiermit im Voraus um Nachsicht bitte.

Erstes Capitel.

Meine Herkunft und Einiges über meine Vergangenheit.

Erstes Capitel.

Meine Herkunft und Einiges über meine Vergangenheit.

Mein Leben ist ein sehr bewegtes gewesen, und es würde dessen Schilderung zweifellos viel Interessantes darbieten, wenn ich dasselbe, als abgeschlossen betrachtend, ohne Rückhalt und mit Darlegung aller Empfindungen und mich leitenden Motive schildern könnte, und wenn ich annehmen dürfte, dass der Leser trotz des ungünstigen Ausganges meiner Bestrebungen das Bild meines inneren Lebens nach meiner Schilderung acceptiren würde.

Meine Verhältnisse sowohl als auch mein Selbstgefühl zwingen mich indessen, nicht nur weiter zu wirken und zu schaffen, sondern in gewissem Grade ein neues Leben zu beginnen.

Die Zeit der Autobiographie ist daher für mich noch nicht gekommen, und ich will somit in dieser Schrift auch nur so weit von meinem gewöhnlichen Verhalten abweichen, als dies zur Erläuterung meiner Thätigkeit in Deutschland erforderlich ist. Verschiedene Biographieen sind ohne mein Zuthun und gegen meinen Willen erschienen, und deshalb habe ich die darin enthaltenen Unwahrheiten, Uebertreibungen und Erdichtungen unberichtigt gelassen. Ueber einen einzigen Gegenstand nur und zwar über meine Herkunft möchte ich, — weil daraus mein Charakter und mein Streben sich erklären lassen, — falschen Nachrichten entgegentreten.

Unter den verschiedenen Besitzungen, die seit meinem Concurse verkauft worden sind, befand sich auch ein Grundstück in meiner Vaterstadt *Neidenburg*, in Ostpreussen, bestehend aus mehreren Wohnhäusern, Speichern, Scheunen, gegen fünfhundert Morgen Land, dem früheren jüdischen Kirchhofe und einem jetzt nicht mehr benutzten Gebäude, welches im vorigen Jahrhundert und bis zur Hälfte des gegenwärtigen als Synagoge gedient hat. Diesen Besitz habe ich von der Tochter des älteren Bruders meines Vaters gekauft, um ihn als ein Asyl für arme Verwandte zu verwenden. In diesem Hause ist mein Vater, mein Grossvater, und Urgrossvater geboren und obgleich ich dafür keine genügenden Beweise habe, so hörte ich in meiner Kindheit, dass auch mein Ururgrossvater dort sein Leben begonnen.

Vor dem Jahre 1812 hatten bekanntlich die Juden nicht das Bürgerrecht in Ost-Preussen; meine Familie gehörte zu den wenigen, die unter dem Namen: Schutz-Juden dieses Recht besassen, und ich weiss, dass bis dahin im Kreise Neidenburg nur diejenigen Glaubensgenossen meiner Vorfahren leben durften, die in ihren Diensten oder sonst Angehörige waren. Meine Vorfahren waren in christlichen Schulen erzogen, ihre Freunde waren die Beamten und Besitzer in der Stadt und Umgegend, ihre Gewohnheiten, ihr Bildungsgrad und die Anschauungen waren daher schon seit Generationen andere, als die ihrer damaligen Glaubensgenossen, die unter weniger günstigen Verhältnissen gelebt hatten. Es bildeten sich somit ganz andere Menschen heraus, als es in den schweren Zeiten der Erniedrigung und Unterdrückung bei Vielen unserer, an sich edlen, aber leider häufig verkommenen Race möglich war; andrerseits aber waren wir weniger geeignet, von der neuen Zeit Nutzen zu ziehen.

Der Handel, wie ihn der kleine Schacherjude ins Grosse übertragen hat, war meinen Vorfahren unmöglich, wuchern konnten sie nicht und auch die Beamten-Carriere war ihnen verschlossen, weil sie zu überzeugungstreu waren, aus äusseren Gründen einen neuen Glauben anzunehmen. Es folgte daher hier wie in den meisten ähnlichen Fällen, dass das Vermögen und gewissermaassen die damit verbundene Stellung allmählig verloren gegangen.

Das schnelle Emporblühen der Juden, und zwar des niedrigen Theiles derselben, ist überhaupt eine merkwürdige Erscheinung, und fühle ich mich gedrungen, im Interesse der jüdischen Race näher darauf einzugehen, um dadurch zu beweisen, dass es falsch und ungerecht ist, die Juden als alle einer Classe angehörig zu schildern, und somit alle für die Fehler einzelner verantwortlich zu machen, um den Hass und die Geringschätzung des christlichen Publicums gegen sie zu vermehren. Es haben die Kinder Israels überall gelitten und auf sämmtliche hat die Unterdrückung schädlich eingewirkt, es haben sich aber stets ganze Geschlechter davon befreit und solche haben in allen Ländern und von Anfang an hervorragende Stellungen unter Glaubensgenossen und Christen eingenommen. Viele Tausend der edelsten Söhne dieses grossen Geschlechtes sind in allen Zeiten zum Christenthum übergetreten und dem Judenthum verloren gegangen. Die Nachkommen derselben sind heute unter den höchsten Familien zu finden; leider aber hat der unverdiente Hass der Christenwelt viele begabte Juden zum Uebertritt veranlasst. Dadurch sind nach und nach die Spuren ihrer Herkunft gänzlich verwischt worden, und somit ist für die Gesammtheit eine grosse Quelle der Ehre und Anerkennuug versiegt. Eine Folge der Emancipation der Juden, wenigstens in Deutschland, und wahrscheinlich auch in anderen Ländern, war, dass die alten, ehrwürdigen und unter den Juden als adlig anerkannten Geschlechter untergegangen sind, während beinahe ausschliesslich aus den niedrigen Schichten sich zahllose Männer auf fast jedem Gebiete, sei es Handel, Kunst, Wissenschaft, Litteratur, ja selbst in der Politik heraufgeschwungen haben. Von guter Herkunft unter den jetzt bedeutenden jüdischen Familien sind nur diejenigen, deren Vorfahren zur Zeit der Emancipation schon in grösseren Städten grosse Geschäftshäuser hatten. Diese Erscheinung beweist, welche grossartige Kraft in der jüdischen Race trotz achtzehnhundertjähriger Unterdrückung latent geblieben ist, sie erklärt aber auch, ohne damit Grund für eine Verdammung des jüdischen Geschlechtes zu geben, wie so mit dem Emporkommen des modernen Judenthums sich vorübergehend Anschauungen und Gewohnheiten in fast alle Berufszweige eingeschlichen haben, die mehr oder minder verderblich sind. Da die Majorität der wohlhabenden, ja ich will es sagen, jetzt gebildeten Juden Emporkömmlinge in obigem Sinne sind, so wird meine Anschauung sicher Gegner finden. Es giebt aber noch Viele, die sich erinnern, dass in früheren Zeiten Adel und nicht Geld bei den Juden die Hauptrolle spielte, dass verarmte vornehme Geschlechter in den Synagogen die ersten Plätze hatten, und dass Reiche und weniger Angesehene es sich zur Ehre schätzten, durch Heirath mit solchen Familien verwandt zu werden.

Um aber auf mein Thema zurückzukommen, so ist die von mir erwähnte Erscheinung leicht erklärlich. Von dem Augenblicke, wo den Juden das Bürgerrecht eingeräumt wurde, zogen aus den dicht gedrängten und verkommenen Gemeinden der Provinzen Posen, Schlesien und Westpreussen zahllose Familien in die Gegenden, wo ihre Glaubensgenossen früher ein freies Feld für ihre Thätigkeit hatten und daher ohne Wucher und in ehrlicher, anständiger Weise dem kaufmännischen Beruf nachgehen konnten. Mit weniger Ansprüchen und Bedürfnissen, und ungenirt von Skrupeln jeder Art, war es den neuen Leuten leicht, zu bestehen, Vermögen zu erwerben und die Alten zu verdrängen, und dies geschah nicht nur in den kleinen Provinzialstädten, sondern allmählig auch in den grösseren Orten, selbst in Berlin. Der kleine Producten-, Fell- und Talg-Händler, wohlhabend geworden, zog nach einer grösseren Stadt und wurde der Commissionär seines früheren Collegen in der Provinz — dies der Ursprung unserer grösseren Commissionshäuser. Das kleine Geschäft in der Provinz war, wie dieses heute noch der Fall ist, meistens auch mit kleineren oder grösseren Vorschüssen verbunden, es entwickelten sich daraus kleine Wucher-Geschäfte und die sogenannten Geschäfts-Usancen im Producten-, Börsen- und Bankwesen, die sich jetzt auch in das grosse Geschäft übertragen haben. Der Berliner Commissionär wurde des kleinen Wucherers Wucherer, und allmählig verwandelte sich das Commissions-Geschäft in das sogenannte Bank- und Commissions-Geschäft und brachte aus seinem faulen Ursprung weitere Usancen mit sich, die sich in der Neuzeit auf das ganze kaufmännische- und Börsen-Wesen übertragen haben und denen heute leider gleichmässig von Juden und Christen gehuldigt wird.

Kinder armer Juden der Provinz kamen nach Berlin und anderen grossen Städten, wurden Lehrlinge, Handels-Commis event. Händler, Kaufleute, Wechsler, Bankiers und Fabrikanten. Selbstverständlich muss das Auftreten der so emporgekommenen Juden der Art sein, dass es Aufmerksamkeit erregt, man muss aber zu gleicher Zeit nicht vergessen, dass, während unter Christen nur ein kleiner Bruchtheil der wohlhabenden Bevölkerung sich vom Nichts empor geschwungen hat, bei den Juden fast der allergrösste Theil aus solchen besteht.

Wenn reich gewordene Juden sich in unangenehmer Weise hervorthun, so geschieht dies zum grossen Theil aus falsch verstandener Familienliebe und Ehrgeiz. Familienliebe ist eine der hervorragendsten Triebe der Race, und Ehrgeiz (eine das Emporstreben begleitende Eigenschaft) glüht nur desto brennender in der Brust des emporgekommenen Juden, als trotz aller entgegensprechenden Symptome überhaupt ein jeder Jude die Unterdrückung und Erniedrigung seiner Race tief empfindet. Wenn viele, vielleicht die Meisten, dadurch niedergebeugt, demoralisirt und entwürdigt worden sind, so haben Alle dafür gelitten.

Die religiösen Ceremonien der Juden sind voll von inbrünstigen Gebeten um Befreiung, und selbst der verkommenste unter ihnen denkt, so lange er von seiner Religion noch etwas weiss, zähneknirschend an seine Erniedrigung, obwohl er darin schon moralisch untergegangen sein mag.

Die Emancipation allein ist nicht genügend; der Jude als Race wird erst dann seine wahre Grösse zeigen und der Gesellschaft wahrhaft nützlich werden, wenn Hass und Verachtung gegen das Geschlecht aufgehört haben. Gesetze, die es der Race unmöglich machen, materiell zu prosperiren, können nicht gemacht werden, die Fähigkeit sich auf allen Gebieten emporzuschwingen ist den Kindern Israels nicht abzusprechen; durch gemeine Beschimpfungen, wie diese in jüngerer Zeit Mode geworden sind, kann man den leider bestehenden Hass gegen Juden wohl potenziren, während damit aber ihr Emporkommen nicht verhindert werden kann, läuft man Gefahr, dadurch die schädlichen Einflüsse, welche das moderne Judenthum zweifellos ausübt, chronisch zu machen. Vorurtheilsfreie Behandlung, Nichtbeachtung von Racenverschiedenheiten werden allein dahin führen, dass der Jude, allmählig zum Christenthum übergehend und mit Christen vermischt, seine Traditionen vergisst und mit den Einwohnern des Landes eins wird. Jahrtausende der Unterdrückung haben nicht vermocht das Judenthum zu bekehren, Jahrzehnte schonungsvoller Gleichberechtigung werden genügen, wenigstens in Deutschland, dem Judenthum wesentlich ein Ende zu machen, nicht durch Bekehrung, sondern, was hier leider zu sehr prävalirt, durch Mangel an Glauben. — Der moderne Jude, wenn nicht durch Verfolgung gereitzt, hört auf seine Religion zu befolgen und für die Kinder ist, wenn auch nicht gleich Uebergang zum Christenthum, so doch Abfall vom Judenthum beinahe selbstverständlich, und das Weitere ergiebt sich dann naturgemäss. Die Kinder und Kindeskinder solcher Juden, die sich taufen liessen, deren Herkunft vergessen oder wenigstens nicht mehr beachtet wird, sind ein lebendes Beispiel von der Entwickelungsfähigkeit der Juden im besten Sinne des Wortes. Unter den Richtern und Beamten Preussens giebt es viele von Juden Abstammende, die im Punkte der Ehre, der Selbstlosigkeit, der Vaterlandsliebe und Berufstreue den besten Mustern zur Seite gestellt werden können. Der reichste wie der ärmste Jude scheut keine Opfer, um den Seinigen die höchst mögliche Bildung zukommen zu lassen, und stattet gewöhnlich seine Kinder schon bei Lebzeiten mit einem grossen Theil seines Vermögens aus. Diese Selbstlosigkeit der Familie gegenüber ist ein Hauptgrund für das in materieller Beziehung auffällige Emporkommen der Juden. Es arbeiten bei ihnen stets mehrere Generationen zu gleicher Zeit. Diese Erscheinung wird fortbestehen, weil sie in dem Charakter des Volks begründet ist, es werden aber in Zukunft nicht so grosse Umwälzungen stattfinden, weil die Zahl der reichen Juden und Christen den Emporstrebenden grössere Schranken bieten werden. — Es wird die Entwickelung eine langsamere sein, und in der zweiten, jedenfalls in der dritten Generation werden gesellschaftliche Stellung, Bildung und Herkömmlichkeit veredelnd wirken und neben anderen auch die dem Geschlecht speciell eigenen Tugenden zur Geltung kommen lassen. Vergleicht man jetzt aber den emporgekommenen Juden mit anderen Emporkömmlingen, so kann der Jude wohl erst recht auf sein Geschlecht stolz sein, denn selbst seine Fehler führen zur höchsten Entwicklung, während der reiche Spiessbürger unter den Christen spiessbürgerlich lebt und nichts oder wenig mehr für die Hebung und Veredlung der Seinigen thut, als ihnen bei seinem Tode, auf den häufig mit Ungeduld gewartet wird, Vermögen zu hinterlassen, welches oftmals zu spät in den Besitz derselben gelangt, um damit arbeiten zu können, oder als ungewohnter Reichthum Leidenschaften erweckt und zur Verschwendung des Angesammelten reizt.

Dem Drange nach geistiger Bildung ist es zuzuschreiben, dass so Viele aus den ärmsten Ständen des Judenthums die wissenschaftliche statt der kaufmännischen Carriere ergreifen. Hierbei kommt der Wohlthätigkeitssinn der Juden den Studirenden besonders zu Statten, indem ihnen Freitische, Stipendien etc. leicht bewilligt werden, und bei dem Anpassungsvermögen, der Fähigkeit und dem Fleisse der Race haben denn auch Viele auf den verschiedensten Gebieten Grosses erreicht. Der Erfolg ist leider, wenn schon nur vorübergehend, doch auch von Nachtheilen begleitet, die nicht zu unterschätzen sind. Diese Nachtheile treten zwar bei den Juden besonders hervor, weil, wie schon erwähnt, so Viele derselben aus den ärmsten Klassen sich in unseren Gymnasien und Universitäten emporhungern; es liegt die Erscheinung aber in der Natur der Sache selbst; sie hat ihren Ursprung in einer wissenschaftlichen Bildung, die der Herzensbildung und dem *Savoir-faire* weit voraus ist. Je grösser der Widerspruch in dieser Beziehung, je schlimmer die Folge. Bei Christen ist aber diese Erscheinung unter gleichen Verhältnissen, in gleichem Maasse wahrnehmbar. Wer den aus niederer Herkunft emporgekommenen preussischen Geheimen Rath oder sonstigen höheren Beamten zu beobachten Gelegenheit gehabt, wird sicherlich von solchen Erscheinungen nicht ergötzt worden sein, trotz ihrer Fähigkeit, Ehrenhaftigkeit und Pflichttreue, — Eigenschaften, die nach meiner Erfahrung allen preussischen Beamten, welcher Herkunft sie sein mögen, gleich eigen sind, und worauf Preussen in der That stolz sein kann.

So finden wir denn auch, namentlich auf dem Gebiete der Politik, von den besten Absichten begleitet, häufig höchst schädliches Wirken. Der jüdische Politiker, dessen Verwandte und Eltern vielleicht Wucherer und Gauner in der Provinz Posen waren, hält im Bewusstsein seiner edleren Ziele, sich für etwas ganz besonders Erhabenes, weil er sich so ausnahmsweise als ehrlicher Mann sieht; er fühlt sich als Schwan, von Gänsen ausgebrütet, und ist nur zu leicht geneigt, krankhafte Theorien zu pflegen und, indem er die realen Interessen nur von verwerflicher Seite kennt, Interessenlosigkeit als für das öffentliche Wohl allein heilbringend zu betrachten. Eine höhere andere Lebensanschauung scheint ihm unberechtigt und die übrigen Glieder der Gesellschaft schädigend. Comfort und Geschmack, ihm unbekannte Grössen, heissen Luxus und Verschwendung, diese stellt er der Entbehrung der Masse gegenüber. Aus solchen Anschauungen entwickeln sich mehr oder weniger gemeinschädliche Theorien; krankhafte, wenn auch edle Gefühle herrschen beim Auftreten der Juden als überzeugungstreue Führer in allen Nüancen politischer und socialer Bewegung — vom Nationalliberalen bis zum Ultrasocialisten. — Selbstverständlich bietet die Demagogie und das Litteratenthum den weniger edel Gesinnten und oberflächlich Gebildeten, Juden wie Christen, ein reiches Feld der Thätigkeit und wird von Ersteren nur häufiger ausgebeutet, weil, wie gesagt, die Zahl der armen Studirenden bei ihnen eine grössere, als bei den Christen ist.

Aehnliche Ansichten habe ich schon als Kind von meinem Vater gehört; wenigstens schienen ihm die damals auftretenden Erscheinungen ähnliche Zustände zu prognosticiren, auch hegte er die feste Ueberzeugung, dass der, den Juden der Vergangenheit gelassene, einzige Beruf — der Handel —, auf dieselben schädlich eingewirkt habe, weil er nach seiner Meinung, wenn auch gemeinnützlich und unentbehrlich, doch als einziger Beruf verderblich sei. Gleichzeitig flösste mir mein Vater den Glauben ein, dass ich einer höheren Gesellschaftsklasse angehöre und dass es meine Aufgabe sei, Grosses zu leisten, um den Glanz der Familie wieder herzustellen.

Diese Gefühle veranlassten mich, nach dem Tode meines Vaters, in meinem dreizehnten Jahre ebenso die kaufmännische Carriere auszuschlagen, als auch das Studiren in Preussen zu unterlassen. Letzteres namentlich, weil ich nur durch Wohlthätigkeit Anderer hätte studiren können. Ich versuchte daher mein Glück im Auslande, nicht weil ich hoffte, dort Reichthum zu erwerben, sondern weil ich in der Ferne, frei von den Rücksichten, die mich in der Heimath hemmen mussten, mich vorbereiten und befähigen wollte, meine Mission zu erfüllen.

In den vorerwähnten Biographieen hat man, weil man damit etwas Beleidigendes zu sagen glaubte, mich Baruch Hirsch genannt, und als den Sohn eines kleinen jüdischen Handelsmannes in Pr.-Polen bezeichnet. Mich würden beide Angaben nicht verletzen, — was auch das Motiv der Bezeichnung sein möge — wenn sie wahr wären, Thatsache ist, und es leben Schul-Genossen und Lehrer, die diese bekunden können, dass mein Name Bartel Heinrich war, und dass Baruch Hirsch der bei mir nicht angewandte, sondern ins Jüdische übersetzte gleiche Name ist. Sofort nach meiner Ankunft in England habe ich auf Wunsch meiner Onkel und aus sprachlichen Rücksichten mich Bethel Henry Strousberg geschrieben, bei meinem frühen Uebergang zum Christenthum wurde dieses in der Taufe bestätigt, und ich habe daher seit meinem 13. Jahre keinen andern Namen geführt. Wie weit die Bezeichnung des Berufes meines Vaters richtig, ist aus dem Vorhergehenden theilweise schon ersichtlich und Nachstehendes berichtigt es weiter: Mein Grossvater war einer der geachtesten und reichsten Männer der Provinz Ost-Preussen. Er wohnte zwar im bescheidenen Wohlstande, aber weit unter seinen Verhältnissen, in seinem angeerbten Hause, besass unmittelbar an der preussischen Grenze in Polen ausserordentlich ausgedehnte ländliche Besitzungen, die er dreien seiner Söhne, den Herren von Rumowski, 1815 übergab. Der Letzte dieser Brüder starb Mitte der fünfziger Jahre, und ist dann erst die letzte der Besitzungen in andere Hände übergegangen. Diese Herren sind mit ihrer Niederlassung in Polen als sehr junge Leute den Sitten der dortigen Gegend verfallen und haben durch übergrosse Gastfreundschaft, Sport und sonstige Passionen einen fürstlichen Besitz allmählig klein gemacht. Als Kind habe ich meine Ferien oft dort verlebt und die Erinnerung daran sowohl, als das Bedauern meines Vaters, den Familien-Besitz so schwinden zu sehen, haben in mir die Liebe für den ländlichen Besitz schon früh wach gerufen, die auch später durch die Ankäufe vieler grossen Besitzungen vielleicht übermässige Befriedigung suchte.

Mein Grossvater starb bald nach dem Frieden und hinterliess seinen anderen Kindern kein so grosses Vermögen, als dieses zu erwarten war, theils der dem Kriege folgenden Entwerthung des Grundbesitzes wegen, theils wegen Ausfälle bei Hypothekenforderungen und hauptsächlich, weil er grosse Summen in den Jahren 1806—7 für Lieferungen an die Armee, von verschiedenen Kreisen zu fordern und solche verloren hatte. Diese in den Unglücks-Jahren aus Patriotismus geleisteten Dienste wurden meinem Grossvater schlecht belohnt, indem die Forderungen erst durch Klagen nach seinem Tode erstritten werden mussten. Die Prozesse haben sich nicht nur bis zur Mitte der fünfziger Jahre hingezogen, sondern es wurden auch die Mittel der Familie grossentheils dabei absorbirt, um ein Erkenntniss zu erstreiten; das Resultat war die Zahlung eines geringen Theiles der ursprünglichen Forderung und eines eben solchen der Zinsen seitens der Kreise Allenstein und Neidenburg, letzteres weil angeblich die Zinsen erst von dem Tage, an welchem der Prozess in gehöriger Form anhängig gemacht worden, zu fordern sein sollten. Die zu zahlende Summe war zwar bedeutend, die wirkliche Forderung hatte aber über eine Million betragen. Hier will ich nur noch erwähnen, dass, als Graf Severin Dunin Borkovski, Mitglied der Ungarischen Nordostbahn, einen Herrn von Silenski beschäftigte, um ihm den Nachweis seiner zum Malteser-Ritter nöthigen 32 Ahnen zu beschaffen, dieser zufällig auf Urkunden gestossen ist, woraus ersichtlich, dass mein Urgrossvater als in Neidenburg wohnhaft schon im Jahre 1726 in Polen geadelt wurde. Die beglaubigten Urkunden befinden sich in meinem Besitze, ich habe aber bis jetzt keine Zeit gehabt, mich selbst zu informiren. Die Namen der Güter und Personen in den Urkunden setzen die Thatsache indessen ausser Zweifel.

Neben allgemeiner, deutscher, hebräischer und classischer Bildung sprach mein Vater fertig Polnisch und Französisch und verstand Russisch und Italienisch. Er war ein guter Violinist und Contrapunktist und beschäftigte sich gern mit wissenschaftlichen Studien. Er besass aussergewöhnliche Körperkräfte, war in seiner Jugend bekannt als einer der besten und verwegensten Reiter und fand überhaupt Vergnügen in Gefahr und körperlichen Anstrengungen. — Im Jahre 1812 zog das französische III. Armee-Corps unter Eugen Beauharnais durch unsere Gegend. Man suchte Jemand, der dem Comissariat attachirt werden sollte, um die Verhandlungen mit den localen Behörden und die Verpflegung des Armee-Corps zu leiten. Mein Vater liess sich dazu bewegen, die Truppen bis zur russischen Grenze in einer höchst ehrenhaften Stellung zu begleiten, und hatte dabei Gelegenheit seinem Vaterlande zu nützen.

Wie eminent dieses der Fall gewesen sein muss, wird der Umstand beweisen, dass der König Friedrich Wilhelm III. meinem Vater, dem aus formellen Gründen seine Entschädigungsforderung von der eigens gebildeten Liquidations-Commission nicht bewilligt werden konnte, in Folge seiner Verdienste und auf Vorschlag des damaligen Ministers (Grafen von Lottum) gegen Ende der zwanziger Jahre ein Gnadengeschenk von 10,000 Thlrn. machte. Die Abschrift der betreffenden Cabinets-Ordre ist in meinem Besitz.

Meines Vaters Wirken wurde von den französischen Befehlshabern derart gewürdigt, dass sie ihn baten, die Armee nach Russland zu begleiten, und so hat er den Feldzug nach und die Retirade von Moskau mitgemacht. Im Jahre 1813 trat mein Vater als Freiwilliger in eines der Ost-Preussischen Landwehr-Ulanen-Regimenter. Ihm wurde gleich die Charge eines Quartiermeisters übertragen, und obgleich er in Folge eines Sturzes mit dem Pferde den Feldzug nicht mitmachen konnte, so wurde er dennoch im Laufe der kurzen Dienstzeit, trotz der eigentlichen religiösen Disqualification, Premier-Lieutenant und Adjutant. Er hatte beim Ausbruch des Krieges, neben anderen bereits gebrachten Opfern, mehrere brauchbare Dienstpferde der Escadron geschenkt und veranlasste, wie aus den in meinem Besitz befindlichen Zeugnissen ersichtlich, mehrere seiner Glaubens-Genossen freiwillig einzutreten, und diese haben auch den Feldzug mitgemacht.

Nach dem Friedensjahre heirathete mein Vater Caroline Gottheimer aus Inowraclaw. Meine Mutter war eine hochgebildete, schöne und brave Frau, deren sich noch Manche mit Lob und Liebe erinnern. Ihr Vater, den ich nur im hohen Greisenalter gesehen habe, war nicht nur ein allgemein geachteter, sondern hoch geehrter Mann und lebte im Glauben seiner Väter ein allein seinem Gott geweihtes Leben.

Er hatte sich früh von allem weltlichen Treiben zurückgezogen; sein Bild schwebt mir noch vor Augen, schlank und gross, mit langem schneeweissem Kopf- und Bart-Haar. Es thronte auf seinem Antlitz wahrhaft himmlische Ruhe und Ergebenheit, Ernst und Verklärtheit ohne Strenge oder Scheinheiligkeit. Er gestattete den Seinigen vollständige Freiheit, den Zeitverhältnissen entsprechend zu leben und legte sich aus religiöser Ueberzeugung Entbehrungen auf, ohne damit irgend welche Ostentation zu treiben. Während seine Kinder in Sitten und Wissen nach deutschem Muster lebten, behielt er für sich die Tracht und die Gebräuche bei, in denen er erzogen worden war, seine Ordnungsliebe und eine angeborene Würde gaben seiner Erscheinung etwas eigenthümlich Edles und Patriarchalisches. Er ging Winter und Sommer bei Tagesanbruch in den Tempel, fastete täglich bis 12 Uhr, und zwei bis dreimal wöchentlich — den ganzen Tag. Die übrigen Stunden verbrachte er im Gebet und Studium der heiligen Schrift.

Als ich ihn kennen lernte, nachdem er schon lange allein gelebt und ich ausnahmsweise während meines kurzen Aufenthalts bei ihm wohnen durfte, besuchten ihn Kinder, Enkel und Urenkel nur am Freitag Abend, um seinen Segen zu empfangen, ein Glas Wein mit ihm zu geniessen und dann nach kurzem Aufenthalt wieder entlassen zu werden. Er war zu vertieft in seiner Religion, um für Irdisches Passion zu haben, er war daher stets kalt, gemessen. Ohne eine Spur vom Pharisäerthum war sein ganzes Wesen weihevoll, er war keineswegs tief gelehrt und trug nichts zur Schau, er war im wahrsten Sinne des Wortes ein vornehmer, frommer Herr.

Er starb hoch in den Neunzigern; von der Kirche kommend, wurde ihm der Tod meiner Mutter, der ihm lange verschwiegen geblieben, plötzlich mitgetheilt. Sie soll sein Lieblingskind gewesen sein und wurde früh von ihm getrennt. Die Nachricht veranlasste sein sofortiges Verscheiden. Es werden sich Manche erinnern — denn damals gab es noch wahrhaft Gläubige, sowohl Juden als Christen, — dass der Segen meines Grossvaters als von einem Heiligen kommend hoch geschätzt wurde.

Auf Bitten meiner Mutter hatte sich mein Vater bewegen lassen, ein Export-Geschäft in meiner Vaterstadt zu etabliren. Dieses Geschäft leitete dann auch meine Mutter fast ausschliesslich; bei der Generosität meines Vaters und bei seiner Abneigung für alles Geschäftliche konnte es nicht prosperiren und ging mit dem Tode meiner Mutter völlig zu Grunde. Bis zu dieser Zeit lebten wir in Verhältnissen, wie solche in kleinen Städten kaum herkömmlich waren. Mein Vater, einfach in seinen persönlichen Bedürfnissen, hielt offenes Haus, hatte Passionen für Pferde, Kunst und was sonst zum vornehmen Leben gehörte und benutzte seine häufige Anwesenheit in Berlin, um vieles dort Vorgefundene bei uns einzuführen. Mit dem Aufhören des Geschäfts war selbstverständlich auch Verlust des Vermögens verknüpft, und mein Vater musste sich seine juristischen Kenntnisse zu Nutzen machen, um als Rechtsconsulent das zum Unterhalt Fehlende zu ergänzen. So lebten wir bis zum Tode meines Vaters, welcher einige Jahre später erfolgte, im eigenen Hause äusserlich anständig, im Innern aber unter Entbehrungen, die uns vielleicht den geschwundenen Wohlstand überschätzen liessen und mich jedenfalls prädisponirten, später mit allen Kräften nach einer Häuslichkeit zu streben, in der den Meinigen womöglich Comfort und Alles, was ein vornehmes Wesen, ästhetischen Sinn und gute Sitten erwecken kann, geboten werden sollte.

Ich befand mich beim Tode meines Vaters in der Schule zu Königsberg i. Pr. Da die Hinterlassenschaft sehr gering war, und ich meinen Geschwistern das Wenige nicht verkürzen wollte, so entschloss ich mich aus früher angeführten Gründen nach London zu gehen. Dort trat ich in das Geschäft der Brüder meiner Mutter, ein Import- und Export-Geschäft ersten Ranges, und hier hatte ich Gelegenheit, Kenntnisse in allen Geschäftsbranchen in verschiedenen Zweigen der geschäftlichen Thätigkeit zu sammeln und mit den Bedürfnissen und der Leistungsfähigkeit überseeischer Märkte vertraut zu werden. Ich benutzte diese Zeit dazu, mich wissenschaftlich über die Verhältnisse der verschiedenen Länder, mit denen wir in Verbindung standen, als auch über die Grundsätze von Bank- und Handels-Systemen zu informiren und widmete überhaupt mein Taschengeld, Gehalt und jede freie Stunde geistiger Weiterbildung. Obgleich die Verwandschaft mit den Chefs des Hauses mir aussergewöhnliche Chancen für mein commercielles Fortkommen darbot, so benutzte ich doch den ersten günstigen Augenblick, mich vom Kaufmannsstande loszusagen. Meine Kenntnisse machten es mir möglich, statistische, ökonomische und handelspolitische Beiträge für Zeitschriften und Journale zu liefern, und dies gewährte mir die Mittel, mich in wissenschaftlicher Beziehung weiter zu bilden; hauptsächlich aber widmete ich mich dem Studium der Volkswirthschaft. Für Jemand, der das Bedürfniss hat und die Fähigkeit in sich fühlt, etwas Grosses, welches fortleben soll, zu leisten, ist indessen eine journalistische Thätigkeit auf die Dauer fast unerträglich, weil man, abgesehen von der Oberflächlichkeit, die die Behandlung von Tagesfragen in Zeitungen bedingt, in der Wahl der zu bearbeitenden Gegenstände gezwungen ist, den Tagesereignissen zu folgen, ohne Rücksicht, ob die Themata behagen, und ob man dafür speciell qualificirt ist. Dieses Missbehagen und die Nothwendigkeit für die Zukunft meiner Familie zu sorgen — denn ich hatte inzwischen geheirathet — veranlassten mich, „*The Merchant's Magazine*“, eine statistisch ökonomische Zeitschrift, zu gründen und überhaupt mehr für Periodicals als Zeitungen zu arbeiten. Ich kaufte zur selben Zeit *Sharpe's London Magazine,* ein belletristisches Journal, welches in Monatsheften erschien, und gelangte so in den Besitz eines nicht unbedeutenden Einkommens, ungefähr 1500 £., etwa 10,000 Thlr. jährlich, welches ich mit ziemlicher Bestimmtheit als permanent betrachten konnte. Eine solche Summe reichte aber für meinen Hausstand, wie ich solchen in England führte, nicht aus. Ich machte zur Zeit, wie immer, wo es mir möglich war, ein vornehmes Haus, in dem Gastfreundschaft, Kunstsinn, und Comfort herrschten.

Meine persönlichen Bedürfnisse waren stets im höchsten Grade bescheiden. Ich war einfach, wenn auch eigen in meiner Tracht; wie opulent auch meine Tafel zu verschiedenen Zeiten gewesen sein mochte, ich beschränkte mich stets auf ein einziges Gericht Hausmannskost, trank weder Bier noch Wein und hatte keine kostspieligen oder wenigstens keine unsittlichen Passionen.

Meine Frau und Kinder beweisen in der Art, wie sie ihre jetzige Lage ertragen, dass ich sie im Glück nicht verwöhnt habe. Trotz der Grösse meines Hausstandes war Luxus und sinnlicher Comfort verpönt. Wenige Familien in Berlin haben so zurückgezogen gelebt; Vergnügungen durften nur genossen werden, in so weit sie nicht frivol waren, und überhaupt nur, wenn sie bildende Eigenschaften besassen. Hochmuth kennen die Meinigen nicht, und es dürfte nicht schwer fallen, dafür das Zeugniss der Armen und Hilsbedürftigen aller Stände zu beschaffen. Aber eben so wenig wie mein Vater konnte ich je ökonomisch sein; in welcher Lage ich mich auch befinden mochte, es war stets bei mir offnes Haus und freie Tafel. Meinen Wohlthätigkeitssinn konnte ich nie beschränken. Ich habe zu allen Zeiten stets das Letzte hergegeben, und Niemand hat bei uns umsonst um Hülfe gebeten. Die Summe meiner Wohlthaten und Unterstützungen beträgt, wie dieses meine Bücher beweisen, viele Hunderttausende. Ich betheiligte mich aber fast niemals bei öffentlichen Subscriptionen, sondern gab nach meinem Herzensdrang im Stillen. Meine Thätigkeit in England war also für die Befriedigung meiner häuslichen Bedürfnisse immer vollständig in Anspruch genommen, und ich sah keine Aussicht, wenn ich nicht meinen Hausstand reducirte, was immer schwierig ist, die nöthige Musse zu gewinnen, um zwei grössere Werke zu schreiben, für die ich mich seit Jahren vorbereitet und Materialien gesammelt hatte. Obiges Bedenken und ein fast unüberwindlicher Drang, nach meinem Vaterlande zurückzukehren, liessen mich den Beschluss fassen, nach Berlin zu ziehen. Ich richtete mich hier meinen Einnahmen aus den beiden Journalen entsprechend ein, beabsichtigte diese hier drucken zu lassen und mich von jeder anderen Erwerb bringenden Thätigkeit fern zu halten. Mein Vorhaben schien mir leicht ausführbar, denn ich konnte als Eigenthümer die Dispositionen für die Redaction und den Betrieb beider Zeitschriften nach Belieben treffen. *The merchants magazine*, welches sich mit Statistik, Staats-Oekonomie und Handel im höheren Sinne beschäftigte, schrieb ich, mit Ausnahme des localen Londoner Berichtes, durchweg selbst, und in *Sharpe's Magazine* schrieb ich über Kunst und die litterarischen Kritiken, ebenso Romane und andere Artikel, und hatte keinen Mangel an Beiträgen für den weiteren Theil. Ohne mich zu überschätzen, kann ich behaupten, dass *the merchants magazine* allgemeine Anerkennung gefunden hatte. M. Culloch und andere grosse Schriftsteller haben häufig aus den von mir darin gelieferten Aufsätzen Material geschöpft. Ich besitze ein Heft Ausschnitte aus fast allen grösseren Zeitungen Englands, die „*The merchants magazine*“ rühmlichst erwähnen, und es gehörte auf seinem Gebiete und während seines Bestehens im wirklichen Sinne des Wortes zu den „*Standard works*“. — Die darin behandelten Gegenstände umfassen fast jeden Zweig der volkswirthschaftlichen Thätigkeit und der commerciellen, financiellen und ökonomischen Verhältnisse der meisten Länder. Ich erwähne dies, weil hierin meine Berechtigung liegt, mich auf den von mir gewählten Gebieten als sachverständig zu betrachten.

Meine Berechnung war im Wesentlichen richtig; man konnte in Deutschland billiger und eben so gut als in England drucken, und die deutsche Litteratur bot Gelegenheit zu Uebersetzungen etc., ich hatte aber übersehen, dass der deutsche Drucker, der deutsche Spediteur und der deutsche Buchbinder noch nicht den Werth von Zeit und Pünktlichkeit schätzen gelernt hatten. In Folge dessen kamen die Sachen mehrere Monate nach einander zu spät in England an, und ich verlor wenigstens bei *Sharpes London magazine*, welches die Haupteinnahme-Quelle war, beinahe 2000 Abonnenten. Die Rentabilität des Unternehmens war dadurch hin, und ich sah mich gezwungen, dasselbe zu verkaufen, um es mit einem anderen zu verschmelzen. Es lohnte mir nun nicht mehr das *merchants magazine* allein fortzusetzen, und so übergab ich dieses dem Besitzer einer englischen Eisenbahn-Zeitung mit der Verpflichtung meinerseits, einige Monate lang den Stoff weiter zu liefern. So lange ich dies that, blieb das Werk bestehen, mit meinem Aufhören ging es ein, weil man keinen Einzelnen finden konnte, der meine Vielseitigkeit und Arbeitsfähigkeit auf diesem Gebiete besass, und diejenigen, die fähig waren, Material wie das Erforderliche zu liefern, Bedingungen stellten, die mit der Rentabilität einer Zeitschrift, welche nöthigen Falls sich auf eine geringe Zahl Abonnenten beschränken musste, unvereinbar waren. Während meiner früheren litterarischen Thätigkeit in England hatte ich über die Verhältnisse von Actien-Gesellschaften fortwährend zu berichten; ich hatte daher eine ziemlich ausgedehnte Bekanntschaft mit den Directoren, und da mir wider Erwarten meine Einnahme-Quelle versiegt war, so reiste ich nach London und übernahm die Vertretung einer Lebens-Versicherungs-Gesellschaft in Preussen. Hiermit und mit litterarischen Arbeiten für England beschäftigte ich mich einige Jahre.

Es war mir in England stets aufgefallen, und kränkte es mich im Interesse meines Vaterlandes, dass die deutsche Kunst dort fast gar nicht vertreten war. Ich hatte die Bekanntschaft einiger Künstler gemacht und ihnen dieses mitgetheilt. Unsere Unterhaltungen führten dahin, dass ich mich entschloss, den Versuch zu machen, deutsche Kunst in London einzuführen. Meine Absichten waren uneigennützig und ich hoffte auf die nöthige Unterstützung der hiesigen Künstler; leider ist diese mir nicht zu Theil geworden. Nur einige der Besseren betheiligten sich und um die Räume zu füllen, war ich gezwungen, nachdem ich in London Vorkehrungen getroffen hatte, eine Zahl Bilder zweiten und dritten Ranges zu kaufen, und mich in eine Speculation einzulassen, die ich nie bezweckte. Diese Erfahrung hätte mich belehren sollen, dass, welche Tugenden hier auch herrschen mögen, Gemeinsinn, Opferwilligkeit und Generosität in der Beurtheilung der Motive Anderer nicht zu den Eigenschaften meiner Landsleute gehören. Leider blieb ich dieser Ueberzeugung fern und habe hier, wie später auch, für das Viele, was ich geleistet, nur Missgunst, Verdächtigungen und Undank geerntet. Vorläufig arrangirte ich eine Ausstellung in London. Es gelang mir die Presse günstig zu stimmen und die besseren Sachen zu verkaufen. Das Ergebniss für mich war indessen mit grossem Verlust verknüpft, weil der Verkauf der wenigen guten Bilder die sehr grossen nöthigen Unkosten nicht decken konnte. Ich habe Tausende verloren und mit dem ersten Versuche die Sache aufgegeben, obgleich jede Aussicht vorhanden war, unserer Kunst einen grossen und höchst lucrativen Markt zu eröffnen.

Während dieser Zeit gelang es mir auf einem anderen Gebiete die nicht unbedeutende Summe von 10,000 Pfd. Sterling zu verdienen. Es hatte sich nämlich herausgestellt, dass die Zahl der Versicherungs-Gesellschaften in England zu gross geworden, dass in Folge dessen der Geschäftsumfang der einzelnen Gesellschaften zu klein war, um nach Deckung der General-Unkosten rentabel zu sein. Die Vermehrung der Gesellschaften war eine Folge des Actien-Gesetzes vom Jahre 1844, und es herrschte 1854 schon ein vollständiger Kampf zwischen den alten und neuen Gesellschaften, welcher sogar zu einer parlamentarischen Untersuchungs-Commission führte.

Damals prakticirte ich als rathgebender Mathematiker bei Versicherungs-Gesellschaften, betheiligte mich an der Controverse über das Actien-Gesetz und Versicherungswesen und schrieb mehrere Brochüren, die Aufsehen erregten. Kurz vor und während meiner Bilderausstellung in London hatten sich mehrere der neuen Versicherungs-Gesellschaften mit einander amalgamirt; diese Verschmelzung, die aus einer Nothwendigkeit hervorging, hätte heilbringend wirken können, wenn sie auf das gebührende Maass beschränkt geblieben wäre. Leider aber wurde die Sache später zur Mode; einige grössere Gesellschaften legten sich darauf die kleineren zu kaufen. Hierbei wurden die übernommenen Verpflichtungen meistens zu niedrig veranschlagt, und es entwickelten sich Monstre-Gesellschaften, wie die *Albert* und andere, deren Thätigkeit einen collossalen Umfang annahm, und in denen 20 bis 30 kleinere Gesellschaften aufgingen. Die guten Risiken gingen meistens bei der Uebertragung verloren, die schlechten blieben, und da war es denn auch nur noch eine Frage der Zeit, wie bald der Ruin hereinbrechen würde. Bei meiner Anwesenheit in England war dieses Geschäft erst im

Entstehen, es hatte noch das gesunde Maass nicht überschritten, und mir wurde Gelegenheit gegeben, in einigen Fällen als Sachverständiger mitzuwirken, und daher schreibt sich der oben erwähnte Verdienst.

Ich befand mich so bei meiner Rückkehr nach Berlin im Besitz von Mitteln, die meine Lage gewissermassen zu einer bequemen machten, und war eben mit dem Gedanken beschäftigt, wie ich damit meine früher erwähnten Pläne ausführen könnte, als mehrere Herren aus England mich mit einem Empfehlungsbriefe von der englischen Gesandtschaft aufsuchten, um meinen Rath bezüglich Erlangung der Concession für die Tilsit-Insterburger Bahn zu erbitten.

Ich muss hierbei erwähnen, dass ich durch Zufall Gelegenheit hatte, Lord Blomfield über Ansprüche, die ein englischer Unterthan an die preussische Regierung machte, ein juridisches Gutachten zu geben, welches die Angelegenheit derart beleuchtete, dass er im Stande war seiner Regierung nachzuweisen, dass die Ansprüche des erwähnten Engländers den hiesigen Gesetzen gemäss unhaltbar waren. Hieraus entwickelte sich meine Beziehung zu der Gesandtschaft, die zwar keine Emolumente mit sich führte, aber Veranlassung wurde, dass man mich häufig in juridischen Angelegenheiten consultirte, und dass man englische Unterthanen an mich wies, um sich von mir Rath zu holen. Da ich aus diesen Angelegenheiten keinen pecuniären Vortheil zog, so war mir daran gelegen, mit der geringsten Mühe die Sachen friedlich und gerecht zu erledigen. Justizrath Geppert war unter Anderen dann und wann für die Gegen-Partei interessirt, und da dieser eben so verständig wie uneigennützig war, so war es mir möglich häufig, und speciell in einer aus einem Miethscontract herrührenden Streitfrage zwischen Lord Loftus und dem Grafen Arnim, dem Besitzer des Gesandtschaftshotels, eine friedliche Lösung herbeizuführen.

Der Zufall wollte es, dass Justizrath Geppert das deutsche Comité vertrat, mit denen die Engländer beinahe drei Jahre wegen der Tilsit-Insterburger Bahn fruchtlos verhandelt hatten. Die Engländer kamen zu mir, nur in Folge einer Erwähnung meiner in der Gesandschaft, kaum hoffend, dass es mir gelingen würde, die Angelegenheit zu einem günstigen Resultat zu bringen. Meine Bekanntschaft mit Justizrath Geppert erleichterte diese Aufgabe in so fern, als sein Vertraun in mir ihn veranlasste, seiner Partei den Rath zu geben auf den von mir gemachten Vorschlag einzugehen, alles Vorhergegangene als nicht dagewesen zu betrachten, und die Verhandlungen wieder, unter neuen von mir zu machenden Propositionen aufzunehmen.

Hiermit beginnt meine Thätigkeit auf industriellem Gebiete in Deutschland. Ehe ich aber an die einfache historische Schilderung gehe, ist es nothwendig, dass ich die damalige Lage des Eisenbahnwesens, die Anschauungen des Publicums, den Zustand unseres Bank- und Handelswesens, die Politik der leitenden Parlaments-Vertreter bezüglich Concessionen und Staatsbahnen und vieles Andere einer Erörterung unterwerfe, damit man mich und mein Wirken überhaupt richtig und nach dem damaligen, nicht aber nach dem heutigen Stand der Dinge zu beurtheilen vermöge.

Zweites Capitel.

Excursive Betrachtungen über das Gründerthum — Geschäftskrisen und die hiesigen wirthschaftlichen Zustände überhaupt, zum Beweise, dass ich nie Gründer, im angenommenen Sinne des Wortes, gewesen bin, und zu den gegenwärtigen Geschäftscalamitäten in Nichts beigetragen habe; sowie auch zur Analyse der Ursachen, auf welche die betrübenden Erscheinungen der letzten Jahre zurückzuführen sind.

„De omnibus rebus et quibusdam aliis.“

Zweites Capitel.

Excursive Betrachtungen über das Gründerthum, Geschäftskrisen und die hiesigen wirthschaftlichen Zustände überhaupt, zum Beweise, dass ich nie Gründer, im angenommenen Sinne des Wortes, gewesen bin, und zu den gegenwärtigen Geschäftscalamitäten in Nichts beigetragen habe; sowie auch zur Analyse der Ursachen, auf welche die betrübenden Erscheinungen der letzten Jahre zurückzuführen sind.

„De omnibus rebus et quibusdam aliis.“

Es war naturgemäss und sicher zu erwarten, dass der fieberhafte Speculationsgeist, der in den Jahren 1871, 72, 73 sich des Publicums bemächtigte und gewissermassen die Arbeiter-, Finanz- und alle sonstigen Verhältnisse des Landes aus ihren Angeln zu heben drohte, die Aufmerksamkeit aller dabei nicht direct Betheiligten erwecken musste, und es war vorauszusehen, dass die dazu Berufenen sich die Frage stellen mussten, ob und inwiefern diesem Treiben ein Ende gemacht werden könne.

Den Zustand als Krankheit betrachtend, wäre die Aufgabe gewesen, sich erst klar darüber zu werden, aus welchen Ursachen diese entstanden sei, und ob der Versuch: eine Krisis herbeizuführen, nicht schädlicher wirken könnte, als wenn man die natürliche Entwicklung abwartete und sich nachträglich — was doch allein von Nutzen gewesen wäre — damit beschäftigt hätte, wie man die geschlagenen Wunden heilen könne, und wo man der Zukunft halber gesetzlich eingreifen müsste. Statt dessen wurde von Abgeordneten und Litteraten dem Kranken eine so kräftige, kalte Douche gegeben, dass er vom Fieber in Wahnsinn verfiel und sich bei ihm, nachdem ihm so zur Ader gelassen, die vollständigste Entkräftung einstellte.

Hätten diejenigen, die von der Tribüne aus die grässliche Calamität herbeigeführt haben, deren Folgen heute noch wie ein Alp auf dem geschäftlichen industriellen Leben des Landes ruhen, auch nur das geringste Verständniss für ihre Aufgabe besessen, so hätten sie sich sagen müssen, dass zur Zeit nichts gefährlicher sei, als gerade der Weg, den sie einschlugen, und dass ein blindes Verdammen der menschlichen Bestrebungen auf dem hier in Frage kommenden Gebiete, die schlechten Elemente nicht verhindern würde, ihr Glück bei Gelegenheit von Neuem zu versuchen, während es den gesunden Unternehmunsgeist des Volkes lahm legen würde. Leider liegt es aber in der Natur der Sache, dass bei parlamentarischen Körpern und in der Presse allgemeine Rodomontaden uud oberflächliches Geschwätz viel eher zur Geltung kommen, als staatsmännische Begabtheit und eingehende, wissenschaftliche Leistungen. Im vorliegenden Falle war diesen Helden der Tribüne und der Feder ein erfolgreiches, wenn auch heilloses Wirken um so mehr möglich, als sie factisch nur den Funken in's Pulverfass zu werfen hatten, und weil diejenigen, die vielleicht abwehrend hätten wirken können, von der Furcht vor dem Verdacht: als Gründer bezeichnet zu werden, terrorisirt wurden. Der Schaden, der unserem Lande dadurch zugefügt wurde, ist financiell mit Milliarden nicht zu bezahlen und in seinen moralischen Folgen vielleicht nie wieder gut zu machen.

Ich habe keinen Grund, das Treiben der Jahre 1871, 72, 73 aus persönlichen Rücksichten zu vertheidigen. Der Krieg mit Frankreich hatte mich ruinirt, und die sich daraus ergebenden Schwierigkeiten in der rumänischen Frage mich in soweit kampfunfähig gemacht, dass ich auf die Geschäfte dieser Jahre keinen Einfluss ausüben konnte. Nichts desto weniger hat man mich zu den Gründern gezählt und sogar in einem gewissen Grade für die Folgen, die dieses Geschäft nach sich gezogen hat, in so fern verantwortlich gemacht, als ich das böse Vorbild gewesen sein sollte, welchem Andere folgten. Nie ist eine Beschuldigung grundloser gewesen, und nie hat es einen Menschen gegeben, der so grosse Unternehmungen, wie die meinigen, in so selbstloser Weise gefördert hat, wie ich. Meine

Selbstlosigkeit war, wie ich im Fortgang dieser Schrift zu beweisen hoffe, in commercieller Beziehung ein grosser Fehler und mit der Hauptgrund des traurigen Ausganges meiner Bestrebungen. Gleichviel indessen, ob es mir gelingt dies zu beweisen oder nicht, wünsche ich das Gründerthum im gesunden Sinne zu vertheidigen und werde sonnenklar darlegen, dass ich gerade das Gegentheil von dem gewesen bin, was hier zu Lande unter einem „Gründer“ verstanden wird.

Das Gründerthum ist in sich nicht nur nicht verwerflich, sondern heilbringend und bei dem nothwendiger Weise grossen Massstab, der bei Unternehmungen in unserem heutigen Culturzustand angewandt werden muss, unentbehrlich. Jede Erscheinung hat ihre Begründung in einer Nothwendigkeit. — Jeder wird ohne Weiteres einräumen, dass, *caeteris paribus*, der eigene Betrieb jedem Betrieb auf Actien vorzuziehen sei. Es ist das Actien-Wesen mit unzähligen Mängeln behaftet, theils in der Sache selbst liegend, und theils weil die bezüglichen Gesetze noch nicht die nöthige Form haben; ausserdem aber, abgesehen von den relativen Vortheilen für die Betheiligten, ist der Betrieb auf Actien für die Arbeiterbevölkerung und für die Emporstrebenden des Mittelstandes schädlich. Aber das Actienwesen ist entstanden, weil ohne dasselbe die Industrie, wie sie jetzt besteht — und dadurch die Ernährung der Bevölkerung — unmöglich wäre. Es ist somit nutzlos und deutet auf Unkenntniss der Verhältnisse, wenn man Vergleiche anstellt, um etwas zu verdammen, was nicht zu entbehren ist. Es geschieht Aehnliches von Unverständigen auf allen Gebieten und hat überall Unheil gestiftet. Arbeiter haben Maschinen zerstört, weil sie deren Concurrenz fürchteten, und selbst politische Parteien trennen sich durch Ueberschätzung der Vergangenheit und Unterschätzung der Gegenwart. Tadelt doch selbst der Vater häufig den Sohn, weil er anders scheint als junge Menschen in früheren Zeiten etc. Wenn daher Unternehmungen mit associirtem Capital erforderlich sind, so ist damit auch die Nothwendigkeit bedingt, dass es Jemand gebe, der diese Association anregt, der diejenigen findet, die bereit sind, als Verwaltung dem Unternehmen vorzustehen und die Theile anzuziehen, die sich zu einem Ganzen vereinigen sollen. Ein Actienunternehmen ist eine Begattung zwischen Capital und Intelligenz, und der Gründer ist der Vermittler derselben. Dass schwindelhafte Unternehmungen vorgekommen sind, ist kein Grund zur Verdammung des Principes; eben so berechtigt wäre es, geschlechtliche Beziehungen zu verdammen, um unglückliche Ehen, oder gar das Concubinat zu verhindern, denn damit wäre auch die menschliche Race dem Untergang geweiht. Die Aufgabe der Gesetzgeber ist es, nach reiflichem Studium Gesetze zu machen, die Recht und Unrecht klar präcisiren, die auch der Minorität Rechte einräumen und den durch den Zweck bedingten Apparat liefern. Statt Alles dessen werden schöne Reden gehalten, Misstrauen breit ausgesäet und das Alles belebende Princip getödtet. Der Geist unserer Zeit ist materiell, die Grundsätze sind hart und egoistisch, und gewiss ist seine Besserung anzustreben. Diese ist aber nicht im Gegensatze zum Bestehenden, sondern in einer Veredlung desselben zu suchen.

Ueberstürzungen in Reformen, in vorzeitiger und falsch angepasster Adoptirung von Grundsätzen, die unserem ganzen Geschäftsleben fremd waren, Gesetze, wodurch die äusserste Freiheit der Action auf eine Zeit der ungebührendsten Bevormundungen durch die Behörden folgte, haben die Begriffe verwirrt. Viele haben diese Verhältnisse geflissentlich gemissbraucht, aber auch sehr viele haben, wenn nicht in Unschuld, so doch aus Gesetzes-Unkenntniss gefehlt. Aus dem Geschehenen Lehren für die Zukunft zu ziehen, wäre unbedingt erspriesslicher gewesen, als das Rächeramt zu üben — da dasselbe häufiger nur Diejenigen erreicht, die es nicht verdienen; denn Derjenige, der sich bewusst gewesen, Gesetze übertreten zu haben, hat sicherlich Vorkehrungen getroffen, sich der Strafe zu entziehen.

Ich habe den Chef, und zwar den alleinigen Chef eines Bankhauses im Auge, der Banken, Pferdebahnen, Wechselgeschäfte, Fabriken und Anderes gegründet hat. Dieser hatte stets einen Rechts-Consulenten zur Seite, der ihm die Demarkationslinie zwischen seinem Thun und dem Staats-Anwalt vorzeichnete. Er erschien selten an der Oberfläche, er hatte seinen Regierungsrath, Assessor ausser Diensten und Andere, die die

Vorsitzenden und Leiter seiner Unternehmungen waren, die er aber regierte, und deren äussere und innere Anständigkeit er sich zu Nutzen machte, und die für ihn die Kastanien aus dem Feuer holten, während er erhöhte Preise für seine Gründungs-Objecte empfing. Wenn nicht Alles, was er geschaffen, schlecht war, so hat er doch bei Allem ungesetzliche Verdienste gehabt und schliesslich seine Socien hintergangen. Er bediente sich eines wohlorganisirten Apparates, seine Effecten unterzubringen, sie später billiger wieder zu kaufen, und eventuell die besseren Unternehmungen durch seine Organe noch weiter für seine Zwecke auszubeuten. Diesen Mann wird der Staatsanwalt nicht fangen, er besitzt heute mehrere Millionen.

Ein anderer Banquier, der, wie ich glaube, sein Geschäft als reicher Mann aufgegeben hat, spielte während der Gründer-Periode und der darauf folgenden Zeit bei Actien-Unternehmungen zugleich die Rolle der Hebamme, des Arztes, des Todtengräbers und des Erbschaftsverwesers. Er verdiente zunächst bei den Gründungen, leitete dann die Geschäfte so, dass sie nicht bestehen konnten, er führte die Auflösung herbei und übernahm manchmal die Liquidation. Während obiger Operationen verkaufte er die Papiere des betreffenden Unternehmens erst mit grossem Agio, dann ging die Entwerthung derselben vor sich; Gerüchte coursirten, die geeignet waren das Papier zu drücken, und während er und vielleicht die Eingeweihten allein wussten, ob eine Auflösung, Capital-Reducirung oder was sonst der Art in Aussicht stand, war er in der Lage zu beurtheilen, ob die im Preise entwertheten Actien im Verhältniss zu ihrem inneren Werth mit Profit gekauft werden konnten. Die Kauf-Operationen wurden dann vollzogen, das Publikum hatte sein Geld verloren, und die General-Versammlungen wurden durch die billig gekauften Actien beherrscht, die Auflösung beschlossen und die Liquidation demselben Herrn übertragen, oder von ihm beeinflusst. Noch immer aber hielt man dann die Actionäre in Ungewissheit, welche Dividende vertheilt werden würde, obgleich man es genau wissen konnte, denn diese Ungewissheit war wieder das Mittel, denen, die nicht abwarten konnten, die Actien billig abzukaufen.

Bei der *Padersteinschen Bank* habe ich selbst diese Operationen verfolgt und darunter gelitten. Ich stand mit dem Hause in Geschäftsbeziehung und zeichnete für eine bedeutende Summe über pari, weil es ein altes, gutes Geschäft war. Gleich nach der Gründung wurden die oben geschilderten Manipulationen begonnen, das Geschäft mit Engherzigkeit geführt und — verdorben; die Actien fielen, wurden unverkäuflich und Alles endete wie oben bezeichnet, und musste ich, nach beschlossener Auflösung, meine Actien unter ihrem Werth verkaufen. Hier war ein gutes, lebensfähiges Unternehmen durch unverzeihliche Fehler — denn einen beabsichtigten Betrug will ich nicht voraussetzen — zu Grabe getragen und mit der Situation auf Kosten der Actionäre Missbrauch getrieben. Die ganze Handhabung lässt sich aber unter die sogenannten kaufmännischen Usancen einreihen, und es würde dem Staatsanwalt schwerfallen, sie für strafbar zu erklären, denn unsere Gesetzgebung, wie ich in einem anderen Abschnitt beweisen werde, bietet die Hand dazu, jene Usancen in Anwendung zu bringen.

Man braucht aber nicht Handlungen, wie die vorerwähnten herauszugreifen. Das Geschäft der Agiotage überhaupt, und namentlich bei Gründungen, giebt den vornehmen, ehrlichen Banken und Bankhäusern legitime Mittel das Publicum zu berauben; es ist wahr, dass sich diese Mittel als für das Geschäft nöthig, als mit den modernen ökonomischen Grundsätzen zusammenhängend etc. bezeichnen lassen, das ganze Geschäft ist aber doch bei alledem ein planmässiges Täuschen des Publicums, kann aber auch, ausser, während einer Speculations-Manie, nur von den ersten Firmen betrieben werden, und in der That führen denn auch diese den Reigen an. Solche Institute können sich brüsten, dass alle Zahlenangaben richtig seien, dass nur die wirklich gezahlten Summen in Rechnung gebracht werden — denn ihr Profit rührt von dem Agio her — die Actien kommen über pari auf den Markt, das Renommé des Institutes macht alle begierig, sich dabei zu betheiligen, der Cours steigt, es wird nur ein kleiner Theil zum Emissionscourse hergegeben und gleich zu höheren Coursen zurückgekauft, um eventuell zu den allerhöchsten später veräussert zu werden, und so entwickelt sich zu Gunsten der ehrenhaften Häuser und deren Freunde ein schwindelhafter Cours wie bei Laurahütte, Dortmunder Union, Hibernia und Shamrock, Gelsenkirchen, Harzer Union etc. etc. Bei allen diesen Unternehmungen dürfte nicht eine einzige Handlung geschehen sein, die nicht stricte legal ist, auch ist wohl nichts absichtlich verdorben worden, die Praxis selbst aber ist falsch, sie beruht auf einem System, das vom Publicum nicht verstanden, faul und falsch in seinen Grundpfeilern ist. Diesen Gegenstand beabsichtige ich, vielleicht noch in dieser Schrift, jedenfalls später zu beleuchten, um dem Publicum klar zu machen, dass das, was es für Leuchtfeuer gehalten, Irrlichter waren.

Das Berliner Bank-Wesen verabscheute ich aus Grund meiner Seele vom ersten Augenblicke an, wo ich es näher kennen lernte; mein ganzes Trachten war dahin gerichtet, durch mein Handeln den Banquier, wie er hier zu Lande grassirt, für den grossen Industriellen und für das Publicum unnöthig zu machen.

Dies haben die Herren bald gemerkt, und so bin ich denn auch von ihnen stets verfolgt worden und — zuletzt ihnen erlegen. Wenn aber auch mein Streben in dieser Beziehung erfolglos geblieben, so wird es hoffentlich meine Lehre nicht sein. Das Bankwesen als solches, richtig verstanden und richtig betrieben, ist eine dem Lande nöthige und jeglichen Verkehr fördernde Institution.

Wie dasselbe und alles, was damit zusammenhängt, aber bei uns betrieben wird, dient es, ausgenommen das auswärtige Wechsel-, Börsen- und Commissionsgeschäft, durchaus falschen Zwecken. Sicher, in Bezug auf ihre Solvenz, sind unsere Bank- und Hypoteken-Institute, Banquiers, Wechselgeschäfte und Commissionshäuser nichts Anderes als Triebfedern zur Speculation, und Mittel zum Wucher und zum legalisirten Betrug. Das schlimmste dabei ist, dass dieses Resultat mit persönlicher, wenn auch falsch verstandener Ehrlichkeit, zu vereinbaren ist. Unser Gesetz, unsere Staatsbank, die jetzt praevalirenden Principien und das sich daraus ergebende System tragen die Schuld daran. Es giebt allerdings Handlungs-Häuser, die bei ihren alten Traditionen verblieben sind, diese sind ehrenwerth, aber meistens nutzlos. Wie die jüdischen Banquiers die Erfinder, oder wenigstens gewandten Verwender von Usancen sind, die heute allgemein grassiren und dem Wucher und legalisirtem Betrug Thür und Thor öffnen, so hat der mehr systematisch philosophische' Geist des Germanen versucht, durch Principien zu wirken, und unter Beibehaltung alles oben Geschilderten, zur Vervollkommnung unseres Geschäftsystems noch den Lehrsatz aufgestellt: „In Geldsachen hört die Gemüthlichkeit auf.“ Die Jünger dieses Cultus haben denn auch Institute als Tempel gegründet, in welchen dieser Grundsatz durch eine Zahl der fähigsten Priester mit einem Eifer vertreten wird, der der besten Sache würdig wäre, und der zugleich in ihrer Ueberzeugungstreue, Naturanlage und ihrem Interesse wurzelt und allgemeine Anerkennung findet. Solidität im Sinne der Solvenz ist die natürliche Consequenz, aber zugleich das einzig Gute unseres Bankwesens, und dieses muss auch als Deckmantel aller sonstigen Sünden herhalten. Die Stellung der grossen Banken und Bankhäuser erhebt sie über die Kritik und deshalb können sie Verwaltungsfehler machen, die Vielen Millionen kosten, Gesellschaften auflösen, Capitalien reduciren und alles Mögliche veranlassen, ohne darunter in ihrem Renommée zu leiden. Wer auch verliert, sie bleiben „fein“ financiell ausser Frage. Der Heiligenschein, der das Wort „Banquier“ umgiebt, ist das goldene Kalb, vor dem in unserer Zeit sich Alles beugt. Der Staatsmann ist angewiesen, sich das Vertrauen des Capitals zu erhalten, denn so lange der Banquier der Trichter ist, durch den die Gelder des Publicums fliessen müssen, so lange das Publicum nur den Impulsen der Bankwelt folgt, so lange wird diesem Gewerbe eine ungebührende Macht, ein falscher Glanz gegeben, und so lange wird der *Bank-Gründer* die Masse ausbeuten.

In England verliert jede Bank sofort das öffentliche Vertrauen, wenn sie sich direct oder indirect an Gründungen betheiligt, — Banken sind dort Zahlstellen, Gründer sind eben nur Gründer, und daher traut man ihnen nicht und verlangt Garantieen. Trotz aller Vorsicht kommen Betrügereien vor, aber das Gesetz hat die Mittel an die Hand gegeben, wodurch Jeder aus eigenem Antriebe ohne Hülfe des Staatsanwalts Restitution und eventuell Strafe herbeiführen kann.

In Deutschland spielt der Privatmann, wenn er noch so reich ist, auf dem Geldmarkt keine Rolle, die Schätze des Banquiers erscheinen aber unermesslich, und so bemächtigt er sich vieler Unternehmungen, die gar nicht zum Bankgeschäft gehören, die er nicht versteht und fast immer verdirbt und die ausser Verhältniss zu den eignen Mitteln stehen; letzteres genirt ihn jedoch nicht, denn die Tasche des Publicums steht ihm offen, wenn überhaupt für Capital-Anlagen etwas vorhanden ist. Dieser Zustand hat auch noch den grossen Nachtheil, dass vieles, was Noth thut und geschaffen werden müsste, aber kein Speculations-Object ist, nicht entstehen kann, weil es von Banquiers nicht unterstützt wird. Ist die Zeit neuen Unternehmungen günstig, so treten die grossen Häuser sofort mit ihren Gründungen hervor. Hierbei will ich annehmen, dass sie sich bestmöglichst zu informiren suchen, Banquiers sind aber *proverbiel* eingebildet, dies liegt in der Natur des Geschäfts, und jeder Banquier legt einen Hauptwerth auf den Bericht eines Collegen; Banquiers verstehen selten etwas von den wahren Bedürfnissen der Industrie, ihre Merkmale für ihre Beziehungen zu derselben sind nothwendiger Weise ganz andere, als diejenigen, die einen Industriellen leiten würden, sie greifen daher fast immer falsch, und ich habe in vielen hundert Fällen noch nie gefunden, dass ein industrielles Unternehmen, von Banquiers geleitet, richtig verwaltet worden sei. Die Gründe hierfür gehören in einen anderen Abschnitt. Beispiele dafür sind indessen zahllos.

Wenn man von einer ganzen Kategorie von Geschäften spricht, so wäre es Unrecht, deren Träger als unehrlich zu bezeichnen, allerdings klebt das Metier Jedem mehr oder weniger an, und Geldhandel bedingt Härte und viele andere Eigenschaften, die nicht gerade zu den edelsten der Menschheit gezählt werden können. Es ist aber auch nicht zu verlangen, dass die Mehrheit der Menschen besser sein sollte wie ihre Zeit, wie dieses ihr Beruf bedingt, und wie es das von ihnen gehandhabte System mit sich bringt. Ich nehme also an, dass es die grossen Häuser im grossen Ganzen bei ihren Gründungen ehrlich meinen und dass sie glauben, was sie sagen — aber es liegt in der Natur der Sache, dass das Publicum den Glauben als Agio bezahlen muss, und so werden denn Unternehmungen unter beglückenden Symptomen in die Welt gesetzt, steigende Course erwecken Kauflust, und ist erst das Fieber angeregt, so ist dem Publicum kein Agio zu gross, wie es thatsächlich sich immer wiederholt, dass die Masse erst bei hohen Preisen kauflustig wird.

Ist der Tanz so begonnen und der Samen für Verluste gesäet, dann folgt eine Generation der Faiseurs der anderen in absteigender Respectabilität und so verwandelt sich die Agiotage erst in unbewussten, und zuletzt in beabsichtigten Schwindel.

Wenn man aber schliesslich das Facit der Rechnung zieht, so findet man, dass der Cours-Verlust des Publicums an den in sich vielleicht nicht schlechten, von ersten Häusern in Scene gesetzten grossen Unternehmungen viel bedeutender ist, als das, was bei schlechten schwindelhaften Sachen verloren geht. Diese letzteren sind meistens verhältnissmässig klein in ihrem Umfange, und wenn vielleicht ein solches Papier auf Null geht, so ist der Total-Verlust nichts im Vergleich zu Laurahütte, Shamrock und Hibernia etc.

Aber, wie erwähnt, der Schwindel ist nicht Grund, sondern Consequenz unseres schlechten Systems und, obgleich zu verdammen, wirkt er zur Zeit eher Wahn als Bahn brechend, er entpuppt sich schneller und die sich daraus ergebenden eclatanten Enthüllungen bringen das Fieber zur Krisis. Die Krisis ist nothwendig, sie geht der Genesung voraus, alle grossen Bewegungen überstürzen sich zuletzt, und Fieber und Reaction folgen. Nur muss nichts künstlich herbeigeführt werden. Der Schwindel ist unbedingt zu verdammen, aber er ist nicht zu vermeiden. Man kann durch richtige Gesetze, durch ein richtiges System dagegen wirken, und wenn sich, wie jüngst der Fall gewesen, Beides als ungenügend und schlecht erweist, so muss man prüfen, wo der Fehler liegt, die bessernde Hand daran legen, das Publicum belehren, aber nicht umkehren wollen. Rückschritte sind in der Natur unstatthaft. Mag daher, damit sich die Geister beruhigen, insoweit der Schleier über die Vergangenheit fallen, als der

Richter damit zu thun hat Eine historische Kritik muss man aber daran legen, damit der Gesetzgeber wisse, was er zu leisten, der Moralist, was er zu lehren habe. Ein Weitergehen kann nichts nützen, und ist auch nicht gerecht, denn im grossen Ganzen lag der Fehler in den Verhältnissen. Man hat eben das Kind zu lange in Windeln gehalten, dann zu plötzlich laufen lassen, und so hat es im Gehen sich beschädigt; doch aber ist es falsch, sich nach den Windeln zurückzusehnen.

Wenn man neben dem Verdammenswerthen unserer geschäftlichen Grundsätze unsere Handelszustände tadelt, weil sie commercielle Krisen im Gefolge haben, so beweist dieses wieder, dass man von der Sache nichts versteht. Krisen haben auf allen Gebieten, in allen Ländern und zu allen Zeiten stattgefunden. Die menschliche Thätigkeit bedingt dies. Es ist unmöglich, die Angelegenheiten der Menschheit einheitlich zu regeln, die Thätigkeit des Einzelnen zu beschränken und für Jeden das Maass vorzuschreiben; wäre es aber möglich, so würde dies die Degeneration der Menschheit zur Folge haben, denn ohne den Kampf ums Dasein würde jede Auszeichnung, jede Entwicklung der Kraft eine Unmöglichkeit sein. In Ermanglung einer allgemeinen Direction muss ein Jeder in Verfolg seiner Interessen die Richtung einschlagen, die ihm die geeignete erscheint. Als Regel sind alle Richtungen derart vertreten, dass sich daraus der für die Erhaltung der Dinge auf jedem Gebiete erforderliche Durchschnitt ergiebt. Die Einen glauben, es wird eine Missernte geben und speichern Korn auf, die Anderen haben die entgegengesetzte Meinung und verkaufen, und wo freie Bewegung, die nöthigen Communications-Mittel und ein entwickeltes Geschäftssystem vorhanden sind, da wird im grossen Ganzen nicht nur das richtige Maass gehalten, sondern solche Calamitäten, wie Theuerung, Hungersnoth etc., die die menschliche Gesellschaft in primitiven Zeiten zersetzen und zerstören, vermieden. Wenn man die Verproviantirung und Versorgung grosser Städte, wie London, Paris, New-York etc. betrachtet und beobachtet, wie allein aus dem Verfolgen der Interessen Einzelner die Erzeugnisse der fünf Welttheile zusammengebracht werden, nicht nur, um Alle zu erhalten, sondern um am allerzweckmässigsten die verschiedenartigen Bedürfnisse aller Gesellschaftsklassen zu befriedigen, und wer dabei genügendes Vorstellungsvermögen besitzt, um sich den dazu erforderlichen Apparat vor Augen zu führen, der wird zuvörderst zu der Ueberzeugung gelangen, dass es keinen Staatsorganismus giebt, der diese individuelle Thätigkeit ersetzen kann, und dass es rathsam ist, die Regierungsthätigkeit selbst da auf ein Minimum zu beschränken, wo — wie bei uns — die Ungleichheit der Verhältnisse es möglich macht, dass der in der Gesammtheit Hervorragende sich bedeutsam entwickeln und sich dem Ganzen nützlich machen kann. Welche Voraussicht oder welche Einrichtung würde genügen, falls die von Idealisten im Abgeordnetenhause angestrebte, allumfassende staatliche Action die Menschen alle auf ein Durchschnitts-Maass herunter gebracht hätte, um der Masse der Bewohner auch nur einer grossen Stadt das zu bieten oder zu ersetzen, was Selbstinteresse und der Anspruch des Luxus jetzt ohne weiteres zu Stande bringen?!

Die armen Bewohner Londons haben häufig dasjenige halb umsonst als Nahrung, was bei uns als Delicatesse verkauft wird, tropische Früchte als Erquickung und vieles aus Sanitäts-Rücksichten Erforderliche überhaupt nicht nur zu rechter Zeit, sondern meistens unter dem Erzeugungspreise. Es findet z. B. in England ein grosser Fischfang statt; Privat-Bahnen, um Geld zu verdienen und um Concurrenz zu bestehen, sorgen für Einrichtungen und Schnelligkeit der Beförderung, um zu den niedrigst möglichen Frachtsätzen diese Fische schnell und frisch nach allen Richtungen hin zu vertheilen. Sind sie in grossen Städten angekommen, so bezahlt die wohlhabende Welt die höchsten Preise, daraus muss der Fang bezahlt werden. Hier wie in vielen anderen Branchen hängt die Production vom Zufall ab; wird wenig gefangen, so geniesst nur der Reiche Fische als Luxus, und das Gewerbe besteht dabei. Folgt aber ein grosser Fang, so würde Vieles verfaulen, wenn nicht der niedrige Preis die ärmeren Klassen zum Consum animirte. Der Strassenhandel vermittelt und der Arme Londons kauft dann denselben Fisch zu einem Sechstel des Preises. Auf allen Gebieten ergeben sich ähnliche Resultate: Kenntnisse und richtige Beurtheilung der menschlichen Verhältnisse demonstriren unwiderlegbar, dass, *cum grano salis*, Egoismus der Hebel und Ungleichheit in der Vertheilung der Glücksgüter die Mittel sind, durch die das materielle Niveau allein erhöht werden kann. Bei uns sind Seefische z. B. (die in England einen nicht unbedeutenden Theil der Nahrungsmittel des Volkes bilden) für diesen Zweck gar nicht vorhanden und hauptsächlich, weil unsere Eisenbahnverwaltungen, die sowohl bei den Staats- als Privat-Bahnen unserer Bureaukratie angehören, die Bedürfnisse des Volkes nicht kennen und durch die Concurrenz nicht unterrichtet und gezwungen werden. Auf dem Gebiete der Eisenbahnen herrscht jetzt Vorliebe für Staatsverwaltung, und es wird mit Pathos ausgesprochen, dass das Eisenbahnwesen nicht blos als Erwerbsquelle zu betrachten sei, dass einheitliche Tarife hergestellt werden müssen, die das Publicum beglücken sollen. Die öffentliche Meinung folgt dieser Inspiration, vergessend, dass nirgends den Interessen des Publicums so wenig Rechnung getragen worden ist als gerade da, wo die Staatsverwaltung wie in Ober-Schlesien keine Concurrenz hatte.

In Folge des bureaukratischen Charakters unserer Eisenbahn-Directionen wird, im Verhältniss zu deren Leistungsfähigkeit, neben äusserst theurer Verwaltung nirgends den Bedürfnissen des Publicums Rechnung getragen, und wo dieses am besten geschieht, wie bei der Rheinischen Bahn, geht es von einem verständigen Geschäftsmann aus und ist es der Concurrenz zu verdanken. Auf dem Gebiete der Concurrenz wie überall kann das Maass wohl überschritten werden, aber nur die freie Concurrenz, nur der Egoismus vermag die Bedürfnisse völlig zu befriedigen. Hier arbeiten Kräfte, die sich gegenseitig neutralisiren, und es giebt Mittel, Ueberschreitungen des Schicklichen und Moralischen zu begegnen, wo ausnahmsweise die streitenden Elemente nicht das Gleichgewicht wahren. Die Bedingungen einer gesunden Concurrenz müssen aber vorhanden sein, man muss nicht wie bei uns verschiedene Richtungen verfolgen und so eine natürliche Entwicklung unmöglich machen. Unsere ökonomischen Eunuchen spielen mit Principien und Interessen, die sie nicht verstehen und für die sie keine Empfänglichkeit haben. Wenn es ihnen gelingt, alle Bahnen in Staatshände zu bringen, dann wird man erfahren, wie viel das Publicum dadurch verliert und wie nöthige Fortschritte dadurch gehemmt sein werden.

In den Jahren, wo ich noch die Mittel dazu hatte, denn der Wunsch beseelte mich stets, practisch für das Wohl meiner Mitbürger zu wirken, habe ich einige zwanzigtausend Thaler verwendet, um eine Fischerei-Gesellschaft in Geestemünde zu gründen, ich hatte die Markthallen in Berlin eigens dazu genommen, um Vorkehrungen zu treffen, der Berliner Bevölkerung billiges, gutes und frisches Fleisch und Seefische zu schaffen. Die Organisation war derartig, dass sie gelingen musste; leider trat der Krieg dazwischen, die Schiffe konnten nicht in See und so musste die Gesellschaft aufgelöst werden und ich habe mein Geld verloren.

Die grösste Gefahr und die grosse Schwierigkeit für meine Pläne rührte indess von den Eisenbahnen her. Was in Frankreich, England, Amerika existirt, liess sich hier nicht einführen.

Ich habe mich neben anderem vor Jahren eingehend damit beschäftigt, die Verproviantirung grosser Städte und die Bedürfnisse aller Klassen zu studiren; die wirthschaftlichen Erfordernisse von der ärmsten Arbeiterhütte bis zum Palast sind mir gleich bekannt, denn ehe ich mich für grosse Dinge reif hielt, betrachtete ich es als meine Pflicht, mich dazu zu befähigen, und mich überall practisch zu informiren. Schöne Reden sind leicht. Allgemeine Principien klingen einnehmend und man kann leicht, wenn man nur in die Ferne blickt und das Rechts und Links unbeachtet lässt, sich für Sachen interessiren, ganze Menschenklassen irre leiten und eloquent sein, aber wehe dem Lande, wo der Rethoriker regiert, da kommt der gesunde Verstand und das umfassende Denken nicht zur Geltung. In Deutschland ist man zu geneigt, doctrinär zu sein, die Anlage zum Abstracten erzeugt bei uns die fabelhaftesten Widersprüche; nirgend sonst wo kann man sich eine Democratie denken, die, neben der ihr immer eigenen Intoleranz und Zerstörungssucht, so über alle Maassen zopfig, bureaukratisch und verknöchert ist, und einen Conservatismus radicaler und nivellirender, als ihn der ausgeprägteste Democrat in England oder Amerika zu proclamiren wagen dürfte.

Ich bin aus practischen Gründen in allen Sachen für die Entwicklung und Verbesserung, nirgends für die Umwälzung. In meinen Verwaltungen war dieses stets das mich leitende Princip. Ich habe meine Güter verbessert, habe kleine Fabriken zu den grossen und grossartigsten gestaltet, aber immer auf dem gegebenen Boden; ich habe angereiht, vergrössert und verbessert, die vorgefundenen Verhältnisse aber stets in Rechnung genommen und benutzt. Aus denselben Gründen bin ich als Politiker conservativ.

Ich konnte aber während der drei Jahre, wo ich Mitglied des Norddeutschen Reichstages war, mich nie mit meiner Partei eins fühlen und habe daher nie gesprochen. Die Gesetzmacher-Diarrhoe, diese Pest unserer Zeit, der Drang radical zu wirken, war bei den Conservativen eben so rege, als bei den Democraten, nur dass sie andere Gesichtspunkte verfolgten. Es erklärt dies auch, wie so das natürliche Wohlwollen der besseren Stände für die Masse der Bevölkerung bei uns eine viel verderblichere Richtung nimmt als in England. Dort macht sich das Gefühl Luft in Wohlthätigkeit und Betheiligung an Allem, was practisch nützt, und es herrscht eine eingeborene Abneigung bei der Aristokratie gegen alle Umwälzungs-Theorieen. Bei uns erschrickt das Mitglied auf der äussersten Rechten vor keiner Neuerung, vor nichts Radicalem. Es neigt, aus Trieb die Masse glücklich zu sehen, zu den extremsten Anschauungen, und dies um so mehr, weil bei uns im grossen Ganzen die Aristokratie einer Kaste angehört, der ein emporstrebender Mittelstand auf die Fersen zu treten droht und weil ihr die harten und häufig unedlen Bestrebungen des Geschäftsmannes zuwider sind.

Ich bin veranlasst, diese Bemerkungen zu machen, weil die Conservativen bei uns in das Gepolter gegen Gründer mit einstimmen, weil auch sie, wie die Idealisten und Socialisten, den grossen Erwerb als eine Art Raub bezeichnen und unbewusst dazu beitragen, unsere Verhältnisse noch schlimmer zu machen als sie sind, und sich so zu Theorieen und Bewegungen bekennen, die ihnen am allerersten Verderben bringen würden. Die Aufgabe der wahren Conservativen ist, neben Achtung für das Bestehende, bessernd mitzuwirken und das Erreichbare anzustreben. Dieses Thema ist unerschöpflich, und wenn es meine Verhältnisse gestatten sollten, so glaube ich mich befähigt, ein Werk zu liefern, welches die sociale Frage in einer die verschiedenen Gesellschaftsklassen versöhnenden Weise behandelt. Ich sehe grosse Gefahr in der Art, wie sich bei uns die Parteien zur socialen Frage stellen.

Bei uns in den Kammern, also im öffentlichen Leben, wetteifert man so zu erscheinen, als stünde man allen eigenen Berufs-Interessen fern; dies ist bei Vielen factisch der Fall, bei Anderen geheuchelt oder zur Erreichung ehrgeiziger Ziele express so eingerichtet. Es herrscht also eine wahre Manie, die Thätigkeit des Einzelnen zu beschränken und die Bahn zum individuellen materiellen Fortkommen zu verschliessen. Wohin führt dieser Weg? In erster Reihe zur Erweiterung der bureaukratischen Verwaltung auf allen Gebieten und zu Ueberzeugungen im Volke, die dem Socialismus gleich kommen.

In England hat jeder Staatsmann, welcher Partei er auch angehört, es als die erste Bedingung einer gesunden Volksvertretung betrachtet, dass wo möglich jedes materielle Interesse factisch und reichlich im Unterhause vertreten sei. Bei uns wird Nichtsbesitzen oder Nichts zu verlieren haben mit Interessenlosigkeit verwechselt. Unter so krankhaften Anschauungen und von solchen Vertretern kann man kein Verständniss für die materiellen Interessen des Landes erwarten, und ob sie sich conservativ oder national-liberal nennen, so sind sie doch unbewusst Socialisten im schlechten Sinne des Wortes, denn sie untergraben die nationale Gesundheit ohne, wie diejenigen, die sich Socialisten nennen, durch ihren Namen und ihre Fahne abzuschrecken. Uebrigens aber ist es falsch den Socialismus, wenn er offen auftritt, zu fürchten. Er ist dann nicht gefährlich. Er fordert offen, was der gesunde Sinn versagt, während die krankhaft moralische Richtung, die jetzt eingeschlagen wird, zu Zuständen führen muss, welche Fleiss und Gewerbe stören, Arbeitslosigkeit und Noth mit sich bringen und so der Demagogie in die Hände spielen. Uebrigens verdient die sociale Frage die volle Aufmerksamkeit der Staatsmänner und die Berücksichtigung aller Arbeitsgeber.

Man beschwert sich über die Arbeiterverhältnisse, über Strikes und verdammt die verschiedenen Bewegungen, die den Arbeiter von Genossenschaften bis zum Socialismus aufmuntern, aber man fragt sich nicht, woher dies Alles entsteht. Es ist wahr, dass dasjenige, was erstrebt wird, nicht erreicht werden kann, dass vieles daran zu tadeln, alles schädlich, und am schädlichsten für die arbeitenden Klassen selbst ist. Aber Erscheinungen, wie diejenigen, die sich in allen Ländern unter der arbeitenden Bevölkerung jetzt zeigen, entstehen nicht ohne Ursache, sie wurzeln in wahren Uebelständen, und diese müssen ergründet und ihnen muss abgeholfen werden.

In den Uebergangs-Stadien von der alten zu der neuen Industrie hat man schwer gesündigt, dieses ist der Grund der socialen Bewegungen und wie diesen abzuhelfen, ist die Frage. Ich kann auf mein Gewissen erklären, dass ich ernstlich angestrebt habe, ein practisches Vorbild zu schaffen, wo Capital, Arbeitsherr und Arbeiter glücklich zusammen wirken, und dass dieser Gedanke meinen industriellen Schöpfungen ausschliesslich zu Grunde lag; ich bin darin gestört worden und habe meine Zwecke höchstens andeuten können. Die Arbeiter, die ich beschäftigte, haben es aber geahnt; ich habe nie mit ihnen Schwierigkeiten gehabt, und obgleich mich meine Sorgen und momentane Thätigkeit verhinderten, viel mit ihnen persönlich zusammen zu sein, so sind mir meine Leute, wo ich ihnen begegnete, stets liebevoll entgegengetreten, in Böhmen unter der czechischen Bevölkerung, vor der man mich gewarnt hatte, und wo leider der Deutsche nicht geliebt wird, haben meine Arbeiter unter den traurigsten Verhältnissen jahrelang anhänglich gedient; ich schuldete ihnen in den letzten Jahren grosse Summen, nie haben sie gemurrt, sie haben wacker fortgearbeitet und sich Entbehrungen auferlegt. Noch heute empfange ich täglich Beweise, dass man sich nach mir sehnt; und wie erklärt sich dies Alles? Weil die Leute wissen, dass ich ein Herz für meine Arbeiter habe, dass ich redlich mit ihnen getheilt, und dass meine Pläne alle darauf hinzielten, sie standesgemäss glücklich zu machen. Diejenigen, die nur die Fehler der arbeitenden Klassen sehen, vergessen deren Bildungsgrad, dessen Versuchungen und Entbehrungen und wieviel der grosse Fabrikant an ihnen gesündigt hat. Der Arbeiter wird rücksichtslos entlassen, wenn man ihn nicht mehr braucht, sein Lohn wird soweit als thunlich reducirt, und bis vor Kurzem hat man sich nie darum gekümmert, wie er wohnt und was aus ihm wird, und dann wundert man sich, dass er der Demagogie anheimfällt, dass er durch Strikes die Gelegenheit wahrnimmt! Man verlangt von Arbeitern unter solchen Verhältnissen Objectivität des Urtheils und Entsagungsfähigkeit, die seine Brodherren nicht bewiesen haben. Es ist wahr, dass die Bestrebungen der Arbeiter, wie sie jetzt geleitet werden, zum Ruin ihrer Gewerbe und, wenn sie ihr Angestrebtes erreichen, zur Auflösung der Gesellschaft führen würden. Die Remedur liegt dem Staate und dem Brodherrn ob. Wie? das wollte ich in meinen Schöpfungen practisch beweisen.

Man würde aber irren, wenn man glaubt, dass ich meinen Arbeitern etwas geschenkt oder mir etwas Ungebührendes gefallen lassen hätte. In meinen Fabriken war ich Herr, und nach mir und meinem Director musste sich alles richten; der Arbeiter hatte für seinen Lohn sein Tagewerk zu leisten, und was ich für ihn schaffte, musste er bezahlen oder entsprechend verzinsen. Der Arbeiter braucht keine Almosen; nur sind die Vorkehrungen, die ihm nützen sollen, von Einzelnen nicht zu erreichen. Daher muss man in Arbeiterstädten für Schulen, Vergnügungslocale, Spar-, Kranken- und andere Kassen, Bäder, Consum-Vereine und vieles Andere in einer Weise sorgen, die neben Verzinsung der Capitalien, Remonte, Amortisation das Billigste und Beste schafft. Ohne krankhafte *sentiments* muss man für den Stand standesgemäss sorgen, aber alles zugleich derartig anlegen, dass der Weg für die Verdienstvollen und Strebsamen offen ist.

Mir liegt diese Frage sehr am Herzen und obgleich kaum hierher gehörig, kann ich deren Erwähnung nicht unterdrücken. Nicht Vermögensverlust thut mir wehe, Angriffe und Tadel sind schmerzhaft, aber man kann dieselben zurückweisen und sich darüber hinwegsetzen, wenn einem, wie mir, das Gewissen sagt, dass man stets nur das Gute gewollt.

Ich habe viel Schönes geschaffen und gesammelt, dessen

Verlust mir schwer fällt, weil in Allem mein eigenster Gedanke vertreten war, und es mir desshalb theuer machte. Ueberall tröste und füge ich mich aber jetzt mit Ergebenheit in das Unvermeidliche und nur dann ergreift mich tiefer Kummer, wenn ich sehe, wie mit meinen Schöpfungen gewirthschaftet, wie meine Pläne vereitelt werden. Die Ueberzeugung indessen, dass ich meine Ideen für Verbesserung der Lage der arbeitenden Klassen aufzugeben hätte, würde mir jeden Muth zum Schaffen, alle Lust zum Leben rauben.

Ich bezweckte in diesem Theil excursiv zu sein, und ich habe diese Absicht soweit auch redlich durchgeführt; nach jahrelanger unverdienter Beschimpfung und Verkennung thut es aber dem Herzen einmal noth, sich Luft zu machen — daher ohne Rücksicht vorwärts. Wem die Expectorationen einer tief empfindenden und gekränkten Seele nicht behagen, der kann darüber hinweg zum nächsten Capitel gehen; ich verspreche dort mehr logisch zu verfahren.

Also im Allgemeinen verfolgt Jeder seine Ziele. Da es vorkommen muss, dass manchmal mehr Individuen einer bestimmten Richtung folgen als erspriesslich sein kann, so geht das Gleichgewicht verloren, es tritt ein Krankheits-Zustand ein und diesem folgt die Krisis. Beispielsweise: Die Miethen in Berlin steigen aus irgend einem Grunde, die Wohnungen sind knapp, und das Hauseigenthum steigt im Werth, dann drängt sich Alles, das Bedürfniss durch Neubauten zu befriedigen, weil es gewinnversprechend ist. Die Ersten, die dabei gewonnen, regen Andere an, und so entsteht Ueberproduction, Reaction, Krisis. Das Eigenthum wird entwerthet und das Schaffen auf diesem Gebiete hört auf. Da die Welt aber nicht stille steht und grosse Städte zunehmen, so überholt das Bedürfniss bald wieder das Geschaffene. Eigenthum und Mieths-Preise steigen von Neuem. Das Schaffen beginnt wieder und schreitet vorwärts, den Bedürfnissen entsprechend oder sich überstürzend, je nachdem andere Umstände mitwirken. Ich erwähne dieses Beispiel, weil die Häuser-Speculation viel zu der jüngsten Krisis beigetragen hat. Hierüber später ausführlicher. Für den Augenblick wünsche ich nur anzudeuten, wie Action und Reaction nothwendiger Weise verwandt sind, wie dieses aber auch aus in der Natur begründeten Gesetzen folgt, und wie Beides grossen unentbehrlichen Zwecken dient.

Wenn Action, Reaction, Krisis und Genesung auf dem Gebiete der menschlichen Thätigkeit eben so natürlich und verwandt sind wie beim menschlichen Organismus; Thätigkeit, Verbrauch, Ermattung und Erholung, dies aber dort wie hier zur Ernährung, zum Stoffwechsel und zur Erhaltung erforderlich ist, so entsteht nur die Frage: was man dazu beitragen kann, um Maass zu halten in der Thätigkeit, um Kräfte zur richtigen Zeit zu gewinnen oder wenigstens nicht unnütz zu verbrauchen und Fieber und Abspannung zu vermeiden. Im grossen Ganzen wird man selbstredend wohlthun, vor allem die Natur kennen zu lernen, ehe man sich anmasst, als Arzt aufzutreten. Der gute Arzt wird aber, hier wie da, sich auf ein Minimum von Thätigkeit beschränken und die Natur sich selbst überlassen. Die Krisis zu schaffen oder gar zu befördern, — weil diese der Genesung vorhergehen muss, — wird selbst der eifrigste Homöopath nicht versuchen, — denn damit kann man den Kranken tödten, jedenfalls ihn schädigen. Dies haben aber die Herren im Abgeordnetenhause gethan und, wie schon gesagt, damit die Krankheit bedeutend verschlimmert.

Hätte man ruhig abgewartet, so hätten sich die Sachen von selbst entwickelt und eine natürliche Krisis wäre eingetreten, denn der Schwindel war zu gross, die Gründungen zu gemein und lächerlich, um noch lange zu bestehen; die Krisis wäre also bald gekommen, hätte alsdann aber nur das Schlechte, das Nichtlebensfähige fortgerafft; so aber wurde das Kind mit dem Bade ausgeschüttet und vieles Gute zerstört, vieles Lebensfähige brach gelegt und Alles mehr als nöthig entwerthet. Es wird sich dies, ganz abgesehen von dem, was unnützer Weise angerichtet worden, bitter rächen, denn die dadurch herbeigeführte Stagnation in allen wirthschaftlichen Verhältnissen wird unsere Entwicklung hemmen und selbst die staatlichen Finanzen dauernd schädigen. Wenn die dem Deutschen Volke innewohnende Kraft sich wieder regen wird, so wird dieses in einer Weise geschehen, welche die Grenzen einer ruhigen gesunden

Action mehr als je zu überschreiten droht, und die Krisen werden schlimmer und häufiger eintreten, als es sonst der Fall gewesen wäre. Der Grund hierfür ist sehr einfach. Die Deutschen sind als Nation phlegmatisch, wenn aber zur Action veranlasst, viel intensiver als andere, und weil unsere National-Energie etwas Ungewohntes ist, so wird die Bewegung hier immer radicaler und für die Dauer haltloser.

Es wird sich Jeder sagen, dass es sehr lange währen wird, ehe neue Unternehmungen bei uns durch Private in's Leben gerufen werden. Die Zeit bringt aber unausbleiblich ihre Bedürfnisse auf einem oder dem anderen Gebiete zur Geltung. Inzwischen wird die natürliche Accumulation der Mittel eintreten, und das Capital wird früher oder später Beschäftigung suchen; thut es dies, nachdem der natürliche Verlauf der Dinge gehemmt worden, so wendet es sich den neuen Speculationen um so stürmischer und unüberlegter zu, es wird sich eine Manie, ein Fieber herausbilden, viel bedeutender als das eben erst überstandene; auf welchem Gebiete, auf welche Weise wird die Zeit lehren; es wird sich schon Etwas finden, worauf man nicht gefasst ist, und was vergangene Gefahren vergessen macht. Alle geschichtlich bekannten financiellen Krisen hatten neben ihrer Specialität immer allgemeine begleitende Momente, die sie förderten.

Die Panique, die in England im Jahre 1825 ausbrach, entstand in Folge der grossen Bergwerks-Speculation in Süd-Amerika. Die Krisis wäre aber nicht so bedeutend gewesen, wenn nicht andere Momente ihr zu Hilfe gekommen wären. Sir Robert Peel's Gesetz von 1819, wonach man zu Baarzahlungen überging, hatte den Unternehmungsgeist für eine Zeit gehemmt. Inzwischen ging der Erwerb weiter, und da die Thätigkeit des Landes nicht alle Mittel in Anspruch nahm, so wurde Geld billig, die accumulirten Gelder suchten Verwendung und die südamerikanische Speculation bot die Gelegenheit dazu. Es würde aber die Speculation und auch die spätere Calamität trotzdem vielleicht nicht die Dimensionen angenommen haben, wenn nicht verschiedene Umstände, unter anderen das Fallissement einer als ausserordentlich reich renommirten Privatbank dazu beigetragen hätten. Man betrachtete das Bankwesen Englands *as safe as the Isles.* Bei dem vorerwähnten Fallissement ergab es sich aber, dass, nach dem Austritt des letzten Chefs, die Bank auf Grund ihres alten Rufs, absolut ohne Mittel gewirthschaftet hatte. Man ging nun, wie dies häufig der Fall, von einem Extrem zum andern und gelangte allgemein zu der Ueberzeugung, dass Privatbanken nicht durchsichtig genug seien und nicht dieselbe Sicherheit gewährten als Joint-Stock-Banks; Gründung der letzteren in grossem Maassstabe war die Folge. Ein Theil der Geschäfte wurde den Privatbanken entzogen, und bei der Concurrenz und dem vorhandenen Geldüberfluss wurden Capitalien, die für Bankzwecke bestimmt waren, Speculationen zugewandt, denen Banken hätten fern bleiben sollen, und dadurch wurde die Speculationswuth gefördert und die Krisis potenzirt. Es fallirten damals zwischen 7- und 800 Banken; Entmuthigung und Verluste waren natürlich unausbleiblich; man ist aber nicht wie bei uns kopflos geworden, hat nicht Alles discreditirt und jedes Vertrauen an die Menschheit verloren, und darum sind bessere Zeiten bald wiedergekehrt.

Die Krisis von 1847 hatte ihre Ursache in übermässiger Gründung — nicht Erbauung — von Eisenbahnen, denn nicht Alles, woran Geld verloren worden, wurde gebaut. Es wurden allerdings mehr disponible Gelder, als für dauernde Anlagen vorhanden waren, in Eisenbahnen angelegt und dadurch die Krisis herbeigeführt. Der Hauptverlust des Privat-Publicums entstand aber aus Börsen-Speculationen in Quittungsbogen *(scrip)* von Gesellschaften, die nie zur Ausführung gelangten. Dieser *scrip* coursirte mit fabelhaftem Agio und wurde nicht nur werthlos, sondern es waren die Besitzer laut den damaligen Gesetzen noch zu grossen weiteren Zahlungen verpflichtet.

Es würde zu weit führen, die vielen anderen mir bekannten Momente dieser Krisis näher zu bezeichnen. Wichtig ist nur, dass bei allem Verluste diese Speculations-Epoche für England doch unberechenbare Vortheile mit sich brachte, indem es den Segen eines grossen Eisenbahnnetzes viel früher als andere Länder geniessen konnte. Die Verluste waren darum leicht verschmerzt und vergessen, weil man die Folgen der Manie nicht durch haltloses Poltern, wie bei uns, verschlimmert hatte. Das Publicum konnte sich beruhigen und sowohl seinem Berufe widmen, als auch an Erweiterungen des Bahnnetzes wie anderen Unternehmungen theilnehmen. Die Legislatur hat nicht verfehlt, mit Ruhe, und ohne Rückschritte zu machen, — denn dies geschieht niemals in England, — die sich aus der Praxis als nöthig ergebenden Modificationen in den Gesetzen für Concessionen und Betrieb von Gesellschaften durchzuführen.

Im Jahre 1857 brachte der Handel mit America durch dortige Fallissements eine Krisis mit sich; man ist seit der Zeit vorsichtiger geworden, aber man hat deshalb nicht aufgehört mit America die Geschäftsverbindung zu pflegen.

Die Krisis, welche dem Gesetze für Gesellschaften mit beschränkter Haftbarkeit (limited liability) folgte, ist unserer letzten vielleicht, wenigstens in einer Beziehung am meisten analog; bis zu jener Zeit war jeder Actionär solidarisch für alle Schulden der Actien-Gesellschaft mit seinem ganzen Vermögen verhaftet. Bei Fallissements wurden die zu leistenden Zahlungen pro rata auf die Actien vertheilt. Wenn aber durch die Nichtzahlungsfähigkeit der Einzelnen die Summe nicht ausreichte, so wurden von Neuem *calls* gemacht, so lange irgend Einer Etwas zahlen konnte. Dieses Princip war auch auf Privat-Unternehmungen ausgedehnt, indem Jeder, der aus einem Geschäfte Vortheile zog, die als Profit-Antheile empfangen wurden, mit seinem ganzen Vermögen nach aussen hin für das Geschäft verantwortlich war. Commandit-Gesellschaften irgend welcher Art waren ungesetzlich. Nach Jahre langer Agitation kam ein Gesetz zu Stande, wonach Gesellschaften mit *limited liability* gesetzlich zulässig wären. Sofort wurden Gesellschaften aller Art gegründet, und was dort, wie bei uns, das Schlimmste war, zahllose Geschäfte in Actien-Unternehmen verwandelt, die sich gar nicht dazu eigneten, und es wurde eine Unzahl Directoren und Andere engagirt, Geschäfte, die ihnen neu, und unter Verhältnissen, die nicht erprobt waren, zu leiten. The black Friday — der schwarze Freitag — war die Folge, und das Handels- und Bankwesen Englands erlitt einen Schlag, wie ein gleicher noch nie dagewesen. Hier wie immer haben Viele gelitten, hier wie immer liess man den Muth nicht sinken, der öffentliche Glaube ist nicht verloren gegangen, Genesung ist eingetreten und Volk und Gesetzgebung haben Lehren daraus gezogen. Neue Gesetze und Gebräuche sind festgestellt worden, die die früheren Uebelstände beseitigen, ungebührende Speculationen erschweren und Restitution ermöglichen. Niemand glaubt aber, dass damit Natur-Gesetze überwunden und der Schwindel unmöglich gemacht werden kann; neue Verhältnisse bringen neue Uebelstände und neue Versuchungen, und die Erfindungs-Gabe des Menschen wird stets Mittel finden, Neues zu schaffen und von Neuem Missbrauch zu treiben. Diesem Letzteren entgegenzuwirken ist die Aufgabe Aller, beseitigen wird er sich nie lassen, denn er ist ein Correlat des Gebrauches.

Zustände wie die unsrigen und ein Ton, wie der jetzt angeschlagene ziemen Kindern, welche die vergossene Milch beweinen. Damit macht man das Geschehene nicht gut und in solcher Stimmung kann das Volk und ihre Führer leicht verleitet werden, Gesetze zu machen, die rückschreitend sind und uns um Jahrzehnte zurückbringen.

Je grösser der Umfang der Geschäfte, je ausgedehnter unsere Beziehungen, je künstlicher das Wesen unseres Handels-Systems, desto häufiger, intensiver und allgemeiner werden wir financiellen Schwankungen unterworfen sein, namentlich wo Eisenbahn und Telegraph die ganze Welt vereinen, und wo gewissermassen die financiellen Pulsationen selbst der entferntesten Länder sofort überall hin fühlbar werden. In primitiven Verhältnissen, die wir nicht schaffen können, selbst wenn wir es wünschen, kommen diese Krisen, wenn überhaupt, seltener und vereinzelt vor, dafür ist aber Hungersnoth und manch namenloses anderes Elend möglich. Nachdem ich im Vorhergehenden über die Erscheinung überhaupt gesprochen, wird es der Mühe werth sein, speciell auf unsere jetzigen Zustände zurückzukommen, um sich klar zu machen, wie diese entstanden sind. Der Gegenstand ist so umfassend, dass ich nur einige Hauptmomente herausgreifen kann, — diese sind indessen bezeichnend.

Es ist eine Eigenthümlichkeit der letzten Bewegung, dass verhältnissmässig Wenig neu geschaffen wurde, Umwandlungen des Alten spielten die Hauptrolle, und insoweit Neues entstand, war es eher im Sinne der Triebkraft als der Productionsfähigkeit. Fast sämmtliche der gegründeten Gesellschaften waren Privatgeschäfte, die in Gesellschaften verwandelt worden sind oder Commissions-, Makler-, Hypotheken- und andere Banken. In den meisten Fällen waren es Geschäfte, die sich überlebt hatten, zu deren zeitgemässen Einrichtungen grosse Summen erforderlich waren, oder die sich für Actien-Unternehmungen nicht eigneten. Die verschiedenen Banken waren unnöthig oder für Zwecke bestimmt, welche Banken gar nicht erfüllen können. Die Vorstände dieser letzteren Institute waren sämmtlich Jobber und junge Juristen. Während der Gründungsperiode spielte der gewandte Börsen-Jobber die Hauptrolle. Es kam auf Agio an, und dazu waren geschickte Börsen-Manövers die geeigneten Mittel. Für jeden Beruf schien es erforderlich, sachkundige gediegene Kräfte zu suchen, Männer von Fach, von Erfahrung und Würde, nur die neuen Banken konnten dessen entbehren; Fondsmakler oder gewandte Börsen-Jobber schienen die geeignetsten Directoren in einer Zeit, wo alles darauf ankam, durch die Börse das Publicum auszubeuten.

Wenn es Thatsache ist, wie ich noch bei dem Abschnitte über unser Bankwesen durch Beispiele zu beweisen hoffe, dass selbst unsere gediegensten Banquiers nicht das geringste Verständniss für Industrie haben, so sind den Chefs unserer älteren Banken und Bankhäuser Platz-, Fach- und allgemeine Kenntnisse nicht abzusprechen, und es sind doch meistens Männer von Jahren und Würde. Nie ist es aber vorgekommen, dass man Grünschnäbel und Handelsburschen, weil sie mit dem niedrigsten Theile des Bankmetiers vertraut waren, an die Spitze von Unternehmungen stellte, zu deren Leitung erfahrene, würdige Männer sich allein eigneten. Gegen den juristischen Theil der Directionen hätte ich nichts einzuwenden, wenn deren Thätigkeit auf das Syndicat beschränkt geblieben wäre oder wenn, wie es wenigstens bei der Disconto-Gesellschaft der Fall ist, Männer gewählt werden, die neben ihrem juristischen Wissen hervorragend begabt und für die höhere Administration geeignet sind. Leider aber war dieses in der Wahl der betreffenden

Juristen bei den neuen Banken selten der Fall, und unter allen Umständen konnten in solchen Zeiten die Juristen in Ermanglung von Bankfachkenntnissen keinen Einfluss auf das Bank- und Gründungswesen ausüben. Selbst bei dem oben erwähnten Falle der Disconto-Gesellschaft halte ich die Juristen in keiner Weise für die Gründungen und Agiotage des Institutes verantwortlich. Ich habe Gelegenheit gehabt, diese Herren kennen und achten zu lernen und wahrzunehmen, dass sie nur der Apparat waren, der dem Geplanten die Form gab.

Aus Gründungen, die so geleitet waren, konnte nichts Erspriessliches hervorgehen; aber wie ist Alles dies entstanden und wie war ein solches Ueberfluthen mit kleinen Instituten möglich?

Der Krieg hatte für Alle, mit Ausnahme von Einigen, die, wie ich, leider die Arbeiten eines ganzen Lebens dadurch verlieren mussten, eine so schnelle Wendung zum Guten genommen, dass nach der ersten Ueberraschung sich Alles beruhigte. Financiell und commerziell hat der Krieg Wenigen schwere Wunden geschlagen. Die Speculation ruhte, aber Kriegsanleihen, die bald im Course stiegen, befriedigten diesen Trieb genügend. Kriegs-Lieferungen aller Art ersetzten, was sonst dem Handel verloren gegangen, und führten sogar dem Verkehr grosse Summen zu. Inzwischen war der Verbrauch an Eisenbahn- und Kriegsmaterial etc. ein ausnahmsweise grosser und es war vorauszusehen, dass mit dem Frieden Eisen-Industrie und Handel überhaupt prosperiren müssten. Nach dem Frieden kamen die Milliarden, und der sich daraus ergebende Wechselverkehr belebte das Bankwesen.

Obgleich ein grosser Theil der Gelder in den Staatskassen verschlossen blieb, so hielt es andererseits unsere Finanz-Verwaltung für geeignet, einen bedeutenden Betrag der preussischen Schuld zurückzuzahlen, und ausserdem wurde es bekannt, dass der Invalidenfond in Prioritäten und anderen Papieren angelegt werden würde. Es wurden somit die soliden Anlage-Papiere theils vermindert, theils absorbirt; Mangel an Anlage-Objecten und Cours-Erhöhung der soliden Papiere war natürlich die Folge. Das Privat-Publikum trennte sich mit Profit von seinen sicheren Anlagen und sah sich nach neuen Werth-Objecten um. Geld war nicht nur flüssig, weil viel Papiere durch Geld ersetzt wurden, sondern auch weil durch die Einigung Deutschlands der süddeutsche Markt mit dem unsrigen Eins wurde und Capitalien, die früher local waren, nun dem ganzen Lande zugänglich wurden.

Wer z. B. die früheren Verhältnisse von Hannover kennt, der weiss, wie billig dort Geld war, und zu welchen niedrigen Sätzen es die Regierung und Private nur mit Noth unterbringen konnten. Mit der Einigung kam Alles in Fluss und umgekehrt war das Absatzgebiet für unsere Papiere ein grösseres geworden. Inzwischen wurden colossale Bestellungen für Kriegsremonte und Eisenbahnen ertheilt, Festungs-Erweiterungen und andere Entreprisen wurden mit voller Hand vergeben und Alles war thätig. Ueberall flossen dem Geldmarkt neue Mittel zu, und ein Hauptfactor, das öffentliche Vertrauen, war unbegrenzt, denn die Milliarden waren unerschöpflich und Niemand fürchtete, dass eine Finanznoth mit der Fälligkeit der Rechnungen eintreten könnte. Mit einem Worte: Alles erschien nicht nur *en couleur de rose*, sondern war auch wirklich so.

Wie zu erwarten stand, übertrug sich dieser Jubel auch auf Handel und Gewerbe im Allgemeinen; die Zeiten waren gut und mussten — so glaubte man — noch viel besser werden. Es folgte, dass jeder Kaufmann, der ein Lager führte, jeder Fabrikant, der Rohproducte brauchte, jeder, der überhaupt Bedürfnisse hatte, sich überstürzte und seine Bestellungen gab, um noch bei Zeiten und zu verhältnissmässig billigen Preisen zu kaufen. Selbstverständlich wurden die Producenten ebenfalls angeregt und die Preise stiegen verhältnissmässig mit den Rohproducten. Eine solche Prosperität spannte natürlich bestehende Einrichtungen auf das Aeusserste an, und Jeder dachte und ging daran, diese zu vergrössern und seine Anlagen auszudehnen.

Damit stieg der Bedarf naturgemäss weiter auf fast allen Gebieten und die oben angedeuteten Erscheinungen pflanzten sich in steigender Potenz weiter fort. Profite, wie sonst unerhört, wurden realisirt und alle Welt glaubte, dass dies nur der Anfang einer grossen anhaltenden guten Zeit sein werde.

Ich unterlasse es, einer Kritik zu unterwerfen, in wie weit das, was hier als von den Behörden ausgehend geschildert worden, zeitgemäss und weise war, wie Vieles hätte unterlassen werden können oder anders geschehen sollen. Es genügt zu sagen, dass Alles zusammen einen Zustand herbeigeführt hatte, der für die Gründung von Actien-Unternehmungen so geeignet war, als man nur wünschen konnte; indessen ist der Gegenstand noch lange nicht erschöpft. In Folge der Geschäftsführung unserer Staats- jetzt Reichsbank ist für das eigentliche Bank-Geschäft, wie solches richtig zu verstehen, d. h. Beziehung zu Handel und Industrie im Sinne des Discontirens von Wechseln und der Unterstützung des Gewerbe-Betriebes, für die anderen Banken kein Feld mehr belassen, denn diese Beziehungen werden von der Staatsbank derart absorbirt, dass für den Privat-Banquier nur das übrig bleibt, was jener nicht convenirt, und dies um so mehr, als nach den Anschauungen der hiesigen Bankwelt und der Haupt-Bank es sich für einen Banquier nicht ziemt, seine Disconten bei der Haupt-Bank weiter zu begeben. Platz-Disconten kann man gar nicht und Wechsel auf auswärtige Plätze nur kurz vor Verfall begeben; der Banquier kann daher nicht discontiren, weil er sonst sein Geld nicht zu jeder Zeit disponibel hätte, und mit blosser Verzinsung eigner Capitalien kann man keine Dividende vertheilen.

Der Berliner Banquier hat somit kein eigenes Operationsfeld ausser Arbitrage, Commissions-Geschäft und Agiotage. Die Arbitrage ist begrenzt und bedingt Speculation, das zweite wird so billig besorgt, dass, nachdem man, wie Eingeweihte es beschreiben, ein Achtel in Rechnung bringt, ein Achtel offen gaunert und ein weiteres Achtel verschwiegen räubert, es doch nur höchstens zur Deckung der Geschäftsunkosten beiträgt, aber zu keiner Dividende verhilft. Allerdings hat das deutsche Handelsgesetzbuch, dieses Product moderner Gesetzgebung durch Dilettanten, es statthaft gemacht, dass der Commissionär im Widerspruch mit allen bekannten Rechtsgrundsätzen ihm übertragene Geschäfte in sich machen kann, d. h. von seinem Auftraggeber für sich kaufen und von sich liefern kann, selbstverständlich wird der Betreffende regelmässig übervortheilt, und die Art wie die Börsen-Course gemacht und notirt werden, bietet die nöthige und bezweckte Handhabe für den Betrug.

Aus dieser Prozedur fliesst dann auch Profit, da aber der betreffende Auftraggeber auch von dem Handelsgesetzbuch Gebrauch macht, so weiss er diesen Profit zu beschränken. Das Privat-Publicum ist bei Aufträgen allerdings weniger geschützt. Es bleiben schliesslich dem Banquier, als wirklich ergiebige Erwerbsquelle, nur Staats-Anleihen, Gründungen und Agiotage.

Aus früherer Zeit stammte, in Folge der Politik des Herrn v. d. Heydt, eine Zahl grösserer Banken in kleinen Staaten. Diese hatten keinen entsprechenden Wirkungskreis und benutzten die erste Gelegenheit nach der Constituirung des Norddeutschen Bundes und späteren Deutschen Reiches, um Filialen in Berlin zu etabliren. Diese waren geschäftslustig, um den Mutter-Instituten ihre Rentabilität nachzuweisen, und so vermehrte sich noch vor den neuen Bankgründungen die Zahl derer, die darauf angewiesen und fähig waren, die vorerwähnten Agiotage- und Gründungsgeschäfte zu betreiben. Während die Mittel so vorbereitet waren, war das Actien-Gesetz inzwischen derart verändert worden, dass an Stelle der staatlichen Concession die Constituirung von Actien-Gesellschaften nur von gewissen Vorbedingungen abhängig wurde, die leicht und schnell erfüllbar waren. Ueber Actien-Wesen werde ich später schreiben.

Ob der Uebergang hätte ein allmähliger sein müssen, ob die Vorschriften des Gesetzes ausreichend waren, mag dahin gestellt sein. Im Prinzip ist das Gesetz richtig. Aber hier wie in dem vorerwähnten englischen Fall war ein ganz neuer Boden geschaffen, einem bevormundeten Publicum wurde plötzlich die unumschränkteste Freiheit gewährt und dies in einer Zeit, wo alle Elemente für die ausgedehnteste Benutzung dieser Freiheit vorhanden waren. Die grosse Rentabilität aller industriellen Anlagen, in Folge der reichlichen Aufträge und hohen Preise, ermöglichte es, den Besitzern Offerten zu machen, die sie animirten, sich, nach dem technischen Ausdruck, gründen zu lassen. Die ersten Gründungen waren in der That verhältnissmässig gut, und die betreffenden Besitzer waren neben dem hohen Preise zum Verkauf animirt, weil die Geschäfte für Privat-

Unternehmungen zu umfangreich geworden waren. Wie schon erwähnt, die Respectabilität der betreffenden Bankhäuser und die Verhältnisse boten Gelegenheit, die Situation auszunutzen; das hohe Agio animirte Andere zur Nachahmung und reizte das Publicum zur Betheiligung und zum förmlichen Haschen nach neuen Emissionen. Hier will ich nur indiciren, worauf ich noch zurückkomme, dass das Publicum, wenn auch zu bedauern, eben so viel Schuld an den Excessen dieser Zeit hat, als die Gründer und in Wirklichkeit aus Gründern bestand; denn nur wenige haben sich behufs eigentlicher Capitalanlage betheiligt. Fast Alles kaufte auf Courssteigerungen abzielend, und wenn Viele zu bedauern sind, so haben es fast Alle sich selbst zuzuschreiben. Jeder wollte plötzlich reich werden, selbst hohe Zinsen genügten nicht mehr und wurden nur beachtet, so weit sie eine Basis für Agio bildeten. Meine Dienstboten selbst, die sich mit den Jahren einige Hundert Thaler erspart hatten, waren trotz meiner Warnung nicht zu halten, und merkwürdiger Weise betheiligten sich die armen Leute fast immer bei den allerfaulsten Unternehmungen.

Es amüsirte mich, zu beobachten, wie mein Castellan den Courszettel studirte und ihn auswendig kannte. Jeden Tag hörte ich von Transactionen, immer wurde sein Capital grösser, das Endresultat war aber doch der Verlust seiner ganzen Ersparnisse, denn sein Banquier, ich glaube die Gewerbebank Schuster, veranlasste ihn mehr zu kaufen, als er bezahlen konnte, und so ging ihm während der Krisis Alles in Cours-Differenzen verloren. Ich erwähne diesen Fall als Illustration, er steht aber nicht vereinzelt da, er zeigt, wie alle Schichten des Publicums sich betheiligten, — Gründungsschwindel ist überhaupt nur möglich, wenn alle Factoren dazu beitragen. Dieses war der Hergang. Wie wenig ich mit all' dem, was hier geschildert worden, gemein hatte, wird aus der wahrheitsgetreuen Beschreibung meiner Thätigkeit erhellen.

Wie mir unser Bank- und Börsenwesen verhasst ist, habe ich auszudrücken versucht. Da man aber mir die so unglücklich abgelaufene Zeit grossen Theils zur Last legt, so wird es interressant sein, zu ermitteln, wieso bei dem Entstehen der

Speculation im Allgemeinen sich dieselbe hauptsächlich auf gewisse Gebiete geworfen hat. Neben der sich aus den allgemeinen Verhältnissen ergebenden Prädisposition, veranlasste Wohnungsnoth, und die daraus sich ergebenden höheren Miethspreise und der Mehrwerth der Häuser in Berlin die erste Bewegung, und hier ist klar ersichtlich, wie sich die von mir oben angeführten Gesetze in der Praxis verwirklichen, und wie der Häuser-Schwindel als eine Folge früheren dummen und ungebührenden Verdammens natürlicher Bestrebungen auftrat. In Berlin, wie in allen grossen, nicht veralteten Städten, deren Bevölkerung in stetem Zunehmen begriffen ist, hat sich der Fleiss der dazu Befähigten (hauptsächlich Maurer und Zimmerleute) stets auf den Häuserbau, als Speculation, gelegt und in den fünfziger und sechsziger Jahren hier besonders grosse Dimensionen angenommen. Der Speculationsbau ist von der Natur des Geschäftes bedingt, und wenn das Wachsthum grosser Städte denselben überhaupt erfordert, so ist er für Berlin um so mehr nothwendig, weil die Häuser für die Mittel der kleinen Capitalisten zu gross sind. Die Geldbeschaffung auf Hypotheken liegt diesen auch zu fern, und falls sie sich entschliessen Hausbesitzer zu werden, dann kaufen sie sich lieber ein Haus, welches fertig und vermiethet ist, wo sie sich nach ihrer Auffassung den Werth durch Capitalisirung des Miethsertrages berechnen können, und bei dem sie geregelte Hypotheken-Verhältnisse vorfinden und genau wissen, ob ihr Capital für die Anzahlung beim Kauf ausreicht.

Der von mir zu berührenden Themata sind so viele, und es knüpfen sich in meinem Geiste so viele aus der Erfahrung gesammelte Gedanken daran, dass es mir schwer wird, dieselben unerwähnt zu lassen. So muss ich hier bemerken, dass es mir gleich nach meiner Ankunft in Berlin vor über zwanzig Jahren, und Viele können dies bezeugen, aufgefallen ist, dass die Häuserpreise in Berlin ausserordentlich und, wenn auch mit Unterbrechungen, dauernd steigen müssten; dass ihre Werthschätzung aber hier auf ganz falschen Grundlagen beruhe und dem Berliner überhaupt jedes Urtheil in dieser Beziehung abgehe, weil ihn die Ausdehnung der hiesigen Verhältnisse überhole, ehe er dafür vorbereitet sei, und weil ihm ähnliche Vorgänge in anderen Ländern unbekannt geblieben sind. Diese Bemerkung ist, wie ich später zu beurtheilen Gelegenheit hatte, auch fast auf jedem anderen Gebiet der Thätigkeit in Deutschland anzuwenden. Man ist in Deutschland sehr weit in wissenschaftlicher Beziehung, man kann Principien reiten und hält sich viel klüger als die Bürger anderer Länder. Meine Erfahrung lehrt mich indessen, dass neben einem höheren Bildungsgrade, neben grösserem und umfassenderem Fachwissen und bei grosser Tüchtigkeit auf seinem beschränkten Berufs-Gebiete der Deutsche in Deutschland, ausserhalb seines eignen Geschäftes, in practischer Beziehung ganz und gar ohne eignes Urtheil und ohne spontanen Unternehmungsgeist ist. Ich fand, dass der Berliner, wenn er ein Haus kaufen wollte, fast immer den Miethspreis als den ausschliesslichen Werthmesser betrachtete, — die Solidität des Baues, die Lage als Maasstab für die Erhaltung oder das Steigen des Werthes, ob das Haus zeitgemäss eingerichtet und wenn auch noch bewohnbar, doch in nicht zu langer Zeit einen Umbau erheischte, ob ein Haus trotz des Miethsertrages mehr Baustelle als Haus war, die Klasse von Bewohnern, das zeitweilige Nichtvermiethen als Richtschnur für die Sicherheit der Miethe, die Kosten der Erhaltung durch Abnutzung, die Annehmlichkeit der Beziehungen zu den Miethern, alle diese nöthigen Bedingungen für eine Werthberechnung wurden selten berücksichtigt. Die oder jene Gegend war vom Käufer aus diesen oder jenen persönlichen Gründen gewählt, aber im grossen Ganzen war die Frage: „Wie verzinst sich mein angelegtes Capital“, — nicht ein Mal der Kaufpreis —, sondern derjenige Theil des Geldes, den der Käufer anzahlte und was er dann über 5 pCt. bekam, hiess Ueberschuss, — Gewinn. Diese Verhältnisse und Anschauungen waren dem Speculationsbau günstig, denn nachdem ein Haus gebaut und vermiethet war, blieb dem Erbauer in Folge der obigen Werthschätzung beim Verkauf nicht nur Profit, sondern auch Erstattung aller Damnos und Mehrkosten, die der Credit-Bau und die Hypothekenbeschaffung mit sich brachten. Lieferanten, Baustellen-Besitzer und Wucherer fanden ihre Rechnung dabei, und so nahm diese Industrie folgende Gestalt an: kleine Zimmer-

oder Maurermeister oder diejenigen, die als Polirer Erfahrung hatten, sahen sich nach Baustellen um; da es schwer ist Baustellen gegen irgend welche beträchtliche Baarzahlung zu verkaufen, so waren dieselben, wenigstens die einzeln verkäuflichen, meistens in Händen von Solchen, die in Baustellen speculirten. Diese wussten, dass sie am besten oder überhaupt nur verkaufen konnten, wenn sie keine Anzahlung verlangten und gar noch Geld zuzahlten. Es war daher Usance, dass der Bau-Speculant ohne Angeld kaufte, und dass sich der Baustellen-Besitzer verpflichtete, eine gewisse Summe in Form von Baugeldern zuzugeben, und zwar nach Massgabe des Fortschrittes des Baues und mit der Bedingung, dass er mit der Kaufsumme und mit der für die Baugelder eingeräumten Hypothek nach Vollendung des Baues zu Gunsten anderer Hypotheken innerhalb einer gewissen Höhe der Feuerversicherungstaxe rücken sollte. Wo der Baustellen-Besitzer die Mittel nicht hergeben konnte oder wollte, fanden sich Andere, denn das Geschäft war ganz sicher, einen gewissen Credit für Materialien und kleine Handwerksarbeiten hatte Jeder; im übrigen machten es die grossen und kleinen Lieferanten wie der Verkäufer der Baustellen, und was zuletzt noch fehlte, die letzten Hypotheken, wurde nach Vollendung des Baues mit schwerem Damno beschafft; denn hier kam die Werthschätzung nach der Miethe zur Geltung.

Im Uebrigen war die Ersparniss, welche die Fachkenntniss und die eigene Arbeit des Erbauers sowohl, als vorkommende Pfuschereien in der Solidität des Baues betraf, auch in Anschlag zu bringen. Blieben Einzelne in der Ausführung stecken, so erwarb der Stein- oder Holzlieferant, der dem Gläubiger für die Baustelle nachstand, das unfertige Gebäude freiwillig oder per subhasta und vollendete den Bau. Die kleineren Handwerker und persönlichen Gläubiger verloren dabei, der Käufer machte aber immer ein gutes Geschäft. Diese Methode der Bauspeculation führte natürlich zur Ueberproduction und hatte manche anderen Uebel im Gefolge. Nun erhob sich damals, wie jetzt, ein Schrei der Entrüstung, und der Speculations-Bau wurde allgemein als Bauschwindel verdammt und so für eine Zeit eine Thätigkeit gehemmt, die neben ihren begleitenden Fehlern beinahe eine Lebensbedingung für grosse Städte ist.

Nur durch die Bau-Speculation und nur durch eine gewisse Ueberproduction kann den Bedürfnissen, die durch Zuzug und natürliche Vermehrung der Einwohner entstehen, Genüge geleistet werden. Die Bevölkerung kleiner Städte nimmt wenig zu, diese geben stets an die grösseren Städte ab. In Posemuckel ist nie eine Wohnung frei, in London müssen stets viele Tausende leer stehen, um den Bedürfnissen zu genügen. Deshalb muss man in Berlin als Weltstadt, was aber nie geschah, je nach Lage einen gewissen Procentsatz der Miethe für das Leerstehen absetzen. Niemand baut aber um die leerstehenden Reserven zu liefern, und diese werden daher überall nur durch Ueberproduction geschaffen. Die Ueberproduction aber braucht nicht gefördert zu werden; hier wie überall wird das Nöthige von selbst geschehen. Jeder Versuch indessen die Ueberspeculation unmöglich zu machen, würde die Lebenskraft lähmen. Ein Jeder muss die Folgen seiner Unbesonnenheit tragen, und wer das Gesetz übertritt, für den ist die Strafe. In dieser Hinsicht weicht unsere Gesetzgebung in ihren Principien von der Englischen darin ab, dass man in England verbietet, was man bei uns zu verhindern sucht. Durch den Verruf, in den die Bau-Speculation kam, durch die Verluste, die manche Hypotheken-Gläubiger erlitten, wurde der Speculationsbau eine Zeit lang unmöglich. Der Bau beschränkte sich wesentlich auf den Ausbau existirender Häuser, wodurch eine Zahl grösserer Wohnungen allerdings geschaffen wurde, aber für Arbeiter-, kleine und Mittelwohnungen geschah nichts, und es wird sich Jeder erinnern, wie sehr, kurz vor und unmittelbar nach dem Kriege, die Wohnungsnoth gestiegen war. Das Steigen der Miethen und der Mangel an Wohnungen wäre nie so gross geworden, wenn man, den Schwindel verdammend, die gesunde Speculation nicht mitverdammt hätte. Ich sah es voraus und habe es unzählige Male geäussert, dass wir in Folge dieser Neigung bei uns allgemein zu verdammen statt jede Sache einzeln und für sich zu beurtheilen, auf den vorliegenden Fall angewandt, einen Bauschwindel herbeiführen würden, der unerhört und in seiner

Wirkung wahrhaft vernichtend sein dürfte. Ich kaufte in jener Zeit viele Häuser und bezahlte mehr als andere dafür geboten hatten. Ich erwarb diese Grundstücke zwar als Capitalanlage und nicht aus Speculation, mein Urtheil war aber so richtig, dass ich, in der schlechtesten Zeit zum Verkauf gezwungen, stets mit Vortheil verkaufen konnte, während der mir bezahlte Preis heute noch zu erlangen ist. *Wir säen von Neuem Drachenzähne, und die Ernte wird nicht ausbleiben, denn nichts ist sicherer, als dass Berlin an Bevölkerung zunehmen wird, und nichts gewisser, als dass ein wirklicher Häuserschwindel sich, wie die Verhältnisse jetzt behandelt werden, wieder einstellen wird.*

Dieses zukünftige Uebel und jedenfalls unnütze Opfer in der Gegenwart, ist nur durch Beruhigung der öffentlichen Meinung zu mindern, wenn auch nicht gänzlich zu verhindern. Wahnsinnige Preise sind für Häuser und Baustellen bezahlt worden. Der allergrösste Theil der Letzteren verdient nicht den Namen, ist nur als Ackerland zu betrachten und ein grosser Theil wird vielleicht erst in 40—50 Jahren sich zu Baustellen eignen; aber viele Baustellen werden bald wieder einen Werth erlangen und der Werth des Hauseigenthums wird wieder steigen. Es werden die lächerlichen Preise, die hier mancher bezahlt, in unserer Generation nicht wieder erreicht werden. Vieles wird noch im Preise fallen, Angebot und Nachfrage werden ihre Wechselwirkung aber ausüben. Bei den nicht ausbleibenden Zwangsverkäufen wird Vieles indessen weit unter seinem Werth unnütz verschleudert werden, wenn die Entmuthigung weiter geht; es ist viel freies Capital vorhanden und jetzt ist die Zeit, wo das Privat-Publicum, wenn es Muth hat und sich Mühe giebt, jede Sache für sich zu beurtheilen, billig kaufen kann; wenn es dies nicht thut, so werden Wucherer — ob Private oder Hypotheken-Institute — allein den Nutzen davon ziehen.

Kurz vor Ausbruch, während und unmittelbar nach dem Kriege hatten die Wohnungsnoth und die hohen Miethspreise wieder Neubauten veranlasst und den Preis der Grundstücke gehoben. Das Capital suchte Anlage in Haus-Eigenthum, hohe Preise wurden erzielt, die Käufer verkauften leicht gleich wieder mit Vortheil, und so trat die Häuser-Speculation und damit der Schwindel ein, der nicht nur übertriebene Preise, sondern Baugesellschaften aller Art zur Folge hatte. Schwindelhafte Gründungen entstanden eben so häufig aus guter Ueberzeugung als aus böser Absicht, was man heute theuer verkaufte, war morgen viel mehr werth; was Wunder, dass die Besitzer anspruchsvoller, die Käufer dreister und dringender wurden. Die Baugesellschaften erzielten durch Kauf und Verkauf nie dagewesene Vortheile. Schwindler benutzten die Situation, aber eben so viele Narren wurden reich und als Genies verschrieen, die in ihrer Dummheit reüssirten, aber auch theilweise wieder untergegangen sind, — während des Jubels waren sie indessen populär.

Was in Berlin vorging, wiederholte sich in allen anderen Städten, *mutatis mutandis.* Ich erinnere mich, dass einer der bedeutendsten Helden dieser Periode mich nach der Krisis besuchte, er war mir persönlich unbekannt, ein Posen'scher Jude von echtem Schlage. Derselbse wollte mir einige aus der Gründungsperiode nicht gegründete, ihm übrig gebliebenen Objecte gegen einige meiner Güter verkaufen. Er war als Baugesellschafter gross, da aber inzwischen Bergwerke an die Reihe gekommen, so hatte er sich auch mit einer Zahl Berechtigungen ausgestattet und war im Begriff — er ist nur von der Krisis übereilt worden — die Welt damit zu beglücken. Bergwerksbesitz kann leicht überschätzt werden, es kann aber auch vorkommen, dass wirklich werthvoller Besitz der Zeitverhältnisse halber und wegen mangelnden Betriebscapitals weit unter dem Werth verkauft werden muss; das, was dieser Herr besass, war absolut werthlos, nur auf die Oberfläche war es abgesehen und so zusammengesetzt, dass man in der Zeit der Gründungen leicht Millionen erzielt hätte. Um eine Idee zu geben von der Art wie der Hausbesitzer vollständig gezwungen wurde, hohe Preise zu verlangen, mögen folgende Beispiele dienen: Ich hatte einem englischen Herrn in Verrechnung ein Haus in der Hohenzollernstrasse verkauft, ich sagte ihm mein Preis wäre augenblicklich hoch, aber in zwei bis drei Jahren würde er ihn sicherlich erreichen. Er liess mir Vollmacht, geeigneten Falls das Haus wieder zu verkaufen. Gleich beim Beginn der Häuserspeculation wurden Nachfragen gemacht; ich sah die Zeit voraus, aber ich billigte nicht die schon sehr geschraubten Verhältnisse, forderte daher einen dem wirklichen Werth entsprechenden, aber nach meiner Auffassung reichlich bemessenen Preis, der mir sofort gewährt wurde. Innerhalb einiger Tage hat das Haus mehrere Mal seine Besitzer gewechselt und immer zu viel höheren Preisen.

Meine Bureaux waren in der Jägerstrasse, und ich konnte Bewerber um dieses Grundstück kaum abwehren. Endlich besuchte mich ein alter Bekannter, den ich für einen soliden, sehr berechnenden Geschäftsmann hielt. Ich entschloss mich das Haus zu verkaufen und forderte einen bescheidenen, aber immerhin genügenden Preis. Mein Freund hätte zugreifen sollen, denn ich war mässig, und was ich forderte wird das Haus immer werth sein. Er war aber Berliner und verstand nichts von richtiger Werthschätzung. Annehmend, dass ich Geld brauchte und mit mir handeln lassen würde, hat er nicht gleich zugeschlagen; ich aber, Feind jedes Marchandirens, sage immer gleich, was meine ernstliche Forderung ist. Nun zauderte er und zauderte, während ich mir den Spass machte täglich 5000 Thaler mehr zu fordern. Nach dreimaligem Aufschlag, worauf ich ihn vorbereitet hatte als Strafe dafür, dass er glauben konnte, ich würde mehr fordern, als ich zu nehmen gewillt sei, wurde ihm der Spass zu theuer, und er zahlte mir 15,000 Thlr. mehr, als ich ursprünglich verlangt hatte. Ich muss bemerken, dass ich gleiche und noch höhere Gebote zur selben Zeit empfing. Dieser Herr war ein anständiger, ehrenhafter und reicher Mann, der sich sein Vermögen redlich in seinem Geschäfte verdient hat, er hat in der That nicht mehr als den Werth bezahlt. Wenn aber solcher Mann in solcher Zeit so von der Häuserwuth hingerissen wurde, dass er förmlich mit sich spielen liess, wie kann man sich dann über den Fortgang der Krankheit wundern; Alles war eben wahnsinnig und die Schwindler glaubten zuletzt selbst an die Gesundheit ihrer Sache. Solche Erscheinungen geben zu ernstem Bedenken Anlass. Hauptsächlich muss man sich aber sagen, man erntet was man säet. Ein vom Beamtenwesen bevormundetes Volk weiss Freiheit der Action nicht zu benutzen.

Ich spreche nicht von Politik. Auf diesem Gebiete bin ich aufrichtig conservativ, allerdings wie *ich* dieses verstehe. Aber es ist gefährlich, ein strebsames, thätiges Volk zu bevormunden, ewig kann man es nicht thun und wir sehen die Folgen, wenn es die Fesseln bricht, und wir riskiren eine Gesetzgebung, welche die alten Zustände zurückführt, nachdem das Lehrgeld für die Neuzeit bereits bezahlt worden.

Dem plötzlichen Steigen der damaligen Vermögens-Verhältnisse der Geschäftstreibenden entsprechend, gründeten Viele einen Hausstand weit über dem Niveau, welches sonst in Berlin üblich war, grosse Wohnungen, wie sonst nur wenig gebraucht worden, wurden nun massenhaft gesucht und theuer bezahlt, und in Folge dessen sind viele der neuen Häuser in einem Maassstab angelegt, der alles hier Dagewesene übertrifft, und so sind denn jetzt, wo sich die Verhältnisse verändert, ganze Strassen unbewohnt, und dieses entmuthigt noch immer weiter, und schliesslich machen unsere Hypotheken-Gesetze es gefährlich, Etwas zu besitzen, worauf man Schulden hat. Der Wucher hat so überhand genommen und sich nicht nur auf Private beschränkt, dass es, wenn man Geld gegen Hypotheken sucht, nur eine Frage der Zeit ist, wie bald man ruinirt sein werde. Die Hypotheken-Institute haben sich der für Hypotheken bestimmten Capitalien grossentheils bemächtigt und treiben einen abscheulichen Wucher. So viel über den Häuserschwindel.

Unter den Bau-Gesellschaften sind diejenigen, die Eisenbahnbau bezweckten, in keiner Weise als Schwindel zu betrachten, und nur für die Entstehung dieser bin ich indirect die Veranlassung gewesen. Meine Eisenbahnthätigkeit und Erfolge waren die Veranlassung für die Gründung der sogenannten „Strousberg auf Actien“ und, obgleich Viele aus Neid und Feindschaft mitgewirkt haben, ich bin überzeugt, dass, wenn sie auch alle Schiffbruch gelitten, hier keine unredlichen Absichten zu Grunde gelegen haben. Auch hat deren Misslingen nicht viel zur Speculationsmanie beigetragen; allerdings wurden die Actien und namentlich die Plessnerschen mit hohem Agio gehandelt und haben die dabei betheiligten grossen Bankhäuser den Profit daran eingesteckt; die betreffenden Eisenbahn-Papiere aber sind nicht mit Agio umgesetzt worden, denn das Publicum war für neue Eisenbahn-Actien nicht eingenommen. Alles, was sofortige hohe Zinsen versprach, alles Fertige, womit gleich gehandelt werden konnte, das war gesucht. Anlagen, die Zeit, Arbeit und Entwicklung bedurften, die eigentlich nützlichen, waren nicht geeignet den überreizten Appetit des speculirenden Publicums zu befriedigen. Hier lag das eigentliche Gebiet meiner Thätigkeit. Agiotage ist die gefährlichste Seite jeder überspannten Speculationszeit, von mir aber ist nichts geschaffen worden, was mit Agio auf den Markt gebracht wurde. Dieser Umstand allein sollte mich in der Meinung des Publicums, von allen Gründern scheiden; wenn ich auch nicht behaupten kann, dass ich nicht gerne höhere Preise für meine Effecten erzielt hätte, so muss es doch von selbst einleuchten, dass, wenn ich Unternehmungen, die hunderte Millionen betrugen, ausführte und niemals Agio bekommen habe, ich nicht zu Denen zu zählen bin, die von einer aufgeregten Zeit Gebrauch machen, um übermässige Course zu erzielen.

Wenn man meine Thätigkeit verfolgt, so muss man im Gegentheil sagen, dass ich thätig war, als Alles ruhte, dass mir die Zeitverhältnisse ungünstig waren, und dass mein ganzes Wirken, von anderen Grundsätzen ausgehend, andere Wege eingeschlagen und andere Ziele verfolgt hat. Die Eisenbahn-Gesellschaften hatten Fachmänner an ihrer Spitze und die ersten Bankhäuser und Industriellen in ihren Verwaltungen. *Plessner* hat selbst ein Buch über Preise geschrieben, allerdings ahnte er damals nicht, dass er gezwungen sein würde, die dort an den Tag gelegte Weisheit practisch in Anwendung zu bringen. Er war ferner unterstützt von einem der ersten Techniker des Preussischen Staates, dem *Geheimen Ober-Bau-Rath Koch,* und einem sehr gescheuten Mann, *dem Baumeister Schultz;* in der Verwaltung waren die ersten Häuser wie *Mendelssohn, Borsig* etc. und doch — welch vollständiges Fiasco!

Rothschild, Bleichröder und Andere leiteten die Reichs-Eisenbahn-Bau-Gesellschaft; dieselbe scheidet ruhig aus dem Leben und, weil so grosse Männer an der Spitze standen, schweigt man darüber!

Die Deutsche Eisenbahnbau-Baugesellschaft war geleitet vom *Geheimen-Ober-Baurath Hartwig,* ausgerüstet mit allen Eigenschaften und staatlichem Einfluss und unterstützt von einem grossen, mächtigen Banquier-Consortium, wie kläglich aber das Ende und wieviel schlimmer wäre es noch gewesen, wenn der Staat nicht in das Haupt-Unternehmen eingetreten wäre.

Ich will von der Thätigkeit der Banken, die hier und in Oesterreich sich mit Eisenbahnbauten beschäftigen, abstrahiren. Dieselbe ist überall unheilbringend gewesen und alle Folgen sind noch nicht zu Tage getreten; in den meisten Fällen wissen aber die grossen Banken die Verluste und das Odium von sich abzuwenden, und die Regierungen helfen ihnen dabei. Warum sind aber die „Strousberg auf Actien“ trotz aller Vortheile, die sie vor mir voraus hatten, Alle zu Schaden gekommen, während ich doch eigentlich trotz vieler ungünstigen Verhältnisse, trotz dreier Kriege und vieler Krisen, die ich zu überstehen hatte, beim Eisenbahnbau reüssirt habe? Der Grund ist, dass Eisenbahnbau sich nie für Gesellschaften eignet, dass die General-Entreprise nur für eigne Rechnung gehandhabt werden kann und dass dazu Eigenschaften erforderlich sind, die Keiner von den Betreffenden besass, und die auch für Gesellschaften nicht in Anwendung gebracht werden konnten, wenn sie vorhanden gewesen wären. Ich habe nichts gegen die Motive einzuwenden, die zur Gründung dieser Unternehmungen führten; aber deren gründliches Fiasco könnte mich reizen mit Schärfe die Fehler zu kritisiren, die seitens der hohen Herren im Verwaltungsrathe, seitens der vereinten Weisheit der Directionen begangen worden sind. Die grossen Banquiers, und namentlich die hier betheiligten, sind doch stets diejenigen gewesen, die über mein Streben den Stab gebrochen haben. Ich verschmähe es aber, Anderen zu schaden. Fehler sind begangen worden, die Hauptschuld aber lag in der Natur der Sache. Mir haben diese Herren Unrecht gethan, mich unnöthiger Weise discreditirt und sich als Gegensatz zu mir hingestellt; auch habe ich Grund zu glauben, dass die Angriffe gegen mich in der Kammer und in der Presse grossentheils von ihnen veranlasst waren.

Eisenbahnbau-Gesellschaften können nicht prosperiren.

Der Versuch ist in England und in anderen Ländern wiederholt gemacht worden und überall mit gleichem Misserfolge. Keine einzige Baugesellschaft hat irgend wo reüssirt. Jedes Land macht seine eigenen Erfahrungen und so musste der Versuch sich bei uns wiederholen. Die Nation ist belehrt und erfahrungsreicher geworden und wird das Lehrgeld leicht verschmerzen.

Ich habe im Vorstehenden versucht, Ursache und Wirkung der Häuserspeculation zu schildern, und wenn auch bis zu einem gewissen Grade der Baustellen-Schwindel dadurch und durch die allgemeinen Zustände herbeigeführt sein mochte, so war dies doch nur im geringen Grade und nur ganz nebensächlich der Fall. Man kann sich leicht erklären, wie Wohnungsnoth die Bauthätigkeit anregt, und das weitere ist eine Entwicklungsfrage, daraus ergiebt sich auch die Ursache, warum sich der Werth von Baustellen im Innern der Stadt und in den zur Bebauung nächst geeigneten äusseren Stadttheilen vermehrte. Eine Baustellennoth kann aber in Berlin nie eintreten. Hier sind keine Festungswerke und keine Terrainschwierigkeiten, die beschränkend wirken. Berlin kann sich nach allen Richtungen hin ausdehnen und hat genug Bauterrain, selbst wenn sich die Einwohnerzahl verzehnfachen sollte. Die Manie war also künstlich herbeigeführt, und Schuld daran war die Behörde durch den Berliner Bebauungsplan und Herr v. Karsten durch seine Lichterfelder Schöpfung.

Angenommen, dass der Berliner Bebauungsplan, wenn ausführbar, an sich gut wäre, und es ein natürlicher Wunsch der dazu berufenen Behörden sein muss, der Erweiterung der Stadt Richtung und so weit als thunlich Form zu geben, so konnte doch nur totaler Mangel an practischer Erfahrung, das unserer Bureaukratie eigene Gefühl der Omnipotenz, der habituelle Dünkel, communale Weisheit, Verachtung des beschränkten Unterthanenverstandes und Unkenntniss der Erfordernisse sowohl als auch des Entwicklungsganges sich rapid ausdehnender grosser Städte es für möglich halten, einen Bauplan zu entwerfen und auf Decennien hinaus vorzuschreiben, wie sich Alles gestalten und wohin es sich richten sollte.

Wären diejenigen, die bei uns sich befähigt glauben, Besseres zu leisten als der Trieb der Gesammtheit im Verfolg individueller Interessen, auch nur oberflächlich vertraut gewesen mit den Naturgesetzen, die hier in Anwendung kommen, so hätten sie voraussetzen müssen, dass, abgesehen von den vielen Ungerechtigkeiten und Unzuträglichkeiten, die ein so schematisirter Bauplan bedingt, künstliche Vertheuerung des Grund und Bodens, die nicht im städtischen oder staatlichen Interesse liegt, ganz unberechenbare Veränderungen der Verhältnisse Einzelner und ein Marchandiren in Baustellen, das zum Schwindel führen muss, die unausbleiblichen Folgen sein würden. Welches waren denn auch die Wirkungen?

Jeder, der sich mit Anlage von neuen Strassen oder Herstellung von grösseren Bauten in Berlin beschäftigt hat, kann bekunden, dass fast in jedem einzelnen Falle Abweichungen von dem Bebauungsplan erforderlich waren, und wird es von selbst einleuchten, welche Mühen, Zeit- und sich daraus ergebender Zinsverlust dadurch entstanden sind. Ueberhaupt ist es nur der herkömmlichen und bis jetzt unantastbaren Ehrlichkeit des Preussischen Beamtenthums zuzuschreiben, wenn dieser Umstand oder die Art, wie das Gesetz bezüglich polizeilicher Baugenehmigungen bei uns gehandhabt wird, nicht zu einer vollständigen Demoralisation geführt hat. Diese Abweichungen haben aber nicht nur den Bebauungsplan durchkreuzt, sondern den Zweck mehr vereitelt, als wenn man neben einem allgemeinen Gedanken die natürliche Entwicklung hätte vor sich gehen lassen. Der Bauplan hat die schreiendsten Ungerechtigkeiten und die fabelhaftesten Begünstigungen mit sich gebracht. Es kam vor, dass der Besitzer eines grossen Terrains, welches in nächster Zeit Bauland werde konnte, plötzlich ohne Strassenfront oder Zugang war, während ein Anderer grosse Strassenfront ohne Hinterland besass. Man kann sich denken, zu welchen Misshelligkeiten und Erpressungen Dieses Anlass gab, und wie häufig der Eigensinn mitspielte. Dann ist im Interesse der Schönheit oder aus Sanitätsrücksichten ein grosser Theil mancher Baustellencomplexe gänzlich in Anspruch genommen für Baufluchtlinien, Vorplätze und Strassen. Erstere bekommt man nicht bezahlt und hinsichtlich der letztern wird der Bauconsens so lange unter dem einen oder anderen Vorwand vorenthalten, bis man das Terrain der Stadt umsonst oder zu dem gewünschten Preise hergiebt. Es giebt bei uns kein Mittel, den Besitzer zu zwingen, im Interesse des öffentlichen Wohls Terrain herzugeben und sich mit einer gebührenden Entschädigung abfinden zu lassen, ausser des allerhöchsten Privilegiums für die Expropriation, welches hier fast nie ertheilt wird. Andererseits herrscht seitens aller Behörden eine gänzliche Missachtung der Rechte des Besitzes, und meine Erfahrung, die vielleicht grösser ist als die der meisten Privatleute, geht dahin, dass der preussische Beamte, ob staatlich oder communal, der Meinung ist, dass er dem öffentlichen Wohl gedient habe, wenn er den Staat oder die Stadt auf Kosten des Einzelnen bereichert. Hierin wird er von der öffentlichen Meinung unterstützt, und Jeder lobt, bis die Reihe an ihn kommt.

In England herrscht Gemeinsinn. Jeder Engländer ist bereit, Opfer für den Staat zu bringen, wo es erforderlich ist, aber Niemand verlangt, dass der Einzelne Etwas im öffentlichen Interesse unnöthig opfern soll, und wenn man dort einen solchen Bauplan machen würde, so würde man es nur billig finden, dass Terrain-Opfer für Bauflucht, sowie Strassen und Vorplätze, je nachdem es die Verhältnisse rechtfertigen, von Adjacenten oder der Commune bezahlt werden. Wenn man durch Staatswillen, was dort allerdings nur durch Gesetze geschehen kann, eine Besitzung durch projectirte Strassen unzugänglich macht, so muss der Besitzer entschädigt werden. Hier wird dekretirt und Verlust oder Gewinn folgen der Bestimmung.

Der grosse Uebelstand bestand darin, dass man durch den Bebauungsplan plötzlich zahllose Handelsobjecte geschaffen hatte, die noch sehr lange ihren alten Zwecken hätten dienen können; dadurch aber wurde die Speculation in Bauplätzen veranlasst.

Was früher pro Morgen gerechnet wurde, forderte man jetzt pro Ruthe, und Preise, wie sie im Innern der Stadt bezahlt worden sind, wurden dabei als analoge bezeichnet, und hierdurch stellte sich ein ganz unnöthig und vorzeitig hoher Preis für Baustellen heraus.

Es sind in Folge dessen verhältnissmässig arme Leute ohne Arbeit zu Millionären geworden; dies hat im höchsten Grade anregend gewirkt und nichts hat so viel Chance als ein richtiges Treffen in Bauland-Speculation. Es ist natürlich, dass, da nur die Wenigsten ein richtiges Verständniss für solche Geschäfte haben konnten, später, beim Handel mit Baustellen die Meisten Geld verloren haben. Das Beispiel der durch Bauterrain-Speculationen erzielten Reichthümer war aber zu verlockend, und so haben sich alle Klassen daran betheiligt. Der Bebauungsplan war der Schöpfer, denn bei den, seit seinem Entstehen folgenden Speculationen mit dem Plane zur Hand sah man, wie hingezaubert, Strassen und Stadttheile entstehen, und die Früchte dieser Einbildung sind in der letzten Krisis geerntet worden.

Die Ausschreitung über die Grenzen des Berliner Weichbildes hinaus, das Ausserculturseizen von zahllosen Feldern, meilenweit um Berlin, der Umstand, dass man jetzt da, wo Kartoffeln gepflanzt werden sollten, junge Bäume als Begrenzungen zukünftiger Strassen sehen kann, Terrains, die zehn Millionen Einwohner nicht occupiren könnten — Gesellschaften und Privaten gehörend — und wobei viele Tausende ihr Vermögen verloren haben — dieses Kunststück verdanken wir Herrn *v. Karsten* und hier hat sich die Tugend belohnt, denn der Adel und Millionen sind sein Lohn, ausserdem ist er populär geworden. Es soll durch das Vorhergehende weder gesagt, noch angedeutet sein, dass ich Herrn *v. Karsten* irgend Etwas zum Vorwurf mache, er hat als kluger Geschäftsmann gehandelt, hat die Courage gehabt, hier ein neues Feld in Angriff zu nehmen, mit eignen Mitteln, grosser Energie und Ausdauer das Möglichste aus dem Vorhandenen gemacht und reichlich dabei geerntet, er verstand sein Publicum, darum gönnt es ihm seinen Verdienst; er wusste in der Hergabe des Terrains für die Cadetten-Anstalt die Wurst nach der Speckseite zu werfen, ist dafür geadelt und hat dadurch seine Baustellen zu höheren Preisen verkaufen können. Das Publicum hat allerdings hier wieder bewiesen, wie wenig es noch gewöhnt ist, selbst für sich zu denken, wenn es Baustellen kauft oder theurer bezahlt — weil das Cadetten-Corps dorthin kommt. Die jungen Herren bilden doch wohl keine Anziehungskraft für die Ansiedlung von Familien. Deren Angehörige sind meistens Officiere in Dienst oder Gutsbesitzer, und die wenigen Pensionirten haben nicht die Mittel Häuser zu kaufen und können sich auch angenehmere Orte als Lichterfelde wählen, wo die Möglichkeit, ihre Söhne jeden zweiten Sonntag zu sehen, alles Andere aufwiegen soll. Es war die Hergabe des Terrains für das Cadetten-Haus eine Speculation, die mit Erfolg gekrönt wurde. Im Interesse der dortigen Bewohner und Besitzer von Baustellen, die nicht für die Speculation bestimmt waren, wäre es allerdings besser gewesen, wenn man an Stelle des Cadetten-Corps eine Realschule gegründet hätte, dann wären vielleicht Viele aus dem Mittelstande dahin gezogen. So bleibt Lichterfelde, wenn nicht ein todtgeborenes, doch ein kränkliches Kind, woran die Betheiligten ihr Geld verlieren werden, sobald diejenigen, die jetzt grosse Complexe an Baustellen besitzen, realisiren müssen. Herr *v. Karsten* hat wenig von seinem Besitze übrig, und was er hat, kann er ohne Verlust behalten.

Vom geschäftlichen Standpunkte ist aber nichts dagegen zu sagen, denn die Käufer konnten Alles sehen und selbst beurtheilen, und wenn er Profit mit Erlangung von Würden verknüpfen konnte, so möchten ihm dies Viele wahrscheinlich gerne nachahmen. Andererseits lag seiner Thätigkeit nichts als Gelderwerb zu Grunde, — es giebt Menschen, die höheren Zwecken dienen, deshalb ist er aber nicht zu tadeln. Er kann indessen auch nicht beanspruchen als Wohlthäter betrachtet zu werden und ist der Kritik unterworfen. Ich tadle es, dass er das Bedürfniss, Berlins Umgegend mit ländlichen Wohnungen zu versehen, nicht besser befriedigt hat, und glaube, dass er, indem er vermocht hat, einer Sandwüste eine gewisse Bevölkerung zuzuführen und seinen Terrains einen übertriebenen Kaufwerth zu geben, ein Beispiel wurde, welches zum grossen Schaden des Publicums Nachahmung fand. Es giebt um Berlin schöne Punkte, die sich ausserordentlich für ähnliche Zwecke eignen, wenn auch der Kaufpreis ursprünglich ein theurer gewesen wäre; hätte er seine Colonie dort gegründet, so würde sie viel grössere Ausdehnung bekommen haben. Die Betheiligten würden anstatt Lichterfelder Baustellen im Besitze von wirklich werthvollen Objecten sein, und da die schönen Punkte nicht so häufig wie die Sandschollen an Bahnen sind, die von Berlin ausgehen, so wäre die Nachahmung schwerer und seltener gewesen. Allerdings sind die Nachahmer meistens Pfuscher und Schwindler und haben nicht den Verstand, die Mittel und die Ehrlichkeit des Herrn *v. Karsten* mit in das Geschäft gebracht, aber er hat den Weg gezeigt, Sandschollen Meilen weit von Berlin in Bauterrains zu verwandeln, er hat den Handel mit solchen Baustellen eingeführt. Sandschollen waren in Ueberfluss vorhanden. Die Zeit war günstig und Andere setzten das Geschäft in einem Maasse fort, welches kaum berechenbaren Schaden und Verlust verursacht hat. Indem ich in dieser Schrift nun einmal die Hauptperson bin, so frage ich auch hier wieder: was haben Geschäfte dieser Art mit meinem Wirken gemein? Verläumdung und Dummheit allein können es möglich machen, auch nur den entferntesten logischen Zusammenhang zu finden zwischen dem, was ich bis hierher geschildert, und dem was ich angestrebt, geschaffen oder geleistet habe.

. Wenn man das Vorhergesagte zusammenfasst, so ersieht man, dass es im Wesen des menschlichen Strebens liegt, Verhältnisse wahrzunehmen, um seinen Vortheil daraus zu ziehen, und dass es keine anwendbaren Mittel giebt, die einen zufälligen oder absichtlichen Missbrauch verhindern können.

Die Zustände nach dem Kriege waren über alle Maassen dazu angethan, Uebertreibungen zu veranlassen, Alles ungebührend anzuregen, Alles aus seinem gewohnten Geleise herauszuschieben, Begriffe zu verwirren, Speculationen in eine Manie und diese in Schwindel zu verwandeln. Ich beabsichtige daher, soweit dieses noch nicht geschehen, den Gang zu beschreiben, um dadurch das hier principiell Behauptete zu illustriren. Dabei kommt es nach meiner Auffassung nicht darauf an, — wie dies jetzt häufig geschieht, — zahllose Fälle vorzuführen, um zu beweisen, wie werthlos Dieses oder Jenes geworden sei, weil aus einer Entwerthung weder die ursprüngliche Werthlosigkeit, die zeitige

Ueberschätzung, noch der möglichenfalls vorgekommene Betrug nachgewiesen werden kann. Betrug lag zweifelsohne in zahllosen Fällen vor, in wie weit, unter welchen gravirenden oder mildernden Verhältnissen entzieht sich aber häufig der Beurtheilung, diese bedingt ein Eingehen auf Details, eine Fach- und Sachkenntniss und eine Objectivität des Urtheils, welche die expost-Propheten und unbefugten und unbefähigten Rächer der öffentlichen Moral in keiner Weise besitzen, auch nicht anzuwenden wissen, oder anzulegen gewillt sind.

Das öffentliche Recht ist jedenfalls durch unsere sehr ehrenhaften Justizbeamten genügend vertreten, um Dilettantendienste entbehren zu können, während die Wahrung der Würde und Parteilosigkeit der Justiz gefährdet wird, wenn es scheint oder wenn dies gar wirklich der Fall sein sollte, dass es sich von der öffentlichen Meinung beeinflussen liesse, die Wage der Gerechtigkeit nach dieser oder jener Richtung zu neigen. Im Uebrigen ist es Sache der Beschädigten, die Anregung zu geben und die Schritte zu nehmen, die sich ihnen als berechtigt ergeben. Wie die Umstände lagen, mussten die Consequenzen folgen; unter welcher Nüancirung und unter wessen Betheiligung ist unwesentlich, ausser wo es zum Verständniss der dabei in Frage kommenden Principien beiträgt.

Es gibt Zeiten, wo die Welt von grossen Ideen beseelt ist, oder wo ein allgemeiner, unwiderstehlicher Schöpfungsdrang Alles animirt, oder wo eine grosse Erfindung, wie die Dampfkraft etc. plötzlich zur allgemeinen Anwendung derselben anregt. In solchen Zeiten kann und hat die zu grosse Triebkraft wohl häufig das gesunde und vorgeschriebene Tempo bis zur Ueberstürzung gesteigert, aber wenn auch solche Zeiten in Calamitäten culminiren, so war doch immer etwas Nützliches für die Menschheit daraus hervorgegangen und in fast allen Fällen ist viel Wichtiges geschaffen worden. Die eben verflossene Zeit war steril, sie entbehrte jedes höheren Triebes, ihr lag nichts als Gewinnsucht zu Grunde, und darum hat sie auch wenig geschaffen, nichts als Unheil hinterlassen.

Meine eigne Thätigkeit, wie dieses aus näherer Beschreibung meiner verschiedenen Unternehmungen sich ergeben wird, war eine ausschliesslich schöpferische. Ich habe übermenschlich gearbeitet, meine Ruhe, meinen Schlaf, jedes Vergnügen, die Angelegenheiten meiner Familie, mein erworbenes Vermögen, die Zukunft der Meinigen, Alles geopfert, um meine Lieblingsideen, meine Schöpfungen zu einem gedeihlichen Ende zu führen. Ich habe Eisenbahnen gebaut, Fabriken geschaffen oder erweitert, nützliche Anlagen, wie den Viehhof, aus eignen Mitteln hergestellt, verwahrloste Güter meliorirt, Bergwerke ausgebaut etc.; ich habe aber nie an der Börse speculirt und nichts gekauft, um es zu verkaufen, nichts unternommen, weil es momentanen Verdienst versprach. Bei mir war Alles, vielleicht zu viel Zukunftsmusik. Selbst wenn man an meine höheren Motive nicht glaubt, so wird eine unparteiische Beurtheilung überzeugen müssen, dass ich von Allem, was ich unternommen, nur Vortheil haben konnte, nachdem Zeit, Arbeit, Geld und Geist darauf verwendet waren, also das directe Gegentheil von dem, was das Treiben der letzten Jahre characterisirte.

Wenn man mich als den Mann, der Alles kauft, bezeichnet hat, was ich indessen zu beleuchten mir erlauben werde, so weiss Jeder, der mit mir in Geschäftsbeziehungen gestanden hat, dass ich mit viel mehr Wahrheit geschildert werden könnte, als der Mann, der nichts verkaufen, sich von nichts trennen mochte. Zu Verkäufen wurde ich nach dem Kriege durch Noth gezwungen, Vieles war unfertig und ist in unfähige Hände gelangt, entwerthet und verdorben worden; mir war aber jedes Object, von dem ich mich trennen musste, der Verlust einer lieben Sache, die ich geschaffen oder verbessert und an deren Vollendung sich in meinem Geiste überall grosse Zwecke knüpften. Ich mag meine Ideen überschätzt haben, meine Pläne mögen nicht allgemeine Anerkennung finden, ich mag Hoffnungen gehegt haben, die nicht zu verwirklichen waren — verkauft, getrennt habe ich mich höchst ungern von jeder Sache.

Hatten die Gründungen, mit denen man in den letzten Jahren an die Oeffentlichkeit trat, nicht ganz den entgegengesetzten Charakter? Alles wurde gekauft, um es schleunigst in ein Gesellschaftsunternehmen zu verwandeln und den Profit zu realisiren; darum war diese Zeit keine schöpferische, sondern eine rein speculative. Alles musste fertig sein, musste Ertrag nachweisen, damit dieser capitalisirt werden konnte; darum sind die meisten Gründungen, wie ich schon vorher erwähnt, nur Umwandlungen schlechter oder zu Gesellschaften ungeeigneter Objecte gewesen, und in soweit Einzelnes gut und geeignet aber nicht fertig war, ist es schliesslich untergegangen, weil es leichter war, die Mittel zu neuen Gründungen als zu Erweiterungen, die sich erst später rentiren sollten, zu erlangen. Diejenigen Gründungen, welche Betriebszweige betreffen, die sich nicht für Gesellschaften eignen, entstanden einfach, weil man gründen wollte, weil die Zeit dies leicht machte, weil man bei uns eigentlich kein Verständniss für die Industrie hat und eine ganz falsche Rentabilitäts-Berechnung macht; wie ich bei Schätzung von Häusern erwähnte, so ist man auch hier geneigt, den Ertrag zu capitalisiren und wenn dieses schon dort falsch ist, so ist es viel irriger, einen solchen Maassstab bei industriellen Anlagen anzulegen. Hier kann man es geradezu als ganz unumstössliches Princip annehmen, dass die Erträge der Industrie unstät und unsicher, wellenförmig in ihrer Gestaltung sind, wobei sich Verlust, Profitlosigkeit und grosser Gewinn in allen Nüancen nöthiger Weise abwechseln. Hier setze ich die zweckentsprechendste Verwaltung und richtigen Verhältnisse voraus, wie auch die nothwendige Bedingung, dass bei Feststellung des Profites ein richtiger Maassstab für Abschreibungen und alle anderen Momente inne gehalten werde, und dass die Fabrik zweck- und zeitentsprechend eingerichtet sei. Wäre man über die Principien, die der Industrie zu Grunde liegen, richtig informirt gewesen, hätte man es verstanden den richtigen Maassstab anzulegen, so könnte die Mehrzahl der Gründungen gar nicht stattgefunden haben.

Eine der ersten Umwandlungen war die Stobwassersche Lampen-Fabrik; ich erwähne diese, weil, soweit mir der Besitzer und die Verhältnisse bekannt, in diesem Falle durchaus redliche Absichten obgewaltet haben. Trotz dieser Annahmen und selbst unter der Voraussetzung einer richtigen Schätzung der Immobilien und des Durchschnittsertrages eignete sich dieses Unternehmen nicht für eine Gesellschaft, weil Gesellschaften nur dauernd mit Profit arbeiten können und deren Existenz überhaupt nur motivirt ist, wenn der von der Natur des Geschäftes bedingte Umfang ein solcher ist, dass er im grossen Ganzen, als die Capital-Kräfte des Einzelnen überschreitend, angesehen werden muss; wo dieses nicht der Fall ist, liegen Actien-Unternehmungen nicht im öffentlichen Interesse. Die *Privat-Industrie* ist der associirten durchaus vorzuziehen. Actien-Unternehmungen sind Uebel, unter Umständen aber unvermeidliche Uebel, wo, wie gesagt, die Kasse des Einzelnen nicht ausreicht. Bei kleinen Geschäften ist der Verwaltungsapparat, wenn er gut sein soll, zu kostspielig, und die Actien solcher Gesellschaften können nie sicher marktgängig sein, ferner dürfen Actien-Fabriken sich so wenig als möglich von Erzeugung des Rohproductes entfernen, und überhaupt sind dieselben nur da motivirt und nöthig, wo kostspielige maschinelle Vorkehrungen erforderlich, um dauernd Massen-Erzeugnisse herzustellen, deren Consum sich nicht nach dem Geschmack zu richten braucht oder von vorübergehenden Bedürfnissen abhängig ist, und wo neben organisatorischem Talent zur Verwaltung weder Kunstsinn, Vielseitigkeit, noch die vielen Eigenschaften, die es einem unternehmenden Privatfabrikanten ermöglichen, aus diesem oder jenem Zweige eine Specialität zu machen oder vorübergehend zu prosperiren, erforderlich sind.

Das Interesse der Gründer, ihren Papieren den höchsten Werth zu geben, hat sie denn auch veranlasst, den früheren Geschäftsinhaber als Director womöglich beizubehalten und darauf grossen Werth zu legen. Für den logisch Denkenden hätte dieser Umstand Misstrauen in die dauernde Stabilität erwecken müssen, denn wenn die Dienste des Herrn X. so hoch anzuschlagen waren, so musste der Gedanke auftauchen: wie war dieser Herr zu ersetzen? Thatsache ist aber, dass selbst der fähigste und bestgesinnte Director für eine Gesellschaft nicht dasselbe leisten kann, was er für sich erreichen würde. Unter den günstigsten Voraussetzungen muss das Gefühl lähmend wirken, dass er jetzt zu consultiren hat, wo er früher befehlen konnte, und während er auf der einen Seite hinsichtlich Oekonomie, neuer Capitalanlage, Risico bei neuen Geschäftsbeziehungen und Ausdehnungen nicht den Hemmschuh des eignen Beutels fühlt, kann er Manches, was er vielleicht nicht zu motiviren vermag, wovon er aber überzeugt ist, und was er für sich gethan hätte, nicht einer Gesellschaft zur Ausführung vorschlagen. Die Praxis lehrt auch, dass, was der Privatmann für sich allmählig und aus Ersparnissen herstellt, für Gesellschaften nur durch neue Capitalien kostspielig ausgeführt wird. Weil aber neue Capitalien erforderlich sind, darum muss bei Gesellschaften grade in kritischen Zeiten Vieles unterlassen werden, was vielleicht eine Lebensfrage für das betreffende Geschäft ist. Dies Letztere entsteht aus einem Uebel, das industriellen Actiengesellschaften jeder Art anhaftet, häufig zum Ruin führt und immer auf die Entwicklung lähmend wirkt. Actiengesellschaften müssen jährlich Dividende vertheilen; in den besten Zeiten, wenn der Profit noch so gross ist, wird dieser vertheilt, und die Gesellschaft beginnt das neue Jahr ohne reicher geworden zu sein und ohne die Mittel zu besitzen, um unvorhergesehenen Ansprüchen genügen oder nöthige Betriebsausdehnungen vornehmen zu können; dazu sind dann jedesmal neue Capitalbeschaffungen, und zwar vielleicht gerade in dazu nicht geeigneten Momenten, erforderlich, auch ist man sich gewöhnlich nicht klar darüber, dass es Jahre geben muss, in denen Geld verloren wird, daher entmuthigt der Eintritt eines solchen die Actionäre, discreditirt die Gesellschaft, macht es häufig, sogar meistens, schwierig fortzubestehen und fast immer unmöglich, die durch die Zeit, Erfindungen etc. erforderlichen neuen Capitalien zu beschaffen. Mangel der Begriffe in dieser Beziehung sind Schuld, dass man in guten Jahren nicht viel grössere Reserven bildet, und dass momentaner schlechter Erfolg zur totalen Entwerthung der Actien führt. Was ich hier als Behauptung hinstelle, lässt sich hinlänglich durch Facta erhärten. Meine Ueberzeugungen beruhen neben erschöpfenden abstracten Gründen auf vielseitiger Beobachtung und einer mühevollen Analyse der Ursachen, die zum Ruin vieler mir bekannter Geschäfte in England nach Einführung des neuen Gesetzes (*limited liability*) führten und sind auch das Ergebniss einer Arbeit, für die man mich schon vor ungefähr 22 Jahren speciell qualificirt hielt.

Eine Anzahl Herren, allerdings dazu angeregt, hielten es für wünschenswerth eine Gesellschaft zu gründen, um Geschäftstreibenden Gelegenheit zu geben, die Forderungen an ihre Kunden zu versichern. Ich war als sachkundig bekannt, man wusste, dass ich mich mit der Statistik des Handels nach allen Richtungen hin befasste, und so wurde ich aufgefordert, meine Meinung über ein solches Project zu äussern und Tabellen vorzubereiten, welche die Prämien für jede verschiedene Geschäftsbranche nach dem darin enthaltenen, relativ grösseren oder kleineren Risico bestimmen sollten. Meine Meinung war, dass ein solches Unternehmen nicht wünschenswerth, nicht dauernd erspriesslich als Capitalanlage sei, und verderbend wirken würde, weil ein Hauptfactor der Sicherheit, das Gefühl des eigenen Risicos bei Bemessung der zu gebenden Credite fehlen würde, auch in Folge dessen, im Falle der allgemeinen Annahme dieses Principes, die Fähigkeit des Individuums, Verhältnisse zu beobachten und zu beurtheilen, vermindert werden würde. Ich war auch der Meinung, dass nicht nur die Versicherungsprämien hoch, sondern die begleitenden Beschränkungen derart sein müssten, dass die Wenigsten versichern würden. Ich deute die Gründe nur ganz oberflächlich an, weil diese Frage nicht hierher gehört. Der Gegenstand interessirte die Herren und so baten sie mich, wenn auch nur aus theoretischem Interesse, die Statuten und Tabellen für ein solches Unternehmen vorzubereiten. Meine Thätigkeit als Redacteur von *the merchants magazine* gab mir Gelegenheit, die umfassendsten statistischen Studien zu machen; ich versuchte bestmöglichst zu ermitteln, welche speciellen Risicos jeder Geschäftsbranche eigen waren, welcher Procentsatz durchschnittlich auf schlechte Forderungen abzuschreiben sei, wie Preise, Conjuncturen etc. mitwirken und Verluste bereiten, mit einem Worte: die Eigenschaften jeder Branche zu verstehen und studirte die Concursverhandlungen des Londoner Concursgerichtes für eine Reihe von Jahren, um in jedem Falle auch diejenigen Ursachen der Fallissements zu ermitteln, die gewissermassen den Geschäftszweigen selbst angehörten. Ich habe zwei Jahre daran gearbeitet, das Resultat war, dass ich bei meiner ursprünglichen Meinung blieb und dieselbe so motivirte, dass das Project zu Boden fiel. Ich habe aber bei dieser Gelegenheit die Erfahrungen gesammelt, die meinen Behauptungen zu Grunde liegen.

Da selbst Actienunternehmungen wie *Stobwasser, Neuss* etc., die als Privatgesellschaften prosperirten, ihren Theilnehmern Verlust verursacht haben, so wäre es interessant, alle kleineren Gründungen einzeln zu analysiren um zu beweisen, wieso dieses Geschäft ungeeignet, jenes veraltet, und ein anderes aus anderen Gründen untauglich war; es lag bei allen aber kein weiteres Princip, als Gründungswuth, schneller Gelderwerb und Speculationssucht zu Grunde. Der momentane Erfolg der besseren Gründungen veranlasste schwindelhafte Nachahmung, und daraus entstanden Gesellschaften für Weissbierbrauereien, Torfstiche etc. Die unbedeutendsten Geschäfte wurden gegründet und auf Grund falscher, trügender Rentabilitäts-Berechnung Kaufpreise gezahlt, die nicht nur das Doppelte, sondern häufig das Vielfache des wirklichen Werthes überstiegen.

Ganz verschieden war der Hergang bei den *grösseren* Umwandlungen wie Eisenhütten, Maschinenfabriken, Kohlengruben etc.; auch auf diesem Gebiete dehnte sich die Bewegung bis zu den schwindelhaftesten Gründungen aus, wobei die günstigen Verhältnisse mitwirkten. Es lag aber hier ein Bedürfniss zu Grunde. Viele Fabrikanlagen hatten Dimensionen angenommen, die für den Einzelnen zu gross waren, Familienrücksichten machten Realisation der Theilung halber wünschenswerth, oder die Ausdehnung, die durch Erfindungen und zeitgemässen Betrieb geboten und im Interesse der Industrie nur zu wünschen waren, konnten nicht anders, als durch Actiencapital bewirkt werden; schliesslich hatte man es aber auch hier mit einer Reaction zu thun, als Folge früherer übermässiger Entmuthigung und begangener Fehler. Um dieses klar zu machen, muss ich zurückgreifen.

Das Aufblühen und die Entwicklung der Eisen- und Kohlenindustrie, und die damit verbundene Prosperität auf allen Gebieten, veranlasste eine Speculationsepoche, die mit der Handelskrisis in den fünfziger Jahren endete. Den Anfang machten damals, wie gewöhnlich, Bankgründungen. Diese waren aber zur

Zeit motivirt, weil die preussische Bank, als Emissionsbank, und die Privatbanken aus Mangel an Capital, den Anforderungen nicht mehr genügten. So entstanden — da der Minister *v. d. Heydt* keine Concessionen ertheilen wollte, — die Disconto-Commandit- und die Berliner Handelsgesellschaft. Zur selben Zeit gab der Success des Pariser Credit-Mobilier, — diese Pestbrutstätte im Bankwesen — einen Impuls für ähnliche Gründungen in allen continentalen Ländern. England war diesen, für das Bankwesen verderblichen Institutionen nie günstig, und es haben auch die in späteren Jahren dort gegründeten Finanzcompanies schliesslich sämmtlich Unheil gestiftet und meistentheils liquidiren müssen. Creditanstalten und Emissionsbanken entstanden wie die Pilze von Genf bis Jassy, ihren Zweck haben alle verfehlt, schädlich waren die meisten, viele sind untergegangen und die bestehenden dienen jetzt anderen als ihren ursprünglichen Zwecken. Allen diesen Unternehmungen fehlten damals selbstverständlich legitime Geschäfte, und so pflegten sie die Gründungen und die Speculation. Man würde überhaupt keine falsche Bezeichnung gebrauchen, wenn man unsere sämmtlichen Bankinstitute als: Gründergesellschaften kennzeichnete. Neben Anderen waren besonders zwei Herren in jener Zeit hervorragend thätig, der Geheimrath *Hansemann* und Director *Nuland.* Die Gründungen des Herrn *Nuland* sind fast alle untergegangen, die des Herrn *Hansemann* haben s. Z. Schiffbruch gelitten, sind aber meistens wieder auferstanden. Die Thätigkeit beider Herren hat damals zur Krisis wesentlich beigetragen, und dies um so mehr, da genau wie jetzt Agiotage, ja selbst in eignen Actien, das Hauptaugenmerk und das Hauptübel war.

Auch in jener Zeit wurde die Speculation eine allgemeine — die *Oppeln-Tarnowitzer* Bahn und die selige *Minerva* waren Gründungen von *Mendelssohn* und *Warschauer* und Niemand blieb ausserhalb des damaligen Treibens. Die Folgen der Krisis waren im Charakter ähnlich wie die heutigen, mit dem Unterschiede, dass man mehr geschaffen hatte und die Personen nicht so discreditirt wurden. Die Eigenthümlichkeiten jener Zeit und ihrer Schöpfungen gehören aber nicht hierher, nur dasjenige, was aus jener Epoche für diese übrig blieb, interessirt uns. Der allgemeine Glaube nach der Krisis war, dass die guten Zeiten dahin wären, dass Eisen und Kohlen nie wieder steigen würden, dass Ueberproduction vorhanden sei, und dass selbst die bestsituirten Werke sich überhaupt nur erhalten könnten, jedoch ohne Aussicht auf eine gewinnbringende Thätigkeit. Die Folge war, dass vieles Begonnene zu Grunde ging, dass wo Capitalien zu beschaffen waren, dies nur mit den grössten Opfern zu erreichen war und dass wo — wie bei vielen Bergwerken — welche nicht von Gesellschaften sondern von Gewerken betrieben wurden, die Mittel von den Kux-Inhabern entweder gar nicht oder sehr spärlich hergegeben wurden. Die Kohlengrube *Präsident*, eine Gründung der *Disconto-Gesellschaft*, wurde z. B. als vollständig werthlos bezeichnet, die Gesellschaft *Phönix*, mit ihrem werthvollen Grubencomplex, konnte nur die erforderlichen Gelder in Folge einer Erfindung des Herrn *Hansemann* bekommen, indem das Actiencapital so reducirt wurde, dass acht Actien in eine verwandelt und den neuen Prioritäten nicht nur Zinsbevorzugung, sondern auch Vortheile in der Vertheilung des Profits gewährt wurden. Die meisten Bergwerke waren unentwickelt und die Ausbeute — und wo diese eintrat, auch die Zubusse — musste in Vorrichtungsarbeiten verwendet werden. Es hiess allgemein, die Selbstkosten seien so hoch und die Kohlenpreise so niedrig, dass man stets ohne Profit werde arbeiten müssen. Unter diesen Umständen vergingen Jahre, in denen neben der Entwicklung aller anderen Verhältnisse unsere Eisen- und Kohlen-Industrie nicht entsprechend mitging, und selbst diejenigen Anlagen, welche prosperirten, und für die bei guter Conjunctur das Rohmaterial eine Lebensfrage sein musste, vernachlässigten die Gelegenheit wahrzunehmen, um sich bei den billigen Preisen Eisen- und Kohlengruben zu kaufen. Als in Folge der grösseren Eisenbahnbauten in den sechsziger Jahren die Eisenpreise fester und Kohlen mehr begehrt waren, wurde denn auch hier ernster vorgeschritten, und während dieser Zeit sind sehr viele Gruben betriebsfähig geworden.

Der Friede fand unsere grosse Industrie leistungsfähig und mit vollendeten Anlagen. Den rasend steigenden Preisen folgten naturgemäss grosse Dividenden. Nun kam man plötzlich zu der

Ueberzeugung, dass man sich früher geirrt und den Werth von Kohlengruben und Eisenwerken unterschätzt hatte. Eine Reaction trat ein, in der Jeder geneigt war, den Werth zu überschätzen, den Bedarf zu hoch in Anschlag zu bringen und folgerichtig die Productionsfähigkeit diesem gegenüber als ungenügend zu betrachten. Die gleichzeitige Preissteigerung in Eisen und Kohle in Belgien, England und Frankreich, die durch Eisenbahnthätigkeit in America und den Colonien veranlasst wurde, bestärkte die öffentliche Meinung in ihrem Wahn. Die Dividende des *„Präsidenten,"* jetzt *„Bochum,"* *„Phönix"* und anderer Werke, bei denen das reducirte Actiencapital nicht die wirklichen Kosten der Anlage repräsentirte, erschien natürlich viel höher, als wenn sie auf das ursprüngliche Capital repartirt worden wäre, da hiess es: „wie unrecht wir gehabt haben, der viel verdammte Phönix u. s. w. zahlt sogar 20, 25 und mehr Procent! Wo findet man eine Industrie, die dieses leisten kann?" u. s. w. Kann es befremden, wenn alles Dies zu übertriebenen Anschauungen führte?

Nun trat die Speculation auf und fand in Herrn *Grillo* in Essen einen Vorkämpfer, der mit riesenhaftem Gebläse der Flamme den nöthigen Sauerstoff zuführte. Herr *Grillo*, ein Eisenhändler und gewandter Kaufmann in Essen, hatte in der früheren grossen Zeit in Kohlengruben speculirt, daran geglaubt und — war darauf sitzen geblieben; er hielt aber in bösen und guten Zeiten mit Ansetzung aller Kräfte an seinem Glauben fest, und so befand er sich denn, als die grossen Zeiten kamen, im Besitze von sehr werthvollen Kuxen bei verschiedenen Gruben und erwies sich, anstatt in verwickelten Verhältnissen, als reicher Geschäftmann. Der *Schaaffhausen'sche Bankverein* und Andere, mit denen *Grillo* in Beziehung gestanden hatte und die ihn nichts weniger als nobel behandelten, als seine Verhältnisse ihnen zerrüttet schienen, bekamen plötzlich eine andere Meinung von ihm, er dünkte ihnen ein wahres Genie, ein Prophet, und sie waren bereit ihm zu folgen, wohin er sie führte. *Grillo* ging es wie Abraham, er wurde gesegnet, weil er geglaubt. Zuletzt glaubte er selbst an sich, er hielt sich für ein Genie, ein seltenes Verwaltungstalent und für ein wahres

Lumen im Bergwerkswesen. Die Bankwelt war bereit, ihn zu tragen, und so führte er eine Manie in Bergwerkspeculationen ein. *Grillo's* Einfluss war nicht nur auf Kohlengruben beschränkt, Eisen war mit Kohle verwandt, und so wurde die Dortmunder Union und andere Anlagen seiner speciellen Obhut anvertraut, und weil er nichts davon verstand, man sich aber auf ihn verlassen hatte, so war es der Verwaltung möglich Fehler zu begehen, die Millionen gekostet haben. *Grillo* hatte viele Nachahmer, er war aber in Rheinland und Westphalen derjenige, der den Tanz eröffnete. Er hatte sich gleich beim Beginn mit der Disconto-Gesellschaft, die eine hohe Meinung von ihm hegte, eng alliirt, und so war er durch diese und deren financiellen Anhang in der Lage, zu unternehmen, was er wollte. Die Disconto-Gesellschaft that nichts auf diesem Gebiete ohne Herrn *Grillo*, und ihm folgte das Publikum. Man möge nicht denken, dass ich übertreibe; sobald *Grillo* an die Börse kam, waren Dortmunder, Gelsenkirchen, Harzer Union und wie die Sachen alle heissen sofort in rapidem Steigen. Die Gründungen *Grillos* und der Disconto-Gesellschaft waren meistens an sich gut und nur selten wurde ein zu hoher Erwerbspreis gezahlt und dieser immer ohne Zuschlag in Rechnung gebracht. Das Uebel bestand in der schrecklichen Weise, wie die Agiotage betrieben wurde und das eigenthümliche dabei ist, dass *Grillo* glaubte, nichts wäre hoch genug, Alles müsse noch höher steigen, und er ist zuletzt — wenn auch nicht mit Vielem — sitzen geblieben und in die Lage gekommen, einen nicht unbeträchtlichen Theil seines Reichthums zu verlieren.

Die grossen Banken haben allerdings nicht so lange gewartet, denn sie sahen das heranziehende Gewitter meistens voraus und haben sich von ihren Papieren losgemacht; ihr heutiger Besitz besteht höchstens in Prioritäten oder zu niedrigsten Coursen erstandenen Actien, und sie können ruhig die Zukunft abwarten. Inzwischen werden Verbesserungen in den Verwaltungen vorgenommen, und die Zeit kommt sicher, wo das Publicum diese Actien wieder zu hohen Preisen kaufen wird.

Grillo, der vom Bergwerkswesen nichts versteht, der eigentlich nur ein äusserst schlauer aber beschränkter Kopf ist, war so von sich eingenommen und so durchdrungen von der Allmacht der Kohle, dass er sich mit dem Vorhandenen nicht begnügte. Auch im Norden von Dortmund lagen für ihn noch unaufgeschlossene unermessliche Schätze, und so nahm die Speculation auch die Richtung an, Neues aufzuschliessen und hier ist viel verloren gegangen, was vielleicht später denen zu Gute kommen wird, die nicht gesäet haben. In Berlin und wohin *Grillo* kam, fand er einen Schwarm von Anbetern, Adlige, Banquiers und Kaufleute umringten ihn, um von ihm Etwas zu erfahren und von ihm betheiligt zu werden. Wie viel von *Grillos* plötzlichem Reichthum verloren gegangen, ist mir unbekannt, aber er glaubt weiter, und wenn er lange genug lebt, so kann sein Glauben ihm wieder Geld einbringen. Ich habe früher als irgend Einer gesehen, dass eine gute Zeit kommen müsse, und da ich für meine Fabriken Kohlen brauchte, kaufte ich die Grube *Curl* vom Schaaffhausenschen Bankverein für 650,000 Thlr., damals ein hoher Preis, aber doch billig dem inneren Werthe nach. Als der Krieg ausbrach und hauptsächlich, weil meine Mittel beschränkt waren, trat ich vom Kauf zurück. Dieselbe Grube hat *Grillo* später zu einem höheren Preise acquirirt und damit die *Campagne* begonnen. Millionen sind dabei an Agio verdient und verloren worden. Während des Krieges kaufte ich für meine Frau die *Glückauf-Grube* bei Dortmund von dem Herrn *v. Romberg* für 1,800,000 Thlr., ein damals unerhörter Preis. Diese Grube ist heute noch mehr werth, sie gehört der Dortmunder Union. Ich mache Herrn *Grillo* nicht den Vorwurf, dass er seine Gruben zu hoch in Anschlag gebracht habe, sondern ich tadle die Marktschreiereien, durch welche das schwindelhafteste Agio erzielt wurde. Die Berichte von Jahre langen Contracten, mit Paris für Gaskohle zu enormen Preisen und dergleichen mehr, trugen dazu bei, den Preis der Actien zu steigern. Einen Vortheil haben die Geschäfte der grossen Banken für das Publicum, und dieser besteht in der Beschaffung der nöthigen Betriebscapitalien; allerdings werden die Actionäre im grossen Ganzen keinen Nutzen daraus ziehen, denn wenige werden ihre Actien behalten, selbst wenn dieselben nicht reducirt werden, was wahrscheinlich ist, aber wenigstens sind die von den grossen Banken stammenden Gesellschaften nicht gezwungen, um Hypotheken zu zahlen oder Betriebscapitalien zu beschaffen, einen Theil ihrer Besitzungen in den schlechten Zeiten für einen kleinen Theil ihres Werthes zu verschleudern.

In Schlesien haben *Rothschild, Bleichröder* und Consorten das Verdienst, leitend gewesen zu sein, ja man kann sagen, dass die Gründung Laura allen voranging. Graf *Henckel* besass in Oesterreich und Preussen grosse industrielle Anlagen. Er hatte durch Vermittlung des Herrn *Jacob Landau* die österreichischen verkauft und dagegen, wie es heisst, auf dessen Rath die Königshütte und einen Theil der Königsgrube gekauft. Diese Objecte in Verbindung mit der Laurahütte — ein ihm gehöriges Walzwerk — wurde dem Grafen für eine Gesellschaft, an deren Spitze die vorerwähnten Herren standen, abgekauft. Der Preis war nicht übermässig, aber höher als man je glaubte in Schlesien dafür zu bekommen. Die Conjunctur begann und die Laurahütte rentirte; die Folge war ein unerhörtes Agio. Diese Hütte besitzt höchst werthvolle Kohlengruben und ist nicht schlecht verwaltet. Wenn auch die Eisenindustrie in Schlesien nur bei hohen Conjuncturen rentabel ist, so ist doch diese Gesellschaft durch ihren Kohlenreichthum gut basirt. Hätte man sich beschränkt und das Publicum nicht durch Agiotage ausgebeutet, so wäre gegen diese Gründung nichts einzuwenden. Der Success der Laura machte den Namen *Henckel* populär, und da man Objecte suchte und Alle Gründer waren, so haben sich die Herren *Delbrück* und *Leo* (eine höchst anständige Firma, die aber das Unglück hatte bei *Plessner* und allen schlechten Sachen leitend betheiligt zu sein), es sich angelegen sein lassen, das Publicum, neben anderen, mit der *Donnersmarkhütte* zu beglücken und wäre nicht die Krisis gekommen, so wären die übrigen industriellen Anlagen des früheren Besitzers der Laura für einen fabelhaften Preis gegründet worden; ein Haus in Beuthen war eben dafür thätig.

Shamrock und *Hibernia,* für ihren doppelten Werth angekauft, kamen unter der Fahne der Handelsgesellschaft und Bleichröder's zu 135 pCt. auf den Markt und es folgten Stein- und

Braunkohlen-, Eisen- und andere Gruben, Maschinen-Fabriken, Hütten aller Art, grosse und kleine. Was noch besonders zu dem Steigen von Kohlen- und Eisengruben beigetragen, waren die Käufe von *Krupp* und anderen grossen Fabrikanten, denn diese empfanden in Folge der hohen Preise für Roheisen und Kohlen, wie abhängig sie waren, und wie nöthig es für sie wurde, eignen Gruben-Besitz zu haben. Trotz allem behaupte ich, dass die heutigen Verhältnisse aber eben so gedrückt nach unten sind, wie sie damals geschraubt nach oben waren, dass wir wieder lohnende Conjuncturen erwarten können, und dass es falsch ist, jetzt seinen Besitz loszuschlagen. Fast Alles ist heute unterschätzt, selbst die schlechtesten Sachen; Vieles ist lebensfähig und wird sich erholen.

Die Welt steht nicht still, der natürliche Consum ist unterbrochen, Lager werden geleert, alle Remonten verzögert, Jeder lebt von der Hand zum Mund, und es wird der Moment kommen, wo der Bedarf befriedigt werden muss. Die Preise werden steigen und es gehört nicht zu den Unmöglichkeiten, dass dann vielleicht wieder eine ungebührende Theuerung eintritt.

Hohe Preise, wie wir sie gehabt haben, sind nicht zu wünschen, sie steigern die Production, während sie die Consumtion hemmen. Je länger aber die schlechten Zeiten anhalten, desto wahrscheinlicher wird eine zukünftige Ueberstürzung. Darum liegt es im allgemeinen Interesse, die öffentliche Meinung zu beruhigen. Mag Jeder das, wobei er betheiligt ist, prüfen, aber nicht zur generellen Entwerthung beitragen. Die Industrie ist nicht angethan zur Anlage von Geldern, die man zum Lebensunterhalt braucht; dafür sind Staatspapiere, sichere Prioritäten und gute Hypotheken. An der Speculation in Industrie-Papieren darf man sich nur mit dem betheiligen, was man allenfalls verlieren und verschmerzen könnte, denn selbst das beste Unternehmen ist gänzlich von der Verwaltung abhängig und gute und schlechte Jahre müssen sich ergänzen.

So verstanden giebt es viele gute Sachen, die heute als *non valeurs* betrachtet werden, und aus denen derjenige, der die Mittel hat und sich Mühe giebt, Vortheil ziehen kann. Ich habe versucht anzudeuten, wie im Einklang mit den von mir erwähnten vorhandenen Bedingungen sich die jüngsten Begebenheiten vollzogen haben, erschöpfend kann ich den Gegenstand hier nicht behandeln. Ich hoffe indessen bewiesen zu haben und dieses war ja mein Zweck, dass ich mit dieser Bewegung nichts zu thun hatte; dass dieselbe vielmehr eine nothwendige Consequenz der Ereignisse war; dass mein Vorgehen ein ganz anderes gewesen ist, und dass es unrecht ist, meinen Namen mit dem Gründerthum, wie solches jetzt verstanden wird, in Beziehung zu bringen.

Drittes Capitel.

Der Abgeordnete Lasker und sein Auftreten gegen mich.

Drittes Capitel.

Der Abgeordnete Lasker und sein Auftreten gegen mich.

Unbefriedigte Raubgier, weil ich unberechtigte Ansprüche zurückgewiesen, der Wunsch durch persönliche Angriffe Geld zu erpressen, die Rücksichtslosigkeit, die das Gewerbe des *Penny a liner* mit sich bringt, das Princip gewisser Schandblätter und Journalisten, sich durch scurrilöse Angriffe auszuzeichnen, um dadurch berüchtigt und gelesen zu werden, das Bestreben ihren Lesern Interesse erregende Mittheilungen zu liefern, und die unserer Presse eigene Unselbstständigkeit, die auch die besten Journale veranlasst, dem Strom zu folgen und nachzudrucken, ohne die Zuverlässigkeit des Wiedergegebenen zu prüfen: Dies waren die Triebfedern der gegen mich in Zeitungen und Druckschriften während der letzten sechs Jahre ununterbrochen fortgesetzten Angriffe. Diese Verfolgung hat mir zwar geschäftlich geschadet, aber mich nicht innerlich verletzt, und so weit das gegen mich Geschriebene in mir Gefühle erwecken konnte, waren es höchstens die des Bedauerns und der Verachtung. Die im Abgeordneten-Hause und bei anderen Gelegenheiten über mich gemachten Aeusserungen waren geeignet, mich tiefer zu berühren, weil sie in den meisten Fällen von ehrenhaften Männern ausgingen. Doch konnte ich mich darüber hinwegsetzen, weil sie sämmtlich nur leere Phrasen waren, unbegründete Behauptungen und nur Nachklänge der von *Lasker* gegen mich gerichteten Aeusserungen.

Die berühmte Rede des Herrn *Lasker* im Abgeordneten-Hause allein hat mich auf das Empfindlichste verletzt, und durch diese bin ich in einer nicht gut zu machenden und unverdienten Weise geschädigt worden. Alle begleitenden Momente haben dazu beigetragen, dieser Rede eine, an sich zwar nicht berechtigte, Bedeutung zu geben, deren Wirkungen haben mich aber materiell zu Grunde gerichtet, mich in meiner Ehre verletzt und in der öffentlichen Meinung discredirt. Wenn ich damals, wo mir täglich Verlust und Kummer zugefügt, der mich über Alles schmerzlich berührte und sich selbst auf meine Familie übertragen hat, die Früchte vieler mühevoller Jahre und Alles, was ich gehofft und wonach ich mich gesehnt habe, verloren vor mir sah, und wenn ich jetzt endlich, fern von der Heimath, meiner Freiheit beraubt und einem ungewissen Schicksal entgegen sehend, die Trümmer meines vergangenen Lebens betrachte und mir sagen muss, dass ich alles dies hauptsächlich den Angriffen Laskers verdanke und doch meine Leidenschaften soweit beherrsche, dass ich, von thatsächlicher Rache Abstand nehmend, in Ergebenheit sagen kann: „mag Gott ihn richten“, dann habe ich wahrlich einen schweren Kampf und Herr *Lasker* eine grosse Gefahr überstanden; denn es giebt Momente, wo Privilegien nicht schützen, wo Consequenzen nicht zurückhalten und wo nur wahrhafte innere, religiöse Ueberzeugung es allein vermag, den Sturm zu legen.

Es wäre gut sich zu vergegenwärtigen, dass anhaltender, habitueller Missbrauch der Privilegien der Tribüne und der Presse leicht amerikanische Zustände herbeiführen können, Zustände, in denen man Mittel findet, sich da selbst zu helfen, wo das Gesetz Schutz versagt. Wenn ich ohne *arrière pensée* bekenne, dass ich *Lasker* nicht nur für einen ehrlichen Mann halte — denn dies kann man von Jedem verlangen — sondern dass ich ihn von erhabenen Principien geleitet glaube und als edle Ziele anstrebend betrachte; wenn ich annehme, dass er, von vorhandenen Uebeln überzeugt, sie zu beseitigen wünschte, und mich, als gemeingefährlich ansehend, unschädlich machen wollte, so wird man mir Objectivität nicht versagen können und mich für berechtigt halten, den Charakter und das Auftreten des Herrn *Lasker* zu kritisiren. Ich werde dabei versuchen, die Fehler, die ich an ihm tadle, zu vermeiden.

Grosse dialectische Begabung, tactische Gewandtheit,

juristische Spitzfindigkeit, Streitsucht, Kampflust, Sprechwuth, Ehrgeiz und Oberflächlichkeit, eine hohe Meinung von und ein fester Glaube an sich selbst, Ueberzeugungstreue, wirkliches Streben Nützliches zu leisten, Schwärmerei für abstracte, sociale, politische und moralische Begriffe, und schliesslich Wärme des Ausdrucks, Rücksichtslosigkeit, Ungenirtheit und Intoleranz, getragen von einem lauten Organ, sind die Eigenschaften des Herrn *Lasker.* Wer die politische Carrière dieses Herrn verfolgt, wird nicht umhin können, das wenn auch ungeschmeichelte Portrait treffend ähnlich zu finden. Liebe kennt zwar kein Gesetz, es ist indessen interessant zu ermitteln, wieso diese Physiognomie, die trotz einzelner guter Züge doch im grossen Ganzen nichts weniger als einnehmend ist, allgemeinen Gefallen gefunden und vor allen bevorzugt worden ist. Obgleich viele seiner Parteigenossen, neben gleicher Ehrlichkeit, Strebsamkeit und Ueberzeugungstreue, *Lasker* überlegen sind in einem mehr poetischen, weil auf feinerer Erziehung begründeten Idealismus in gesellschaftlicher Stellung, in höherer Begabung, tieferem Wissen, Gründlichkeit, Vertrautheit mit realen Verhältnissen und wirklich oratorischem Talent, so ist *Lasker* dennoch der Führer seiner Partei, beeinflusst die öffentliche Meinung und ist ein Factor geworden, mit dem selbst die höchste Person im Staate rechnen muss. *Guy Earl of Warwick* hat Könige gemacht und wenn *Dr. Eduard Lasker* nicht grade Minister-Macher ist, so hat er Minister gestürzt und sein Lob und Vertrauen ist für die Popularität und die Amtsdauer Anderer erforderlich. Glück, Gelegenheit und „*fitness*“ — ich weiss keinen passenden deutschen Ausdruck, — sind überall zum Gelingen erforderlich, und so hat auch *Lasker* das Glück begünstigt, die Gelegenheit hat sich ihm geboten und er eignet sich für seine Aufgabe. Als jüdischer Assessor war ihm die laut Gesetz und Recht gebührende Anstellung vorenthalten worden; er trat so gewissermassen als Märtyrer in die öffentliche Arena, während seine Thätigkeit als Journalist ihm Seitens der Presse seiner Partei eine günstige Aufnahme bereitete. Es war die Zeit des Conflictes, wo es weniger darauf ankam, sachgemäss zu urtheilen und gediegene Eigenschaften an den Tag zu legen, als mit allgemeinen Redensarten und constitutionellem Geschwätz jeden Augenblick schlagfertig zu sein, und da auf diesem Gebiete Niemand mehr begabt war, als *Lasker*, so spielte er denn auch in dem damaligen Geheul mit die erste Flöte. Seine Angriffe gegen seinen eigentlichen Vorgesetzten, den Grafen zur Lippe, konnten nur in solcher Zeit tolerirt werden, sie waren der Ausdruck rücksichtslosester, bodenloser Anmassung und wie zwischen dem Erhabenen und dem Lächerlichen nur ein Schritt liegt, so ist auch in aufgeregten Zeiten kein Uebergang vorhanden, da ein Gebahren, das der gute Ton und die Sitte hätte verdammen müssen, nicht gemissbilligt wurde — so wurde es gepriesen. Wer alles Herkömmliche so mit Füssen treten, ja mit Erfolg und Lob überschreiten konnte, der musste eine ausserordentliche Kraft, eine gefürchtete Person werden, und so wurde *Lasker* die Posaune seiner Partei und mit Zeit und Uebung ist sein Ton nur noch tiefer geworden und das Publicum hat sich gewöhnt, die Posaune für wohlklingender als das Cornet zu halten. Neben Allem hat *Lasker* das Glück, in einem Lande zu leben, wo Neid und Missgunst zu Hause sind, und wo ein verhältnissmässig armer Mittelstand diejenigen beneidet, die mit Glücksgütern begabt sind. Hier wird Erwerb als Betrug, Comfort als Verschwendung, und ausgedehnte eigne Interessen als für die Volksvertretung disqualificirend betrachtet.

Von Natur mit wenig Bedürfnissen geplagt, ohne Familien-Anhang, hat *Lasker* es nicht nöthig, für seine Privat-Angelegenheiten grosse Anstrengungen zu machen, und so konnte er sich vollständig seiner politischen Thätigkeit widmen und sich von aller Speculation, jedem Suchen nach persönlichem Vortheil und allen nicht politischen Interessen fern halten und für sich mit Recht den Vorzug in Anspruch nehmen, dass ihn Nichts als das öffentliche Wohl leiten könne. Dies hat seine Stellung ausserordentlich befestigt, und jeden Verdacht eines unlauteren Motivs von ihm fern gehalten. Es ist ein Glück für den Berufs-Politiker, wenn er so gestellt ist, dass er sich ganz seinem Berufe widmen kann. Es kann dies aber ebensowohl aus grossen geregelten Verhältnissen, als aus beschränkten Bedürfnissen hervorgehen.

In *Lasker* werden Ehrlichkeit und andere Eigenschaften, die bei ihm von Verhältnissen geboten und keine Vorzüge sind, als Beweise ausserordentlicher Tugenden hervorgehoben und damit ein Cultus getrieben, der ihn über die Kritik stellt und wodurch viele seiner Parteigenossen terrorisirt werden. Ich finde gar keine Berechtigung, Bedürfnisslosigkeit hoch zu veranschlagen, denn diese indicirt eine Unempfänglichkeit für vieles Schöne und Gute. Der Mann, der nur das Bedürfniss hat seine Wäsche wöchentlich zu wechseln, ist eher zu bedauern als zu loben; es ist besser dies, wo es möglich ist, zweimal täglich zu thun; hoch zu schätzen ist nur der, der neben Bedürfnissen sich aus guten gesunden Gründen die nöthige Beschränkung auferlegt. Eine behagliche, beschauliche Lebensweise und Reichthum können Eigenschaften entwickeln, die beschränktere Verhältnisse absolut verhindern.

Der österreichische und später der französische Krieg brachte aus den kleinen Staaten in unsere Volksvertretung Elemente, die in unserem miserablen Hader nicht verwickelt waren und sowohl grössere Empfänglichkeit für das rein Nationale oder auch Bereitwilligkeit dem grossen Staatsmann zu folgen mitbrachten. Die nationale Idee vom Fürsten *Bismarck,* für Deutschland praktisch benutzt, war zugleich eine der seltenen Gelegenheiten, ganz geeignet, Gefühlspolitiker wie *Lasker* zu enthusiasmiren. Er nahm den Gedanken in sich auf und hat sich zum Vortheil für den Staat und mit grossem Nutzen für sein eigenes politisches Gebahren vollständig damit identificirt. Diesem Gedanken und seinen Zwecken hat er viele Chimären und Dogmen seiner Partei geopfert; er handelte hierin lobenswerth, und ist es vollständig unrecht, ihm den Vorwurf zu machen, dass er seine Principien geändert habe. Seiner ernsten Ueberzeugung, dass er das Unwesentlichere dem grossen Nationalzweck subordiniren muss, hat er es zu verdanken, dass seine Thätigkeit heilbringend, statt, was sonst bei seinem zur Principienreiterei neigenden Temperament sicher der Fall gewesen wäre, verderblich gewirkt hat. Particularisten, Ultramontanen und Landesfeinden zu begegnen und sie zu widerlegen, war *Lasker* wie geschaffen.

Hier waren die von ihm mit grosser Meisterschaft angewandten Mittel die richtigen. Darum schweigen Männer wie *Benningsen*, während *Lasker* sich stets auf dem Kampfplatze befindet. Obgleich zur Nationalliberalen Partei gehörend, ist *Lasker* in allen Fragen doch in Wirklichkeit Fortschrittsmann, und daher rührt sein Einfluss auf die mehr democratischen Elemente seiner Partei; um diese für die Politik der Regierung zu sichern, hat Letztere zweifelsohne sich manche Unbequemlichkeit auferlegen müssen und viele Gesetzesvorlagen in inneren Fragen vorgenommen, die unnöthig und vorzeitig waren und schädlich wirken werden. Bei der Lage der Parteien war dieses unvermeidlich, und so befindet sich *Lasker* in einer massgebenden Stellung, in der seiner Anschauung Rechnung getragen werden muss. Bei seiner Selbstschätzung ist die Ueberzeugung bei ihm natürlich, dass sein Einfluss nicht ein repräsentativer, sondern ein rein persönlicher sei, und dass man ihn nur darum consultire, weil man seinen Rath hoch schätzt und voraussetzt, dass er Alles am besten verstehe. Sich so als den höchsten Rath, als *par excellence* für das Staatswohl verantwortlich haltend, ist *Lasker* von seiner Gewissenhaftigkeit getrieben, überall thätig zu sein und glaubt sich berufen und verpflichtet, sich in Alles zu mischen und über Alles zu wachen. Es giebt keinen Menschen, der von der Natur so schwach veranlagt ist, der so wenig Verständniss hat, und dessen Neigungen, Gewohnheiten und Beruf ihn so beunfähigen und unempfänglich machen für das Reale wie gerade *Lasker*. Er bringt weder genügende Kenntnisse, noch Erfahrung, noch die aus Interesse angeregte, instinktive Perception für die Beurtheilung von ökonomischen und anderen praktischen Fragen mit; überall legt er einen theoretischen und falsch verstandenen Maassstab an und ist nur praktisch, wo Parteitaktik, Redaction vom juridischen Standpunkt, oder die Nationalidee in Frage kommt. Sein Wirken ist daher auf den meisten Gebieten höchst schädlich, und wir werden erst später empfinden, wie viele Uebel dem Einflusse *Laskers* zu verdanken sind. Es würde mir nicht schwer fallen, eine Kritik an die Gesetzgebung der letzten Jahre anzulegen, und daraus meine Behauptung zu beweisen; dieses würde aber zu weit führen. Genug, er ist trotz obiger Mängel einflussreich und auf allen Gebieten thätig. Es gehörte kein besonderer Scharfblick dazu, um die Ueberzeugung zu gewinnen, dass die Speculation im Jahre 1872 zur Manie geworden war, und dass das neue Actiengesetz in einer jedenfalls, von den Schöpfern desselben nicht vorausgesehenen Weise ausgebeutet wurde. *Lasker* glaubte sich um so mehr berufen, die Aufmerksamkeit der Regierung und des Publicums auf jene Verhältnisse zu lenken, da er als Hauptveranlassung zum neuen Actiengesetz sich gewissermassen verantwortlich fühlte und sein Werk gefährdet sah. Es wird Niemandem einfallen es zu tadeln, dass er unter solchen Umständen seiner Ueberzeugung folgte, zu bedauern ist nur die falsche Position, in die er, in Folge von Selbstvergötterung, Stellung und Zeitverhältnissen gesetzt war, und zu tadeln ist die Rücksichtslosigkeit, mit der er an die Sache ging. *Lasker hätte berücksichtigen sollen, dass gerade, im Verhältniss, wie er das öffentliche Vertrauen besass, es seine Pflicht war, mässig, objectiv und vorsichtig zu verfahren.*

Meinungsverschiedenheiten sind überall statthaft, er musste aber wissen, dass von der Tribüne aus, als Parteiführer und specieller Repräsentant der höchsten moralischen Anschauungen seinen Bemerkungen ein ganz besonderes Gewicht beigelegt werden würde, dass er nicht Meinungen sondern Erkenntnisse, Verurtheilungen formuliren würde, dass bei so aufgeregten Verhältnissen der geringste falsche Impuls das Rutschen des ganzen Gebirges und die Verschüttung zahlloser Unternehmungen zur Folge haben musste, und dass er, indem er die Krankheit beseitigen wollte, dem Patienten den Garaus machen konnte. Er hätte sich fragen müssen, ob ihm die Verhältnisse hinsichtlich Ausdehnung, Character, Vielseitigkeit und Verzweigtheit so genau bekannt waren, dass er die Folgen einer vorzeitigen Krisis berechnen konnte. Er hätte sich fragen müssen, ob ein Eingreifen augenblicklich überhaupt helfen konnte, denn dass es schaden würde, musste er wissen; und ferner ob nicht vom staatsmännischen Standpunkte aus Abwarten, Prüfen und nach gesammelter Erfahrung, beendeter Reaction und nach eingetretener Ruhe, die bessernde, vorbeugende Hand anlegen, das Richtigere gewesen wäre. Jedenfalls hat der gesetzgebende Factor des Staatswesens seine Aufgabe verkannt, wenn er sich während des Sturmes in die Wogen stürzte. Bei solcher Gelegenheit, wenn sonst ein Eingreifen richtig gewesen wäre, war es absolute Pflicht, gleich geboten von Würde, Tact- und Gerechtigkeitsgefühl, so weit als irgend thunlich das Persönliche zu vermeiden, theils um jeden Verdacht, dass Partei-Rancüne, Partei-Rücksichten oder persönliche Antipathie mitspielen, zu beseitigen, theils um im Voraus der beabsichtigten legislatorischen Action den Character von Unpartheilichkeit und allen ihr sonst nöthigen Attributen aufzustempeln und endlich, weil jede persönliche Erwähnung den Betreffenden schädigen, schänden und verletzen muss, ohne demselben Gelegenheit zu geben, die Angriffe in gleicher Weise zu pariren und seine Unschuld zu beweisen.

Wenn ein geachtetes und begabtes Mitglied des Hauses in aufgeregten Zeiten, auf Missstände deutend, an die Ehre, an den Patriotismus und an die Weisheit seiner Zuhörer appellirt, Schritte zu thun um diese zu beseitigen, und wenn seine Motivirung, an Statt eine sachliche zu sein, darin besteht, dass sie *ex parte* in verletzenden Bemerkungen und Characterisirung der Thätigkeit Einzelner und Schilderung ihrer Handlungen und Verhältnisse beruht, so hat es als Richter ohne Befugniss gehandelt und seine Stellung gemissbraucht, vielleicht Unschuldige verdammt und ihre Lage derart präjudicirt, dass ein gerechtes Urtheil, wo man es suchen mag, nicht mehr zu erlangen ist. Ein solches Gebahren ist eben so unrecht als gefährlich; es ist ein Missbrauch einer der werthvollsten Institutionen des Landes, der, wenn er Nachahmung findet, abgesehen von den schreiendsten Ungerechtigkeiten, die dadurch veranlasst werden, ohne Berücksichtigung der Feigheit und Frechheit, die solcher Action zu Grunde liegen muss, entweder zum Convent oder Untergang des Verfassungslebens führen muss.

Wenn in England (und schliesslich hat man kein anderes und besseres Vorbild) *a member of the house of Commons* es für seine Aufgabe gehalten hätte, in ähnlichen Zeiten und Umständen den Gegenstand vor das Haus zu bringen, so hätte es die zeitigen Verhältnisse allgemein geschildert, die sich darin bergenden Gefahren bezeichnet und seine Meinung ausgesprochen: dass eine Prüfung diese oder jene Wunden, diesen oder jenen Missbrauch aufdecken würde. Specialfälle hätte es nur genannt, so weit schon richterliche Entscheidungen darüber vorangegangen waren, und überhaupt nur, wenn sie zur Begründung seiner Angaben absolut erforderlich gewesen wären. Man ist in England allgemein überzeugt, dass ein Parteiführer in Fragen, die über denen der Parteien stehen, niemals leichtfertige Urtheile aussprechen würde. Es wird stets vermieden, die Gesetzgebung oder Untersuchung des Hauses durch persönliche Fragen unnütz zu trüben. Ich behaupte zwar, dass die Reden im Reichstage und Abgeordnetenhause bezüglich Krisis etc. inopportun und voreilig und darum schädlich waren; zugestanden aber, dass diese Meinung irrig ist, so waren persönliche Angriffe zur Motivirung unnöthig; denn das öffentliche Treiben war Allen bekannt, darauf hinzuweisen musste genügen, um die Zustimmung des Hauses zu einer Commission zu erlangen, deren Aufgabe es gewesen sein würde, diejenigen Informationen zu sammeln, die der Gesetzgebung vorausgehen müssen, und hierdurch hätte man alle bösen Folgen vermieden. Da aber der Weg der Beschuldigung gewählt wurde, der indirect selbst die Ministerien traf, so musste eine solche Commission versagt und an ihrer Stelle eine andere vorgeschlagen werden, die zwar imposanter, aber viel weniger erfolgreich geworden ist.

Die Rede *Lasker's* verdankt ihre Wirkung nicht ihrer Fähigkeit oder sonstigen grossen Eigenschaften; sie war geschickt und, weil das Haus die Rolle einer Jury annahm, effectvoll. Der Umstand, dass mehrere verständige und ehrenhafte Parteigenossen und viele kluge aber nicht gerade hervorragend interessenlose Mitglieder des Hauses bei Gründungen betheiligt waren und daher theils schweigen mussten, theils *Lasker* zustimmten, um Angriffe von sich abzuwälzen, die Neigung der Conservativen, jedes erwerbliche, jedes industrielle Streben zu unterschätzen und zu verdächtigen, und die altweibische Klugheit der ökonomischen Schwätzer im Hause vermehrten die lobpreisende Heerde. Die Furchtsamkeit des Grafen *Itzenplitz*, die sich auf seine Collegen und Beamten übertrug, der unglückliche Zufall, der den Grafen *Roon* genöthigt hatte, vor Beginn der Rede eine frühere Erklärung zurückzuziehen, bewirkten den Beitritt der Regierung. Die Manie, die unbedingt im Publicum herrschte, wirkte auf die Bedächtigen, erschreckte die Speculirenden und hetzte die Bedürftigen, und da *Lasker* eine Zahl Details betreffs des Geheimrath *Wagner* und Anderer interessant gruppirte, so war Alles vorhanden, um Effect herbeizuführen, dessen Product die Untersuchungs-Commission war.

Abgesehen von den Bemerkungen über die Art, wie hohe Beamte durch ihren Einfluss bei Concessionsbewerbungen bevorzugt worden waren, einigen Beleidigungen ohne Begründung gegen mich und einer Kritik über das Geschäftsgebahren der Herren *Wagner*, *Schuster* und *Consorten*, enthielt die erwähnte Rede nur schwülstige, leere Redensarten, nichts Belehrendes, nichts Praktisches und keine Andeutung, die irgend wie hätte nutzbringend sein können. Selbst die Declamation beruhte auf einer falschen Annahme, indem der Redner die Ertheilung von Eisenbahn-Concessionen als eine Begünstigung darstellte. Thatsächlich waren die meisten Concessionen, um die es sich handelte, für den Staat erspriesslich, für die Adjacenten vortheilbringend und für das Publikum bequem; für die Concessionäre und Actionäre konnten sie aber nur mit Verlust verknüpft sein.

Was mich betrifft, so war die Consequenz dieser Rede deshalb so unheilbringend, weil sie einer für mich sehr traurigen Zeit folgte. Die Verluste durch den französischen Krieg und die sich theilweise daraus ergebende rumänische Schwierigkeit hatten mich nicht nur materiell ausserordentlich geschwächt, sondern mir auch viele Feinde und Widersacher geschaffen. So situirt, und mit allen Kräften um Erhaltung kämpfend, fand es *Lasker* gut, mich für seinen Hauptangriff auszuwählen. Die Zeit war aufgeregt, die öffentliche Meinung theilweise gegen mich eingenommen, urtheilsfähig waren die Wenigsten, und so wirkten die Aeusserungen *Laskers*, in denen er mich als Urheber der wilden Speculation, als verderblich für die öffentliche Moral hinstellte und meine Art, Eisenbahnbauten zu übernehmen, als „*System Strousberg*“ mit der Andeutung, dass dieses der Inbegriff alles Schwindels wäre, bezeichnete, positiv verderblich, vernichtend. Obgleich er nicht eine Thatsache, nicht eine Begründung für seine maasslosen Aeusserungen gegen mich vorgebracht, obgleich er in Nichts das *System Strousberg* kennzeichnete, so nahm Alles, wenigstens im Parlament, diese Aeusserungen für baare Münze, die Presse folgte in der von ihr schon begonnenen Hetzjagd, und so ist es üblich geworden, mich, meine Thätigkeit, meine Bahnen ohne Weiteres als erwiesen schlecht und verwerflich zu bezeichnen, und wo dieses nicht aus Malice geschah, hat sich Niemand die Frage gestellt, worauf denn eigentlich alles dieses gegründet war.

Mich verfolgte *Lasker* d. h. *Lasker's* Rede seitdem wie ein Gespenst in meinem Credit, in meinem Streben nach neuen Geschäften, in meiner gesellschaftlichen Stellung, kurz überall lähmend, verderblich wirkend. Ich kämpfte dagegen, aber ohne Erfolg; ich verschlimmerte nur meine Lage und untergrub meine Verhältnisse durch fruchtlose Anstrengungen immer mehr, bis ich endlich, — scheinbar durch einen unglücklichen Zwischenfall, in Wirklichkeit aber durch die oben erwähnten Verhältnisse, — ruinirt worden bin. Es war mir ein Räthsel, warum *Lasker* in seinen Aeusserungen gegen mich so überaus maasslos und bitter war, ohne den leisesten Versuch zu machen, seine Invectiven durch Anführung von Thatsachen zu begründen. Ich wusste wohl, dass es unmöglich war, solche aufzuführen, ich fühlte aber auch, dass *Lasker* aus Ueberzeugung sprach, denn ich halte ihn durchaus wenigstens für wahr sein wollend. Ich konnte mir wohl denken, dass seine politische Intoleranz ihn gegen mich eingenommen haben mochte, weil ich während dreier Jahre als Reichstagsmitglied mich als conservativ bekannt und demgemäss gestimmt hatte.

Politische Intoleranz ist eine Eigenschaft, die den Liberalen aller Länder anklebt, sie sind stets mehr oder weniger Sansculottes und Fanatiker.

Robespierre war nur extrem grausam, weil er extrem-liberal war; Dr. *Johann Jacoby*, einer der ehrenhaftesten und achtbarsten Männer, würde, wenn er die Macht hätte, im Interesse des Fortschritts nicht viel weniger grausam sein. *Lasker* ist mehr, wenn auch nicht körperlich, doch in seiner moralischen Richtung unter die classischen Tribunen zu zählen, er ist der moderne Cato, und hier sieht man, wie versatil das Judenthum ist. In *Johann Jacoby, Lasker, Bamberger, Lassalle* haben wir einen *Robespierre, Cato, Marat, St. Simon* — und es wird nicht mehr allzu lange dauern, bis man eine Bilder-Gallerie jüdischer Grössen wird aufstellen können, in der die modernen Abklatsche der Haupt-Weltbeglücker vergangener Zeiten dargestellt sein werden. *Lasker's* Antipathie konnte ich mir hierin um so eher erklären, denn wenn ich auch höchst bescheiden im Reichstage aufgetreten bin, so war es für ihn, dessen Abkunft und Erziehung so wesentlich von der meinigen verschieden war, schwer an meine Ueberzeugungstreue zu glauben, denn ihm fehlte die Gelegenheit wahrzunehmen, und darum das Verständniss einzusehen, wie das, was ich bin, eben so natürlich aus meiner Herkunft und Erziehung folgt, als dieses bei ihm der Fall sein dürfte. Partei-Leidenschaft im höchsten Grade wird Jeder bei *Lasker* wahrgenommen haben, und diese allein erklärt die unversöhnliche Stellung, die er gegen *Wagner* eingenommen hat; wie auch Partei-Sympathie andererseits die Rücksicht, mit der er Partei-Genossen behandelt hat, begreiflich macht.

Wagner war langjähriger, politischer Gegner, er soll in früheren Jahren in Verbindung mit der Kreuzzeitung, die ihr wohlbekanntes Treiben heute noch ohne ihn mit ungeschwächter Kraft fortsetzt, Viele schwer verletzt und Vielen bitteres Unrecht gethan haben. Er bekleidete eine einflussreiche Stellung und war politisch unbequem. Sein Gebahren in Sachen der Pommerschen Central-Bahn gab genügende Anknüpfungspunkte für einen vernichtenden Angriff und diese Gelegenheit wurde rücksichtslos benutzt. Mir ist Geheimrath *Wagner* fremd; ich habe viel Böses und wenig Gutes über ihn gehört. Da ich indessen ein Feind davon bin, über Andere Böses zu erfahren, geschweige denn zu sprechen, so habe ich eine Prüfung der ihn verunglimpfenden Gerüchte nie unternommen und weiss demnach positiv weder Gutes noch Böses von ihm. Es ist richtig, dass die Stellung *Wagners* ihm die äusserste Rücksicht auferlegte; es scheint bewiesen, dass er darin gefehlt, und es ist klar, dass er, *Schuster* und der dritte College bei Gründung der pommerschen Central-Bahn so manipulirten, dass sie das Gesetz der Form, nicht aber dem Geiste nach befolgten, dass sie also leere Formen erfüllten und dabei Profit ohne Risico, Macht ohne Verantwortlichkeit anstrebten; und es kann nicht geleugnet werden, dass dieses für einen hohen Rath der Krone compromittirend ist. Nichtsdestoweniger wäre der Angriff nie so bitter ausgefallen, wenn er nicht durch Partei-Hass angestachelt gewesen wäre. Schliesslich hat man die Sache aber übertrieben. In wie weit *Wagners* Stellung ihm bei Erlangung der Concession zu Statten kam, weiss ich nicht zu beurtheilen. Eins ist nur klar, dass die Concessionäre dieser Bahn, wenn sie dieselbe ausgeführt und sich sonst Nichts hätten zu Schulden kommen lassen, Orden und Auszeichnungen verdient hätten. Die Bahn war eine Nothwendigkeit für einen vernachlässigten armen Landestheil und durch Hebung desselben ein Verdienst um den Staat. Als Speculation, selbst richtig geleitet, konnte sie nie Vortheil bringen. Wenn Dieses eingeräumt wird, so fällt die Beschuldigung des Missbrauches amtlichen Einflusses fort, denn er erfolgte für einen im Staats-Interesse guten Zweck. Ferner hatte Geh.-Rath *Wagner*, als Ritterguts-Besitzer, an der projectirten Bahn ein Interesse und ein Recht dazu, deren Herstellung anzustreben. Falsch wäre es nur, wenn er anderen Bewerbern, oder einer anderen Richtung den Rang abgelaufen hätte, und dies war nicht der Fall. Wenn, wie mir dieses unzweifelhaft, *Wagner* in den letzten zwei Punkten nicht zu tadeln ist, so fällt ein grosser Theil der Beschuldigung zu Boden, und es bleibt nur die Frage, ob er im Erstreben von Profit die Grenze des Rechtlichen oder Schicklichen überschritten hat. Ersteres ist eine Frage für die Beschuldigten und den Staatsanwalt, wo, wie ich schon erwähnt, jede fremde Anregung eine Anmassung und jeder Dilettantendienst eine Bösherzigkeit documentirt; die Schicklichkeitsfrage aber betraf die Ressort-Chefs des Herren. Hier konnte es unter Umständen die Pflicht des Volksvertreters werden, die Aufmerksamkeit darauf zu lenken, dies aber erst, nachdem eine Abhilfe Seitens der Vorgesetzten verweigert worden war. Eine

Inscenirung, wie die im vorliegenden Fall gewählte, war unnöthig, discreditirend für den Beamtenstand, unbequem für den Vorgesetzten und hart für den Betroffnen. Aus jeder Silbe, aus dem ganzen Gebahren athmet Rache, nicht Gerechtigkeit. Ich habe gar keinen Grund, *Wagner* zu vertheidigen, denn wie die später zu schildernden Thatsachen beweisen, besteht zwischen uns nicht die geringste Analogie, in einem Punkte aber der schroffste Gegensatz. *Wagner* und *Schuster* — wollten Verantwortlichkeit und Geld-Risico vermeiden, ich — trat überall mit meinem Vermögen offen und ohne Rückhalt in die Schranken. Mich empört hier nur die Ungerechtigkeit, Rachsucht und Uebertreibung.

Da eine grosse Vorstellung gegeben werden sollte, so mussten alle interessanten Momente benutzt werden, und was ist interessanter und was billiger, als hohe Herrschaften mit Rang und Würden ausgestattet mit hinein zu ziehen, und so musste auch Fürst *Puttbus* und Andere in Mitleidenschaft gezogen werden.

Die Angelegenheiten der Berliner Nordbahn sind mir nicht ganz genau bekannt; ich weiss aber, dass mir diese Bahn sowohl als auch die Pommersche Centralbahn von anderen Consortien mehrere Jahre vorher angeboten worden, und dass ich auf das Geschäft nicht einging, weil nach meiner Meinung diese Bahnen nie rentiren konnten. Ich mag mich in meinen Anschauungen getäuscht haben, ich habe aber keine Bahn gebaut, von der ich nicht glaubte, dass sie rentiren würde, von diesen hatte ich eine schlechte Meinung. Die Concession war also auch hier keine Begünstigung, Nichts, was der Staat opferte.

Herr *Lasker* mag darüber anderer Meinung sein, ich behaupte indessen, dass jede Bahn dem Lande nützlich ist, hebend für die staatlichen und localen, landwirthschaftlichen und industriellen Interessen, und dass die Frage, ob die Bahn rentirt und ob die Actionäre Geld verdienen, im Verhältniss dabei unwesentlich ist. Auch muss man nicht vergessen, was ich später noch erschöpfender ausführen werde, dass bis vor Kurzem dem Staat Gelder für Eisenbahnbauten verweigert wurden, dass viele Gegenden aus Mangel an Bahnen in der Cultur zurückgingen, und dass man allgemein der Meinung war, eine Bahn herzustellen sei ein grosses Verdienst. Die Verhältnisse und Anschauungen haben sich geändert, sind in den Gegensatz umgeschlagen. Ist es aber zu rechfertigen, dass man an die Thätigkeit Anderer einen Maassstab anlegt, der im Widerspruch mit dem Geist und der Praxis der Zeit ist, in der die Handlung selbst stattgefunden? Ferner hat Fürst *Puttbus*, wie andere Herren seines Standes, sich für eine Bahn interessirt, die im engen Zusammenhang mit dem wirthschaftlichen Gedeihen ihrer Besitzungen stand und wobei im verschiedenen Grade, aber in gleichen Verhältnissen, alle angrenzenden Kreise und Adjacenten interessirt waren. Es wäre Raumverschwendung und fast lächerlich, dies eingehender rechtfertigen zu wollen. Das vom Fürsten *Puttbus* Angestrebte war eben so berechtigt als löblich. Die Frage ist dann nur: ob die Mittel die richtigen waren. Zur Beurtheilung hierbei ist es indessen erforderlich, dass man auf den damaligen Stand unseres Actiengesetzes Rücksicht nimmt. Nach dem deutschen Handelsgesetzbuche war die Constituirung ohne Hilfe der General-Entreprise unmöglich. Die Regierung gestand und sah dies ein. Da sie indessen nicht offen eine Gesetzumgehung toleriren konnte, so verlangte man nur, dass die Form gewahrt würde. Man wusste in allen Fällen darum und billigte es stillschweigend. Diese Connivenz beruhte aber im Ministerium und unter den Beamten nicht etwa auf Leichtfertigkeit, Gewissenlosigkeit oder gar Vorliebe für Privatbahnen. Die sämmtlichen Räthe im Ministerium waren eigentlich Feinde aller neuen Gesellschaften, wollten nur Staatsbahnen und wo das nicht möglich, Erweiterung der älteren grossen Bahnen und zwar hauptsächlich derjenigen, die vom Staate verwaltet wurden. Der Minister und seine Räthe waren aber andererseits überzeugt, dass unser Eisenbahnnetz ausgedehnt werden müsste, und so haben sie aus Interesse für das Staatswohl, wenn auch mit schwerem Herzen, den Privatbau begünstigt und durch passives Verhalten möglich gemacht.

Ich kann für obige Anschauungen bürgen und bin bereit, es zu beweisen. Wenn man daher die Handhabung des Fürsten *Puttbus* bei Constituirung der Nord-Bahn einer Kritik unterzieht, so darf man obige Umstände nicht vergessen und so beurtheilt, wird die Sache eine andere Gestaltung annehmen. Gesetzliche Zustände, die eine Umgehung im öffentlichen Interesse nöthig machen, sind zu bedauern und schleunigst zu beseitigen, und hätte *Laskers* Streben diese Richtung genommen, so würde es wohlthuend gewirkt haben. Er hat aber die Sache nur einseitig vom moralischen Standpunkte beleuchtet, die Frage der gesetzlichen Regelung hat er vollständig im Dunkeln gelassen, weil er sie eben nicht versteht. Den Concessionsbewerbern ist der Vorwurf gemacht worden, dass sie aus diesen Concessionen specielle Vortheile für sich zu erlangen gesucht hätten. Mir könnte ein solcher Vorwurf nicht gemacht werden, weil Eisenbahnbau mein Beruf war und also auch naturgemäss meine Erwerbsquelle sein musste. Ob diejenigen, die sich als Localinteressenten bei Concessionen betheiligt haben, dabei verdienten, ist im Allgemeinen nicht wirklich nachzuweisen. Fürst *Puttbus* und Andere haben jedenfalls dabei verloren, weil sie Dasjenige nicht bekommen haben, was ihnen zugesagt worden war. Die betreffenden Summen waren aber in diesen Fällen nicht grösser bemessen, als mit Rücksicht auf die Kosten und das übernommene Risico geboten erscheint. Die Erlangung einer Concession ist mit Mühen, Reisen und Geldauslagen für Vorarbeiten und vielerlei andere Erfordernisse verbunden. Diese Kosten lassen sich auch nicht einmal annähernd berechnen. Da die Bahnen nur in General-Entreprise gebaut werden konnten, und dem General-Unternehmer das Capital für die Ausführung gezahlt werden musste, so war es nothwendig, um sich gegen Verlust zu schützen, dass Diejenigen, welche die oben erwähnten Auslagen gehabt, sich hinsichtlich einer entsprechenden Pauschalsumme mit dem Unternehmer einigten. So weit ersichtlich, sind in den meisten Fällen die Summen nicht höher als erforderlich gegriffen, und nur weil alles dieses unberücksichtigt gelasssen wurde, ist der Sache ein ganz anderes Aussehen gegeben worden und ehrenhafte Männer deshalb verletzenden Angriffen ausgesetzt gewesen. Alles war so von moralischer Entrüstung terrorisirt, dass Keiner die Courage hatte, offen und ehrlich einzugestehen, was er gethan, und es wurden daher Handlungen, an sich unschuldig, häufig als unmoralisch betrachtet, und so ein ganz falscher Standpunkt geschaffen. Dass *Laskers* Urtheil durch politische Antipathie so getrübt wurde, dass er seinen Angriffen keine Grenze zu setzen wusste, ist am besten dadurch bewiesen, dass er seinen Parteigenossen gegenüber mehr als rücksichtsvoll war. Ich verdamme die persönliche Seite, die er der Frage gegeben hat und tadle daher nicht, dass die Zahl der Angegriffenen nicht eine grössere war, ich behaupte nur, dass sie eine grössere geworden wäre, wenn *Miquel*, *Benningsen*, *Hammacher*, *Braun* und Andere zufällig der conservativen Partei angehört hätten. Hierbei will ich in keiner Weise auch nur andeuten, dass sich *Lasker* dieser Parteilichkeit bewusst war; meine Meinung ist nur, dass er unbewusst ebenso geneigt war, von seinen politischen Gegnern alles Böse, wie von seinen politischen Freunden alles Gute zu glauben.

Was die angeführten Namen betrifft, so behaupte ich, dass sie vom Lasker'schen Standpunkte alle anzugreifen waren, denn sie waren sämmtlich bei Gründungen und einige bei Eisenbahn-Concessionen betheiligt. Da ich Namen genannt habe, so will ich nur bemerken, dass Herr *v. Benningsen* meines Wissens und meiner Ueberzeugung nach sich ohne selbstsüchtige Motive und nur da betheiligt hat, wo er es im Interesse seines ländlichen Besitzes und seines engeren Vaterlandes betrachtete; während Oberbürgermeister *Miquel*, obgleich einem Institute angehörend, welches die Zeit benutzte wie kein anderes, als Familienvater ganz berechtigt war, eine Stelle anzunehmen, wodurch er für die Seinigen ehrenhaft sorgen und neben persönlicher Unabhängigkeit Erfahrungen sammeln konnte. Für die financielle Handhabung seines Institutes, ob diese zu loben oder zu tadeln sei, halte ich ihn nicht verantwortlich, weil er dieselbe, vielleicht heute, damals aber sicher noch nicht zu beurtheilen verstand. Ich hatte Gelegenheit wahrzunehmen, dass er wesentlich der juristische Kopf, nicht aber die financielle Autorität oder Hand war, und soweit sein Einfluss reichte, war derselbe wohlthuend. Ich selbst habe sogar durch ihn gerechtere Contractsbedingungen, als dieses sonst möglich gewesen wäre, erreicht. Die Thätigkeit wie die Persönlichkeit *Brauns* ist mir unbekannt, ich weiss nur, dass sein Name bei Gründungen vielfach figurirt hat. *Hammacher* kenne ich seit Jahren als Speculanten und Gründer par excellence, und da dieser Herr es auch nicht verschmäht hat, mich und die Generalentreprise zu verdammen, und, wenn auch nur vorübergehend, in das allgemeine Lärmen mit einzustimmen, so halte ich mich für berechtigt, ihn daran zu erinnern, dass er in Gemeinschaft mit dem verstorbenen *Paderstein* mich animiren wollte, einen Bau in Generalentreprise zu übernehmen, für deren Concessionirung er seinen Einfluss geltend machen wollte, und wobei ihm und *Paderstein* ein nicht unbedeutender Gewinn zufallen sollte.

Ohne weitere Namen zu nennen, tadle ich Alle, auch die oben Erwähnten nicht ausgenommen, dass ihnen der Muth fehlte, *Lasker* entgegenzutreten, denn sie mussten wissen, dass sein Auftreten die schlimmsten Folgen haben würde, und ihr Gerechtigkeitsgefühl hätte sie zur Vertheidigung der Würde, des Berufs des Hauses und zum Schutz der angegriffenen Personen veranlassen müssen. Sie mussten eines Besseren überzeugt gewesen sein, denn ich halte sie für Ehrenmänner, und als solche konnten sie nicht mitwirken, wo sie es thaten und zu gleicher Zeit *Lasker* Recht geben. Mein Tadel ist indessen sehr bedingt, denn der Terrorismus war damals sehr gross, und die Opfer, die ein Auftreten gegen *Lasker* zur Zeit involvirte, so bedeutend, dass es beinahe übermenschlich gewesen wäre, wenn sie es riskirt hätten. Ihre politische und gesellschaftliche Stellung und der Ruin der Institute, denen sie angehörten, waren auf's Spiel gesetzt, wenn sie mit ihrer Opposition nicht durchgedrungen wären, und zum Gelingen musste ein wichtiges Partei-Mitglied politisch vernichtet werden, und so wurde geschwiegen oder zugestimmt, je nach Maassgabe der respectiven Gewissenhaftigkeit des Einzelnen.

Aus welchem Grunde nun auch *Lasker* persönliche Antipathie gegen mich gehabt haben mag, es erklärt dies immer noch nicht die bitter feindliche Stellung, die er mir gegenüber einnahm, und ich habe nur viel später erst erfahren, wodurch er eine so schlechte Meinung von mir gewonnen hatte. Vor seiner grossen Rede hatte er öfters im Reichstag und auch im

Abgeordnetenhause auf die damaligen Zustände hingewiesen, und es wurde bekannt, dass er sich förmlich einrichtete, Informationen zu sammeln, und stets bereit war Denunciationen zu empfangen, um sich für einen grossen Coup vorzubereiten. Dieses benutzten persönliche Feinde und Widersacher, um mich bei ihm anzuschwärzen. Die Mittheilungen waren zwar nicht so begründet, dass sie wiederzugeben waren, sie überzeugten aber *Lasker*, der von practischen Dingen nichts verstand. Er konnte wohl als Jurist Beweise prüfen und deren Beweiskraft beurtheilen, er war aber dem bösen Willen preisgegeben, wo es sich um die Begutachtung von Handlungen drehte, weil er eben dazu nicht angelegt und darin unerfahren war. Ich habe keine positiven Beweise dafür, aber gewisse Umstände deuten für mich überzeugend darauf hin, dass er seine zweifelhaften Informationen über mich durch *Plessner*, einen der wesentlichsten Vertrauensmänner *Laskers*, empfangen hat. *Plessner* sind ausserordentliche Gelegenheiten geboten worden, er war der Liebling der Bankwelt, des Ministeriums und des Publicums, er wurde förmlich auf ein Piedestal gestellt, er sollte mich unnöthig und unmöglich machen, man erwartete Grosses von ihm und es ist ihm auch im hohen Maasse gelungen, ein grossartiges Fiasco zu machen und zu beweisen, dass er seiner Aufgabe gar nicht gewachsen war. Er hatte Redegewandtheit und konnte für nicht Sachkenner recht plausibel erscheinen; er war in der That ein fader Projectenmacher ohne jeden soliden Inhalt und wie dazu geschaffen, Andere zu blenden. Er vermochte es, die ersten Leute für seine Gesellschaft zu gewinnen, Ministerial-Beamte und Behörden aller Art sollen sich bei seiner Gesellschaft betheiligt haben, weil er Alle glauben machte, dass er es verstünde und anstrebte, meine Fehler zu vermeiden, und indem er mich zur Zielscheibe seiner Angriffe machte, wollte er, was ihm auch gelang, den Glauben erwecken, dass er besser, fähiger und rechtlicher handeln werde, als ich dieses gethan. Wie schon erwähnt, hatte er das Unglück, ein Buch über Arbeitspreise geschrieben zu haben, das er später selbst zum Nachtheil seiner Actionäre in Anwendung brachte, und in Folge dessen er sich überall in seiner Kostenberechnung getäuscht hat. Er wollte beim

Bau der Berlin-Görlitzer Bahn Arbeit von mir haben, ich durchschaute ihn sofort als unfähig und gab ihm keine; dieses und entsprechende Aeusserungen über ihn mögen auch noch ausserdem zu seiner Feindschaft gegen mich beigetragen haben.

Genug, ich habe Grund zu glauben, dass er *Laskers* Hauptsachverständiger wurde und ihm eine Menge Unrichtigkeiten über mich mitgetheilt hat. Thatsächlich hat man ihn als Sachverständigen bei der Commission vorgeladen, *Lasker* hat ihn gelobt und einer seiner Beamten, der von mir entlassen war, ist als Zeuge vorgeladen und hat einige unwesentliche, aber blödsinnige Bemerkungen gemacht. Wenn *Lasker* gegen die General-Entreprise eingenommen war und überhaupt verstanden hätte, was er eigentlich dabei sagen wollte, so konnte er niemals *Plessner* unterstützen, denn *Plessner* war, wie er auch genannt wurde, nur „*Strousberg auf Actien.*" Aus diesen und anderen Quellen wurde *Laskers* Urtheil über mich gebildet und dazu kam noch ein Umstand, der ihn völlig überzeugte. Es wird bekannt sein, dass ein Consortium, an dessen Spitze die Disconto-Gesellschaft stand, die Angelegenheit der Rumänischen Bahnen durch Gründung einer Gesellschaft geregelt hat. Nach Constituirung der neuen Gesellschaft wurde ein Herr, den ich im Interesse seiner Familie nicht nennen und auch nicht unnöthig schädigen will, nach Rumänien geschickt. Dieser Herr war im Beginn meiner Unterhandlung mit der Rumänischen Regierung von mir zur Unterstützung meines Vertreters, des Baumeisters *Fischer*, nach Bukarest geschickt worden. Nach wenigen Tagen wurde er zurückgerufen und nicht weiter von mir beschäftigt, wohl aber generös behandelt. Später war ich die Veranlassung, dass derselbe Herr eine Stellung bei der *Halle-Sorauer* Bahn aufgeben musste. Meine Gründe sind hier unwesentlich, es genügt die Thatsache. Dieser Herr benutzte die Gelegenheit seines zweiten Aufenthaltes in Rumänien, um aus den Büchern und Acten eine Zusammenstellung zu machen, wonach er mich beschuldigte mehr Schienen und Brückenmaterial in Rechnung gebracht zu haben, als ich geliefert hatte oder überhaupt von Fabriken laut Contracten empfangen haben konnte, und dass ich eine grössere Zahl Kilometer Bahnbau in Rechnung gebracht, als ich wirklich ausgeführt und so also mehr empfangen hätte, als mir zukam. Er beschuldigte Baumeister *v. Brandt*, der als Techniker für den Regierungs-Commissar die Verdienst-Certificate ausgestellt hatte, wissentlich falsche Forderungen bescheinigt zu haben. Ich habe die Originalpapiere jetzt nicht vor mir und schreibe daher nach meiner Erinnerung, im Wesentlichen ist die Sache aber wie hier angeführt.

Die Rumänische Gesellschaft, aus welchem Grunde ist mir unbekannt, beendete ihre Beziehungen zu dem betreffenden Herrn sehr bald; er reichte aber vor seinem Abgange ein *Pro memoria* ein, worin die vorerwähnten Behauptungen durch Zahlenangaben und sonst ziemlich überzeugend motivirt waren.

Diese Angelegenheit ging die Gesellschaft eigentlich nichts an, denn sie war dabei ohne jeden Status, indem ich mit ihr einen Contract geschlossen hatte, durch den ich gewisse Summen zu zahlen übernahm, wogegen ich aller Verpflichtungen entbunden worden, und die Gesellschaft statt meiner in den Besitz der Rumänischen Bahnen, wie sie zur Zeit beschaffen waren, eintreten sollte. Nichtsdestoweniger glaubte der Aufsichtsrath doch, die Sache einer Erwägung unterziehen zu müssen. Hiergegen hätte ich nichts einzuwenden gehabt und es sogar mit Freude begrüsst, wenn mir die Gelegenheit gegeben worden wäre, die betreffende Beschuldigung zu lesen und darauf zu erwiedern.

Der Aufsichtsrath der Rumänischen Gesellschaft bestand aus einer Zahl der allerersten Kaufleute und Rechtsanwalte. *Lasker* hatte aber zu jener Zeit schon eine terrorisirende Stellung eingenommen, und so wurde derselbe aufgefordert, die Sache zu beurtheilen, um dem Aufsichtsrath zu *rathen*. Diese Comödie ist bezeichnend für die damaligen Verhältnisse, jedes der Mitglieder war unvergleichlich besser für die Aufgabe qualifizirt als *Lasker*. Der juristische Theil bestand aus Männern von Ruf, Begabung und Erfahrung. Einer davon bekleidet in diesem Augenblick einen der höchsten richterlichen Posten, er ist Rath beim Oberhandelsgericht in Leipzig, und Alle waren *Lasker* weit überlegen als Juristen in Geschäftskunde und praktischer Erfahrung. Ausserdem war, so weit ein kaufmännisches Urtheil dabei in Frage kam, dieses durch *Hanseman*, *Bleichröder*,

Miquel, *Bauendahl* und Andere reichlich gesichert. Man lebte in Angst. — Jeder fürchtete öffentlich angegriffen, öffentlich denuncirt zu werden, und wenn auch nicht wie in den Jacobiner-Zeiten die Guillotine darauf folgte, so folgte öffentliche Verurtheilung, Makel und Ruin, und *Lasker* war der allgemeine Ehrenrichter. Diesen gewonnen oder gar nach seinem Rath gehandelt zu haben, war die beste Sicherheitsmaassregel, und wer sich seines Lobes erfreute, war in der That im Hafen der Ruhe.

Laskers Wohnung war ein vollständiges Denunciationsbüreau, er wurde von allen Seiten mit Material überhäuft; Furcht, Dummheit, Böswilligkeit, Unschuld und Verlust, je nachdem dictirten den Inhalt der verschiedenen Mittheilungen, und so war eine Institution geschaffen, zwar auf anderem Gebiete, aber eben so gefährlich, verächtlich und schädlich wie sie in den schlimmsten Zeiten des *Reign of terror* nicht schlimmer sein konnte.

Die Angelegenheit wurde ohne mein Wissen und hinter meinem Rücken nun vor *Lasker* verhandelt, mir sind die Details der Procedur unbekannt, ich weiss nur, dass ich in Folge dessen vom Untersuchungsrichter zur Vernehmung aufgefordert wurde; hierdurch erhielt ich die erste Kenntniss von der Beschuldigung; erst Jahre lang nachher erfuhr ich zufällig, dass und wie *Lasker* zugezogen worden, ich erfuhr dann auch, dass er die Thatsachen nicht für so bewiesen oder so gravirend gehalten, dass ein actives Vorgehen geboten, dass er nur gerathen habe, die Papiere dem Untersuchungsrichter oder Staatsanwalt ohne Antrag zu übergeben. Dem Richter gegenüber konnte ich mich vollständig rechtfertigen, ob dieses meinerseits geschehen und in welchem Maasse konnten weder *Lasker* noch der Aufsichtsrath wissen.

Was war aber die Folge dieser Privatinquisition und dieser selbst arrogierten Ausübung des Ehrenrathes? Dass eine Zahl achtbarer Männer nur die Beschuldigung, nicht aber die Vertheidigung erfahren haben, und dass ich so in deren Meinung im höchsten Grade geschädigt wurde. *Lasker* war zu viel Jurist und zu sehr Ehrenmann, ihm so anvertraute und so unverbürgte Thatsachen in seiner Rede wiederzugeben; er hatte aber seine

Ueberzeugung daraus geschöpft, er hielt mich für schlecht, wenn auch nicht juristisch angreifbar, und mit dieser Meinung hielt er nicht hinter dem Berge, sondern schleuderte seine Beschuldigungen in moralischer Entrüstung mit Schimpfnamen aller Art und ohne jeden Beweis gegen mich, zu meinem Ruin, in in die Welt.

Hier verabschiede ich mich von Herrn *Lasker*; ich wünschte gerecht zu sein und wollte nicht unnütz verletzen, ich hielt es aber so wohl zu meiner Vertheidigung als auch im öffentlichen Interesse für nöthig einen Cultus, wie der mit ihm getriebene, zu zerstören, und wenn es mir gelungen sein sollte, den falschen Heiligenschein vernichtet zu haben, so bleibt genug Achtbares und Grosses an *Lasker*, und er wird erspiesslicher für sich und die Allgemeinheit wirken, wenn er auf geeignetem Boden beschränkt und nicht von unberechtigten Prätensionen getragen wird.

Was die Beschuldigung betrifft, so habe ich durch den Baumeister *Bandke*, der die Acten geführt hat, dem Richter Frachtbriefe, Beläge und Contracte vorlegen lassen, aus denen ersichtlich war, dass ich so wohl bezogen als geliefert hatte, was ich in Rechnung gebracht habe, und die Frage wegen der angeblich unrichtigen Berechnung der Länge der Bahn beruhte darauf, dass gewisse Strecken, wo zwei Bahnen neben einander liefen, von mir in doppelter Länge, von dem Betreffenden einfach in Ansatz gebracht worden waren. Mein Contract, die Bauerlaubniss und Alles berechtigte mich zu meiner Auffassung, der Regierung war der Umstand bekannt, und nur als ein neues Ministerium mit neuen Anschauungen auftrat, wodurch der Streit zwischen mir und der Regierung entstanden ist, entwickelte sich auch hierüber eine Meinungsverschiedenheit. Nachdem Baumeister *v. Brandt* und auch Zeugen vernommen waren, wurde die Angelegenheit vom Untersuchungsrichter *ad acta* gelegt.

Viertes Capitel.

System Strousberg.

Viertes Capitel.

System Strousberg.

Gegen diese Benennung wäre nichts einzuwenden, wenn ich überhaupt der Erfinder eines Systems wäre, und wenn nicht damit zugleich Tadel ausgedrückt werden sollte. „System *Strousberg*“ sollte der Inbegriff alles dessen sein, womit mich *Lasker* in seiner Rede beschimpfte; so ist es allgemein aufgefasst und wiederholt worden. Thatsächlich ist meine Art Eisenbahnen zu bauen nichts Neues. Jeder Bauunternehmer, der contractlich für einen bestimmten Preis ein Haus zu bauen übernimmt, baut in General-Entreprise, und so weit er anstatt baaren Geldes Hypotheken in Zahlung empfängt, ist das Princip analog dem, ganz oder theilweise Zahlung in Actien zu erhalten.

Die General-Entreprise hat von jeher existirt und ist der Gegensatz zur eigenen Ausführung. Im ersten Falle empfängt der Unternehmer einen bestimmten Preis für den ganzen Bau, im anderen Falle kauft der Bauherr alle Materialien selbst und beschäftigt alle Arbeiter und Beamte direct.

Zwischen diesen Gegensätzen liegen zahllose Variationen. Man kann den Bau in kleinere Entreprisen theilen, man kann statt eines bestimmten Preises für den ganzen Bau Einheitspreise für Lieferungen und Leistungen bestimmen, der Bauherr kann sich gewisse Theile zur eignen Ausführung oder Beschaffung reserviren und den Rest an Einen oder Mehrere übertragen. Die Geldbeschaffung bei Privatbauten in Form von Hypotheken, bei Actiengesellschaften bezüglich der Actien und Prioritäten kann vom Bauherrn oder von Bauunternehmern übernommen werden u. s. w. — Hier lassen sich keine Regeln hinstellen; die Umstände in jedem concreten Fall bedingen den einzuschlagenden Weg, und wenn ich überhaupt ein System verfolgte, so bestand es darin, dass ich es verstand, meine Operationen den Umständen anzupassen, und so wird es sich auch bei Beschreibung der einzelnen Geschäfte herausstellen, dass ich in jedem einzelnen Fall, wenn auch nicht ganz anders verfahren bin, doch meine Pläne modificirte. Alles, was ich gethan, ist indessen *mutatis mutandis* schon dagewesen, war von den Verhältnissen geboten und beruhte weder auf unsoliden Grundlagen, noch erstrebte ich Etwas, was vom moralischen Standpunkte nicht wenigstens berechtigt war, und wovon ich nicht die beste Meinung hatte.

Es liegt nicht in meiner Absicht hier für irgend eine der verschiedenen Arten der Bauausführung zu plaidiren; jeder Weg kann unter Umständen der richtige sein. Die Erfahrung hat zwar überall gelehrt, dass bei grossen Unternehmungen ein Regiebau im strengen Sinne des Wortes nicht praktisch durchführbar ist. Bestehende Gesellschaften und selbst Regierungen vergeben ihre Bauten in Entreprise; ob dieses im kleineren oder grösseren Maassstab, ob überhaupt zu geschehen hat, hängt von vielen verschiedenen Umständen ab, so z. B. von dem Besitze von Utensilien, die sonst unbenutzt bleiben würden, während der Unternehmer die seinigen in Rechnung bringt; ferner von dem Vorhandensein von Beamten, die ohne Extrakosten Dienste leisten können. Es spricht noch mit die Nothwendigkeit, die Ausführung gewisser Bauobjecte besonders zu überwachen, häufig weil der existirende Betrieb den Bau derart stört, dass Regie unbedingt nöthig ist; weil solchen Störungen gegenüber eine Preisbestimmung unmöglich ist, schliesslich kommt in Frage, ob in Anbetracht der Bauverhältnisse und nach seinem Character eine Theilung möglich ist, ob die Ausführung Specialerfahrung und besondere Kräfte erheischt, die für den einzelnen Fall nicht zu gewinnen sind, und so bis in's Unendliche.

Die General-Entreprise bei Eisenbahnbauten hat viele Gegner, man kann dieselben in drei Kategorieen theilen. Zunächst diejenigen, die mitschreien, weil es Mode ist, ohne überhaupt etwas von der Sache zu verstehen, und nicht beachtungswerth sind. Viele und darunter sehr gewissenhafte Gegner glauben, und nicht ohne Grund, dass der Unternehmer, wenn ihm der ganze Bau und die Beschaffung und Verwendung des ganzen Capitals übertragen wird, während des Baues und so lange es ihm passt keinem eigentlichen Bauherrn unterworfen sei, und so als Koch und Kellner in einer Person zum Nachtheil des Unternehmens Alles seinen Interessen subordiniren kann. Dieses ist in der That die schwache Seite dieser Art der Bauausführung, und Missbräuche, wie die indicirten, sind im Kleinen und Grossen vorgekommen; es giebt aber Nichts ohne Schattenseiten und es giebt Verhältnisse, wo die General-Entreprise trotz Allem, was man dagegen sagen kann, die allein gebotene erscheint. Was mich betrifft, so hoffe ich zu beweisen, dass ich die mir daraus erwachsene Macht nie gemissbraucht habe und unter den obwaltenden Verhältnissen nicht habe missbrauchen können. Im Uebrigen ist aber nicht zu übersehen, dass das Interesse des Unternehmers dem mit dem System verbundenen Uebel selbst Schranken setzt, denn, wenn der Bau unsolide, den Bedürfnissen nicht entsprechend, ungenügend in seiner Ausdehnung und zu kostspielig geführt wird, wenn das Capital zu hoch gegriffen und die Verwaltung unrespectabel, unfähig und nicht unabhängig erscheint, so würde es unmöglich sein, das Capital zu placiren oder zu einem entsprechenden Preise zu veräussern, und der Unternehmer bliebe dann mit entwertheten Actien sitzen, und indem er ungebührend profitiren wollte, würde Verlust und Ruin das wirkliche Resultat sein. Angriffe gegen mich und der blosse unbegründete Verdacht, dass meinen Entreprisen einige dieser Mängel anhaften, haben meine Actien entwerthet und mir grosse Verluste zugefügt.

In Paris und London, wo die Einwohner nach Millionen zu zählen sind, kann man nicht immer, wie bei uns, den Character der Verwaltung prüfen, und so ist es auch häufig auf allen Gebieten vorgekommen, dass sich das Publicum bei Unternehmungen betheiligt hat, die kein Vertrauen verdienten.

Die Gesetzgebung ist aber diesen Erscheinungen stets aufmerksam gefolgt, so dass jedem Missstande möglichst Rechnung getragen wird. Dies geschieht in England nicht durch den Staatsanwalt, denn ein öffentlicher Kläger als solcher ist dort nicht bekannt; Dieser ist bei uns eine Barrière zwischen dem Beschädigten und der Justiz, die sich häufig als chinesische Mauer gestaltet, und anderseits hat der Staatsanwalt als Kläger ungebührende Macht, denn wenn auch sicherlich stets von Recht und Ehre geleitet, ist der öffentliche Kläger, wo ihm Action nöthig scheint, doch schliesslich vom Metier angesteckt, zur Verfolgung geneigt, und durch seine amtliche Stellung in der Lage, den Untersuchungsrichter und die Rathskammer viel mehr zu beeinflussen, als dies der Vertreter des Privatklägers thun könnte.

In England ist es auch nicht nöthig Regress und Entschädigung stets auf dem Criminalwege zu suchen. Wenn der Prospectus ungebührend gefärbt ist, wenn er falsche oder nicht alle Thatsachen enthält, wenn die Formen Behufs Cotirung nicht erfüllt, oder wenn dieselben ungebührend erlangt worden sind, wenn ein Mitglied des Aufsichtsrathes oder der Direction oder sonst Beauftragten bei Käufen und Verkäufen für die Gesellschaft persönlich Vortheile erlangt, wenn durch Fahrlässigkeit Verluste verursacht, wenn durch Nichtbeachtung gesetzlicher oder statutarischer Vorschriften, oder wodurch sonst und ob criminell oder nicht Schaden entsteht, in allen diesen und in tausend anderen Fällen giebt das Gesetz, und wo dieses unzulänglich, speciell *the court of chancery and equity* (Gericht der Billigkeit) jedem Kläger Rechte und Wege an die Hand, um Schadenersatz, sowie Rückerstattung und was sonst zu erlangen; das Criminelle ergiebt sich meistens erst aus der Civilverhandlung.

The court of chancery ist an keine Gesetzvorschriften oder Formen gebunden, die Praxis ist dort, dem prätorianischen Verfahren analog, elastisch und kann sich überall den Verhältnissen anpassen. Diese Seite der englischen Jurisprudenz ist bei uns wenig bekannt und man muss Gelegenheit zur praktischen Beobachtung gehabt haben. Für Denjenigen, der den Missbräuchen bei Actienwesen entgegensteuern möchte, würde das Studium dieser Gerichtsbarkeit unendlich nützlich sein. Aus Büchern über englische Verfassung kann man aber Nichts schöpfen. Wenn es meine Zeit gestattet, so beabsichtige ich diesen Gegenstand in Verbindung mit unserem Actien-Gesetze zu bearbeiten und erwähne nur ein Beispiel. Durch eine *bill of discovery* (Entdeckung) und *interrogatory* (Befragung) kann der Gegner gezwungen werden, Bücher, Briefe, geheime Instructionen, kurz Alles, auch das Geheimste zu offenbaren, wenn durch *affidavit (Eid)* oder sonst selbst vor Anstrengung der definitiven Klage der Richter überzeugt wird, dass Gründe für eine Klage vorliegen und der Betreffende eidlich versichert, dass nach seiner Ueberzeugung die sich aus dem Verlangten ergebende Information zur Begründung der Frage beitragen würde. Man kann sich kaum eine Idee davon machen, wie sehr durch diese und ähnliche Mittel das Gericht in der Lage ist, den Sachverhalt zu ermitteln, und wie dadurch Ansprüchen genügt worden ist, die bei uns vollständig unbefriedigt bleiben würden. Das englische Gerichtsverfahren ist zwar kostspielig und verwickelt, das zu Grunde liegende Princip ist aber stets gerecht und billig, und es wird unaufhörlich an einer Verbesserung der Procedur gearbeitet. Wo aber begründete Ansprüche existiren und der Verklagte zahlungsfähig ist, erlangt ihn das Recht. Die Publicirung aller Processe ist Veranlassung, dass man ganz übertriebene Anschauungen von der eigentlichen Solidität und Ehrlichkeit des geschäftlichen Lebens in England hat, man lässt sich dort allerdings nicht von krankhaften Ideen leiten, Profit und Erwerb werden als berechtigt anerkannt. Jeder kann nach seinem Willen handeln, das Gesetz ist aber fähig, Unrecht und Vergehen angemessen zu strafen, und grade weil man nicht immer mit dem Staatsanwalt, nicht immer im Criminalwege vorzugehen braucht wird manches Unrecht gut gemacht, mancher Missbrauch gebührend bestraft, was bei uns, wo es gleich auf Tod und Leben gehen muss, nicht immer geschieht. Ich möchte zwar die Einmischung der Executive überall auf das Minimum beschränken und bin nichts weniger als erbaut von unserer Art der Concessionirung und Controlle beim Eisenbahnbau. Die Staatsverwaltung sorgt indessen bei uns, dass der Bau gut, die Anlagen ausreichend, das Capital nicht zu hoch bemessen und das Eisenbahngesetz und die eignen Verordnungen beobachtet werden, und so ist die General-Entreprise nirgends so harmlos, wie grade in Preussen.

Die zahlreichste Opposition gegen das General-Unternehmen liefert endlich derjenige Theil der Bevölkerung, welcher der Meinung ist, dass der Profit des Unternehmers von der Eisenbahn-Gesellschaft selbst verdient werden, und so den Actionären zu Gute kommen müsste. Dieser Wunsch ist vollständig berechtigt, das Schlimme ist nur, dass er nicht ausführbar ist. Sehr grosse Unternehmungen lassen sich positiv nicht mit Vortheil in Regie ausführen, deshalb vergeben, wie schon erwähnt, Regierungen und selbst Gesellschaften, die Utensilien und den Beamten-Apparat besitzen, ihre Arbeiten sämmtlich in Entreprisen. Ob diese nun grösser oder kleiner sind, hängt von Verhältnissen ab und ist hier unwesentlich, denn ein solcher Bau mag Regie genannt werden, es ist aber in Wirklichkeit Entreprise und beweist entweder, dass die Gesellschaft den Profit des Unternehmers nicht zu erzielen versteht, oder dass andere Vortheile den entgangenen Gewinn aufwiegen. Was der Unternehmer verdient, ist nicht nöthiger Weise der Gesellschaft entzogen. Dasselbe Princip, welches den grossen Grundbesitzer veranlasst, seine Ländereien lieber zu verpachten als selbst zu bewirthschaften, ist auch hier anwendbar. Die Erfahrung hat gelehrt, dass man nie durch Beamte herauswirthschaften kann, was der Pächter bezahlt, und wobei er unter Umständen reich wird, und eben so wenig wird das Beamten-Personal des Staates oder einer Gesellschaft so billig bauen, als ein Unternehmer. Es fehlt der Stimulus und die Handhabung muss eine andere sein. Man kann für einen Anderen, geschweige denn für eine Corporation, oder gar für den Staat nicht mit derjenigen Freiheit agiren, die es möglich macht, alle Vortheile wahrzunehmen, und die ganze Erziehung des Beamten beunfähigt ihn und macht ihn zu unselbstständig, um mit dem Privatunternehmer im Wahrnehmen von Vortheilen zu concurriren. Ja, ich behaupte, dass die Eigenschaften, die der Unternehmer haben muss, um zu reüssiren, absolut schädlich für und mit der Beamtenstellung unverträglich sind. Unsere Beamten besitzen viele vorzügliche Eigenschaften, sie stehen in vielen Beziehungen höher und sind in keiner Eigenschaft weniger gut, als die Beamten aller anderen Länder. Sie sind mit ihrem Fache vertraut, pünktlich, ehrlich und diensteifrig, sparsam und was sonst noch. Sie haben aber sammt und sonders kein wahres Geschäftsverständniss und können, weil sie den Privat-Verhältnissen fern stehen müssen, ohne eigene Erfahrung und ihrer ganzen Erziehung nach dies auch nicht besitzen. Der Beamte muss engherzig und kleinlich in seinen Auffassungen, *penny wise and pound foolish,* sein, und was der Staat oder die Corporationen, die wesentlich von Staatsbeamten geleitet werden, thut, wird stets theurer zu stehen kommen, als es den Privatmann kostet. Die staatliche Verwaltung hat ihre Vorzüge und ihren Platz, es muss aber immer nicht auf Geld ankommen, und im Eisenbahnwesen wird dann ein Stillstand oder wenigstens ein ungenügender Fortschritt eintreten und würden die Bedürfnisse des Publicums am theuersten und schlechtesten befriedigt werden, wenn die Privat-Industrie aufhören wird, Concurrenz zu machen.

Es hat Jemand im Abgeordnetenhause treffend bemerkt, dass im Augenblick der Geheimrath in Bezug auf Eisenbahnverwaltung hoch im Course steht. Die Schätzung ist aber positiv eine unrichtige. Wenn man Zinsersparnisse und alles Sonstige in Anschlag bringt, was bei Staatsbauten und bei bestehenden Gesellschaften nicht in die Rechnung aufgenommen wird, so kann ich beweisen, dass diese immer theurer sind als die Generalentreprise, und diese würde sich noch viel billiger stellen, wenn sie nicht durch die Action der Regierung stets vertheuert würde. Die Staatsbahnen werden theurer verwaltet als die Privatbahnen, obgleich diese bei uns auch viel zu kostspielig wirthschaften. Wie das Publicum bedient wird, wo die Staatsverwaltung allein dasteht, kann man erfahren, wenn man sich in Oberschlesien erkundigt und wahrnimmt, wie jetzt und wie vor Erbauung der Rechten-Oderufer-Bahn die Bedürfnisse der Adjacenten befriedigt wurden. Der Staat hat sich bei uns die besten Bahnen ausgesucht und rechnet sich als Verdienst an, was in den Verhältnissen des Bahngebietes und der natürlichen Entwickelung zu suchen ist. Ferner hat man bei der Oberschlesischen und der Bergisch-Märkischen Bahn die Zeit nach einer Krisis, die Zeit, wo sich in Folge der Entwicklung und Vollendung Geldbedürfnisse herausstellten, und die ganze Macht der Regierung dazu benutzt, um diese Bahnen in Staatsverwaltung zu bringen, und behauptet nun, die besseren Betriebsresultate seien einer besseren Verwaltung anstatt den natürlichen Verhältnissen und der Bedeutung der Gegner zuzuschreiben. Unsere jetzigen Zustände sind analog denen, die Herr *v. d. Heydt* dazu benutzte, die Staatsverwaltung auszudehnen. -- Die Privatspeculation hat Bahnen erweitert und geschaffen, die daran geknüpften Erwartungen sind getäuscht worden, und die Actionäre infolge dessen unzufrieden. Nun sehnt sich Alles nach Staatsverwaltung. Bahnen werden verkauft, der Staat wird in seiner Krämerart (denn grosse Politik ist es nicht) die Umstände ausnutzen, und das Publicum wird zu spät an sich die Fabel von den Fröschen, die einen König verlangten, bewahrheitet sehen.

Mag nun alles dieses aber richtig oder falsch sein, für meine vergangene Thätigkeit ist es gleichgültig, den Gestaltungen der Zukunft werde ich mich zu fügen suchen, und hier wünsche ich nur dem Leser begreiflich zu machen, welche Form ich meinen Contracten gegeben und wodurch diese bedingt war.

Bei Gründung der Tilsit-Insterburger-Eisenbahn war ich, wie schon früher erwähnt, zu Rathe gezogen worden und wurde Vertreter des englischen Finanzcomités. Ausser einer Entschädigung für meine Dienste, die vorher bestimmt wurde, hatte ich keine Privatinteressen. Ich war weder direct noch indirect beim Bau oder bei der Capitalbeschaffung betheiligt. Die Engländer gaben mir unbeschränkte Vollmacht, für sie zu handeln. Die Gestaltung war aus nachstehenden Erfordernissen und Gründen geboten. Ein gewisser Herr *Hendry*, ein Engländer, wollte zwei Drittheile des Capitals besorgen, wenn die deutschen Mitglieder ein Drittheil beschafften. *Hendry* wollte die Bahn in Generalentreprise ausführen, und die Deutschen sollten die Landbeschaffung für eine gewisse Summe übernehmen. Da den deutschen Herren *Hendry* nicht sicher genug war, so musste er Engländer finden, die das Capital zeichneten und einen Theil des Verwaltungsrathes bilden sollten. Die Schwierigkeit bestand nun darin, wie die gesetzliche Form gefunden werden konnte, um die Capitalbeschaffung und die sich dadurch ergebenden Kosten und Coursverluste, die Landbeschaffung und Bauausführung und den damit rechtlich verbundenen Profit zu sichern. Schwierig war dabei erstens die Bestimmung des Handelsgesetzbuches, wonach von der Gesellschaft keine Actien unter pari veräussert werden durften und keine Gesellschaft überhaupt constituirt werden konnte, ehe nicht nachweislich das ganze Actiencapital zu pari untergebracht war. Ferner war es eine Consequenz der letzt vorangegangenen Krisis, dass Quittungsbogen (nicht voll gezahlte Actien) gar nicht verkäuflich, also auch kein Zahlungsobject waren. Dann war das Publicum fest überzeugt, dass selbst die besten Bahnen ihre Kinderjahre überstehen müssten, und dass also von einer sofortigen Verzinsung nach Eröffnung der Bahn gar nicht die Rede sein könnte. Man konnte also unter keiner Bedingung auf eine Unterbringung des Capitals zu pari rechnen.

Allgemein war man der Meinung, und Niemand empfand dieses mehr als Graf *Itzenplitz*, der damals noch landwirthschaftlicher Minister war und das Handelsministerium noch nicht definitiv übernommen hatte, dass die Politik des Ministers *v. d. Heydt* hinsichtlich unserer Privatbahnen die Entwicklung ungebührend gehemmt hatte, dass neue Bahnen brennend nothwendig waren und dass, da dem Staat die Mittel für Eisenbahnbauten versagt waren, es im Interesse des Landes lag, Eisenbahnbauten zu befördern, und dass sich Derjenige, dem es gelänge ohne Staatsgarantie zu bauen, sich um den Staat verdient machte. Graf *Itzenplitz* war, ohne mir eine Meinung über seine sonstige Befähigung zu erlauben, als grosser Grundbesitzer und durch die Erfahrung, die der intensive Betrieb seiner eigenen bedeutenden Wirthschaft und industriellen Anlagen mit sich brachte, von der Wichtigkeit aller Verkehrswege als Lebensbedürfniss für die Landwirthschaft sowohl, als für die Industrie durchdrungen. Herr *v. d. Heydt* hatte als Banquier weniger Kenntniss davon und weniger Gewicht darauf gelegt; ihm war die

Rentabilität, die Organisation und als eine zum Despotismus neigende Persönlichkeit, die Macht und daher, weil er Minister war, die Staatsverwaltung die Hauptsache. Für die Bedürfnisse des Publicums, der Industrie und namentlich der Landwirthschaft hatte er wenig Verständniss und noch weniger Sympathie.

Obgleich ich z. Z. keine Ahnung davon hatte, dass ich als Bau-Unternehmer thätig sein würde, so glaubte ich ein sehr verdienstvolles Werk in dem Zustandebringen einer Eisenbahn durchzuführen. Justizrath *Geppert* theilte diese Meinung, betrachtete das Gesetz als schlecht und leistete mir jede Hülfe, einen Weg zu finden, wie man auf legitime Weise den Zweck erreichen könne. Er war Anfangs allerdings der Meinung, dass es nicht möglich sein würde, ich glaubte das Gegentheil und habe dann auch den Plan und die Contracte entworfen und unter seiner Zustimmung die Angelegenheit geleitet. Wir liessen uns, wie beigefügt, so wie wir in der Schlussberathung placirt waren, photographiren, als Erinnerung an die nach unserer aller Meinung vollbrachte grosse That. Mein Plan bestand einfach darin: die Herstellung und Ausrüstung der Bahn, inclusive Landbeschaffung, Vorarbeiten, General-Unkosten und was sonst Namen hat dem General-Unternehmer für das gesammte Bau-Capital zu überlassen und ihm *au fur et à mesure* des Fortschrittes des Baues die auf jeden Titel erfolgten Leistungen und Lieferungen zur Hälfte in vollgezahlten Actien und zur Hälfte in vollgezahlten Prioritäts-Actien oder deren respectiven Erlös auszuzahlen. Alle anderen Bestimmungen der Contracte hatten nur entweder diesen Zweck, oder sie waren darauf abgesehen, als Sicherung für einen guten Bau, für die Ausführung desselben überhaupt und für die Befriedigung aller Ansprüche, die die Regierung stellen konnte, zu dienen. Der Bau-Unternehmer war so Eigenthümer der sämmtlichen Actien, und er konnte nun darüber nach seinem Ermessen disponiren. Es war auch vereinbart, dass er das Recht hatte (wenn es, um die Chancen des Geldmarktes zu benutzen, nöthig würde, einen Theil des Capitals, ehe derselbe durch Bauleistungen von ihm verdient war) unter pari zu veräussern, den Erlös aber in der Gesellschaftskasse belassen müsse, bis er seiner

Zeit zur Zahlung berechtigt sein würde, und dass die so asservirten Gelder ohne Rücksicht auf etwaige Coursverluste ihm voll anzurechnen seien.

Die deutschen Mitglieder sowohl als auch das Ministerium betrachteten die Capitalzeichnung einer einzigen Person als nicht ausreichend für die Sicherung des Baues. *Hendry* lies nun durch englische Freunde (bei grossen Banken Betheiligte) das Capital zeichnen und verpflichtete sich, sie durch die Bauausführung gegen alle Ansprüche aus ihrer Zeichnung schadlos zu halten. Diese Herren wurden Mitglieder des Verwaltungsraths und diese waren es, die meine Hülfe in Anspruch nahmen, und so wurde es meine Aufgabe, deren Interessen wahrzunehmen, sowohl in obiger Eigenschaft als auch der Regierung und hauptsächlich dem Bau-Unternehmer gegenüber. Mir war *Hendry* persönlich unbekannt, ich wusste nichts Ungünstiges über ihn und seine Beziehungen zu den sehr respectablen Herren, die für ihn in den Verwaltungsrath traten und das Capital zeichnen wollten, hätten mich für ihn einnehmen müssen. Ohne Grund indessen misstraute ich ihm und hielt es für meine Pflicht gegen meinen Mandanten, das deutsche Comité und das Ministerium, einen Contract abzufassen, der ihm Hand und Fuss binden musste und ihn ganz in unsere Macht gab. Wer diesen Contract liest, wird eingestehen müssen, dass der Bau-Unternehmer darin vollständig preisgegeben war. Mich leitete in der Abfassung nichts persönlich Feindliches gegen *Hendry*; ich wollte alle Betheiligten und das Publicum nur schützen, ihn aber nicht schädigen; ich glaubte ihn um so mehr sicher, als die Handhabung, wie dieses gleich ersichtlich, mir und dem Techniker der Gesellschaft wesentlich anheim fallen würde, und hier war ich überzeugt, dass er auf eine gerechte und billige Behandlung rechnen könne. Ich hatte in früheren Jahren in England Gelegenheit, wahrzunehmen, wie Bau-Unternehmer in Folge von Veränderungen in der Trace, in den Plänen und Anderem ganz übertriebene Mehrforderungen stellten, und die Gesellschaft wie auch die Mitglieder dadurch in Prozesse und Verluste verwickelt wurden, wie Streitigkeiten aus ähnlichen Anlässen als Vorwand für Fallenlassen des Contractes benutzt worden und gute Unternehmungen, in Folge solcher Vorgänge, zu Grunde gerichtet worden sind.

Im vorliegenden Falle bestanden nur die generellen Vorarbeiten, wobei je nach Anschauung viele Arbeiten erspart werden konnten. Der Unternehmer hatte dabei englische Usancen in's Auge gefasst, wo bei neuen Bahnen nur das Wesentlichste hergestellt und Erweiterungen, Verschönerungen etc. der Zukunft überlassen werden, und mit der Entwicklung des Betriebes Hand in Hand gehen. Es sollte zwar der Unternehmer in möglichen Ersparnissen ein Aequivalent finden für sein Risiko überhaupt und namentlich für den sicheren Minderwerth der zum Paricourse übernommenen Actien, andrerseits war aber mir und meinen Machtgebern nicht genau bekannt, was man in Deutschland als für den Betrieb nothwendig erachtete; wir wussten nicht, fürchteten aber aus analogen Fällen in England, dass sich der Grunderwerb viel theurer als erwartet stellen würde, und schliesslich waren wir nicht in der Lage, aus den Vorarbeiten zu ersehen, ob sich bei specieller Bearbeitung nicht gar Mehrarbeiten ergeben würden. Meine Mandanten waren durch ihre Zeichnung persönlich für den Eingang des Capitals und moralisch für die Herstellung der Bahn verpflichtet. Aus allen diesen Gründen musste sich der Unternehmer verpflichten, Alles zu leisten, ohne Mehrforderung und ohne Widerspruch, was der Techniker der Gesellschaft und die Regierung verlangen würde. Er konnte das Capital beanspruchen, musste aber alle Verluste tragen, alle Mehrleistungen und Lieferungen sich gefallen lassen und hatte nirgends irgend welchen Regress-Anspruch, dagegen sollten ihm alle Ersparnisse zu Gute kommen. Ein solcher Contract wäre ein einseitiger, unmoralischer zu nennen gewesen, wenn er nicht durch die Natur der gegenseitigen Beziehungen bedingt und auf Vertrauen beruhte. Dieses Vertrauen war auch gerechtfertigt, denn die Engländer, der Techniker und ich selbst (in England erzogen) waren an Handhabung nach *fairness* *) und *equity* (Billigkeit) gewöhnt und waren uns

*) Für „fairness“ giebt es keinen entsprechenden Ausdruck im Deutschen, weil hier der entsprechende Begriff fehlt.

bewusst, dass wir gerade des Vertrauens wegen, wo Recht und Billigkeit dafür sprach, verpflichtet waren, *Hendry* zu schützen.

Alle grossen Unternehmungen in England werden nach diesen Prinzipien gehandhabt, nirgends lässt sich in solchen Fällen mit Sicherheit vorher bestimmen, welche Abweichungen erforderlich werden, welche Fälle eintreten können, und da ist es nöthig, dass sich die eine Partei auf die andere verlassen muss. Der Unternehmer verfolgt sein eignes Interesse, Selbsterhaltung, Risico und alle guten und bösen Triebe sind bei ihm thätig, und es wäre eben so unrecht als unsicher, seinem Ermessen irgend welche Latitude zu überlassen. Der Verwaltungsrath hat keine eignen Interessen, die er auf Kosten des Unternehmers befriedigen könnte, er hat es nicht nöthig in Vertretung Anderer ungerecht zu sein. Der Techniker ist in derselben Lage, und da in England Alles auf Vertrauen und Renommé beruht, so würde er beides auf's Spiel setzen, wenn er nicht objectiv zwischen den Parteien aufträte, und kein grosser Unternehmer würde sein Vermögen und seine Existenz, — denn das riskirt man bei jedem grossen Bau, — einem Ingenieur preisgeben, der sich nicht den erforderlichen Ruhm erworben hätte. Es hat denn auch der Techniker in England eine viel grössere Macht als bei uns, er wird zwar von der Gesellschaft ernannt, er hält sich aber für berechtigt, und dieses ist allgemein zugestanden, die Interessen beider Parteien wahrzunehmen und bei Ausführung des Vertrages die daraus gebotenen billigen Rücksichten walten zu lassen. Er *befindet* in allen Fällen nach seinem Ermessen, verlangt mehr und gewährt Grösseres, wie dieses die Verhältnisse erheischen.

Stevenson, *Brunell* und *Lock*, wie deren Nachfolger verlangten vom Unternehmer die absoluteste Ergebenheit hinsichtlich Contracts-Interpretationen und beanspruchten von den Verwaltungen das unbedingteste Vertrauen, dass sie die Rechte der Gesellschaft, so weit billig, wahren würden. Entsprechend der vorerwähnten Situation und um in der Lage zu sein, dem Unternehmer gerecht zu werden, wurden, ausser den Contracten, Uebergangsbestimmungen in die Statuten aufgenommen, wonach der Verwaltungsrath während der Bauzeit in zwei Theile getheilt wurde, in ein Finanz- und ein Revisions-Comité; dem ersteren waren die Finanzen, der Bau und die ganze Verwaltung unterstellt, dem letzteren die Pflicht der Aufsicht, Revision und Begutachtung des Geschehenen. Da die Engländer nicht hier anwesend sein konnten, so trat ich in die Verwaltung ein und übte deren Rechte und Pflichten als Generalbevollmächtigter aus. Mr. *George Barkley Bruce*, einer der ersten *consulting engineers* Englands, wurde die technische Leitung übertragen. Wer Obiges unbefangen liesst, wird daraus ersehen, dass hier die General-Entreprise zwar in Anwendung gekommen, dass aber jede mögliche Vorsicht gebraucht worden ist, um Missbräuchen vorzubeugen, und dass so weit der hier befolgte Plan als System *Strousberg* bezeichnet werden kann, *Strousberg* nur als Vertreter Anderer, ohne jedes persönliche Interesse gehandelt und alle Kräfte aufgeboten hat, die Interessen der Gesellschaft gebührend wahrzunehmen. Der Plan war in jeder Beziehung durchsichtig, der Regierung in allen seinen Zügen bekannt, und indem die Mitglieder des Revisions-Comité's meistens Beamte waren, so pflegten dieselben während der Unterhandlungen sich beim Ministerium Rath zu holen.

Justizrath *Geppert*, ausserordentlich renommirt, die erste juristische Autorität in Handelssachen und einer der Verfasser des Handelsgesetzbuches, vertrat die deutsche Partei, prüfte und billigte meine Pläne und Contractsentwürfe und, von den Banquiers nicht zu sprechen, waren die Spitzen der Behörden, sowie Männer aus den verschiedenen Kreisen, die kein persönliches, sondern ein öffentliches Interesse vertraten, Mitpaciscenten. Zum Revisions-Comité gehörten von solchen der Oberbürgermeister *Kleffel* aus Tilsit und die Landräthe *Schlenter, v. Sanden* und *Dodelet* aus den Tilsiter, Ragniter und Insterburger Kreisen und Herr *v. Simpson-Georgenburg.* Ist es denn *fair* — ich gebrauche den Ausdruck absichtlich — dass man, selbst wenn das Ziel falsch, der Weg unrichtig und der Plan schlecht wären, mich aussucht, um mir allein einen Vorwurf daraus zu machen? Wäre es nicht richtiger, rechtlicher und anständiger gewesen, erst die Sache und die Verhältnisse zu verstehen — was sicherlich keiner der Angreifer der Mühe werth gehalten hat — und sich dann zu fragen: ob sich wohl so viele achtbare Männer bei einem Plane betheiligt hätten, den sie für schlecht gehalten?

Wie der Unternehmer gefahren, wie die Regierung und das Revisions-Comité bei der Ausführung gehandelt haben, gehört in einen anderen Abschnitt; hier bemerke ich nur, dass die Mitglieder des Letzteren sich nicht von den Rücksichten leiten liessen, die ich als billig geschildert; es waren die Herren sämmtlich gewissenhaft, aber zu unserer Ueberraschung und zum grossen Schaden des Unternehmers von ganz anderen Grundsätzen geleitet, ich habe in Vertretung der mir anvertrauten Interessen viele Kämpfe mit ihnen gehabt, aber ich hatte das Glück, mir die Achtung der Herren dabei zu erwerben und haben sie diesem Gefühle Ausdruck gegeben, indem sie mir nach Eröffnung der Bahn und Vollendung meiner Mission neben den schmeichelhaftesten Versicherungen, aus eignen Mitteln, eine mit Diamanten verzierte, goldne Tabatière mit entsprechender Inschrift zum Andenken verehrten. Nach Abschluss der Contracte und Constituirung der Gesellschaft hat *Hendry*, weil er, wie ich glaube, dem Finanz-Comité allein nicht genügende Bürgschaft für die Ausführung seines Contractes bieten konnte, denselben unter Zustimmung aller Parteien an den mir bis dahin unbekannten, aber sehr reichen und sehr renommirten Bauunternehmer *Joseph Bray* übertragen; derselbe hat diese Bahn ausgeführt und auch die ostpreussische Südbahn unter gleichen Contractsbedingungen übernommen. Diese Letztere hat er nicht vollendet, sondern, laut Uebereinkommen, der Gesellschaft zur Vollendung überlassen. *Bray*, oder vielmehr sein Banquier für ihn, besitzt noch heute den grösseren Theil sämmtlicher Actien, und er hat bei diesen beiden Bahnen sein ganzes Vermögen, welches über 3,000,000 Thlr. betrug, verloren. Bei *Berlin-Görlitzer*, welche ich vollendete, ist ihm kein Verlust erwachsen.

Die Contracte und Statuten der Ostpreussischen Südbahn und der Berlin-Görlitzer, bei denen ich, wie dies später ersichtlich sein wird, theils ein anderes Interesse und auch eine andere Stellung einnahm, waren denen der Tilsit-Insterburger gleich. Als ich den Bau der *Rechten Oder-Ufer-Bahn* übernahm, hatten meine eignen Erfahrungen, wie die Regierung und die Verwaltungsräthe, von Rechten Gebrauch machen, mich bereits gelehrt, dass man in Deutschland es nicht wagen darf, der Billigkeit Etwas anheim zu geben. Ferner war dieser Bau die Erweiterung einer bestehenden Bahn, wo Verwaltung und Vorstand vorhanden waren, es fiel daher der ganze Apparat der beiden Comités fort, und ich schloss einfach mit der bestehenden Verwaltung einen Contract, wonach ich die Bahn und Ausrüstung für einen gewissen Preis gegen Bezahlung in Actien und Prioritäts-Actien herzustellen hatte; der Erlös der von den Adjacenten gezeichneten Actien sowohl als die Staats-Subsidie wurde mir in Baar gezahlt. Der Verwaltungsrath und die Direction waren mir fremd, der Techniker der Gesellschaft war Baurath *Grapo*, dieser entwarf ein Heft Baubedingungen und Normativ-Bestimmungen, die darauf berechnet waren, bei Veränderung der Pläne und für jedes *plus* oder *minus* an Lieferungen und Leistungen einen Modus der Verrechnung vorzuschreiben, nach welchem ich entsprechend mehr oder weniger bezahlt bekam. Hier hatte ich, was Contractsleistungen aus obigen Gründen betraf, weder Risico noch Vortheil zu erwarten. Baurath *Grapo* handhabte die Sache streng, ja sogar engherzig, aber gewissenhaft, und obgleich ich bei der Schlussberechnung mir eine nicht unbedeutende Summe habe abziehen lassen müssen, was nach meiner Anschauung nicht gerechtfertigt war, so war mir doch diese Form des Contractes insofern lieb, als doch hier wenigstens zum Schutz des Unternehmers Grenzen vorhanden waren, die man nicht überschreiten konnte.

Bei der *Märkisch-Posener* Bahn wurde wesentlich der Tilsiter Plan gewählt, nur mit dem Unterschiede, dass der Techniker ein königl. preussischer Bauinspector war, und dass bei gewissen Objecten, wie Brücken, Nebengeleise etc. Leistungen über ein gewisses Maximum ohne Extra-Entschädigung nicht gefordert werden durften. Inzwischen war im Ministerium der Grundsatz aufgenommen worden, dass nicht in General-Entreprise gebaut werden durfte. Als daher die Concessionäre der *Halle-Sorauer* Bahn mir den Bau übertragen wollten, wurde vereinbart, dass ich alles Erforderliche allein zu leisten und zu liefern berechtigt und verpflichtet sei, und es wurden Einheitssätze für jede Kategorie der Arbeiten und Lieferungen vereinbart und, wo dieses nicht thunlich, Grundsätze für die spätere Preisbestimmung festgestellt. Zahlung sollte wie bei den früheren Bahnen in Actien, Prioritätsactien oder Obligationen geleistet werden. Ich berechnete meine Preise selbstverständlich mit theilweiser Berücksichtigung von Coursverlusten, und so ist in diesem Fall das Baucapital höher geworden, als dieses bei einer General-Entreprise der Fall gewesen wäre. Die Ansprüche der Regierung für Festungen, Flussregulirung, grössere Bahnhofsanlagen und vieles Andere sind aber, wie weiter ersichtlich, an der Vermehrung des Capitals in allen Fällen schuld. Ich hatte nichts zu thun als auszuführen, was mir befohlen wurde und laut Preiscourant bezahlt werden musste.

Bei *Hannover-Altenbecken* hat die Gesellschaft einen Contract auf ähnlichen Grundlagen mit Herrn Commerzienrath *Cohn* abgeschlossen, und diesen habe ich von *Cohn* übernommen.

Dies das „System *Strousberg*". Was ist daran zu tadeln, was mir vorzuwerfen? Ich spreche jetzt vom Princip, von den Contractsbedingungen, vom Plan für die Ausführung.

Wie ich meine Pflichten erfüllt, wie man gegen mich gehandelt, wird sich aus der wahrheitsgetreuen Darstellung der Thatsachen ergeben.

Man kann auf verschiedenen Wegen zum Ziele gelangen, es mag wünschenswerth sein, dass die Gesetze oder die Staatsmittel eine andere Art der Contractsform möglich machen; wo aber ist in meinen Plänen, — die existirenden Verhältnisse, Anschauungen und Gesetze in Betracht gezogen —, Etwas, was dazu berechtigt, mir einen Vorwurf zu machen? Warum musste ich beschimpft und beleidigt werden und weshalb mir das Lob, welches ein ehrliches grosses Schaffen, wie dieses unter gleichen Schwierigkeiten kein Privatmann geleistet, vorenthalten werden? Mögen die Unverständigen darüber urtheilen, wie sie wollen; Jeder, der nur eine Ahnung von den Bedürfnissen des Landes hat und sich in die Zeit meiner Eisenbahnthätigkeit zurückversetzt, wird eingestehen müssen, dass damals ein beklagenswerther Stillstand eingetreten war, dass ich die Veranlassung war, die den Staat und die Gesellschaften nöthigte, ihr Bahnnetz zu erweitern und neue Bahnen anzulegen, und dass ich ohne Staatsgarantie beinahe 250 Meilen Eisenbahnen geschaffen habe. Diese Bahnen sind, ob rentabel oder nicht, — dieser Frage werde ich später näher treten, — ein Glück für die Gegenden, durch die sie geführt, ein Vortheil für den allgemeinen Verkehr, und jede bildet einen Nucleus für Erweiterungen, wenn solche erforderlich. Mir ist es unerklärlich, wie eine ganze Nation einem unsinnigen Rufe folgen kann. Wie können gebildete Männer, Volksvertreter so wenig Selbstständigkeit, so wenig Urtheil haben, über eine Sache zu sprechen, sie zu verdammen und eine Person zu beschimpfen, ohne eine Ahnung zu haben, worüber sie sprechen? In *Lasker's* Rede war keine Silbe, die da andeutete, was er unter „System *Strousberg*" verstand und Jeder, der ihm bis jetzt gefolgt, hat nur verdammt, nie erörtert, nie analysirt und Nichts bewiesen. Die Enthüllungen der Manipulationen bei der *Pommerschen Central-*, der *Berliner Nordbahn* und bei anderen Bahnen waren keine Beweise gegen meine Handhabung, denn diese zeigen grade, wenn man sich die Mühe zu einer Prüfung genommen hätte, dass man andre Wege eingeschlagen hat. Bei der *Pommerschen Central-Bahn* trat der Fall ein, dass sich die Mitglieder des Gründungscomités oder Verwaltungsrathes bemühten, durch geschickte Manipulationen sich ihrer Verbindlichkeit als Actienzeichner zu entziehen, und dass sie zwei Personen als General-Unternehmer stellten, die Beide verhältnissmässig mittellos waren, und jene also weder für die Bau-Ausführung, noch die Capital-Beschaffung irgend welche Sicherheit boten.

Diese beiden Unternehmer haben Jahre lang für mich kleinere Entreprisen ausgeführt, waren für diesen Zweck sach- und fachkundig, und ich wünsche nichts Verletzendes gegen dieselben zu sagen. Sie waren aber weder reich genug, noch der General-Entreprise in irgend welcher Beziehung gewachsen, und ihre financiellen Operationen mussten die Actien der Gesellschaft absolut unverkäuflich machen.

Wo ich bei meinen Bahnen nicht selbst Bau-Unternehmer war, zeichnete ein englisches Consortium von Capitalisten offen und ohne Rückhalt das Capital. Dies Consortium war dafür verantwortlich und stellte zu dessen und der Gesellschaft Sicherheit für die Ausführung des Baues einen reichen renommirten General-Unternehmer, der Millionen zu verlieren hatte und thatsächlich verloren hat. Wo ich als Bau-Unternehmer fungirte, habe ich offen diejenigen Summen gezeichnet, für die mich das Ministerium zahlungsfähig hielt, und für den Rest Zeichner besorgt, über deren Verhältnisse das Ministerium in jedem Falle eingehende Erkundigungen einziehen liess. Manche wurden nicht acceptirt, bei Anderen die Zeichnungssumme reducirt, und in einigen Fällen musste ich und mein Banquier der Regierung gegenüber noch ausserdem für diese Zeichner bürgen. Die Zeichner selbst waren in der That alle für ihre Zeichnungen gut; es waren dieses Geschäftsfreunde, Lieferanten und Bau-Unternehmer, mit denen ich in jahrelangen Beziehungen gestanden hatte, die mir vertrauten, und denen gegenüber ich schriftlich verbindliche Verpflichtungen eingegangen bin, sie schadlos zu halten. Unter Diesen befanden sich wohlhabende und auch sehr reiche Leute (*Pflug* und *Lauterbach*, als Millionäre bekannt, sind für mich in manchen Fällen wie oben eingetreten). Hier war eine offene, von den Behörden geprüfte Zeichnerliste, worunter ich bis zu einer gewissen Höhe fungirte und ausserdem der Regierung und den Zeichnern mit Allem, was ich besass, verpflichtet wurde. Während also auf der einen Seite die ganzen Manipulationen dahin gingen, sich jeder Verpflichtung zu entziehen, war bei mir Alles aufgeboten, mich zu verpflichten. Dass ich die Zeichner schadlos zu halten versprach, vermindert nicht deren unzweideutige positive Verantwortlichkeit dem Publicum und Ministerium gegenüber; es vermehrte nur die Sicherheit um Dasjenige, was ich mehr leisten konnte: Thatsächlich sind meine Zeichner nie in Anspruch genommen worden, weil ich meine Contracte erfüllte, gleichviel ob ich dabei gewonnen oder verloren habe — und Beides ist vorgekommen.

Ich frage nun wieder, wie ist es gerechtfertigt, durch ein Stichwort Alles in einen Topf zu werfen, wo die Verhältnisse so verschieden, die Basis der Handlung so entgegengesetzt waren?

Bei der *Berliner Nordbahn* war ebenfalls ein ganz anderer

Modus gewählt. Es war ganz löblich und vollständig natürlich, dass sich Fürst *Puttbus* für das Zustandekommen dieser Bahn interessirte, und ich habe schon erwähnt, dass die Vorwürfe *Laskers* ihm theils ungerechtfertigt, theils ohne Berücksichtigung der entschuldigenden Momente gemacht worden sind, dass also Fürst *Puttbus* nichts Unrichtiges wollte und sich dessen auch nicht bewusst war. Hätte *Lasker* den Gegenstand verstanden, und wäre er, statt von Denuncianten und Zuträgern für seine Informationen abhängig zu sein, in der Lage gewesen, die Acten der Gesellschaft zu studiren, dann würde er statt der gemachten Aeusserungen zwar den Fürsten von jeder bösen Absicht, aber nicht vom Mangel an Einsicht und Erfahrung freigesprochen haben.

Als Richter wären *Lasker* alle Documente und Beweismittel zur Verfügung gewesen, als Volontair mussten sie ihm fehlen, und er auf unzuverlässige Quellen angewiesen sein. Der Aufsichtsrath war aber in diesem Falle nicht sachkundig und hat von Anfang bis zu Ende Fehler gemacht. Erstens wurden als Bauunternehmer zwei Männer gewählt, die in Anbetracht der zu übernehmenden Verpflichtungen notorisch vermögenslos waren, und alle Arrangements wurden so getroffen, dass diese allein verantwortlich sein sollten. Es war nicht zu erwarten, dass der Aufsichtsrath Verpflichtungen übernehmen sollte, die seine Mittel weit überschritten, aber die General-Entreprise ist nur zulässig, wenn der Bauunternehmer in seiner Person oder durch seine Freunde nachweislich genügende Mittel besitzt und sich und die Seinigen ganz ohne Rückhalt verpflichtet.

Ich erwähne die Namen der Unternehmer nicht, weil diese nicht zu tadeln sind, wenn man ihnen mehr vertraute, als sie zu leisten fähig waren, denn sie konnten sich je nach ihrer subjectiven Auffassung vom Werth der Bahnen und Papiere, deren Selbstkosten und Verkäuflichkeit, dem zu erwartenden Profit bei der Bauausführung etc. für vollständig leistungsfähig halten. Der gewählte Modus war, so weit ich ihn kenne, folgender: Die Contracte mit den Unternehmern waren, ohne die verschiedenen Verhältnisse in's Auge zu fassen, den meinigen ungeschickt nachgemacht, das Wesentlichste war aber, dass die *Berliner Bank*, die zwar die grössten Gründungs- und Börsengeschäfte machte, aber nur ein sehr kleines Capital besass, als Hauptzeichner auftrat. Hier behaupte ich nur nebensächlich, was dem Aufsichtsrath aber nicht zum Vorwurf gemacht werden kann, dass die Regierung in diesem wie auch in allen Fällen, wo ich nicht betheiligt war, viel weniger exigeant auftrat und leichter zu befriedigen war. Ich behaupte nun, wenn auch die Zeichnung *en règle* war, dass die *Berliner Bank* für den möglichen Ausfall nicht leistungsfähig war; man kann sich bei Privatpersonen über deren Vermögensverhältnisse irren, das Capital einer Actienbank ist indessen genau bekannt, und dieses reichte im vorliegenden Falle, selbst die Verkäuflichkeit des Actiencapitals angenommen, nicht für die Coursdifferenzen aus. Die *Berlin-Stralsunder Bahn,* denn das war der ursprüngliche Name, war, wenn auch als Bahn für die Gegend nützlich, notorisch ein Unternehmen, das nie Rente versprechen konnte, und so mussten grosse Coursverluste eintreten. Zwischen der Bank, der Gesellschaft und den Unternehmern waren denn auch theils Verträge, theils Vereinbarungen getroffen, dass die Bank nie für mehr in Anspruch genommen werden sollte, als für den factischen Erlös aus dem Verkauf der Actien. In Wirklichkeit ist es auch so ausgefallen, dass bei Auflösung der Gesellschaft die Nordbahn sich im Besitze von nicht verkauften Stamm-Actien befand. Diesen Erörterungen trete ich mit einem gewissen Widerwillen näher, ich möchte Niemand unnöthig verletzen, ich bin es mir aber schuldig durch diese Beispiele zu beweisen, wie ich verschieden gehandelt und wie diese mit mir nichts gemein hatten, obgleich man mich als Erfinder des Systems und mein Wirken als Vorbild bezeichnet hatte. Wäre die Zeichnung der Berliner Bank, wie das immer bei mir der Fall war, *bona fide* gewesen, so konnte die Nordbahn nicht zu Schaden kommen, wenigstens so weit die Mittel der Berliner Bank reichten, und in der That bin ich der Meinung, dass die Bank ungebührend geschont wurde. Hätte man aber die Statuten erfüllt, so konnte die Nordbahn, selbst wenn die Zeichnung fingirt oder die Bank nicht stark genug war, nicht in die Lage kommen das Prioritäts-Capital verbraucht und doch die Stamm-Actien grossentheils unausgegeben in den Schränken zu haben. Hier sage ich wieder: dass die Regierung bei mir strenger, wenn auch gerecht verfahren, als sie dieses hier und bei allen anderen Unternehmungen gethan hat.

Im Uebrigen war durch das Revisions-Comité in meinen ursprünglichen Statuten eine Behörde geschaffen, die, an der Action nicht betheiligt, jedes Interesse hatte, darauf zu achten, dass Statuten-Ueberschreitungen nicht stattfanden, und die Regierung hat diese Behörde auch immer zur Beobachtung und Berichterstattung über den Hergang angehalten. Es gestaltete sich demgemäss so, dass bei meinen Gesellschaften nie mehr Prioritäts-Actien oder der Erlös derselben an den Bau-Unternehmer gezahlt wurden, als statutengemäss vorgeschrieben war; wenn z. B. das Capital in gleichen Theilen beider Actien bestand, so empfing ich eben Zahlung in derselben Weise.

Als durch Hilfe der Seehandlung die Stamm-Prioritäten der *Görlitzer Bahn* verkauft wurden, hatte der damalige Präsident die Asservirung und Anlage des Erlöses sich vorbehalten, das Revisions-Comité verpflichtet und streng darauf gehalten, dass von diesen Geldern nur der statutenmässig vorgeschriebene Theil an den Bau-Unternehmer gezahlt, oder überhaupt verausgabt wurde. Der Berliner Bank gelang es — Dank den Zeitverhältnissen — die Prioritäts-Actien zu einem hohen Preise unterzubringen, und der Erlös wurde verausgabt, ohne Rücksicht ob ein entsprechender Theil der Stamm-Actien ebenfalls verausgabt war. Wäre die Handhabung eine richtige gewesen, so konnte möglicherweise das Bau-Capital nicht ausreichen — denn dagegen lässt sich nichts machen, die Bausumme wird immer überschritten, weil Unvorhergesehenes immer vorkommt — aber nie durfte das Prioritäts-Capital gänzlich verbraucht, und dessen natürliche Basis, dessen Unterlage, Dasjenige, worauf und woraus eine Priorität nur entstehen kann, nicht eingezahlt sein. Bei meinen Bahnen ist niemals diesem Principe in irgend welcher Weise zuwider gehandelt worden. Es ist eigenthümlich und beweist die jämmerliche Unwissenheit derer, die sich berufen fühlten, die Censur zu üben, dass es ihnen nie aufgefallen ist, wie es möglich sei, dass, wenn eine Bank als Zeichner aufgeführt ist, diese, ohne in Concurs zu gehen, nicht die Zahlung auf die Actien geleistet habe; dann aber wäre die Nordbahn nicht untergegangen, und eben so natürlich hätte ihnen das Missverhältniss, der unnatürliche Zustand auffallen müssen, dass das Prioritäts-Capital erschöpft und ein grosser Theil der Stamm-Actien nicht ausgegeben war. Wäre es meine Aufgabe gewesen, so hätte ich es verstanden, als Gesellschaft die Berliner Bank, soweit ihre Mittel reichten, zur Zahlung auf das unausgegebene Stamm-Actien-Capital zu zwingen, und die Prioritäts-Actienbesitzer haben das allergrösste Recht, sich zu beklagen. Sie haben eine Actie gekauft, die die Priorität vor einer anderen haben sollte; wie konnte man das Geld ausgeben, ohne dafür zu sorgen, dass effectiv das Verhältniss gesichert war, wo ist die Priorität, wenn ihr Nichts vorangeht? Ich könnte noch viele andere Momente erwähnen, ich habe aber genug gesagt, um auch hier zu beweisen, dass bei mir anders verfahren, dass die zu Tage getretenen Missstände bei mir nicht vorgekommen sind und auch weder vorkommen konnten noch sollten, weil die Organisation und die getroffenen Vorkehrungen Anderes bezweckten.

Die Gründer der *Berlin-Dresdener Bahn* gründeten zu gleicher Zeit eine Baugesellschaft und schafften hierdurch einen Unternehmer, der für Alles verantwortlich sein sollte. Thatsächlich würde das Capital dazu nicht ausgereicht haben, wenn die Zeitverhältnisse nicht die Emissionen des Actien-Capitals zu günstigen Bedingungen ermöglicht hätten. Hier aber lag auch wieder die Absicht, das Risico bei Capital-Beschaffung und Bau-Ausführung zu beschränken, vor. Die Gründer der Bau-Gesellschaft waren Mitglieder des Verwaltungsrathes der Berlin-Dresdener Gesellschaft, die Contracte mit den Bau-Unternehmern waren in Folge dessen günstigere, als bei mir; ferner konnten die Gründer nicht ihr ganzes Vermögen, sondern höchstens das Actien-Capital der Bau-Gesellschaft verlieren, und schliesslich war der Bauherr und Bau-Unternehmer insofern eins, als die Actionäre der Bau-Gesellschaft und der Aufsichtsrath der Berlin-

Dresdener Bahn wesentlich eins waren. Hier will ich nur beweisen, dass wiederum ein ganz anderes Princip als bei mir obwaltete, indem ich als Bau-Unternehmer immer mein Ganzes riskirte, und der Verwaltungsrath in meinen Gesellschaften nie ein Interesse am Bau hatte. Diese Identität des Unternehmers und Bauherrn ist der Regierung wahrscheinlich nicht aufgefallen, und ist man überhaupt da weniger vorsichtig gewesen, wo statt des Bau-Unternehmers eine Gesellschaft aufgetreten ist. Ich habe die Angelegenheit dieser Bahn nicht speciell verfolgt und nehme an, dass die Ehrenhaftigkeit der Direction, deren Mitglieder mir bekannt sind, jedem Missbrauch vorgebeugt hat. Ich behaupte nur, dass das Princip schlecht und anders war als bei mir, dass der Grundgedanke hier gewesen ist, den Gründern ihren Profit zu sichern und ihr Risico zu beschränken, und zu diesem Behufe wurde ein entsprechender Apparat geschaffen. Bei der *Kreuzburg-Posener Eisenbahn* und *Reichs-Eisenbahn-Bau-Gesellschaft*, wie bei den anderen Bau-Gesellschaften war Dieses überall mehr oder weniger der Fall. Die Bau-Gesellschaften wurden General-Unternehmer und Capital-Zeichner, und die Mitglieder der Aufsichtsräthe der Bau-Gesellschaft bildeten den ganzen oder einen wesentlichen Theil des Aufsichtsrathes der Bahnen, bei denen die Bau-Gesellschaft Bau-Unternehmer war. Hier war also im wesentlichen, wenn auch nicht dem Namen nach, Bauherr und Bau-Unternehmer eins, und die Gelegenheit und das Interesse war vorhanden, die Actionäre zu Gunsten der Bau-Gesellschaft zu schädigen. Wie Dieses geschehen konnte, ist einleuchtend; der Bau-Contract konnte zu günstig und die Aufsicht lässig sein. Bei vorkommenden Schwierigkeiten, Contracts-Veränderungen, bei Theilzahlungen und überall konnte man den Unternehmer begünstigen, und nun kommt und kam wirklich noch dazu, dass selbst die Nicht-Interessirten wie auch die Behörden diesen Bau-Gesellschaften viel grösseres Vertrauen geschenkt haben, als sie dies bei Privaten gethan hätten. In wie weit factisch Missbrauch getrieben worden ist, wünsche ich hier nicht zu erörtern; es mag sein, dass es nicht der Fall gewesen ist, ich behaupte nur, dass die

Gelegenheit geboten, und dass dies bei mir nicht der Fall war, dass bei mir Alles offen zu Tage trat, dass ich als Unternehmer und Actienzeichner ohne Rückhalt Verpflichtungen übernahm, während in allen anderen Fällen Alles darauf hinaus ging, dies zu umgehen und zu vermeiden; und dass, ob gut oder schlecht, meine Art der Entreprise von allen hier erwähnten verschieden war und daher für sich allein beurtheilt werden muss.

Fünftes Capitel.

Widerlegung der in der Gartenlaube und anderen Journalen gegen mich gerichteten Anschuldigungen hinsichtlich schlechten Baues meiner Bahnen, Vertheuerung derselben, Beamtenbestechung, ungebührenden Einflusses, Verschreibung meiner Besitzungen an meine Frau u. dergl. m.

Fünftes Capitel.

Widerlegung der in der Gartenlaube und anderen Journalen gegen mich gerichteten Anschuldigungen hinsichtlich schlechten Baues meiner Bahnen, Vertheuerung derselben, Beamtenbestechung, ungebührenden Einflusses, Verschreibung meiner Besitzungen an meine Frau u. dergl. m.

Die Gartenlaube, ein anständiges Familien-Journal, hat sich in einer unglücklichen Stunde verleiten lassen, eine Anzahl Artikel in ihre Spalten aufzunehmen, die, ob wahr oder nicht, dem Charakter dieser Zeitschrift in keiner Weise ziemen; und der Verfasser dieser Beiträge hat dieselben seitdem als separates Werk herausgegeben.

Ich besitze ein Rechtsgutachten, wonach der Verfasser und der Verleger der Gartenlaube bezüglich der gegen mich gerichteten Angriffe zu Gefängnissstrafe hätten verurtheilt werden müssen, wenn ich die Angelegenheit dem Staatsanwalt übergeben hätte. Ich habe dies nicht gethan, weil ich annahm, dass Herr *Keil* sich geirrt, aber durch die Unterschrift des Autors die Wahrheit verbürgt und im öffentlichen Interesse zu handeln geglaubt hat. Den Verfasser dieser Schmähschriften hielt ich desshalb nicht einer Berücksichtigung würdig, weil er sich, mich betreffend, wenn nicht wissentlich lügenhaft-verleumderisch, so doch in einer unerhört leichtsinnigen Weise zur Wiedergabe von Beschuldigungen hergegeben hat, die kein Ehrenmann glauben oder wiederholen darf, ohne sich im Besitze überzeugender Beweise zu befinden; solche Beweise kann er nicht besitzen und darum meine Bemerkung. Herr *Glagau* ist mir unbekannt, ich habe kein Recht und wünsche die Motive, die ihn leiten, nicht in Frage zu stellen. In wie weit die von ihm über Andere erwähnten Thatsachen richtig sind, weiss ich nicht zu beurtheilen. Der Ton, den er anschlägt, trägt nicht dazu bei, ihm Gewicht zu geben; es ist nicht tactvoll das Judenthum in der von ihm gewählten Weise zu beschimpfen, und was mich betrifft, so entbehren seine Bemerkungen selbst des Schattens von Wahrheit.

Ich wähle den Artikel der Gartenlaube zur Beantwortung, weil dieser, obgleich maassloser und weitergehend als alles Vorhergesagte, doch deutlich äussert, was vorher nur angedeutet worden, und wünsche ich daher mit Nachstehendem alle ähnlichen Angriffe ein für alle Mal Lügen zu strafen. Ich citire nur diejenigen Bemerkungen, die wirklich, wenn auch ein grobes und pöbelhaftes doch ein deutlich klingendes Echo ähnlicher seit Jahren gemachter Insinuationen sind. Die eigenen Expectorationen des Herrn *Glagau* überlasse ich der Verachtung, die sie verdienen.

Unter vielen Millionen giebt es Tausende, die Skandalosa und Klatschereien gerne lesen, und so mag Herrn *Glagau's* Werk auch eine gewisse Anzahl Leser gefunden haben; nur Lumpen oder beschränkte Menschen werden aber einem Buche auch nur das geringste Gewicht beilegen, dessen Ton, dessen ganzer Inhalt jeder Spur von literarischer Anständigkeit entbehrt.

Glagau sagt:

„Ein goldner Schlüssel öffnet jede Thür, in jedem Büreau „war *Strousberg* bekannt, in jeder Behörde, bis zu den Mi„nistern hinauf, hatte er seine Freunde und Gönner, die ihm „Auskunft und Rath ertheilten, die seine Interessen mit Be„geisterung verfochten. Verschiedene hohe Beamte mussten „um seinetwillen ihren Abschied nehmen. In der That kaufte „*Strousberg* Alles, das war ein offnes Geheimniss, zuletzt „kaufte er den hohen Adel.

„Er corrumpirte die Presse, er corrumpirte die Beamten„welt und den Adel, er umging und höhnte die Gesetze „und schlug der Moral öffentlich in's Gesicht.

„Er concurrirte um eine Eisenbahn nach der anderen, „und er schlug bald alle Mitconcurrenten aus dem Felde. „Graf *Itzenplitz* verhandelte sogar am liebsten mit *Strousberg*,

„der ihm Alles so bequem zu recht zu legen verstand. Frau „*Strousberg* ist nominelle Besitzerin der Elbinger Fabrik, so „wie einer anderen Fabrik in Böhmen. *Strousberg* ist so „vorsichtig gewesen, die Seinigen auf jeden Fall zu sichern.“

Hier ist neben Anderem — worüber an geeigneter Stelle — unzweideutig ausgesprochen, dass ich eine grosse Zahl Beamte in allen Behörden bis zu den Ministern hinauf bestochen und corrumpirt habe, um dieselben zu Amtsvergehen im Wege der Auskunft, des Rathes und der Beeinflussung der verschiedenen Behörden zu veranlassen, und dass sogar verschiedene hohe Beamte deshalb den Abschied hätten nehmen müssen. Da sich Niemand speciell durch diese Beschuldigungen getroffen findet, so ist es natürlich, dass sich Keiner berufen fühlt, dagegen einzuschreiten. Ich behaupte aber, dass eine solche Beschuldigung den Einzelnen zwar nicht trifft, weil keine Bestochenen vorhanden sind, dass hier aber ein Vorwurf gegen die Beamten-Welt geschleudert wird, der tief verletzend ist und zur Erniedrigung derselben in der öffentlichen Meinung beiträgt. Ist die Beschuldigung begründet, so involvirt sie ein schweres Vergehen Seitens der betreffenden Beamten und meinerseits, und es ist Aufgabe, die Schuldigen zur Rechenschaft zu ziehen, oder, ist dieses nicht der Fall, so muss der Verleumder verfolgt und bestraft werden. Nicht von mir, nicht von einem einzelnen Beamten kann der Gegenstand verfolgt werden. Es ist Aufgabe des Staates, des Vorgesetzten, der Sache näher zu treten und damit Thatsachen zu constatiren und die Ehre des Beamtenstandes in Schutz zu nehmen. Man ist in diesem Fall nicht einmal in der Lage, die Sache ignoriren zu können, weil sie keine Beachtung verdient, weil sie keinen Glauben findet. Wäre dies der Fall, so läge ja Nichts vor, was mich verletzen könnte; denn wenn man nicht an die Bestechlichkeit unserer Beamten glaubt, so kann ich ja auch nicht bestochen haben, und alle sich daraus ergebenden Beschuldigungen fallen zu Boden. Im Publicum, in der Presse, ja selbst im Parlament werden aber unausgesetzt Bemerkungen gemacht, die obigen Vorwurf gegen mich involviren, und die als Verleumdungen sofort gezüchtigt werden müssten, wenn die Prämisse des Bestechens und Corrumpirens nicht Glauben gefunden hätte.

Mir ist der preussische Beamte amtlich von ganzer Seele unsympathisch, ich habe nie von einem preussischen Beamten als solchen eine Gefälligkeit empfangen. Wo ich mit ihm dienstlich in Berührung gekommen bin, ist mir Kränkung, Verlust, Misstrauen und Unrecht widerfahren; ich habe, unter Anderem, Prozesse verloren, die mir himmelschreiendes Unrecht zugefügt haben. Selbst in den zahllosen Fällen, wo ich Beamten durch Anstellungen bei Gesellschaften und sonst grosse Dienste zu leisten im Stande war, habe ich, mit sehr geringen Ausnahmen, nur Undank geerntet. Im Verlaufe dieser Schrift werde ich zu beweisen Gelegenheit haben, wie man gegen mich gehandelt hat, und in Nichts hatte unser Beamtenstand so sehr bewiesen, wie wenig er für mich übrig hat, als in dem Umstand, dass er lieber Schande und die gröbsten Beschuldigungen auf sich ruhen lässt, als mich durch seine Selbstvertheidigung zu rechtfertigen. Jeder Fall, der mir zur Last gelegt wird, birgt in sich ein grösseres Vergehen Seitens der obersten Beamten im Staat, denn ich als Unternehmer konnte im Verfolg meiner Interessen Ersparnisse anstreben, der Beamte dagegen, dessen Aufgabe es war, mich zu controliren, für eine gute Ausführung zu sorgen, und der dies unterlassen, hat sich entweder grobe Nachlässigkeit oder ein strafbares Vergehen zu Schulden kommen lassen.

Niemand kann daher weniger Grund und auch weniger Neigung haben, für den preussischen Beamten in die Schranken zu treten als ich; Niemand ist aber besser befähigt, weil Wenige so viel Gelegenheit hatten, dies wahrzunehmen als ich, über die Ehrenhaftigkeit unseres Beamtenstandes ein Zeugniss abzulegen. Mich hat der Dünkel, das Vorurtheil, die Verkennung, das Misstrauen, die Engherzigkeit, die Unkenntniss realer Verhältnisse der preussischen Beamten Millionen gekostet, ihr Eigennutz und die ihnen von Andern zur Last gelegte Gewissenlosigkeit nicht einen Heller. Ich habe in verschiedenen Ländern gelebt und beobachtet, habe Geschichte studirt und Institutionen verfolgt; keine Zeit und kein Land scheint mir aber ein Beispiel zu bieten, wo eine so grosse Anzahl Menschen, mit solcher

Macht ausgestattet, solchen Versuchungen ausgesetzt, so schlecht besoldet, so allgemein über jeden Verdacht erhaben ehrlich, so pflichttreu und so gewissenhaft ist, als das preussische Beamtenthum. Ich kenne Personen, die eine hohe Stellung einnehmen, sich aber nur mit grossen Opfern und grosser Entsagung standesgemäss erhalten können, die in der Lage sind, Vortheile zu gewähren, wo es auf Geld nicht ankommt, für die aber Millionen keinen Reiz haben würden, auch nur einen Schritt vom rechten Wege abzuweichen. Ich spreche nicht von Subalternbeamten, obgleich ich auch diesem im grossen Ganzen obige Eigenschaften zutraue. Von Allen mit sehr geringen Ausnahmen, die bei uns die höhere Carriere gewählt und von dem Geiste, dem Stolze und den Traditionen unseres Beamtenstandes durchdrungen sind, seien sie Richter oder Executivbeamte, glaube ich, dass sie, was obige Eigenschaften betrifft, unantastbar erhaben dastehen. Es giebt in jeder Heerde schwarze Schafe, nirgends aber ist ein so kleiner Procentsatz als hier vorhanden. Der officiellen Ehre des preussischen Beamtenstandes vertraue ich wie einem Heiligthum, und ich habe dies in meinen Geschäften bewiesen. Ich habe eine grosse Zahl Baumeister beschäftigt, nur einer ist nachweislich unzuverlässig gewesen, und diesen habe ich auf Veranlassung seiner Collegen, weil diese erfahren, dass er ein Geschenk angenommen, entlassen müssen, indem dieselben sich für compromittirt betrachteten, mit Jemand unter solchen Umständen weiter zu dienen. Unter grossen Versuchungen in Ungarn und Rumänien haben drei Andere Misstrauen in mir erweckt, allen Anderen habe ich blind vertraut und es nie bereut. Meine Baumeister konnten Millionen bescheinigen, sie sind sämmtlich ehrlich und makellos geblieben, und ich bin auf Nichts so stolz, als auf das gegenseitige Vertrauen, welches zwischen uns herrschte. Wer da glaubt, dass ich falsche Wege gegangen, der mag diese Männer, denen ich mich ganz anvertrauen musste, die die technischen Werkzeuge waren, mit welchen ich arbeitete, kennen lernen, und er wird dann sicher zu der Ueberzeugung gelangen, dass dieses nicht die Menschen sind, durch die man Unrechtes zu erreichen suchen kann.

Als meine Geschäfte kleiner wurden, musste ich mich zu

meinem grossen Kummer von Vielen trennen, sie haben sämmtlich beim Staat, bei Eisenbahnen und auch bei Baugesellschaften einflussreiche Stellungen erhalten. Dieses waren meine Instrumente (im guten Sinne), ich frage deren Vorgesetzte: Welchen von ihnen könnte man zutrauen, sich zu ignoblen Zwecken gebrauchen zu lassen? Und ehe man mich beurtheilte, ehe man mir Böses nachsagte, hätte man meinen Apparat studiren und sich fragen müssen: ist dieser für schlechte Zwecke brauchbar? Die sich erdreisten, mir Bestechung, Demoralisirung des preussischen Beamtenstandes vorzuwerfen, wissen nicht, dass sie mir zutrauen das, was ich an denselben tief verehre, ruchlos entehren zu wollen, aber sie mussten wissen, dass sie damit einen Stand an seiner zartesten Seite verletzen, ihn verläumden und zu nahe treten. In meiner ganzen Eisenbahnthätigkeit in Preussen habe ich nie direct oder indirect Geld oder Geldeswerth in Diensten oder Gefälligkeiten, oder in irgend einer Beziehung, mag sie genannt werden wie sie wolle, einem mir dienstlich gegenüberstehenden Beamten gegeben oder geborgt, geholfen oder geleistet. Ich spreche Dieses herausfordernd aus und bezeichne Jeden, der diesem widerspricht, als Lügner und böswilligen Verleumder.

Als eben so lügenhaft und jedenfalls mir gänzlich unbekannt, bezeichne ich es, dass irgend ein Beamter, der mit mir amtlich verkehrt hat, meinetwegen den Staatsdienst verlassen musste. Viele Beamte sind aus dem Staatsdienst getreten und sind bei mir und in meinen Gesellschaften angestellt worden und Einige, weil deren geschäftliche Beziehungen zu mir mit einem Verbleiben im Amte nicht thunlich waren. Keiner von diesen Allen hat aber während seiner Dienstzeit je in irgend welcher directen oder indirecten Weise amtlich irgend welche Beziehungen zu mir gehabt.

Mein Verkehr mit der Beamtenwelt in Verbindung mit Eisenbahnbauten beschränkte sich auf das Handelsministerium und die Eisenbahn-Commissarien, und die Herren, mit denen ich officiell bekannt wurde, waren der Minister *Itzenplitz*, Ministerial-Director *v. d. Reck* und die damaligen Räthe *Maybach*, *Weishaupt*, *Koch* und *Heise*. Die Beamten des Commissariats in Berlin wechselten häufig, ich habe wenige davon überhaupt je gesehen und diejenigen, die ich bei General-Versammlungen und einigen Revisions-Reisen kennen gelernt habe, sind mir nicht einmal dem Namen nach bekannt. Mit keinem der obigen Herrn, ausser mit *Heise*, nach seinem Dienstaustritt, habe ich je das Glück gehabt, irgend welche nähere Bekanntschaft zu machen. Während des Baues der Ost-Preussischen Süd-Bahn war Geheimrath jetzt Präsident *Maybach* als Vorsitzender der Ost-Bahn, zu gleicher Zeit Staats-Commissarius und Herr Regierungsrath *Redlich* führte die technische Aufsicht bei Tilsit-Insterburg und Ost-Preussische Süd-Bahn. Bei Berlin-Görlitz und Märkisch-Posen war der Regierungsrath *Schwedler* und bei Halle-Sorau Regierungsrath *Platner* mit der technischen Aufsicht betraut. Bei der Rechten Oder-Ufer-Bahn hatte ich gar keinen Verkehr mit den Behörden, weil die Direction diesen unterhielt und mir, nach meinem Contract, die Entscheidungen der Behörde gleichgültig waren. Dasselbe Verhältniss bestand auch bei Hannover-Altenbecken, wo auch Präsident *Maybach*, als Vorsitzender der dortigen Staatsbahn, als Commissarius fungirte. Den Special-Commissarius dort wie auch den Regierungsrath *Platner* habe ich nie gesehen. Keine anderen Beamten der Eisenbahn-Abtheilung im Handelsministerium sind mir persönlich bekannt, und mit keinem anderen hatte ich etwas zu thun. Ich würde die hier angeführten Herren beleidigen, wenn ich es für nöthig fände, zu erklären, dass dieselben von mir nicht corrumpirt worden sind. Zur Charakterisirung der Verhältnisse möchte ich nur Folgendes erwähnen. Der Minister *Itzenplitz* hat, wenigstens in seinem Wesen, mich stets schroff und mit Misstrauen behandelt, mir stets gezeigt, dass er es vorziehen würde, Andere als mich zu finden, die Eisenbahn-Bauten ausführten. Er zeigte, und ich fühlte es und zürnte ihm deshalb, dass er mich nur aus Noth tolerirte, weil er Bahnen haben wollte, und sie nur durch mich haben konnte, und er hat mir nicht die Anerkennung zu Theil werden lassen, die ich verdiente, er hat mich nicht nur nicht bevorzugt, sondern im Gegentheil, so bald sich nur Andere dazu fanden, hintenangesetzt und nach meiner Anschauung unverdienter Weise förmlich perhorrescirt.

Ich verdanke ihm, ob beabsichtigt oder nicht, nur Kränkungen, keine Anerkennung und keine Gefälligkeit. Er konnte nicht umhin, meine Thätigkeit und Fähigkeit anzuerkennen, und diese benutzte er, so lange es ihm im staatlichen Interesse convenirte. Die Eigenschaften des Grafen waren in verschiedener Beziehung, die ich nicht bezeichnen mag, zu prononcirt und ich eine zu unabhängige und verschiedenartig angelegte Persönlichkeit, dass wir uns nicht gegenseitig hätten abstossen sollen. Ich kann daher offen eingestehen, dass ich für den Grafen nicht schwärmte, ich glaube aber mehr befähigt zu sein, dessen Character richtig zu estimiren als er den meinigen; deshalb ist er mir nie gerecht geworden, während ich seine Haupteigenschaft, Ehrlichkeit, nie in Frage gestellt habe: Es würde kein dauerndes Interesse haben, den Minister zu analysiren, er hat gegen mich ungenerös gehandelt, und indem er nicht die Courage gehabt, *Lasker* in seinem Angriffe gegen mich entgegenzutreten, hat er sich am meisten geschadet. Ministerial-Director v. d. *Reck* war ein vornehmer, höflicher, begabter Mann. Dieser hat mich stets mit besonderer Achtung behandelt, hat aber kein Hehl daraus gemacht, dass er gegen die Concessionirung neuer Gesellschaften war, dass er in dieser Beziehung stets, so weit er es vermöchte, hindernd wirken würde. Staatsbahnen standen bei ihm in erster Reihe, und wenn nicht anders, dann Ausdehnung der grossen bestehenden Gesellschaften; und dies seiner Ansicht nach sowohl im Verkehrsinteresse, als auch weil diese ihm als Staatsbehörde grössere Sicherheit für den Bau und in jeder Beziehung zu bieten schienen. Er äusserte sich anerkennend über mich, war aber als principieller Gegner und nach seiner amtlichen Ueberzeugung gezwungen, mein Bestreben, wenn nicht mit Misstrauen, doch nicht mit Vertrauen zu verfolgen.

Herr v. d. *Reck* schied bald aus dem Handelsministerium; es herrschte damals die Meinung, dass sein Austritt erfolgte, weil er dem Handelsminister Opposition bezüglich dessen Eisenbahn-Politik machte; ob dieses der alleinige Grund war, weiss ich nicht. Ich erinnere mich dieses Herrn mit Dankbarkeit, weil er mit den *„beschränkten Unterthanen“* als Gentleman und nicht als Staatsbehörde verhandelte.

Wer die Carriere des Präsidenten *Maybach* verfolgt hat, wird sich nicht wundern, dass der Privat-Unternehmer sich nicht seiner speciellen Sympathie zu erfreuen hatte. Ich fand ihn daher stets reservirt und, so weit ein sonst wirklich begabter Mann dieses sein konnte, misstrauisch, kann aber nicht umhin anzuerkennen, dass, wenn er auch über die Maassen weit in der Auslegung der Rechte und Befugnisse der Regierung gegangen ist, sein eminenter Verstand und grosse Rechtlichkeit ihn stets gezwungen haben, wo ich die Ehre hatte mit ihm amtlich zu verkehren, wenn auch streng, doch immer gerecht und anerkennend zu sein. — Ministerial-Director *Weisshaupt* ist, wie die sämmtlichen oben erwähnten Herren, aus der v. d. *Heydt*'schen Schule, und diese so wie der natürliche Standpunkt der technischen Aufsichtsbehörde haben mich sehr viel Geld gekostet und mir das Leben sehr erschwert.

Man hat die Engländer und mich stets mit verletzendem Misstrauen und schonungsloser Strenge und nach meiner Ansicht mit unberechtigten Ansprüchen gemartert und geschädigt. Es lag dies in einer nicht zu überwindenden, aber gewissenhaften Abneigung gegen Privatbahnen und die General-Entreprise, aber es war schwer zu ertragen und äusserst kostspielig. *Bray* hat durch Herrn *Redlich* einen grossen Theil seines Vermögens verloren, nicht nur in Folge der ihm auferlegten Leistungen, sondern mehr noch durch Verzögerungen und andere Unzuträglichkeiten, die ein der fortwährenden staatlichen Einmischung unterworfener Bau mit sich brachte. Die Herren des Revisions-Comités werden dies nicht eingestehen, weil sie in Bausachen nicht bewandert sind, und weil dieselben in Herrn *Redlich* stets ihren Rathgeber fanden. Es muss aber Jeder bezeugen, dass keine Controle strenger und gewissenhafter als die seine gewesen sein konnte. Baurath *Schwedler* war weniger selbstständig als *Redlich*, hat aber ans Aengstlichkeit nicht weniger geschadet. Die Acten im Ministerium zeigen seine Thätigkeit im Moniren. Bei der Schlussbegehung Berlin-Görlitz und namentlich Märkisch-Posen sind Sachen beanstandet und wegen Kleinigkeiten die Eröffnung verzögert worden, die keiner anderen Bahn in den Weg gelegt wurden, es war dies um so weniger gerechtfertigt, als bei beiden Bahnen Directionen bestanden. Ich habe später bei Berlin-Lehrte Gelegenheit gehabt wahrzunehmen, wie anders man dort verfahren ist. Mir hat die Hinauschiebung der Eröffnung bei Märkisch-Posen Hunderttausende gekostet, denn bekanntlich hatte ich die Bauzinsen bis zum Schluss des Semesters, in welchem die Bahn eröffnet wurde, zu tragen. Wie gesagt, ich habe nie gezweifelt, dass in allen diesen Fällen aus gewissenhafter Ueberzeugung gehandelt worden ist, wenn ich auch immer der Meinung war, dass man von falschen Voraussetzungen ausgegangen und sich in Privatangelegenheiten über die Gebühr gemischt habe. Bei allen anderen Bahnen war die Aufsicht gleich streng. Die Mehrleistungen wurden mir aber dort bezahlt und mein Verlust, wenn auch gross, resultirte aus Baustörungen, Verzögerung in der ministeriellen Genehmiung der Pläne und daraus entstandener Verlängerung der Bauzeit und Zinsverluste. Mit Geheimrath *Heise* hatte ich wenig Verkehr, weil überhaupt meine Angelegenheiten mehr technischer Natur waren. Die hier angeführten Herren müssen wissen, ob ich nach der Natur der Sache mit anderen Beamten zu thun haben konnte, und ob es möglich war, dass Andere als sie in meinen Angelegenheiten wirken konnten.

Die Presse und den Adel habe ich nicht zu vertheidigen. Diese sind nicht Beamte und hatten es mit sich allein abzumachen, wenn sie sich mit mir einlassen wollten. Im Uebrigen ist die Aeusserung zu vage, um nicht verächtlich zu sein. Es würde mir nicht schwer fallen, zu beweisen, dass viele Angriffe in der Presse darum gemacht worden sind, weil ich letztere nicht bezahlen wollte, und der Adel ist ein zu zahlreicher Stand, um so ohne Weiteres beschimpft zu werden; wer sich getroffen fühlt, mag sich vertheidigen. Ich habe zum Adel wie zu anderen Gesellschaftsklassen vielfache Beziehungen gehabt, habe dort das Edelste wie auch Verderbteste gefunden. Wenn ich den Vorzug hätte, adlig zu sein, würde ich solche Aeusserungen nicht beachtungswerth halten.

Ueber die Concurrenz bei Concessionsbewerbungen siehe nächstes Capitel.

Glagau sagt ferner:

„Er baute so schlecht wie nur möglich und so theuer „wie nur denkbar, dabei mussten Millionen abfallen, nicht „nur für ihn, sondern auch für seine Helfershelfer.

„Er verschleuderte die von ihm geschaffenen Actien und „Prioritäten, weil sie nur geringe Aufnahme fanden, schlug „sie um jeden Preis los, fabricirte aber immer wieder neue.

„Er besoldete Litteraten, beschenkte Journalisten und „setzte ihnen Pensionen aus; so gewann er die Presse.

„Seine Eisenbahnen waren von frevelhafter Beschaffen„heit, konnten entweder gar nicht in Betrieb gesetzt werden „oder verursachten bald mancherlei Unglücksfälle.“

Diese Aeusserungen sind seit Jahren sprichwörtlich, niemals ist die Beschuldigung motivirt oder der Versuch des Beweises gemacht worden. Wer sich die Sache überlegt, wer sich die Natur unserer Staatsaufsicht vergegenwärtigt, müsste sich sofort sagen, dass, die Wahrheit vorausgesetzt, die gröbste Nachlässigkeit der Regierung zugleich anerkannt werden muss.

Es ist eine Frage, worüber man debattiren kann, ob es weise ist, das Volk daran zu gewöhnen, Alles vom Staat zu verlangen, Alles der Aufsichtsbehörde zu überlassen; bei uns ist es aber thatsächlich, dass von der ersten Conception eines Eisenbahnbaues bis zur Eröffnung des Betriebes jeder Schritt nur mit Genehmigung, nur unter Aufsicht der Regierung geschehen kann, und dass, wenn daher dem Unternehmer vorgeworfen wird, er habe schlecht gebaut, Eisenbahnen von frevelhafter Beschaffenheit hergestellt, die Betheiligung, jedenfalls die Connivenz der Behörden dabei mit bedingt ist. Ich könnte eigentlich auf die Unmöglichkeit einer solchen Pflichtvergessenheit hinweisen und mich dabei beruhigen. Ich finde aber, dass bei uns Nichts zu schlecht, Nichts zu abnorm ist, um unglaubwürdig zu erscheinen. Wer seinen Nebenmenschen verunglimpfen, verdächtigen will, findet bei uns immer sein Auditorium, es muss nur richtig in Scene gesetzt und häufig genug wiederholt werden. Ich sehe mich daher gezwungen, diese Behauptungen, die zwar an sich keine Beachtung verdienten, zu widerlegen. Eine Schilderung des Eisenbahnbaues und der Betheiligung der Behörden wird den Leser am besten in die Lage setzen, ein Urtheil zu fällen.

Wenn die Absicht vorliegt, gewisse Orte durch eine Eisenbahn zu verbinden, so muss bei uns beim Handelsministerium die Erlaubniss dazu eingeholt werden, weil ohne eine solche man nicht berechtigt sein würde, fremden Boden zu betreten, um die Nivellirungen etc. zu machen. Vor Genehmigung wird die Richtung geprüft, um zu ermitteln, ob die Bahn wünschenswerth und ob, wenn dies der Fall, neben anderen Fragen die Bedürfnisse der Gegend und die durch schon existirende Bahnen gebotenen Bedingungen in Betracht gezogen sind. Hierbei hat auch das Kriegsministerium in strategischer Beziehung Stimme. Sind die Vorarbeiten vollendet, so muss vor der Concessionirung, die Capital-Beschaffung, Statuten-Vereinbarung und alles Sonstige vorausgesetzt, ein Kostenvoranschlag angefertigt und beides dem Ministerium eingehändigt werden. Ich beschränke mich auf die Darstellung derjenigen Schritte, die hier für meinen Beweis erforderlich sind, um den Leser nicht unnöthig zu ermüden. Ist man gewillt, die Concession zu ertheilen, so findet eine Begehung der Linie statt, zu der das Ministerium, die locale Regierung, die Vertreter der Kreise und alle Adjacenten hinzugezogen werden. Nach geschehener Begehung werden die Pläne Seitens der Regierung modificirt, die genauen Baubedingungen festgestellt und das Capital normirt. Nach Ertheilung der Concession muss die Gesellschaft die speciellen Vorarbeiten und Detailpläne für jedes Bauwerk, jede Anlage, die Betriebsmittel für Schienen, Schwellen und allen Zubehör der Bahn sowohl hinsichtlich Umfang, Quantität, Gewicht, Material-Beschaffenheit und Art der Ausführung zur Genehmigung einreichen, und nur erst nach Genehmigung der Pläne darf man den Bau beginnen und muss ihn genau conform damit ausführen.

Der leitende Techniker der Gesellschaft muss vom Ministerium bestätigt werden; in der Regel wird die Bau-Ausführung von Zeit zu Zeit durch Techniker des Eisenbahn-Commissariats geprüft und sowohl vor Eröffnung einer jeden Theilstrecke, als auch nach Vollendung und vor definitiver Betriebs-Eröffnung der ganzen Bahn diese von allen betreffenden Behörden, vom Ministerium abwärts, bereist und genau bis auf das kleinste Detail festgestellt, was überhaupt noch geleistet und geliefert werden, was fehlerhaft, was zu ergänzen sei, und was vor allen Dingen noch geschehen müsse, ehe die Betriebs-Eröffnung stattfinden kann. Diese Bereisungen dauern Tage lang und erstrecken sich, neben allem Anderen, so weit dies nicht schon nachweislich geschehen, auf Prüfung der vorschriftsmässigen Bau-Ausführung und auf Beschwerung von Brücken, um zu constatiren, dass sie entsprechend tragfähig sind.

Ich lasse hier vorläufig ausser Acht, weil ich darauf an geeigneter Stelle zurückkommen werde, wie durch die Ansprüche der verschiedenen Behörden aus allen möglichen Gründen der Bau über das ursprüngliche Maass ausgedehnt und vertheuert wird. Hier soll nur ersichtlich sein, wie die Regierung dafür sorgt und dafür verantwortlich ist, und wie die Betriebseröffnung es ausspricht, dass der Bau gut, vorschriftsmässig und allen Ansprüchen der Verkehrssicherheit und den Betriebsbedürfnissen genügend ausgeführt sei. Wenn unter solchen Umständen Bahnen: „schlecht gebaut wurden, von frevelhafter Beschaffenheit waren und sogar mancherlei Unglücksfälle verursachten“, wem ist dann die Schuld zuzuschreiben? Dem Unternehmer, der nur zu tadeln ist, wenn er Schäden verdeckt, was aber bei der Natur der Controlle, Prüfung und Revision, sowohl als dem Charakter der auszuführenden Bauwerke mit sehr geringen Ausnahmen unmöglich ist und der, streng genommen, seine Aufgabe erfüllt hat, wenn er die Bau- und Controll-Behörde befriedigt hat, oder der Regierung, welche sich das Recht der Vorschrift, Genehmigung, Controlle, Revision, Abnahme der Arbeiten und die Approbation der Gesellschaftstechniker reservirt hat und die Macht besitzt, ihren Befehlen Befolgung zu verschaffen und durch den Schlussact die Erfüllung der gestellten Aufgabe bescheinigt? Ich brauche hier zwar das Wort Regierung als Collektivbezeichnung; ehe indessen die Regierung sich das hier Involvirte zu Schulden kommen lassen kann, müssten die Techniker des Ministeriums und Eisenbahn-Commissariats, die Vertreter der Local-Regierungen und alle sonst betheiligten Behörden, wie z. B. bei Brücken- und Wasserbauten und bei angrenzenden Bahnen die betreffenden Beamten, und ferner die Techniker der Gesellschaft alle mitwirken, und sich des Amtsvergehens oder der Nachlässigkeit schuldig machen. Was die Gesellschaftstechniker betrifft, so bemerke ich, dass bei Tilsit-Insterburg, Ost-Preussische Südbahn und Berlin-Görlitz der leitende Techniker zwar ein Engländer war, aber eine hervorragende Stellung einnahm, er war ein Schüler *Stephensons*, hatte in Indien und anderen Ländern grosse Bauten ausgeführt und ist, was in England die allerhöchste Auszeichnung und unfragliche Anerkennung bedingt, *a member of the council of the institute of civil Engineers.* Bei Berlin-Görlitz waren dagegen preussische Techniker, wie Baumeister *Orth* und Andere, mit der Bauleitung betraut. Bei Märkisch-Posen und Halle-Sorau wurde die Bauleitung dem jetzt verstorbenen, damaligen Königl. Bau-Inspector *Korn* übertragen, und dieser wählte den Königl. Bau-Inspector *Bronisch* und andere Techniker zu seinen Organen.

Ich selbst beschäftigte nur noch im Staatsdienste stehende Baumeister und Bauführer, je nach ihrer Stellung, bei mir. Unter diesen waren die Leitenden die Baumeister *Siemsen, Breitsprecher, Kratz, Bandke*, der verstorbene Baumeister *Fischer* und eine grosse Zahl solcher, die jetzt bei Staats- und Privatbahnen beschäftigt sind und volles Vertrauen geniessen. Bei der Rechten Oder-Ufer-Bahn übte Baurath *Grapo* die Controlle für die Gesellschaft, und bei Hannover-Altenbeken kann die Magdeburg-Halberstädter, die jetzt den Betrieb hat, bekunden, wie gebaut worden ist.

Uebrigens hat, wie schon erwähnt, bei mir das Ministerium sich nicht einmal mit der üblichen Controlle begnügt, es hat ausser dem Commissariat, auf Kosten der Gesellschaft, einen schon erwähnten Herrn *v. Redlich* und Andere als Special-Commissarien für die betreffenden Bahnen ernannt. Diese Herren hatten z. Z. sich ausschliesslich mit den ihnen anvertrauten Bahnen zu beschäftigen, die Gesellschaften wurden angewiesen, deren Verordnungen zu befolgen, der Verkehr mit dem Commissariat und Ministerium musste durch ihre Vermittlung erfolgen, alle Pläne, jedes Gesuch musste vorher von ihnen geprüft und begutachtet werden. Sie waren so vom Beginn an mit Allem vertraut und prüften und verfolgten die Ausführung dauernd und ununterbrochen, vom ersten Spatenstich bis zur Uebergabe der Bahn. In Erfüllung dieser Pflichten wurden Materialien verworfen, einzelne Bauten beanstandet und Unzähliges monirt; dieses gab selbstverständlich Veranlassung zu Meinungsverschiedenheiten. Wie zu erwarten, hatte der Commissarius häufig Grund zur Klage und selbst in Fällen, wo darüber gestritten werden konnte, erfolgte die Entscheidung fast immer zu seinen Gunsten. Die Abneigung gegen die General-Entreprise, das existirende Misstrauen, der Eifer und Ehrgeiz, ja die speciellen Eigenheiten Einzelner gaben Veranlassung zu Erörterungen und Einwänden, die kostspielig, unter Umständen verletzend und, nach meiner Meinung, häufig ungerecht waren. Immerhin hatte die Regierung die Macht, ihren Willen durchzuführen und war somit für das Resultat auch verantwortlich. Das Gefühl der Verantwortlichkeit, die Mühe, die dieses verursachte, und die Gereiztheit, die daraus entstand, haben denn auch schon vorhandene, ungünstige Prädispositionen potenzirt, aber sicherlich nicht zur Nachlässigkeit verleitet, und so muss jeder rechtlich denkende, unbefangene Mensch mir zustimmen, wenn ich den Vorwurf des schlechten Baues als Lüge, böswillige Verleumdung oder frevelhaft leichtsinniges Geschwätz, je nach der Person, zurückweise.

In gleicher Weise behandle ich die Behauptung, dass irgend ein Unglücksfall passirt sei, der einem schlechten Bau zuzuschreiben wäre. Ich weiss überhaupt von keinem Unglücksfalle, behaupte aber auf das Bestimmteste, dass auf meinen preussischen Bahnen niemals ein aus den angeführten Gründen herrührender Unfall vorgekommen ist. Wenn das oben Angeführte noch nicht überzeugend sein sollte, so diene Nachstehendes zur Vervollständigung.

Wenige Menschen sind so schlecht, dass sie ohne Grund, ohne persönlichen Vortheil Böses thun. Ich konnte nun aber unter keiner nur irgend denkbaren Bedingung aus einem schlechten Bau Vortheile ziehen, denn ich habe niemals in Regie gebaut, nichts selbst ausgeführt und, mit Ausnahme einiger Schienen und Locomotiven, die ich in Hannover und Dortmund fabricirt, nichts selbst geliefert. Sämmtliche Contracte, die ich mit Fabrikanten, Lieferanten und Unternehmern abgeschlossen, enthielten wörtlich die von der Regierung hierauf bezüglichen vorgeschriebenen Bedingungen als Grundlage für die übernommene Entreprise, und überall war ausdrücklich erklärt, dass ausser Obigem es dem Contrahenten obliege, so zu bauen und zu liefern, dass er allen Ansprüchen der Behörde und der technischen Organe der Gesellschaft genüge. Mir war vor Allem daran gelegen, womöglich mein Risico zu begrenzen, nicht die Gefahr zu laufen, dass mir Bauwerke oder Lieferungen zurückgewiesen würden und mich gegen Mehrforderungen zu schützen; darum habe ich den angedeuteten Modus gewählt. Die Unternehmer wussten, dass sie durch die Vermehrung der behördlichen Instanzen, welche über ihre Leistungen zu bestimmen hatten, mehr riskirten und viel besser bauen mussten als sonst, und forderten dem entsprechend höhere Preise, ich bezahlte aber gerne mehr und dies, neben obigem Grunde, hauptsächlich deshalb, um dadurch meine Interessen so viel wie möglich mit denen der Actionaire zu identificiren, und um jede Verdächtigung zu vermeiden, dass ich meinen Einfluss für mich ausnützen könnte. Ich hatte so nicht nur kein Interesse, schlecht zu bauen, sondern die zwingendste Veranlassung, die Unternehmer zur strictesten Erfüllung ihrer Pflichten anzuhalten.

Ich hätte dies vielleicht früher bekannt machen müssen, um Verdächtigungen zu begegnen. Ich glaubte aber, im Bewusstsein meiner Rechtlichkeit, es nicht nöthig zu haben, weil nach meiner Anschauung dem Kläger das *onus probandi* obliegt.

Für die von mir abzuschliessenden Lieferungs-Contracte hatte ich fast ohne Ausnahme die ersten Firmen des Landes gewählt; *Pflug*, *Borsig*, *Schwartzkopff*, *Wöhlert*, *Charlie von der Ziepen*, *Phönix*, *Hörde*, *Eberhard-Hesch Söhne*, *Jacoby*, *Haniel*, *Huisen* u. s. w. lieferten Locomotiven, Brücken, Schienen und Eisenbahnbedarf. Meine Schwellen lieferte meistens der jetzt verstorbene, als Schwellenkönig bezeichnete *Lauterbach*, und so habe ich auf allen Gebieten, wo Etwas zu liefern war, die besten, renommirtesten Firmen ausgesucht.

Bei Hannover-Altenbeken, um Nichts zu verschweigen,

sind ein Theil belgischer Schienen und Brücken, aber mit entsprechender Garantie geliefert worden. In einem Falle habe ich ohne persönlichen Vortheil, um gefällig zu sein, zu gebührenden Preisen einer noch im Waggonbau nicht bewährten Firma Bestellungen gegeben, und ist ein Theil der Lieferung bezüglich der Klein-Eisentheile beanstandet worden, dieses sind Güterwaggons von *Killing* in Hagen, der Halle-Sorauer Bahn geliefert, die entsprechende Abhülfe und Entschädigung wurde aber geleistet. So weit was die Lieferung betrifft.

Die Bau-Ausführung habe ich kleineren und grösseren Sub-Unternehmern unter den vorerwähnten Bedingungen übertragen. Es liegt in der Natur der Sache, dass jeder Unternehmer seinen Contract so günstig als möglich für sich auszulegen versucht, und eben so natürlich und unvermeidlich ist es, dass er versuchen wird, bei Material-Beschaffung und Ausführung Ersparnisse zu erzielen; eben so ist es unausbleiblich, dass Techniker im Interesse der Bahn ihre Forderungen hoch spannen und häufig verlangen, was nicht gerechtfertigt ist. Aus diesen natürlichen Gegensätzen haben sich denn auch bei so grossen Bauten Differenzen entwickelt. So ist z. B. Nichts wichtiger für eine Bahn, als eine gute Bekiesung. Die Sicherheit des Betriebes und die Instandhaltung des Oberbaues hängen davon ab. Es ist daher erklärlich, dass der Techniker streng darauf hält. Es giebt nun aber Gegenden, wo wenig oder gar kein Kies vorhanden oder nicht von der wünschenswerthen Beschaffenheit ist. Ueber eine gewisse Entfernung lässt sich der Transport wegen der Masse, und der Kosten halber, nicht bewältigen, man ist dann auf das Stopfungsmaterial in praktisch erreichbarer Nähe angewiesen oder gezwungen, nach Legung des Stranges, es von ferne zu holen, und es tritt dann die Frage auf: ist das local Vorhandene, wenn auch nicht so gut wie wünschenswerth, doch brauchbar und in wie weit verwendbar, kann man es vielleicht nur durch Sieben und Auslesen benutzen, oder ist man absolut angewiesen, den Kies weit herzuholen? und dann fragt es sich: mit wie viel und welchem Stopfungsmaterial man sich begnügen kann, um das provisorische Geleise herzustellen, so dass dasselbe zugleich auch als Unterlage für den später zu beschaffenden Kies diene. Es giebt Techniker, die behaupten, dass Kies nicht kleiner als eine Erbse, nicht grösser als ein Taubenei sein dürfe; Andere glauben, dass, wo die Gegend dieses nothwendig macht, Sand ein ganz gutes Unterbett sei, wodurch man einen Theil Kies ersparen könne, und so weiter in allen Variationen.

Ueber das Wünschenswerthe kann kein Zweifel sein, über das Statthafte herrscht unendliche Meinungsverschiedenheit. Die Billigkeit, die wirklichen Verhältnisse rechtfertigen vielleicht eine liberale Interpretation für den Unternehmer, der Staats-Commisarius hält aber an seiner Formel fest.

Weiter können beispielsweise die Ziegel in einer Gegend nicht in der Qualität hergestellt werden, die für gewisse Zwecke erforderlich ist. Der Transport ist aber mit grossen Kosten verknüpft. Hier tritt wieder die Frage auf, wo muss man unbedingt bessere Ziegel beschaffen, wo kann man die in der Gegend fabricirten verbrauchen? Hier treten, von verschiedenen Gesichtspunkten und Interessen geleitet, verschiedene Auffassungen zu Tage und ähnlich in vielen anderen Fällen. Dass unter solchen Umständen häufig versucht worden ist, das Statthafte zu überschreiten und das Unnöthige zu verlangen, und dass sich daraus Streitigkeiten und Beschwerden ergeben haben, ist nicht zu verwundern. Wo ich es billig fand, habe ich den Unternehmer zu schützen versucht, obgleich ich mich, was mein Interesse betraf, hätte reservirt halten können, und indem ich mich so mit dem Unternehmer aus Rechtsgefühl häufig identificirt habe, mag der Gedanke entstanden sein, dass ich dasselbe Interesse wie dieser hätte und nicht gebührend auf soliden Bau hielte. Thatsächlich habe ich nur Partei genommen, wo Recht und Billigkeit dafür sprachen. Geschadet hat dieses aber immer nur mir, denn die Regierung hatte die Macht, und da sie die Anschauungen der Commissarien im Abstracten nicht tadeln konnte, die Gesellschaftsinteressen auch dadurch gefördert zu sein schienen, so haben die Unternehmer meistens Unrecht bekommen, und somit war überall für einen guten Bau, im Sinne der Behörde, gesorgt.

Meine Anschauungen von Recht und Billigkeit waren indessen durchaus andere; wo ich der Meinung war, dass man dem Unternehmer Unrecht that, oder wo Verhältnisse eintraten, auf die er und ich nicht vorbereitet gewesen waren, da habe ich, obgleich contractlich dazu nicht verpflichtet, mich an den Contract nicht gekehrt und habe gegen den Rath meiner eignen Techniker, die als preussische Beamte andere Auffassungen hatten, freiwillig Zulagen gemacht. Diese Handlungsweise hat mich viele Hunderttausende gekostet, mir war aber Verdienst und Geld nicht wichtig genug, um durch buchstäbliche Festhaltung an Contracts-Clauseln fleissige, ehrliche Leute zu ruiniren. Mein Wohlwollen ist allerdings auch häufig gemissbraucht worden, und es kam so weit, dass Viele sich berechtigt glaubten mehr zu fordern, wo ihnen ein Verlust entstanden, den Profit bei anderen Positionen aber nicht für nöthig hielten in Rechnung zu ziehen. Im grossen Ganzen bereue ich meine Handlungsweise nicht, denn ich verdanke dieser das Vertrauen vieler Unternehmer, die auch dann für mich zu günstigeren Bedingungen, als für andere, bauen würden, wenn meine Verhältnisse zerrüttet wären.

Heute, wo ich Alles verloren, wo Niemand Etwas wagt, mache ich mich anheischig, die Unternehmer und das Capital für jede gewinnversprechende Entreprise zu beschaffen.

Schliesslich sagt Glagau:

„Alle seine Häuser, Paläste, Schlösser etc. hatte er seiner „Frau verschrieben“.

Diese Behauptung ist seit Jahren wiederholt gemacht worden, hat allgemeinen Glauben gefunden und meinem Credit sehr geschadet. Meine sämmtlichen Bücher befinden sich in Händen des Concursverwalters. Daraus ist alles auf meinen Besitz Bezügliche zu ersehen, und wäre es richtig, dass ich meine Familie ungebührend berücksichtigt hätte, so würde den Gläubiger-Versammlungen davon Mittheilung, anstatt Bemerkungen, die das Gegentheil beweisen, gemacht worden sein.

Nichtsdestoweniger wird die Behauptung noch heute dreist in die Welt geschleudert, denn sie würzt die gegen mich gerichteten Angriffe. Der wirkliche Sachverhalt aber ist folgender:

Vor ungefähr dreizehn Jahren, als ich im Begriffe war, mich bei grossen Unternehmungen zu engagiren, machte mich mein damaliger Syndicus darauf aufmerksam, dass der Tod meiner Frau mich in grosse Verlegenheit setzen könnte, indem eintretenden Falls, da meine Kinder sämmtlich unmündig waren, nach märkischem Rechte das Vormundschafts-Gericht nicht nur die Hälfte meines Vermögens für die Kinder als Erben meiner Frau verlangen, sondern mich gewissermassen zur Liquidation zwingen würde, damit das den Kindern Gehörige sicher angelegt werden könnte. Eine solche Maassregel konnte positiv ruinirend wirken, denn, wenn ich in der Mitte grossartiger Unternehmungen genöthigt worden wäre, die Hälfte meines Vermögens liquide zu machen und meinem Geschäfte zu entziehen, so konnten daraus für mich und Andere kaum berechenbare Nachtheile entstehen. Eben so nothwendig war es aber auch, meinen Tod in Betracht zu ziehen, damit das Vormundschafts-Gericht auch in diesem Falle nicht unheilvoll vorgreifen konnte.

Um diesen Eventualitäten vorzubeugen, im Interesse meiner Gläubiger und Geschäftsverbündeten habe ich mit meiner Frau einen gerichtlichen Erbschaftsvertrag und gegenseitiges Testament gemacht, welches noch heute sich auf dem Gericht befindet.

Ich besass damals schon viele Güter und ein grosses Vermögen. Wäre es meine Absicht gewesen, meine Familie auf Kosten meiner Gläubiger sicher zu stellen, so würde es mir ein Leichtes gewesen sein, eine bedeutende Summe im Auslande oder auf einen anderen Namen anzulegen. Dieses würde zwar aus meinen Büchern ersichtlich gewesen sein, da aber aus jener Zeit keine Gläubiger existiren, und ich damals reich und fast ohne Verpflichtungen dastand, so könnte heute Niemand dagegen Einwendungen machen und mich auch nicht tadeln, wenn ich damals, ohne Recht und Pflicht zu verletzen, das Geld in irgend welcher mir beliebigen Weise verwandt hätte.

An Concurs habe ich nie gedacht, und wenn auch der Gedanke in mir aufgestiegen wäre, so weiss ich doch von mir und meiner Frau, dass wir beide Alles hergeben würden, um meinen Pflichten nachzukommen. Der Akt hatte daher einzig und allein Bezug auf unseren Tod und geschah im Interesse meiner Gläubiger. Die Bedingungen waren folgende: Ich gab meiner Frau die zwei Meilen von Posen gelegenen Rittergüter Tarnowo, Rumianek und Karlshof, zusammen ungefähr 6000 Morgen gross, und dafür entsagte sie allen Erbschaftsansprüchen und überliess mir für ihren Todesfall den Niessbrauch; ich andrerseits befreite für den Fall meines Todes meine Hinterlassenschaft von gerichtlicher Aufsicht, setzte Vormünder für meine Kinder ein und ermächtigte meine Frau, unter deren Beistand, über mein Vermögen nach freiem Ermessen für meine Kinder so lange zu disponiren, bis das jüngste majorenn geworden. Sie konnte die Geschäfte fortsetzen oder liquidiren, die Kinder nach Belieben ausstatten und die Erbschaftstheile bestimmen; Niemand sollte sie vor der bestimmten Zeit in ihren Dispositionen, Theilung halber oder aus irgend sonst welchem Grunde, stören.

Meine Frau selbst erbte Nichts, indem sie durch Tarnowo, ein kleiner Theil meiner Liegenschaften, abgefunden war. Von solchen Motiven geleitet, mir der redlichsten Absichten bewusst, geschah Alles offen und ohne Verheimlichung. Leider schenkte mir schon damals die Presse ihre Aufmerksamkeit, und so benutzte irgend ein Posener Scribent die Geheimnisse des dortigen Hypothekenbuches, um in die Welt hinauszuposaunen: *„Ich hätte alle meine Güter meiner Frau verschrieben;“* Diese Behauptung hat mich denn seit jener Zeit beständig verfolgt und wird heute noch aufrecht erhalten. Die Wirthschaft und das Rechnungswesen der Güter wurden von mir geführt, und alle Einnahmen flossen in meine Kasse, so dass meine Frau thatsächlich keinen Vortheil aus diesem Besitze gezogen hat.

Während des französischen Krieges waren meine Mittel zur Selbsterhaltung gänzlich in Anspruch genommen; ich besass sehr grosse Eisenwerke und betrachtete es als eine Lebensfrage, für dieselben entsprechende Kohlengruben zu besitzen, da ich, wie dieses auch eingetreten ist, hohe Conjuncturen erwartete. Ich gab mir daher Mühe, die Verhältnisse der verschiedenen Werke, die eventuell verkäuflich sein dürften, zu studiren und fand, dass die „Glück auf“ Grube, die der Familie *Romberg* gehörte, am besten meinen Ansprüchen genügte. Dieselbe war ein alter Familienbesitz, lieferte eine hohe Ausbeute und konnte bei mehr rationellem und intensiverem Betriebe, aus sich selbst, leicht auf eine viel grössere Production gebracht werden. Ich setzte mich durch meine Agenten mit den verschiedenen Branchen der Familie in Beziehung; dieselben waren nicht abgeneigt, aber auch grade nicht gewillt oder genöthigt zu verkaufen, und forderten daher einen bis dahin unerhörten Preis. Ich bewilligte, so weit ich mich erinnere, die verschiedenen Forderungen, schloss mit jedem Theilbesitzer separat ab und wurde so für den Preis von ungefähr 1,800,000 Thlr. kaufberechtigt. Eine Summe von ungefähr 300,000 Thlr. sollte angezahlt werden. Ich verpfändete die Güter meiner Frau und kaufte mit dem Erlös für sie die Grube; auch hier wurde der Betrieb von mir geleitet und der Ertrag von mir vereinnahmt. Meine Voraussetzungen bestätigten sich vollkommen und die Einnahmen stiegen. Inzwischen entstand der Streit in Sachen der Rumänischen Eisenbahnen und endete im Frühjahre 1872 in einem Arrangement, wonach ich 6,000,000 Thlr. als Abfindung für alle an mich erhobenen Ansprüche zahlen sollte. Um dies möglich zu machen, musste ich unter Anderen meine Dortmunder Eisenwerke und die meiner Frau gehörige Kohlengrube verkaufen. Meine Frau hat nicht einen Augenblick gezögert, dieses Opfer zu bringen, obgleich der Ertrag s. Z. netto 50,000 Thlr. monatlich betrug, und jede Aussicht vorhanden war, und es auch eingetroffen sein soll, dass sich dieser bis auf 80,000 Thlr. steigern würde. In meinen Büchern wurde das Conto meiner Frau nur mit der Summe creditirt, die ich zum Ankauf der Grube auf ihre Güter geborgt habe.

Im folgenden Jahre verkaufte ich die vorerwähnten Rittergüter selbst an den Bauunternehmer *Schoen*, der für Bauleistungen eine Forderung an mich hatte, und compensirte den Kaufpreis, so weit dieser durch die übernommenen Hypotheken nicht gedeckt war, gegen die besagten Forderungen. Das Conto meiner Frau wurde hier wieder mit dem Betrage creditirt, und so wurde sie besitzlos und meine Gläubigerin. Gegen diese Forderung habe ich ihr Hypotheken auf *Zbirow* und andere Besitzungen gegeben, aber immer nur diejenigen, die disponibel und weniger verkäuflich waren. Wenn ich für meine geschäftlichen Zwecke irgend welche dieser Hypotheken benutzen konnte, habe ich sie ohne Weiteres dazu verwandt und meiner Frau, statt solcher andere (wenn solche vorhanden waren), weniger gute Hypotheken gegeben. Daraus entstanden häufige Verschreibungen, und dies mag Anlass zu den immer von Neuem verbreiteten Gerüchten der Verschreibung zu Gunsten meiner Frau gegeben haben.

Die sämmtlichen Hypotheken waren immer nur als Pfand für die Gesammtforderung, die zwischen 5—600,000 Thaler betrug, cedirt, blieben in meinem Besitze und sind an meine Concursmasse mit Genehmigung meiner Frau übergeben worden. Meine Frau ist so besitz- und hypothekenlos geworden, ihre Forderung wird weder von meiner Frau beansprucht, noch von der Masse gewährt, und meine Familie erweist sich somit absolut bettelarm. Meine Söhne habe ich bei ihrer Verheirathung ausgestattet. Der eine ist mir leider durch den Tod entrissen, die Mitgift ist Eigenthum seiner Frau geworden, die wieder geheirathet hat, und so ist von allen meinen noch lebenden Kindern nur mein ältester Sohn versorgt. Im Jahre 1875 kaufte ich für meine Frau die Elbinger Waggonfabrik ohne Anzahlung und hoffte durch ihre Inbetriebsetzung, den Werth zu Gunsten meiner Familie, nicht auf Kosten meiner Masse, zu vermehren; inzwischen ist dieselbe in Folge meines Concurses subhastirt, und so meine Absicht vereitelt worden. Meine Frau ist aber nicht nur durch obige Manipulationen nicht bevorzugt, sondern benachtheiligt worden, indem sie sogar, soweit dieses gesetzlich zulässig ist, für mich im Obligo ist und zwar in folgender Weise: Mehrere Personen, mit denen ich grössere Geschäfte hatte, glaubten durchaus an das Gerücht, dass mein Vermögen meiner Frau verschrieben sei, und ich konnte diese nicht anders befriedigen, als durch die Bürgschaft meiner Gattin; schliesslich übernahm ich noch für die ihr gehörige Elbinger Fabrik die Lieferung von 2000 Güterwaggons, worauf ich eine sehr grosse Anzahlung empfing, die in meine Kasse floss. Als Sicherheit für die Erfüllung des Contractes gab ich meiner Frau Actien, Prioritäten und Hypotheken. Diese sind ebenfalls der Concursverwaltung ausgehändigt worden. Meine Frau kann für Obiges vielleicht noch in Anspruch genommen werden, und wenngleich sie Nichts besitzt, so sind Verpflichtungen solcher Art doch keine Annehmlichkeiten.

Dies ist der wahre Sachverhalt. Ich bin als Vater und Gatte zu tadeln, dass ich in guten Zeiten Nichts für meine Kinder gethan, während ich ihnen durch übermenschliche Anstrengungen den Ernährer geschwächt, wenn auch nicht geraubt habe. Ich werde versuchen durch Anwendung aller Kräfte die Meinigen zu ernähren, ich wollte ehrlich handeln und glaubte meine Pflicht zu thun, nichts rechtfertigt aber die Jahre langen und noch fortgesetzten Verdächtigungen. Wenn auch in diesem Falle wieder gesagt werden könnte, ich hätte früher mittheilend sein sollen, so lautet meine Antwort: dass meine Privatangelegenheiten das Publicum nichts angingen, und dass die Verbreiter der schädlichen Gerüchte ohne Beweis und Befugniss sich mir gegenüber ein schweres Vergehen haben zu Schulden kommen lassen. Auch hier wie bei anderen gegen mich gerichteten Angriffen hielt man sich an das Wort:

„*calumniare audacter: semper aliquid haeret.*“

Sechstes Capitel.

Das Entstehen der von Lasker provocirten Untersuchungs-Commission. Was sie nicht gewesen, und was sie hätte sein sollen; was sie nicht gethan, und was sie hätte lassen können. — Ueber Eisenbahnverwaltung, Betriebs- und Verkehrseinrichtungen, die Abstimmungen bei Generalversammlungen, die Placirung des Aktiencapitals, die Art meiner Bauausführung und den damit verbundenen Gewinn, das Aktiengesetz und Material zur Ergänzung desselben.

Sechstes Capitel.

Das Entstehen der von Lasker provocirten Untersuchungs-Commission. Was sie nicht gewesen, und was sie hätte sein sollen; was sie nicht gethan, und was sie hätte lassen können. — Ueber Eisenbahnverwaltung, Betriebs- und Verkehrseinrichtungen, die Abstimmungen bei Generalversammlungen, die Placirung des Aktiencapitals, die Art meiner Bauausführung und den damit verbundenen Gewinn, das Aktiengesetz und Material zur Ergänzung desselben.

Wer die Reden im Abgeordnetenhause liest und wahrnimmt wie dort, wenn Eisenbahn-Angelegenheiten zur Sprache kommen, ein Redner nach dem anderen von Missständen spricht, die die Untersuchungs-Commission aufgedeckt haben soll, und dann die, von einem Gebirge in Wehen erzeugte Missgeburt aufmerksam studirt, der wird allerdings die Ueberzeugung gewinnen, seine Zeit vergeudet zu haben; er wird sich aber fragen müssen, ob er selbst etwa an Verstandsmangel leide, oder ob die Redner ohne jedes Fassungsvermögen, wenn nicht sogar mit noch weit bedauerlicheren Schwächen behaftet sind. In früheren Jahren habe ich eine Unzahl Beweisaufnahmen sowohl als Berichte von *Parlamentary-Committies* und *Royal-Commissions* studirt und häufig schriftstellerisch bearbeitet. Ich habe dabei stets gefunden, dass selbst, wo Partei-Siege die Veranlassung waren, jeder Anschauung in der Wahl der Mitglieder Rechnung getragen und die Verhandlungen würdevoll und unparteiisch geleitet wurden. Nichts ist für den Staatsmann so lehrreich und wichtiger für die Beurtheilung der Opportunität der einschlagenden Verhältnisse, der vorhandenen Bedürfnisse und Forderungen des Publicums — welches da, wo das constitutionelle Leben wirklich verstanden und in Fleisch und Blut übergegangen ist, der Gesetzgebung immer vorangehen muss — die öffentliche Meinung wird nie besser geklärt, die Partei-Leidenschaft nie so auf das ihr gebührende Maass herabgestimmt und die Legislatur für ihre Aufgaben nie besser vorbereitet, als durch die Thätigkeit dieser Körperschaften, wenn deren Entstehung nicht einer Panique, einem gelungenen *coup*, einer Ueberraschung, einem Verkennen der Aufgabe und der Befähigung legislatorischer Thätigkeit, krankhaften *Sentiments* oder politischer Intoleranz zuzuschreiben ist.

Weil man den Arbeiten solcher Commissionen einen hohen Werth beilegt und sie gewissermassen als ein endgültiges, unanfechtbares und über jeden Zweifel erhabenes Urtheil über die betreffenden Fragen betrachtet, welches dazu dienen soll, alles Dasjenige festzustellen, worüber bis dahin Meinungsverschiedenheit oder Ungewissheit geherrscht haben mag, darf man eine solche Untersuchung nicht eher officiell vornehmen, als bis nach reiflicher, ruhiger Ueberlegung die Ueberzeugung gewonnen worden ist, dass gewisse Erscheinungen zur Annahme berechtigen, dass diese, nicht den natürlichen Gesetzen folgend, sich aus den obwaltenden Verhältnissen ergeben, sondern dass eine mangelnde Gesetzgebung zu Grunde liege, dass eine Untersuchung momentan opportun sei, dass man keine Gefahr laufe, durch Voreiligkeit wichtige Interessen zu schädigen, dass der Zeitgeist eine objective Behandlung gewährleiste, und dass der Moment für die Gesetzgebung der geeignete sei. Auch darf das Feld der Untersuchung nicht ein zu ausgedehntes sein. Man darf keine Utopien verfolgen, keine Principien studiren, keine allgemeine Wahrheiten feststellen wollen; für praktische Zwecke bestimmt, muss die Aufgabe präcise und lösbar sein, denn man schickt eben parlamentarische Untersuchungs-Commissionen nicht auf Entdeckungsreisen aus; das Ziel muss genau vorgesteckt und factisch erreichbar sein, die erforderlichen Mittel (Zeugenzwang etc.) müssen zu Gebote stehen, die Fragestellung so präcisirt wie möglich sein, und schliesslich darf es nicht von vorn herein einleuchten, dass die ganze Geschichte eine Komödie ist, die gespielt wird, weil sie anoncirt war, und um die Zuschauer, die das Entrée nun einmal gezahlt haben, zu amüsiren und zu befriedigen, wobei der Charakter der Vorstellung sich von den gewöhnlichen nur dadurch unterscheidet, dass die Helden, Narren und Statisten des Stückes von der Wirklichkeit der Action überzeugt sind, weil sie factisch Katastrophen herbeiführen, und es ihnen gestattet wird, die im Voraus bestimmten Opfer ohne Selbstvertheidigung zu richten, um die öffentliche Meinung zu befriedigen und diese glauben zu machen, dass sie sich ausgezeichnet hätten, obgleich ihr Heroismus keine Gefahr zu überstehen hat — ihre Narrenspossen keinen Humor erforderten — und ihre Weisheit kein Sachverständniss an den Tag zu legen hatte.

Es würde ungeziemend sein, wenn ich im vorliegenden Falle die Rollen vertheilen und an die Absichten des Antragstellers oder der Behörden eine zu genaue Kritik anlegen wollte. Factisch war Etwas inscenirt, was aufgeregt hat, aber nicht verstanden worden ist, und so musste die Untersuchung, selbst die besten Absichten allerseits vorausgesetzt, ein todt gebornes Kind sein, dem man zwar in dieser Session Leben vindicirte und die Nothtaufe angedeihen liess, das aber doch als miserabler Embryo zu den Todten gelegt werden musste. Was bezweckte eigentlich die Untersuchungscommission, wie war sie motivirt und was hat sie zu Stande gebracht? Der Zweck war, festzustellen, denn das war von vorne herein entweder behauptet oder, wenn eine Logik in der Rede *Laskers* anzunehmen ist, darin begriffen, dass unser Concessions- und Actienwesen, unsere Handelsgesetzgebung und die Handhabung der Gesetze in judicieller und executiver Beziehung schlecht wären, dass die öffentliche Moral sehr heruntergekommen sei, der Speculationsgeist gefährlich überhandgenommen habe, das Publicum ausgebeutet und demoralisirt werde, und dass dem wirthschaftlichen Gedeihen des Landes grosse Gefahren drohten, grosser Verlust zugefügt worden sei.

Ich habe nicht die Worte der Rede wiederholt, aber wer die Verhandlungen jener Zeit liest und die Motivirungen verfolgt, kann der Untersuchung kein weniger ausgedehntes Feld der Thätigkeit, keine anderen Behauptungen zu Grunde legen, und wenn dieselbe erspriesslich wirken sollte, so musste selbstverständlich die Aufgabe dahin erweitert werden, auf Grund der Ermittlungen praktische Vorschläge, für die Abhülfe der erwähnten und wirklich als vorhanden constatirten Uebel, zu entwerfen. Hier ist wahrlich genug zu thun für alle Philosophen der Welt und Arbeit für alle Gesetzgeber der nächsten Generationen. Zur Motivirung für ein so umfassendes Unternehmen wurde ich beschimpft, die Handlungen des Geheimrath *Wagner*, des Fürsten *Puttbus* und einiger Anderen kritisirt, die damaligen offenkundigen Verhältnisse der Börse vorgeführt und die Regierung und die Staatsanwaltschaft getadelt. Wenn auch Eisenbahnen die Bezeichnung und Hauptrolle bei der Untersuchung spielten, so war doch *implicite* alles Obige mit einbegriffen, denn weder der Staatsanwalt noch der Gründungsschwindel hatten irgend etwas mit dem Eisenbahn- oder Concessionswesen gemein.

Hätte man sich im Abgeordnetenhause blos auf dieses Thema beschränken wollen, so brauchte man die anderen Fragen nicht mit hineinzunehmen, und dann hätte die Sache ganz ruhig verhandelt werden können und keinerlei böse Folgen wären daraus entstanden. Gerade weil „System *Strousberg*,“ Gründerthum, Eisenbahn-Concessionen und vieles Andere in einen Topf geworfen worden, war ein so fauler Hexenbrei entstanden; darum war factisch keine Aufgabe gestellt worden, darum konnte kein erspriessliches Resultat erwartet werden, darum wurden Menschen verdammt, ohne zu wissen wofür, deswegen hat die ganze Angelegenheit eine so gehässige Form angenommen, und dies Alles erklärt das allgemeine Schwätzen von bewiesenen Missständen, ohne jede Erklärung und ohne ein Verständniss dafür: worin diese eigentlich bestehen, und woraus sie hervorgegangen sind.

Die Minister sahen, dass eine Stimmung erweckt wurde, mit der nicht zu rechten war; sie fühlten, dass Widerstand sie verdächtigen und schwächen würde, und gaben daher dem Sturme nach, sie mussten aber auch zu gleicher Zeit überzeugt gewesen sein, wie plan- und haltlos das Toben und wie zweck- und ziellos das Verlangen war. Der eingeschlagene Weg wurde daher gewählt, weil sich auf diesem die Zügellosigkeit am Besten austoben, der Unverstand am wenigsten schaden und der Schein am besten gewahrt werden konnte.

Soweit dies thunlich, habe ich bereits den Gründungsschwindel und die Krisis erschöpfend beleuchtet, ich habe auch erwähnt, dass die Wahrnehmung der Erscheinungen keine besondere Weisheit erheischte; es war genügend, darauf aufmerksam zu machen, um allgemein zu überzeugen; nicht so leicht war es, Ursache und Wirkung zu verfolgen, viel schwieriger das Publicum glauben zu machen, dass es sich selbst die meiste Schuld zuzuschreiben hätte. Eine viel dankbarere Aufgabe war es freilich, die Mehrzahl als betrogen zu schildern, Alles Anderen in die Schuhe zu schieben und die Erwartung zu erwecken, dass durch die Untersuchungs-Commission und den Staatsanwalt jedes Uebel aufgedeckt und Allem abgeholfen werden könnte. Praktisch ergab sich die Aufgabe sehr bald als unausführbar, und so wurde denn auch die Untersuchung auf einen Punkt concentrirt.

Aber auch dieses Feld war zu gross, wenigstens fehlte dem Führer das Verständniss dazu, den wunden Fleck zu ermitteln, und da er sich als Jurist und durch sein gesammeltes Material dort am heimischsten fühlte, so beschränkte sich seine Thätigkeit wesentlich auf eine Untersuchung, nicht dessen, wie Concessionen ertheilt worden, sondern wie Einzelne dabei verfahren, und wie sie dieselben benutzt hatten. Eine Anzahl sogenannter Sachverständiger wurde allerdings vernommen, — ich komme darauf zurück, — von diesen hätte man werthvolle Facta erhalten können, da aber *Lasker* und selbst die Conservativen und die andern Weisen, die als Mitglieder fungirten, gar nicht wussten, worauf es ankam, was nützlich und was unwesentlich war, ja da überhaupt nichts Präcises vorlag, und da die Vertreter der Regierung in der Commission keinen Grund hatten, Fragen zu ventiliren, die ihr unbequem werden konnten, da ihnen ferner das Zwecklose und Unpraktische der ganzen Angelegenheit vollends klar war, so haben die Sachverständigen meistens fade, zwecklose Bemerkungen gemacht oder vorgelesen.

In der Erklärung, die *Lasker* in diesem Jahre abgegeben, dass die Regierung und das Beamtenthum aus der Untersuchung makellos hervorgegangen, ist eigentlich schon anerkannt, dass das Concessionswesen, wenn nicht gut, doch richtig gehandhabt worden ist, und somit sind alle die Eingangs dieses Capitels erwähnten Reden von Missständen, die durch die Untersuchung aufgedeckt sein sollen, nach dem von *Lasker* ausgestellten Führungsattest aber nicht vorhanden sein konnten, als unmotivirt zu bezeichnen.

Wenn Jemand Thatsachen behauptet, die nicht wahr sind, und durch Argumente unterstützt, die ungerecht sind, so kann man dem Betreffenden in höflicher Erwiderung antworten, er schöpfe Facta aus seiner Einbildungskraft und Gründe aus seinen Vorurtheilen; was soll man aber den Rednern im Abgeordnetenhause antworten, die von Missständen sprechen, die sie nicht präcisiren, und als Beweise dafür generell auf Verhandlungen hinweisen, in denen nichts erwiesen worden. Unser Eisenbahn- und Eisenbahn - Verwaltungs-Wesen, unsere Concessions- und Actien-Gesetzgebung leiden an schweren Mängeln, aber kaum eine Hindeutung darauf befindet sich in dem Bericht der Commission. Dort findet man eine lange Reihe von Zeugenvernehmungen über die geschäftliche Leitung einiger Unternehmungen und eine Anzahl mehr oder weniger interessanter Aussagen von Sachverständigen, die als Beweis, was man von den Berathungen erwartete, über alles Mögliche sprechen, aber jedes Zusammenhanges entbehren, und deren Zweck nicht ersichtlich ist.

Wenn nun, wie *Lasker* behauptet, die Regierung ihre Schuldigkeit gethan, und jetzt nach mehreren Jahren, nachdem der Bericht dem Hause überreicht worden ist, keine Andeutungen und keine Vorschläge für Besserung der Gesetze gemacht worden sind, wo sind die bezeichneten Missstände, wo das Ergebniss der grossen That, soweit diese einen principiellen Charakter hat? — In der Einbildung der Abgeordneten, im Monde vielleicht mag man sie suchen, im Berichte sind sie nicht vorhanden. Ich werde die Bestrebungen des Herrn *Lasker* zu unterstützen suchen und ihm später einiges Material liefern. Was hat aber sein emsiges Fragen zu Tage gefördert? In meinem Falle absolut Nichts, als dass ich eine Anzahl Eisenbahnen gebaut und dabei kein Gesetz verletzt habe; ich berufe mich hier auf den Bericht selbst und behaupte, dass mit Ausnahme einiger sinnloser Aeusserungen, die von dem schon erwähnten von mir entlassenen Techniker des Herrn *Plessner,* dem seine Freunde stets den Titel. Confusionsrath gegeben haben, und einer untergeordneten Persönlichkeit, Namens *Pauli,* der des Trunkes und anderer Fehler halber von mir entlassen wurde, herrühren und die, wenn sie wahr wären, nichts Gravirendes enthalten würden, ist keine einzige Thatsache angeführt, die mir in irgend welcher Weise zum Vorwurf gereicht. Gerade dieser Umstand giebt mir aber berechtigten Grund, mich bitter über eine Commission zu beklagen, die ihr Bestehen wesentlich den, gegen mich gerichteten Beschimpfungen, Vorwürfen und Beschuldigungen verdankt, die meine Concurrenten, meine Widersacher und entlassenen Beamten hört, ohne Beweise erlangen zu können, welche die gegen mich geschleuderten Bosheiten irgendwie rechtfertigen, mich aber doch darunter leiden lässt, ohne mir Gelegenheit zu geben, mich persönlich vertheidigen zu können. Diese Gelegenheit hätte mir geboten werden müssen, wenn bei dem Verfahren nur ein Schatten von Gerechtigkeitssinn obgewaltet hätte. Damals standen mir noch ganz andere Beweismittel für mein richtiges Verfahren zur Verfügung, als diejenigen, welche ich hier folgen lasse, und diese hätten neben die falschen Beschuldigungen gegestellt werden müssen. Wenn aber selbst der Rechtssinn nicht den richtigen Ausdruck gefunden, so hätte Klugheit dafür sprechen müssen, — meine Worte konnten nicht schaden; — man hätte mich selbst im Interesse der Untersuchung hören müssen, denn es war anzunehmen, dass ich mehr verstehen und wissen musste als die Meisten, die vernommen wurden. Man hatte aber eine vorhergefasste Meinung, man wollte nicht untersuchen, sondern beweisen, und so fehlte, wenigstens der leitenden Persönlichkeit und dadurch der Commission, neben den von mir erwähnten Eigenschaften, auch diejenige, die man als Vorbedingung für die Nützlichkeit eines solchen Collegiums hinstellen muss, die Objectivität.

Hätte nun, abgesehen von meiner Person, die Untersuchung wirklich ergeben, dass die Verwaltung bei mehreren Bahnen, sei es bezüglich Capitals-Beschaffung, Bau oder in irgend einer anderen Hinsicht, schlecht gewesen sei, so wäre sie doch immer resultatlos geblieben, wenn erklärt wird, dass die Aufsichtsbehörde ihre Schuldigkeit gethan habe, und dass die Gesetzgebung, da man ja keine Aenderung vornimmt, eine entsprechende gewesen, denn alsdann reducirt sich die ganze Sache auf die Untersuchung von Fällen, die financiell den Geschädigten oder strafrechtlich den Staatsanwalt angehen, und zu deren Schutz oder Anregung ein so grosser parlamentarischer Apparat nie geeignet oder bestimmt sein kann.

Wenn man aus einer langwierigen Prüfung einzelner Unternehmungen nicht herleitet, dass die betreffende Executiv-Behörde das Gesetz fehlerhaft gehandhabt, oder dass dasselbe Unzuträglichkeiten gestattet, die durch eine bessere Gesetzgebung beseitigt werden können, so war die Prüfung vielleicht interessant als Privatvergnügen, aber compromittirend für eines der besten Mittel, die für wichtige Zwecke der Landesvertretung zu Gebote stehen. Sie konnte, nach Lage der öffentlichen Verhältnisse, nicht nützlich, sondern nur schädlich sein, sie hat eine Anzahl Institute und Menschen ohne Befugniss und mit dazu nicht ausreichenden Mitteln gerichtet, geschädigt und ihnen Unrecht gethan, vielleicht sie auch nicht gebührend verurtheilt oder gestraft. Wenn Diejenigen, die diese Hetzjagd geleitet haben, auf die jüngsten gerichtlichen Verfolgungen hindeutend, sich schmeicheln, dass dieses Resultat ihr Werk sei, so schmücken sie sich nach meiner Ueberzeugung mit Lorbeeren, die ihnen nicht gebühren, und untergraben die Achtung des Publicums gegen unsere Gerichtsbarkeit. Ich habe eine zu hohe Meinung von der Ehrenhaftigkeit unserer Gerichtsbehörden, als dass ich glauben könnte, dass sie erst einer von aussenkommenden Anregung bedürften oder sich von solcher beeinflussen lassen würden.

Es mag Denjenigen, und die Zahl ist viel grösser als man glaubt, die sich aus mangelnder Rechtsanschauung, aus Eigennutz, aus laxen moralischen Grundsätzen oder gar mit betrügerischen Absichten bei Gründungen gesetzwidrig bereichert haben, passen, die verschiedenen schwebenden oder drohenden Untersuchungen als Gründerhetze zu bezeichnen. Viele Personen sind zu bedauern, die gerichtlichen Handlungen sind aber sicherlich keine Hetze, und deren Entscheidungen werden nach Gesetz und Recht gefällt werden. Die Handhabung der Gerichte so zu nennen, beweist, dass die von mir gekennzeichneten, unbefugten Expectorationen, die als wirkliche Hetze sich gestalten, geeignet sind, selbst die Justiz in Verdacht zu bringen. Letztere hätte bei uns stets aus Rechts- und Pflichtbewusstsein das Nöthige von selbst gethan; die Privatjagd hat höchstens bewirkt, dass die Sache grössere Dimensionen, als nöthig war, angenommen, dass sich der Auswurf der Menschheit, um Erpressungen auszuüben, zu Gründer-Verfolgungs-Comités constituirt hat, und dass die Verfolgten gewissermassen als Märtyrer dastehen. Wie aber jeder Sache wenigstens eine gute Seite abgewonnen werden kann, so darf man vielleicht als einziges, durch jene Bewegung herbeigeführtes Resultat es ansehen, dass man nicht, wie in den fünfziger Jahren, Vergehen durch Massen-Petitionen des Handelsstandes, als durch kaufmännische Usancen gebilligt, hinzustellen vermag. Damals kam dieses unter dem Bewusstsein der allgemeinen Schuld den Verfolgten zu Statten, und jetzt ist durch die einschlägigen Bestimmungen des deutschen Handelsgesetzbuchs der Auftraggeber vor Uebervortheilungen seines Commissionärs leider nicht genügend geschützt, indem es Letzterem, wie ich schon erwähnt habe, gestattet ist, mit sich selbst zu compensiren*). Heute wird es schwer fallen, unsere Gesetzgebung solchen Usancen anzupassen, und es ist nur zu bedauern, dass dem öffentlichen Ankläger dieselben nicht genügend bekannt zu sein scheinen; die Zahl der Angeklagten würde anderenfalls vielleicht eine viel grössere werden, aber es würde dann auch constatirt sein, dass Dritten gehörige Pa-

---

*) Um Missverständnisse zu vermeiden, bemerke ich, dass ich es durchaus nicht in Frage stellen will, dass es viele Firmen giebt, die sich die angedeuteten Vergehen nicht haben zu Schulden kommen lassen, es segeln aber sicher viele achtbare Häuser, unbewusst, dass sie Uebertretungen begehen, auf fremden Gewässern, und ich möchte meine Existenz zur Bürgschaft geben, dass ein hochgepriesener Banquier, der als Sachverständiger aufgetreten ist und bei Abfassung des Handelsgesetzbuches thätig war, schon vor Feststellung des obenerwähnten Gesetzprincips danach gehandelt hat.

piere zu verleihen u. s. w. Betrug sei, und das Publicum würde dann belehrt werden, wie es durch Deponiren bei Banquiers betrogen, wie dadurch sein Vermögen benutzt wird, um es durch Verkauf und Verleihung zu entwerthen, wie es Nachschüsse gemacht hat, nachdem seine Papiere längst verkauft waren, und dies eventuell zu Preisen, die ihm weit unter den erzielten in Rechnung gebracht wurden. Es wird lernen, sein eigenes Vermögen selbstständig zu verwalten, und wenn es sich bei Actienunternehmungen betheiligt, darüber zu wachen, an Generalversammlungen Theil zu nehmen und vieles Andere, zu dessen weiterer Ausführung mir der Raum hier fehlt, wozu sich aber vielleicht die Gelegenheit später bietet. Ich war, im grossen Ganzen, Publicum, ich war auf Banquiers angewiesen und musste, obgleich ungern, mir Manipulationen gefallen lassen, durch die ich vielleicht mehr als irgend Jemand verloren habe.

Wenn die Vernehmungen der bei den verschiedenen Bahnen Betheiligten resultatlos geblieben, welchen Werth hatten dann die Aussagen der Sachverständigen? Die Zahl war gross und darunter waren Manche, aus denen man Vieles hätte herausholen können; manches Wichtige ist auch freiwillig ausgesagt worden, weil aber keine Aufgabe vorlag, ist selbst dies unverwendet, irrelevant, nutzlos geblieben. Wäre es z. B. die Frage gewesen, den Charakter und die Handhabung unserer Concessionsgesetze zu prüfen, so hätte man den Minister und dessen Beamte daraufhin vernehmen müssen, und wenn sich auch sicher ergeben hätte, dass dieselben stets gewissenhaft gehandelt, so hätte man bei verständiger Prüfung auch erfahren, dass Standes- und Amts-Vorurtheile bei Concessions-Ertheilungen ihren Einfluss ausgeübt haben, und dass vielleicht die rein persönliche Macht des Ministers, durch Zuziehung Anderer zu neutralisiren sei. Die, der vom Geheimrath *Hartwig* geleiteten Bau-Gesellschaft ertheilten Concessionen, lassen sich nur so erklären. Diese Gesellschaft war doch immer nur ein General-Unternehmer, der des Profits halber seine Geschäfte betrieb. Warum ist dieser Gesellschaft die Concession von *Hameln nach dem Westphälischen Kohlenrevier* gegeben und der Hannover-Altenbekener Bahn verweigert worden? Diese letztere Gesellschaft bestand aus Bahnen, die gewissermassen ein Kreuz bildeten. In Folge von Terrain-Schwierigkeiten, theurem Grunderwerb und die, durch ihre Anschlusspunkte gebotenen, ausserordentlich grossen und theuren Bahnhofsanlagen ist die Bahn pro Meile sehr theuer geworden, dabei ist die Bahnlänge nach allen Richtungen zu kurz, um den Verkehr, in Anbetracht der grossen Herstellungskosten, rentabel zu machen. Hier war ein bestehendes Institut, das einen localen, berechtigten Anspruch hatte, sich nach dem Hauptverkehrsgebiet auszudehnen, um dadurch nicht nur den Verkehr zu vermehren, sondern auch durch den Bau einer billigeren Bahn den Durchschnittskostenpreis pro Meile zu ermässigen und durch das Behalten der Fracht auf einer längeren Bahn von End zu End den Betrieb profitabler zu machen. Ferner konnte sie dadurch Anschlussbahnen Vortheile bieten, zu deren Berücksichtigung sich dieselben bei der Güterüberführung veranlasst sehen mussten. Hierdurch würde die Bahn eine rentable geworden und den Actionären die in der Natur der Sache liegenden Vortheile geboten worden sein. Ich kann es verstehen, wenn zwischen concurrirenden Bahnen die Regierung dieser oder jener den Vorzug gewährt; warum aber eine Bahn, in der viele Millionen Capital verbaut waren, zu Gunsten eines General-Unternehmers, gleichviel ob Gesellschaft oder nicht, schädigen? Ferner hätte man ermitteln können, dass die Politik bei Concessionsertheilung überhaupt zu subjectiv und daher principienlos und schwankend war und stets den Charakter annahm, den ihr der Minister oder ein einflussreicher Rath, der übrigens gar keine Verantwortlichkeit hatte, im Augenblick zu geben beabsichtigte. Schliesslich hätte eine sachkundige Prüfung dahin geführt, zu ermitteln, wie das gemischte System bei uns wirkt; ob es richtig ist, Concessionen für Bahnlinien, die bestehenden Bahnen Concurrenz machen, an diese zu ertheilen, und ob der Staat oder doch ein und dieselbe Behörde gleichzeitig als grosser Besitzer und Concurrent auftreten und mit der Concessionirung und Aufsicht der Concurrenten betraut werden dürfe. Ich bin in der Lage zu beweisen, dass das preussische Handels-Ministerium den Besitzern von Privat-Bahnen in Folge seiner doppelten Stellung seit vielen

Jahren grosse Ungerechtigkeiten zugefügt hat, und dass es durchaus nicht geboten erscheint, die Verwaltung der Staatsbahnen und die Aufsicht von Privatbahnen in eine Hand zu legen. Selbstverständlich glaubte jeder Beamte, dem Staat nach dieser Richtung hin Dienste schuldig zu sein, dabei ist aber das Privateigenthum oftmals verletzt worden. In der jetzigen Stimmung, zu Gunsten von Staatsbahnen, würde es vergeblich sein, den Gegenstand näher zu beleuchten; ich besitze aber das Beweis-Material und bin bereit den Kampf aufzunehmen, und das Thema war so recht dazu geschaffen, von einer Parlaments-Commission geprüft zu werden.

Man spricht jetzt viel von einheitlichen Tarifen, und diese sollen *quasi* angestrebt werden. Bei näherer Beleuchtung dieses Gegenstandes hätte man erfahren, dass nur die Einfalt die Einheitlichkeit anstreben kann, ohne dadurch die öffentlichen Verkehrsinteressen zu schädigen.

Man kann sich vom staatlichen Standpunkte aus, als Vertreter aller Interessen wohl denken, dass es geboten sei, Maximal-Sätze zu bestimmen, niemals aber Einheit, denn damit begiebt man sich des Rechtes für gewisse Artikel im öffentlichen Interesse, niedrige Tarifsätze zu verlangen. Bei Genehmigung von Tarifen kann die Regierung etwaigen Ausschreitungen vorbeugen; man wird aber nur den grossen Verkehr zu den billigsten Preisen betreiben können, wenn man die Lokal-Verhältnisse innerhalb billiger Rücksichten ausnutzt. Diese sind nicht nur auf jeder Bahn, sondern bei jeder Bahn zwischen den verschiedenen Theilen, und fast bei jedem Frachtgut verschieden, und darum sind einheitliche Tarife nicht wünschenswerth. Hierbei ist noch gar nicht berücksichtigt, dass ein solches einheitliches Wesen, wie hier vorausgesetzt wird, den Fortschritt total hemmen würde, wenn meine Behauptung sich als richtig erweist, dass nämlich unsere ganze Eisenbahnverwaltung von unrichtigen Gesichtspunkten bei der Ausrüstung der Bahn und der Benutzung des Fahrparks ausgehe, der Verkehr nirgends richtig ausgenutzt werde, und dass man ganz falsche, dabei aber höchst kostspielige Ansichten habe, über die Bedürfnissfrage, wo Kosten verursachende, nicht Rente bringende

Theile der Bahn, wie Bahnhofsanlagen, Nebenstränge, Werkstätten u. s. w. in Betracht kommen, die überall zu ausgedehnt und zu theuer sind, sowohl in der Herstellung wie beim Betriebe.

Wenn einheitliche Tarife angestrebt werden, so müsste der jetzige Verkehr selbstverständlich der Maassstab für die allgemeine Rentabilität sein, und wenn ein entsprechender Satz gefunden, dann bleibt für den strebsamen Geist Nichts mehr zu thun; Nothwendigkeit ist aber die Mutter der Erfindung. Wo liegt in so geregelten Verhältnissen aber die Nothwendigkeit billiger zu verwalten, um billiger fahren zu können. Die Rente ist durch die Frachtsätze gesichert, und die Verwaltung wird sich sicherlich nicht das *testimonium pauperatis* geben, dass sie theurer als nöthig verwaltet. Existirt Concurrenz, wenn auch grade nicht Tarif-Krieg doch Tarif-Rivalität, so strebt jede Verwaltung danach, den Verkehr an sich zu ziehen, das Publicum zieht den Nutzen und die Bahnverwaltungen werden, um die Concurrenz bestehen zu können, oder sie gar zu schlagen, erfinderisch; sie werden suchen billiger zu verwalten, billiger zu fahren, und werden Ideen zugänglich sein, die darauf Abzielendes vorschlagen.

Heute besteht in unserer Eisenbahn-Behörde eine Autokratie, die Alles lähmt und auch keinen Widerstand findet, weil die Privatverwaltungen sich aus dem Staatsdienst recrutiren und von der Regierung bestätigt werden müssen.

Man kann diesen, wie allen anderen Beamten bei uns Befähigung nicht absprechen, ihr Standpunkt ist aber, weil sie Staatsbeamte waren, immer für den Privat-Dienst ein falscher. Der Staat belohnt durch Rang und Stellung, im Privat-Dienst wird man gut besoldet, dort giebt es Behörden, hier kann man, wenn das Höchste erzielt werden soll, nur Verwalter von Fracht- oder Personen-Beförderungs-Geschäften brauchen. Da jede Eisenbahnverwaltung jetzt schon eine hohe Behörde, sich erhaben über ihre Kundschaft dünkt, so wird sie es vollends erst, wenn man in der jetzigen Richtung weiter geht. So wenig halte ich es für gut, Einheitlichkeit anzustreben, dass, wenn es in meiner Natur läge, mich in Gegensätzen zu bewegen, ich das Gegentheil davon, planmässig angestrebt, weit vorziehen würde.

So existiren zum Beispiel heute bei Staatsbahnen Vorschriften für Alles, was sich auf Betrieb bezieht; jeder Beamte bei Privatbahnen ist verpflichtet diesen zu folgen. Wie kann man da diejenige Ergiebigkeit erwarten, die aus individuellem Streben, aus der Persönlichkeit hervorgehen würde. Nun will ich annehmen, dass Sicherheit des Verkehrs und viele sonst gute Principien bei uns speciell berücksichtigt werden, und dass deshalb unsere Bahnen in mancher Beziehung denen anderer Länder vorzuziehen sind. Ist aber damit bewiesen, dass wir von anderen Bahnen nicht lernen, dass wir uns selbst nicht besser entwickeln könnten, wenn nicht Einheitlichkeit, sondern die grösstmögliche Freiheit walten würde? Thatsache ist, dass wir einen grösseren Procentsatz der Brutto-Einnahmen für Verwaltung verbrauchen als England; unsere Gehälter, Löhne und Besoldungen sind geringer, wir gewähren dem Publicum bezüglich Zahl und Schnelligkeit der Züge, Pünktlichkeit und Zeit der Güterbeförderung, Anpassung an specielle Erfordernisse viel weniger als in England, und doch verwalten wir theurer. Die Frage ist sehr vielseitig, ich will daher nur einige Momente erwähnen; ich mag recht haben oder nicht, es giebt aber Viele, die meiner Meinung sind; demonstriren lässt sich die Sache jedoch nur praktisch.

Bei unseren staatlichen Anschauungen lässt sich der Beweis nicht liefern, weil die Vorschriften die Directionen beschränken. Diese Vorschriften würden bei einheitlicher Anschauung im ganzen Eisenbahnwesen verschärft werden, und Niemand den Wunsch hegen, für sich zu denken. Ich behaupte, dass die Herstellungskosten unserer Bahnen ungebührend vermehrt werden durch grosse Banhnhofsanlagen, und dass sich unter Anderm daraus die Betriebskosten erhöhen, weil ein übermässiger Rangierdienst damit verbunden ist. Diese Anlagen sind so gross, weil aus angenommenen Sicherheitsrücksichten ein Weichensystem den Drehscheiben vorgezogen wird, und weil man auch annimmt, dass grosse Züge kleineren vorzuziehen seien; dies bedingt sowohl lange Bahnhöfe als auch colossales Hin- und Herfahren im Rangirdienst. Mit diesem System sind schwere Locomotiven und vieles andere Kostspielige, aber sonst keinerlei Vortheile oder Ersparnisse verknüpft.

Heute zu Tage schreibt die Regierung Alles vor, es kann also selbstverständlich ein Versuch nicht gemacht werden, wodurch der Beweis für oder gegen die Richtigkeit der herrschenden Anschauungen geliefert würde, und da ein Princip als unumstössliches Evangelium hingestellt wird, so glaubt Jeder sehr richtig zu verfahren, wenn er dem Beispiel jenes polnischen Juden folgt, von dem erzählt wird, dass er, als man ihm mittheilte, sein Freund sei mit zwei Pferden doppelt so schnell nach Leipzig gefahren, als er mit einem Pferde, „mehr Gespann" zu seinem Princip gemacht habe, indem er dreissig Pferde vorspannen lies, um, wie er glaubte, sofort dort zu sein. Wenn also Rangirraum wünschenswerth ist, dann gleich je mehr desto besser, man braucht nur unsere Bahnen anzusehen, um dieses wahrzunehmen. Die Berliner-Potsdamer Bahn ist zwischen diesen beiden Orten fast ein einziger grosser Bahnhof; und nun berücksichtige man, dass diese Anlagen erhalten werden müssen, niemals aber Etwas bringen können. Bei regem Verkehr klagen unsere Bahnen, und die Industrie leidet entsetzlich wegen angeblicher Unzulänglichkeit des Fahrparks, und doch sieht man die Bahnhöfe voll leerer und beladener Waggons stecken; auf jeder Station eine Unzahl rauchender Locomotiven, die den Rangirdienst versehen, und Wenige nur sagen sich, wie grosse und unberechenbare Ausgaben dadurch veranlasst werden. Mich fragte ein Engländer, der mit mir zum ersten Male nach Deutschland kam: „*Do your lines pay? I should hardly think it possible, they are shunting themselves to death.*" — (Machen sich denn Ihre Bahnen bezahlt? Ich sollte es kaum glauben — sie ruiniren sich ja durch den zu ausgedehnten Rangirdienst.) Während des österreichischen sowohl als des französischen Krieges bewiesen unsere Eisenbahnbeamten, dass, sobald sie nicht nach der Regel verwalten konnten, sobald sie sich in Ausnahme-Verhältnissen befanden, sie den Aufgaben nicht gewachsen waren. Dieses mag bei dem allgemeinen Siegesjubel übersehen worden sein, und der Militairverwaltung fehlten die Vorbilder für Beurtheilung der relativen Leistungsfähigkeit. Bahnen leisteten grosse Dienste, und so hat man sich vielleicht nicht gefragt, wie viel grössere sie hätten leisten können. Ueberall ist die Nothwendigkeit die beste Lehrerin. Der heutige schlechte Zustand der Eisenindustrie hat die Fabrikanten gelehrt, was sie nie wahr haben wollten, dass man viel billiger fabriciren kann, und wenn auch über Conjunctur geklagt wird, so würde die Eisenindustrie jetzt schon bei viel geringeren Preisen als früher rentabel sein.

Aehnlich ist es beim Eisenbahnbetrieb. Wenn man einen grossen Fahrpark, viele Nebenstränge etc. hat, so wird man diese benutzen; hat man sie nicht, so wird die Noth lehren, wie man durch schnellere Abfertigung und geringere Bewegung dasselbe leisten kann.

Als ich die Hannöversche Locomotiven-Fabrik erweiterte, hatte ich mich auch von einem ähnlichen Grundsatz anstecken lassen und habe viel zu viel Stände für die Montirung eingerichtet; *Sigl* in Wien hat aus Noth sehr wenige. Was ist das Resultat? Jede Maschine war so viel länger bei mir in der Arbeit, mehr Betriebscapital war erforderlich, und es wurden Zinsen verloren. Ich fand bei einer Prüfung der Sigl'schen Anlagen noch dazu, dass der Vortheil der Beschränkung auch noch darin lag, dass die Dreherei bei ihm gezwungen war, prompter und accurater zu arbeiten, als bei mir, wo der Betrieb durch verzögerte Montage nicht gestört wurde und wo neben jeder Locomotive noch specielle Vorrichtungen getroffen waren, vorkommende Mängel an Ort und Stelle zu beseitigen. Man kann hier, wie überall, nach jeder Richtung in's Extrem verfallen.

In Deutschland hat Jemand, den ich nicht kenne, dessen Andenken ich aber nicht hoch halte, den verderblichen Ausspruch in die Welt geschickt: „bequemer Betrieb“, und dieser Ausspruch hat uns in unseren Fabrik-Anlagen, in unseren Eisenbahnen und ihrem Betrieb nicht zu berechnende Summen gekostet. Es wird hier dieser Begriff verwechselt mit demjenigen mechanischen Betrieb, den man in anderen Ländern früher als bei uns anwandte, um da Bewegung und Arbeitslohn zu sparen, wo sich die Anlagen, durch sich daraus ergebende Ersparnisse und nicht allein der Bequemlichkeit halber rekommandirten. Bequemlichkeit suche ich überhaupt nie im Betrieb, die Einrichtungen sollen mit ordentlicher Handhabung zu vereinbaren aber auf das Maass beschränkt sein, welches neben obiger Berücksichtigung die grösste Rührigkeit erheischt; dann erzielt man die grösste Fertigkeit, die grösste Oeconomie. Dieses ist auch bei Eisenbahnverwaltungen das einzige Mittel.

Man kann nicht Jeden beobachten, controlliren, in seiner Arbeit verfolgen; es muss nur darauf gehalten werden, dass Alles in vorgeschriebenen, schnellen Zeiten erledigt wird, und wenn dann die Bahnhofsanlagen und der Fahrpark nicht grösser als absolut nöthig sind, so wird immer Einer den Andern treiben und das Möglichste geleistet werden. Unsere älteren Bahnen haben sich mit Anlagen von neuen Bahnhöfen vollständig ruinirt, und bei Staatsbahnen wären die Revenuen viel grösser, wenn nicht in ganz schrecklicher Weise Erweiterungen nach dieser Richtung aus den Einnahmen gemacht würden, das Unglück dabei ist, dass diese Erweiterungen obenein die Einnahmen vermindern, statt sie zu vermehren.

Es war meine Absicht, wie ich im weiteren Verlauf erklären werde, meine sämmtlichen Bahnen zu verbinden, und indem diese dann ein unabhängiges, selbstständiges System gebildet hätten, wollte ich bei demselben meine Ansichten zur Geltung bringen. Nichts ist ein so nagender Wurm, ein solcher Krebsschaden der Bahnen, als Werkstätten; sie sind ein nothwendiges Uebel und daher auf das geringste Maass zu reduciren, um so wenig als möglich zu repariren; j e t z t f l i c k e n s i c h a l l e B a h n e n z u T o d e, o h n e d a s s e s b e m e r k t w i r d. Es giebt Locomotiven, an denen nicht mehr ein Stück der ursprünglichen Maschine vorhanden ist, man berechnet, wie lange dieselben laufen, die wirklichen Kosten sind nur indirect und schwer zu ermitteln, und werden nicht verfolgt. Reparaturen kann man nicht in Accord geben, und es wird unendliche Zeit vergeudet, wenn nicht das Princip festgehalten wird, möglichst fortwährende Beschäftigung des Betriebsparkes und so wenig als möglich Reserve, dann wird vieles vom Locomotivführer sofort beim Entstehen beseitigt, und weil der Gebrauch dringend ist, so treibt ein Keil den anderen und die Arbeit geht flott von Statten.

Ich habe hier aus der Fülle meiner Beobachtungen Einzelnes unzusammenhängend herausgerissen und ungenügend motivirt, um zu beweisen, dass Vieles wünschenswerth ist, was sich nur durch freie Action, durch Verschiedenheit erproben und vielleicht erzielen lässt. Die Frage ob die Staatsaufsicht geeignet ist, Energie zu lähmen, Oekonomie zu verhindern und Erfindungen einzuschläfern, ist eine Frage, zu deren Verständniss keine Sachkenntniss erforderlich ist. Die Logik allein kann hier das Wünschenswerthe feststellen, und die Commission hätte der Lösung dieser Frage näher zu treten, sich wohl veranlasst fühlen sollen.

Das Actienwesen gehörte ganz besonders zu den gestellten Aufgaben und hier war in der That ein Feld, dessen Bearbeitung lohnend gewesen wäre. *Lasker* beschwerte sich, dass ich und Andere Actien unter pari veräusserten, dass dies widergesetzlich sei, den Bau vertheuerte und derartige Unternehmungen discreditire.

Es war offenkundig, dass, obgleich die meisten Statuten in dieser Beziehung beschränkende Bestimmungen enthielten, einzelne Personen durch die Vertheilung ihrer Actien an Andere die Generalversammlung beherrschten, und dass dieses die Möglichkeit für Missbräuche aller Art offen liess. Hier waren Umstände, die, wenn erwiesen, wohl der Beachtung werth waren, hier war die geeignete Veranlassung, Thatsachen zu constatiren, die Usancen der letzten 25 Jahre zu ermitteln und zu analysiren, wie, von wem und für welche Zwecke dieselben in Anwendung gebracht worden sind und, obgleich Eisenbahnconcessionen der Regierung verblieben, so konnte bei Beurtheilung des Actiengesetzes die Frage, wie dasselbe bei Constituirung von Gesellschaften sich bewährt habe, nicht ausser Acht gelassen werden.

Diese Materie wurde aber wie es scheint geflissentlich beinahe unberührt gelassen, weil hier etwas Positives vorlag, welches ein gründlicheres Verständniss unserer Handelsgesetze, und umfassendere Kenntnisse aller dabei mitwirkenden Momente als die in der Commission vorhandenen, erforderte und, weil ferner die Urheber des neuen Actien-Gesetzes, bei dessen Abfassung sie nur von allgemeinen Principien geleitet, aber ohne praktisches Urtheil gewesen, jetzt befürchteten, ihre Schöpfung anzugreifen, und auch nicht beurtheilen konnten, wie weit an den sich ergebenden Uebeln die Gesetzgebung Schuld war, und wo man es mit Gesetzes-Uebertretungen zu thun hatte, die durch Betrug, Irrthum oder Unwissenheit entstanden waren; endlich, weil es der Regierung nicht conveniren konnte, denn diese hatte aus politischen Rücksichten für das Gesetz gestimmt und war daher nicht gewillt, dessen Güte in Frage zu stellen; sie hielt auch die Zeit nicht geeignet für eine ruhige und sachgemässe Beurtheilung, sie fürchtete, dass man, durch Untersuchung zur Action gedrängt, mehr anstreben würde, als wünschenswerth sei und so leicht Rückschritte und allerhand Unzuträglichkeiten verursachen könne. Sie fühlte auch, dass da, wo factisch eine Besserung dringend geboten war (in Bezug auf die Herstellung künstlicher Majoritäten in den General-Versammlungen), sie selbst seit vielen Jahren, im Staats-Interesse, ihre Rechte als Actionär durch Strohmänner im grossartigsten Maassstabe gegen die Minorität ausgeübt hatte. Die Sachverständigen wurden daher nicht so befragt, wie es hätte geschehen müssen, und haben in Folge dessen ihre freiwilligen Aussagen so abgefasst, wie es ihnen convenirte, damit ihre eignen Handlungen ihnen nicht zum Vorwurf gereichen möchten.

Ich will nun versuchen, die hier angeführten Fragen und Behauptungen flüchtig zu beleuchten und zugleich erwähnen, wie ich mit meiner Thätigkeit mich dazu gestellt habe.

Die Frage der Ungesetzlichkeit des Verkaufes von Actien unter pari habe ich bereits durch die Schilderung, wie der General-Unternehmer in den Besitz von Actien gelangt, verneint. Wenn Gesellschaften dieses mit ihren Actien gethan hätten, so würden sie gesetzwidrig gehandelt haben, und hier brauchte man weder für Ermittelung noch Verfolgung ein parlamentarisches Eingreifen, wenn damit nicht gesagt werden sollte, was ja ausdrücklich verneint wird, dass die Executiv-Behörde dabei ihre Pflicht als Aufsichts-Behörde verletzt habe; denn die Thatsache von Gesetzes-Ueberschreitungen musste aus den Kassen- und Jahres-Abschlüssen der Gesellschaften ersichtlich sein, und die Verfolgung lag, in vorkommenden Fällen, selbst wenn die Actionäre das Factum gut geheissen hätten, der Behörde ob.

Es blieben dann die Fragen: War der Besitz und die Verwendung von Actien Seitens des General-Unternehmers eine Umgehung des Gesetzes? Ist es im öffentlichen Interesse, diese Umgehung oder diese Anwendung zu verhindern, oder ist es geboten, den directen Verkauf zu den bestmöglichsten Bedingungen für Rechnung der Gesellschaft zu gestatten? Das Wort Umgehung wird sehr häufig gebraucht, fast immer, wo ein richtiger Begriff oder eine fassbare Bezeichnung fehlt, und man sich selber über die Bedeutung nicht klar ist. Es soll Etwas angegriffen werden, es giebt aber keinen gesetzlichen Grund, und so wird dann dieser Ausdruck gebraucht. Ich unterlasse es, mich hier auf abstracte Auseinandersetzungen einzulassen, weil für den vorliegenden Zweck die Frage ganz einfach ist. Man kann annehmen, dass gesetzlich Alles gestattet sei, was nicht verboten ist, und dieses reducirt die Frage für das Individuum zu einer rein moralischen, bei der, weil hier eben kein Gesetz verletzt wird, man es nicht als jesuitisch bezeichnen kann, wenn gesagt wird: „Der Zweck heiligt die Mittel". Für den Gesetzgeber tritt ausser Obigem noch das politische Moment des öffentlichen Interesses hinzu, und zwar sowohl hinsichtlich des Gebrauches, als auch der Möglichkeit des Missbrauches des gesetzlich Zulässigen. Ich habe bereits ohne Rückhalt geschildert, welche Uebelstände mit der General-Entreprise und der damit verbundenen Kapital-Beschaffung verknüpft sein können. Die in Wirklichkeit vorgekommenen Missbräuche waren die Veranlassung, dass man in Frankreich und anderen Staaten versucht hat, sie gesetzlich unstatthaft zu machen; es ist indessen nirgend gelungen, man hat zwar die Sache erschwert, aber dadurch in Wirklichkeit das Uebel vergrössert, die Opfer vermehrt und vieles Gute zurückgehalten. Es wäre überhaupt nur möglich diese Geschäfte zu verhindern durch gesetzliche Beschränkungen, die zugleich die Möglichkeit einer contractlichen Bauausführung und eines Verkehrs in Effecten ausschliessen würden. Gewisse Unternehmungen können nun aber nur auf diese Weise zu Wege gebracht werden, und es treten dabei Eventualitäten ein, bei denen sich selbst der Gewissenhafteste sagen wird, dass dieselben im öffentlichen Interesse seien und Niemand schädigen können.

Wo dieses der Fall ist, da wird man die hindernden Gesetze als Uebel betrachten und glauben, ein gutes Werk gethan zu haben, wenn man es vermocht hat, innerhalb derselben das als nothwendig Erachtete zu erreichen.

In England ist man weiser gewesen; dort hat man es nie versucht etwas Nützliches, unter Umständen überaus Nothwendiges, zu verbieten, weil damit Missbrauch getrieben werden könnte, sondern die ganze Gesetzgebung, wie ich schon angedeutet habe, ist darauf gerichtet, Mittel zu schaffen, wodurch Ungehörigkeiten bestraft, unrechtmässiger Gewinn restituirt werden muss, und da alle Gerichts-Verhandlungen dort öffentlich sind, und die Presse alle Verhandlungen berichtet, so ist eine Verurtheilung, selbst im Civil-Wege, wenn eine unmoralische Handlung zu Grunde liegt, so compromittirend, dass sich Jeder fürchtet, sich solcher Eventualität auszusetzen. Die Bestimmungen des Handels-Gesetzbuches bezüglich Actien-Zeichnung und -Emissionen haben übrigens ihren Ursprung gar nicht in solchen Motiven. Die General-Entreprise war damals hier fast gänzlich unbekannt, und die Urheber und Rathgeber waren in diesem Falle Banquiers, die sie im Interesse des Börsenverkehrs, und Juristen, die sie aus rein logischen Gründen befürworteten. Wie ich schon erwähnt habe, war Justizrath *Geppert* ein thätiges Mitglied bei dieser Gesetzgebung, hat aber später eingesehen, dass die Beschränkung nutzlos und zugleich schädlich war. Fragen bleiben häufig unaufgeklärt, und Gesetze werden unter falschen Voraussetzungen gemacht, weil das Pharisäerthum auf der einen Seite sich genirt, seine Absichten offen zu erklären, und der Gesetzgeber es versucht, die Motive, die die Menschheit leiten sollen, vorzuschreiben und sie zu zwingen, nach idealen Grundsätzen anstatt natürlichen Trieben zu verfahren. Darum tappt man im Dunkeln, darum glaubt das Publicum sich in Sicherheit, wo es vielleicht in Gefahr, und dieses macht Missbräuche erst recht möglich. Kein Mensch vergeudet unnütz, was ihm gehört; wenn man daher findet, dass bei einer Zahl der grössten Geschäfte der Verkauf von Actien unter pari immer vorkommt, so muss eine Absicht, ein Grund dafür vorhanden sein, und dieser liegt in der Ueberzeugung, dass der Verkauf nur möglich ist, wenn man die überall und stets vorhandene Gewinn- und Speculations-Lust des Publicums in Anspruch nimmt.

Die Lust, durch Speculation, durch Chance einen Vortheil zu erreichen, liegt fast in jedes Menschen Brust. Diese lässt sich nicht unterdrücken, sie will eine gewisse Befriedigung haben, und man muss mit dieser Eigenschaft sowohl ihrer Existenz Willen als auch ihres Nutzes halber rechnen, denn sie ist innerhalb moralischer Grenzen eine Triebfeder, ohne die vieles Grosse und Nothwendige nicht entstehen würde und die, so lange das Millennium nicht gekommen, unentbehrlich ist. An diese appellirt der Besitzer von Actien, sucht durch billige Preise seinem Papier einen Markt zu schaffen und benutzt denselben dann, den Rest seiner Effecten zu steigenden Coursen unterzubringen. Dasselbe Princip von verschiedenen Ausgangspunkten, ob über oder unter pari verkauft wird, wird bei allen Emissionen angewandt; man giebt das Object etwas unter seinem Werth, damit steigende Course anregend wirken und das Publicum zum Kauf animiren. Bei Staatspapieren, bei guten Prioritäten und dergleichen ist durch die sichere Verzinsung der Preis im Vergleich zu ähnlichen coursirenden Effecten angedeutet; da braucht der in Aussicht gestellte Gewinn nur gering zu sein, und sind die Cours-Schwankungen dem entsprechend klein, während man dabei, wenn man sich zur Capital-Anlage betheiligt, gar kein Risico läuft, weil die Zinsen bestimmt und garantirt sind. Bei eigentlichen Speculations-Effecten, und diese können, ausser während einer Manie, nur von grossen Häusern ausgegeben werden, ist Alles unsicher, die Dividende sowohl als der Cours, und da sehen wir denn auch die kolossalsten Schwankungen. Hier spielt der sogenannte Emissions-Credit der betreffenden Firmen die Hauptrolle, hier giebt sich das Publicum dem Banquier Preis und kauft nicht nach seiner eignen Anschauung vom Werth, sondern auf Vertrauen und dieses wird im Effect, wenn auch nicht in der Absicht, immer gemissbraucht. Diese grossen Häuser haben weitverzweigte Verbindungen und ein grosses Gefolge: es stellt sich dadurch ein natürlicher sowohl als ein erkünstelter Bedarf wie Nachfrage her, die den Markt eröffnet und Courssteigerungen veranlasst, lange bevor die Betheiligung des grossen Publicums statt findet. In günstigen Zeiten werden die Papiere gleich über pari auf die Börse gebracht, zu höheren Preisen zurückgekauft, damit der Cours steigt und so, wie schon erwähnt, häufig bis auf das Doppelte und Dreifache des Nominal-Preises getrieben. Dann erst kann die Frucht, die theure Actie in den Schoos des Publicums fallen, wo sie ruht, bis sie ihr richtiges Niveau gefunden hat, oder bis Panique ihre Verschleuderung veranlasst. — Sind die Zeiten weniger günstig, oder ist das Papier nicht grade ein Speculations-Papier, sondern vielleicht eine fremde Anleihe oder ein russischer Pfandbrief und ähnliches, dem man den Charakter sicherer inländischen Effecten zu geben und einen Markt zu verschaffen wünscht, dann wird eine Subscription in Scene gesetzt, die natürlich fast immer überzeichnet erscheint. Ist die Nachfrage sehr bedeutend, so wird das Publicum wenig berücksichtigt, und das Emissionshaus und seine Verbündeten behalten, unter Anwendung der richtigen Formen, das Meiste für sich, um aus den, einem unbefriedigten Verlangen folgenden Courssteigerungen Nutzen zu ziehen.

Ueber die hierbei in Anwendung kommenden Manipulationen könnten einige Sachverständige viel Belehrendes mittheilen. Herr *Bamberger*, der in dieser Branche als Levite an den Stufen des Altars im Tempel der Hölle der Pariser Börse gedient und aus dem Zehnten sein Vermögen erworben hat, Herr *Bamberger*, welcher, trotz der grossen Befürchtung, dass er dadurch riskirte, den Posten als Finanz- oder Handels-Minister bekleiden zu müssen und sich, wie er selbst erklärt, von allen Interessen frei gemacht hat, um interessenlos zu wirken, hätte ohne persönlichen Schaden neben seinen weisen, aber unnützen Expectorationen veranlasst werden können, die Geheimnisse jenes Heiligthums zur allgemeinen Kenntniss zu bringen. Herr Geheimrath *Warschauer*, der sich bei der letzten Manie zwar nicht betheiligt hat, könnte aus seinen Erfahrungen in den fünfziger Jahren bei *Minerva, Oppeln-Tarnowitz* und aus seinen langjährigen Geschäfts-Erinnerungen und Beobachtungen als Aufsichtsrath bei einem Gründer-Institut *„der Berliner Handelsgesellschaft"*, statt nur Meinungen über Personen zu äussern, viel Interessanteres erzählen. Herr Präsident *Scheele* war geeignet wie Keiner, einen höchst wichtigen Beitrag zu liefern, denn seine Erfahrung datirt von den Gründungen in den fünfziger Jahren, als *Disconto-Gesellschaft, Phönix,* Grube *Präsident* und zahlose andere Unternehmungen geboren wurden, bis auf die jüngste Zeit. Diese Herren hätten zur Demonstration bewiesen, wie grade auf diesem Gebiete, in diesen Papieren, von den höchsten Firmen emittirt, die grosse Speculation und die grössten Verluste herrühren.

Bei neuen Eisenbahnen existiren ganz verschiedene Verhältnisse, hier hat man mit grösseren Schwierigkeiten zu kämpfen. Es liegt in den Verhältnissen dieser Unternehmungen, d. h. wenn sich die grossen Banquiers nicht der Sache bemächtigen und dem Papier ein falsches Relief geben, dass keine Agios erzielt werden können, und dass das Publicum sich hier mehr als irgend wo auf Grund persönlicher Ansicht betheiligt. Für diese Voraussetzung spricht Alles, was das Zustandebringen dieser Unternehmungen erschwert hat. Es herrscht allgemein die Ueberzeugung, dass sich Bahnen niemals gleich rentiren, es liegt in der Sache, dass darüber Zweifel obwalten, ob der Bau beendet werden wird, die Erfahrung hat gelehrt, dass sich das Baucapital nicht mit Bestimmtheit normiren lässt, dass also immer Mehrkosten und daher Capitalvermehrung entsteht, und dass Rentabilitäts-Berechnungen immer unzuverlässig sind. Hier herrscht also nicht ein einziges Moment, welches zum Kauf anregen würde, geschweige zu einem Agio führen könnte. Das Einzige, worauf Werth zu legen ist, ist die Richtung der Bahn, diese ist ein berechtigter Factor, den Jeder beurtheilen kann und der klar zu Tage tritt, aber andererseits weiss auch Jeder, dass sich eine neue Bahn ihr Gebiet erkämpfen, ihren Verkehr erzwingen muss, und dass dies Zeit in Anspruch nimmt.

Im Uebrigen sind die Hauptverkehrsadern geschaffen und es giebt wenig Gelegenheit, eine Bahn zu projectiren, die nicht auf verschiedenen Theilen Concurrenz zu bestehen hätte. Wenn nun nicht bestimmt wird, dass der Staat allein bauen oder alle Bahnen garantiren soll, so liegt es im öffentlichen Interesse, Nichts zu thun, was den Privatbau ungebührend hindert oder gar unmöglich macht. Jetzt geschieht dieses dadurch, dass der Unternehmer das Risico läuft seine Papiere zu placiren, und er benutzt dazu nur die üblichen Mittel; dass er keine hohen Preise erzielt, spricht für ihn und beweisst, was ich eben angeführt, dass er, der Natur der Sache nach, auch solche nicht erzielen kann. Heute können nur, wenn überhaupt, durch den General-Unternehmer neue Bahnen zu Stande kommen. Wird es der Gesellschaft gestattet, auf eigene Rechnung den Markt zu benutzen, so kann es möglich sein, dass häufig General-Entreprisen zu vermeiden wären, und dass dadurch unter Umständen, abgesehen von den blossen Baukosten, der Profit, der dem Risico gegenüber steht, erspart werden könnte. Das Publicum betheiligt sich bei solchen Unternehmungen nur, weil die Actien niedrig stehen, in der Erwartung, dass der Betrieb sich mit der Zeit entwickeln werde, und dass der spätere Mehrwerth der Actien für den Zinsverlust entschädigen soll. Hier liegt schon die Sicherheit, dass nur so zu sagen Speculations-Gelder dazu verwendet werden, damit dadurch Niemand veranlasst wird, die für seinen Unterhalt bestimmten Mittel in solchen Unternehmungen anzulegen, und dass dieselben keine individuellen Katastrophen nach sich ziehen können.

Die verschiedenen hier angeführten offenkundigen Gründe, die die Betheiligung beschränken und den Preis drücken, sind, wie schon erwähnt, theilweise wünschenswerth und nicht ganz zu beseitigen, der Unternehmer wird aber aber stets zu schlechteren Coursen verkaufen müssen als die Gesellschaft, weil das Publicum seine Vortheile zu überschätzen geneigt ist, weil die Verhältnisse der Gesellschaft stets durchsichtiger sein müssen, und weil die Regierung einer Gesellschaft alle möglichen Bauersparnisse zu machen erlauben wird, die sie dem Unternehmer versagt.

Wenn die Gesetze ein offnes Vergehen gestatten, und man bei uns überhaupt nicht ein ganz falsches Princip verfolgen würde und Bahnen zwänge, Anlagen zu machen, deren sie vorerst nicht bedürfen, und welche Capitalauslagen zu einer Zeit bedingen, wo die Beschaffung theuer und darum häufig unmöglich ist, so würde der Betrag dieser Effecten bei neuen Bahnen einen geringeren Theil des Baucapitals bilden als dieses jetzt der Fall ist.

So weit es in einer nebensächlichen Betrachtung möglich, habe ich angedeutet weshalb es rathsamer sei, existirende Restrictionen zu beseitigen, als den fruchtlosen Versuch zu machen, mit neuen Gesetzen dieselben vermehren zu wollen. Die öffentliche Meinung wird nicht immer dieselbe sein wie heute, die Kammern werden nicht immer so willfährig alle verlangten Mittel gewähren, wenn sie überhaupt immer vorhanden sein sollten, und das Bedürfniss vermehrter Verkehrswege wird früher oder später sich wieder herausstellen, und dann wird man den, der es möglich macht durch Privatmittel dieselben zu verschaffen, eben so begrüssen, wie das bei mir der Fall war. Das Gedächtniss für Wohlthaten ist leider immer ein schwaches, sonst hätte nicht ein conservativer Herr aus Ost-Preussen in der Untersuchungs-Commission sitzen können, ohne der Wohlthaten zu erwähnen, die ich grade seiner Provinz und ich glaube sogar seiner Besitzung geschaffen habe. Die Stadt Königsberg würde heute nicht so blühend dastehen, wenn ich die Ost-Preussische Südbahn und die von der Grenze bis Brest führende russische Bahn nicht gebaut hätte. Bei der ersteren hat mein Freund ein grosses Capital verloren, die letztere kostet mich nachweislich $2\frac{1}{2}$ Million Rubel. General-Entreprisen sind also nicht immer einträglich und niemals *Sinecuren.*

Die nachfolgende Schilderung, wie ich hinsichtlich Capitals-Beschaffung etc. verfahren bin, wird das Vorhergehende vielleicht am besten begreiflich machen und beweisen, dass ich, da ich mich innerhalb der bestehenden Gesetze bewegt, nicht unmoralisch war, den Bau nicht vertheuert und im grossen Ganzen Bahnen geschaffen habe, die trotz der niedrigen Preise, zu denen ich die Actien emittirt, nicht zu den theuersten preussischen Bahnen zu zählen sind. Niemand ist berechtigt, mich für die Rentabilität einer von mir geschaffenen Bahn verantwortlich zu halten, weil hier keine falschen Vorspiegelungen möglich waren. Die betreffenden End- und Berührungspunkte jeder Bahn sind bezeichnet, Jeder kann für sich urtheilen und Niemand kann mit Bestimmtheit die Betriebsergebnisse voraussagen. Meine Verpflichtung ging nur dahin, eine gewisse Bahn herzustellen, und wenn dieses geschehen, so hat der Actionär empfangen, was ihm versprochen wurde. Ich kann indessen versichern, dass ich in Preussen nie eine Bahn übernommen habe, bei der ich nicht die Ueberzeugung hatte, dass sie eventuell rentiren müsse. Eine Uebergangsperiode erwartete ich überall und dafür war der niedrige Cours. Ich habe mich aber in meinen Berechnungen hinsichtlich der Zeit der Entwicklung getäuscht. Diese ist nämlich bei uns durchweg eine längere, als ich nach meiner Erfahrung in anderen Ländern in Aussicht nahm. Auch hatte ich nicht erwartet, dass die Ungunst der Behörden, die meine Bahnen während des Baues zu bestehen hatte, auch nach der Betriebs-Eröffnung bestehen bleiben würde, und die sich nicht nur in einer Concurrenz, wie man dieselbe von Staatsverwaltungen nicht erwarten dürfte, geltend gemacht hat, sondern es wurden die Bahnen sogar gezwungen, Manches zu thun und Vieles zu lassen, wodurch sie verhindert wurden, den Verkehr in gebührender Frist an sich zu ziehen.

Der Aufsichtsrath war genöthigt, um der öffentlichen Meinung Rechnung zu tragen, und weil die Vorschriften für die Betriebsverwaltung dieses erheischten, meistens Staatsbeamte anzustellen. Diese brachten die dort herrschenden Anschauungen und Vorurtheile mit in die Privat-Verwaltung, und es war unmöglich durch solche Organe diejenigen Einrichtungen durchzusetzen, und die Principien in Anwendung zu bringen, die nach meiner Meinung eine viel frühere Rentabilität herbeigeführt hätten. Die Mitglieder des Aufsichtsrathes waren nie zu bewegen, in Vertheidigung unserer, nach meiner Meinung unbedingten Rechte, die Regierung mit allen gesetzlichen Mitteln zu bekämpfen und eventuell an das öffentliche Urtheil zu appelliren, weil dies im Allgemeinen bei uns nicht üblich ist. Hauptsächlich aber waren alle meine Pläne durch die über mich seit dem französischen Kriege hereingebrochenen Calamitäten vereitelt worden. Ich verlor meinen Einfluss, und in Folge dessen wurde das Gegentheil von all dem, was ich bezweckte, ausgeführt oder unterlassen. Dieses wird bei specieller Behandlung der einzelnen Bahnen näher ersichtlich sein.

Wenn ich nun also überzeugt war, dass die Herstellung von Bahnen eine Wohlthat für das Land ist, und dass die meinigen sich rentiren würden, so kann mich Niemand tadeln, wenn ich mir Mühe gab, das Publicum zur Capital-Betheiligung heranzuziehen; Dies aber geschah dann in folgender Weise:

Ich habe, den Verhältnissen Rechnung tragend, nie versucht, meine Actien früher unterzubringen, als bis ich effectiven Werth dafür gegeben und eine Unterlage dafür geschaffen hatte. Bis ich die Vorarbeiten und einen Theil der Materialien geliefert und den Bau begonnen und gefördert hatte, wobei ich meine eignen Mittel und meinen persönlichen Credit in Anspruch nahm, habe ich keine Actien empfangen oder auf den Markt gebracht. Nachdem so ein Werth-Object durch meine Leistungen und auf mein Risico geschaffen war, habe ich die darauf entfallende Theilzahlung in Actien empfangen und dieselben auf den Markt gebracht, aber nicht im Wege der Marktschreierei, der gross angekündigten Submission, nicht einmal meinerseits direkt, sondern ich habe meine Papiere an kleinere und grössere Banquiers in kleinen Partieen verkauft und es diesen überlassen, ihr Publicum zu suchen, wobei ich mich meistens aber verpflichten musste, ihnen keine Concurrenz zu machen. Es wird einleuchten, dass ich im Anfang zu sehr niedrigen Preisen habe verkaufen müssen; dies war aber die einzige Möglichkeit Banquiers zu animiren, und diese haben dann diejenigen Mittel für den Vertrieb in Anwendung gebracht, die mir nicht zu Gebote standen und wozu ich mich auch nicht eignete. Es war mir nie eine angenehme Beschäftigung und ich verstand es auch nicht, zu handeln. Ich betrachtete die mir in Zahlung gegebenen Effecten wie der Landwirth seine Ernte und übergab sie dem Commissionär oder verkaufte sie dem Händler und überliess diesem die Placirung und den dabei zu erzielenden Profit. Ich empfing, wie gesagt, anfänglich sehr niedrige und nur allmählig, dem Marktpreise entsprechende, höhere Course. Die Banquiers waren allerdings in der Lage, mich zu drücken, aber nicht das Publicum zu schrauben, wie denn wirklich auch für meine Papiere nie hohe Preise erlangt wurden. Man wusste genau, dass ich in jedem folgenden Monat mit dem Fortgang des Baues weitere Posten würde verkaufen müssen, und so hatte der Banqier zwar die Zange für mich, es fehlte ihm aber der Hebel, eine künstliche Nachfrage zu erzeugen, das Publicum wusste dies, und so ergab sich eine Courssteigerung auch nur aus dem Fortschritt des Baues und der damit verbundenen grösseren Sicherheit dafür, dass derselbe auch wirklich vollendet werden würde. Diese Verhältnisse, die hier zu Tage tretenden Erscheinungen sind nicht verstanden worden, und weil meine Art zu handeln, jeden Humbug zu vermeiden, mich mit dem natürlichen Marktpreis zu bescheiden von allem Vorhergegangenen verschieden war, so hat man mir daraus einen Vorwurf gemacht, während richtig verstanden gerade diese Handlungsweise mich illustrirte und mir zum grossen Ruhme gereicht.

Meine Kraft und Macht bestand übrigens nur darin, dass ich die Ueberzeugung, die Courage hatte, mich da zu engagiren und meinen Credit wie meine eigenen Mittel vorher und da anzulegen, wo ich Andere später veranlassen wollte, dies zu thun. Hierbei benutzte ich nicht und konnte auch nicht ein einziges Moment benutzen, wodurch eine künstliche Werthsteigerung hätte erzielt werden können. Meine Operationen brachten sogar preisdrückende Momente mit sich, indem letztere durch nichts so sicher herbeigeführt werden, als durch das Bekanntsein des Umstandes, dass kein Mangel an Waare eintreten könne, da Vorrath vorhanden sei. Der Grund warum Bankhäuser, obgleich sie meine Thätigkeit mit Missgunst, Neid und Aerger betrachteten und mich daher alle im grossen Ganzen angefeindet und verfolgt haben, mir die Sache nicht nachgemacht haben, bestand einzig und allein darin, dass diese gewöhnt waren, ohne Arbeit oder Risiko zu verdienen, und ich nur durch Risiko, positive Thätigkeit, Mühe und Sachkenntniss Früchte ernten konnte. Ich tadle den Banquier nicht, dass er es vermeidet, seine Capitalien zu riskiren, ja selbst nur zu engagiren, denn er darf dies in Anbetracht des dem Banquier besonders geschenkten Vertrauens nicht, aber er muss Andere daran nicht hindern wollen, und, wie dies bei mir der Fall gewesen, sie discreditiren, weil sie, von anderen Gesichtspunkten ausgehend und in ganz anderer Lage sich befindend, anders verfahren. Dem Unternehmer, der Millionen besitzt, wird nicht das anvertraut, was einem kleinen Banquier, der 50,000 Thlr. besitzt, ohne Weiteres gegeben werden würde, weil man annimmt, dass Ersterer tief engagirt sein muss, letzterer keine Verpflichtungen, wofür nicht die Mittel liquide sind, haben darf.

Die Bankwelt ist von diesen Principien in jüngerer Zeit zwar leider abgewichen, während der Speculations-Zeit haben Viele sich auf Gebiete begeben, die ihnen nicht ziemen. Die Portefeuilles unserer grossen Institute enthalten heute noch Effecten, die dort nicht hingehören. Sollten Umstände eintreten, die eine plötzliche Realisirung erheischen, so würde durch den Verkauf solcher Effecten eine gewaltige Lücke in den Bank-Capitalien entstehen. Die Gefahr war aber noch weit grösser: hätte sich bei Beginn der Krisis, und vor den vollzogenen Entäusserungen, das Misstrauen bis auf die hohe Bankwelt erstreckt — dann würde nach meiner festen Ueberzeugung sich kaum eins der grossen Institute haben halten können.

In den Zeiten, wo das Publicum noch keine bestimmten Anschauungen über Eisenbahnen hatte, also bei Entstehung unseres Bahnnetzes, wurde vor dem Bau oder der Concessionirung eine Subscription aufgelegt, und wenn diese reüssirte, wurden die Actien mit hohem Agio gehandelt, die Banquiers steckten ihren Profit ohne riskirt zu haben ein, und die Gesellschaften bauten in Regie oder kleineren Entreprisen mit baarem Gelde. Dieser Modus, wenn ausführbar, hatte wie Alles seine guten und schlechten Seiten; viele grosse Unternehmungen sind dadurch zu Stande gekommen und Bau und Herstellung konnte in vielen Beziehungen dadurch vortheilhaft geleitet werden; häufig hat man die Agiotage aber übertrieben, viele Erwartungen sind aus ganz natürlichen Gründen nicht realisirt worden, und so haben sich die von mir angeführten Ueberzeugungen des Publicums bemächtigt und damit wurde diese Art der Gründung unmöglich. Nun konnte nur der von mir eingeschlagene Weg reüssiren. Das Publicum betheiligte sich bei meinen Unternehmungen erst immer, nachdem dieselben zu Stande gekommen und der Bau begonnen, und kaufte meine Actien stets zu sehr niedrigen Coursen, die erst mit der allmähligen Vollendung stiegen.

Die Prioritäts-Actien konnte man besser placiren, aber immerhin denselben Principien folgend und nur unter der Voraussetzung, dass sie im Verhältniss zu dem verwandten Stamm-Kapital benutzt werden würden. Bei mir ist, wie gesagt, dieses stets inne gehalten worden. Die *Berlin-Görlitzer* Bahn ging zwölf Jahre betteln und konnte keine Banquiers finden, die das Capital übernommen hätten, und auch durch Subscription liess es sich nicht placiren.

Die *Oppeln-Tarnowitzer Bahn*, die durch meinen Bau zur Rechten-Oder-Ufer Bahn geworden ist, hat 10 Jahre gekränkelt, ihre Actien, die ursprünglich weit über pari gezeichnet waren, standen 40 pCt. Jeder war überzeugt, dass durch die Verlängerung der Bahn nach Breslau und durch das Kohlenrevier nach der österreichischen Grenze eine hohe Rente gesichert sein würde. Die Gegend war durch Mangel an Bahnverbindungen geschädigt, wichtige Gruben konnten nicht aufgeschlossen werden, und wo Bahnverbindung vorhanden war, da klagte man allgemein über die Art, wie die oberschlessische Bahn ihr Monopol ausbeutete, doch fand sich Niemand, der das Geld hergeben wollte. Diese Bahn, die sich sofort nach Vollendung verzinste, die ein wahrer Segen für die Gegend geworden ist und, wenn ich meine Pläne durchgeführt hätte, es noch im grösseren Maasse werden konnte, habe ich gebaut und einen grossen Theil der Stamm-Actien unter 50 verkaufen müssen. Es erinnern sich Wenige dieses Umstandes und der Summen, die die Käufer daran verdient haben; man hat für mich überhaupt nur Vorwürfe und Anfeindungen übrig.

Viele Millionen Stamm-Actien der *Halle-Sorauer-* und *Hannover-Altenbekener Bahn* habe ich zu 20 pCt. bis 25 pCt. verkauft und selbst für die Prioritäten keinen hohen Cours erlangt, auch die der *Rechten Oder-Ufer Bahn* sind weit unter pari fortgegangen.

Wenn aus dem Vorhergehenden ersichtlich, dass die Capital-Realisirung, wie von mir gehandhabt, sowohl die allein für den Zweck geeignete als der Zweck ein guter und die Mittel nicht nur erlaubt, sondern frei von jedem moralischen Makel waren, so wird die Betheiligung bei einigen meiner Operationen Seitens des Ministers *Camphausen*, als Seehandlungs-Präsidenten, dafür ein persönliches Zeugniss abgeben, wie dies nicht werthvoller sein kann, und kein anderer besser zu urtheilen im Stande ist, und das hier ganz besonders ins Gewicht fallen muss. Er kennt das Bank- und Börsen-Wesen gründlich, hat als Staatsbeamter nie Veranlassung gehabt, seine Handlungsweise durch eigne Interessen beirren zu lassen, und abgesehen von Ehrlichkeit, die selbstverständlich ist, hat Niemand anerkannter Maassen strengere Grundsätze, während sein ganzer Charakter dafür spricht, dass er daran eisenfest halten würde. Herr Präsident *Camphausen* nun übernahm für die Seehandlung einen Theil Prioritäts-Stamm-Actien der Berlin-Görlitzer und Rechte Oder-Ufer-Bahn, während des Baues, unter pari fest und placirte den Rest der ersteren ganz und die letzteren theilweise, wissend, dass ich dieselben oder deren Erlös als Unternehmer für Bauleistungen erst später von der Gesellschaft zu empfangen haben würde. Er kaufte und placirte also unter pari. Dieser Umstand ist vorübergehend zur Kenntniss der Commission gelangt, man ist aber glimpflich darüber hinweggegangen, eine solche Handlung von einer so unbedingten hohen Autorität hätte überzeugen müssen, dass das grösste Moment der gemachten Angriffe damit zu Boden fiel. Beweisen nicht, beleuchten wollte man aber, und so wurde denn auch die ursprüngliche Behauptung festgehalten.

Präsident *Camphausen* hat allerdings die Bedingung gestellt und darüber gewacht, oder wenigstens sich davon überzeugt, dass die Statuten bezüglich der Zahlung an den Unternehmer und die verhältnissmässige Benutzung des Erlöses für die Prioritäts-Actien stricte inne gehalten würden; die Betheiligung der Seehandlung unter obigen Verhältnissen spricht aber dafür, dass das erste königliche Institut, geleitet von der hierin grössten Autorität, nichts gesetzwidriges, unmoralisches in meiner Art der Capitals-Beschaffung gefunden hat. Und sollte ich allein denn weiser, besser und tugendhafter sein, als die Weisesten und Besten meiner Zeit? Ist es sicher, dass wir heute richtiger denken und verständiger handeln? Und ist es gerecht, mich nach heutigen Anschauungen und heutigen Verhältnissen zu richten? Und wie viel ungerechtfertigter ist es, dieses zu thun, ohne mich gehört, ohne die Vergangenheit studirt, deren Bedürfnisse und Verhältnisse verstanden zu haben? Man kann das Vergangene mit der Gegenwart vergleichen und darüber urtheilen; objectiv wird man immer nur sein, wenn eine grosse Zeit dahinter liegt, wenn die Angelegenheiten historisch geworden sind; falsch wird es immer bleiben, einen Menschen anders als nach seiner Zeit und seinen Zeitgenossen zu beurtheilen.

Ich habe trotz niedriger Course bei manchen Bahnen verdient, bei anderen verloren und überall viel riskirt. Inmitten meiner immensen Thätigkeit haben mich mehrere Kriege, Kriegsgerüchte und financielle Krisen überrascht, ich habe von Anbeginn nicht nur ohne Vertrauen, sondern unter positiver Anfeindung der Bankwelt, von der königlichen Bank bis zum Kleinsten herunter gearbeitet; meine Unternehmungen sind von einem Theil der Presse stets angefeindet worden, und doch habe ich meine Contracte erfüllt und Reichthum erworben, welcher allerdings durch äussere Veranlassung und durch die fabelhaften Verschleuderungen meines Vermögens im Concurse wieder verloren gegangen ist. Die Frage ist daher: „Konnte dieses mit rechten Dingen zugehen?" Wenigstens ist die Frage seit Jahren so gestellt worden. Allerdings würde man in anderen Ländern diese Fragestellung für einen Frevel betrachten, man kann behaupten, dann muss man es aber auch beweisen, dass Jemand unrecht gehandelt habe, aber nicht aus blossen Erscheinungen, die man sich nicht erklären kann, weil sie sich der Beurtheilung entziehen müssen, oder weil man zu beschränkt war, sie zu verstehen, deduciren, dass darum die Dinge nicht recht gewesen sein können. So ist indessen geurtheilt worden, ich bin gezwungen mich zu rechtfertigen, und so will ich es durch Schilderung der Verhältnisse versuchen.

Die erste Frage ist: in wie weit hat der Verlust bei den Actien den Bau vertheuert und Profit unmöglich gemacht? und hier muss man vor Allem sich über den Begriff klar werden, denn dabei sind zwei ganz verschiedene Umstände involvirt. Vertheuert sind die Bahnen, was die Höhe des Nominal-Capitals betrifft, dadurch nicht worden, weil die Bausumme vom Ministerium mit Berücksichtigung der Emission der Actien zu pari festgestellt war, man hat also die Baukosten nach Ermittelung oder Annahme der Massen bei üblichen Preisnormirungen veranschlagt, die sich so ergebende Summe bedingte das Actien-Capital und ist daher diejenige, die der Staat bei seinen Bauten in gleichen Fällen in Anschlag gebracht haben würde. Ob ich nun an den Coursen verloren, mit Gewinn oder Verlust gebaut habe, tangirt also diese Frage eigentlich nicht, und nachweislich sind meine Bahnen auch nicht theurer als andere ähnliche, wie dieses aus der nach officiellen Quellen gemachten statistischen Aufstellung ersichtlich ist; jedenfalls aber war die genehmigte Capital-Summe nicht grösser als bei Regierungs-Bauten. Allerdings ist bei mehreren Bahnen die Bausumme überschritten worden, in keinem Falle aber wurde die Mehrsumme wegen entstandener Coursverluste, sondern immer wegen Mehrleistungen, wie hier behauptet und später bewiesen werden soll, genehmigt. Diese Mehrleistungen, wenigstens ein grosser Theil, wurden bei der General-Entreprise pure und simpel allerdings vom Bauunternehmer, zu dessen Ruin, getragen, aber wegen Coursverluste hat keine Capitals-Erhöhung stattgefunden. Hiermit fällt das ganze grosse Gepolter bezüglich Vertheuerung der Bahnen zu Boden. Wenn diesem aber auch nicht so wäre, und wenn die Normal-Summe sich wirklich in Folge von Coursverlusten gesteigert hätte, so würden die Bahnen zwar theurer genannt werden können, aber es in Wirklichkeit nicht sein, denn dann kann man doch immer nur den für das Capital vom Publicum gezahlten, von mir wirklich empfangenen Preis als den Herstellungs-Kostenpreis der Bahn rechnen, und so gerechnet sind meine Bahnen billiger als alle anderen. Was eine Sache kostet und nicht wie man den Preis bezeichnet ist wesentlich, d. h. da wo keine bestimmte Verzinsung, keine Rückzahlung des Capitals, sondern eine Vertheilung des erzielten Gewinnes allein stattfinden kann, ob dort dieselbe Actie Hundert oder Tausend heisst, ist gleichgültig, sie participirt immer nur als ein bestimmter Bruchtheil des Ganzen am erzielten Gewinn. Der Eine kann diesen Theil theurer bezahlt haben als der Andere, er mag relativ zu billig oder zu theuer gekauft haben, dieses ist die Basis der Speculation und hierdurch ist die Placirung des Capitals möglich, hat aber nichts mit dem Gesammtpreis zu thun; diese Frage hat Jeder mit sich abzumachen. Zwischen dem Bau-Unternehmer und den sämmtlichen Actionären kostet die Bahn immer nur, was ersterer wirklich empfangen hat. Hier bemerke ich nur, was eigentlich selbstverständlich ist, dass da, wo mehr Capital erforderlich war, es sich um eine genau präcisirte motivirte Summe handelte, diese war immer erst erforderlich, als die Bahn schon vollendet, eine höhere Basis schon geschaffen war, und wurde immer in Prioritäts-Obligationen ausgegeben und meistens zu pari untergebracht. Hieraus sind also keine erheblichen Coursverluste verursacht.

Wenn, wie ich bewiesen habe, die Nominal-Summe durch Coursverluste nicht erhöht worden ist, so fragt sich: wie sind die Verluste getragen worden, und woher kommt der Profit des Unternehmers? Eigentlich wäre dies eine Privatangelegenheit, die das Publicum nichts angeht! Zur Belehrung, zur Befriedigung der Neugier und zur Beseitigung der Verdächtigung will ich auch hier versuchen Klarheit zu gewähren. Dass mein Profit nicht aus einer mangelhaften Bau-Ausführung oder quantitativen Verkürzung herrührt, glaube ich bewiesen zu haben. Im Allgemeinen habe ich profitabel gearbeitet, weil ich als Unternehmer Conjuncturen und Verhältnisse der Art benutzen konnte, wie dies einer Gesellschaft nicht möglich ist. Da ich alle Branchen in mir vereinte, habe ich Profite erzielt, die sonst einer Verwaltung abgehen, und so war mir die Möglichkeit geworden, daraus Coursverluste zu decken; ferner weil Unternehmer für mich billiger arbeiteten und auch arbeiten konnten als für Regierungen oder Corporationen, und endlich, weil ich persönlich der Aufgabe mehr als Andere gewachsen war.

Diese Behauptungen erschöpfend zu motiviren, würde eine umfassende Auseinandersetzung der unzähligen Fragen, welche bei einem grossen Bau vorkommen, sowohl als die Darlegung der verschiedenen Anschauungen über Handhabung und Principien, die dabei in Betracht zu ziehen sind, nöthig machen und schliesslich den Leser doch im Unklaren lassen.

Ich will daher versuchen, meine Behauptungen durch, aus der Praxis herausgegriffene Beispiele zu beweisen, und hier nur noch bemerken, dass die Regierung bei ihren Bauten in einigen Sachen, namentlich beim Grunderwerb, Vortheile hat, die weder eine Gesellschaft noch der Unternehmer besitzt. Die Behörde hat z. B. niemals um Erlaubniss zu fragen, wo ein Bahnhof hinkommen soll; sie kann daher mit Sicherheit, ehe das Publicum davon unterrichtet ist, einen Landankauf vollziehen und dessen Benutzung sicher sein, oder, falls sich ihr Schwierigkeiten bieten, durch Dritte ein anderes Terrain acquiriren lassen. Eine Gesellschaft kann erst nach Constituirung und überhaupt nach Feststellung der Pläne kaufen, dann aber kennt Jeder die letzteren und dann muss theuer bezahlt werden. Zur Illustration! Ich habe im Anfange des Jahres 1871 fünfhunderttausend Centner Schienen gekauft, die die Gesellschaft, für die ich sie brauchte, damals nicht hätte kaufen können. Ich bezahlte durchschnittlich nicht ganz drei Thaler, verbraucht habe ich diese Schienen als sie zwischen fünf und sechs Thaler kosteten. Hier war eine Ersparniss, die der Gesellschaft nicht zu Gute kommen konnte, von beinahe 1½ Millionen Thaler. In Erwartung grosser Bedürfnisse in Ungarn und Rumänien bestellte ich zwei Millionen Centner Schienen und ein entsprechendes Quantum Brücken-Material in Belgien; ich hätte diese Contracte später verkaufen oder rückgängig machen und zwei Millionen Thaler dabei verdienen können, ohne zu berechnen, dass ich die letzten verwandte, als der Preis beinahe auf das Doppelte gestiegen war. Bei Abtretung meiner Lieferungs-Contracte für Schienen und andere Gegenstände an die Hannover-Altenbekener Bahn hat die Disconto-Gesellschaft dafür à Conto ihres Profit-Antheils bei meinem Bau 400,000 Thaler empfangen, und dieses geschah zu einer Zeit, wo die Preise bereits sehr gefallen waren. Die ursprünglichen Contracte waren viel grösser, und der Mehrwerth bildete im Vergleich zu den Marktpreisen kolossale Summen. Eine Gesellschaft hätte diese Contracte nie so günstig abschliessen können — es wird nirgend als statthaft erscheinen, wenn

Directionen im Geheimen ohne Concurrenz grosse Abschlüsse machen. Aber mit einem solchen Bedarf an den Markt zu treten, hätte enorme Preissteigerungen verursacht, und es wäre auch unmöglich, einen längeren, auf viele Jahre hinausgehenden Lieferungs-Contract für solche Quantitäten abzuschliessen; die Preise wären sofort um zwanzig Procent und mehr gestiegen. Thatsächlich geschah dies gleich, nachdem meine Abschlüsse bekannt wurden.

Wie aber bin ich verfahren? Ich liess mir von den verschiedenen Werken bindende Offerten geben, für ein ihnen nach ihren eignen Verhältnissen convenirendes Quantum, lieferbar im Laufe von drei bis vier Jahren in gleichen Monatsraten. Keines der Werke wusste wie gross mein Bedarf, und so forderte auch keins wesentlich mehr als den Tagespreis, und jedes Werk modificirte seine Offertbedingungen hier und da seinen Aufträgen und Einrichtungen entsprechend. Es war gerade eine sehr stille Zeit und die Preise niedrig, ich hätte vielleicht einzelne drücken können, aber dabei Zeit verloren und Millionen riskirt. Ich acceptirte pure alle Offerten und erzielte obiges Resultat. Einige der Herren haben mir später gestanden, dass sie mich etwas zu übervortheilen geglaubt hätten, bis Einer von dem Andern plötzlich erfahren, wie gross meine Bestellung und wie grossartig mein Erfolg. Zu gleicher Zeit machte ich dieselbe Operation bezugs Schiffsverladungen nach Galatz, Braila und anderen Häfen, und obgleich ich überall bezahlte, was man gefordert, habe ich weit über die Hälfte erspart. Ich wusste, dass ein so grosser Extra-Verkehr nach einzelnen Häfen die grössten Frachterhöhungen zur Folge haben würde, darum habe ich zu gleicher Zeit kleinere Quantitäten mit Verschiedenen abgeschlossen. Einige meiner Spediteure haben meine Materialien mit Dampfschiffen ohne Preiserhöhung fahren müssen, weil nicht so viel Segelschiffe aufzutreiben waren. Im Uebrigen war ich sehr coulant in der Abwicklung, und die Werke und Contrahenten haben höchstens Conjuncturen verpasst, denn sie konnten sich durch schleunige Materialien-Ankäufe und Contracts-Abschlüsse decken; die meisten sind mir sehr freundlich gesinnt, weil sie auch gute Geschäfte mit mir gemacht haben. Ich habe überhaupt nie marchandirt, nie billig gekauft, ich wusste nur die richtige Zeit zu benutzen, zu beurtheilen, was wichtig war. Dies als Beispiel für Ersparnisse bei Lieferungen.

Hätte ich die Terrains zum Görlitzer Bahnhofe in Berlin, nach Feststellung des Ortes und Genehmigung der Pläne acquirirt oder per Expropriation kaufen müssen, so würde ich selbst analog den Preisen, die die Besitzer von Terrains weit jenseits des Canals auf der ersten Meile per Expropriation erstritten, mehrere Millionen haben bezahlen müssen. Um dieser Gefahr zu entgehen, sowohl als auch um Speculanten, die Käufe machen, um Bahnen zu prellen, aus dem Felde zu halten oder irre zu leiten, habe ich neben den wirklichen noch verschiedene andere unter Umständen dazu verwendbare Terrains acquirirt.

Im vorliegenden Falle soll einer dieser Speculanten, in Folge meines Kaufes am Cottbusser Ufer, Ländereien bis nach Treptow erworben haben; genug eine kolossale Summe ist erspart — nicht nothwendiger Weise verdient — worden. Die nicht zur Verwendung gekommenen Bauplätze habe ich ausserdem mit grossem Vortheil verkauft. Aehnlich habe ich es in Görlitz gemacht, und wo sich sonst Gelegenheit geboten hat, trotzdem ist überall der Grunderwerb viel theurer, als im Regierungs-Anschlag vorgesehen, ausgefallen, aber er hätte unter Umständen Millionen mehr kosten können. Meine Contracte umfassten die Beschaffung des Capitals, dessen Verzinsung, den Bau, alle Lieferungen, die Herstellung der Pläne, kurz Alles nach jeder Richtung. Ich war in der Lage, in Folge meiner grossen Einrichtungen überall Vortheile zu ziehen, die bei Regie-Bauten Seitens einer Gesellschaft Einzelnen hätten gewährt werden müssen, wenn sie überhaupt zu erzielen waren. Alle diese Vortheile, alle Ersparnisse an Zinsen durch schnelleren Bau und aus, was immer welchen Gründen, sowie der Unternehmer-Profit, sowohl der in allen Anschlägen berechnet wird als auch Verdienste oder Ersparnisse, wie die oben erwähnten, bildeten die Marge, aus der ich Cours-Verluste bestreiten und eventuell Ueberschüsse für mich erzielen konnte. Der Verlust am Actien-Verkauf war also eigentlich nur mein entgangener Gewinn, den die Gesellschaft nie erzielt hätte. Ich habe für mehr als zweihundert Millionen Thlr. Eisenbahnen gebaut; hätte ich nur auch den kleinsten gebührenden Unternehmer-Gewinn, geschweige die aus anderen Positionen erzielten Gewinne und Ersparnisse überall übrig behalten, so müsste mein Vermögen ein ganz kolossales sein. Ein grosser Theil meines Profites ist aber in Cours-Differenzen verloren gegangen.

Diejenigen, die Millionen mit Erstaunen erwähnen, wenn sie von meinen Verdiensten, Ausgaben und Aehnlichem sprechen, vergessen oder haben nie begriffen, welchen Umfang meine Geschäfte hatten, dass um die darin liegenden Risicos tragen zu können, auch entsprechende Vortheile möglich sein mussten. Thatsächlich habe ich bei einzelnen Geschäften Millionen zugesetzt, war aber in der Lage dies zu ertragen, weil ich durch die Zahl und den Umfang meiner anderen Unternehmungen, von denen viele rentabel waren, entsprechende Ueberschüsse erzielte. Mein Gewinn war nirgends ein unrechtmässiger oder mehr als dem Risico angemessener Verdienst, und ist nur ein verhältnissmässiger Procentsatz der entsprechenden Unternehmungen gewesen.

Dass meine Unternehmer billiger als sonst für mich arbeiteten, rührt einfach daher, dass ich dieselben in jeder Beziehung unterstützte, dass sie keine grossen eigenen Capitalien nöthig hatten, dass meine Einrichtungen und Vorschriften derart waren, dass sie mit Vortheil arbeiten konnten und in ihrer Preisaufstellung den sehr bedeutenden Procentsatz, den man bei allen grossen Bauausführungen für Unvorhergesehenes aufstellen muss, nicht in Anschlag brachten, weil sie darauf rechnen konnten, dass ich billige Rücksichten nehmen würde. Aus allen diesen Gründen sind meine Contracte mit Subunternehmern nachweislich 20—25 pCt. billiger als Regierungen oder Gesellschaften bezahlen müssen. Zur Erläuterung diene, dass ich fast nie Caution verlangte, und wo ich in den Character und die Fähigkeiten der Personen Vertrauen setzte, gab ich Entreprisen von Hundert Tausenden, wenn die Betreffenden auch ganz mittellos waren. Solche Leute waren bescheiden in ihren Erwartungen und mit billigen Preisen zufrieden, sie empfingen häufig Zahlung und es wurde nicht zu genau genommen, einmal als Vertrauenssache und dann weil ich und meine Techniker zu beurtheilen verstanden, wann der geeignete Zeitpunkt einer Entreprise gekommen war, wo man freigebig und wo zurückhaltend sein musste. Ich konnte, was bei einer Gesellschaft unmöglich wäre, ganz nach freiem Ermessen und ohne Rücksicht auf contractliche Bestimmungen verfahren. Der betreffende Unternehmer konnte sich bequem und den Ansprüchen der Arbeit gemäss einrichten, arbeitete nicht unter dem Druck mangelnder Mittel und auch nicht mit der Furcht eines wohlhabenden Unternehmers, der sich eine Art Crösus fühlt und doch so wenig als möglich riskiren möchte. Das Risico blieb allerdings mir, aber ich konnte eben darum frei disponiren, hatte die Arbeit vergeben, die Thätigkeit und andere Eigenschaften (des Schaffens für eigene Rechnung) gewonnen und blieb doch Herr der Entreprise; so konnte ich dieselbe den allgemeinen Erfordernissen der ganzen Bahn anpassen, um das zuerst bewältigen zu lassen, was vielleicht ausserhalb der einen Strecke für die Arbeit einer andern nöthig war.

Wer überhaupt eine Ahnung von den Dispositionen hat, die erforderlich sind, einen grossen Bau zu leiten, wo jeder Fehler aus eigner Tasche bezahlt wird, wo die Verzinsung des Capitals Hunderttausende involvirt, die durch beschleunigten Bau erspart werden können, der wird ungefähr verstehen, welcher Werth darauf zu legen ist, wenn es möglich ist, die Vortheile von Sub-Entreprisen mit absolutester Beherrschung derselben die unbedingteste Ergebenheit den Wünschen des General-Unternehmers gegenüber der Art zu vereinigen, dass nie unbegründet Mehrforderung oder Streit daraus erwachsen, und wo keine Verzögerung aus Eigensinn, Furchtsamkeit oder mangelnder Befähigung eintreten kann. Ich war laut meinen Contracten absolutester Herr der Arbeit, meinen Wünschen musste Folge geleistet werden. Selbst die Arbeiter, die Utensilien und die eigenen Materialien konnte ich nehmen, wenn ich es für gut erachtete, damit die ganze Kette nicht durch ein Glied zerrissen werden konnte. Die Herren wussten, dass ihnen kein Unrecht geschehen würde, dass, wo ich eingreife, es verdient oder nöthig war; im ersteren Falle wurde generös und milde, im letzteren gerecht und liberal verfahren. Lag für den Unternehmer eine günstige Chance in der Arbeit, so wurde sie ihm nicht durch Missgunst und Kleinlichkeit zu Schanden gemacht, er hatte nicht auf Formalitäten zu warten, konnte den günstigen Moment überall wahrnehmen. Er wurde nicht mit ungebührendem Misstrauen behelligt. Bei Beurtheilung von Arbeiten und Materialien, so weit es von mir und meinen Technikern abhing, wurde auf das Reelle gesehen, aber practisch und nicht nach dem Buchstaben gehandelt; war die Sache zweckentsprechend, genügend gut, so wurde sie nicht zurückgewiesen, weil sie nach dieser oder jener Marotte oder nach dem Buchstaben des Contractes hätte anders sein müssen oder können.

Solche Grundsätze konnten bei Gesellschaften nicht in Anwendung kommen, weil diese Latitüde dort nicht gegeben werden darf, und weil sowohl Staats- als Gesellschafts-Techniker den Bau vom Unternehmer-Standpunkt, den Werth der Zeit, hinsichtlich Zinsersparniss, und den Werth des Geldes, als der eignen Tasche gehörig, nicht kennen. Ein Hauptfactor in der Rechnung bleibt aber immer der Betrag, den man für unvorhergesehene Fälle fordert, z. B. schlechte Witterungsverhältnisse, bei Erdarbeiten die Natur des Bodens, wo man nicht feststellen kann, ob Geröll im Felsen und von welcher Beschaffenheit, ob Sand im Thon übergeht und alle sonst möglichen Variationen, aus denen unter Umständen der doppelte und dreifache Kostenaufwand herrührt. Wo die Disposition der zu bewegenden Massen nicht feststeht und wo, wenn man darauf warten wollte, der Bau später beginnen müsste und daraus längere Transporte als angenommen entstehen können, Vorkommnisse bei Fundamentirungen, Mangel an Bettungs-Material und so überall. Für alles dieses rechnet ein vorsichtiger Unternehmer überall bei jeder Position etwas, und da alle Eventualitäten nicht eintreten, so sind die Preise in der Regel höher, als sie zu sein brauchten, bei wirklich grossen Ereignissen aber reicht das Vermögen des Unternehmers nicht aus, und arbeitet er in solchen Fällen für eine Gesellschaft, so wäre er trotz der höheren Contraktspreise ruinirt, und letztere würde einen Verlust erleiden. Von mir war es bekannt, dass ich nichts für Chancen zahle, eintretenden unvorhergesehenen Zufällen aber liberale Rechnung trage, und dass ich die Interessen des Unternehmers stets berücksichtige, damit auch er verdienen könnte. Darum war ich bei meinen Unternehmern auch beliebt und habe durch sie Grosses geleistet und weniger als jeder Andere bezahlt.

Aus allen diesen und vielen anderen Gründen habe ich Gewinn erzielt, wo Andere Verluste gehabt hätten, und so sind die Coursverluste wahrhaft durch mein Verdienst und aus meinen Mitteln getragen, während meine Bahnen in anderen Händen wirklich die Nominal-Summe gekostet hätten.

Die Actien-Gesetzgebung hier im Allgemeinen einer Kritik zu unterwerfen, würde mich zu weit führen; einen Gegenstand muss ich indessen berühren. Die Vertheilung der eigenen Actien an Andere, um bei General-Versammlungen alle Stimmen zur Geltung zu bringen, ist seit Jahren bei uns gang und gäbe gewesen, und der Staat hat unter *v. d. Heydt* beim Ankauf der Berlin-Frankfurter Bahn und seit jener Zeit häufig nach diesem Princip gehandelt. Es ist dieser Modus in Folge statutarischer Beschränkungen allgemeine Usance und eine Nothwendigkeit geworden, von der ich auch Gebrauch gemacht habe. Ich habe sie nie zu schlechten Zwecken benutzt. Nichts destoweniger ist die Praxis schlecht, führt zu Misshelligkeiten und Missbräuchen und muss deshalb beseitigt werden. Der Ursprung hier wie überall ist die Consequenz der Versuche, durch Gesetze Unerreichbares zu erzielen, was zwar edel klingt, aber unsinnig ist und in Ausartungen endet. Gesetzlich können und sind die meisten Actien au porteur ausgestellt und steht dem nichts entgegen, dass jeder Actionär entsprechend seinem Besitze die volle Stimmenzahl abgeben kann. Die Regierung hat — wo ihr das Recht zustand (?) — aus Rücksicht für die Minorität resp. den kleinen Besitzer, überall verlangt, dass Bestimmungen in die Statuten aufgenommen werden, die dahin gehen, die Zahlstimmen, welche ein Actionär abgeben kann, zu beschränken, dasselbe ist bei Constituirung von Gesellschaften fast immer gethan, um den Schein zu vermeiden, als ob Einzelne durch ihren grossen Besitz die Rechte der Minorität illusorisch machen könnten. Die Beschränkung des Stimmrechts lässt sich in keiner Weise motiviren und involvirt eine Härte; denn welcher Grund liegt vor, einer Actie, weil der Besitzer zufällig viele davon hat, weniger

Rechte zu geben als einer anderen, die zufällig einzeln im Besitze eines Actionärs ist, der daher nur ein geringes Interesse am Vermögen der Gesammtheit hat. Logisch spräche alles dafür, dass der Gross-Betheiligte das grösste Interesse an dem Gedeihen des Unternehmens hat, und dass ihm daher wenigstens gleiches Recht im Verhältniss zu seinem Besitz-Antheil gewährt und mehr Vertrauen geschenkt werden kann. Die Logik ist in der Praxis aber nicht immer maassgebend. Im vorliegenden Falle kann sie zu Schanden gemacht werden durch die Möglichkeit, dass die Majorität im Verfolgen unehrlicher Zwecke auf Kosten der Minorität grössere Vortheile zu erzielen sucht, als ihr durch eine rechtliche Verwaltung entstehen könnten. Um dieser Möglichkeit vorzubeugen, sind denn auch die bezeichneten Beschränkungen in die Statuten aufgenommen. Weil aber die Majorität oder der grosse Actionär, für den sein Besitz eine Lebensfrage sein könnte, es sich nicht gefallen lassen will, in Fragen, die die Prosperität und Entwicklung des Unternehmens bedingen, von Actionären majorisirt zu werden, die aus Unverstand Oppositionen machen können, oder deren Betheiligung so gering sein mag, dass ihnen vielleicht persönliche Abneigung oder eine Gefühlsfrage wichtiger erscheint, als die Summe ihres Besitzantheiles; weil ferner die meisten Actionäre selten ein Interesse für die Verwaltung haben, und in vielen Fällen durch Nichtbetheiligung es schwer ist, beschlussfähige General-Versammlungen abzuhalten, und weil endlich die Direction und der Aufsichtsrath stets danach streben, ihre Stellung und Macht zu befestigen, so sind die Statuten-Bestimmungen dadurch umgangen worden, dass man die eignen Actien nominell Anderen cedirt und dadurch in den General-Versammlungen über die volle Stimmzahl disponirte. Die so erscheinenden Actionäre sind selbstverständlich nur Strohmänner, die laut Ordre stimmen, und, wie schon erwähnt, hat selbst die Regierung bei uns von diesem Rechte Gebrauch gemacht.

Ferner ist es Mode geworden, um sich eine Majorität zu sichern, wenn man nicht genug eigne Actien besitzt, solche von anderen Personen zu leihen. Die Directionen haben oft ihre Stellung und die Bekanntschaft mit einzelnen Actionären dazu benutzt, Andere haben Freunde in Anspruch genommen, oder, was häufiger vorgekommen ist, die Actien gegen Leihgeld für die betreffende Generalversammlung gemiethet. Die ehrliche Benutzung vorausgesetzt, so ist dem, der seine Actien vertheilt oder sie verleiht, kein Vorwurf zu machen. Das Schlimme der Sache liegt aber darin, dass hier keine Sicherheit gegen Missbrauch vorhanden ist, denn es kann vorkommen, dass die Majorität, wenigstens die momentane Majorität, nicht einmal bei der Sache rechtlich interessirt ist, und dass sie dem Unternehmen ganz fern stehende, ja feindliche Zwecke verfolgt. Es möchte z. B. eine bestehende Eisenbahn gerne eine Concurrenz- oder Anschlussbahn acquiriren. Es kann dies aber ganz gegen das Interesse dieser letzteren Bahn sein; man borgt sich nichtsdestoweniger Actien gegen ein hohes Leihgeld, welches im Verhältniss zu dem bezweckten Ziele gar nicht in's Gewicht fällt, und beschliesst in der Generalversammlung den Verkauf, die Verpachtung oder die Betriebsübernahme der betreffenden Bahn, unter Bedingungen, welche die Actionäre auf's Aeusserste schädigen. Aehnliche Vorfälle sind schon dagewesen, und wenn es auch nicht der Fall wäre, so liegt jedenfalls immer ihre Möglichkeit vor. Das Gefährlichste dabei ist, dass der Attentäter sich verstecken kann, so dass das Ganze als die Willensäusserung einer Zahl Actionäre erscheint, die in Wirklichkeit nur Marionetten waren, und das Odium, welches eine solche Handlungsweise erwecken würde, schreckt nicht ab, weil der Handelnde nicht gekannt zu werden braucht.

Leider liegt es sowohl in der Natur des Actienbesitzes als auch in unseren Eigenthümlichkeiten und Verhältnissen, dass bei uns im grossen Ganzen das Actienunternehmen, wenigstens so weit die Actionäre sich bei der Verwaltung betheiligen, herrenloses Gut ist, und so ist für alle möglichen Manipulationen, wie dieses aus den Berichten der Generalversammlungen während der letzten vier Jahre ersichtlich, Thür und Thor geöffnet. Der Actionär überhaupt, und bei uns besonders, sieht nur nach dem Course und in zweiter Reihe nach seiner Dividende; wie der Erste entsteht und wo die Letztere herrührt tangirt die allergrösste Majorität gar nicht; er verkauft des Courses halber um zu verdienen oder Verlust zu vermeiden und geniesst die Dividende, so lange er im Besitze ist. Ein wahres Verständniss für das Unternehmen haben die Wenigsten. Der gute, solide Grundsatz, sich in Erwartung und im Vertrauen auf das Gedeihen, auf die Entwicklung des Unternehmens, wie dieses bei neuen Eisenbahnen und Anlagen allein der Fall sein kann, mit einem Theil des disponiblen Capitals zu betheiligen und ruhig und unbeirrt die Resultate abzuwarten, ist abhanden gekommen. Der Actionär fühlt kein dauerndes Interesse für das Unternehmen selbst, die Coursnotirung und die sofortige Dividende spielen die Hauptrolle. Beides sind aber sehr problematische Grössen. Wo nicht Börsenmanipulationen künstlich wirken, richtet sich der Cours nach der Dividende, und diese ist unter Umständen gar kein Maassstab; die Höhe derselben kann ungerechtfertigt sein oder von vorübergehenden Ursachen herrühren, während es Zeiten giebt, wo ein werthvolles solides Geschäft sogar Verluste bringt.

Aus mangelnder Sachkenntniss und hauptsächlich, weil man da studirt (den Courszettel), wo nichts zu lernen ist, nimmt der Actionär kein Interesse und hat kein Urtheil über die Gesellschaft, bei welcher er betheiligt ist, und verkauft oder verleiht wohl gar seine Actien, um momentane Vortheile zu erzielen.

Häufig benutzt der Banquier oder Wechsler die bei ihm deponirten Effecten, um sie bei Gelegenheiten, wie die angeführten, zu verleihen oder vorübergehend zu verkaufen. Wenn es sich gerade um eine sehr wichtige Frage handelt, und man nicht genug Actien gegen Leihgeld borgen kann, so sucht man sie zu kaufen, bezahlt einen höheren Cours und verkauft nach der Generalversammlung eventuell zu einem niedrigeren Course. Der Banquier des Privatbesitzers leiht oder verkauft dessen Actien, je nach dem das Eine oder das Andere ihm vortheilhafter erscheint, d. h. wenn er durch Kauf und Rückkauf mehr Gewinn zu erzielen hofft, als durch Leihgeld, oder umgekehrt. Ich möchte jedem Privatmann rathen, aus obigen und vielen anderen noch wichtigeren Gründen seinen Besitz im eigenen Verschluss bei sich zu halten oder nur als versiegeltes Paquet bei Anderen zu deponiren.

Verbieten kann man die derartige Benutzung von Stimmen aber doch nicht, weil keine Vorschriften dazu ausreichen würden, und die Sache ungerecht wäre, wenn das Verbieten aber nichts nutzt, so schadet es sicher, denn es giebt nur Gelegenheit, durch den Schein zu trügen, indem man durch eine Bestimmung in den Statuten, welche umgangen wird, falschen Glauben erweckt.

Nach meiner Ueberzeugung ist es geboten, solche Bestimmungen unstatthaft zu machen, damit die Wachsamkeit des Publicums nicht eingeschläfert wird. Durch Erfahrung, Schaden und sachliche Erörterung wird der Actionär wohl klüger werden, aber es liegt kein Grund vor, warum man nicht, anstatt den grossen Besitzer in der Ausübung seiner natürlichen Rechte zu hindern oder zu beschränken, lieber versucht die Minorität, den kleinen Actionär zu schützen. Wer sich associirt, muss es sich gefallen lassen, in allen rechtlichen Fragen majorisirt zu werden, aber er braucht sich nicht betrügen, nicht misshandeln zu lassen, und eben darauf müssen die Gesetze gerichtet sein. Im Princip, nicht ganz in der Wirklichkeit, haben wir bei uns ein gutes Vorbild in den Bestimmungen bei Gewerkschaften. Dort disponirt die Majorität, ja der Dreiviertelbesitz berechtigt sogar über die Substanz zu verfügen, aber unter der Voraussetzung, dass Alles im Interesse der Gewerkschaft geschieht, und ob dem so sei, darüber hat auf Antrag der Betheiligten — ich glaube sogar auch aus eigner Initiative — die Bergbehörde zu entscheiden; hierin liegt ein Princip der Sicherheit gegen Missbrauch, ein Schutz für die Minorität. — Ohne eine Verbesserung unserer Actiengesetze nach dieser Richtung hin, bleibt die Minorität schutzlos und kann verkauft und verrathen werden. Abgesehen von genaueren Modalitäten würde ich bestimmen, dass jede Actie gleich berechtigt sei, also, dass der Besitzer im Verhältniss zu seinem Besitz stimmen könne; die Actien müssen aber auf den Namen lauten und, obgleich Cession das sofortige Eigenthum bedingen kann, so dürften doch nur Diejenigen stimmberechtigt sein, die in dem Actien-Verzeichniss der Gesellschaft drei Monate vor der General-Versammlung als Eigenthümer legitimirt sind. Vollmachten würden kurz vor der

General-Versammlung auszustellen sein, wo nicht, wie bei Procuristen, Vormündern etc., der Vertreter auf Grund dauernder General-Vollmacht handelt. Ausübung des Stimmrechtes auf Grund der Registrirung nach Entäusserung des Eigenthums muss straffällig sein, und darauf bezügliche Vorkehrungs-Verordnungen sind möglich.

Hierdurch bezwecke ich, dem stabilen Besitz, der ein wahres Interesse indicirt, so weit als thunlich die Macht zu geben und Scheinbesitz und Zweck-Manipulationen zu verbieten und unter Umständen strafbar zu machen. Wird dieses rechtlich benutzt, so muss die Minorität zufrieden sein; gegen Missbrauch müsste es jedem Actionär freistehen, die Beschlüsse der General-Versammlung, je unter Umständen, sogar die Handlungen der Verwaltung in Frage zu stellen und zwar ungefähr in folgender Weise: Um die Interessen einer Gesellschaft nicht zu schädigen, sollten die ersten Schritte geheime sein; der betreffende Actionär muss einen dazu bestimmten Richter oder einem Collegium auf seine Kosten Vorstellungen machen können, und wenn diese, nach freiem Ermessen des Richters, genugsam überzeugend sind oder die Wahrscheinlichkeit bieten, dass die gefassten Beschlüsse, sowie die Handhabung der Verwaltung nicht im wohlverstandenen Interesse der Actionäre geschehen sind, dann müssten die von den Umständen, dem Richter als geboten erscheinenden nöthigen weiteren Ermittelungen oder Schritte in's Werk gesetzt werden, um Thatsachen festzustellen und Remedur zu verschaffen. Ich erwähne hier durchaus Richter, weil Aufsichtsbehörden zu sehr dazu neigen, sich unnöthig einzumischen und bei uns gewöhnlich Bestimmungen mit Gesetzeskraft, wenn auch nicht mit gesetzlichem Recht, machen, die ungebührende Beschränkungen der Actien wie des Eigenthümers mit sich bringen, und weil die Idee, dass es eine Aufsichtsbehörde giebt, die eigene Wachsamkeit einschläfert. Der Actionär soll wissen, dass es ihm allein obliegt, über sein Eigenthum zu wachen, und dass er beim Richter die geeignete Behörde und die Mittel findet, sich Recht zu verschaffen, und er soll für Kosten und event. für Schaden in Anspruch genommen werden können, wenn der Richter der Meinung ist, dass das Vorgehen des Reclamanten unmotivirt und vexatorisch sei oder aus bösen Absichten hervorgehe. Soweit muss dem Richter in jeder Beziehung die freieste Action gegeben werden, sogar bis zur Inhibirung der Ausführung der Beschlüsse oder was sonst, wenn er glaubt, dass Gefahr im Verzuge sei. Nachdem dies soweit als thunlich vorangegangen und Grund zum Einschreiten vorliegt, kann die Sache zur öffentlichen Verhandlung kommen, wobei eine Jury aus, für jeden Fall speciell gewählten und geeigneten Sachverständigen unter Leitung der Richter zu beschliessen hätte.

Ich habe die Handlungen der Verwaltung hierbei absichtlich mit einbegriffen, weil nach dem Deutschen Handels-Gesetz-Buche, dem jetzt geltenden Actien-Gesetz und der hier üblichen Usance eigentlich Alles in Händen der Direction liegt. Die General-Versammlung kann überhaupt nur in ganz besonderen Fällen und selten mitsprechen, ihr fehlt die Gelegenheit die Thatsache zu prüfen, ja als Gesammtkörper die Qualification, sie zu verstehen, wenn auch eine Prüfung möglich wäre. Unter den jetzigen Verhältnissen sind die General-Versammlungen immer von den leitenden Besitzern beherrscht, und unter allen Umständen wird dieses bis zu einem gewissen Grade auch stets der Fall bleiben. Bei der ungebührenden Stellung, die das Gesetz und die Usance bei uns den Directionen einräumt, ist der Aufsichtsrath eigentlich auch machtlos; Viele mögen sich einbilden, dass sie die Aufsicht ausüben, ich behaupte dagegen aus grosser Erfahrung und trotz vollständiger Beherrschung des Faches, dass ich mich als Aufsichtsraths-Mitglied für vollständig unfähig hielt, nach irgend einer Richtung die Kontrole und Aufsicht zu führen, wie dies sein müsste. Einige Sitzungen im Laufe des Jahres reichen bei allen persönlichen Erfordernissen nicht dazu hin, das Geschäft und das Gebahren der Direction derart zu verfolgen, dass man darüber ein Urtheil hätte. Die zu behandelnden Fragen, namentlich bei Eisenbahnen, wird man immer im Sinne der Direction entscheiden müssen, weil man gar nicht genügend vorbereitet sein kann, sie gründlich zu prüfen und etwaige Verbesserungen vorzuschlagen. Die Directionen sind bei uns zu selbständig, disponiren überall zu sehr nach ihrem Ermessen, und dem Aufsichtsrath fehlt die Gelegenheit und die Macht, wirklich nützlich zu wirken.

Bei Eisenbahnen ist man vollends gebunden, denn da kommt noch der Techniker hinzu mit seinen Rechten, auf Grund seiner persönlichen Verantwortung für die Sicherheit, und Alle stecken sich hinter Ministerial-Verordnungen und Staats-Aufsicht, um den Aufsichtsrath zum Popanz zu machen. Wenn das Ministerium sich um Bahnen und Verwaltungen nur in so weit kümmern würde, als Revisionen hinsichtlich der Sicherheit der Bahn und Verfolgung, wo durch Fahrlässigkeit oder sonst wie Nachtheile entstanden sind, dies nöthig machen, wenn die Anstellung der Directionen keiner ministeriellen Genehmigung bedürften, und dieselben im Aufsichtsrath ihren wirklichen Chef hätten, dann würden wir viel billigere und bessere Verwaltungen haben. Heute hat hier wie bei allen Gesellschaften der Aufsichtsrath höchstens das Odium zu tragen, wenn die Angelegenheiten schlecht ausfallen. Die wirkliche Macht, die wirkliche Schuld liegt bei allen Schäden in der Direction. Das Gesetz war wesentlich beeinflusst von kaufmännischen Gründen, und so weit bureaukratisch Hand daran gelegt wurde, neigte sie zur Concentrirung der Macht in den Händen der Beamten (Direction). Von kaufmännischer Seite wurde der Direction ihre ganz falsche Stellung gegeben, weil man dabei, wie bei den Vorschriften für die Procura im Handelsgesetzbuch, ganz sicher gehen wollte, dass die bezeichneten Personen oder Directionen die Machtgeber oder Gesellschaften auch ganz ohne Zweifel verpflichten könnten.

In England geht man von ganz anderen Grundsätzen aus; dort giebt es einen Verwaltungsrath, der verantwortlich ist, und die Direction handelt unter dessen Leitung. Verfügungen über Substanz und anderes Aehnliche können von der Direction überhaupt nicht getroffen werden, sondern müssen die Unterschrift des Vorsitzenden und anderer Mitglieder des Verwaltungsrathes neben der der Direction tragen, und selbst bei weniger wichtigen Fragen zeichnet der Verwaltungsrath mit; es giebt sogar viele Fälle, die nicht zum täglichen Verkehr gehören, wo die Direction specieller Vollmachten *ad hoc* bedarf. Dies mag den Verkehr dann und wann erschweren, mir ist es aber vorgekommen, dass ich einer Gesellschaft einen grossen Verlust ersparte, weil mir die gewöhnliche Legitimation für ein Ausnahme-Geschäft ungenügend erschien, und die sich daraus ergebende Unterhandlung mit dem Verwaltungsrath wirklich erwies, dass die Direction aus missverstandener Machtvollkommenheit im Begriffe war, einen grossen Fehler zu begehen.

Man muss es der Welt überhaupt nicht zu leicht machen wollen; möge sich Jeder darum kümmern, ob eine Direction, mit der er verkehrt, für seine Angelegenheit befugt ist. Neben dieser Einrichtung finden in England bei allen Gesellschaften wöchentliche und, wenn das Geschäft es erfordert, häufigere Sitzungen statt. Bei Banken sind immer ein oder mehrere Mitglieder *du jour*. Alle Geschäfte, die nicht sofort erledigt werden müssen, werden in den wöchentlichen Sitzungen zur Genehmigung vorgelegt oder unter Verantwortlichkeit der Direction in der nächsten Sitzung durch Protocoll genehmigt. Jedermann weiss ganz genau, an welchen Tagen und Stunden die Gesellschaften ihre (*regular board meetings*) Sitzungen haben, und selbst Geschäftsverbündete benutzen diese Gelegenheit, um in wichtigen Sachen mit der Verwaltung zu conferiren. Wo sich das ganze Geschäft so fortwährend vor den Augen des Verwaltungsrathes abwickelt, da kann man die Verhältnisse genügend kennen, Alles beurtheilen und dafür verantwortlich sein. Wenn man erwidern wollte, dass ein solcher Verwaltungsrath eigentlich Direction ist, so beruht dieses auf einer unrichtigen Auffassung, denn der Verwaltungsrath hat nicht die Executive; diese bleibt der Direction. Von dieser können Fehler gemacht werden, die sich bei uns der Beurtheilung entziehen, dort aber von einer Behörde geprüft werden können, die sie nicht verschuldet hat, aber dafür verantwortlich gemacht werden könnte, wenn dieselben ungerügt blieben.

Man könnte behaupten, dass sich bei uns nicht leicht Männer finden dürften, die sich dieser Mühe unterziehen; es kommt nur darauf an, welche Männer man dazu wählt. In England giebt es Herren, die sich Renommé bei Verwaltungen erworben haben; diese bilden den activen Theil des Verwaltungsrathes, gehören mehreren Gesellschaften an und betrachten die Emolumente, neben ihrem Interesse in Actien und der angenehmen Beschäftigung, als genügenden Reiz; die mehr beschäftigten reichen Mitglieder lassen sich von den andern unterrichten und verleihen moralisches Gewicht. In Deutschland giebt es eine unverhältnissmässig grössere Zahl befähigter Männer, Rentiers, pensionirter Beamten und Andere, die geschäftskundig und zugleich bureaukratisch routinirt sind, welche mässige Remuneration und Arbeit, die nicht anstrengend ist, reizen würde.

Ich betrachte die Stellung unserer Directionen als den allergrössten Krebsschaden, als indirect den Grund alles Uebels, ohne dessen Beseitigung unsere Actiengesellschaften nicht prosperiren werden, und ich wünschte wohl, dass es mir der Raum gestattete, dieses durch zahllose Beispiele und erschöpfende Motivirung zu beweisen. Immerhin muss der Actionär, der der Ueberzeugung ist, dass die Verwaltung sein Vermögen schädigt, einen Weg haben, dieses zu verhindern. Was als schädlich zu betrachten ist und alles darauf Bezügliche bedarf natürlich reiflichster Erwägung. Ich plaidire nur für den Grundsatz, glaube aber, dass neben allgemeiner Directive das Meiste der Erwägung des Richters anheimfallen muss.

Ich glaube hier einen Weg angedeutet zu haben, wie einem grossen, anerkannten Fehler unseres Actienwesens abgeholfen werden könnte, wenn man auch meinen ausgesprochenen Ansichten über die Directionen nicht beipflichtet.

Siebentes Capitel.

Eisenbahn-Concessionen, Staatsaufsicht etc.

Siebentes Capitel.

Eisenbahn-Concessionen, Staatsaufsicht etc.

Als Einleitung zur Kritik unserer bezüglichen Verhältnisse möchte ich, wenn auch nur flüchtig, einige Betrachtungen über die Concessionirung und Beaufsichtigung der Eisenbahnen in anderen Ländern vorausschicken.

Dass die Herstellung von Eisenbahnen staatlicher Genehmigung und der Betrieb einer gewissen Aufsicht unterliegen muss, ist allgemein anerkannt; überall aber ist die Art und das Maass verschieden, und nirgends ist man ganz befriedigt oder überzeugt, dass der eingeschlagene Weg der richtige sei. Die Frage ist überhaupt keine principielle, das Beste und Zweckmässigste soll erstrebt werden, „auf's wie und wo und wann — kommt's hier am meisten an,“ und daher ist für die richtige Beurtheilung ein Vergleichen der verschiedenen Praxis und Resultate und nicht eine doctrinäre Behandlung des Gegenstandes geboten. In den *Vereinigten Staaten* sind die Bedingungen und Bedürfnisse *sui generis*, und so lässt sich auch für unseren Zweck wenig aus der dortigen Praxis anwenden. Alles geht dort aus den Parteikämpfen hervor und wird mehr oder weniger als persönliche oder locale Belohnung gewährt. Die *State Legislature* (Parlament der Einzelstaaten) ertheilt Concession und Landberechtigungen an diejenigen Gegenden und Personen, welche die grössten politischen Dienste leisten können oder geleistet haben. Es braucht dies kein Staunen zu erregen und bietet keinen Anhalt zum Tadeln des Systems, welches der

Volksvertretung das Concessionswesen überlässt, denn diese ist selbst hier nur der Reflex einer Bevölkerung, welche sich, in Urzuständen befindend, wo noch Alles zu schaffen und keine Zeit zu verlieren ist, um die Mittel nur in so weit kümmert, als diese direct zum Ziele führen. Ehe man amerikanische Verhältnisse verdammt, oder sie gar als warnendes Beispiel für principielle Behauptungen darstellt, muss man sich dieselben vergegenwärtigen, ihren localen Ursprung kennen und auch berücksichtigen, dass die Umstände den moralischen Standpunkt einer Nation bedingen. Lehrreich ist indessen, wahrzunehmen, wie trotz der vorerwähnten Missstände die Bedürfnisse dort befriedigt werden, und was überhaupt geleistet worden ist. Dabei darf man auch nicht ausser Acht lassen, dass die grössten Unternehmungen in einem Lande ausgeführt worden sind, wo die Entfernungen über alle Maassen gross und die Bevölkerung relativ sehr gering sind, wo Geld kaum zu haben und dieses sowohl als Arbeitslöhne und Materialien theuer sind. Im grossen Ganzen sind die zweckentsprechendsten Richtungen gewählt, und die Herstellung ist der Bevölkerung und den Verkehrsverhältnissen angemessen durchgeführt.

Es giebt in Amerika sehr solide und höchst primitiv gebaute Bahnen; beide sind aber gerade wie sie sein sollen, sie sind den Umständen angepasst. Bevölkerte Gegenden verlangen und können solide kostspielige Bahnen herstellen und verzinsen; wo grosse Entfernungen in unbewohnten oder wenig bevölkerten Gegenden zu überwinden sind, und wo die Bevölkerung eigentlich erst der Bahnherstellung folgt, dort hat man nur die Wahl zwischen Bahnen mit möglichst geringen Herstellungskosten oder gar keinen Verkehrsadern. Die Staatsaufsicht ist in Amerika als fast gar nicht vorhanden zu betrachten, sie würde auch wenig nützen. Die Vereinigten Staaten hätten heute sicher noch nicht ein Viertel ihrer Bahnen, wenn unsere Principien dort gelten würden. In der Natur einer Bauart, für primitive Verhältnisse bestimmt, in der Nothwendigkeit und nicht in Rücksichtslosigkeit oder mangelndem Verständniss für die Sicherheit des Verkehrs liegt es, dass viele Einrichtungen, welche Gefahren verhindern sollen, dort mangeln; es fehlt indessen doch immer nur dasjenige, was durch Vorsicht, Umsicht und Geistesgegenwart ersetzt werden kann. Wo dieses nicht der Fall ist, wo dadurch Gefahren nicht beseitigt werden können, da wird das Nöthige geleistet. Beim Fahrpark hilft keine Vorsicht, der muss gut sein, wenn Unheil vermieden werden soll, und so ist das Rollwesen dort auch durchweg von bester, solidester Beschaffenheit, besser als bei uns, indem die schlechten Wege dasselbe nöthiger Weise stark in Anspruch nehmen. Der Comfort ist im höchsten Grade und verhältnissmässig billig berücksichtigt, und für die Sicherheit und möglichste Schnelligkeit des Güterverkehrs besser gesorgt als in Deutschland.

Ich möchte keine Capitalien in amerikanischen Bahnen anlegen, weil ich kein Vertrauen in die Redlichkeit der Verwaltung haben würde; dieses liegt aber weniger in einer schlechten Gesetzgebung als in den dortigen Zuständen, ein Uebel, wofür die Zeit allein Heilung bringen kann. Wo keine Concurrenz vorhanden ist, missbrauchen die Bahnen ihr Tarifrecht in ganz unverantwortlicher Weise; hier möchte man wohl wünschen, dass eine staatliche Einwirkung möglich wäre, ohne grössere Uebel zu schaffen, und die wäre auch vorübergehend nöthig, denn ein jeder Missbrauch erweckt dort entweder Concurrenzlinien, oder wo die Concurrenz, wie bei der *Pacific-Bahn*, nicht möglich ist, entwickelt sich bei den dortigen Zuständen leicht wirksame Opposition; so sieht man heute schon Combinationen, die in ihrem Gelingen vielleicht die wohlthuendsten Wirkungen haben werden. Es hat eine Bewegung der Adjacenten an der *Pacific-Bahn* begonnen, die darauf gerichtet ist, ihren politischen Einfluss auf die Gesetzgebung gegen die Bahnverwaltungen geltend zu machen. So kann es dahin kommen, dass sich die Bevölkerung mehr um diese Angelegenheiten kümmern, sie besser verstehen wird, und so kann stetiger eine Kraft geschaffen werden, die neben dem Interesse an guten Einrichtungen und Verkehrsentwicklung, die staatsökonomische und moralische Seite der rein erwerblichen entgegenstellen wird.

Russland gewährt von allen Ländern das Wenigste zum Nachahmen; die Bahnen sind schlecht gebaut und werden schlecht erhalten und verwaltet; der Staat concessionirt, garantirt und gewährt Alles. Alles scheitert dort indessen an Umständen, die vorläufig nicht zu bessern sind; man kann hier aber durch statistische Nachweise besser als irgend wo beweisen, welche Vortheile Bahnen an und für sich bieten. Der Staat, die Finanzen, die Cultur und der materielle Wohlstand haben hier in kaum erhörter Weise Vortheile gezogen, und die vermehrte Steuerkraft ist mehr als ausreichend gewesen, die aus Staats-Mitteln durch Fehler und Verschwendung bei Bahnbauten vergeudeten Millionen zu decken.

In *Frankreich* betheiligt sich bei der Concession im *intérêt local* die Departements-Behörde, im *intérêt puplic* das Ministerium, die Legislatur aber giebt die Sanction. Wie bei Allem in Frankreich, so ist auch hier im Abstracten vielleicht das Beste gefunden. Was kann rationeller sein, als eine Anregung, die von Behörden ausgeht, welche die Verhältnisse am besten kennen müssen und sie, wenn auch im Kirchthurm-Interesse, doch von einem sehr hohen Thurm, die localen Bedürfnisse beurtheilend, vertreten kann. Eben so richtig ist es, dass das Ministerium prüft, in wie weit den localen Wünschen nicht Landes-Interessen entgegenstehen, und da hier zwei Parteien sich möglicher Weise bekämpfen, so entscheidet die dritte, grösste Macht im Staat, das Parlament, die Frage überhaupt erst. Ob diese Methode gute Resultate liefern würde, wenn der Schein mit der Wirklichkeit übereinstimmte, will ich nicht beurtheilen; in der That herrscht hier nur eine Macht, nicht die locale, nicht die politische durch den Minister vertretene und auch nicht die gesetzgebende; es regiert einzig und allein die bureaukratische, der betreffende Abtheilungschef im Ministerium und die verschiedenen ressortirenden Beamten. Unter jeder Regierung bleibt in Frankreich stets derselbe bureaukratische Apparat in Kraft.

Dieser Apparat mag in politischen Dingen *der Leitung von oben her* folgen, auf anderen Gebieten aber, und namentlich im Eisenbahnwesen, beeinflusst er den Minister, und durch ihn beherrscht er die locale Behörde und leitet die Kammer. Es ist daher das französische System im reinsten Sinne des Wortes bureaukratisch, mit allen Mängeln behaftet, die diesem eigen sind. Die Lage und der Wohlstand des Landes, die Zahl der Bevölkerung machen es selbstverständlich, dass hier ein grosses Bahnnetz und rentable Bahnen vorhanden sein müssen; nirgends aber sind die Einrichtungen so schwerfällig, kostspielig und pedantisch, nirgends wird das fahrende Publicum so gemisshandelt, wird so wenig für Comfort gesorgt, nirgends wird man so schlecht bedient und so sehr belästigt als in Frankreich. Die Anzahl Chefs hoher und höchster Stellen überschreitet jedes Maass. In der Handhabung des Güter-Verkehrs kann es England nicht das Wasser reichen. Die grossen Bahnen üben, wie bei uns, nur in viel schlimmerem Grade, eine ungebührende Macht aus, und ihrem Einfluss ist es zu verdanken, dass seit vielen Jahren keine grosse Verkehrsstrasse geschaffen ist, obgleich mehrere ein positives Bedürfniss sind, und die bureaukratischen Beschränkungen verschulden es, dass überhaupt so wenig für die Entwicklung des Bahnnetzes Seitens des Publicums geschieht. Die Aufsicht des Staates erschwert, verlängert und vertheuert den Bau in kaum zu beschreibender Weise, und doch steht Frankreich hinter anderen grossen Ländern in Bezug auf gut gebaute und gut erhaltene Bahnen zurück. Die Vortheile, die es besitzt, in Betracht gezogen, erzielt man in Frankreich nicht annähernd die Erträge, die zu erwarten man berechtigt wäre.

In *Belgien* hat das Verfassungsleben Wurzel gefasst; das Land ist klein, stark bevölkert und wohlhabend, alle Stände sind an der Industrie betheiligt, denn diese spielt hier eine so bedeutende Rolle, dass man beinahe sagen könnte, die Existenz des Staates hängt davon ab. Die Bedürfnisse des Verkehrs sind dann auch von allen Schichten der Bevölkerung, der Volksvertretung und Regierung durch und durch verstanden und gebührend gewürdigt worden. Die öffentliche Meinung macht sich in Belgien sehr geltend, und selbst der König legt das grösste Gewicht darauf, die Industrie in jeder Beziehung zu pflegen. Belgien besitzt meistens nur Staatsbahnen und subordinirt die Interessen derselben gänzlich der Industrie. In keinem Lande wird der Verkehr daher auch so begünstigt, sei es durch Frachtsätze, Waggon-Lieferungen und alle möglichen Erleichterungen und *Soulagements*. Der Betrieb ist nach dieser Seite hin äusserst praktisch. In anderen Beziehungen lässt die belgische

Bahnverwaltung viel zu wünschen übrig. Die öffentliche Meinung wird indessen die büreaukratischen Uebergriffe stets zu zügeln wissen. Die Verhältnisse Belgiens sind somit ganz eigner Art. Es wirken hier alle Interessen zusammen gegen den Instinct der Staatsbehörden, die fiscalischen Interessen den industriellen voranzustellen. Ich sprche deshalb von dem Instinct einer Behörde, weil es ganz erklärlich ist, dass jeder Beamte dahin streben wird, soviel als möglich aus der ihm anvertrauten Sache zu machen, und es nicht zu erwarten ist, dass er es zu beurtheilen versteht oder abwägt, in wie weit andere Interessen wichtiger sind als die Erträge seines Ressorts.

In Wirklichkeit ist die hier besagte Politik die richtige; denn abgesehen von den Mehreinnahmen durch den Mehrverkehr, der billige Frachten mit sich bringt, erzielt der Fiscus durch die Prosperität der Industrie weit mehr, als er an Frachten verlieren könnte, wenn selbst der Verkehr zu höheren Preisen derselbe bliebe. In grossen Reichen, wo die Industrie nur eins von vielen Interessen ist, wo die Beamtenwelt, die Aristokratie und was sonst maassgebend dieser sowohl als grossen Verhältnissen überhaupt fern stehen, da verfolgt der Staat, resp. die Beamten immer die *natürliche* Politik und da wird, in Ermanglung reger Concurrenz, immer die Gans des goldenen Eies wegen geschlachtet, und es werden immer die nahe liegenden directen, wenn auch in Wirklichkeit falschen Interessen wahrgenommen.

Vor dem Jahre 1866 wurden in *Oesterreich* wesentlich Bahnen mit Staatsgarantien gebaut. Dem Staate gebührt hier im Interesse seiner Garantie Aufsicht und Beeinflussung, aber weil die dortige Büreaukratie schwerfällig ist, so gelang es den Concessionsinhabern stets, sich diesen zu entziehen. Die Bau-Capitalien waren immer hoch und die Concessionsbedingungen ungünstig für den Staat, meistens, *Sinecuren*, der *Stimulus* für eine ökonomische gute Verwaltung fehlte, so lange Zins-Garantien aushalfen, und selbst bei den besten Bahnen, die sehr hohe Rente abwerfen, findet sich noch heute keine Energie, kein Geist, kein richtiges Verständniss für ihre Aufgabe. Das Land ist reich, manche Bahnen, wie die Staatsbahn, haben ein positiv goldenes Gebiet; hier ist die Verwaltung französisch:

kostspielig, pedantisch und schlecht in vielen Beziehungen, so lange aber die guten Dividenden erzielt werden, wird die Bahn die Reputation haben, gut verwaltet zu sein. In jüngerer Zeit sind einzelne Versuche gemacht worden, Verschwendung und schlechten Bau zur Verantwortung zu ziehen, es ist aber nicht gelungen. Dem Lande sind trotzdem ausserordentliche Vortheile aus den Bahnen selbst entstanden, und die meisten derselben rentiren. Die Verwaltung ist aber überall schlecht und kostspielig, andere Fehler lasse ich unerwähnt, überall könnte mehr erzielt, mehr geleistet werden, und nirgends wird auf das Interesse des Verkehrs und der Bevölkerung Rücksicht genommen. Seitdem Oesterreich von Ungarn getrennt ist, sind weniger Concessionen ertheilt worden, und die Volksvertretung ist nicht mehr so bereit, wie dies früher der Fall war, hohe Zinsgarantieen und andere Vortheile zu gewähren.

Aus all diesem lässt sich nichts deduciren ausser, was selbstverständlich ist, dass, da man früher in Oesterreich nicht ohne Garantie bauen konnte, es weise war diese zu ertheilen. Regie-Bau hätte auch keine besseren Resultate geboten, denn die dort gravirenden Fehler sind vorläufig national. Der Regierung steht alle Macht zu, sie hat sie bis jetzt entweder gar nicht, zur Unzeit oder falsch angewandt. Es beweist dieses also, dass es hier, auch selbst wenn es im Abstracten richtig wäre, Alles vom Staat aus zu leisten und zu beobachten, doch nichts geholfen hätte, weil es immer dann noch darauf ankäme, ob die richtigen Instrumente dazu vorhanden sind.

Ungarn bietet ein eigenes Beispiel; dort concentrirt sich alles Böse der Welt und alle Widersprüche; kein anständiger solventer Unternehmer kann es, nach den gemachten Erfahrungen, wagen, in Ungarn zu bauen. Nirgends sind die Mitglieder der Direction und des Aufsichtsraths so energisch, so pedantisch; nirgends ist die Behörde fleissiger; nirgends wird so viel auf Form, Einheitlichkeit und Kontrole gehalten, nirgends ist die Einmischung so gross.

Nicht die gewöhnlich zu überwindenden Schwierigkeiten, noch die local vorhandenen Bauverhältnisse sind die Veranlassung gewesen, dass jeder Unternehmer bis jetzt dort sein

Geld verloren hat, sondern Baustörungen, Zeitverluste, Unsicherheit in den Dispositionen, — weil man nie wissen konnte, wie weit die Chikane gehen würde, — und Ursachen ähnlicher Art, welche den Bau nicht verbessern, der Gesellschaft Nichts nutzen und auch dem Staat keinen Vortheil bringen, haben dies veranlasst und den Bau vertheuert.

Der von der Regierung beim Bau ausgeübte schlechte Einfluss pflanzt sich auf den Betrieb fort und findet bei den Bahnverwaltungen selbst nach unten hin überall Nachahmung.

Aus obigen Gründen ist es erklärlich, dass die Ungarischen Bahnen, im Verhältniss zu ihren Herstellungskosten, von schlechtester Beschaffenheit sind, sich nicht rentiren und die Finanzen, die trotz des Reichthums des Landes zurückgehen, nachtheilig beeinflussen.

Ich rathe jedem Ausländer, *Ungarn* wie *die Pest* zu vermeiden, denn wie auch die Leute dort sich persönlich hassen mögen, eins vereinigt sie innig — durch Ausbeutung das Nicht-Ungarn zu ruiniren, was als patriotisch beurtheilt wird. Ich kann meine Behauptungen, dass dort Alles faul, schlecht und nicht nachahmungswürdig ist, nur darum nicht motiviren, weil ich nicht aussprechen mag, was ich beweisen kann.

England bildet den vollständigsten Gegensatz zu Frankreich. Hier ist das Meiste unsystematisch und Vieles schlecht, aber es fällt besser aus als irgend wo. In England hat die Regierung mit Concessionirung gar nichts zu thun; dieselbe ist da eine Gesetzgebung, die in jedem Falle unter Beobachtung gewisser Formen von Privaten auf ihre Kosten nach ihrem Willen oder Interesse originirt. Beide Häuser haben seit vielen Jahren *Standing Orders* (Bestimmungen) gemacht und unaufhörlich daran gebessert, welche diejenigen Schritte bedingen, die vor der Eintragung und während der Verhandlung der betreffenden Gesetze zu beobachten sind. Es sind aber Alles nur Formalien, die darauf abzielen, dass die Pläne richtig entworfen werden, die Mittel für die Kosten vorhanden sind, und eine Bürgschaft dafür geben, das die Ausführung ernstlich beabsichtigt ist. Nichts hindert den freien Willen des Einzelnen, wenn die Vorschriften erfüllt sind, das Gesetz vor das Haus zu bringen; diese und alle Gesetzvorlagen von Privaten, welcher Art sie auch seien, heissen *Private-Bills.* Es bestehen besondere Vorschriften für deren Behandlung; die Hauptarbeit bei dieser Gesetzgebung wird durch Comités verrichtet.

Die Prozedur ist äusserst kostspielig, es hat sich eine förmliche Praxis dabei herausgebildet und ist, wie gesagt, ganz unabhängig von der Action der Regierung. Einzelne Minister event. alle können ihren Einfluss als Mitglieder des Hauses dafür oder dagegen ausüben; als Regierung, als Partei geschieht es nicht, weil bei solchen Angelegenheiten fast immer Mitglieder aller Parteien interessirt sind.

Das Comité bildet eine Art Prüfungsgerichtshof, welcher zu beurtheilen hat, ob die Bahn im öffentlichen Interesse, ob sie nöthig, ob sie ausführbar sei (dieses ist aber Nebenfrage, weil die ersten Techniker stets die Pläne machen und darum präsumirt wird, dass diese nichts technisch Falsches vorlegen würden), ob concurrirende Projecte vorliegen, in diesem Falle, welcher Plan vorzuziehen sei, ob das Bahngebiet einer existirenden Bahn dabei ungebührend beeinträchtigt wird, ferner wie Adjacenten dabei berührt und ob billigen Anrechten genügend Rechnung getragen ist, und so Alles, was im privatlichen und öffentlichen Interesse zu berücksichtigen ist. Alle politischen Fragen fallen aber ganz fort. Wenn Jemand bauen will, so steht ihm nichts im Wege, als obige Fragen. Sind diese zu seinen Gunsten entschieden, so empfängt er seine Bill und wird dadurch Besitzer der Concession. Damit ist auch das Expropriationsrecht verbunden; der Concessionär kann das Gesetz innerhalb einer gewissen Zeit zur Ausführung bringen; versteht er die Zeit auszudehnen, so ist dieses leicht und mit wenig Kosten verknüpft, weil hier wieder der Grundsatz, acquirirte Rechte zu respectiren — was in England heilig gehalten wird — zur Anwendung kommt. Diese Art der Concessionirung erfordert eine Prozedur, einen Mechanismus, der bei uns ausserordentlich gut wirken und ganz am Platze sein würde, in England aber aus folgenden Gründen so schlecht wie nur denkbar ist. Alle Diejenigen, die wie oben erwähnt oder sonst wie bei der Frage interessirt sind, lassen sich durch die ersten Juristen vertreten und engagiren die höchsten technischen Autoritäten als Sachverständige. Die Belohnung ist exorbitant und der ganze Process höchst kostspielig. Die gewöhnlichen Kosten einer Bill variiren zwischen 15—30,000 £.; ist die Bahn eine bedeutende und die Opposition gross, so steigert sich dieses in ganz unberechenbarer Weise. Alle Betheiligten und namentlich die oppositionellen Gegenbewerber der Bahnen, können unter Umständen noch zu grösseren Kosten verurtheilt werden, je nachdem sie Zeugen und Sachverständige zur Bekämpfung für nöthig erachten. Jede Ausdehnung einer Bahn bedingt eine neue Bill mit denselben Kosten verknüpft, ausser, wenn dieselbe *unopposed* ist, was selten vorkommt.

Die zwei grossen Bahnen: die *London* und *North-Western* und *the Great-Western* haben sich viele Jahre bei ihren verschiedenen Erweiterungen bekämpft und haben Millionen in *Parliamentary Expenses* verausgabt. Kleinere und grössere ähnliche Kämpfe finden fortwährend statt, so dass *Law & Parliamentary Expenses* eine kolossale Rolle bei den Ausgaben spielen, und da die Bahnen sich stets durch jede in der Nähe projectirte Bahn bedroht glauben, so sind sie immer wachsam, die parlamentarischen Kämpfe hören nie auf und der Betrieb wird dauernd mit den Kosten belastet.

Jedes der beiden Häuser wählt sein „*council*“, die Eisenbahn- und ländlichen Interessen sind in beiden so sehr vertreten, dass ihnen in der Wahl der Comités Rechnung getragen werden muss. Sich parlamentarischen Einfluss zu sichern, ist eine grosse Frage für jede Gesellschaft. Bei fast jedem Verwaltungs-Rath sind *Peers* und Mitglieder des *House of Commons*, und *The Railway Interest*, wie diese genannt wird, bildet keinen unwesentlichen Theil beider Häuser, diese beeinflussen die nicht Betheiligten und spielen die Hauptrolle bei der Wahl der Commissionen.

Das schlimmste Moment bleibt aber das ländliche Interesse. Bekanntlich ist ein grosser Theil Englands Eigenthum der Mitglieder des *house of Lords and the Landed Aristocracy*. Diese Letztere und die Söhne der Ersteren sind im Abgeordnetenhause zahlreich vertreten. Eine Gefälligkeit ist der anderen werth, und so folgt es, dass, wenn eine Bahn eine oder mehrere grosse Besitzungen, grossen Herren gehörig, berührt oder auch nur interessirt, die *Projectors*, d. h. diejenigen, die zu bauen wünschen, sich mit jenen bezüglich des Preises für Terrain-Richtung, der Bahnanschlusspunkte, Haltezeiten, durchgehende Waggons und was sonst noch, vorher einigen müssen, denn sonst riskiren sie eine Opposition, die meistens zu ihrem Nachtheil ausfallen würde. Hierdurch wird auch der Grunderwerb vertheuert, die Baukosten häufig vermehrt, der Fahrplan beeinflusst und viele andere Missstände geschaffen.

Man ist sich dieser Uebelstände in England wohl bewusst, die Presse, die *independent members* (unabhängigen Mitglieder) und die öffentliche Meinung wirken auch darauf ein und hindern Manches, was sonst vorkommen könnte. Man zieht diesen Weg aber doch trotz aller damit verbundenen Mühseligkeiten der ministeriellen Ertheilung von Concessionen vor. Nach Erlangung der Concession bei Constituirung der Gesellschaft, beim Bau, bei den Plänen, bei Verwaltung, Reserve- und Erneuerungs-Fonds, Betriebsmittel und was sonst Namen hat, ist man absolut frei, man constituirt sich, baut und verwaltet als Gesellschaft, ist als solche den darauf bezüglichen Gesetzen unterworfen, aber sonst ungehindert, unbeschränkt.

Das Handels-Ministerium ist nur bei Inbetriebsetzung gewisser Objecte zuzuziehen, um dieselben hinsichtlich Tragfähigkeit und Sicherheit zu prüfen. Die Legislatur wird von der Voraussetzung geleitet, dass es die Aufgabe eines Jeden ist, sein eignes Interesse wahrzunehmen und die Folgen selbst zu tragen, wenn er dies vernachlässigt; man erkennt die Berechtigung und traut dem durch Bevormundung nicht eingeschläferten Selbsterhaltungstrieb des Volkes mehr Fähigkeit zu, sein Vermögen gut zu verwalten, als der Staatsweisheit einer bevormundenden Bureaukratie. Das Parlament sorgt nur durch Gesetze, für Recht überhaupt und hier speciell für das, was im allgemeinen Interesse liegt, und wünscht im übrigen die allergrösste Freiheit. Die Techniker sind bei ihren Prospecten nicht durch Vorschriften beschränkt. Jeder hat eigne Ideen und so wird fortwährend Neues erfunden. Man hat es nicht nöthig,

Beamte, die vielleicht voreingenommen, verknöchert oder veraltet sein mögen, die vielleicht dem Betreffenden in technischer Beziehung nicht ebenbürtig sind, zu befragen. Man baut auf eigne Verantwortlichkeit, es giebt eben viele Wege, die zum Ziele führen. Die Regierung hat dort nur auf geschaffenen Wegen mitzufahren und kommt sie sicher an, so ist ihre Aufgabe erfüllt; glaubt sie die Sicherheit nicht vorhanden, so kann nicht eröffnet werden, bis die Frage befriedigend gelöst ist.

Wenn trotz der eben erwähnten Missstände doch in England so Grosses geleistet worden ist, wenn dieses ein Bahnnetz besitzt, grossartiger, leistungsfähiger und besser ausgerüstet, wie irgend ein Land aufzuweisen hat, Einrichtungen, die in ihrer Vollkommenheit, Ausdehnung und Genialität nirgends annähernd erreicht worden sind — wenn London durch unterirdische Communication vor totaler Verkehrsstockung bewahrt worden ist, wenn dem Publicum Vortheile gewährt werden, die kein anderes Land bietet, und wenn trotz aller Systemlosigkeit, Geldvergeudung und Interessenberücksichtigung, die man ja vermeiden kann, Krisen überwunden worden sind und der Muth nie verloren wurde, die Fähigkeit Neues und Weiteres zu schaffen stets rege geblieben ist — so beweist dies, dass Alles neben Freiheit der Bewegung und Selbstständigkeit, als unbeachtungswürdig klein, verschwindet. Inzwischen rentiren sich jetzt die grossen Bahnen sämmtlich, selbst die weniger bedeutenden gehen ihrem Gedeihen entgegen, und es ist die Ueberzeugung im allgemeinen, dass ein bevormundetes Volk diese Resultate nie erreicht hätte.

Wenn diejenigen, die aus bureaukratischer Herrschsucht, aus Beschränktheit, aus falschem Idealismus und aus engherzigen ökonomischen Rücksichten der staatlichen Bevormundung das Wort reden, belehrt werden könnten, zu ermessen, welche Quelle des Wohlstandes, des Schaffens, der Ergiebigkeit für staatliche Zwecke, welche Triebkraft sie lahm legen, wenn sie das Volk gewöhnen von oben geleitet zu werden, anstatt sich selbst zu vertrauen und selbständig zu sein, wenn sie aus Furcht vor Ueberschreitungen den Unternehmungsgeist tödten, so würden sie vor der Aufgabe zurückschrecken, durch irgend welche staatlichen Mittel diese Kraft zu ersetzen. Die Steuerkraft eines

Volkes, wo Jeder ungehindert im eignen Interesse an dessen Wohlstand arbeitet, steht in gar keinem Verhältniss zu den kleinlichen Ersparnissen und den winzigen Einnahmen, die eine Regierung aus eigenem Schaffen erzielen kann. Die achthundert Millionen Pfund der englischen Staats-Schuld werden dort kaum empfunden. Wenn für Kriegs- und andere Zwecke noch so grosse Summen erforderlich sind, so giebt es keinen Staatsmann in England, den die Beschaffung der betreffenden Mittel auch nur einen Augenblick besorgt macht. Es hat nie finanzielle Bedenken erregt, Richter und Beamte auf das Höchste zu besolden, und wenn sich die Nothwendigkeit herausstellen sollte, den Apparat zu vergrössern und die Kosten zu erhöhen, so ist die einzige Frage nur, welche von den vielen noch nicht benutzten financiellen Schrauben am zweckmässigsten zu verwenden wäre. Alles dies verdankt man dort einzig und allein der eignen freien Thatkraft des Individuums. Die Regierung dient dort den Zwecken des Volkes und erlangt ohne Mühe und mit freudiger Hingabe, was zu ihrer Erhaltung erforderlich. Bei uns fehlt das Verständniss für diese Anschauung. Das Staatswesen steht als etwas Besonderes ausserhalb des Volkslebens, muss sparen, kann nur schlecht besolden, und droht bei vermehrten Bedürfnissen lästig zu werden. Es muss stets bedacht sein, für sich kleine ungeziemende Vortheile zu schaffen, die im Uebermaass ersetzt werden würden, wenn man den Begriff Wohlstand der Bevölkerung nicht mit fiskalischem Gedeihen verwechseln möchte und die Steuer-Schraube oder gar das staatliche Schaffen höher stellen würde, als die Thätigkeit Aller.

In Preussen herrscht der Handelsminister sowohl bei Concessionsertheilung wie auch als Aufsichtsbehörde als unumschränkter Herr, ausser wo das Kriegsministerium aus strategischen Gründen mitzusprechen berechtigt ist. Selbst da, wo Privat-Interessen, Kreis- und Städte-Angelegenheiten, wo Regierungsbehörden entscheiden und Beziehungen zu anderen Bahnen in Betracht kommen, ist dieses die alleinige, erste, letzte und auch Recursinstanz. Man kann vorstellig werden, man wird unter Umständen zugezogen, aber der Handelsminister allein entscheidet. Ich sage wohl bedacht der Minister und nicht das

Ministerium, denn die Ministerial-Directoren und Decernenten sind seine Räthe, es giebt keine collegialische Entscheidung; der Minister hört und liest, entscheidet aber allein. Er erlässt Verordnungen und legt die Gesetze nach seinem Belieben aus.

Nach meiner Erfahrung habe ich die Ueberzeugung gewonnen, dass hier und bei allen Executiv-Behörden, die grösste Latitude in Anspruch genommen wird, und weil es bei uns keine richterliche Instanz giebt, diese zu beschränken, so wird aus Zweckmässigkeits-Rücksichten, und laut subjectiv verstandenem, öffentlichen Interesse das Gesetz so angewandt, wie es nicht in der Absicht des Gesetzgebers lag. Eigenthum und Privatrecht werden dadurch oftmals beschränkt und verletzt.

In England kann man gegen die Auslegung oder Anwendung von Gesetzen Seitens der Executiv-Behörden stets an die Gerichte appelliren, allerdings auf eigne Kosten für beide Theile, wenn man Unrecht bekommt; auch ist die Prozedur mit Schwierigkeiten verknüpft, damit nicht die Behörden unnütz belästigt werden, aber der betreffende Beamte hat auch seinerseits die Kosten zu tragen, wenn die Klage berechtigt war. Der Kläger hat dort, wo es sich nicht um einen Anspruch handelt, der, wie bei uns, Gegenstand der Klage sein kann, also wo man aus persönlichem Interesse bezweckt, die Behörde entweder zu einer Handlung anzuhalten, oder von derselben abzuhalten, das Recht beim höchsten Gerichtshof einen Antrag zu stellen, der dahin lautet, dass das Gericht beschliessen möge, dass der Betreffende mit Gründen zu beweisen habe, warum dieses oder jenes nicht geschehen oder unterlassen worden sei; hierbei wird die Behörde nicht gleich zugezogen. Der Antragsteller hat den Richter zu überzeugen, dass entsprechende Gründe vorliegen. Ist diese Ueberzeugung gewonnen, so empfängt der Antragsteller „*a Rule*“, d. h. die Berechtigung, die Behörde zur Begründung aufzufordern; unter Umständen, wo Gefahr im Verzuge ist, kann sogar der Richter einen (*Injunction to stay action*) Zwischenbescheid, Handlungen zu hindern, geben. Nachdem der Betreffende gehört worden ist, entscheidet der Richter erst, ob „*the Rule*“ absolut, also bestimmt ausgesprochen sein soll, oder nicht. Im ersten Falle kömmt die Angelegenheit als zwischen Parteien, wobei die Behörde nur Partei ist, zur regelmässigen öffentlichen Verhandlung; im zweiten wird die *Rule „dismissed“* d. h. zurückgewiesen, und der Kläger hat die Kosten beider Parteien zu bezahlen und hat Mühe und so viel Geld verloren, dass sich Jeder wohl hütet, diesen Apparat unnütz und ohne genügenden Grund in Bewegung zu setzen. Ein Princip steht aber in England fest, wie das Recht selbst, und dieses ist, dass die Behörde laut Gesetz handelnd dem Gesetze unterworfen ist und vor Gericht nur als Partei ohne jede Bevorzugung auftreten kann. Wo dieses Princip nicht herrscht, dort sind alle Freiheiten illusorisch, dort ist Verfassung und alles Recht nur geborgt und tolerirt. Bei uns liebt man es, fundamentale Grundsätze aufzustellen, gefährliche democratische Einrichtungen zu verlangen und für Minister-Verantwortlichkeit zu poltern, welche letztere nebenbei gleichgültig ist, weil man sie praktisch fast nie in Anwendung bringen kann, und weil sie auch nicht so wichtig ist als die Verantwortlichkeit Aller, vom Nachtwächter bis zum Geheim-Rath; für das eigne persönliche Recht der Behörde gegenüber, für die eigne Selbständigkeit und Unabhängigkeit innerhalb der Gesetze, fühlt man hier weder Verständniss noch Bedürfniss.

Weil bei uns alles Speculative doctrinär ist, so findet, wo es sich um die Erreichung von Principien handelt, die grösste Dreistigkeit und Energie, wo es sich um nützliche, einfache, praktische Zwecke handelt, die grösste Gleichgültigkeit statt. Die Minister werden in ihrem eigentlichen Beruf, wo es sich um die grossen Angelegenheiten des Landes handelt, gestört, während man das Individuum in seinen Rechten und Interessen der Bevormundung, wenn nicht, was eigentlich darin begriffen ist, der Willkür der Behörde preisgiebt.

Sei dem indessen wie ihm wolle, und ohne hier auf die Praxis einzugehen, muss jeder logisch denkende Mensch, wenn er der Sache unbefangen näher tritt, einräumen, dass im Prinzip unseren Ministern Omnipotenz in Eisenbahnangelegenheiten die Möglichkeit für alles Böse bietet. Es kann der Minister von ganz falschen Grundsätzen geleitet sein, er kann aus Eigensinn oder Beschränktheit die Frage nicht verstehen und auf seine Räthe nicht achten, er kann aus irgend welchen Gründen äusseren Einflüssen folgen, er kann ein willenloses Werkzeug in Händen von Räthen werden, die nach aussen keine Verantwortlichkeit haben und wodurch ihnen die Möglichkeit geboten ist, aus obigen oder allen möglichen anderen Gründen Fehler zu begehen und falsch zu handeln. Dass Schlechtes bei uns nicht vorkommt verdanken wir nicht dem System, sondern dem Pflichtgefühl, der Ehrenhaftigkeit und dem wirklich ernsten patriotischen Streben unserer Beamtenwelt. Wer sichert uns aber dagegen, dass die materiellen Momente, die in unserer Zeit liegen und nothwendig und nützlich, aber zugleich geeignet sind, die persönlichen Bedürfnisse zu steigern, Versuchungen zu vermehren und den rein ideellen Standpunkt herunterzustimmen, ohne Einfluss auf das Beamtenthum bleiben werden?

Wenn wir unseren Behörden nichts Schlechtes vorwerfen können, so beweist die letzte Krisis aber, und bei sachkundiger Beobachtung muss die Ueberzeugung folgen, dass sie es nicht verstanden haben, unserer Bevölkerung Selbständigkeit und eine praktische Richtung zu geben; man lernt Viel und versteht Wenig bei uns. Ich habe Tausende von Beamten beschäftigt, ich habe bei ihnen grosse Fähigkeiten und alle möglichen guten Eigenschaften in viel grösseren Maassstabe als irgend wo vorgefunden, eins war mir unmöglich zu finden oder zu entwickeln, weil es bei uns (mit Ausnahme der Militärverwaltung) nie geweckt, stets unterdrückt wird: das war diejenige Selbständigkeit und Geistesgegenwart, die ohne Ambition oder Herrschsucht neben stricter Disciplin ohne Schema arbeiten kann, im kritischen Fall das Nöthige sucht, wenn nöthig gegen Vorschrift und ohne Ordre, die Verantwortlichkeit nicht fürchtend, das ihm erforderlich Scheinende ausführt. Jeder Engländer besitzt diese Eigenschaften und darum kann man mit englischen Beamten, wenn sie auch zufällig weit niedriger stehen, da wo man nicht selbst sein kann, viel mehr leisten. Jeder Engländer ist gewöhnt sich selbst zu vertrauen, er ist stets auf sich angewiesen und fürchtet daher, wo dieses geboten, keine Verantwortlichkeit. Die ganze Handhabung der Aufsichtsbehörde beruht bei uns auf Misstrauen in die Fähigkeit und die Ehrenhaftigkeit des Individuums; deshalb ist Alles vorgeschrieben, darum wird *befunden* wo kein Recht dazu existirt, deshalb mischt sich die Behörde überall hinein und usurpirt Rechte, die ihr nicht zustehen.

Aus obiger Veranlassung ist unser Eisenbahnwesen in Windeln, und darum befinden wir uns heute in ähnlichen Verhältnissen wie nach der Amtsleitung des Herrn *v. d. Heydt*, wo kein neues Privatunternehmen möglich war und das Publicum mit Lärmen und Heulen nach den staatlichen Windeln verlangte. Wenn mir ohne Entrüstung vorgeworfen werden könnte: „ich hätte mit einem goldnen Schlüssel Alles gekauft, alle möglichen widerrechtlichen Vorzüge und Vortheile dadurch erlangt und alle Concurrenten bei Concessionen aus dem Felde schlagen können," so ist damit anerkannt, dass bei unserem Wesen dieses hätte stattfinden können und damit meine Kritik darüber gerechtfertigt. Ich habe alle anderen Beschuldigungen auf ihre Grundlosigkeit zurückgebracht, eine Darstellung wie und wo ich bei Concessionen und Bahnbauten betheiligt war, wie sich die Behörden bei der Ausführung zu diesen gestellt und welche Folgen sich daraus ergaben, wird die entsprechendste Antwort und zugleich, wenn auch nicht eine erschöpfende, doch eine praktische und wahre Beschreibung des bei uns befolgten Systems sein. Vorausschicken möchte ich noch, das ich eigentlich nie eine Concession vom preussischen Staat empfangen habe. Bei einer Bahn — *Tilsit-Insterburg* — war ich in ganz subordinirter Stellung, eigentlich in offener Vertretung Anderer, Mitbewerber um die Concession bei der *Ost-Preussischen Südbahn.* Bei einer einzigen Bahn, der *Halle-Sorauer,* war ich direct Bewerber und unterlag, wie dieses ersichtlich sein wird. Die Concession wurde an die deutschen Comités in Verbindung mit einem belgischen Consortium ertheilt. Ich war nirgends die Veranlassung der ursprünglichen Ideen oder Projecte und habe mich nur bei Capitalsbeschaffung und Bauunternehmungen auf Verlangen der dazu Berechtigten betheiligt. Es war meine Gewohnheit, wenn Comités und Andere zu mir kamen, wenn ich überhaupt die Bahnen für ausführbar hielt, ihnen zu sagen, wie dieses geschehen könne, was sie zu leisten haben würden, ihnen meinen besten Rath zu ertheilen und es ihnen ausdrücklich freizulassen und darum zu bitten, von meinen

Rathschlägen Gebrauch zu machen oder nicht, aber erst zu versuchen, ob sie selbst oder durch Andere zum Ziele kommen könnten, und sich an mich nur dann wenden zu wollen, wenn ihnen kein anderer oder eben so guter Weg offen stände. Dieses müssen zahlreiche Herren bekunden können. Concurrirt habe ich daher mit Niemand, und es war dieses auch nicht nothwendig, denn damals handelte es sich nicht um Concessionen, sondern um den Mann, um die Möglichkeit dieselben auszuführen. Alle Theile des Landes fühlten den Mangel an Bahnverbindungen, überall bildeten sich Comités aus den einflussreichsten Besitzern und Behörden der Gegend und sämmtliche bestürmten den Minister, ihnen Concessionen zu ertheilen und ihnen durch Staatssubsidien und sonstige Hülfe beizustehen. Wie gross der Wunsch des Ministers auch sein mochte, der allgemein anerkannten Noth Abhilfe zu schaffen, so fehlten ihm die Mittel, diese zu befriedigen. Um nun die Petenten aber nicht zu entmuthigen oder zu verletzen, und um sie in angenehmer Weise los werden zu können, soll er häufig gesagt haben: „Gehen Sie zu *Strousberg*“. Sicherlich sagte er dieses nicht, um mir eine Gefälligkeit zu erweisen. Ich war der Einzige, der bis dahin etwas zu Stande gebracht hatte, und so war es natürlich und bequem, meiner zu erwähnen. In vielen Fällen waren die Herren schon bei mir gewesen, in den meisten kamen sie später zu mir, und so wenig kann von einer Concurrenz um Bahnen meinerseits die Rede sein, dass die Bezeichnung richtiger wäre, wenn man sagte: man concurrirte um meine Hilfe, um meine Betheiligung, und dass ich mich nur auf einen kleinen Theil der mir angebotenen Unternehmungen einlassen konnte. Ich wusste und fühlte von Anfang an, dass der Minister mir nicht gewogen war, und weil ich mich keinem nachträglichen Refus aussetzen wollte, so habe ich die Herren stets gefragt und meine Betheiligung davon abhängig gemacht, ob und dass der Minister wisse, dass sie meine Thätigkeit engagiren wollten, und ob ihm dieses genehm sei. Später, und sobald andere Aspiranten als Bauunternehmer auftraten, nannte mich der Minister nie, sondern erklärte häufig, dass er meine Betheiligung nicht wünsche, und wie schon erwähnt, schloss er mich förmlich aus. Seit jener Zeit ist sowohl meinerseits, als hauptsächlich durch mich angeregt oder nöthig gemacht, sehr Vieles geschaffen, die dringendsten Bedürfnisse sind befriedigt, dem Staat, einzelnen Gegenden und den durch die Bahnen berührten Besitzungen und Bewohnern die grössten Dienste geleistet worden. Die Verluste derer, die sich mit Actien betheiligten, wenn auch für den Einzelnen bedauerlich, sind gegenüber den erzeugten Wohlthaten nicht einmal in Rechnung zu stellen.

Wir befinden uns heute wieder in einem Zustande, wo Nichts geleistet werden kann. Die Vergangenheit wird aber doch discreditirt, und ich habe Schimpf und Undank für meine Leistungen, für meine Jahre lange aufreibende Thätigkeit geerntet. Der Staat hat mir nie geholfen, mich nie begünstigt, er hat meine Dienste auch nicht anerkannt oder belohnt, jeder Scribent und Schwätzer glaubt berechtigt zu sein, heute über mich herzuziehen, und die öffentliche Meinung scheint mir ungünstig zu sein.

Vorläufig fühlt man noch nicht den Mangel an Verkehrswegen, denn man hat die Industrie lahm gelegt; die Regierung benutzt die ihr günstige Stimmung und baut Eisenbahnen, aber diese Stimmung dauert nicht ewig und vielleicht braucht man mich oder ähnliche Kräfte wieder, und dann wird man erst einsehen, wie undankbar, wie schlecht man an mir gehandelt; ich weiss, wie vieles Gute, abgesehen von Eisenbahnen, durch mich hätte geschaffen werden können und in mir unterdrückt worden ist.

Achtes Capitel.

Die von mir gebauten inländischen Bahnen.

Achtes Capitel.

Die von mir gebauten inländischen Bahnen.

I. Tilsit-Insterburg.

Hierüber habe ich das Erforderliche bereits erwähnt. Mit Ausnahme eines Drittheils der Prioritäts-Actien, die bei Gründung von einem Consortium deutscher Capitalisten gezeichnet und von diesen auf den Markt gebracht worden, und desjenigen kleinen Theils Stamm-Actien, die von den Adjacenten und für Grunderwerb gleich bei der Gründung übernommen worden sind, ist der Rest des Capitals in England aufgebracht worden. Die Stamm-Actien haben bis jetzt gar keine und die Prioritäten nur eine geringe Dividende gegeben, die Bahn ist in gutem Zustande und wird billig und verständig verwaltet, sie bildet jetzt ein Glied der Bahn zwischen Königsberg und Memel, und wenn letztere nach Russland geführt wird, kann sie rentiren. Ich habe den Engländern bei meiner ersten Bekanntschaft gesagt, dass die Bahn der Gegend, aber nicht den Actionären Vortheil bringen würde; ich habe hier also gar keinen Antheil, der mich für das Resultat irgend wie verantwortlich macht. Der Bau-Unternehmer hat sein Capital festgelegt und besitzt unverkäufliche Actien, darüber kann er sich nicht beklagen; wohl aber, dass über momentane Bedürfnisse hinaus projectirt worden ist, und dass der Bau durch die Art der Aufsicht, durch Verzögerung von Plänen und Bau-Genehmigungen ausserordentlich vertheuert worden. Dies lässt sich nicht beweisen. Ueberzeugt sind die Engländer und auch ich, dass, wenn man so frei wie in England hätte bauen können, ganz dieselbe Bahn nicht annähernd so viel gekostet haben würde.

II. Ost-Preussische Südbahn.

Während meiner häufigen Anwesenheit in Ostpreussen um diese Zeit wurde es mir bekannt, dass dort seit Jahren zwei Comités thätig waren, das eine unter der Leitung des Herrn *Oppenheim* von der Firma Oppenheim und Warschauer für die Pillau-Königsberger Bahn, während an der Spitze des zweiten Comités, für die Bahn von Königsberg nach Lyck, der Präsident *von Salzwedel* stand. Die erste Linie war nur ungefähr sechs Meilen lang, und obgleich sich Herr *Oppenheim* dafür sehr interessirte, so war doch nach Jahre langen Anstrengungen nicht die geringste Aussicht dafür, dass das verhältnissmässig sehr geringe Capital würde beschafft werden können. Die Herren *Oppenheim* und *Warschauer* waren allerdings wohlhabend und einflussreich, aber sie waren Banquiers, und aus den schon von mir erwähnten allgemeinen Gründen passte es ihnen nicht, auf eignes Risico Actien zu übernehmen, namentlich da die Bahn keine sofortige Rente versprach.

Bei *Königsberg-Lyck* hatten die angrenzenden Gutsbesitzer nach grossen Anstrengungen zwischen 2—300,000 Thaler Stamm-Actien gezeichnet und ein Theil der Kreise sich zur Landhergabe bereit erklärt. Nichtsdestoweniger war auch hier nicht die geringste Aussicht auf ein Gelingen, denn die zehn bis elf Millionen, die ausserdem erforderlich waren, liessen sich nicht beschaffen. Die ganze Provinz hielt das Zustandekommen dieser Bahn für eine Lebensfrage, und die hier erwähnte Betheiligung, wenn auch nicht bedeutend, beweist dies.

Die Provinz war jedoch zu arm, die Bankwelt wollte sich nicht betheiligen und der Staat hatte damals kein Geld, um Bahnen zu bauen. Der Geheime Commercienrath *Simon*, Chef des ersten Bankhauses in Königsberg, hatte bei Gründung der Tilsit-Insterburger Bahn im Interesse der Provinz und unter grosser eigner Betheiligung die Capitalien beschafft, die, wie oben erwähnt, hier placirt sein mussten, ehe die Engländer den Rest übernehmen wollten. Dieser fühlte ein reges Interesse für das Zustandekommen der beiden Linien, er besass grossen Einfluss in der Provinz und kannte deren Bedürfnisse; er hatte aber längst die Ueberzeugung gewonnen, dass die z. Z. Betheiligten allein nie etwas zu Stande bringen würden, und da er Gelegenheit hatte, meine Thätigkeit wahrzunehmen und zu beurtheilen, glaubte er, dass es mir allein gelingen könne. Auf seine Veranlassung habe ich denn auch die Strecke bereist und aus meinen Beobachtungen sowohl, als auch aus den vorhandenen Anschlägen und Rentabilitätsberechnungen und nach den Aussagen derjenigen, die die Provinz genau kennen mussten, die Ueberzeugung gewonnen, dass die Bahn eine grosse Zukunft habe. Hierin wurde ich noch besonders bestärkt von dem damaligen Director der Ostbahn, Regierungsrath *Le Juge*, der selbst Ost-Preusse war und die Verhältnisse dieser Bahn speciell studirt hatte.

Die Strecke nach Pillau versprach weniger. Ich hielt den Besitz aber für die zukünftige Entwicklung der Verkehrsverhältnisse, namentlich wenn der Anschluss an die russischen Bahnen bewirkt werden könnte, von der grössten Bedeutung. Unter diesen Voraussetzungen und im Glauben, meiner speciellen Heimath einen grossen Dienst zu leisten, entschloss ich mich, das Unternehmen zu Stande zu bringen.

Dieses waren die mich leitenden Motive; ich will aber auch gleich eingestehen, dass ich mich für berechtigt hielt bei meiner Thätigkeit, Vortheile für mich zu erzielen. Durch Vermittlung des Herrn *Simon* und einiger anderen Herren bildete sich demnach ein Comité, an dessen Spitze der Präsident von *Salzwedel* stand.

Ich selbst hatte zufällig Gelegenheit, einige einflussreiche Besitzer der dortigen Gegend kennen zu lernen, veranlasste diese dem Unternehmen beizutreten und stellte folgende Bedingungen. Es bildete sich ein Land-Comité, in dieser Eigenschaft ganz unabhängig von der Bahn. Mit diesem Comité schloss ich einen Contract, wonach ich mich verpflichtete, ein Consortium englischer Capitalisten und einen Generalbau-Unternehmer zu beschaffen, welche die ganze Capitalsbeschaffung und den Bau in General-Entreprise für das von der Regierung genehmigte Baucapital übernahmen. Der Baucontract, die Statuten und vorübergehende Bestimmungen sollten ganz dieselben wie bei Tilsit-Insterburg sein. Die englischen Capitalisten sollten das Finanz- und die deutschen Herren das Revisions-Comité bilden, und ich sollte der Generalbevollmächtigte der Engländer sein. Dagegen verpflichteten sich die Herren insgesammt, mir zu *meinem* Eigenthum und *freier* Verfügung all das zur Bahn erforderliche Land zu liefern und mir 300,000 Thlr. in Stamm-Actien der Bahn *al pari* abzukaufen. Nachdem ich diesen Contract besass, setzte ich mich mit den Engländern in Beziehung und schloss einen Contract mit denselben, wonach ich mich verpflichtete, falls sie sich in der bezeichneten Weise bei dieser Bahn betheiligen wollten, das gesammte Land für die im Anschlag dafür unter dem Titel „Grunderwerb" ausgesetzte Summe in Stamm-Actien zu liefern und das Finanz-Comité unentgeltlich zu vertreten. Beiden Parteien waren meine Stellung und die darauf bezüglichen Contracte bekannt und genehm. Das Land-Comité setzte sich mit den Kreisen und Adjacenten in Beziehung, theilte denselben seine übernommenen Verpflichtungen mit und liess sich für den bekannten Zweck die Rechte und Mittel überweisen, woraus sie ihre mir gegenüber übernommenen Verpflichtungen erfüllen konnten.

Beide Parteien constituirten sich dann und kamen um die Concession ein, die ihnen, nachdem die Capital-Nachweisung und alle Formalien erfüllt waren, gewährt wurde. Hier aber geschah Seitens des Ministeriums Alles nur ausdrücklich auf Wunsch der localen Behörden und Interessirten und im Interesse der Provinz. Die Engländer wurden nur als Mittel zum Zweck betrachtet. Ich cedirte dem Bau-Unternehmer laut Vertrag meine Rechte gegen das Land-Comité mit Ausnahme des Actien-Verkaufs, aber auch diesen übergab ich ihm später ohne Entschädigung. Ich bekam also nur die Stamm-Actien für meinen Land-Contract. Nach der Cession hatte ich keine weiteren geschäftlichen Beziehungen betreffs dieser Bahn mit dem Unternehmer. Ich leistete ihm viele Dienste, habe aber dafür nie etwas beansprucht oder empfangen. Ich war somit gänzlich abgefunden und konnte mich ohne jede störende andere Verpflichtung den Interessen der Gesellschaft widmen.

Die Mitglieder des Land-Comités waren auch Mitglieder

des Aufsichtsrathes. Bei der Landbeschaffung konnten sie unter keiner irgend möglichen Bedingung Vortheile für sich erzielen; sie konnten aber und haben in der That Geld aus eignen Mitteln zugesetzt, indem ihre Erwartungen nicht überall erfüllt wurden. Ich habe dem Land-Comité für Grunderwerbs-Zwecke, um es vor grösseren Verlusten zu schützen, freiwillig und unentgeltlich eine bedeutende Summe in Actien zur Verfügung gestellt, den grössten Theil haben sie auch für Landbeschaffungen verwendet und mir den Rest einige Jahre später zurückgegeben.

Die 300,000 Thlr., die die Adjacenten gezeichnet, sind nicht ganz bezahlt worden, die Nichtzahlenden wurden aber, soweit ich mich erinnere, nicht in Anspruch genommen; mich interessirte dies nicht, da, wie gesagt, ich diese Zeichnung, obgleich dazu berechtigt, dem Bau-Unternehmer unentgeltlich überwiesen habe.

Hier war eine ganz einfache Transaction. Alle Bedingungen waren sämmtlichen, die dabei irgend wie interessirt waren, vollständig bekannt und Keiner von denen hat sich bis jetzt beklagt. Der Staat gewährte hier eine kleine Subsidie pro Meile, die laut Contract dem Bau-Unternehmer überwiesen wurde. Land war in Ost-Preussen nicht theuer und die Zeichnung der Adjacenten, die freiwillig war, höchst unbedeutend. Die Actien beider Sorten waren von Anfang an unverkäuflich, und so konnte der Unternehmer keinen Theil hier placiren. Er besitzt einen grossen Theil noch heute. Meine Actien habe ich bei Güter-Käufen verwenden können. Ob seit Vollendung der Bahn, Actien von Unternehmern auf den Markt gebracht worden sind, weiss ich nicht; verloren hat sicher Niemand dabei, denn die Papiere standen immer äusserst niedrig und konnten nur mit der Entwickelung der Bahn, die sehr langsam aber ununterbrochen gewesen ist, steigen. Und nun zur Geschichte des Baues und der Bahn selbst.

Nachdem die Bau-Erlaubniss ertheilt worden war, ging der Unternehmer energisch an die Arbeit und förderte den Bau so schnell als möglich, er hatte sehr schlechte Baujahre und da für die Actien dieser sowohl als der *Tilsit-Insterburger-*

Bahn keine Course in der Provinz oder in Preussen überhaupt zu erzielen waren, so blieben dieselben gänzlich unverkäuflich und der Unternehmer war auf seine eignen Mittel und seinen englischen Credit angewiesen. Beide waren allerdings gross, sie reichten dennoch für die Bedürfnisse beider Bahnen nicht aus. Die erste wurde vollendet, und nachdem die Firma *I. Simon Wittwe Söhne* einen Theil Prioritäts-Actien kaufte und der Erlös auch verbraucht war, gerieth der Unternehmer, obgleich im Besitze vieler Effecten, doch in Geldverlegenheit und der Bau, nachdem ungefähr die Hälfte vollendet war, in's Stocken.

Ich betrachtete es unter diesen Umständen als Vertreter der Engländer und im Interesse der Bahn als meine Pflicht, den Unternehmer aufmerksam zu machen, dass eine Stockung nicht gestattet werden könne, und ertheilte ihm Rathschläge, die, wenn er sie befolgt, ihn über die Verlegenheit hinweg geholfen hätten. Er befolgte anderen und schlechten Rath, und so musste ich das Finanz-Comité veranlassen, ihm den Bau abzunehmen. Eine Conferenz wurde in Brüssel zu diesem Zweck abgehalten, und eine Vereinbarung getroffen, wonach die Gesellschaft den Unternehmer seines Contractes entband und sich verpflichtete, ihm seine Leistungen, nach Feststellung derselben Seitens des Technikers der Gesellschaft, zu bezahlen. Die Gesellschaft berief eine General-Versammlung, beschloss die noch nicht ausgegebenen Actien zu kassiren und dafür Prioritäts-Obligationen auszugeben; die Regierung genehmigte diese Beschlüsse, ertheilte das Privilegium, die Obligationen wurden zu verhältnissmässig hohen Coursen verkauft, und die Bahn mit dem Erlös in Regie weiter gebaut und später bis zur Grenze verlängert. Die Gesellschaft machte bei diesem Arrangement in so fern ein gutes Geschäft, als sie auf das vom Unternehmer für werthlose Actien geschaffene Object leicht die nöthigen Capitalien beschaffen und weiter bauen konnte, nicht nur ohne Capitalserhöhung, sondern mit Capitals-Ersparniss.

Die Bedingungen des Contractes waren aber zu gleicher Zeit unter den obwaltenden Verhältnissen für den Unternehmer günstig, er selbst erstrebte bessere und glaubte, es wäre meine

Schuld gewesen, dass er sie nicht erlangte. Ich hegte die besten Gesinnungen für ihn, hielt es aber für meine Pflicht, die Interessen der Gesellschaft wahrzunehmen, ich war in meinen Anschauungen viel liberaler als das Revisions-Comité, weil ich den Unternehmer zu billigen Rücksichten berechtigt glaubte; dies war der einzige Gegenstand, wobei ich mich nicht ganz der Zustimmung meiner Collegen zu erfreuen hatte, und da der Unternehmer auch nicht zufrieden war, so erntete ich auf beiden Seiten des Hauses nicht grade gute Früchte. Ich erwähne diesen Umstand, weil ein Bericht verbreitet worden ist, ich hätte den Unternehmer ruinirt, und weil ich vermuthe, dass dies nicht ganz ohne Zustimmung des betreffenden Herrn geschehen sei. Herr *Lasker* erwähnte die Sache im Abgeordneten-Hause, und deshalb ist es nothwendig, dass ich etwas genauer auf die Details eingehe.

Der betreffende Unternehmer war ein äusserst achtbarer, höchst ehrenwerther Mann, ihm waren unsere Verhältnisse indessen ganz fremd, er hatte bis dahin sehr grosse Arbeiten mit Ruhm ausgeführt und verdiente jedes Vertrauen; er hatte aber nie eine Bahn financirt und war in dieser Beziehung vollständig hilflos. Ich hatte ihn erst kurz vorher kennen gelernt, denn er hatte sich schon in England bei der Tilsiter Bahn betheiligt, ehe ich seine Bekanntschaft gemacht hatte. Er behauptet, und vielleicht mit Recht, durch die Tilsiter Bahn in Verbindlichkeiten gekommen zu sein, die er nicht beabsichtigte; dieses geschah theils vor unserer Bekanntschaft, theils in meiner Abwesenheit. Ich hatte kein Interesse daran und keine Verpflichtung ihm zu rathen. Der letzte Gegenstand war zwar in meiner Gegenwart in Berlin besprochen, aber erst später in England, während meiner Abwesenheit, vereinbart worden. Mich ging die Sache nichts an, ich war dabei gar nicht betheiligt und würde gegen die Interessen der Bahn, die ich eigentlich zu schützen hatte, gehandelt haben, wenn ich Einwendungen gemacht hätte, denn es handelte sich um Verpflichtungen, deren Uebernahme für die Gesellschaft günstig waren. Uebrigens kannte ich auch damals die genaueren Verhältnisse und Ressourcen des Herrn nicht. Für die Fehler, die er in diesem und ähnlichen

Fällen begangen, hielt er mich für verantwortlich, in so fern als ich ihm hätte abrathen sollen.

Die hieraus entstandene Gereiztheit, der Umstand, dass ich meine Actien placirt, er die seinigen nicht verkaufen konnte, dass ich financiell gut situirt, und er bei ursprünglich grösserem Reichthume jetzt verwickelt war, sowie der Einfluss schlechter Rathgeber, die die Angelegenheiten nicht kannten, liessen ihn meine Verhältnisse beneiden und nun kam noch dazu, dass ich die Aufbewahrung der Actien der Gesellchaft hatte und eine Zahlungsanweisung auf Grund der letzten Verdienst-Certifikate nicht gewähren wollte. Dieses hielt er für Feindschaft, die ich nie gegen ihn gehegt habe. Ich handelte einfach nach meiner Pflicht. Dieses Certifikat ist Gegenstand eines langjährigen Prozesses gewesen und nicht voll bezahlt worden; ich monirte Etwas, welches in der Form falsch war und berichtigt wurde. Um indessen nicht wieder dem Verdachte ausgesetzt zu sein, dass mich Feindschaft statt Pflicht leitete, gab ich die ganze Sache an den Verwaltungsrath ab. Letzterer nahm die Angelegenheit viel strenger, wollte gar nicht zahlen und erzielte beim Erkenntniss mehr, als ich für billig hielt. Diese Angelegenheit und was noch später erwähnt werden wird, entzweite uns vollends, d. h. die Feindschaft bestand nur auf Seite des betreffenden Herrn. Ich blieb ihm Freund, und die Herren des Verwaltungsrathes können bekunden dass, obgleich ich mich dieser Angelegenheit fern hielt, ich stets des Mannes Partei nahm, wo ich es nur irgend mit meinem Gewissen vereinigen konnte.

Mir that es von Herzen leid, dass ein braver Mann sein Vermögen verlieren sollte, obgleich er meine Sympathie für ihn verkannt hat. Der Zufall wollte es, dass dieser Herr in intimen Privatverkehr zu einigen sehr reichen Banquiers in Berlin trat; dieselben haben ihm zwar nie mit einem Heller geholfen, obwohl sie es hätten mit Sicherheit thun können, haben aber seinen ganz unmotivirten Aeusserungen über mich Gehör gegeben und mir durch deren Weiterverbreitung grossen Schaden zugefügt.

Die Engländer, die die Verhältnisse besser kannten, obgleich gute Bekannte des Unternehmers, gaben mir Recht, und derselbe hat wohl später selbst eingesehen, dass er mir Unrecht gethan. Wir versöhnten uns und wurden durch die Heirath unserer Kinder verwandt. Ich bedaure diesen rein persönlichen Gegenstand haben erwähnen zu müssen, er ist aber zu meinem Nachtheil ausgebeutet worden, und deshalb war eine Erörterung desselben nothwendig. Ueber die Schwierigkeiten, die ihm die Aufsichtsbehörde bereitet, und die daraus resultirenden directen und indirecten grossen Verluste beklagt er sich, die englischen Techniker sind derselben Meinung, und ich gebe ihm Recht; ich will aber hier nicht näher darauf eingehen.

Mit Ausnahme des Landgeschäftes vor Gründung der Bahn habe ich nie während meiner vieljährigen Betheiligung an der Verwaltung und als stellvertretender Vorsitzender irgend einen Vortheil gesucht. Ich habe der Bahn während des Baues viele Dienste geleistet und sogar Geldopfer gebracht, habe durch meine Bekanntschaft mit dem *Grafen Berg* den Weg für die eventuelle Concessionirung der russischen Anschlussbahn angebahnt, habe das Project überhaupt ausgedacht, bei der Generalversammlung durchgeführt und später mit grossem Verlust gebaut. In den letzten Jahren konnte ich den Geschäften keine Zeit widmen, dies war aber auch nicht nöthig, weil der Verwaltungsrath zahlreich ist und aus den ersten Männern der Provinz besteht, und die Geschäfte gut und nach hiesigen Anschauungen billig verwaltet wurden. Uebrigens ist bei dieser und der Tilsit-Insterburger Bahn der Verwaltungsrath eigentlich Direction, und obgleich er bei der ersteren nicht den vollständigen Gebrauch von seinen Rechten macht, die meinen Anschauungen entsprechen würden, so sind diese Bahnen verhältnissmässig billiger verwaltet als alle anderen. Unter den Mitgliedern des Aufsichtsrathes befinden sich ausser dem Kanzler von Preussen mehrere Landräthe und Andere, die seit Beginn Mitglieder sind, denen ich mich mit Vergnügen subordiniren würde, man glaubte aber aus Anerkennung für meine Dienste und für mein Verhalten während dieser Jahre, trotz meiner vielfachen Abwesenheit, mir die Ehre erweisen zu sollen, mich immer wieder als Stellvertreter des Vorsitzenden zu wählen.

Seit meinem Concurse bin ich aus der Verwaltung ausgeschieden. Mehrere auf einander folgende schlechte Ernten, die Verzögerung in der Genehmigung für den Bau der russischen Anschlussbahn (Brest-Grajewo) und provinzielle Gründe haben die Entwicklung des Verkehrs sehr zurückgehalten. Heute verzinst die Bahn ihre Obligationen sowie die Prioritätsactien und würde den Stammactien auch schon Dividende ertheilen können, wenn die Ueberschüsse nicht für die aus früheren Jahren rückständigen Dividenden der Prioritäts-Stammactien erforderlich wären. Die Provinz und die Stadt Königsberg aber sind am besten in der Lage, ein Zeugniss abzulegen, wie gross der Nutzen dieser Bahn für sie gewesen ist. Mich befriedigt das Bewusstsein dieser Leistung für manche mir unverdient zugefügte Kränkung.

III. Berlin-Görlitzer Bahn.

Ein mir bekannter Agent besuchte mich eines Tages und theilte mir mit, dass er mit dem Rittergutsbesitzer *Schreckel* aus Lodenau in der Ober-Lausitz bekannt sei, und dass dieser ihm den Auftrag gegeben habe, mich zu fragen, ob ich seinen Besuch annehmen würde, um mit mir über den Bau einer Bahn von Berlin nach Görlitz zu sprechen.

Ich hatte selbstverständlich nichts dagegen und Hr. *Schreckel* besuchte mich. Von ihm erfuhr ich, dass er und alle Besitzer auf der Strecke die Bahn sehnlichst wünschen, dass die königliche Hofkammer im Interesse der königlichen Jagd bei Königs-Wusterhausen, Prinz *Friedrich* der Niederlande im Interesse von Muskau und sämmtliche Städte, hauptsächlich Görlitz und Cottbus, sich mit einem namhaften Betrage in Stammactien betheiligen würden, dass die Pläne und die Richtung bereits durch Verordnung feststehen, und der Minister sich bereit erklärt habe, die Concession sofort zu ertheilen, sobald die Capitalbeschaffung und andere Formalitäten erfüllt sein würden. Er theilte mir ferner mit, dass er und andere schon über zehn Jahre für das Zustandekommen der Bahn ohne Erfolg gearbeitet, er habe daher eine active Betheiligung aufgegeben, sei aber bekannt mit dem Gründungscomité, bestehend aus dem Baron

Alvensleben (Schwiegersohn des Ministers *Itzenplitz*) und anderen Herren, welche den Grundbesitz, und dem Oberbürgermeister und Bürgermeister von Görlitz und Anderen, welche die Kreise und Städte verträten. Ich erfuhr, dass auch hier alle möglichen Versuche, durch Banquiers oder sonst wie das Kapital zu beschaffen, gescheitert waren, dass er mit den genannten Herren gesprochen und er wie sie der Meinung wären, dass, wenn ich die Sache nicht übernehmen könne, ihre Bemühungen als fruchtlos zu betrachten seien.

Die Betheiligung der einzelnen Adjacenten war sehr bedeutend, und wenn sie auch als Gesammtbetrag nur ein kleinen Theil des Erforderlichen bildeten, so versprachen die Beziehungen sehr angenehm zu sein, und mir gefiel es namentlich, dass Alles bereits mit der Regierung vereinbart und festgestellt war. Die flüchtigste Prüfung war ausserdem überzeugend, dass die Bahn Rente versprach; sie ging von Berlin aus, berührte einige wichtige Städte, war der nächste Weg nach dem Niederschlesischen Kohlenrevier auf dem eben vollendeten Wege Görlitz-Waldenburg, und bei einiger Rührigkeit konnte auch ein Theil des durchgehenden Verkehrs über Pardubitz nach Wien errreicht werden. In der Idee, dass die Regierung Bahnen, die sie concessionirt, auch in allem billigen Verlangen unterstützen würde, nahm ich auch die nach Vollendung möglichen Erweiterungen in's Auge und Alles liess mich glauben, hier ein Unternehmen gefunden zu haben, welches leicht ausführbar sei. Es wunderte mich nur und schien mir bezeichnend für unsere damaligen erbärmlichen Zustände, dass ein solches Unternehmen nicht schon längst ausgeführt worden sei, und dass es Schwierigkeiten gehabt habe, einen Unternehmer zu finden.

Ich erklärte mich bereit, der Sache näher zu treten und darauf hin besuchten mich die beiden Bürgermeister von Görlitz und Herr *v. Alvensleben*. Es wurde eine Vereinbarung getroffen, dass ich mich, wie bei den anderen Bahnen, mit den Engländern bei Capitalbeschaffung betheiligen und einen General-Bau-Unternehmer stellen sollte, unter der Voraussetzung, dass die Bausumme sich nach Prüfung als genügend erweist. Die Concession und die Betheiligung der Adjacenten zu beschaffen war Aufgabe des Comités wie auch alle Unterhandlungen mit der Behörde bis zur definitiven Concessionirung, von welcher Zeit die statutenmässig vorgeschriebenen Organe das Weitere bewirken würden.

Meine englischen Freunde hatten bis zu dieser Zeit Gelegenheit gehabt, mich vollständig kennen zu lernen, und sie schenkten mir absolutes Vertrauen*). Ich wusste genau wozu ich sie veranlassen konnte, und dieses setzte mich in die Lage, bei allen Conferenzen ohne Rückfrage oder Bedenken gleich sagen zu können, unter welchen Bedingungen ich eine Sache für dieselben und für mich übernehmen würde. Dieses kürzte alle Verhandlungen ab und gab meinem Wirken alle Vortheile einer einheitlichen Action.

Die Vorarbeiten für diesen Bau waren vom Baumeister *Witzeck* (von der Thüringer Bahn) angefertigt. Bei der Prüfung fand ich, dass die specielle Beärbeitung wohl in den Massen Ersparnisse geben würde, dass aber die Arbeits-Löhne, Materialien-Preise und die Landbeschaffung jetzt in Folge der Preiserhöhung, die die verflossenen Jahre mit sich brachten, zu niedrig veranschlagt waren, und dass so der Kostenanschlag lange nicht ausreichen würde. Ich stellte eine eigne Berechnung auf und normirte dabei, unter Berücksichtigung der oben erwähnten Ersparnisse und Versprechungen bezüglich der Hergabe von Land in Berlin und Görlitz Seitens der Stadt Görlitz, eine Bausumme grösser als *die Witzecksche.* Die Herren glaubten dieses beim Ministerium befürworten und durchsetzen zu können, und auf dieser Basis wurde denn auch ein provisorisches Abkommen getroffen.

Im Laufe der Verhandlungen ergab es sich, dass die Versprechungen hinsichtlich der Landhergabe in den Städten sich nicht ausführen liessen, und dass der Minister von der Bausumme gestrichen hatte, also sie niedriger normirt, als ich fordern zu müssen glaubte. Hierauf wollte ich die Verhandlungen abbrechen und hätte mir damit grossen Verlust, Jahre lange Sorgen,

*) Bei den noch Lebenden besitze ich obiges Vertrauen heute noch, und dieselben hatten sich auch bei der später zu erwähnenden Paris-Narbonner Bahn betheiligt.

Angriffe und Verdächtigungen aller Art erspart. Ich hatte der Sache aber viel Zeit gewidmet, mich mit dem Gedanken, eine Bahn von Berlin aus zu bauen, vertraut gemacht, ferner die Idee lieb gewonnen, Etwas zu Stande zu bringen, was so Vielen nicht gelungen, und es reizte mich, einer ganzen Gegend ein so dringend nöthiges Bedürfniss zu erfüllen. Leider hatte ich damals noch keine genügende Anschauung von den Zufälligkeiten, welchen bei uns die Bahnbauten unterworfen sind, denn die Resultate bei den Ost-Preussischen Bahnen, die noch im Bau begriffen waren, hatten sich noch nicht herausgestellt. Ich sollte erst lernen, wie bei uns der Gedanke, dass bei Geschäften die Gemüthlichkeit aufhört, nicht nur allgemein in Fleisch und Blut übergegangen war, sondern wirklich so recht eigentlich ein natürlicher Theil unseres Blutes ist. Ferner hatte ich selbst noch nicht erfahren, was ich eigentlich hätte wissen müssen, und was *Daniel O'Conell* sehr gut bezeichnete, als er sagte: „*a corporation has neither a conscience to feel nor pride to be outraged*", dass in der That Vertretung für Andere immer eine Härte und Herzlosigkeit bedingt, die der Einzelne in eignen Angelegenheiten nie ausüben würde, und dass man bei den hier geltenden Grundsätzen, wonach sich die Mitglieder eines Verwaltungsrathes wie gewöhnliche Bevollmächtigte betrachten, überhaupt nur auf dem Buchstaben stehen kann.

In England glaubt man neben Innehaltung der Statuten, der Beschlüsse der Actionäre und gewissenhafter Erwägung der einschlagenden Verhältnisse bei der Ausführung berechtigt zu sein, nach eigenem Ermessen zu handeln, also die mündlichen Zusicherungen bei Ausführung von Contracten zu erfüllen und dieselben, wo es demgemäss billig ist, zu verändern. Wer mit mir Geschäfte gemacht hat, weiss, dass der todte Buchstabe mir verhasst ist, dass ich Recht und Billigkeit höher stelle und dies Gefühl, wo ich zu gewähren hatte, stets habe walten lassen; darum hielt ich mich aber auch für berechtigt, wenn der Fall eintrat, ähnliche Rücksichten für mich in Anspruch zu nehmen, dieses mag häufig falsch beurtheilt, auch zu meinen Nachtheil ausgebeutet worden sein. Keiner meiner Geschäftsfreunde, mit Ausnahme der grossen Banken, hat sich bis jetzt indessen darüber beklagt und niemand von ihnen hat je daran gezweifelt, dass ich immer recht handeln wollte. In welchem Umfang das Handels-Ministerium aber Forderungen an die Gesellschaft zu stellen fähig ist, und solche Contracte, wie den vorliegenden, für den Unternehmer geradezu verderbend machen können, sollte ich hier auch erst lernen und bitter empfinden. Einige der Herren, mit denen ich unterhandelte, waren mir sympathisch, und so liess ich mich unter Versprechungen, dass ihr Einfluss hinreiche, Vieles beim Bau zu ersparen, und dass ich auf diesen so wie auf eine günstige Interpretation überall rechnen könne, überreden, die Contracte trotz der Capital-Reduction definitiv zu unterzeichnen.

Da ich bei diesem Abschluss gegen meine, an die Engländer gemachten Berichte über das Erforderliche, gehandelt und deren Zustimmung nicht vorher nachgesucht, so übernahm ich auch alle Verantwortlichkeit für die Folgen um so mehr, da ich in diesem Falle mit den Engländern beim Unternehmen financiell interessirt war. Mr. *Bruce* wurde hier auch als leitender Techniker angestellt und übergab die Ausführung unter seiner Oberleitung dem Herrn Oberingenieur *Schmidt*, einem Deutschen, der aber viele Jahre in England und Indien höchst einflussreiche Stellungen, wenn ich nicht irre in Indien sogar für die Regierung, eingenommen und ein sehr erfahrner Mann war. Ich glaube mich nicht zu täuschen, wenn ich annehme, dass er sich in Kürze hier das Vertrauen des Ministeriums erworben hatte. Zu dessen Assistenz wurden hauptsächlich der rühmlichst bekannte Baumeister *Orth* und andere Techniker für die Gesellschaft ernannt. Herr *Bray* übernahm unter denselben allgemeinen Stipulationen wie bei der Tilsit-Insterburger Bahn den Bauvertrag, und ich war General-Bevollmächtigter des Finanz-Comités. Es ist hieraus klar ersichtlich, wie wenig ich mit Anderen um Concessionen concurrirte, wie ich bei der Concessionirung gar nicht in Betracht kam, und wie natürlich sich Alles hier aus den Verhältnissen entwickelt hat.

Dass ich das Unternehmen als wünschenswerth, als gut und unter allen Anschauungen als moralisch statthaft zu betrachten berechtigt war, ergiebt sich, ausser den anderen angeführten Gründen, aus der Erwähnung derjenigen Personen, die sich dabei nur betheiligten, um es unter den hier erwähnten Bedingungen zu Stande zu bringen, und nicht zum Zwecke der Capitalanlage. In erster Reihe, als am besten unterrichtet, steht das Handels-Ministerium, aber als financielle Bestätigung meiner Behauptung ist Nachstehendes noch wichtiger. Die Königliche Hofkammer zeichnete 100,000 Thlr. in Stamm-Actien *al pari*, Se. Königliche Hoheit der *Prinz Friedrich der Niederlande* 400,000 Thlr. Görlitz 400,000 Thlr., Cottbus 200,000 Thlr. und andere Städte und Kreise weitere Summen*), deren Gesammtbetrag dem mit mir vereinbarten Vertrag gleich kam. Diese Zeichnungen wurden sämmtlich vom Comité vor der Concessionirung beschafft und waren thatsächlich die von diesem mir gegenüber übernommenen Verpflichtungen. Die Concession wurde dem Gründungscomité ertheilt, die Gesellschaft entsprechend constituirt und die früher vereinbarten Contracte von ihr genehmigt.

Bei den ersten Bereisungen behufs definitiver Feststellung der Linie hatte ich bald Gelegenheit wahrzunehmen, dass ich mich in eine Falle begeben, und dass ein Contract wie der, den ich abgeschlossen und ursprünglich für Tilsit-Insterburg unter den dort erwähnten Voraussetzungen entworfen, bei unseren Verhältnissen gänzlich unausführbar war. Nach dessen Bestimmungen musste der Unternehmer leisten, was die Regierung von der Gesellschaft verlangen würde. Der Verwaltungsrath glaubte an dieser Bestimmung festhalten zu müssen, und die Behörde verlangte, vielleicht darum, vielleicht weil sie es für nöthig erachtete, vielleicht im Interesse der ihr gehörigen Concurrenz-Bahn — die Motive kann ich nicht wissen — dasjenige, worauf ich nie gerechnet hatte. Es war nicht vorauszusetzen, dass man die Bahn so führen würde, dass sie ungefähr zwei Meilen länger wurde als die *Witzecksche Linie*, d. h. die Bahn, die wir zu bauen übernommen hatten. Zwischen Berlin und

*) Aus dem schon angeführten Mangel der Acten kann ich für die genaue Richtigkeit der Zahlen nicht bürgen, im Wesentlichen aber sind sie correct.

Görlitz existirte bereits eine Verbindung, durch die niederschlesische Bahn; vom Local-Verkehr konnte unsere Bahn nicht rentiren, weil die Gegend mit Ausnahme einiger Städte arm war, und weil die Herstellungskosten in Folge der grossen Bahnhofs-Anlagen in Berlin, Görlitz und Cottbus auf einer nicht dreissig Meilen langen Strecke pro Meile sehr bedeutend sein mussten. Alles sprach dafür — und darauf hatte ich auch gerechnet — den Weg so viel wie möglich abzukürzen, die directeste Linie zu wählen, damit wir die Kohlen von Waldenburg und den durchgehenden Verkehr überhaupt bekommen könnten.

Die Regierung hatte eine andere Auffassung, und die Adjacenten steckten sich hinter die Behörde. Die Stadt Görlitz verlangte als Besitzerin der *Rietschener* Forst einen Bahnanschluss, die kleine Stadt Rothenburg machte Ansprüche, nicht zu weit entfernt zu sein, und auch Muskau konnte nicht unberücksichtigt bleiben. Bei Spremberg musste die Bahn nicht da geführt werden, wo es für sie und die Stadt am günstigsten gewesen wäre, und viel Kosten erspart hätte, sondern es wurden Anschlussbahnen, die nie kommen werden, berücksichtigt, so dass, wie gesagt, uns die Verpflichtung auferlegt war, beinahe zwei Meilen mehr zu bauen, als eigentlich contrahirt waren.

Die hierdurch verursachten Mehrkosten, die Hundert Tausende betrugen, waren aber der aller geringste Schaden, — der wirkliche Verlust war indirect viel grösser. Bei der ursprünglichen Bahn mussten wir den Kohlenverkehr haben, weil wir um ein zu Beträchtliches näher lagen als die *Niederschlesische Bahn;* die Verlängerung der *Görlitzer Bahn* machte unsern Vortheil verschwindend klein, und indem die Waldenburger Bahn auch von der Niederschlesischen verwaltet wurde, konnte diese bei so geringer Differenz, wie es auch wirklich geschehen, die ganzen Kohlen selbst fahren. Diese Beschädigung des Betriebes habe ich aber deshalb im Bau empfunden, weil das Publicum sich die Differenz ausrechnete, an eine Rentabilität der Stamm-Actien nicht glaubte und sie daher auch nur zu niedrigen Preisen kaufen wollte. Der Verkehr hat sich darum wirklich niedriger gestellt und langsamer entwickelt, mir aber wurde, wenn auch ungerechtfertigt, der Vorwurf gemacht, unrentable Bahnen geschaffen zu haben.

Bei unseren alten Bahnhofsanlagen hatte ich bemerkt, dass dieselben, was auch sehr richtig war, einfach und billig hergestellt waren. Der *Niederschlesische*, *Anhalter* und *Potsdamer* Bahnhof werden dem Leser noch erinnerlich sein; was war nun natürlicher, als dass ich glauben musste, dass, wenn jene Bahnen, die theils viel länger und alle ein goldenes Bahngebiet beherrschend waren, so gebaute und Jahrzehnte so erhaltene Bahnhofsanlagen besassen, auch hier anfänglich nicht mehr verlangt werden würde. Keineswegs! hier legte man durchweg einen anderen Maassstab an. Während dieser Zeit hatte es sich herausgestellt, dass bei Erweiterung der Stadt es gefährlich und unbequem wäre, wenn die Bahnhöfe die Wege *au niveau* kreuzten. Die Folge davon war, dass unsere Bahn von Berlin aus höher gelegt werden, der ganze Bahnhof viele Fuss mit weit hergeholtem Material aufgeschüttet werden musste, selbstverständlich mussten dann, da man nur auf gewachsenem Boden fundamentiren kann, die sämmtlichen Fundamente entsprechend tiefer sein und der Bahndamm auf der ersten Meile auch mehr Massen beanspruchen, hierbei nicht berechnet, dass dieses eine längere Bauzeit mit Verzinsung des Capitals Seitens des Bau-Unternehmers erheischt. In Görlitz ist ein sogenannter „Inselbahnhof". Dieser war für den dortigen Verkehr nach hiesigen Anschauungen nicht ausreichend, die Lage und die Terrain-Verhältnisse bieten auch in sich grosse Schwierigkeiten, und die Erweiterung der Stadt erforderte vermehrte und veränderte Zufuhrwege, grossartige Unterführungen und sonst mit Kosten verknüpfte Anlagen.

Die Lage der Gebäude, die Bahnstränge und Einrichtungen der sich anschliessenden Bahnen: *Niederschlesische*, *Sächsische* und *Gebirgsbahn* waren sämmtlich ungenügend, unbequem und was sonst noch, und würden verändert und, wie dieses geschehen, dislocirt worden sein, auch wenn *Berlin-Görlitz* nicht gebaut worden wäre. Alle diese Fragen wurden aber behandelt, als ob sie durch diesen Anschluss allein geboten, der Staat, die Städte und die sächsische Regierung machten dieses geltend:

das Resultat waren Anlagen und Auslagen, die nicht vorauszusehen waren, und Zeitverlust, der wieder wegen des Zinsverlustes und der vermehrten General-Kosten Schaden brachte, welcher immense Dimensionen annahm.

Wenn ich den Leser nicht zu langweilen fürchtete, so könnte ich kleinere und grössere ähnliche Thatsachen aufführen, die in ihrer Gesammtheit sehr ins Geld liefen, und deren Feststellung wieder Dispositions- und Contracts-Veränderungen zwischen dem Bau-Unternehmer und seinen Subunternehmern, Zeitverlust und andere üble Folgen nach sich zogen, und mich von der Richtigkeit der Anschauung der englischen Techniker überzeugten, dass unsere Art der Aufsicht und Beeinflussung schädlich und kostspielig sei. Vieles, was nicht verlangt wurde, wäre geleistet worden, und Anderes, was viel Geld gekostet hat, ist unnütz ausgeführt worden und verursacht Erhaltungskosten. Diese Anschauung ist indessen hier nur Behauptung, die Thatsachen, die den Bau im Verhältniss zu dem *Witzeckschen* Anschlag in der Richtung, in den Maassen und in den Anlagen zu einem anderen und theureren gemacht haben, sind unstreitig.

Aus Gründen, die gleich ersichtlich sein werden, muss ich noch zwei Momente hier erwähnen. Die Bahn war zwar projectirt mit einem zweigeleisigen Bahnkörper, hinsichtlich Erdarbeiten und Brücken, aber nicht so von mir übernommen. Hierüber entstanden Meinungsverschiedenheiten, das Revisions-Comité glaubte, es sei verpflichtet darauf zu halten, der Unternehmer war anderer Meinung, führte die Arbeit unter der Bedingung späterer Vereinbarung bezugs Entschädigung aus, und endlich waren im *Witzeckschen* Anschlage nur 45 Morgen für den Berliner Bahnhof angenommen, während nach den genehmigten Plänen für den Augenblick 66 Morgen, und für mögliche spätere Erweiterungen ein grösseres Quantum beansprucht wurde. Die 66 Morgen sind geliefert, die weiteren bilden einen Streitpunkt, der später Erwähnung finden wird. Es war nothwendig, diese Thatsachen aufzuführen, denn sie bilden die Grundlage für Mehrforderungen, woraufhin mir mit Genehmigung der General-Versammlung und des Ministeriums auf einer motivirten

Vorlage Seitens des Verwaltungsrathes ein Theil der Mehrkosten gewährt worden ist und die Gesellschaft die Ausgabe von Obligationen genehmigt erhielt.

Diese Mehrforderung von Capitalien bei meinen Bahnen ist mir zum Vorwurf gemacht und nur als Willkürlichkeit und zur Deckung von Coursverlusten nöthig bezeichnet worden. Ich habe bewiesen, was ich früher nur behauptet habe, dass Mehrforderungen für Mehrleistungen beansprucht und vom Ministerium daher auch genehmigt wurden, und dass, ob die Anlagen geboten, ob die Gesellschaft und durch sie der Unternehmer Seitens anschliessender Bahnen, Städte und sonstiger Adjacenten benachtheiligt worden ist oder nicht, diese Leistungen in den Anschlägen nicht vorgesehen waren. Wenn man indessen mit Sachkenntniss und vorurtheilsfrei an die Sache herantritt, so dürfen Ueberschreitungen des Anschlages nie zu Vorwürfen Anlass geben, wenn man nicht nachweisen kann, dass sie ungerechtfertigt sind. Es ist noch kein Bau, kein grösseres Unternehmen und keine Bahn ohne Anschlagsüberschreitungen ausgeführt worden, und es liegt nicht in der Möglichkeit, einen Voranschlag für eine Bahn zu machen, wobei alles Vorkommende berücksichtigt werden kann, weil sich Vieles erst bei der Ausführung herausstellt, und weil man unmöglich voraussehen kann, welche Arbeiten und Kosten durch die Ansprüche von Adjacenten verlangt werden können oder geboten sind. Die Mehrbedürfnisse, die sich bei den letzten Staatsbauten Tilsit-Memel und anderen herausgestellt haben, sind ein Zeugniss dafür, und die Abschlüsse der Bau-Rechnungen aller Bahnen beweisen es als eine stehende Regel, und doch habe gerade *ich* den Vorwurf fortwährend hören und darunter leiden müssen. Im Vorhergehenden ist somit der Punkt der Mehrkosten bei der Görlitzer Bahn hoffentlich motivirt.

Ich kann diese Bahn aber noch nicht verlassen, weil andere zu meiner Rechtfertigung nöthige Fragen noch zu erörtern sind.

Sobald es thunlich war, wurde der Bau begonnen. Da aber z. Z. noch keine durch meine Vermittlung entstandenen Bahnen vollendet waren, zweifelte das Publicum, und so waren auch hier die Actien nicht verkäuflich. Wenn auch keine Stockung eingetreten war, so fürchtete doch das Revisions-Comité, dass der Bau Unternehmer, derselbe der in Ost-Preussen baute, hier in Verlegenheit gerathen könne, und war deshalb äusserst streng bei Prüfung der Certificate, denn ich hätte erwähnen sollen, dass sich bei dieser Bahn das Revisions-Comité das Recht der Revision vor Zahlungsleistung vorbehalten hatte und daher den Mitverschluss der Effecten und die Asservirung des Erlöses beim Effecten-Verkauf beanspruchte.

Die Besorgtheit des Verwaltungsrathes für die Bauausführung steigerte sich so sehr, dass man mich ersuchte, aus dem Verwaltungsrath auszutreten und die Enterprise zu übernehmen. Ich sträubte mich dagegen aus vielen guten Gründen, gab aber dem allgemeinen Wunsche aus Gefälligkeit nach und einigte mich mit dem Unternehmer dahin, dass ich der Gesellschaft gegenüber seine Verpflichtungen und den Bau übernehmen, das Geschäft à conto meta mit ihm führen und nach Vollendung den Profit entsprechend mit ihm theilen würde. Ich verpflichtete mich ferner, ihm sofort à Conto etwaiger Ueberschüsse eine gewisse Summe zu zahlen, deren er zur Abwicklung in Ostpreussen bedurfte. Mit dem Verwaltungsrathe hatte ich als specielle Bedingung für die Gewährung seines Wunsches, dass ich Generalunternehmer würde, vereinbart, sofort nach Eröffnung der Bahn wieder in die Verwaltung zu treten. So wechselte ich denn meine bisher eingenommene Position, wurde gegen meinen Willen Generalunternehmer und hatte einen Contract zu übernehmen, den ich ursprünglich für das Interesse der Bahn allein entworfen hatte, und wo ich den Unternehmer nur durch meine Person und die Durchführung meiner Ansichten geschützt wusste. Mit der Veränderung meiner Stellung war ich dem Unternehmer, mir selbst, verloren gegangen und musste gewärtigen, dabei schlecht zu fahren. Ich war mir dessen bewusst, mein Renommé und mein ganzes Ich waren für die Durchführung eingesetzt, und so bin ich mit offenen Augen der Gefahr entgegen gegangen.

Der Bau war allerdings erst in seinen Anfängen. Vieles oben Erwähnte war noch nicht eingetreten, die Verlängerung der Bahn stand aber schon fest, die Art der Contracts-Interpretation war mir schon klar geworden, und ich sah voraus, dass mir Aerger, Gefahr und wahrscheinlich Verlust drohten. Es war auch bei meinem Character nicht angenehm, Befehle zu empfangen anstatt zu ertheilen, denn ich musste die Vollmacht des Finanzcomités aufgeben, an meiner Stelle empfing *Assessor Philippi* die Vollmacht, die Techniker wurden meine Bauherren und mir graute vor den Widerwärtigkeiten, die ich voraussah. Ich erwähne dies alles, weil sich daraus ergiebt, dass ich hier nur aus Interesse für das Unternehmen und auf dringenden Wunsch meiner Collegen ungerne, aber opferbereit gehandelt habe. Meine Befürchtungen sind leider eingetreten, denn ich habe bei dieser Bahn, aus meinen Büchern nachweislich, weit über eine Million Thaler verloren, und dieses diene als Antwort auf die leichtsinnige Aeusserung der vorerwähnten Zeugen bei der Untersuchungscommission, dass der Bau viel billiger hätte ausgeführt werden können. Auf Grund der Contracte beanspruchte ich, dem früheren Unternehmer vis à vis, die alleinige Direction des Baues und den Besitz und die Verfügung über alle Einnahmen ungestört bis nach Vollendung der Bahn und Rechnungslegung; stellte sich dann ein Profit heraus, so wollte ich ihn nach Abzug des erwähnten Vorschusses zahlen, widrigenfalls der sich ergebende Saldo an mich zu berichtigen sei. Mein Partner fügte sich ungern diesen Ansprüchen und versuchte das Finanzcomité für sich zu gewinnen. Dieses, obgleich aus seinen Freunden zusammengesetzt und von seiner grossen Ehrenhaftigkeit überzeugt, trat meiner Contractsauslegung bei. Ich wäre nicht so bestimmt aufgetreten, wenn die von mir übernommene Aufgabe nicht eine so schwierige gewesen wäre; ich sah schwarz, mein Freund war voller Erwartungen. Wir waren verschiedener Ansicht über manche Personen und Dinge, und jeder von uns traute sich die meiste Fähigkeit der Beurtheilung zu. Ich war jetzt allein verantwortlich, und so konnte und wollte ich die Dinge nur in meinem Lichte sehen. Dies setzte den schon bestehenden, unfreundlichen Beziehungen die Krone auf, Zuträger und einfältige Freunde erweiterten die Kluft, und die sich daraus ergebenden Gerüchte sind später gegen mich ausgebeutet worden, wurden von *Lasker* erwähnt und selbst in der Commission wiederholt. Wenn auch noch so freundlich gestimmt, wurde ich zuletzt doch auch böse, steifte mich auf meinen Contract, handelte ganz wie ich es für gut befand und gab weder Rede noch Antwort. Ich beharrte hierin auch nach Vollendung der Arbeiten, weil ich wusste, dass ich zu fordern und nicht zu zahlen hatte.

Von anderen Anschauungen ausgehend, glaubte mein Partner, dass er viel zu fordern habe und klagte auf Rechnungslegung; diese wurde ertheilt und daraus ergab sich eine Forderung zu meinen Gunsten von zwischen sechs und achthunderttausend Thalern. Ich hatte unterdessen andere Bauten ausgeführt, Vieles mit Glück zu Stande gebracht und war sehr vermögend geworden; mein Freund hatte ein grosses Vermögen in so weit verloren, als er anstatt dessen, Millionen von unverkäuflichen Papieren besass. Bei seiner Gewissenhaftigkeit würde ihn der Gedanke einer Schuld sehr gedrückt haben, einzutreiben wäre sie nur schwer und dies auch ganz gegen meine Natur gewesen. In der That hatte mich Rücksicht für den Stolz und die Peinlichkeit dieses Herrn hauptsächlich veranlasst, mit der Rechnungslegung zurückzuhalten, ihn in Ungewissheit zu lassen, ob er zu fordern oder zu zahlen habe. Diese Rücksichten veranlassten mich denn, nachdem von einer Schuld meinerseits nicht mehr die Rede sein konnte und unser gegenseitiges Verhältniss klar lag, mich bereit zu erklären, die Feder durch die Rechnung zu ziehen und mich dahin zu einigen, dass wir auf alle gegenseitigen Ansprüche verzichten. Mein Freund hatte somit an der *Görlitzer Bahn* die ihm vorgeschossene Summe jedenfalls verdient.

Diejenigen — und ich vermuthe darunter auch den Rechtsanwalt meines Freundes — die in mir nur einen gewandten Geschäftsmann zu sehen glaubten, werden diese Handlungsweise nicht verstehen können, und ich fürchte, dass diese von meinem Zartgefühl veranlasste Art der Behandlung der Angelegenheit eher Misstrauen als das Gegentheil erweckt haben mag; ich glaube sogar mein Freund selbst ist sich nicht klar, wie generös ich gehandelt; ich wünschte aber auch nicht, dass er es empfinden sollte. Ich muss indessen ein für alle Mal mich rechtfertigen und dies Faktum gehört dazu; sonst würde ich wie bisher darüber geschwiegen haben. Dass eine derartige Forderung in dieser Weise behandelt wird, ist keine alltägliche Erscheinung und kann nur von denjenigen verstanden werden, die meine gänzliche Verachtung für Geld als solches kennen; hier handelte es sich aber nur um den Beweis, dass ich einem Dritten nichts ihm Gebührendes vorenthalten habe, diesen glaube ich erbracht zu haben und damit ist ein für mich unangenehmes Thema abgeschlossen.

Baron *Magnus* hatte Besitzungen bei Görlitz und legte aus Interesse für die Bahn gleich nach Beginn der Bauten die Stamm-Actien zur Subscription auf. Der Versuch war mit Ausnahme einiger ganz unbedeutenden Zeichnungen gänzlich misslungen, und so war ich für die Realisirung auf meine schon erwähnte Methode angewiesen, mir durch Verdienst-Certifikate zukommende Actien an Banquiers bestmöglichst zu verkaufen. Ich habe nur sehr niedrige Preise erlangt, und wer, mit Ausnahme der Adjacenten, seine Actien vor meinem Austritt aus der Görlitzer Bahn verkauft hat, wird sicherlich dabei verdient haben. Die Adjacenten, welche sich mit Actien betheiligt haben, sind als die Gründer der Bahn zu betrachten, diese zeichneten, weil sie die Bahn wünschten und nöthig hatten, sie konnten die wahrscheinliche Rentabilität am besten beurtheilen und jedenfalls war ihr Zweck, durch die Bahn den Werth ihrer Besitzungen zu erhöhen. Die Prioritäts-Actien wurden in angeführter Weise nach reiflicher Prüfung der Bahnverhältnisse und alles Einschlagenden von der Seehandlung theils selbst übernommen, theils durch sie placirt und der Erlös in sicheren zinstragenden Papieren, hauptsächlich in Bergisch-Märkischen und anderen ähnlichen schweren Effekten von ihr angelegt. Diese Capitalanlage wurde mit Umsicht und sehr vortheilhaft bewirkt, und muss ich dem Präsidenten der Seehandlung sowohl meinen Dank als meine Hochachtung bekunden für das, was ich und die Bahn seiner Hilfe zu verdanken haben. Er beurtheilte die Verhältnisse richtiger als Andere und, wie dieses von ihm zu erwarten und vom Publicum auch anerkannt wurde, betheiligte sich das von ihm geleitete Institut bei Unternehmungen nicht aus Speculationszwecken, sondern aus Ueberzeugung, dass sich die betreffenden Effekten zu einer soliden Capitalanlage eigneten.

Die mir in diesem Falle von einer hohen Behörde während meiner ganzen Eisenbahnthätigkeit einzig zu Theil gewordene gütige Behandlung und rücksichtsvolle Beurtheilung hat mich, abgesehen von den mir dadurch entstandenen grossen Vortheilen, zu der grössten Dankbarkeit verpflichtet, und ich kann aufrichtig versichern, dass ich auch diese und die höchste Verehrung stets empfunden habe. Ich habe es mir daher nie verziehen, und betrübt mich der Gedanke heute noch, dass ich mich habe hinreissen lassen, über ein mir nach meiner Auffassung geschehenes Unrecht zu zürnen, und dass ich in diesem Gemüthszustande meine Verpflichtung der Dankbarkeit in so weit vergessen konnte, dass ich, wenn auch aus Ueberzeugung, dem späteren Minister in von mir abgefassten Leitartikeln entgegen getreten bin. Ich habe Grund anzunehmen, dass mir dieses bitter vergolten worden, zweifle aber keinen Augenblick, dass es nach gewissenhafter, wenn auch getrübter Ueberzeugung geschehen ist. Ich werde die Thatsachen schildern, nicht zu meiner Rechtfertigung für bewiesenen Undank, sondern als Erklärung wieso ich, wenn mich nicht Dankbarkeit verpflichtet hätte, zu zürnen berechtigt gewesen wäre.

In jener Zeit war ich übermenschlich thätig, hatte keine Zeit mit meinem innern Menschen zu Rathe zu gehen, fühlte mich verletzt und war böse. Seit Jahren, seitdem das Unglück an mich herangetreten, habe ich meinen Zorn bereut und mich jedesmal gefreut, wenn der Finanzminister hart gegen mich gewesen ist, weil ich dadurch einen Theil meiner Schuld als gesühnt betrachtete und, wiewohl es ihm gleichgültig sein mag, erinnere ich mich jetzt nur noch seiner Güte.

Der Ton dieser Schrift zeigt, dass ich aus Furcht zu verletzen mit meiner Meinung nicht zurückhalte; ich habe vom Minister *Camphausen* Nichts zu erwarten, darum kann ich einen Fehler bekennen, wie ich andererseits auch berechtigt zu sein glaube, die Verhältnisse zu schildern, wie ich sie auffasse, ohne dabei zu verletzen.

Im Frühjahr 1866 begab ich mich zum Präsidenten der Seehandlung und bat ihn, die Effecten, worin der Erlös der Görlitzer Stamm-Prioritäts-Actien angelegt war, allmälig zu veräussern und der Gesellschaft einen, wenn auch noch so mässigen Zinsfuss für die baaren Gelder zu gewähren. Meine Gründe für dieses Verlangen waren folgende:

Ich war im Begriff mit der beginnenden Bau-Campagne die Bauten auf das Energischste zu fördern. Dies bedingte grosse Geldverwendung und entsprechende Zahlung aus dem Prioritätserlös. Die Papiere waren übrigens im Course gestiegen und da ich, wie meine Bekannten bekunden können, der Meinung war, dass unsere älteren Bahnen ihren Höhepunkt erreicht hätten, so befürchtete ich bei Realisirung grösserer Posten die Course zu drücken. Meine Meinung über die älteren Bahnen hat sich bewährt, sie beruhte auf Anschauungen ähnlich wie diejenigen, die ich im Laufe dieser Schrift gemacht habe, die im Allgemeinen dahin zusammen zu fassen sind, dass die Verwaltung, der Betrieb und Einrichtungen kostspielig und unzweckmässig seien. Ferner schienen mir die Bahnen sämmtlich ihren Credit (Obligations-Emissionen) zu hoch anzuspannen*) und hauptsächlich missbilligte ich den Bau von Zweig- und Concurrenz-Linien in einer Hand, weil mir in dieser Hinsicht hier eine Wiederholung desselben Fehlers vor sich zu gehen schien, der die besten Bahnen Englands für eine lange Zeit schädigte, und wovon sich dieselben erst erholt haben, seitdem man ernstlich an das Schliessen der Capital-Conti gegangen ist, und nur unter speciellem Nachweis Neues projectirt, wo sichere Aussicht auf Rente, oder ein für die Bahn anerkanntes Bedürfniss befriedigt wird. Für mich war aber selbst ein möglicher Coursverlust nicht so wichtig, als über baares Geld, wenn ich es brauchte, verfügen zu können, und ich sah voraus, dass Umstände eintreten konnten, wo die Realisirung schwer und mit sehr grossen Verlusten verknüpft sein würde. Ich theilte dem Präsidenten einen Theil meiner Gründe mit, er billigte aber mein Verlangen

*) Dies ist seit jener Zeit theilweise durch Vermehrung des Actien-Capitals redressirt.

nicht, erklärte: nicht in der Lage zu sein, die Gelder zu verzinsen, und glaubte berechtigt zu sein, weil er die Görlitzer Prioritäten auf den Markt gebracht, zu verlangen, dass Nichts geschehe, was das Bau-Capital schmälere, und hierbei käme es auch auf eine gebührende Verzinsung der realisirten Gelder an. Er hielt die vorhandenen Papiere für gut und sicher und es nicht für wahrscheinlich, dass sie im Preise fallen würden, da ausserdem das Depot bei der Seehandlung im Verhältniss zu den, dem Bau im Jahre 1866 zufallenden Geldern stets einen grossen Ueberschuss ergeben würde, so könnte, selbst bei vorübergehend ungünstigen Conjuncturen, keine Schwierigkeit entstehen, leihweise auf das ganze Depot die erforderlichen Summen zu empfangen. Obgleich meine Meinung unverändert blieb, dass eine Veräusserung in meinem Interesse läge, so konnte ich gegen die moralische Berechtigung der Seehandlung, ihre Anschauungen respectirt zu sehen, um so weniger etwas einwenden, als durch die in Aussicht gestellte Beleihung mein Hauptbedenken beseitigt war. Ich nahm von weiterem Verlangen Abstand, beschäftigte mich mit der Förderung des Baues und empfing von Monat zu Monat auf Grund meiner Certificate baare Gelder von der Seehandlung womit das Conto belastet wurde, während die Seehandlung die Ermächtigung hatte, nach Gutachten zu realisiren.

Inzwischen blieben meine Beziehungen zu diesem Institute bis zum Ausbruch des österreichischen Krieges höchst angenehme. Während der Truppenaufstellung, jedenfalls um diese Zeit, beschied mich General *v. Roon* in's Kriegsministerium und sagte mir: „es könne möglich sein, dass unter Eventualitäten, die Gott verhüten wolle, die Linie von Cottbus bis Berlin dem Staate von Nutzen sein könnte.“ Er fragte mich, ob ich dieselbe für den provisorischen Betrieb herstellen wolle und könne; ich erwiderte, dass ich dies zu thun im Stande und auch bereit sei, dass damit Geldausgaben, die ich in solchen Zeiten nicht bestreiten könne, verknüpft seien, weil die provisorische Inbetriebsetzung Kosten verursache, die sonst nicht nothwendig wären, den Bau stören und indirect dadurch auch vertheuern würden, und fragte daher, ob der Staat gewillt sei, die Mittel herzugeben und die Kosten zu ersetzen. Der Minister erklärte, dass ihm dazu die Mittel fehlten und überliess es meinem Patriotismus zu thun, was ich könnte. Um mich nicht zu rühmen, will ich die mich bewegenden Motive unerwähnt lassen; genug, ich erklärte mich bereit, Alles zu thun, was in meiner Macht läge, bat aber den Kriegsminister — wozu er sich auch bereit erklärte — den Finanzminister (ich glaube es war Herr *v. Bodelschwing*) zu bitten, bei der Seehandlung eine liberale Beleihung unserer Effecten zu befürworten.

Ob in dieser Bitte eine Verletzung für die Seehandlung lag, weiss ich nicht zu beurtheilen, ich empfing aber eine Einladung dorthin zu kommen, und der Präsident theilte mir nun mit, dass er den Wunsch des Finanzministers nicht erfüllen könne, da er gegen ihn selbst Verpflichtungen habe, die seine Mittel in Anspruch nehmen, und er im Gegentheil gezwungen sei, mir die gemachten Vorschüsse zu kündigen und bei Nichtzahlung die Effecten zur Deckung bestmöglichst zu realisiren. Beides geschah, und ich besitze Rechnungen, die beweisen, dass die Seehandlung zur Deckung der Forderung durch sie selbst gekaufte Effecten, die, wenn mein Verlangen gewährt worden wäre, im Frühjahr mit Profit hätten verkauft werden können, mit gegen dreissig Procent unter dem Einkaufs-Preise versilbert hat. Das Schlimmste dabei war, dass diese Verkäufe in solcher Zeit die Course überhaupt drückten. Ich hatte inzwischen, um mein dem Kriegsminister gegebenes Versprechen zu erfüllen, den Bau forcirt, mich in Zahlungsverpflichtungen eingelassen, die mich zwangen, die mir nun für meine Certificate in Natur gegebenen Effecten gleicher Art auf den Markt zu werfen, und dabei mit noch schlechteren als den von der Seehandlung erzielten Coursen zufrieden zu sein. Mein Verlust war ein ganz enormer und, ob dazu berechtigt oder nicht, hielt ich mich durch die Seehandlung geschädigt, weil ich die Handlungsweise als hart und nach meiner Auffassung im Widerspruch mit der mir zugesagten Beleihung fand.

Ich mag falsch geurtheilt, die Nothwendigkeit mag die erwähnte Handlungsweise bedingt haben, auch kann ich der Bemerkung bezüglich der Beleihung vielleicht eine nicht beabsichtigte Deutung gegeben haben; genug, ich habe dabei viel verloren, glaubte mich gemisshandelt und zürnte nun desto mehr, weil ich den äusseren Trotz und inneren Aerger verschlucken musste. Ich unterliess deshalb aber nicht, mit allen Kräften daran zu arbeiten, mein dem Kriegsminister gegebenes Versprechen zu halten, und eröffnete den provisorischen Betrieb auf der 15 Meilen langen Strecke Cottbus-Berlin.

Der Herr segnete unsere Waffen und meine Bestrebungen brachten dem Staat keinen Nutzen; mich haben sie indessen sehr grosse Summen gekostet. Wie aber wurde ich dafür belohnt? Obgleich der Verkehr eröffnet und selbstverständlich störend und kostspielig war, wurden die Zufuhren für das Heer, welche die Betriebskosten decken oder doch mindestens hätten ermässigen können, auf der Landstrasse von Berlin nach Cottbus transportirt. Einige Krankenzüge hatte ich allerdings (ich glaube gratis) zu befördern. Bis jetzt ist mir unbekannt, ob sich der Minister der Sache erinnert oder ihrer Erwähnung gethan; jedenfalls soll ich seinen Dank noch heute bekommen. Mich haben die erwähnten Coursverluste, die provisorischen Betriebseinrichtungen, Störungen und Zins-Verlust durch Bau-Verlängerung über dreiviertel Millionen gekostet und ich erinnere mich nur eines Vortheils. Ich war Monate lang bei Vollendung des Berliner Bahnhofsgebäudes gestört, ich konnte — aus welchen Gründen, ist mir nicht mehr erinnerlich, mir erschienen sie jedenfalls nicht triftig — die polizeiliche Rohabnahme nicht erlangen. Ich benutzte diese Gelegenheit, sperrte Thüren und Fenster zu und besorgte, ungeachtet des mir angedrohten Einschreitens der Feuerwehr, Tag und Nacht das Putzen. Der Bahnhof soll sich auch ohne die betreffende Revision ganz gut bewährt haben. — Noch einen kleinen Beweis, wie ich im Ministerium bevorzugt worden bin. Ohne dazu verpflichtet zu sein — als ein schwacher Ausdruck derjenigen Verehrung für unser Herrscherhaus, in der ich erzogen worden bin und die Meinigen erziehe — habe ich in Königs-Wusterhausen und Halbe, dort kleinere und hier grössere Empfangsräumlichkeiten eingerichtet. Ich hasche zwar nicht nach äusseren Ehren, aber ich hätte doch erwarten dürfen, dass dieser Umstand geeigneten Ortes wenigstens zur Kenntniss gebracht werden würde.

Trotz Krieg und Krisen brachte ich endlich den Bau soweit, dass die definitive Betriebseröffnung stattfinden konnte. Die Bau-Zeit war soweit beendigt und nun entstand die Frage, welche Mehrforderungen gerechtfertigt wären und gewährt werden könnten? Es gab ängstliche Herren im Verwaltungsrath, die sich zu Nichts verstehen mochten, die dies als vor die Generalversammlung gehörig betrachteten. Um nun vereint vor die Generalversammlung zu treten und der Zustimmung des Ministeriums sicher zu sein, musste ich meine Forderungen weit unter dem, was ich zu fordern berechtigt war, herabstimmen lassen, und die so befürwortete Summe ist denn auch Seitens der Generalversammlung und des Ministeriums genehmigt worden.

Entsprechend der darauf bezüglichen Vereinbarung trat ich nun wieder in den Verwaltungsrath, und da die Baurechnung nicht geschlossen werden konnte, weil, wie unausbleiblich, viele kleinere und grössere Objecte noch herzustellen und zu vollenden waren, so stellte ich anstatt meiner einen anderen Unternehmer, wobei vereinbart wurde, dass die Gesellschaft die noch vorhandenen Fonds, die beim Staat befindliche Caution und Alles, was dem Bau-Unternehmer gehörte, behalten sollte. Das Fehlende sollte auf dessen Rechnung dafür Seitens der Direction ausgeführt werden, ihm etwaiger Ueberschuss herausgegeben oder eventuell von ihm etwaige Mehrkosten erstattet werden.

Um Nichts zu verschweigen, bekenne ich, dass ich dem Unternehmer die Garantie leistete, ihm für jeden aus seinen übernommenen Verpflichtungen entstandenen Schaden aufzukommen. Die Direction ging sofort an die Arbeit, erschöpfte die vorhandenen Mittel und forderte mehr; dieses Verlangen wurde, ich glaube zwei Mal, gewährt, obgleich ich die Ueberzeugung hatte, dass die Forderung unberechtigt sei, weil Vieles auf Rechnung des Bau-Unternehmers ausgeführt wurde, was entweder zum Betrieb gehörte oder als Erweiterung zu betrachten war, die der Unternehmer nicht zu leisten hatte. Bei der nächsten Forderung wurde dagegen protestirt, 150,000 Thaler aber an den Banquier *Jacques* unter der Bedingung gezahlt, dass dieselben der Gesellschaft nur dann auszuliefern seien, wenn diese Forderung durch gerichtliches Erkenntniss erstritten werden könnte. Ich war der Meinung, dass die gezahlten Gelder nicht geschuldet waren, und dass der Unternehmer eine grosse Forderung hatte, während die Gesellschaft anderer Meinung war.

Wenn ich nicht im Verwaltungsrath gewesen, so hätte ich unbedingt weder etwas gezahlt, noch deponirt und würde meine Forderung geltend gemacht haben; so enthielt ich mich nicht nur jeder Betheiligung bei diesen Fragen, sondern liess auch keine Klage seitens des Unternehmers anstrengen und war schwach genug, mich von meinen Collegen bereden zu lassen, meiner eigenthümlichen Stellung wegen, Geld zu zahlen, zu deponiren und auf Rechte zu verzichten. Ich schreibe herausfordernd! und sage, dass ich nach Vollendung des Baues und Wiedereintritt in den Verwaltungsrath mich bei Angelegenheiten, wo ich ein directes oder indirectes Interesse haben könnte, nie betheiligt habe, ja dass während dieser ganzen Zeit nicht eine einzige Frage entschieden worden ist, die mir hätte günstig sein können und dass, wo ich gehandelt habe, es stets gegen mein Interesse geschehen ist und mit Opfern verbunden war.

Inzwischen wurde der Betrieb von der Direction eingeleitet und fortgesetzt, wobei, wie ich schon erklärt, der Aufsichtsrath eine Null ist. Ich habe indessen dahin gewirkt, die Verwaltung so billig als möglich zu machen und die Actionäre haben, was Dividende betrifft, sich verhältnissmässig besser gestanden, als später, wo ich aus der Verwaltung ausgeschieden war.

Die Verwaltung und der Betrieb der Bahn war, nach hiesigen Usancen beurtheilt, ein billiger und guter, und es würde auch noch viel mehr erzielt worden sein, wenn dies das Ministerium nicht gehindert hätte. So strebte der Regierungsrath *Hasse* mit Energie und Geschick, Verkehr durch Refaction heranzuziehen, wurde darin aber durch Ministerial-Vorschriften gehindert; ein Weg indessen, der trotzdem ausführbar erschien, wurde von ihm gefunden, die Behörde jedoch hinderte ihn auch daran. Der Gegenstand ist zu weitschichtig, um hier behandelt zu werden, die Beschränkung geht von ganz falschen Voraussetzungen aus, für die leicht Abhilfe geschaffen werden könnte, das grosse Publicum würde bei einer anderen Auffassung nur Vortheil ziehen; Concurrenz regt die Thätigkeit und Fähigkeit der Direction an, und die eingeschlagenen Wege hätten unserer Bahn jedenfalls Verkehr gebracht; wie gesagt aber: wir wurden dabei gehindert. Um den durchgehenden Verkehr zu vermehren, wollten wir eine Ermässigung bei vollen Waggonladungen und sonst für Güter, die von End zu End der Bahn gehen, eintreten lassen. Es wurde uns abgeschlagen, wenn dieselbe Ermässigung nicht zugleich für alle Zwischenstationen gelten sollte. Dies konnten wir nicht eingehen, ohne die Einnahme wesentlich zu beeinträchtigen, und so war uns auch dieser Versuch, die Einnahmen zu vermehren und woraus nur das Publicum Nutzen haben konnte, nicht gestattet. Bei Feststellung der Kohlenfrachten von Waldenburg über Kohlfurt nach Berlin (Niederschlesische Bahn) wurde wegen der theuren Herstellungskosten und des kostspieligen Betriebes auf der Gebirgsbahn die Fracht hier pro Centner über einen Pfennig per Meile gerechnet, und auf der Niederschlesischen Bahn einen entsprechenden Theil unter einem Pfennig normirt, so dass sich die Fracht durchschnittlich auf einen Pfennig bezifferte. Wir waren damit einverstanden, wollten aber nur unsere geringe Meilenzahl rechnen, um dadurch den Transport zu erlangen, auch dieses durften wir nicht, wir wurden verpflichtet dieselbe Fracht zu rechnen wie die längere Niederschlesische Bahn und bekamen deshalb den Verkehr nicht. Ueber die Schwierigkeiten, welche uns überall gemacht worden sind, könnte man Bücher schreiben, die alle den Beweis liefern würden, dass Staatsbahn-Besitz und Aufsicht in einer Hand die angrenzenden Bahnen schädigt und unstatthaft ist.

Bei vollster, freier Concurrenz giebt das englische Gesetz den anschliessenden Bahnen Rechte wie *Running powers*, (Rechte auf anderen Bahnen mit eignen Betriebsmitteln zu fahren), die vollständig gegen Chikanen sichern und jede Bahn zwingen, der angrenzenden alles Billige zu gewähren. Aus Ueberzeugung, dass ein Gedeihen neuer Bahnen nur möglich wäre, wenn man über ein unabhängiges Bahnnetz verfügt, hatte ich die Absicht, wie weiter hier ersichtlich, meine Bahnen käuflich zu vereinigen. Bald nach der Betriebseröffnung fühlte der Aufsichtsrath und die Direction, dass eine Erweiterung der Bahn nothwendig sei, und zwar sowohl nach Sachsen wie auch nach Böhmen; dieses ist auch erzielt worden, aber nicht wie ich es hätte wünschen können.

Ich war für den kürzesten Weg nach Dresden, dieser bedingte zwar ein Berlin näheres Abzweigen von unserer Hauptbahn, aber das Entstehen der Berlin-Dresdner Bahn wäre verhindert worden; während wir so bis Dresden selbst gebaut hätten, bedingte der eingeschlagene Weg den Anschluss an eine andere Sächsische Bahn diesseits Dresden. Dadurch ist aber der Weg nach dem Braunkohlenrevier auch ein längerer geworden, und dies involvirt wahrscheinlich den Verlust des Verkehrs nach und von beiden Orten.

Der Anschluss nach Reichenberg ist wichtig, ob Zittau und Muskau sich rentiren werden, ist fraglich. Diese waren aber nöthig, um die anderen Concessionen zu erlangen.

Wären die Anschauungen bei Concessionen nicht rein persönliche, so hätten wir vielleicht nicht nöthig gehabt, zwei Strecken zu bauen, die theuer sind, wenig bringen werden und die Rente beeinträchtigen, und wir hätten eine Bahn bis Dresden, die mehr bringen würde als der jetzige Anschluss. Obgleich ich im Aufsichtsrathe war, habe ich nicht versucht den Bau für mich zu erlangen, er wird in Regie gebaut und vielleicht habe ich noch Gelegenheit, die Kostenrechnung zu prüfen.

Ausser dem Commissionär, der mir den Gutsbesitzer *Schrickel* brachte, habe ich bei dieser Bahn nur eine weitere Vergütigung an Dritte gegeben. Diese Summe zahlte ich dem aus früheren Jahren bekannten Herrn *Levinstein*; sie betrug 30,000 Thlr. — Dieser Herr war mir persönlich unbekannt. Nachdem ich mich bereits engagirt hatte, die Bahn zu bauen, liess er mich wissen, dass es in seiner Macht stünde, seinen bekannten Einfluss in den verschiedenen Ministerien zu meinen Gunsten anzuwenden. Damals war ich noch nicht so vollständig von der Reinheit unseres Beamtenstandes überzeugt, wie ich dieses nachher durch Erfahrung geworden bin. Ich wusste, dass der genannte Herr ausgedehnte Beziehungen hatte, liess ihn daher zu mir bitten. Er zeigte sich vollständig unterrichtet und muss Einsicht in alle Acten gehabt haben. Ich sagte ihm: „Ich bedürfte keiner Hülfe, und was ich thue, könne Jeder wissen.“ Er erwiderte: „Jede Frage hat ihre Kehrseite; vielleicht ist Ihnen daran gelegen, dass man Ihnen keinen Schaden zufügen möge?“ Ich entgegnete: „Auch den fürchte ich eigentlich nicht. Ich bin aber zu beschäftigt, um unnütz zu kämpfen; ich weiss, Sie können schädlich sein, wenn nicht gar schaden. Was soll ich Ihnen geben, wenn Sie versprechen, sich nie um meine Angelegenheiten zu kümmern, darüber weder zu sprechen noch etwas erfahren zu wollen?“ — „Ich muss bekennen, Ihre Offenheit und Einsicht erleichtert die Verhandlung.“ — Dreissigtausend Thaler — gefordert, gewährt, beiderseits Wort gehalten und nie wieder von einander Etwas verlangt. —

Herr Levinstein hatte einen Neffen, Chef der Firma „Volkmar & Bendix“; dieser Herr fühlte sich plötzlich berufen, obgleich mir gänzlich unbekannt, im Interesse der öffentlichen Moral gegen mich aufzutreten. Er wandte zu diesem Zwecke sich an die Disconto-Gesellschaft, mit der ich zu jener Zeit entzweit war, und veranlasste diese, sich an die Spitze einer Bewegung zu stellen, die bezwecken sollte, im Interesse der Actionäre meinen Einfluss bei der Görlitzer Bahn zu brechen. Der Name der Disconto-Gesellschaft und die Rührigkeit des Herrn Levinstein, waren beide nicht zu unterschätzen; es war die Zeit, wo ich durch die rumänischen Verhältnisse unpopulär geworden war, und so gelang es, theils aus der Kundschaft der Disconto-Gesellschaft, theils vom Publicum eine grosse Zahl Actien zur Disposition zu bekommen, und der fehlende Rest, um eine Majorität zu sichern, wurde für Geld leihweise beschafft.

Der Zufall wollte es, dass im Verwaltungsrath ausser der gewöhnlich ausscheidenden Zahl noch einige Vakanzen entstanden waren, deren Besetzung ich als Vorsitzender aus formellen Gründen hätte verhindern können; aber ich wollte dergleichen nicht benützen, und so wurde an einem Tage die Majorität des

Aufsichtsrathes neu gewählt. Ich war nicht unter den Ausgeschiedenen und blieb, weil ich beobachten wollte, welchen Ausgang die Sache nehmen würde. Die neugewählten Herren waren sämmtlich der Disconto-Gesellschaft angehörig, mit Ausnahme der Herren *Levinstein* und *Ravené*, der Letztere ist ein Schwager des Herrn *Hansemann*. Schonungslos, wie das Verfahren bis dahin gewesen, wurde es bei der ersten Sitzung fortgesetzt, Geheimrath *Wilckens*, vom Aufsichtsrath der Disconto - Gesellschaft, wurde zum Vorsitzenden gewählt und, so weit es thunlich war, wurde vom Sieg ausgedehnter Gebrauch gemacht. Ich halte es unter meiner Würde, mich darüber zu beklagen, und beneide die Herren nicht um die Rolle, die sie dabei gespielt haben, ich würde die Sache auch nicht erwähnen, wenn ich sie umgehen könnte, ohne den Schein zu geben, dass ich die Besprechung fürchte. Bei aller Mühe ist es diesen Herren nicht gelungen, Etwas zu entdecken, was mich hätte discreditiren können, und ich habe die Satisfaction, dass sie es nicht wagen durften, obgleich ich nichts direct oder indirect dazu beigetragen habe, meine Wiederwahl bei der nächsten General - Versammlung zu verhindern. Ich wurde wiedergewählt und acceptirte die Wahl, weil ich darin eine Genugthuung fand und die Herren beschämen konnte; denn hätten sie Etwas zu erwähnen gehabt, so wäre es ihre Schuldigkeit gewesen dieses zu thun, nachdem sie sich durch künstliche Mittel hineingedrängt hatten, um mich zu richten.

Es war natürlich, dass ein Studium der Acten den zwischen dem Unternehmer und der Gesellschaft schwebenden Streit zum Gegenstand der Erörterung machen würde, wie es auch selbstverständlich war, dass die neue Partei, allen früheren Vereinbarungen fern stehend und zu keinen Rücksichten geneigt, die geschraubteste Auffassung annehmen würde; es wurden denn auch exorbitante Forderungen gestellt und versucht, die Angelegenheit durch das im Contract vorgeschriebene Schiedsgericht auszutragen. Inzwischen rückte die nächste Generalversammlung heran, welche mich wieder gewählt hat, und es wurde auf Grund der Fraglichkeit des Ausfalls der Sache eine Summe von den Einnahmen zur theilweisen Deckung des Ausfalls abgesetzt und die Dividende geschmälert, wodurch die Actien seit jener Zeit entwerthet worden sind. Die neue Verwaltung, von der Disconto-Gesellschaft geleitet, ist so verfahren, weil sie hieraus insofern Capital schlagen wollte, als sie dadurch später beweisen kann, wie schlecht die frühere Wirthschaft gewesen und wie gut die spätere Verwaltung sei. Ein wesentliches Interesse hatten die Männer der Disconto-Gesellschaft nicht bei Berlin-Görlitz, es ist also, sich Alles für die Zukunft auf Kosten der jetzigen Actionäre bequem zu machen, ein ganz kluges Manöver — aber vollständig ungerechtfertigt, denn wenn der Bauunternehmer nicht verantwortlich war, so war mit Ausnahme ganz geringer Positionen der Betrieb es sicherlich nicht, es war denn ein Mehrbedürfniss für den Bau, welches durch Neubeschaffung von Capital, aber nicht durch Kürzung der Dividende zu bestreiten wäre. Das Schiedsgericht kam nicht zu Stande, mehr als ein Jahr ging darüber hinweg, und so sollte die Gesellschaft, wie ich glaube, mit gegenseitiger Genehmigung klagbar werden. Die neuen Mitglieder waren der Meinung, dass meine Beziehung zum Bauunternehmer, wenn sie auch keine ostensible sei, doch genügend bekannt wäre, es unbequem zu machen, wenn ich im Aufsichtsrath verbliebe.

Da ich meinen Zweck mit der Wiederwahl erreicht hatte, und eine genügende Zeit seitdem verflossen war, der erwähnte Einwand überdies unter den nun bezweckten processualischen Schritten nicht unbegründet war, ich auch noch einen andern später zu erwähnenden wichtigen Grund hatte, so bin ich gerne aus einer Gesellschaft geschieden, die mir in Wahrheit ein Schmerzenskind gewesen ist. Den angestrengten Process hat die Gesellschaft in zwei Instanzen verloren, und wenn der Bauunternehmer während meiner unglücklichen Abwesenheit in Moskau sich nicht, wozu er gar nicht berechtigt war, ohne meine Genehmigung geeinigt hätte, so würde ich auch noch die Gegenforderung erstritten haben. Dieselbe ist vom Baumeister *Howe* auf's Genaueste aufgestellt und würde schwer zu beanstanden gewesen sein.

Es können zwischen Gesellschaft und Bauunternehmer Streitigkeiten entstehen, bei denen der Letztere Unrecht haben kann, das liegt in der Natur so grosser Arbeiten und deren Abwicklung, man hätte aber wohl das Resultat der gerichtlichen Entscheidung abwarten können, und selbst bei ungünstigem Resultate läge noch immer nichts Gravirendes für mich darin. Herr Präsident *Scheele* glaubte sich indessen als Disconto-College des Herrn *Wilckens* berufen, auf diesen Process bei der Untersuchungscommission in mir unfreundlicher Andeutung hinzuweisen, und darum muss ich die wesentlichen Punkte hier berühren.

Indem die vorübergehenden Statutenbestimmungen bis zur Eröffnung der Bahn Gültigkeit hatten, mussten die seitens der zukünftigen Direction vorgeschlagenen Beamten bis dahin vom Finanzcomité ernannt werden. Die wichtigste Person nach der Direction ist der Betriebsdirector. Für diesen Posten wurde der Bauinspector *Vagedes* von der Niederschlesischen Bahn designirt; der Zufall wollte es, dass ich, ohne den Herrn persönlich zu kennen, über seinen Character ganz genau informirt war. Ich machte den Assessor *Philippi* darauf aufmerksam und bat ihn, nicht den Vorschlag, wie er dieses beabsichtigte, pure zu genehmigen, sondern sich den Mann erst selbst anzusehen. Er that dies, obgleich er mir sagte, dass er von einer blossen Besprechung über die technischen Leistungen kein Urtheil haben könne, dass der officielle Rang und die Stellung des Betreffenden sowohl als die Recommandation der Verwaltung für ihn maassgebend seien. Ich war natürlich anderer Meinung. Ich bezweifelte weder die Ehrenhaftigkeit noch Befähigung des Herrn *Vagedes*, ich wusste aber, dass er ein Sonderling war, ängstlich, nervös und voll Marotten. Er wurde engagirt, und nach einiger Zeit wurde ihm von seinem Vorgesetzten die Betriebsdirection abgenommen. Ich bedauerte den Mann, weil es nicht seine Schuld war, dass ihm eine Stellung gegeben worden, für die sein ganzes Temperament ungeeignet war, und wirkte dahin, dass er nicht entlassen, sondern anderweitig verwandt wurde. Er starb schliesslich wahnsinnig, und es ist meine feste Ueberzeugung, dass die Aufregung während seiner Thätigkeit als Betriebsdirector seine Character-Eigenthümlichkeit in Wahnsinn verwandelt hatte.

Dieser Herr hatte die Ausführung der dem Unternehmer obliegenden Schlussarbeiten, und es war seine Aufgabe, Betrieb und Bau vollkommen getrennt zu halten, obgleich beide mit schwer bemerkbaren Grenzen neben einander liefen; ihm lag auch ob — jedenfalls war es ihm überlassen — zu beurtheilen, was noch nöthig und was contractlich obligatorisch war. Plötzlich mit Befugnissen und einer Macht ausgestattet, die ihm fremd waren, ehrgeizig darauf, billig zu verwalten, ohne Kenntniss oder Beurtheilungsfähigkeit der speciell hier obwaltenden Verhältnisse, im Eifer für die Interessen der Gesellschaft, aus Aengstlichkeit, dass er zu Ungunsten des Betriebes Fehler begehen könnte und vielleicht auch aus Zorn gegen mich, weil er wusste, dass ich seine Anstellung bemängelt hatte, verfuhr der Herr ganz rücksichtslos und wirthschaftete ohne jedes Maass auf Kosten des Unternehmers. Meine Stellung gestattete es mir nicht, irgend welchen Einfluss auszuüben, Rechnung wurde nicht abgelegt und auch nicht verlangt, die ersten früher erwähnten Zuschüsse wurden mit Erstaunen, aber auf guten Glauben und Zureden geleistet, und als das Resultat zu arg erschien, wurden die 150,000 Thlr. unter Protest deponirt.

Nun wurde eine Art Rechnung aufgestellt und eine Erwiderung bis auf die kleinsten Details vom Bau-Meister *Howe* geliefert, welcher, *Vagedes* kennend, dessen Thätigkeit beobachtet und sich mit Notizen vorgesehen hatte, die ihn in die Lage setzten, die Monita zu ziehen und später das Genauere für die Klage vorzubereiten. Dieses ist ein Theil des Prozesses; die Forderung der Gesellschaft ist abgewiesen, und ohne hier zu entscheiden, ob die Gegenforderung erstritten werden konnte, oder wer Recht oder Unrecht hatte, wird Jeder einräumen müssen, dass hier specielle Umstände zu Resultaten führten, wobei weder der Direction noch dem Unternehmer Vorwürfe gemacht werden können, woraus sich ganz entgegengesetzte Forderungen leicht erklären lassen, und woraus zur Evidenz ersichtlich ist, dass seitens des Unternehmers zu wenig aber nicht zu viel Einfluss ausgeübt worden ist.

Die Hauptgegenstände der Klage sind aber — denn alles Andere ist ganz unwesentlich — Terrain-Lieferungen beim

Berliner Bahnhof, und hier hatte ich laut Bescheinigung des Gesellschaftstechnikers, der den Bau leitete, genügend geleistet. Der erste Hauptgegenstand der Differenz war ein Vorplatz, der für den Bahnhof nicht veranschlagt und für den Verkehr auch nicht erforderlich war, weil dafür mehr als genügend Terrain und Zufuhrwege vorhanden sind, sondern weil dieses aus Schönheitsrücksichten von der Stadt gewünscht und der Bahn aufzubürden versucht worden ist. Der öffentliche Platz hat durch die Bahn gewonnen, das Verlangte ist etwas vielleicht in sich Wünschenswerthes — ich glaube es gehört sogar der Stadt selbst — aber in keiner Beziehung zur Bahn Stehendes und in den Contracten nicht Vereinbartes. Für Ab- und Zufuhr ist auf's reichlichste gesorgt, und der erforderliche Halteplatz, für welchen ursprünglich dieser Vorplatz dienen sollte, ist in höchst bequemer Weise auf dem Gesellschaftsterrain selbst hergestellt.

Der zweite Punkt ist ein früher mir gehörges Terrain, welches zur Erweiterung des Bahnhofs in den Zukunftsprojecten in Aussicht genommen ist. Hier verhält sich die Sache wie folgt: Ich kaufte vor definitiver Concessionirung, jedenfalls vor Feststellung des Ortes, wohin der Bahnhof kommen sollte, von den *Volkartschen* Erben und Anderen ein grosses Terrain; in den Plänen waren, wie schon erwähnt, nur 45 Morgen angenommen. Um aber dem Techniker der Gesellschaft in seinen Dispositionen behilflich zu sein, und um ihn nicht unnütz im Raume zu beschränken, übergab ich ihm für die Gesellschaft das ganze Terrain mit der ausdrücklichen Vereinbarung, nur das Nöthige davon zu benutzen und mir den Rest zurück zu cediren. Ueber diese Thatsache kann gar kein Zweifel obwalten, und die nöthigen Zeugen sind zur Bekundung der Wahrheit vorhanden. Ganz gegen meine Erwartungen hat sich, wie schon erwähnt, der Bedarf aber auf 66 Morgen gesteigert und ist dem entsprechend projectirt worden. Bei Eröffnung der Bahn, vor Schluss meiner contractlichen Beziehungen, wurde mir auf Bescheinigung des Technikers, dass ich Alles geliefert habe, wozu ich verpflichtet war, und dass die Gesellschaft an das nicht verwandte Terrain keinen Anspruch habe, dasselbe zurückcedirt. Nöthig kann dieses Land für die Görlitzer Bahn vielleicht später werden, für den Betrieb während der verflossenen Jahre — und darauf kann es doch nur ankommen, denn man liefert nicht für die Ewigkeit — war das gelieferte Land mehr als ausreichend, ja man hatte sogar mehr als genügend, denn man war während der ganzen Zeit in der Lage, Plätze für Kohlenlager auf dem Bahnhofe zu verpachten.

Da aber mit der Eröffnung des Betriebes die Bautechniker sich verabschiedeten, eine neue Direction eintrat, und später sogar ein wesentlich neuer Aufsichtsrath die Angelegenheit zu beurtheilen hatte, so ist es kein Wunder, wenn Forderungen gemacht werden, die sich vor zehn Jahren nicht hätten rechtfertigen lassen, die heute zwar auch nicht motivirt sind, aber immerhin, weil die Fragen unglücklicher Weise noch offen waren, gestellt werden konnten. Ich behaupte nur, dass es böswillig und leichtfertig ist, hieraus irgend welche Bemerkungen herzuleiten, die durch Insinuation die Vergangenheit und Personen verdächtigen.

Der Umstand, auf den ich hingedeutet, den ich aber noch nicht näher erörtert habe, der mir ein Ausscheiden aus der Gesellschaft genehm machte, ist folgender: Ich befand mich gegenüber einer Majorität, die geschlossen meine Erwägungen unberücksichtigt liess. Diejenigen Herren, die meine Anschauungen theilten, waren nicht wiedergewählt worden, und die Verbleibenden waren mir nie geneigt gewesen. Ich sah daher klar, dass ich nichts nützen konnte, auf Einigung der Bahnen, die ich für sehr wichtig hielt, wurde nicht eingegangen, oder in einer Weise, die eher schädlich als nützlich war, und der Betrieb wurde durch eine neu ernannte Direction, über die ich übrigens nur achtbares weiss, vertheuert, weil die Ideen anderer Verwaltungen mit herübergebracht wurden. Der Vorsitzende, Geheimrath *Wilckens*, kannte nur eine Weisheit: Die Potsdamer Bahn, bei der er seine Erfahrungen gesammelt, und *Wilckens* war hier der Prophet.

Ueberall wurden, nach meiner Ansicht, Fehler gemacht; z. B. durch die Zweigbahn Kamenz-Dresden musste der Bahnhof in Görlitz entlastet und eigentlich verkleinert werden, man hat ihn aber mit viel Geldaufwand vergrössert; ich betrachte

Werkstatts-Ausdehnungen als höchst schädlich, man hat grosse kostspielige Terrains dafür in Aussicht genommen und, wie ich glaube, auch requirirt; ich hielt es für äusserst wichtig, dass das Directions-Lokal in der Stadt sein sollte, denn der technische Betrieb wird ja von Betriebs-Directoren geleitet, und es ist für die äusseren Beziehungen von grosser Wichtigkeit, wenn die Direction in der Mitte der Stadt leicht zugänglich ist. Wir hatten ein ausreichendes, billiges Lokal in der Wilhelmstrasse, durch Telegraph mit den Bahnhöfen verbunden, aber die Direction wurde nach dem Bahnhof verlegt. Und in einer Stadt, in welcher überall genügende Räumlichkeiten zu miethen sind, wurde ein grossartiges Gebäude unter Aufwand grosser Summen für Directionswohnungen hergestellt, Wohnungen ganz ausser Verhältniss zu den Einnahmen von Directoren. Im strategischen Interesse wurde es für wünschenswerth erachtet, nahe Bahnhöfe zu haben, der Verkehr verlangte dieses nicht, aber gewährt wurde es sofort.

Mit den Acten in der Hand mache ich mich anheischig, sowohl beim Betrieb, als bei den Neuanlagen, dem Bau und der Verwaltung und was sonst Namen hat, Hunderte von Monita zu ziehen und zu überzeugen, dass sie gerechtfertigt sind, und dass daraus einmalige grosse Capitalien nöthig, dauernde immense Ausgaben veranlasst, Ersparnisse verhindert und Einnahmen nicht erzielt worden sind. Einiges war ich hier in der Lage, aus meiner Erinnerung aufzuführen. Aehnliches geht auf allen Bahnen vor und erzeugt überall die erschreckende Ungeheuerlichkeit, dass mit grösserem Verkehr und Mehreinnahmen nur geringere Dividenden bezahlt werden können. Natürlich sucht man dieses auf allerlei Weise zu erklären. Bald heisst es, der Betrieb sei vertheuert durch vermehrte Löhne, Gehälter und durch Vertheuerung von Materialien, oder die Remonte und Reserve sei früher zu gering veranschlagt, bald, dass die Frachten zu niedrig seien und dergleichen. Man fragt sich aber nicht, und die Staatsbehörde, die ja als Beispiel dient, verfolgt dieselben Grundsätze, ob vielleicht mehr Beamte als nothwendig beschäftigt werden, ob die im Allgemeinen leitenden Grundsätze nicht einer Aenderung und Besserung fähig sind, ob man nicht

Vieles thut, was unterlassen werden kann, und manches nicht genügend ausnützt, und so scheint Erfahrung Alles, was geschieht, zu rechtfertigen, und bei Görlitz ist man um so mehr ganz ohne Bedenken, als Berlin-Potsdam und deren Prophet (*Wilckens*) Alles erprobt haben. Wo ich überall das Bessere zu verstehen glaubte und das Schlechtere gewählt sah, da konnte meines Aufenthaltes nicht sein, um so mehr, da die Fragen nicht einmal mit Objectivität ventilirt werden konnten.

Was mir aber völlig zum Ueberdruss war, war der Umstand, dass wir eigentlich gar keine selbständige Körperschaft waren, die Parole wurde von der Disconto-Gesellschaft ausgegeben. Der Vorsitzende und andere Personen von dort waren Mitglieder des Aufsichtsrathes, ein Geschäftsinhaber und Schwager und sonstige Beamte waren gleichfalls dabei, und Herr *Levinstein*, der nur durch den Einfluss der Disconto-Gesellschaft sein Ziel erreicht hatte, war dieser natürlich stets ergeben. Ich selbst stand in Folge der rumänischen Arrangements neuerdings wieder in intimen Beziehungen zur Disconto-Gesellschaft und war daher nicht in der Lage, agressiv auftreten zu können, und so blieb mir nichts übrig, als mich überstimmen zu lassen. Die letzte Angelegenheit überzeugte mich aber vollends, dass hier nicht meines Bleibens sein könnte.

Es handelte sich um die Begebung einer Summe von vier oder sechs Millionen Thaler Obligationen, die zu Bauzwecken im Laufe von ein oder zwei Jahren erforderlich waren. Eines Tages kam diese Angelegenheit auf die Tagesordnung; der betreffende Geschäftsinhaber entfernte sich allerdings, der Vorsitzende und die sonst eben erwähnten Betheiligten blieben aber, und nun wurde ein Contractsentwurf mit der Disconto-Gesellschaft bezüglich Uebernahme der Obligationen vorgelegt, wonach neben anderen Bestimmungen die erwähnte Gesellschaft dieselben zu vier oder sechs Procent unter dem Course für ähnliche Papiere kaufte, und ihr freies Ermessen bezugs Abnahme gegeben werden sollte, wobei ausserdem die Verzinsung des Erlöses bis zur Verwendung niedriger als die Obligationszinsen sein sollten. Ich machte darauf aufmerksam, dass hierdurch eine sehr grosse Summe in Cours-Differenzen involvirt werde, dass Zinsverluste entstehen würden, und dass eine Gesellschaft, die ihre Obligationen, Prioritäts-Actien ganz, und selbst Stamm-Actien theilweise verzinst habe, und die eine selbständige Direction besitze, die Vermittlung der Bankwelt hier nicht bedürfe, und namentlich, da die Gelder nicht auf einmal nöthig wären, die Effecten nach Bedarf ausgeben könnte. Herr *Levinstein*, der, wie ich überzeugt bin, — obgleich ich keine Beweise dafür besitze, bei diesem Geschäfte, wenn nicht in erster Linie, doch in irgend einer interessirt war, plaidirte eifrigst für Annahme des Contractes, und Herr Geheimrath *Wilckens* schloss, neben der ihm eignen Breittretung der Frage, in der ihn in gleicher Weise zierenden brüsken Art, so bald wie thunlich die Debatte. — Ich erinnere mich nicht, ob eine Abstimmung erfolgte, ich glaube aber nicht, dass ich das Protokoll unterschrieben habe*).

Ueber meine Ansichten kann Meinungsverschiedenheit herrschen, durch die seitdem eingetretene Krisis mag jener Schritt vielleicht genützt haben, das war damals aber nicht vorauszusehen; damals hätte man bessere Bedingungen erzielen können. Indessen auch dies ist gleichgültig, — über das Verfahren wird jeder rechtdenkende Mensch nur ein Urtheil haben. War es Recht, dass Geheim-Rath *Wilckens,* Mitglied des Aufsichts-Rathes eines Bank-Institutes, welcher aus dem Profit dieses Institutes eine Tantième bezieht, zugleich als Vorsitzender bei der Sitzung eines Aufsichts-Rathes in einer Frage präsidirt und die Debatte leitet, in der es sich darum handelt, seiner Bank, die ihm im Verhältniss zu ihrem Profit zahlt, Hunderttausende zu verdienen zu geben, und dieses in einem Aufsichts-Rathe, wo die Majorität notorisch aus ihm in dieser Beziehung gleichgestellten Personen besteht, und durfte ein solcher Contract überhaupt unter diesen Verhältnissen abgeschlossen werden, ohne andere Institute zur Concurrenz aufzufordern?

---

*) Die Obligationen sollen für die Anlage des Invaliden-Fonds, jedenfalls aber auf einmal entnommen worden sein, zu einer Zeit, als die Banken Geld brauchten und der Zinsfuss hoch war, wo die Bahn des Geldes aber nicht benöthigte und selbstverständlich mehr Zinsen zu vergüten hatte, als ihr bezahlt wurden.

Formelle Gründe mögen ein solches Handeln erlauben und gesetzlich straflos lassen; über das Unmoralische eines solchen Vorgehens kann kein Zweifel herrschen, und dieser Herr Geheim-Rath *Wilckens* war das Haupt der Partei, welche die Disconto-Gesellschaft und Herr Levinstein aus moralischen Rücksichten *pro bono publico* durch alle möglichen Künste an diese Stelle gebracht haben! — Persönliche Fragen sind mir nicht angenehm, ich habe die vorliegende darum auch nur glimpflich berührt, bin aber in der Lage, dieselbe viel gründlicher erörtern zu können, deshalb hier nur so viel, als zu meiner Rechtfertigung gerade erforderlich ist.

Zu beweisen würde es mir nicht schwer fallen, dass die Stellung und die niedrige Anbetung des goldenen Kalbes unserer Zeit die grossen Bank-Häuser und Bank-Institute in die Lage versetzen, ohne Gesetzesüberschreitungen und Gefahr Verhältnisse auszubeuten, welche weniger hoch situirte Personen nur unter Anwendung von Mitteln nachahmen können, die als betrügerisch bezeichnet werden würden. Das böse Beispiel, mit Lorbeeren gekrönt, ist aber der wahre Verführer; es untergräbt das Rechtsgefühl, ja das rechte Bewusstsein und corrumpirt die Geschäftswelt. Man sieht glänzende Resultate, möchte gerne eben solche erreichen, glaubt das Streben danach durch die Usance erlaubt, und in der Ueberzeugung, nur dasjenige zu wollen, was hochgeachtete Häuser mit Ruhm vollziehen, gehen Viele leicht über Bedenklichkeiten hinweg und greifen zu unerlaubten Mitteln.

IV. Rechte Oder-Ufer-Bahn.

Die Concession und Gründung mit hohem Agio der Oppeln-Tarnowitzer Bahn, die, soweit es den Verkehr betrifft, weder Anfang noch Ende hatte, kennzeichnete sowohl die Fehler des persönlichen Regiments bei Concessionsertheilung, als auch, gelinde gesagt, die Unfähigkeit der betreffenden Bankhäuser, die dieses Unternehmen in Verbindung mit der Minerva dem Publicum aufgebürdet hatten. Dieses Beispiel zeigt auch den Vorzug meines Verfahrens. Ein General-Unternehmer hätte ein solches Geschöpf nie zur Welt bringen können, weil er nicht an die Ausführbarkeit desselben geglaubt hätte. Banken allein konnten, in bewegten Zeiten, durch ihren Einfluss einem solchen Unternehmen einen gekünstelten Werth geben, einen hohen Cours verschaffen; der Unternehmer, wenn überhaupt, hätte nur zu sehr niedrigen Preisen dieses Papier unterbringen können.

Noch schlagender für die Unzweckmässigkeit unseres Concessionswesens spricht aber der Umstand, dass man einer so unentwickelten Bahn Jahre lang die Lebensadern dadurch unterbinden konnte, dass man ihr verweigerte, sich gebührend auszudehnen, und zwar in einer industriereichen Provinz unter Zurückhaltung der werthvollsten Unternehmungen, der Prosperität der Gegend und der Ausführbarkeit vorhandener Montanschätze, weil man, wie die Erfahrung gelehrt, irrthümlich geglaubt hatte, einer bestehenden Gesellschaft dadurch Schaden zuzufügen. Die Bahn wurde vom Baurath *Grapo* billig gebaut und höchst ökonomisch verwaltet, und machte alle Anstrengungen, um, da Minister *Graf Itzenplitz* seine Bereitwilligkeit erklärte, die Concession zu ertheilen, die erforderlichen Capitalien zu placiren. Die Verwaltung bestand aus den ersten Männern Schlesiens, und für die Erweiterung der Bahn interessirten sich eine grosse Zahl allen Ständen angehöriger Persönlichkeiten.

Nach vergeblichen Bemühungen wandte man sich an mich. Nicht einer der dabei betheiligten Herren war mir bekannt, und die Unterhandlungen wurden zwischen mir, als Bau-Unternehmer, und der Direction gepflogen, während die Behörden mit mir nichts zu thun hatten. Alle, die sich als Actienzeichner betheiligten, waren Adjacenten, und ich hatte zu ihnen überhaupt gar keine Beziehung. Ich verpflichtete mich in der schon erwähnten Weise die Bahn zu bauen und auszurüsten, und sollte dafür einen gewissen Betrag in Geld, den Rest in Actien bezahlt bekommen. Die inneren Verhältnisse der Bahn, deren Beziehung zu den Behörden waren mir unbekannt. So übernahm und vollendete ich den Bau, habe zufrieden gestellt und bin bezahlt worden. Man wählte mich nach Vollendung in die Direction, ich hatte aber keine Zeit, mich dabei zu betheiligen und verzichtete — wie ich Grund zu glauben habe — zum Bedauern der übrigen Mitglieder auf eine Stellung, die ich nicht ausfüllen konnte. Personal-Veränderungen sind seit jener Zeit eingetreten. Diejenigen, die ich die Ehre hatte während meiner Bauthätigkeit kennen zu lernen, haben mir stets ihre Zufriedenheit und Achtung bekundet.

Die Actien habe ich von fünfzig Procent aufwärts, die Prioritäten theils durch die Seehandlung, theils anderweitig begeben, niemals aber zu pari, immer zu billigen Preisen. Jeder wird daran verdient haben, die Bahn aber hat segensreich gewirkt.

Der Krieg von 1866 überraschte mich auch hier inmitten meiner Thätigkeit und verursachte mir auch an dieser Stelle Verluste. Wie sich das Ministerium zum Bau gestellt, weiss ich nicht, weil mein Bauherr die Gesellschaft war.

V. Märkisch-Posener Bahn.

Seine königliche Hoheit der *Fürst v. Hohenzollern* wünschte im Interesse seiner grossen Besitzungen im Herzogthum Posen die Herstellung dieser Bahn. Da dieselbe auch von den Kreisen sehnlichst verlangt wurde, so bildete sich ein Comité, an dessen Spitze der Generalbevollmächtigte Sr. königlichen Hoheit, Geheimer Ober-Finanzrath *Ambronn*, stand; während die anderen Mitglieder Landräthe, städtische Beamte und Gutsbesitzer aus der Gegend waren. Seine königliche Hoheit versprach das Ehren-Präsidium bei der Bahn zu übernehmen.

Die Pläne wurden angefertigt, die Concessionsbedingungen sowohl als Statuten nach dem Muster der Ost-Preussischen Südbahn mit dem Ministerium vereinbart, Arrangements mit der Firma *F. W. Krause* behufs Theilbeschaffung des Capitals getroffen und Zeichnungen und Landbetheiligung von den Adjacenten beschafft. Mit all' Diesem ausgerüstet, hoffte Geheimrath *Ambronn* einen Unternehmer zu finden, der den Bau und die Rest-Capitalbeschaffung übernehmen sollte. Unterhandlungen sind zu diesem Zwecke nach allen Richtungen gepflogen worden, sowohl hier als auch in England, und ich glaube auch in Belgien. Die noch zu beschaffende Summe war für alle zu bedeutend, denn das hier schon Aufgebrachte fiel doch nicht ins Gewicht. Nach vielen sehr langen Bemühungen stellten sich alle Versuche als fruchtlos heraus, und, wie mir Geheimrath *Ambronn* selbst später gestand, fühlte er sich höchst ungern gezwungen, meine Thätigkeit in Anspruch zu nehmen. Er hatte gehört, ich sei sehr eigenmächtig und schwer im Umgang, und was sonst noch für andere schöne Eigenschaften mir der böse Leumund zugeschrieben. Genug er entschloss sich schwer, zu mir zu schicken. Nach kurzen Unterhandlungen übernahm ich den Bau und Capitalbeschaffung, meine englischen Freunde bildeten das Finanzcomité, und der Regierungsassessor *Sippman*, der, wie ich glaube, damals im Handelsministerium arbeitete, wurde ihnen als ihr Bevollmächtigter vorgeschlagen und von ihnen dazu ernannt. Dieser hat die Stellung bis zur Betriebseröffnung bekleidet und ist dann von der Gesellschaft als Directionsmitglied angestellt worden.

Auf Wunsch des Geheimrath *Ambronn* nahm das Finanzcomité Abstand davon, einem Engländer die Bauleitung zu übertragen, und so wurde der königliche Eisenbahnbauinspector *Korn* vom königlichen Eisenbahn-Commissariat in Ostpreussen damit betraut.

Mit der Verwaltung dieser Bahn habe ich nie etwas zu thun gehabt und war in keiner Weise bei der Concessionirung oder der Gründung vor derselben betheiligt; mein Contract war klar: ich hatte Alles bis auf gewisse Puncte zu leisten und empfing die vorhandenen Gelder und baaren Mittel in Zahlung. Die Landbeschaffung war ausgeschlossen, und falls die Nebengeleise einen gewissen Procentsatz der Bahnlänge oder die Brücken eine gewisse Länge überschritten, so sollte ich dafür nach vereinbarten Normen extra bezahlt bekommen.

Ich habe die Bahn ausgeführt, Streitigkeiten sind nicht vorgekommen, die Mehrkosten entstanden aus den vorhergehenden Positionen und wie ich glaube aus vermehrten Bedürfnissen für die Festungsanlagen und die Bahnhöfe Frankfurt a. O. und Posen. Es war hier Nichts in Frage zu stellen, weil die Verhältnisse klar lagen, und ein Theil der Mehrkosten sogar à Conto der von der Gesellschaft selbst übernommenen Positionen entstand. Für Mehrleistungen anderer Art, wie für den grossen Betrag an Zinsen, der mir durch Verzögerung der Betriebseröffnung verloren ging, hatte ich nichts gefordert, und so ist auch nie irgend welche Misshelligkeit vorhanden gewesen. Die Verzögerung der Betriebseröffnung entstand aus Monitis, die der königliche Commissarius gemacht, und der Bestimmung des Ministeriums, dass die Betriebseröffnung nicht früher gestattet werde, bis diese erledigt seien. Ich hielt dies für eine Härte, aber in Folge dessen konnten die Baurechnungen definitiv geschlossen und genau festgestellt werden, was an kleineren Schlussarbeiten zu leisten sei; die hierfür erforderliche Summe wurde vereinbart und von den mir zu machenden Restzahlungen zurückbehalten. Ich wollte mich nicht wieder auf Gnade und Ungnade wie bei Görlitz der Direction überlassen und zog es vor, eine mehr als genügende, aber immerhin bestimmte Summe zu zahlen.

Die Actien sind zu sehr niedrigen Preisen verkauft worden, aber darüber beklage ich mich nicht, es lag dies in den Verhältnissen.

Hieraus ist ersichtlich, dass ich in der allereinfachsten Weise als Bau-Unternehmer fungirte und weder zur Verwaltung noch zur Behörde in irgend welcher anderen Beziehung stand. Während der Zeit der Angriffe und Verdächtigungen gegen mich hat man alles Mögliche gefabelt, und es sind ehrenhafte Männer, die mit mir in Beziehung standen, in ihrem Renommé dadurch geschädigt worden. Die hier der Wahrheit gemäss geschilderten Thatsachen müssen diejenigen, die Böses gesagt oder geglaubt haben, tief beschämen, und es dürfte sie sicher nicht trösten, dass Einigen darunter, die bereits von dieser Welt geschieden, dadurch ihre letzten Stunden getrübt worden sind. Auch ich habe tief empfunden und schwer gelitten; ich bin aber aus stärkerem Material und hoffe noch in anderer Weise, durch mein Leben, die Verleumder *Lügen* zu strafen. Seine königliche Hoheit der *Fürst von Hohenzollern* fühlte sich bewogen, mich mit seinem Haus-Orden zweiter Klasse als Beweis seiner Zufriedenheit huldreichst auszuzeichnen.

VI. Halle-Sorauer Bahn.

Um diese Bahn concurrirte ich, weil dieselbe in meine Pläne für die Einigung meiner Bahnen passte, und weil man allgemein der Meinung war, dass diese die beste aller meiner Bahnen sein würde. Ich setzte mich in Beziehung mit den Vorständen der Städte und Kreise, und es gelang mir mich mit denselben über die Bedingungen zu einigen, indem mein Vertrauen in diese Bahn mich veranlasste, noch mehr als gewöhnlich bereit zu sein, Verpflichtungen zu übernehmen.

Auf Grund dieser Vereinbarung bin ich beim königlichen Handelsministerium eingekommen und erhielt rundweg einen abschlägigen Bescheid und erfuhr zugleich, dass sämmtliche Kreis- und Städte-Behörden ihre Verhandlungen mit mir abbrachen, sich in Verbindung mit dem Director *Henckel* und dem *Herzog von Ujest* mit einem Consortorium belgischer Capitalisten vereinigt hatten, in Gemeinschaft mit diesen um die Concession einkamen und dieselbe, nachdem die Actien-Zeichnung und Alles besorgt war, später auch empfangen haben.

Die einzige Bahn also, bei der ich als Aspirant aufgetreten bin, ist mir verweigert worden, und nicht allein wurde ein Anderer bevorzugt, sondern ich erfuhr, dass den Vertretern der Städte und Kreise, die die eigentlichen Interessenten waren und mit mir um die Concession einkamen, im Ministerium gerathen worden ist, sie möchten von mir zurücktreten und sich den anderen Aspiranten anschliessen, denen dann die Concession würde ertheilt werden.

Ich enthalte mich der Kritik dieses Falles, wenn ich auch z. Z. nicht umhin konnte, über dieses Verfahren tief gekränkt zu sein. Wo liegt nun aber die behauptete Bevorzugung meiner Person seitens der Behörden? Ich fügte mich in das Unvermeidliche und ging meinen anderen Geschäften nach.

Eine längere Zeit — ich erinnere mich nicht mehr wie lange — war darüber vergangen. Ich befand mich in Geschäften der ungarischen Nordostbahn in Budapest, als ich eine Depesche von den Concessionären der Halle-Sorauer Bahn empfing, die mich unverzüglich nach Berlin berief, um wegen Uebernahme des Baues zu verhandeln. Ich sollte sofort kommen, da kein Augenblick zu verlieren sei. Nicht wenig überrascht reiste ich nach Berlin. — Gleich nach meiner Ankunft besuchten mich die Mitglieder des Comités, und ich erfuhr nun Folgendes: Obgleich die Belgier wohlklingende Namen besassen — es war darunter sogar ein gewesener Minister — und die Erkundigungen des Handelsministeriums bezüglich deren Zahlungsfähigkeit als Zeichner für das gesammte Actien-Capital höchst günstig ausgefallen sein sollen, so war es trotz aller Anstrengungen nicht gelungen, die Herren zur Zahlung der erforderlichen Caution von 400,000 Thlr. oder zum Rücktritt von ihren Contracten und ihrem Concessionsrechte zu veranlassen. Die Vertreter der Städte und die anderen Herren fühlten sich auf's Aeusserste compromittirt und die von ihnen vertretenen Interessen gefährdet und versuchten daher alles Mögliche, um das Unternehmen zu Stande zu bringen.

Die Bahn war übrigens ein sehr altes Project, worauf eine bestehende Bahn gewisse Ansprüche hatte; sie benutzte diese trotz Jahre langer vergeblicher Aufforderung des Ministeriums nur dazu, Andere an der Ausführung zu hindern, weil diese Bahn gewissermassen ein Concurrenz-Project war.

Als die alte Bahn jetzt erfuhr, dass die Belgier ihre Verpflichtungen nicht erfüllen konnten, trat sie von Neuem mit Anträgen an das Ministerium heran, und letzteres, der vielen Verzögerungen seitens der Belgier überdrüssig, erliess ein Ultimatum, wonach sie ihrer Concessionsrechte verlustig werden würden, wenn die Caution nicht bis zu einem gewissen Termin, (der am Tage nach meiner Ankunft in Berlin um 12 Uhr Mittags ablief), beschafft wäre.

Unter diesem Druck liessen sich die Belgier auf Unterhandlungen ein, und es wurde eine Vereinbarung getroffen, wonach sie für eine Entschädigung aus der Verwaltung austreten sollten und ihre Actien-Zeichnung neben Vernichtung des Baucontractes an einen von der Gesellschaft zu stellenden Bauunternehmer zu cediren hatten. Der Minister soll bei Ertheilung der Concession die Bedingung gestellt haben, dass die Bahn nicht in General-Entreprise ausgeführt werden dürfte.

„So giebts kein ungetrübtes Glück auf Erden,
Die Ordre musste streng befolget werden.“

Pflichtgemäss gab ich mir Mühe, einen Weg zu finden, auf dem den Wünschen der Behörde nachzukommen war. Mir waren die Pläne bekannt. Ich kann nicht leugnen, dass es mir eine gewisse Satisfaction gewährte, dass die Herren, die mich in nicht sehr cavaliermässiger Art verlassen, dass meine Concurrenten, die den Vogel abgeschossen hatten, und dass die belgischen Beglücker, trotz der ministeriellen Perhorrescirung meiner Person zu mir als Rettungsanker kommen mussten.

Ich schloss mit der Verwaltung einen Contract, wonach, um die General-Entreprise zu vermeiden, mir Alles, was für die Bahn auszuführen, zu leisten und zu liefern war, übertragen wurde. Ich sollte nach Einheitssätzen, die für jede Arbeit und Lieferung separat vereinbart waren, für das nachweislich Ausgeführte bezahlt bekommen, und für die Feststellung von Preisen, bei nicht vorhergesehenen Positionen, waren gewisse Grundsätze aufgestellt. Hier sollte also nach bestimmten vereinbarten Sätzen, im Widerspruch mit der General-Entreprise, nach specieller Leistung bezahlt werden.

Ich trat in die Verpflichtungen der Belgier bezüglich der Actien-Zeichnung und Capital-Beschaffung und einigte mich dahin, ihnen eine gewisse Summe als Entschädigung für Entsagung aller Rechte und Ansprüche zu zahlen. Die Caution wurde den nächsten Tag erlegt, der Bau begonnen und nunmehr durchgeführt. Zum bauleitenden Techniker wurde der Bau-Inspector *Korn* und zu dessen Vertretung der Bau-Inspector *Bronisch* gewählt.

Mit der Behörde und Verwaltung stand ich in keiner Beziehung und kümmerte mich auch um diese Angelegenheiten gar nicht, da ich ganz einfach Bau-Unternehmer für Einheitspreise war. Die öffentliche Meinung für dieses Unternehmen war so gut, dass sowohl Actien als auch Prioritäten begehrt waren und zu einem hohen Course verkauft wurden. Es war bis dahin Princip bei mir, meine durch Arbeit verdienten Effecten, wie schon erwähnt, von Zeit zu Zeit nach Empfang an Banquiers zu verkaufen. Ich hatte nächst dem Bedürfniss, Baugelder zu beschaffen, noch viele andere Gründe, die mich so handeln liessen; hauptsächlich hatte ich aber aus den Unglücksfällen grosser Unternehmer mir eine Lehre gezogen, denn ich hatte wahrgenommen, dass Mehrere von diesen zu Grunde gegangen waren, weil sie, auf bessere Preise wartend, ihre Effecten beliehen haben und, durch Zinsen und Damnos ruinirt, zuletzt gezwungen worden sind, zu einer Zeit zu verkaufen, wo ihre Effecten nur mit grossem Verlust realisirt werden konnten.

So lange ich an meinem Grundsatz festhielt, ging es mir gut. Auch bei mir bewährt sich die Wahrheit des Spruches, dass Jeder nur durch eignen Schaden klug wird. Ich glaubte mich eisenfest in meinen Principien, die Versuchungen nahen sich aber stets in neuer Gestalt, ganz verschieden von der, gegen die man gewappnet ist, und so glaubte ich von meiner Regel ohne Gefahr abweichen zu können, und leider bin ich dafür mehr, als irgend Jemand vor mir gestraft worden.

Mir standen zu jener Zeit sehr grosse Capitalien, anlässlich der rumänischen Bahnen, zur Verzinsung zur Disposition. Diese Gelder kosteten mich, wie später näher auseinandergesetzt werden wird, 12½ pCt. pro anno. Ich konnte sie indessen nur mit ungefähr 3 pCt. in Bank-Wechseln und Beleihung von Effecten anlegen. Von den Halle-Sorauer Actien hatte ich eine grosse Meinung, und zum Unglück jammerte mir mein Kassen-Disponent fortwährend darüber die Ohren voll, welche schrecklichen Summen mir an Zinsen verloren gingen, während ich doppelt gewinnen könnte, wenn ich, statt die nach seiner Meinung sicheren Halle-Sorauer Actien weit unter ihrem Werth zu verschleudern, diese als Unterlage für rumänische Gelder behalten würde, weil erstens das Geld statt der erwähnten 3 pCt. mir 6 bis 7 pCt. bringen würde, indem die Actien, mit 5 pCt. verzinslich unter pari verkauft, sich so verzinsten, und zweitens ich in die Lage gesetzt würde, die Actien zu behalten, bis sie im Werthe stiegen. Von diesen Argumenten und von meinem eignen bösen Fatum getrieben, und auch um dem oft gehörten Vorwurf zu entgehen, dass ich meine Papiere verschleudere, liess ich mich überreden, meinen Principien untreu zu werden, kaufte sogar den einzigen grossen Posten Actien, den ich placirt hatte, zu höherem Course wieder zurück, verkaufte keine neuen und blieb Besitzer des grössten Theils des Actien-Capitals.

Die sich hieraus ergebenden schrecklichen Folgen und Verluste finden an anderer Stelle Erwähnung. Hier führe ich den Umstand an, um meine nächsten Schritte zu erklären. Der Bau war ziemlich weit vorgeschritten, und es wiederholte sich nun derselbe Prozess, wodurch Mehr-Ausgaben entstanden; ich blieb den Verhandlungen mit der Regierung indessen fern, hatte auch als Unternehmer kein Interesse an den Ergebnissen, denn ich sollte nach Erschöpfung des Actien-Capitals in Geld oder Obligationen bezahlt werden, und habe ich daher die Einzelheiten theils nicht so genau verfolgt, theils sind sie mir entfallen. Ich erinnere mich nur, dass die Brücken-Bauten und die Arbeiten in den Flussniederungen sehr viel grösser wurden, als man erwartet hatte, dass die Festungs-Behörde in Torgau grosse Forderungen stellte, die Bahnanschlüsse schwierig und die projectirten Bahnhöfe in Halle und Sorau (und ich glaube auch in Guben) — die ersteren standen noch nicht fest — sehr ausgedehnte Anlagen bedingten. Ausserdem ist der Grunderwerb sehr theuer geworden, und es wurden Ansprüche gemacht, die gar nicht zu erwarten waren. So wurde z. B. für diese Bahn vom Ministerium die stricte Forderung gestellt, sie derart anzulegen, dass sie überall über- oder unterführte, also nirgends au Niveau kreuzte. Dies erforderte bedeutende Bauten und mehr Massen, und vertheuerte dieselbe ausserordentlich.

Ich erinnere mich noch eines speciellen Falles. Auf der Elbe in der Nähe der Stelle, wo wir eine grosse Brücke zu bauen hatten, befand sich eine Zahl Schiffsmühlen. Dieselben hätten längst beseitigt werden müssen, und es bot sich eine gute Gelegenheit, die Anlage der Brücke nur unter der Bedingung zu gestatten, dass die Bahn die Mühlen durch Abfindung fortzuschaffen habe. Zwischen diesen Mühlen und der projectirten Brücke existirte eine andere, und wir hatten nur dasjenige Wasser durchzulassen, welches die Mühlen und Brücke vor uns passirte, hatten also gar keine Beziehung zu denselben, die Bauerlaubniss wurde indessen daran geknüpft.

Mein grosser Actien-Besitz veränderte meine Stellung insoweit, als ich dadurch ein Interesse gewann, die Baukosten zu beschränken, da sonst mein Actien-Besitz entwerthet werden könnte. Auch war es mir als Actionär von äusserster Wichtigkeit für die Bahn, die Concession von Eilenburg nach Leipzig zu erwirken, um damit einen Hauptverkehrspunkt zu erreichen. Dieses konnte allerdings vor der Betriebseröffnung nicht geschehen, aber man konnte vorarbeiten. Um diese Interessen wahrzunehmen, übertrug ich meinen Bau-Contract an einen Dritten und trat in den Aufsichtsrath. In dieser Stellung habe ich, ohne persönlichen Vortheil, für die Gesellschaft pecuniäre Verpflichtungen übernommen, die mich später viel gekostet haben, und die Direction so viel als möglich unterstützt. Zwei Momente machten mir zur Zeit noch viel Sorgen. Dieses waren die Bahnhöfe Halle und Sorau, wovon die ganze Prosperität der Bahn abhing. Dieselben waren bis vor Kurzem und sind, glaube ich, heute noch nicht genehmigt. Hierauf komme ich noch zurück. Wären wir auf diesen beiden Endpuncten unabhängig gewesen, so hätte die Bahn ganz andere Resultate geliefert.

Inzwischen hatte, dem Impulse der Disconto-Gesellschaft und *Levinstein's* folgend, auch hier eine Bewegung begonnen; ich kam ihr aber zuvor, und, obgleich über eine Majorität verfügend, räumte ich freiwillig ein, dass eine Zahl, ich glaube sechs, neuer Mitglieder, hauptsächlich Banquiers, weil man diese ja als allein selig machende ansah, in den Aufsichtsrath gewählt wurden. Die Herren waren mir fremd, besassen aber das Vertrauen der Börse; darunter waren die Herren *Nelken* von der Firma *Paderstein, Kuschinski, Helfft* und Andere. Sie verstanden sicherlich die Interessen der Bahn nicht so gut als ich, ich konnte aber nicht gegen den Strom schwimmen, und so waren sie mir lieb, ich that alles Mögliche, um sie in die Verhältnisse einzuweihen und überliess ihnen die Finanzen.

Es handelte sich damals um eine Anleihe, bis wir das Privilegium für die Ausgabe von Obligationen erlangen konnten. Ich hatte mit der Firma *Carl Koppel* für die Norddeutsche Bank hierüber Vereinbarungen getroffen und mich für die Ausführung verpflichtet, wenn die Norddeutsche Bank, bei der Seitens der Gesellschaft Actien verpfändet waren, diese Actien der Gesellschaft gegen Wechsel aushändigte, indem sie diese nöthig bedurfte. Während meiner Abwesenheit von Berlin hatten sich die neuen Mitglieder mit der Disconto-Gesellschaft in Verbindung gesetzt, und ich fand bei meiner Rückkehr Vereinbarungen geschlossen, wonach die Disconto-Gesellschaft das Dahrlehn gewährte, unter der Bedingung, die Obligationen zu kaufen und einige Herren in den Verwaltungsrath zu bringen*). Vorerst sollte aber eine Einigung mit dem Bau-Unternehmer stattfinden, wonach die Schlussarbeiten von der Gesellschaft ausgeführt werden sollten. Obgleich der Bau-Unternehmer dadurch ein schlechtes Geschäft machte, weil er jetzt berechtigt gewesen wäre, Geld statt Actien zu empfangen, so beförderte ich dieses Abkommen; die Abwicklung ist anständig und zur gegenseitigen Zufriedenheit geführt worden.

Die von der Disconto-Gesellschaft vorgeschlagenen Mitglieder sind hier sehr höflich und angenehm aufgetreten. Obgleich ich mich über Nichts zu beklagen hatte, so sah ich, wie bei der Görlitzer Bahn, dass meine Pläne nicht durchgeführt, und dass dieselben Fehler gemacht werden würden; obgleich die Herren nicht in derselben Beziehung zur Disconto-Gesellschaft wie dort standen und berechtigt waren, für die Bahn mit ihr zu contrahiren, so fand ich doch, dass die Banquiers und die der genannten Gesellschaft Nahestehenden den Inspirationen der Letzteren folgten und alle Emmissions-Geschäfte mit ihr ohne Concurrenz, wie bei Görlitz abschlossen — ich zweifle nicht, dass die Banquiers pecuniär dabei betheiligt waren. Jedenfalls habe ich das letzte hierauf bezügliche *per currende* unterschriebene Protokoll nicht unterzeichnen wollen, und weil ich aus Geschäfts-Rücksichten nicht feindlich gegen die Disconto-Gesellschaft auftreten konnte, so bin ich auch hier aus dem Aufsichtsrath geschieden. Meine Gründe sind den Betheiligten unbekannt ge-

*) Wegen meiner, im Interesse der Gesellschaft an *Koppel* gegebenen Versicherung wurde ich später von der Norddeutschen Bank und *Koppel* verklagt und hatte 150,000 Thlr. als Schadensersatz zu zahlen.

blieben, und zwischen den Herren im Aufsichtsrath und mir ist nie etwas vorgefallen.

VII. Hannover-Altenbekener Bahn.

Der Commerzienrath *Albert Cohn* aus Hannover hatte einen Bau-Contrakt, ähnlich dem bei Halle-Sorau, mit dieser Gesellschaft abgeschlossen. Derselbe hat unter Stellung der Actienzeichner meinerseits und gegen eine Entschädigung mir seinen Contract cedirt. Bei Erweiterung der Bahn von Löhne nach Vienenburg habe ich meinen Contract direct mit der Gesellschaft dahin erweitert, dass ich die Bahn unter gleichen Bedingungen wie Hannover-Altenbeken übernahm. Vom Aufsichtsrath sind mir nur einige Mitglieder persönlich bekannt, einer Sitzung habe ich nie beigewohnt, die Unterhandlungen mit der Regierung hat die Gesellschaft selbst gepflogen, und ich stand von Anfang bis zu Ende meiner Thätigkeit zur Gesellschaft in den allereinfachsten Beziehungen eines Unternehmers. Ob die Concession, ob irgend ein Schritt auf richtigem oder falschem Wege genommen, ist mir unbekannt und gleichgültig, denn ich war nur, wie gesagt, Bau-Unternehmer. Ich wurde in Actien bezahlt und habe diese zu sehr niedrigen Preisen verkaufen müssen; der Bau ist sehr schwierig und äusserst kostspielig gewesen, der französische Krieg hat mich dabei getroffen, und ich habe viel dabei verloren, aber meine Pflichten erfüllt.

Als das Actien-Capital erschöpft war, und ich Baarzahlungen hätte empfangen müssen, wodurch ich mich hätte erholen können, hat die Gesellschaft meine damalige Lage benutzt, mir Zahlungen vorzuenthalten, mich dadurch in Verlegenheiten gebracht, die schliesslich meinen Ruin mitherbeigeführt haben und mich gezwungen, auf den Weiterbau für baares Geld zu verzichten. Ich sollte nach Schlussabrechnung bezahlt werden, ich habe die Rechnung abgelegt, wonach mir gegen 2,000,000 Thaler zukamen; nach Jahren habe ich keine Anerkennung derselben, und jetzt macht man unter lächerlicher Motivirung Gegenforderungen. Meine Ansprüche sind durch Beläge und Bescheinigungen des Gesellschaftstechnikers bewiesen.

Während zehn Monaten, vor meinem Concurse, waren meine Techniker beschäftigt, die Materialien für die Klage vorzubereiten; wie mein Concurs-Verwalter hierin verfahren wird, weiss ich nicht; nie aber ist einem Menschen ein schreienderes Unrecht widerfahren; meine Socien haben jedenfalls ihren Profit-Antheil empfangen und mich in Stich gelassen.

Damit verhält es sich folgendermassen: Nach Regelung der rumänischen Angelegenheit bin ich darauf angewiesen gewesen, mich mit der Disconto-Gesellschaft auf guten Fuss zu stellen. Die Magdeburg-Halberstädter Bahn stand damals in intimen Beziehungen zu diesem Institute und wollte unter allen Umständen die Hannover-Altenbekener Bahn in ihre Hände bekommen, um durch sie für die Berlin-Lehrter gewisse Zwecke zu erreichen. Ich habe schon erwähnt, dass Hannover-Altenbeken sich nur verzinsen konnte, wenn ihr die Concession nach dem Kohlen-Revier gegeben wurde. Diese wurde aber einer Unternehmer-Gesellschaft ertheilt, wobei ausser Geheimrath *Hartwig* noch ein Assessor aus dem Handels-Ministerium als Director fungirte. Ob der Einfluss der Magdeburg-Halberstädter und Disconto-Gesellschaft auch benutzt wurde, um Hannover-Altenbeken lahm zu legen, weiss ich nicht. Genug diese Bahn, in ihrer Gestaltung so unrentabel, konnte der Halberstädter Gesellschaft unberechenbaren Nutzen bringen, kaufen mochte letztere sie aber nicht, denn sie konnte den Vortheil viel billiger haben, und so veranlasste sie die Disconto-Gesellschaft, mit mir wegen Uebernahme einer Summe Prioritäts-Stamm-Actien in Unterhandlnng zu treten, wenn ich dieselbe und die Halberstädter Bahn an meinem Bau betheiligen würde. Ich war kampfunfähig und musste mit schwerem Herzen einen Vertrag eingehen, der seinem Charakter nach fast als unmoralisch zu bezeichnen ist und in der Ausführung mich auf's Aeusserste geschädigt hat. Laut diesem Vertrage verkaufte ich der Disconto-Gesellschaft und Halberstädter Bahn eine Anzahl Millionen (die genaue Summe ist mir entfallen), Stamm-Prioritäts-Actien der Hannover-Altenbekener Bahn zu einem, dem damaligen Course nur angemessenen Preis und betheiligte die beiden Institute als Theilnehmer an meiner Bau-Entreprise unter folgenden

Bedingungen: Sie übernahmen keine Verpflichtung nach Aussen und hatten keine Zuschüsse zu zahlen, wenn sich ein Verlust herausstellte, der auch factisch sich erwiesen hat, weil mir die Leistungen für baar, worauf ich gerechnet hatte, mit Hülfe meiner Socien entzogen wurden. Den Gewinn-Antheil hatte ich mit 600,000 Thalern positiv als Minimum zu garantiren und war à Conto dessen verpflichtet, monatlich von den à Conto-Zahlungen, die mir die Bahn leistete, einen gewissen Procentsatz zu zahlen. Hierauf sind effectiv 200,000 Thlr. gezahlt worden. Die Actien brauchte die Magdeburg-Halberstädter Bahn, um mit der Hannover-Altenbekener einen Contract abzuschliessen.

Die Herstellungskosten der Strecke Hannover-Altenbeken sind so gross geworden, weil sie eigentlich Gebirgsbahn ist, hauptsächlich aber wegen des theuren Grunderwerbs für Bahnhofsanlagen in Hannover, Hildesheim und anderen Orten, die grossen Theils hätten vermieden werden können. Es handelte sich nun darum, die Genehmigung zur Ausgabe von Obligationen zu erwirken, und da man annahm, dass die Disconto-Gesellschaft und die Magdeburg-Halberstädter den nöhthigen Einfluss besässen, so wurde ein Betriebsübernahme-Contract mit Letzterer geschlossen. Die Direction der Letzteren wurde auch hier Direction, und Mitglieder der Disconto und Halberstädter traten in den Aufsichtsrath. Das geforderte Privilegium wurde bereitwilligst ertheilt, und die Bahn damit fertig gebaut. Durch die Vorenthaltung meiner Gelder war ich gezwungen, die Disconto-Gesellschaft um Hülfe anzugehen, und diese gewährte mir ein Darlehn von 350,000 Thalern, denn es passte ihr nicht, dass ich in Verlegenheit kam, ehe ich mich mit der Bahn bezüglich meines Baucontractes geeinigt hatte, da sonst ihr Profitantheil verloren und die anderen Zwecke vereitelt worden wären. Als Sicherheit liess sich die Disconto-Gesellschaft verschiedene Objecte und auch meine Forderung gegen Hannover-Altenbeken verpfänden mit der Verpflichtung, die ersteren herauszugeben, sobald sie im Besitze des Restes ihres Profitantheils von 400,000 Thalern gelangt sein würde; die Halberstädter war, wie ich glaube, auch bei diesem Arrangement betheiligt.

Meine Forderung wurde, so weit dieses thunlich, bei

dieser Gelegenheit geprüft, und man muss die Ueberzeugung gewonnen haben, dass dieselbe begründet war. Ich übertrug alle meine Rechte daraus an die Disconto-Gesellschaft, mit der Verpflichtung, für mich klagbar zu werden oder mich dazu zu bevollmächtigen. Nun wurde jeder Druck auf mich ausgeübt, meine Socien stellten sich als machtlos hin, obgleich sie alle Macht hatten, das Privilegium sollte oder konnte nicht eher ertheilt werden, bis ich den Bau aufgegeben, und so war ich gezwungen, einen Contract zu schliessen, wonach ich auf den Weiterbau verzichtete; à Conto der letzten Monatsarbeiten war mir eine gewisse Summe zu zahlen, meine Forderungen sollte ich später liquidiren und für meine Lieferungscontracte, diejenigen, die ich schon früher erwähnt habe, wurden mir 400,000 Thaler baar gezahlt und diese von der Disconto-Gesellschaft für sich und Halberstadt als Rest des garantirten Gewinnes von 600,000 Thlr., der somit voll bezahlt wurde, behalten. Der einzige günstige Passus dieses Vertrages kam meinen Socien zu statten, ich hatte für meine Forderung das Nachsehen. Meine Sicherheiten bis auf eine Forderung gegen die Berliner Handelsgesellschaft erhielt ich zurück, und auf letztere sind später 125,000 Thaler gezahlt worden, so dass die Disconto-Gesellschaft und Halberstädter Bahn nur noch 225,000 Thaler von ihrem Darlehen auf meine Forderung an Hannover-Altenbeken gut haben.

Nunmehr hatten diese Institute ausser obigem an mir kein weiteres Interesse, und diese Forderung war ihnen schliesslich sicher, es handelte sich nur darum, mir den Rest zu kürzen, weil man sonst dazu hätte Gelder aufnehmen müssen. Durch meinen Contract musste ich die Angelegenheit durch die Disconto-Gesellschaft gehen lassen, und mein abgefundener früherer Socius wurde jetzt mein Bauherr, denn die Magdeburg-Halberstädter Direction hatte jetzt bezüglich meiner Forderung zu entscheiden, während Mitglieder des Aufsichtsrathes der Disconto-Gesellschaft, also meines zweiten Partners, bei Hannover-Altenbeken im Aufsichtsrath fungirten. Als Pfandbesitzer hat die Disconto-Gesellschaft mich gezwungen, meine Pläne auszuhändigen, die mir zur Begründung meiner Klage fehlten, und mich bezüglich der Klage selbst hingehalten. Nachdem mehrere Jahre darüber verloren gegangen, empfing ich endlich von der Halberstädter Bahn eine nichtssagende Antwort, die ohne jede Begründung meine Forderung einfach bestreitet.

Der Mangel der mir vorenthaltenen Gelder hat mich während dieser Jahre an Wucherzinsen das Vielfache gekostet und meinen Untergang befördert. Mein Concursverwalter kann die Angelegenheit nicht beurtheilen, ich selbst bin im Auslande und kann nichts zur Erledigung beitragen, man scheut die Kosten einer Klage, und so sehe ich es dahin kommen, dass die beiden Institute bei späterer Einigung wohl ihr Geld bekommen werden, dass meine Masse aber mit einem Butterbrod abgefunden werden wird.*)

Selbstverständlich wird die Bahn nie prosperiren; denn obgleich die Baugesellschaft, welche die Concession nach Westphalen hatte, dieselbe nicht mehr besitzt, so liegt es nicht im Interesse der Halberstädter Bahn, Hannover-Altenbeken unabhängig zu machen. Verträge werden mit angrenzenden Bahnen abgeschlossen werden, die dem Verkehr im Interesse der Halberstädter Bahn zu Gute kommen; auf jeder anderen Seite wird die eigenthümliche Gestaltung der Hannover-Altenbekener zu demselben Zwecke benutzt werden, und wenn auch die Actien, die Halberstadt besitzt und trotz ihres niedrigen Courses in ihrer Bilanz zu pari aufführt, nichts bringen sollten,

---

*) Nach meiner Concurseröffnung und während mit der Disconto-Gesellschaft Unterhandlungen wegen Einklagung meiner Forderung schwebten, ist plötzlich, natürlich um eine Klage Seitens meiner Masse zu hindern, eine Forderung der Bahn gegen mich angemeldet und vom Concurse zurückgewiesen worden. Die Begründung habe ich nicht geprüft und nur aus einer Zeitungsnotiz die Motivirung gelesen. Ich nehme keinen Anstand, die ganze Gegenforderung als eine böswillige Erfindung darum zu bezeichnen, weil nach den Contracten eine solche Forderung gar nicht entstehen konnte, gar nicht möglich ist. Es ist in den Contracten ausdrücklich stipulirt, dass mir auf Grund von Bescheinigungen des Gesellschaftstechnikers gezahlt werden soll, und dass diese massgebend seien. Man hat mir nicht einen Thaler anders als auf Grund einer Bescheinigung, dass das Betreffende geleistet oder geliefert worden ist, bezahlt, und meine Forderung beruht gleichfalls auf bescheinigten Leistungen.

so wird der indirecte Vortheil für Halberstadt dies weit aufwiegen; die übrigen Actionäre bei Hannover-Altenbeken werden aber nie Etwas bekommen, und dies Unternehmen, dessen Entstehung und ganzer Lebenslauf von mir unabhängig waren, wird als eine *Strousberg*'sche schlechte Bahn bezeichnet werden. In der Verwaltung waren die ersten Männer Hannovers, jetzt die ersten Deutschlands — mich hat man ruinirt. Um eigene Fehler zu verdecken, wenn welche vorhanden waren, was ich nicht weiss, und um den schlechten Erfolg auf andere Schultern zu schieben, werde ich und die Bahn als Vorhang benutzt, hinter dem sich andere Grössen verbergen können.

Inzwischen hat die Disconto-Gesellschaft Millionen Effecten zu negociren gehabt, und wer diese Episode studirt, kann daraus lernen, wie man sich bei Bahnbauten mit beiden Seiten alliirt und wie Beide dabei fahren.

Für den vorliegenden Zweck habe ich genug gesagt. Die Angelegenheit ist aber damit nicht beendet; ich werde andere Gelegenheit haben, mit allen Betheiligten meine Rechnung zu machen.

Meine Betheiligung bei deutschen Bahnen ist hier der Wahrheit gemäss geschildert worden. Wer sich die Mühe giebt, diesen Abschnitt aufmerksam zu lesen, wird ersehen, wie fern ich den Behörden stand, wie viel ich geleistet und zu erdulden gehabt habe, und hoffentlich einige Rechtfertigung für mein Urtheil über unsere grossen Bankinstitute finden. Ob es mir gestattet sein wird, diesen Gegenstand, wie ich es möchte, von allen Seiten zu beleuchten und durch Thatsachen zu schildern, hängt von meinen späteren Verhältnissen ab. Mit Material bin ich versehen, und wann sich nur die Gelegenheit bietet, so werde ich mit Eifer daran gehen.

Zu gegenwärtigem Kapitel über die von mir gebauten deutschen Bahnen will ich noch dem Publicum meine Projecte über Verbindungen mit denselben in Kürze mittheilen.

Project für die Verbindung und Erweiterung eines Theils der von mir gebauten Bahnen, um Verbesserungen im Betrieb und grössere Rentabilität zu erzielen.

Es ist meine feste Ueberzeugung, gegründet auf lebenslanger Beobachtung, dass Engherzigkeit und Eigennutz wohl gewisse Vortheile bringen können, dass Liberalität und gebührende Rücksicht für die Interessen derer, mit denen wir in Beziehung stehen, aber die eigentlichen wirksamen Hebel sind, womit man Grosses leisten und eventuell sich selbst am meisten nützen kann. Ein richtiges Princip ist überall anwendbar, wo specielle Ursachen der allgemeinen Wahrheit nicht entgegenwirken, doch muss man, diese festhaltend, sich den Umständen anpassen. Beim Verkehr mit meinen Unternehmern war ich von diesen Grundsätzen geleitet und habe dadurch Vieles ausführen können, was mir sonst unmöglich gewesen wäre.

So war ich denn auch der Meinung, dass Eisenbahnen erst dann wirklich dasjenige für das allgemeine Wohl leisten und am besten prosperiren werden, wenn die Befriedigung der Bedürfnisse des Publicums ihr erstes und Hauptziel sein wird und die Fragen der Möglichkeit und Rentabilität nur subsidiäre, wenn auch bedingende, Momente für die Entscheidung der ersten, allein wichtigen Frage sein werden. Bahnen werden geschaffen, um den Verkehrsbedürfnissen zu dienen, nicht aber, wie die Directionen glauben, dieselben auszunutzen. Der Verkehr muss lohnend sein und Bahnen müssen sich rentiren, sie müssen den Dienst aber auf das Billigste und Zweckmässigste ausführen, damit sie das, worauf ihre Existenz beruht, fördern und vermehren. Ich behaupte, dass bei uns in keinem einzigen Falle von diesen breiten, allein heilvollen Grundsätzen ausgegangen wird. Wo billig gefahren wird, verdankt man es der Concurrenz, und wo dieses Moment fehlt oder nicht treibt, da wird so viel genommen und so wenig geleistet, als erlaubt und möglich ist, und unsere einheitlichen Bestrebungen gehen darauf hinaus, Concurrenz unnöthig und unmöglich zu machen. Jeder Bahn wird dadurch ihr Gebiet und ihr Verkehr angewiesen, und es animirt Nichts zum Streben nach dem Grössten. Mit billigem Fahren, selbst wenn wir hierin, was ich verneine, das Möglichste leisten, ist aber noch lange nicht Alles geschehen; Schnelligkeit und Pünktlichkeit der Beförderung bei Gütern, ein eifriges Entgegenkommen in der Lieferung von Waggons bei Kohlengruben und Hütten, Erleichterungen bei Ab- und Zufuhr, Liberalität bei Normirung von Stand- und Lade-Gebühren, Befriedigung vorübergehender, dringender Bedürfnisse und die Berücksichtigung aller anderen Verkehrserfordernisse machen eine Bahn zum wirklichen Segen. Die Ueberzeugung, dass dieses ihre Aufgabe ist, liegt aber unseren Directionen fern.

Ich will keineswegs behaupten, dass die Verwaltungen in anderen Ländern von höheren Ideen geleitet sind, aber in manchen werden diese in einem gewissen Grade durch Concurrenz und Freiheit ersetzt, und so ergiebt sich theilweise das als Resultat, was ich als Ziel hinstelle.

Mich drückt auf jeder Seite dieser Schrift ein Gefühl der Nichtbefriedigung; meine Thätigkeit berührte so viele Interessen, die sich daran knüpfenden Fragen sind so vielseitig, und eine gewisse Behandlung jeder einzelnen ist eigentlich zum Verständniss meiner Absichten und als Vorbereitung für die Beurtheilung meiner Handlungen nothwendig. Jeder einzelne Gegenstand liefert Material für ein eignes Werk, und während ich daraus Schlüsse ziehen muss, kann ich die Prämissen nur ganz unvollkommen hinstellen, die Begründung nur höchst oberflächlich und erratisch verfolgen.

Ich müsste daher zu Beispielen greifen, um *ad hominem* zu demonstriren. Selbst darauf aber muss ich hier verzichten, denn Beispiele würden mich auf Tariffragen, Selbstkosten und andere Themata bringen, für die mir der Raum fehlt.

Die Behandlung von Eisenbahn-Angelegenheiten nach den hier angeführten Grundsätzen war einer meiner Wünsche, und ich glaubte, dieses nur durch eine Verbindung meiner verschiedenen Bahnen praktisch durchführen zu können, wie mir auch dadurch allein die Möglichkeit geboten schien, die Verbesserung im Bau, Betrieb und Verwaltung, die ich bereits erwähnt habe, herbeizuführen; und endlich hoffte ich dadurch diejenigen Hindernisse zu beseitigen, die dem Verkehr auf meinen Bahnen entgegenstanden und die Rentabilität derselben verhinderten. Meine Bahnen waren, jede einzeln betrachtet, zu schwach, um es wagen zu dürfen, in irgend einer Weise Neuerungen einzuführen, die von den anschliessenden Bahnen nicht gut geheissen waren. Jede dieser Bahnen wurde theilweise oder ganz als Concurrenz-Linie bestehender, anschliessender, grosser Bahnen betrachtet und hatte von diesen Oppositionen und die Entwicklung Hinderndes zu empfinden. Berlin-Görlitz war von der Niederschlesisch-Märkischen in Görlitz und von der Seitens dieser Bahn verwalteten Berliner Umgebungsbahn abhängig; Märkisch-Posen leider durch die Oberschlesische in Posen und durch die Niederschlesische in Frankfurt und Guben. Eine ist Staatsbahn, die andere unter Staatsverwaltung, und die Liebesdienste erstrecken sich auch auf die königliche Ostbahn, soweit ein Dirigiren des Verkehrs von Thorn über Posen und weiter stattfindet. Die Halle-Sorauer wird in Halle von allen grossen Bahnen dadurch vollständig lahm gelegt, dass Jahre lang nach ihrer Eröffnung ihr noch nicht das Project zum selbständigen Bahnhof genehmigt worden ist, und sie bei einer Concurrenz-Bahn hospitiren muss. Dasselbe ist auf einem noch wichtigeren Punkte — Sorau — der Fall. Dadurch wurde die Bahn verhindert, die von Posen auf der Niederschlesischen Zweigbahn in Sorau ankommenden, nach Leipzig, Halle und den dortigen Gegenden bestimmten Güter zu übernehmen, und diese werden von der Niederschlesischen auf ihrer und den ihr verbündeten Bahnen geführt, und unter allen Umständen fehlt der Halle-Sorauer, wie allen meinen Bahnen, die Macht, ohne andere Bahnverbindungen sich Geltung zu verschaffen.

Die bereits erwähnten Verwaltungsfehler und die hier angeführten Umstände sind die Ursache, dass die Bahn sich nicht rentirt, die Regierung hat jetzt den Betrieb übernommen, und so werden diese letzteren beseitigt werden und die Staatsverwaltung wird Renommé ernten, weil sie veranlassen kann, was bis jetzt hauptsächlich gerade von ihr verweigert wurde.

Hannover-Altenbeken bildet einen Stern, der in verschiedene grosse Bahnen hineinstrahlt, den ihr übergebenen Verkehr kann sie aber überall nur für eine kurze Strecke aufnehmen. Sie führt zu und wird von vielen Bahnen berührt, hat aber nirgend etwas mehr als ihren Weg zu bieten, nirgend kann sie gebieten, denn sie erreicht auf keinem einzigen Punkte selbst ein grosses Verkehrsgebiet; sie kann allen nützlich sein, von allen ausgebeutet werden, aber im allerbesten Falle keinen grossen Vortheil für sich daraus ziehen. Die Bahn ist aber endlich selig im Schoosse der Halberstädter und hat aufgehört, für sich im Wege der Entwicklung etwas thun zu können.

Die Rechte Oder-Ufer-Bahn hat in ihrem Local-Verkehr, in ihrem Kohlengebiet und in Breslau selbst eine ausnahmsweise günstige Position und verzinst sich auch. Auf den Verkehr nach Berlin und den durchgehenden Verkehr nach Oestreich muss sie verzichten, denn die Oberschlesische besitzt in der Niederschlesischen einen Alliirten, der ihr diesen Verkehr sichert. Nach dem Osten hatte die Oberschlesische durch die Breslau-Posener den Weg, dieser ist durch die beiden neuen Bahnen der Rechten Oder-Ufer-Bahn jetzt allerdings auch offen.

Mein Plan ging nun dahin, alle diese Bahnen vorerst in ihren Verwaltungen zu vereinigen, eine zukünftige Verschmelzung dabei aber im Auge zu behalten. Letzteres war deshalb eine Zukunftsfrage, weil die Verhältnisse der Bahnen und die Entwicklung ihres respectiven Verkehrs so verschieden waren, dass man vorläufig den relativen Werth der einzelnen nicht bemessen und darum die verhältnissmässige Betheiligung am Gesammt-Capital nicht hätte bestimmen können. Die Vereinigung bezweckte, das Gesammtnetz durch seine Bedeutung und durch die Hilfe, welche die eine der anderen leisten konnte, unabhängig und rentabel zu machen. Dies sollte dadurch erzielt werden, dass jede der Bahnen für die Interessen der anderen derart bedacht sein sollte, dass sie ihr nicht nur unter allen Umständen den ihr gebührenden Verkehr zuweisen, sondern auch behilflich sein sollte zu erlangen und bewältigen, was ihr sonst nicht zukäme, und was die Helfende sonst nicht berücksichtigt haben würde.

Ein solches Bahnnetz würde in der Lage sein, fremden Bahnen Vortheile zu bieten und Erwiederung zu erwarten und konnte dort Concurrenz machen, wo der eigne Weg der längere ist, um verweigerte Rechte im Verkehr zu erzwingen, indem es für gewisse nicht grade in ihrem Gebiete liegende Richtungen für einen Verkehr, den es entbehren kann, weil er ihm eigentlich nicht zugehörig ist, ohne die localen Einnahmen zu schädigen, billige Tarife machen kann, welche die Concurrenzbahn für ihren eigentlichen Verkehr nicht ertragen kann. Ersparnisse habe ich in einer solchen Einigung nur in so fern erwartet, als die Unabhängigkeit des Bahngebietes es gestatten würde, Einrichtungen zu treffen und Veränderungen im Betrieb und Verwaltung vorzunehmen, die eine inmitten anderer Bahnen liegende kurze Bahn nicht treffen konnte.

In der Centralverwaltung, also in der Direction, suchte ich keine Ersparnisse; diese fallen überhaupt nicht in's Gewicht, obgleich bei uns immer von verminderten Generalkosten gefaselt wird, und die Verminderung des Directions-Personals durch Vermehrung und Gehaltsverbesserung der Betriebsdirectionen aufgehoben sein würde.

Zur Verbindung obiger Bahnen waren erforderlich die Fortsetzung der Rechten Oder-Ufer-Bahn von Breslau nach Sorau, eine Bahn von Halle an die Hannover-Altenbekener, die sich nach den Terrainverhältnissen der dortigen Gebirgsgegend zu accomodiren hätte. Zur Vervollständigung wollte ich von Altenbeken nach Dortmund bauen und die Niederschlesische Zweigbahn kaufen.

Weitere Ausdehnungen sollten der Zeit und den sich herausstellenden Bedürfnissen überlassen werden.

Die Ausführung dieser Pläne wäre mir leicht gewesen. Die Hannover-Altenbekener hätte die Capitalien, um nach Dortmund zu bauen, leicht beschaffen können, und dies war das einzige Mittel, die Bahn als Ganzes rentabel zu machen, während die anderen Strecken von den anderen Bahnen oder von mir gebaut worden wären.

Ich wäre nur im Nothfalle eingetreten, weil es mir hier im Interesse der Bahnen wünschenswerth erschien, dass sie auf eigne Rechnung bauen sollten. Dieser Plan war sehr weit gefördert und wäre, wenn der Krieg und die weiteren Unglücksfälle mich nicht überrascht hätten, auch sicherlich ausgeführt worden. Ich hatte bereits einen grossen Theil, 600,000 Thaler, der Actien der Niederschlesischen Zweigbahn gekauft, um diese in mein Project aufzunehmen und stand mit den dort maassgebenden Personen darüber in Verbindung. Als das Treiben gegen mich begann, habe ich diese Actien verkauft und die Oberschlesische hat sie, wie ich höre, acquirirt und liefert natürlich den Verkehr nicht an die Halle-Sorauer Bahn ab.

Wenn, wie schon erwähnt, ich auch gar keine Verpflichtung habe, für das Gedeihen von mir gebauter Bahnen zu sorgen, und dafür in keiner Weise verantwortlich bin, so lag mir dies nichts destoweniger sehr am Herzen. Ich war stets mit diesem Gedanken beschäftigt, wenn man auch nie erfahren wird, welche Fäden ich angesponnen, welchen Mühen ich mich bereits unterzogen hatte, und welche Geldopfer es mich gekostet, mich dafür vorzubereiten.

Ein Hauptgrund, der mich animirte, meine Actien nicht zu verkaufen, sondern bei Rumänien zu disponiren, war, um die Majorität bei den Bahnen für die Durchführung dieser Pläne zu haben. Viele Millionen Actien von Märkisch-Posen, Halle-Sorau und Hannover-Altenbeken, deren spätere Veräusserung mich Millionen gekostet, waren zu diesem Zwecke bei mir angesammelt.

Dass ich mein Werk unvollendet gelassen, wurde durch die gegen mich geführte schimpfliche Hetzjagd verschuldet; die Sachen stünden heute anders, hätte man mich nicht gestürzt. Mein Plan lässt sich hier nicht vollständig motiviren. Aus der beigefügten Skizze wird indessen ersichtlich sein, welche Gestaltung die Bahnen angenommen hätten. Es wäre ein Weg geschaffen von der österreichischen Grenze bei Pless durch das Kohlenrevier über Breslan, Sorau, Cottbus einerseits nach Berlin, andererseits bis nach dem Rhein, dann von Posen über Frankfurt, Guben oder Sorau, Cottbus (Berlin-Görlitz kreuzend) nach Leipzig oder Halle, wobei die Niederschlesische Zweigbahn für unsere Zwecke durch Ueberführung des Böhmischen Verkehrs gedient hätte, und von Halle nach Rheinland und Westphalen. Von Westen war uns der durchgehende Verkehr nach Oestereich und Russland ziemlich gesichert, und auch die westphälische Kohle, so weit dieselbe Frachten ertragen konnte, war uns nicht zu nehmen. Durch Vorverträge, specielle Einrichtungen und geniale Tarifbestimmungen hätte man zahllose Combinationen vornehmen können, um den Betrieb zu vermehren. Ein solcher Bahncomplex wäre fähig gewesen, Etwas zu leisten und musste bei guter Verwaltung Ertrag abwerfen und dem Lande nutzen. Die Ostpreussischen Bahnen sind hier nicht berücksichtigt.

Ich hatte zu einer Zeit die Absicht meinen Plan auch auf Letztere auszudehnen. Während des Nothstandes in Preussen erklärte ich mich bereit, die Bahnen Thorn-Insterburg und Dirschau-Schneidemühl zu bauen und noch vor der Beseitigung desselben einige Millionen dafür zu verwenden. Ich stand mit Landräthen aus dreizehn Kreisen hierüber in Beziehung. Dieselben kamen nach Berlin, machten beim Grafen *Itzenplitz* und Herrn *v. d. Heydt* hierauf bezügliche Vorstellungen und wurden abschlägig beschieden, worauf sie auf meine Veranlassung höheren Orts, im Interesse der Provinz, ihre Bitte vortrugen. An dieser Stelle fanden sie für das Wohl des Landes ein günstigeres Ohr und der Befehl soll ertheilt worden sein, für den Staat zu bauen, wenn man im Interesse der Ost-Bahn meine Offerte anzunehmen nicht im Stande sei, und so war ich hier wenigstens indirekt die Veranlassung, dass diese zwei Bahnen gebaut wurden. In vielen anderen Fällen habe ich ähnliche interessante Verhandlungen geführt und Manches verdankt mir sein Entstehen, wobei ich selbst nicht thätig war.

Neuntes Capitel.

Brest-Grajewo-Bahn.

Neuntes Capitel.

Brest-Grajewo-Bahn.

Von Beginn meiner Betheiligung bei der Ostpreussischen Süd-Bahn war mein Augenmerk auf die Brest-Grajewo Bahn gerichtet; ich betrachtete sie als die nöthige Fortsetzung, um die Prosperität der Ersteren zu sichern. Der Zufall wollte es, dass ich in der Lage war, mir die Gunst des *Grafen Berg* zu erwerben, und dieser versprach mir, mich zu unterstützen, aber ich solle den Zeitpunkt abwarten, den er als günstig bezeichnen werde. Meine Hoffnung war, dass dieser ein nicht zu ferner sein würde, und so wurde die Angelegenheit bei der nächsten Generalversammlung, wo ich den Vorsitz führte, besprochen und von der Gesellschaft beschlossen, so weit als möglich zur Förderung beizutragen. Trotz vieler Bemühungen ging eine lange Zeit darüber hinweg, und als ich die Mittheilung erhielt, dass der Moment günstig sei, war ich nicht in der Lage nach Petersburg zu gehen. Zwei andere Mitglieder des Verwaltungsrathes wurden statt meiner deputirt, und diese haben mit vieler Mühe und grossem Geschick das Nöthige in Petersburg gethan, und die Concession für ihre Person, aber im Interesse der Ostpreussischen Süd-Bahn empfangen. Die Herren stellten ihre Rechte der Bahn zur Verfügung, und diese übergab dieselben an einen Herrn *Schepler* aus Riga, weil unsere Statuten und auch die Behörde uns nicht gestatteten, Capitalien aufzunehmen, um Bauten im Auslande auszuführen. Die Gesellschaft verpflichtete aber *Schepler* einen gewissen Theil ihrer Stamm-Actien, die sie noch übrig hatte, zu pari zu übernehmen.

Da *Schepler* nicht selbst Bau-Unternehmer war, so trat er

mir seinen Contract gegen Entschädigung ab. Der Mensch entgeht seinem Schicksal nicht. Mich warnte eine innere Stimme, Russland fern zu bleiben, denn ich hatte mehrere Versuche gemacht, dort thätig zu sein, und bin dabei jedes Mal auf Widerwärtigkeiten gestossen, aber der Wunsch, meine Lieblings-Idee auszuführen, war gross, und so übernahm ich die Bahn, die mir nicht nur schweren Verlust und grossen Aerger verursachte, sondern mir die Ungunst einer Persönlichkeit verschaffte, deren Einfluss, wie ich Grund zu glauben habe, dazu beigetragen hat, mich in meine jetzige Lage zu versetzen, jedenfalls sie ungünstiger zu gestalten, als dieses sonst der Fall gewesen wäre.

Meine Thätigkeit in anderen Ländern machte es mir unmöglich, mich viel in Russland aufzuhalten, auch mochte ich nicht die vielen Unterhandlungen und Beziehungen pflegen, die ein Bau in Russland nöthig macht; ich vergab daher den Bau in General-Entreprise zu einem vereinbarten Preise pro Werst. Der Unternehmer hatte die Pflicht, die Special-Pläne anzufertigen und die Zustimmung der Regierung für Alles auf den Bau Bezügliche zu beschaffen. Ich behielt mir nur das Recht vor, durch meine Organe die Projecte zu prüfen und zu verbessern und den Bau zu beaufsichtigen. In gleicher Weise vergab ich sämmtliches Eisen-Material und den Roll-Park. Dies mag als ein Beweis dienen, dass ich unter Umständen im eignen Interesse, wo ich Bauten zu vergeben hatte, die General-Entreprise für zweckmässig erachtete. Ich constituirte die Gesellschaft, cedirte ihr die obigen Contracte, und da die Kosten so festgestellt waren, beanspruchte und empfing ich als Concessionär den sich herausstellenden Ueberschuss. Ich übernahm den Vorsitz und stellte zuverlässige ehrliche Beamte zur Aufsicht an. Der erste Techniker sollte ein Russe sein und hatte in Petersburg seinen Sitz zu nehmen.

Für mich handelte es sich nun, um meine Lage ganz angenehm zu machen, das Actien-Capital zu placiren. Die Bahn war ungarantirt, ich glaube damals die einzige dieser Art in Russland. Ich hatte hierbei aber einen Umstand in Betracht gezogen. Die sehr günstigen Betriebsresultate einiger im Herzen des Landes gelegenen und besonders vortheilhaft situirten Bahnen hatten die Actien dieser Bahnen viel werthvoller gemacht als die Prioritäten. In Folge dessen legte das Publicum in Russland auf diese Effecten einen besonderen Werth, und es wurden kurz vorher mehrere Gesellschaften concessionirt, deren Capital in nicht garantirte Actien und vom Staat garantirte Prioritäten getheilt wurde. In allen anderen Ländern hätte man das Umgekehrte gewählt. Hier war man anderer Meinung, und so wurden Actien von Bahnen wie die *Libauer*, die nie eine Rente versprach, weit über pari gehandelt. Dieser Stimmung vertraute ich die Aufnahme meiner Papiere. Ich hatte bei dieser Bahn ausnahmsweise einen Banquier mit einem kleinen Antheil am Gewinn betheiligt. Dieser wünschte unter allen Umständen zu realisiren und setzte sich vor meiner Ankunft in Petersburg mit der *Internationalen Bank* zu diesem Zwecke in Beziehung und theilte mir gleich bei meiner Ankunft mit, dass er vorbehaltlich meiner Zustimmung Vereinbarungen getroffen hätte, das Capital oder einen grossen Theil mit 70 pCt. zu placiren. Mir war diese Mittheilung höchst unangenehm. Ich hatte einen viel höheren Cours in Aussicht genommen und fühlte, dass ich hintergangen werden sollte und zwar in folgender Weise. Mein Socius rieth zum billigen Verkauf an die Internationale Bank. Diese Nominal-Käuferin sollte dann ein Consortium bilden — denn der Consortial-Schwindel war damals auf allen Börsen in Blüthe —, an diesem Consortium würde mein Socius selbstverständlich noch einen grösseren Antheil als bei mir nehmen, und so konnte er hier das, was er mit mir zu billig fortgegeben, reichlich ersetzen und hatte die Sicherheit, die in der Vereinigung einer Anzahl Institute lag, dass er sein Papier unterbringen würde.

Da ich den Platz noch nicht sondirt hatte, durfte ich die Offerte nicht ganz zurückweisen und auch nicht merken lassen, dass ich womöglich andere Schritte thun würde, denn sonst hätte man mir entgegengearbeitet, und da die Bande, welche Banquiers unter einander fesseln, dort alle dazu angethan sind, den Nicht-Banquier zu übervortheilen, so wäre ich möglicher Weise erst recht in Verlegenheit gekommen. Ich äusserte daher kein Befremden und hatte mehrere Conferenzen. Inzwischen wandte ich mich an einen sehr achtbaren dortigen Börsenmakler, der mir ohne Weiteres sagte, er würde die Hälfte des Capitals für seine Freunde mit 82 übernehmen, und diese würden ihre und die mir gehörigen Actien zu einem noch weit höheren Course auflegen, und ich sollte mit ihnen pro ratâ unseres respectiven Besitzes beim Verkauf betheiligt sein. Die Firmen waren die ersten Petersburgs, und ich war hier nicht nur mit der Hälfte meines Capitals zu hohen Coursen gedeckt, sondern hatte auch die beste Aussicht, den Rest zu noch höheren Coursen unterzubringen. Die Unterhandlungen gingen in äusserster Stille vor sich, und ich war in der Lage, der Internationalen Bank eines Nachmittags die Mittheilung zu machen, dass ich ihre Offerte nicht annehmen würde, da ich unter günstigeren Bedingungen anderweitig abgeschlossen hätte. Die Bestürzung war unbeschreiblich. Der Director war ein alter Bekannter, der erst vor Kurzem seine Stellung übernommen hatte, er erklärte bei seinem Institut auf's Höchste compromittirt zu sein, und dass er bereits Arrangements gemacht und Verpflichtungen übernommen habe in dem Glauben, dass das Geschäft so gut wie abgeschlossen sei. Meinem Character war ein Vorgehen, wie das mir hier durch die Umstände aufgedrängte, durchaus zuwider, ich liebe offen und direkt zu handeln, und als mein Freund bei einem Besuche, den er mir des Abends abstattete, über seine Lage zu Thränen gerührt schien, liess ich mich von meiner Gutmüthigkeit hinreissen, ihm von den mir verbliebenen ungefähr 6,000,000 Rubeln etwa 2,000,000 Rubel zu 70 pCt. abzulassen, mit der ausdrücklichen Bedingung, dass diese nicht separat auf den Markt gebracht werden dürfen, damit dem Consortium, welches mir 82 bezahlte, dadurch kein Schaden entstehen möge. Es war dies ein Opfer von beinahe 300,000 Rthlrn., welches ich der Freundschaft brachte, und welches auf die schlechteste Weise gegen mich ausgebeutet wurde.

Bei der Bank waren wieder Unterbetheiligte; darunter ein damals sehr einflussreicher Börsenmakler, der seit jener Zeit fallirt hat. Diese inneren Angelegenheiten gingen mich nichts an, obgleich sie meinem Freunde später als Entschuldigung dienten, indem angeblich nicht er, sondern der Makler und

Andere den hier zu schildernden *Coup* gegen mich ausführten. Die Sache war folgende: Als die Actien seitens der Bankhäuser, die mit mir abgeschlossen hatten, zur Zeichnung, wie mir erinnerlich, mit 90 pCt. aufgelegt wurden, trat an der Börse ein Makler als Verkäufer, weit unter dem Emissionscourse, auf. Mein Makler glaubte, es sei dies nur ein Börsen-Manöver, kaufte im guten Glauben soviel ihm vorkam und wurde dadurch ruinirt, denn das Angebot überstieg schiesslich seine Kräfte, ich aber war in Berlin und konnte ihm nicht helfen, so dass das ganze Geschäft verdorben wurde. Die Anzahlung auf die vom Consortium übernommenen Actien wurde gemacht, angeblich von fremden Zeichnern, der Cours aber fiel gleich nachher derartig, dass an eine weitere Einzahlung, falls solche ausgeschrieben werden würde, nicht zu denken war. Da ich nun aber als der einzige Besitzer von Actien bekannt war, so fühlten die Bank-Häuser sich durch mich geschädigt, und obgleich ich bei der Sache nur die ganz unschuldige Veranlassung war, so hatten sie doch ein gewisses Recht, sich zu beklagen, benutzten diesen Vorwand aber zugleich, um sich ihren Pflichten zu entziehen. Die Liste dieser Häuser ist in meinem Besitz. Es sind die ersten Firmen Petersburgs, sie haben sämmtlich keine weiteren Einzahlungen geleistet, unter der Ausrede, nicht mehr Besitzer der Actien zu sein. Der Contract verpflichtete sie dazu; sie waren aber zu hoch gestellt, um angegriffen zu werden, und so blieb ich mit dem ganzen Capital sitzen.

Der Bau war in Angriff genommen, die Actien zu keinem Preise mehr verkäuflich, und Alles drohte in's Stocken zu gerathen. Inzwischen hatten meine Verwicklungen mit Rumänien begonnen, und ich war nicht von Berlin abkömmlich. Von den mir gehörigen 4,000,000 Actien hatte ich der Gesellschaft 1,300,000 als Caution für die ihr überwiesenen Bau- und Lieferungs-Contracte übergeben, den Rest verpfändete ich, um sofortige Bedürfnisse zu decken, bei einem Consortium Capitalisten, von der Berliner Handelsgesellschaft geleitet, für 20 pCt. mit monatlich 1 pCt. Zinsen auf die Nominal-Summe, also für je 20 Rubel einen Rubel monatlich oder zwölf jährlich, d. h. Zins auf Zins nicht gerechnet, 60 pCt. pro anno. Damit der

Bau fortgeführt werden konnte, einigte ich mich mit diesem Consortium, dem Herr *Brandt* von der Privatbank in Petersburg beigetreten war, ihm 300,000 Rubel zu 20 pCt., also zu einem Fünftel des Nominal-Werthes, unter der Bedingung zu überlassen, dass es die Gelder zum Weiterbau in der Weise beschaffen möge, dass von der Regierung das Privilegium erwirkt werde, Obligationen für den Betrag der Actien auszugeben, die auf Grund der nicht gemachten Einzahlungen conducirt werden sollten. Zwei Millionen dreihundert Tausend Rubel lieferte ich aus meinen Beständen und 700,000 sollten sie berechtigt sein aus meiner Caution zu entnehmen, je nachdem diese durch Lieferung und Leistung befreit wurde. Dies wurde durchgeführt und die Bahn vollendet.

Bei der Emission der Obligationen haben die Herren selbstverständlich verdient und zwar dasjenige, was eigentlich mir gehörte, denn ich sollte in meinen Rechten nicht gestört werden. Die Actien wurden gegen das gegebene Versprechen dazu benutzt, mich bei der nächsten Generalversammlung vom Verwaltungsrath auszuschliessen, meinen Technikern wurden alle möglichen Schwierigkeiten gemacht, man bezahlte dem Unternehmer Gelder, die ihm, laut deren Erklärung, nicht zukamen und hatte diese später extra zu zahlen. Die oben erwähnten 700,000 Rubel wurden befreit und gelangten in den Besitz des Consortiums; meine mir restirenden 900,000 nebst Jahre langen Zinsen wurden mir nicht gegeben, weil die Schienen bemängelt wurden und nicht gelegt werden durften. Diese Schienen waren aus Belgien und mögen nicht von bester Beschaffenheit gewesen sein, sie waren aber von den ersten Firmen Belgiens gekauft und mir in Betreff der Qualität beim Betrieb auf drei Jahre garantirt. Weil man die Schienen nicht legen durfte, ging mir die erwähnte Garantie und meine Caution, und der Gesellschaft viel Geld verloren. Diese Schienen liegen jetzt in Sachsen, theilweise auf einer von der *Berliner Handelsgesellschaft* ausgeführten Bahn und ein Theil soll auf anderen russischen Bahnen verwandt worden sein. Ich war von jeder Mitwirkung ausgeschlossen und habe ein grosses Vermögen dadurch verloren. Ein Umstand ist aber noch zu erwähnen.

Der Finanz-Minister *Reutern* legte das grösste Gewicht darauf, dass bei Operationen, wie die hier erwähnten, Nichts vorkommen dürfe, was im Auslande einen schlechten Eindruck machen könnte; er wollte vor Allem fremde Capitalien heranziehen, und es war ihm äusserst angenehm, eine Meinung für ungarantirte Actien im Publikum zu haben, da dieses ihn in die Lage setzte, mehr Bahnen als sonst möglich schien zu concessioniren. Der unglückliche Ausgang dieses Geschäfts verletzte den Minister in allen diesen Punkten; dadurch, dass die Zeichnung hier nicht reussirte, waren die Actien im Auslande auch nicht zu verkaufen. Der Vorfall machte keinen guten Eindruck und mit der Aufnahme von ungarantirten Actien war es aus.

Es wäre nicht schwer zu beweisen, dass man den Unternehmer nicht beschränken kann hinsichtlich der Quelle, aus der er schöpfen will, und dass es in der Natur der Sache liegt, dass, wenn Meinung für eine Sache vorhanden ist, sie gekauft werden wird, ob sie im Auslande placirt wird oder nicht. Diejenigen Papiere, die in Russland beliebt sind, wurden trotz ihrer auswärtigen Placirung nur theuer zurückgekauft, und die ungarantirte Actie einer im Bau begriffenen russischen Bahn kann nur in Russland Abnehmer finden. Ferner musste man wissen, dass der Geschmack an ungarantirten Actien, abgesehen von einer Vorliebe für eine gewisse Bahn, nur auf Illusion beruhen und höchstens so lange dauern kann, bis die erste der im Bau begriffenen Bahnen durch die nach der Fertigstellung erzielten Betriebs-Resultate bewiesen, dass keine Verzinsung möglich sei. Hätte ich Gelegenheit gehabt, dem Minister vorstellig zu werden, so hätte ich ihm beweisen können, dass der unangenehme Vorfall durch einen Vertrauensbruch gegen mich entstand, dass ich mit Ausnahme der Betheiligung der Internationalen Bank niemals eine einzige Actie dieser Bahn verkauft und daher auch nicht schuld an dem betreffenden Börsen-Manöver war, wodurch die Subscription verdorben wurde. Mein Freund, der Makler, der dabei ruinirt worden ist, weiss dies, fühlte mit mir und hat mir nie gezürnt.

Diejenigen, die den bösen Streich gegen mich ausgeführt,

benutzten meine Abwesenheit von Russland, mich beim Minister anzuschwärzen und ihn glauben zu machen, dass die Actien, die sie auf den Markt geworfen, von mir kamen, was richtig war; aber nur durch den ihrerseits damit getriebenen und *mir* zur Last gelegten Missbrauch konnte man ihm eine ganz schlechte Meinung von mir einflössen, in deren Folge manche Hoffnung gescheitert ist.

Ich hatte nämlich Beziehungen, die mir sichere Aussicht auf gute Concessionen gaben, und die Ehre gehabt, der Allerhöchsten Persönlichkeit von sehr hoher Seite in Ems vorgestellt worden zu sein, einflussreiche Personen setzten Vertrauen auf mich und waren bereit, mich zu unterstützen. Die Ungunst des Ministers und meine damaligen Verhältnisse vereitelten dies, und als mich das Unglück im vorigen Herbst nach Russland führte, erinnerte der Minister sich meiner sicherlich um so weniger liebevoll, als meine Transactionen mit der *Commerz-Leihbank* ein zweiter Verstoss gegen seine Grundsätze war, dass Russland Geld nehmen, aber nicht liefern dürfe. Mir fehlen allerdings die Beweise dafür, doch aber sagt mir ein inneres Gefühl, dass, wenn der Finanz-Minister mich gekannt hätte, wie ich wirklich bin, meine Lage hier eine andere geworden wäre.

Ich muss zum Schluss noch bemerken, dass ich meinen Socius mit Zahlung von 300,000 Rbl. baar für seinen Profit-Antheil vor Emission der Actien abgefunden hatte.

Zehntes Capitel.

Die Ungarische Nord-Ost-Bahn.

Zehntes Capitel.

Die Ungarische Nord-Ost-Bahn.

Ein Consortium hochgestellter ungarischer und galizischer Herren hatte die Concession für Erbauung dieser Bahn mit Staatsgarantie. Die Trennung der beiden Reichshälften war noch nicht lange erfolgt, die ungarische Anleihe nicht gänzlich placirt und für ungarische Eisenbahnpapiere überhaupt noch kein Markt vorhanden, namentlich aber für nur projectirte, wo die Garantie erst mit der Betriebseröffnung beginnt. Wie gewöhnlich wandte man sich unter solchen Umständen an mich. Ich sah, dass die Geldverhältnisse in Oestreich und Ungarn in kurzer Zeit sehr gute werden mussten, und so übernahm ich das Geschäft, indem ich den Concessionären über 2,000,000 Gulden dafür gab und ihnen noch andere Vortheile gewährte.

Die Art, wie es mir gelang, die Capitalien zu placiren und die Bahn zu bauen, interessirt hier nicht, weil sich daraus für den Hauptzweck dieser Schrift nichts herleiten lässt. Meine Transactionen dabei mit grossen Bank-Instituten würden allerdings interessant sein und meine darauf gerichteten allgemeinen Bemerkungen bestätigen, ich will aber mein Pulver nicht verschiessen bis ich Gelegenheit habe, das Thema erschöpfend zu behandeln.

Die herzustellende Bahn war zwischen 60—70 Meilen lang und kostete viele Millionen. Ich richtete ein grosses Bureau in Budapest ein und wollte weitere Bauten in Ungarn übernehmen. Es gelang mir auch die Concession für die *Neutra-Thal-* und für die *Sommeras-Bahn* zu erwerben. Bei der Verwaltung der *Nord-Ost-Bahn* waren die ersten Männer Ungarns und alle dortigen Parteien vertreten; Präsident war *Baron Sennyey*, der Vice-Präsident der jetzige Minister-Präsident *Tisza*. Diese Herren waren nicht ursprünglich Concessionäre und haben auch keinen Antheil an der erwähnten Abfindungssumme gehabt.

Meine Meinung über die Art, wie Aufsichtsrath und Regierung in Ungarn verfahren, habe ich bereits ausgesprochen. Die Verwaltung und Regierung wetteiferten in ungerechtfertigten Forderungen. Allein der Finanz-Minister *Lonyay* bildet eine Ausnahme, über ihn hatte ich mich nicht zu beklagen. Die Schwierigkeiten, die die Beamten mir verursachten, überschreiten das Glaubliche; ich gewährte, was ich musste, und führte den Bau fort, so gut ich konnte.

Ich gehe hier absichtlich nicht auf Details ein, da ich nur ungern aggressiv bin, wenn es nicht nothwendig ist; wo ich es in diesem Buche sein musste, habe ich mich stets auf das Minimum beschränkt. Die Vorfälle, welche Veranlassung geben könnten über meine Bauthätigkeit in Ungarn interessant zu schreiben, sind zahllos, und was ich erwähnt, ist auf jeden Fall im Verhältniss zur Wirklichkeit nur leise Andeutung.

Als meine rumänischen Angelegenheiten der Gegenstand allgemeiner Erörterung wurden, glaubte der Verwaltungsrath berechtigt zu sein, Zahlungen an mich zu beanstanden, wenn ich nicht vermehrte Sicherheit für die Erfüllung meiner Contracte leisten könnte. Ich sah hier den Beginn eines Unwetters. Die Regierung forderte ausserdem auch Leistungen, welche Millionen gekostet hätten, im Anschlage aber gar nicht vorgesehen waren.

In der rumänischen Angelegenheit hatte ich bereits zur Genüge erfahren, welche Unterstützung ich beim deutschen Publicum finden würde. Auf ungarisches Recht hatte ich kein Vertrauen, und so sann ich auf einen Weg, wie ich mich mit Ehren zurückziehen könnte.

Seitdem ich diesen Bau übernommen hatte, war die von mir erwartete Prosperität in Oesterreich in der That eingetreten, Banken waren entstanden und diese wetteiferten mit einander um Concessionen. Jede Bank hatte ihr Baubureau und ihre grossen Thiere als Chef-Ingenieure; Capitalien standen Allen in beliebiger Höhe zur Verfügung. Mit Ausnahme der Credit-

Anstalt, die auch ähnlich aber in anderer Weise thätig war, hatten diese Institute sämmtlich Ingenieure, die für den vorliegenden Zweck unerfahren und unfähig waren. Dieser Umstand und weil sich Eisenbahnbauten für Banken niemals eignen können, und die Anschaungen einer Bank durchaus für den Bau nicht passen, liessen mich voraussehen, und ich äusserte es auch, dass Alle grosse Verluste erleiden würden, und dass der Bauunternehmer seine Thätigkeit erst wieder mit Vortheil werde beginnen können, wenn die Banken ihr Geld verloren und sich die Hörner abgelaufen haben würden.

Unter den rührigsten dieser Banken in Wien war die *Union-Bank*, an diese wandte ich mich daher und offerirte ihr, den Weiterbau der Nord-Ost-Bahn zu übernehmen, und ihr die beiden anderen Concessionen zu überlassen. Sie hatte ein grosses technisches Personal und stand in intimen Beziehungen zu dem Ober-Ingenieur im Ministerium, der z. Z. die Angelegenheiten der Nord-Ost-Bahn für die Regierung in technischer Beziehung zu leiten hatte. Dieser Herr war, wie jeder Ungar, ein Genie, die Union-Bank beabsichtigte daher — und hat es auch ausgeführt — ihn als Spitze ihrer technischen Angelegenheiten anzustellen. Die Bahnen wurden bereist, alle Verhältnisse auf's Genaueste geprüft, und obgleich die Bank die Wahl hatte, sich bei mir zu betheiligen und nur gewissermaassen als Garant einzutreten, oder Alles auf eigene Rechnung selbst zu übernehmen, so wählte sie doch den letzteren Weg. Sie trat pure in meine Verpflichtungen für den Bau ein und hatte dafür alle vorhandenen Geldmittel zu beanspruchen. Ich hatte eine grosse Summe als Caution deponirt und eine noch grössere in den mir von meinen Rechnungen einbehaltenen Abzügen als weitere Caution bei der Gesellschaft gut, der genaue Betrag ist mir entfallen. Ich opferte den grössten Theil derselben zu Gunsten der Union-Bank und empfing ungefähr eine Million Gulden heraus. Die Gesellschaft war sehr zufrieden, ein grosses Bankinstitut statt meiner als Bauunternehmer zu haben, sah darin die vollste Erfüllung meines Contractes und so schieden wir ohne jeden Streit. Als die Union den Bau übernahm, machte ich die Herren, die natürlich alle viel weiser waren als ich und viel mehr vom

Bau verstanden, darauf aufmerksam, keine plötzlichen Veränderungen vorzunehmen, weil dieses bei einem so kolossalen Bau unzählige Millionen kosten könnte, und namentlich Nichts in Regie auszuführen.

Man hatte aber andere Ansichten. Beamte und Unternehmer wurden gewechselt, nicht die Besten behalten, das Ministerial-Genie trat in die Dienste der Bank, und das Resultat soll nach den Berichten ein Verlust von 15,000,000 Gulden gewesen sein. Hiervon hat die Regierung unter Anwendung des ganzen Einflusses der Bank und nach Jahre langen Unterhandlungen 5,000,000 à Conto Mehrleistungen erstattet. Die übrigen 10,000,000 hat die Bank verloren. Natülich war dieser Verlust, neben den Mehrleistungen, auch den schlechten Bau-Dispositionen zuzuschreiben. Die fünf Millionen decken, wie die Bank behauptet und wie ich auch glaube, nicht die wirklichen Mehrkosten und beweisen, bis zu welchem Umfange die ungarische Regierung Ansprüche zu machen versteht. Mir hätte man sicher nicht einen Kreuzer dieser Summen gewährt, und das ganze Resultat beweist, welche Gefahren eine Enterprise bergen kann, wie grosse Mehrkosten entstehen können, und wie Unrecht es ist, dem Unternehmer einen grossen Verdienst als Gegensatz für das grosse Risico nicht gönnen zu wollen. Die General-Enterprise ist keine Sinecure, sie bedingt viele der seltensten Eigenschaften, Anlagen und Kenntnisse in der Person des Unternehmers und bringt Arbeit, Sorgen und kollossales Risico, wofür man, unter günstigen Umständen, dann allerdings auch durch eine reiche Ernte entschädigt werden kann.

Die Courage der *Union-Bank* ist inzwischen abgekühlt worden, die financiellen Verhältnisse haben sich verändert, die Bank hat die beiden übernommenen wirklich guten Concessionen fallen lassen, und ich habe Grund mir dazu zu gratuliren, dass ich die Gefahren in Ungarn zeitig erkannt, die Baupassion österreichischer Banken befriedigt, und mich mit Ehren und zur allseitigen Zufriedenheit zurückgezogen hatte.

Elftes Capitel.

Die rumänischen Bahnen.

Elftes Capitel.

Die rumänischen Bahnen.

Der Fürst von *Rumänien* betrachtete die Herstellung von Bahnen durch die dortigen Bedürfnisse für so dringend geboten, dass er sich deren Erbauung mit zur Hauptaufgabe seines ganzen Wirkens gestellt hatte. Der Versuch war schon unter seinen Vorgängern gemacht. — *Salamanka* hatte bei Galatz faktisch mit dem Bau begonnen, ihn aber wieder aufgegeben. Eine einzige kleine Strecke von der Donau bei *Giurgewo* bis *Bukarest* war im Bau begriffen; die Unternehmer waren Engländer und ihnen wurde in Baar gezahlt. Die wirklich erforderlichen Bahnen mussten wenigstens eine Ausdehnung von 130 Meilen haben, um eine Haupt-Verkehrsader zu bilden, von der ungarischen Grenze durch die kleine und grosse Walachai über *Bukarest* nach *Bracla*, von dort nach *Galatz* und von hier durch die *Moldau* mit einer Zweigbahn nach *Jassy* bis an die *Lemberg-Czernowitzer Bahn.*

Wenn irgend eine Rente erzielt werden sollte, so musste die Bahn diese Ausdehnung und ungefähre Richtung haben. Viele Verhandlungen wurden angebahnt und blieben ohne Erfolg. Die einzige Offerte für die Herstellung eines Theiles dieser Bahn war in ihren Bedingungen im Allgemeinen unannehmbar, und die Regierung glaubte auch, und mit Recht, dass sie dadurch eine Bürde übernehmen würde, die nur der angrenzenden österreichischen Linie, nicht aber dem Lande nützen könne.

Meine Thätigkeit bei der Märkisch-Posener Bahn brachte meinen Namen zur Kenntniss der fürstlichen Familie und war zweifelsohne die Ursache einer Erwähnung desselben in der gegenseitigen Correspondenz. Genug Geheim-Rath *Ambronn*, der, wie schon erwähnt, die Angelegenheiten Sr. königlichen Hoheit im Herzogthum Posen leitete, wurde beauftragt, mit mir Rücksprache zu nehmen, um zu erfahren, ob ich geneigt sein würde, den Bau der vorgezeichneten Bahn zu übernehmen, und welche Forderungen ich in Bezug auf den Preis, die Garantie und Sonstiges stellen würde. Die wichtigste Frage war, wie das Capital zu beschaffen sein würde.

Rumänien hatte keine Stellung auf dem europäischen Geldmarkt; es schuldete nur unbedeutende Summen, für welche, wie bei türkischen und egyptischen Anleihen, specielle Objecte verpfändet waren; neue Pfänder waren nicht vorhanden und ausserdem war Rumänien bei der letzten *Stern*'schen Schuldverschreibung die Verpflichtung eingegangen, innerhalb einer gewissen Zeit — die noch nicht verflossen war — kein weiteres Anlehen auf den Markt zu bringen.

Hier waren Schwierigkeiten, die jeden Anderen zurückgeschreckt hätten; ich empfand, wie jeder Preusse, eine gewisse Sympathie für einen unserem Königshause nahe stehenden Prinzen und wollte gerne dazu beitragen, ein Werk zu Stande zu bringen, welches, wie mir gesagt wurde, seine Stellung im Lande wesentlich befestigen würde. In der That war es aber auch eine grossartige Leistung, einem Vasallen-Staat, welcher bis dahin gar keinen Credit gehabt, der nicht auf Pfand basirt gewesen wäre, ohne ein solches Pfand die Mittel zu verschaffen, ein grosses Bahnsystem herzustellen. Ich überlegte mir nun, wie die Regierung borgen und doch ihren Vertrag einhalten könne, und so kam ich auf die Form, die auch der Anleihe gegeben wurde: dass nämlich der Concessionär borgen sollte auf Grund einer absoluten Garantie seitens der Regierung für Capital und Zinsen, und unter Verpfändung der dafür geschaffenen Bahnen.

Weder von der Regierung, noch von mir war auch nur für einen Augenblick daran gedacht worden, dass die Obligationen mich und eventuell meine Mitconcessionäre nach Aussen hin in irgend einer Weise für Kapital oder Zinsen verpflichten sollten. Es war eben diese Form als Ausweg gewählt worden, und die

Garantie sollte dem Publicum gegenüber, für Capital und Zinsen, eine unbedingte, sofortige und unstreitige seitens der Regierung sein. — Die Concessionäre sollten für die Erfüllung ihres Contractes der Regierung verantwortlich sein.

Niemals hätte ich, und noch viel weniger meine Consorten, auch nur einen Augenblick daran gedacht, dem Unternehmen näher zu treten, wenn irgend eine Verbindlichkeit darüber hinaus damit verbunden gewesen wäre. Die Verbindlichkeiten des Baues und der Capital-Beschaffung waren an sich schon grösser, als wir hätten übernehmen sollen, durch Nichts aber konnte es gerechtfertigt erscheinen, oder überhaupt nur erwartet werden, dass wir für die Verzinsung zu $7^1/_2$ Procent pro anno für ein Capital von nahezu 70,000,000 Thalern, also für eine jährliche Verzinsung von $5^1/_4$ Million hätten aufkommen können oder wollen. Eben so unwahrscheinlich ist es, dass das Publicum in irgend welcher Weise geglaubt haben sollte, dass die Concessionäre ihm für diese siebzig Millionen verpflichtet oder gut wären. Niemand glaubte etwas Anderes, als eine rumänische Schuld zu kaufen, und wenngleich die Gerichte anders entschieden haben, und es somit anzunehmen ist, dass die Form die Obligations-Besitzer zur Forderung gegen die Concessionäre berechtigt, so ist dies als reine Zufälligkeit, nicht aber als Absicht zu betrachten. Hätten die Besitzer von Obligationen sich nicht von der Presse, die von dem hier anwesenden rumänischen Commissarius grossen Theils inspirirt war, verleiten lassen, ihren Angriff gegen die Concessionäre anstatt gegen die Regierung zu richten, so würde dieselbe gezwungen gewesen sein, um nicht gänzlich vom europäischen Geldmarkt ausgeschlossen zu werden, jeden Pfennig zahlen zu müssen; so aber blieb die Regierung ausserhalb des Angriffes, konnte sich verbergen, die ganze Entrüstung gegen mich leiten und zuletzt ganz unberechtigten Nutzen daraus ziehen, ja sogar versuchen, was ihr allerdings nicht gelungen ist, die Obligationsinhaber um Alles zu bringen.

Vor Abfassung der Obligationen habe ich Juristen consultirt, um denselben eine Redaktion zu geben, die uns d. h. die Concessionäre ohne Verpflichtung lassen sollte. Der mir ertheilte Rath scheint falsch gewesen zu sein. Es ist aber noch sehr die Frage, ob, falls das preussische Ober-Tribunal die Principienfrage zu beurtheilen gehabt hätte, — an Stelle des später geschaffenen Ober-Handelsgerichtes, dessen gelehrte Mitglieder mehr vom Gemeinen Recht recipirt haben, als bei uns geltend ist, — die Entscheidung nicht eine andere gewesen wäre.

Wenn, wie unstreitig anzunehmen ist, Jeder nur auf Grund des rumänischen Garanten gekauft hat, so fällt damit eigentlich jede moralische Verpflichtung unsrerseits fort. Die rumänische Regierung bezahlt, den Cours in Betracht gezogen, $12\frac{1}{2}$ Procent für Geld, das sie borgt, weil sie eben nicht so sicher ist, als andere Regierungen, und wer dieses Papier kauft, thut es eben mit dem Bewusstsein, dass er möglicher Weise Capital und Zinsen verlieren kann und hat daher kein Recht, sich eventuell zu beklagen. Wer ganz sicher gehen will, soll eben preussisches Staatspapier kaufen.

Obgleich nun durch meine Idee auch die Form gefunden war, in der man borgen konnte, und die Möglichkeit des Gelingens der Anleihe vorausgesetzt, so lagen der Ausführung des Bahn-Projectes immer noch fast unüberwindliche Schwierigkeiten im Wege. Zunächst sollte die Angelegenheit sofort vor die Kammer gebracht und ein Preis pro Kilometer festgestellt werden; es waren aber gar keine Pläne oder irgend welche Ermittlungen vorhanden, die einen Anhalt für die Preisbestimmungen hätten bieten können. In Rumänien gab es auch keine Bahnen, die als Muster dienen konnten für die Art der Ausführung, die man dort verlangen würde, und es fehlten endlich die Techniker, deren Anschauungen eine Indicie dafür hätten geben können. Ferner sollte und musste schnell gebaut werden, weil die Regierung ihre dringenden Gründe dafür hatte, und weil sonst das Risico für die Unternehmer bezüglich der Zinsen bis zur Vollendung ein zu grosses gewesen wäre, und dies deshalb, weil man, um für alle Eventualitäten gesichert zu sein, das ganze Capital placiren musste und, während dasselbe $12\frac{1}{2}$ Procent Zinsen pro anno kostete, man nur höchstens 3 Procent erzielen konnte, also jedes Jahr Millionen an Zinsen verlieren musste.

Im gewöhnlichen Wege hätte man für die Herstellung der Pläne zwei Jahre gebraucht, und wenn man dann noch drei Baujahre gerechnet, so wäre mehr als das halbe Bau-Capital in Zinsen verbraucht worden. Ausserdem heisst schnell bauen, immer sehr theuer bauen. Man kann, zu allem dem, sich keine schwierigeren Bauverhältnisse denken, als die in Rumänien vor Herstellung der Bahnen waren. Arbeiter-Verhältnisse und Communications-Mittel waren von schlechtester Beschaffenheit; es existirte keine Bahnverbindung. Locomotiven, Waggons und was sonst dahin geschafft werden sollte, musste in Theilen zu Wasser nach *Galatz* gebracht und dort montirt werden; Fabriken waren gar nicht vorhanden, alle geschulten Arbeiter mussten aus der Ferne herbeigeholt werden; es gab Strecken von zwanzig Meilen, wo nicht eine Schaufel Böttungs-Material vorhanden war; Hochwasser sind dort eine regelmässige, jährlich mehrere Male vorkommende Erscheinung; die Zahl der Flüsse, die überbrückt werden mussten, war sehr gross, nirgends eine Flussregulirung und ewige Veränderungen des Flussbettes — Triebsand war zu vermuthen und man hat auch damit zu kämpfen gehabt — Holz von schlechter Beschaffenheit und nur stellenweise vorhanden, alle Baumaterialien schlecht und weit herzuholen. Da die Bahnen nur in *Galatz* und *Bracla* erreicht werden konnten, so war auch die Vertheilung der Schienen und Schwellen sehr kostspielig, weil sie lange Strecken, bis dreissig Meilen, per Fuhre transportirt werden mussten. Auf der Linie waren weder Brunnen noch Obdach für die Arbeiter, man musste nicht nur für die Verpflegung, sondern buchstäblich für alle Bedürfnisse derselben sorgen. Um Utensilien im Stande zu halten, mussten oft eigne Anlagen erbaut werden. Da die Locomotiven und Waggons auch nur in *Galatz* und *Bracla* montirt werden konnten, so waren sie in *Bukarest* und auf den weiteren Strecken erst für Bauzwecke verwendbar, nachdem der Schienenweg gelegt war. Ballast musste viele Meilen weit per Achse hergeholt und vertheilt werden, und so könnte ich noch unzählige Umstände anführen, die alle einen Ausnahme-Zustand kennzeichnen, sehr viel Geld gekostet haben, und womit diejenigen, die später nach mir folgten, nicht mehr zu kämpfen hatten.

Wenn schnell gebaut werden sollte, so musste trotz dieser Kosten und Beschwerlichkeiten überall zugleich angefangen werden und natürlicher Weise bei der Betriebseröffnung Vieles fehlen, Vieles unvollständig sein, was erst während des Betriebes ergänzt werden konnte. Hätte man nicht eine solche Inbetriebsetzung eventuell von vornherein ins Auge gefasst, so hätte der schnelle Bau gar keinen Sinn gehabt, indem derselbe das Unternehmen nur vertheuert und colossalen Zinsverlust zur Folge gehabt hätte.

Trotz aller dieser Schwierigkeiten sollte der Preis per Kilometer, inclusive Zinsen und Coursverluste, kein hoher sein. Diese und alle anderen Bedenken wurden erörtert und nur eine Lösung gefunden. Sie bestand darin, dass ich auf jede Unterstützung der Regierung rechnen könne, dass, sobald auf einer Strecke der Betrieb eröffnet würde, die Verzinsung meinerseits aufhören sollte, dass ich ohne Pläne und specielle Bau-Genehmigung beginnen könne, wo ich wolle, und nachträglich die von mir angefertigten Pläne einreichen könnte, dass mir die Feststellung der Linie innerhalb der genannten Orte überlassen sei, und dass ich mit einem Worte, unter Innehaltung der allgemeinen Grundsätze, die in der Concession aufgestellt waren, unbeschränkt verfahren konnte. Um alles Dies sicher thun zu können, erhielt ich eine schriftliche Ermächtigung, die sich noch in meinen Acten befindet; hinsichtlich des Grunderwerbs wurde mir gestattet, zu nehmen was ich brauche, wo ich es fände, und dass der Justizminister dafür sorgen solle, dass keine übermässigen Forderungen geltend gemacht werden würden.

So aufgemuntert und von dem Wunsche beseelt, mein Bestes zu thun, bestimmte ich einen Preis pro Kilometer, der sehr niedrig war, der aber unter den eben erwähnten Verhältnissen ausreichen musste. Mir wurde mitgetheilt, dass, obgleich man an meine Fähigkeit hinsichtlich der Durchführung nicht zweifelte, es doch wünschenswerth wäre, dass ich nicht allein als Concessionsbewerber aufträte.

Bei der *Rechten Oder-Ufer-Bahn* hatte ich den *Herzog von Ujest* kennen gelernt und mir sein Vertrauen erworben. Derselbe besass in Folge seiner eignen grossen industriellen Anlagen und Beziehungen zu Bahnen Verständniss für dergleichen

Angelegenheiten, und da ich ihm mittheilte und dies ihm auch anderweitig bestätigt wurde, dass die Bahnen von ausserordentlicher Wichtigkeit für den Fürsten von Rumänien wären, dass die Concessionäre während 70 Jahre Eigenthümer der erbauten Bahnen bleiben würden, und dass er mir einen grossen Dienst erweisen könnte, wenn er mit mir um die Concession einkäme, so ging er auf meine Bitte ein und veranlasste den *Herzog von Ratibor* ebenfalls zum Beitritt. Der *Graf Lehndorf-Steinort* war mir von der Ostpreussischen Südbahn bekannt, vertraute meiner Fähigkeit und, von denselben Motiven geleitet, trat er gleichfalls als Concessions-Bewerber bei.

Selbstverständlich setzte ich den Herren Alles auseinander, versicherte sie, was auch die Juristen bestätigten, dass sie als Obligations-Aussteller kein Risiko übernähmen und also nur mit mir für die Ausführung und Capitalbeschaffung verantwortlich seien. Sie waren sich dieser Verantwortlichkeit nach Aussen bewusst, sind mithin Verpflichtungen eingegangen und haben keineswegs, wie behauptet worden, *nur ihren Namen hergegeben.* Auf die später seitens der Obligations-Inhaber an sie gestellten Forderungen waren sie nicht vorbereitet, wohl aber für das *Risiko des Baues und die Capitalsbeschaffung.* Ich stellte den Herren meine Vermögensverhältnisse vor und auch, wie ich die übernommenen Verpflichtungen zu erfüllen gedächte, — sie schenkten mir Vertrauen und erklärten sich deshalb bereit, das Risiko zu übernehmen.

Ich wusste, dass ein solches Unternehmen nur durchgeführt werden konnte, wenn es einheitlich geleitet würde, und bat daher, mir die Ausführung allein zu überlassen, dafür verpflichtete ich mich, meine Mitconcessionäre schadlos zu halten. Die Herren beanspruchten überhaupt Nichts für sich aus dem Bau, wollten sich dabei auch gar nicht betheiligen und gingen desto bereitwilliger auf meine Wünsche ein, weil sie nur auf die Vortheile Werth legten, die den Concessionären beim Betrieb der Bahn, nach der Concession, in Aussicht standen, an denen sie mit mir zu gleichen Theilen participiren sollten. Nachdem ich mich so ausgerüstet, schickte ich meine Beamten nach Bukarest, und die Gesetzvorlage kam vor die Kammern. Während der Verhandlung wurde Einiges in die Gesetzesvorlage aufgenommen, was gegen die Vereinbarung war. Da es aber meine Bevollmächtigten acceptirten, so war nichts dagegen einzuwenden, und ich empfing die Concession in neuer Fassung. Im Laufe der Unterhandlungen mit mir bewarb sich die Lemberg-Czernowitzer Bahn, deren frühere Offerten zurückgewiesen worden waren, von Neuem unter mehr annehmbaren Bedingungen um die Strecke von der Grenze über *Roman* nach *Jassy*. Der General-Director dieser Bahn war Herr *Ofenheim*, der durch seinen Onkel, den Director der *Banque de Romanie*, einigen Einfluss im Lande besass, und da ich durch diese Combination die Bahnverbindung mit Oesterreich früher gesichert sah, so änderte ich mein Project dahin ab, dass ich nur bis *Roman* zum Anschluss an diese Bahn bauen wollte. Ich konnte, wenn ich damals darauf bestanden hätte, auch die *Jassy*'er Strecke bekommen, ich war aber nicht missgünstig, und so ging ich ohne Weiteres auf den Wunsch der Regierung in dieser Beziehung ein. Wäre ich eigennütziger gewesen, so hätte ich mir vielleicht die ganzen späteren Unannehmlichkeiten ersparen können.

Diese Herren, unterstützt von Herrn *Mawrojeno*, der später Finanz-Minister wurde, mit *Ofenheim* intim alliirt war und bei der früher angestrebten Concession betheiligt werden sollte, haben am meisten dazu beigetragen, mich unpopulär zu machen, haben die Opposition gegen mich geleitet und haben alles Mögliche aufgeboten, um später das Arrangement mit den Obligationsbesitzern zu vereiteln und die Bahnen an sich zu ziehen.

Sofort nach Concessionirung setzte ich mich mit Bankhäusern und Bank-Instituten in Berlin und ausserhalb in Beziehung, die Obligationen wurden aufgelegt und es gelang sofort, einen grossen Theil, und allmählig, nach Genehmigung der verschiedenen Strecken, den grössten Theil zu placiren. Geheim-Rath *Ambronn* wurde zum Commissarius der Regierung ernannt, dieser wählte den Baumeister *v. Brandt* als Techniker für die Bescheinigung der Certificate bezüglich Leistungen und Lieferungen, worauf hin ich jedesmal berechtigt werden sollte, den sich ergebenden Betrag zu liquidiren und aus dem Erlös der

Obligationen, die — wie schon erwähnt — in sicheren Bankwechseln angelegt waren, mich bezahlt zu machen.

Da gar keine Pläne vorhanden waren, so wurde die concessionsmässige Bausumme vorläufig auf jeden einzelnen Kilometer in die verschiedenen Titel nach Ueberschlag zerlegt und vertheilt. Monatlich wurden die Arbeiten aufgenommen und die sich ergebende Masse als Prozentsatz von der zu leistenden bezahlt. Bei Fesstellung der Pläne wurde auf jeden Kilometer, der Wirklichkeit entsprechend, gerechnet und derselbe ausgeglichen. Von diesen Vereinbarungen hatte die Regierung Kenntniss, wie ihr überhaupt die umfassendsten Berichte monatlich von ihrem Commissarius zugestellt wurden.

Wie mit der Kapital-Placirung ging ich auch mit dem Bau, den Plänen und der Material-Beschaffung höchst energisch vor. Von den Schwierigkeiten, die ich zu überwinden hatte, kann man sich keine Vorstellung machen. Vor allen Dingen war es sehr schwierig, das Beamten-Personal zu beschaffen, um mit einem Mal die Projectirung und den Bau von 125 Meilen zu leiten. Die von mir geschulten, erfahrenen Techniker waren nicht abkömmlich. Es wurden damals Bahnbauten im grossen Maassstabe vom Staat und Privatbahnen betrieben, und es waren Techniker daher schwer zu bekommen. Viele wollten nicht im Auslande bauen, und so war ich angewiesen, mein Personal grossentheils aus mir fremden und unbekannten, und nicht immer den besten Elementen zusammen zu setzen. Für die Normirung der Preise, für Arbeiten und Materialien war gar kein Maassstab vorhanden; die dortigen Unternehmer waren an Regierungscontracte gewöhnt, wo durch alle möglichen Manipulationen Vortheile erzielt werden; der plötzliche Bedarf erhöhte alle Preise und machte Contractsabschlüsse überhaupt schwierig; und wie sollte man mit dem Bau beginnen, wo keine Pläne existirten? Wenn ich unter solchen Umständen in ungefähr 18 Monaten über 80 Meilen Bahnen fahrbar, wenn auch nicht perfect hergestellt habe, so war dies eine Leistung, wie sie unter solchen Verhältnissen bis dahin noch Niemandem gelungen ist.

Ganze Flotten segelten nach der Donau, befrachtet mit

Schienen, Brückentheilen, Locomotiven, Waggons und Bahnzubehör, Tausende von Ochsen-Gespannen fuhren auf den Landstrassen. Für die bei Uebergabe der Bahn wesentlich vollendete Strecke hatte ich neben der nöthigen Zahl kleinerer Brücken 26 grössere Brücken mit gemauerten Pfeilern und eisernem Oberbau hergestellt. Um grössere Stücke aus den Schiffen ausladen zu können, musste ich in Galatz erst eine besondere Krahnvorrichtung bauen.

Als Beispiel erwähne ich, dass das Landen und Transportiren zweier Locomotiven von *Giurgewo* bis *Bukarest* (um dort die Bauten zu fördern) mich 25,000 Frcs. kosteten. Wenn die Viehseuche in irgend einem Dorfe ausbrach, so wurde der ganze Verkehr gehemmt; wenn einem Bauer ein Wagen brach, der zufällig mit Brückentheilen beladen war, so hatte ich Wochen lang zu warten und musste die Schmiede bezahlen, die während der Zeit unthätig blieben. Die Montirung kostete mich grade das Sechsfache wie in Preussen. Fast täglich musste ich die Unternehmer tauschen, und wenn ich einen von meinen guten deutschen Unternehmern nach dort schickte, so wurde er bald verdorben und machte Ansprüche, die er hier zu machen sich nicht getraut hätte. Bei einem Beamten-Personal, so zusammengesetzt wie das meinige, kam es natürlich vor, dass Viele unfähig, Manche unzuverlässig waren, und die Meisten sich überhoben. Da mir die Regierung während der ersten Zeit in jeder Beziehung entgegenkam, wurden die einheimischen Bewohner schroff behandelt, was beinahe unvermeidlich war, weil man dort im Guten überhaupt Nichts erreichen konnte; denn die meisten Rumänier sind entweder sklavisch kriechend, oder frech bis zum Excess.

Ich erwähne alle diese Dinge, weil sich daraus Vieles erklärt. Die Hauptsache blieb aber immer die Nothwendigkeit und das Drängen der Regierung, keine Zeit zu verlieren. Sind einmal die Dispositionen für einen so schnellen Bau getroffen, so muss sich dem Alles subordiniren, denn wenn es auf einer Stelle stockt, so ist der ganze Geldaufwand unnütz gewesen. Es wurde mit allem Eifer und Aufbietung aller Kräfte an den Plänen gearbeitet. Um aber keine Zeit zu verlieren, fing man überall an, wo man annehmen konnte, dass die Bahn gehen würde. Man hat hierbei die besten Flussübergänge in's Auge gefasst, selbst wenn dadurch die Möglichkeit einer Verlängerung der Bahn hätte entstehen können, denn die Flüsse sind gerade der schwache Punkt der rumänischen Bahnen; es wird hier nie gelingen, Unfällen vollständig vorzubeugen. Die Beschaffenheit des Landes und der Flüsse bedingen fortwährende Flussbettveränderungen; es war daher wichtig, die Punkte zu wählen wo dies am wenigsten zu befürchten war.

So bald als thunlich wurden die Pläne eingereicht und genehmigt, und Alles ging gut während der Amtsdauer des Herrn *Bratiano* und später des Ministers *Cogelniciano.* Im Stillen bereitete sich aber der Sturm vor. Die Quasi-Techniker im Ministerium und Beamten im ganzen Lande waren bei Chaussée-Bauten und bei allen Entreprisen, die die Regierung zu vergeben hatte, gewohnt, reichlich zu verdienen. Da ich aber und meine Beamten für mich eine exceptionelle Stellung einnahmen, so hat natürlich Niemand etwas bekommen, und jeder Versuch zu chikaniren wurde zurückgewiesen, und wie das nicht ausbleiben konnte, haben sich manche meiner Beamten dabei nicht überwinden können, ihnen Hass und Verachtung zu zeigen, denn die Herren waren an preussische Verhältnisse und an die Ehrlichkeit unseres Beamtenstandes gewöhnt, und in meinem Dienst wurde derselbe Grundsatz schon darum gepflegt, weil es ein zweischneidiges Schwert gewesen wäre, anders zu handeln. Derselbe Beamte, der für mich hätte bestechen sollen, würde auch gegen mich in seinem Interesse dieselbe Politik verfolgt haben. Auch war den Herren bei mir zu Grosses anvertraut, als dass ich es hätte wagen dürfen, wenn selbst meine eigne Antipathie mich nicht davon abgehalten, meine Organe zu unlauteren Zwecken gebrauchen zu wollen. Der Handelsminister *Fürst Demeter Ghika* war auch ein unfraglich ehrlicher Mann und dafür bekannt. Derselbe wünschte Alles zu fördern, und so hatte ich die nöthige Stütze gegen alle ungebührenden Belästigungen.

Der Minister war aber nicht Techniker. In einem Lande wie Rumänien herrscht natürlich allgemeines Misstrauen, und

Jeder fürchtet die Zielscheibe der nächsten Angriffe zu werden. Die Deutschen waren überhaupt verhasst, die Partei, unter der mir die Concession ertheilt worden war (die rothe), war schon lange nicht mehr am Ruder und war jetzt äusserst regierungsfeindlich; der Umstand, dass sie die Concession ertheilt, war auch schon vergessen, und da passte es in den Kram der extremen Organe der Partei, die Umsturz und Revolution gegen den Fürsten selbst beabsichtigte, die Regierung in maasslosester Weise wegen ihrer Eisenbahn-Politik anzugreifen. Die weisse Partei, zu der der vorerwähnte Herr *Mawrozino* gehörte, wenn auch nicht Umwälzungen anstrebend, hasste das Ministerium und namentlich *Cogelniciano* (dessen Privatangelegenheiten Anlass zu Verdächtigungen gaben) und auch diese Partei machte die Eisenbahnfrage zum *cheval de bataille.* Der Justizminister war ein persönlicher Feind von *Cogelniciano* und verabsäumte, das Seinige zu thun, wenn er nicht gar nach der entgegen gesetzten Richtung hin anregend wirkte, damit die Expropriationsangelegenheiten richtig und ruhig ihren Gang nähmen. Die Art Land zu nehmen, die hier in der Nothwendigkeit lag, hatte Viele verletzt, und die Meisten, die gehofft hatten, die Bahn zu schröpfen, in ihren Hoffnungen getäuscht. Als nun die Opposition im ganzen Lande laut wurde, fand sie in allen Districten, denn die Bahn ging durch das ganze Land, die Unterstützung der Grundbesitzer, weil diese daraus Profit zu ziehen hofften. Eine Einigung, zu auch nur annähernd richtigen Preisen Bahn-Terrain zu beschaffen, war nicht zu erzielen, Processe wurden angestrengt, und nicht nur die lächerlichsten Preise, häufig das Hundertfache vom Werth, gefordert, sondern auch erstritten, und was noch viel schlimmer war, der Bau auf vielen Punkten aus ganz trivialen Gründen gestört.

Es geht nicht an, zart zu sein, wo man Wunden aufdecken muss. Wer Gelegenheit gehabt hat in Ländern, wie Rumänien, das constitutionelle Leben wahrzunehmen, der wird wahrhaft überzeugt sein, wie unsinnig es ist, dieses System überall anwenden zu wollen, und wird sich der Ansicht nicht verschliesen können, dass dadurch oft eine Eiterbeule nur durch die äussere Kruste (die Form) verdeckt wird, um im Inneren in desto grösserer Ausdehnung zu wuchern und die schon existirende Fäulniss dem ganzen Staatskörper noch im grösseren Maasse zuzuwenden.

Man hat unter Anderem in Rumänien auch den *Code Napoléon en bloc* ohne Aenderung, selbst mit der Bestimmung der Deportation nach Cayenne, importirt. Dabei sind die Richter meistens ungebildet, unwissend und unzuverlässig, und als ich bei den Unterhandlungen für die Concession in zarter Weise aufmerksam machte, dass gerade bei Expropriation grosse Verlegenheiten bereitet werden könnten, da wurde mir mitgetheilt, dass ich dies nicht zu fürchten habe, weil die Richter, die damit zu thun haben würden, absetzbar seien, und dass die Gewalt des Justizministers ausreichend sei, um Recht und Billigkeit zu sichern. Bis zu der Entzweiung unter den Ministern hatte ich mich auch nicht zu beklagen; ich wollte nichts Unbilliges und, wenn auch der Nothwendigkeit halber hier und da Formen verletzt sein mochten, so war ich immer bereit, billige Entschädigung zu zahlen, und so entstand kein Streit, der nicht leicht zu schlichten gewesen wäre. Um sich gegen feindliche Angriffe zu schützen, und weil er selbst die Verhältnisse vom technischen Standpunkt nicht gut beurtheilen konnte, hatte *Fürst Demeter Ghika* in letzterer Zeit das technische Comité im Ministerium — die genaue Bezeichnung dieser Behörde ist mir entfallen — zu Rathe gezogen und so den Mitgliedern einen Einfluss gegeben, den sie bis dahin in meiner Angelegenheit nicht hatten.

Dieselben waren nach unseren Begriffen total unwissend. Keiner von ihnen hätte bei uns Feldmesser werden können, und vom Eisenbahnbau verstanden sie entschieden gar nichts. Alle aber waren mit derjenigen Pfiffigkeit begabt, die man bei halb civilisirten Nationen fast immer findet, namentlich wo der französische Firniss noch äussere Glätte verleiht. Sie hatten alle grosse Fertigkeit, weil sehr erfahren darin, Einwände zu machen, Schwierigkeiten zu bereiten und eigenthümliche Verlangen zu stellen, weil dies die dort üblichen Mittel sind, womit bei Contracten für oder gegen den Unternehmer, je nachdem er bezahlte, agirt wird. Man wusste, dass man von mir

Nichts erwarten konnte, dass ich Allem zu begegnen verstände, und dass *Fürst Ghika* allerdings das dem Lande Gebührende unterstützen, aber Exorbitantes zurückweisen würde, und so sondirten sie auch nur vorläufig behutsam den Pfad und beschränkten sich anfänglich und namentlich, wenn ich dort war, nichts Uebermässiges zu verlangen, und wenngleich ich nicht vorbereitet war, einer solchen Behörde, deren Mitglieder mir kenntlich, und deren Ziele mir durchsichtig waren, gegenüberstehen zu müssen, so sah ich doch ein, dass ich den Fürsten und den Minister, die es gut meinten, compromittiren würde, wenn ich mich nicht willig in das Nothwendige fügen wollte. Es war so Alles vorbereitet, im geeigneten Augenblick gegen mich zu Felde zu ziehen.

Inzwischen reiste der Prinz zu seiner Hochzeit nach Deutschland und der Justizminister begleitete Seine Hoheit. Während der Abwesenheit des Ministers trat nun die erwähnte Veränderung in der Handhabung der Justiz und die damit verbundenen Folgen ein. Das technische Comité fing an, die Pläne zu moniren und Schwierigkeiten hinsichtlich der Längenbestimmung zu machen. Es gelang mir indessen, für die fertigen Pläne die Genehmigung zu erhalten. Hinsichtlich der Strecke *Piteski-Turno-Severin* entstanden Meinungsverschiedenheiten; zunächst in Betreff der Entwicklung im Gebirge bei Turno-Severin und dann namentlich in Bezug zweier grosser Flussübergänge, die kolossale Damm-Aufschüttungen und Anlagen im *Inundationsgebiet* bedingten, welche ich sowohl der Arbeit halber, als auch im Interesse der Erhaltung beim künftigen Betrieb vermeiden wollte. Meine Pläne würden eine Verlängerung der Bahn verursacht, aber unendliche Ersparnisse im Betrieb veranlasst haben. Es lässt sich über technische Anschauungen immer streiten. Ich weiss nicht, wie diese Frage endlich geregelt worden ist, habe aber die Ueberzeugung, dass meine Anschauungen die richtigen waren.

Ich habe niemals behaupten wollen, dass meine ursprüngliche Stellung beim Bau eine wünschenswerthe gewesen. Der Unternehmer muss einen Bauherrn haben, und wo die Regierung garantirt, da gebühren ihr alle Rechte dieser Position. Die ganzen Verhältnisse in Rumänien waren aber von Anfang an abnorm, beide Parteien wussten dies, und weil kein anderer Ausweg vorhanden und keine Behörden existirten, denen sich der Bauunternehmer anvertrauen konnte, weil ferner die Regierung die Bahnen wünschte und sie nur so herzustellen waren, so wurde ein an sich schlechter, aber hier unvermeidlicher Weg gewählt und dem Unternehmer Freiheiten zugesichert und eingeräumt, die sonst nicht üblich sind, die man ihm auch nicht geben darf, die aber hier Vorbedingungen der Enterprise waren, und hatte man kein Recht, später einen Weg einzuschlagen, der ganz im Widerspruch damit stand.

Der Minister *Cogelniciano* fühlte sich nach der Vermählung des Fürsten (wie mir mitgetheilt wurde), in Folge einer Etiquetten-Frage bei Ernennung der Hof-Chargen für den fürstlichen Hausstand verletzt, soll dadurch seinem Herrn Grund zur Unzufriedenheit gegeben haben und verliess seinen Posten. Es entstanden nun in verschiedenen Cabinetskreisen Neuwahlen, Agitationen und Aehnliches, während welcher ich und die Eisenbahn als Prügelknaben dienen mussten; darum drehte sich fast Alles, und die Sache endete schliesslich in dem Siege der weissen Partei und ihrem Eintritt in's Ministerium, d. h. Derjenigen, die am aller lautesten und unaufhörlich die Eisenbahnen angegriffen und sich dabei ganz maasslos geberdet hatten. Es gehörten auch recht anständige Männer zu dieser Partei, die aus Ueberzeugung gegen ein System Front machten, welches sich im Abstracten nicht vertheidigen lässt, die aber nicht sachverständig waren und den ganzen Entwicklungsgang der Sache nicht kannten.

Nun kam auch die technische Behörde zur Geltung, die Stoff zu allen möglichen Bemängelungen fand, und endlich wurde auch der grosse Feind meiner Bahnen, der Socius meines Concurrenten und Widersachers, des Herrn *Ofenheim* von der Lemberg-Czernowitzer Bahn, Herr *Meoropno*, Finanz-Minister.

Was war nun natürlicher, als dass selbst die ehrenhaften Mitglieder des Ministeriums sich an die Eisenbahnfrage machten und Alles aufboten, um Grund für ihre frühere Opposition und zu Angriffen gegen mich zu finden. Inzwischen waren beinahe neunzig Meilen Bahn betriebsfähig hergestellt, wenigstens waren sie befahrbar; Personen, Truppen, Güter und, wie ich glaube, sogar der Prinz selbst, sind darauf gefahren. Vieles war selbstverständlich noch unvollkommen, die Absicht lag aber vor, dieses auf Kosten des Baues nach der Betriebs-Eröffnung zu vervollständigen.

Nun handelte es sich darum, ob die Zinsen jetzt vom Staat oder von den Concessionären bezahlt werden sollten. Mir war von Anfang an positiv versprochen worden, dass mit der Eröffnung einer Strecke auch die Verzinsung vom Staate übernommen werden sollte. Ich habe ausserdem Beweise dafür, dass ich von höchster Stelle fortwährend zum schnellen Bau unter dieser Versicherung angeregt wurde. Die Förderung des Baues, wie solche darum stattfand, hat viele Millionen Mehrkosten verursacht, und ich hätte nie daran gedacht, die Bahn auf allen Orten zugleich in Angriff zu nehmen, wenn ich eine Ahnung gehabt hätte, dass nur eine in jeder Beziehung durchaus vollendete Bahn der Zinsübernahme des Staats vorausgehen sollte.

In der Concessions-Urkunde selbst heisst es wörtlich: „Bei Betriebs-Eröffnung" und eröffnet wurde der Betrieb ohne obiges Verlangen. Die Schlussarbeiten sind immer vielseitig und zeitraubend, und mindestens wäre ein Jahr dazu nöthig gewesen, während welcher Zeit die unnützen Anlagen und zu früh ausgeführten Arbeiten unverzinst und auf Kosten des Unternehmers ganz unnöthiger Weise zu erhalten gewesen wären.

Die verschiedenen Minister hatten meine Auffassung getheilt, das jetzige Verlangen war contractwidrig und im Widerspruch mit den Zusagen und der faktischen Betriebs-Eröffnung selbst. Wären mir nicht die Zusagen im obigen Sinne gemacht worden, so hätte ich den Bau von *Braila* und *Galatz* aus, die beide an der Donau liegen und daher zugänglich waren, begonnen, die Brücke über den *Sereth*, wo ich mit Triebsand zu kämpfen hatte, hätte ich erst vollendet, damit ich mich darüber hinwegbewegen konnte, hätte die Pläne genau studirt und nach ihrer Genehmigung den Bau auf kurze Strecken von diesen beiden Orten in Angriff genommen und nach der Vollendung dieser mich in gleicher Weise in kurzen Strecken weiter bewegt. Statt meine Materialien dreissig Meilen und mehr per Achse zu fahren, hätte ich die Betriebsmittel der Bahn dann für den Bau benutzen können, die Eisen-Materialien hätte ich erst allmählig bezogen und so Geld-Auslagen und Zinsen erspart; mit den Unternehmern hätte ich dann auch ganz anders contrahiren, mehr beaufsichtigen und den Bau auch besser ausführen können, wenn ich kleine Strecken fertig gebaut und vollständige Pläne für die Ausführung und die Contracts-Abschlüsse besessen hätte. Mein Beamten-Personal konnte viel kleiner sein, und indem es nur allmählig erforderlich gewesen wäre, hätte ich ganz anders in ihrer Wahl verfahren können. Schmiede und andere fremde Arbeiter brauchte ich in viel kleineren Massen, denn ich hätte sie eingeschult und von einer Arbeit zur anderen nehmen können, statt alle Arbeiterstellen mit einem Male besetzen zu müssen. Die Störungen und Unkosten, die durch Material-Anfuhr verursacht wurden, wären vermieden worden, weil ich vor Beginn erst Alles angesammelt hätte, und hauptsächlich wäre die Beschaffung von Holz, Schwellen, Steinen, Ziegeln, Kalk und allen sonstigen Materialien weit mehr als um die Hälfte billiger gewesen und grosse Transportkosten dabei erspart worden.

Vielleicht hätte ich es auch dann riskirt, nur kleine Partieen der Obligationen nach Bedarf auf den Markt zu bringen, da die furchtbaren Zinsen den Unterschied im Course aufwogen, und es wäre möglich gewesen, dass, weil nicht so viel auf den Markt gebracht worden wäre, die Course sich noch gesteigert hätten. Es ist anzunehmen, dass bei meiner Erfahrung und unbestrittenen Umsicht in Bausachen mir alle diese Elementar-Bedenken nicht entgangen sind und dass, wenn ich mich entschlossen hatte, damit in so totalem Widerspruch zu bauen, ich dafür gute Gründe gehabt haben muss, und dass diese nur in dem von mir Angeführten zu finden sind.

Der Gegenstand, um den es sich bei dieser Meinungsverschiedenheit handelte, betrug Millionen jährlich, und da die technische Commission im vollen Zuge war und mit voller Macht schaltete, so war gar nicht abzusehen, wie lange sich unter verschiedenen Vorwänden die endliche Abnahme verzögern würde. Jahre konnten darüber vergehen. Ein *cahier de charges* wurde angefertigt, welches über den Contract hinausging, das ich aber nichts desto weniger auszuführen übernommen hätte, wenn die Zinsen gleich bezahlt worden wären, denn hier handelte es sich nöthiger Weise um so viele Positionen, dass über die Ausführung bei unfreundlicher Gesinnung allerhand Streitigkeiten entstehen konnten und unberechenbare Zeit verloren gehen musste, während welcher ich Zinsen zu zahlen hatte. Ich musste somit gegen das Verlangen Position nehmen, und dies um so mehr, da, jetzt frei gelassen, die Landbesitzer unter Genehmigung und mit Hülfe der Gerichte und aller Art feindlicher Local- und anderen Behörden wie die Heuschrecken über die Bahn hereinbrachen; der Bau und der Betrieb wurde überall willkührlich gestört, Executionen gegen die Bau- und Betriebs-Kassen vollstreckt, und Erkenntnisse so himmelschreiender Art erlangt, dass die ganze Concessions-Summe für einen Theil des Grunderwerbs nicht genügt hätte, wenn diesen schändlichen Handlungen nicht Einhalt geboten worden wäre. Ich schreibe ohne Acten, kann daher nicht genaue Zahlen angeben, es sind aber Fälle vorgekommen, wo Tausende von Napoléons verlangt und genehmigt wurden für Land — Acker-Land von einer kleinen Stadt weit entfernt — welches mit einigen hundert Francs reichlich bezahlt gewesen wäre.

Mich und meine Kassen dem Gerichte zu entziehen, Nichts weiter zu leisten, Alles gehen zu lassen, wie es ging, und mich passiv gegenüberzustellen war das einzige Mittel, um so mehr, da ich annahm und zu dieser Annahme wohl berechtigt war, dass den Obligationsinhabern dadurch kein Nachtheil entstehen konnte, weil ich glaubte und noch glaube, dass die Verpflichtung der Regierung den Obligationsbesitzern gegenüber eine bestimmte, unzweifelhafte, von dem Streite mit mir ganz unabhängige war. Von blinder und ungerechtfertigter Wuth geleitet, durch Böswilligkeit und durch die rumänische Regierung gegen mich angestachelt, haben die Obligationsbesitzer ihre Rechte gegen Rumänien nie gebührend wahrgenommen, vielmehr noch die Hand dazu geboten, der Regierung für die Nichterfüllung ihrer Verpflichtungen einen Vorwand zu geben. Statt Rumänien zu brandmarken, weil es sich einer Verpflichtung gegen

Dritte auf Grund eines Streites, der Letztere Nichts angeht, entzog, hat man der rumänischen Regierung Sympathie entgegen getragen, mit ihr unterhandelt, sich übers Ohr hauen lassen und den endlichen Ausgleich als Gefälligkeit ihrerseits betrachtet.

Da ich bei meinen vielen Geschäften nicht so häufig in Rumänien sein konnte, als nöthig war, der dortige Bau, Materialien-Beschaffungen und auf einzelnen Stellen eigne Ausführung bedingte, wie dergleichen bei meinen anderen Bauten nicht erforderlich war, und weil ich fürchtete, dass die dortigen Beamten nicht die nöthige Erfahrung für die Unternehmer-Seite der Frage haben könnten, so schickte ich einen Freund, der für mich grössere Bauten ausgeführt hatte, nach Bukarest, mit Vollmacht ausgestattet, Lieferungs- und andere Contracte abzuschliessen. Unglücklicher Weise wurde von dem Betreffenden wie auch von meinen Beamten dieser Vollmacht eine weit grössere Tragweite gegeben, als beabsichtigt war, woraus sich als Resultat ergab, dass mein Freund wirklich glaubte, er habe mich in allen Sachen zu vertreten. Er verhandelte mit den Behörden, subordinirte sich das Beamten-Personal, letzteres aber, obgleich darein willigend, fand sich verletzt, woraus dann manche Unzuträglichkeiten entstanden.

Mein Freund, ohne es zu beabsichtigen, erscheint brüsk in seinem Wesen, er fühlte und äusserte wohl auch eine gewisse Geringschätzung für die dortigen Zustände und Bevölkerung. Dies steigerte die Unpopularität der Deutschen nur noch mehr und gab der gegen mich gerichteten Opposition weitere Nahrung. In einem Falle wurde er die Ursache, dass die Feindseligkeit sich über die Grenzen von Rumänien bis nach Oesterreich und Deutschland verpflanzte. — Ein Capitain *Wernicke* war Correspondent für die „Neue freie Presse", für einige süddeutsche Zeitungen und, wie ich glaube, auch für eine österreichische Telegraphen-Gesellschaft; mit diesem gerieth mein Freund in Streit (die Gründe sind hier unwesentlich) und benutzte seine Bekanntschaft mit einem der dortigen Minister, um Herrn Capitain *Wernicke* aus Rumänien ausweisen zu lassen. Herr *Wernicke* war kein Mann, der sich derartiges gefallen liess, er suchte den Schutz seines Consuls nach, und nun legte er sich darauf, mich für das von mir nicht Veranlasste und auch nie gut Geheissene zu strafen.

Die „Neue freie Presse“ war mir ohnehin höchst feindlich gesinnt; die Gründe hierfür will ich nicht erwähnen, weil die Persönlichkeit, die damals die Angelegenheiten derselben leitete und mir übel wollte, nicht mehr lebt. Genug, das genannte Organ und in zweiter Reihe die süddeutsche Presse und der „Telegraph“ wurden nun die unversiegbaren Quellen, aus denen mit teuflischer Gewandtheit fortwährend alles mögliche Böse gegen mich überhaupt und namentlich aus Rumänien floss. Sämmtliche deutsche Zeitungen wiederholten dies, und so war der Boden auch hier auf das Beste vorbereitet, um für mich unheilvolle Früchte zu tragen.

Später soll Herr *v. Ofenheim* für sich oder für eine Bank Mitbesitzer der Neuen freien Presse geworden sein, und dieses hat sicherlich nicht dazu beigetragen, dieses Blatt freundlicher für mich zu stimmen. Die Zahl der gegen mich ungünstigen Momente war aber noch nicht voll.

Ein Herr *Abecken,* der eine böhmische Herrschaft für den Fürsten von Hohenzollern verwaltete, war ein persönlicher Feind des Geheim-Rath *Ambronn* und wurde durch mich im vorhergehenden Jahre in der Ausführung eines Planes gestört. Herr *Abecken* reiste nämlich nach Rumänien im Interesse seines Freundes, Herrn *v. Haller* in Wien, um die Concession für eine Bahn von *Siebenbürgen* durch das *Sill*-Thal nach der *Donau* nachzusuchen. Herr *v. Haller* besitzt nämlich, in Gemeinschaft mit Anderen, werthvolle Kohlengruben und Eisenlager in Siebenbürgen, weshalb ihm daran gelegen war, eine Bahnverbindung mit der Donau herzustellen, und hoffte er, die Beziehungen des Herrn *Abecken* zum fürstlichen Hause benutzen zu können, um die Concession zu erlangen.

Ich hatte im Interesse der von mir gebauten Bahnen nichts gegen eine Bahn einzuwenden, die bis an meine Bahnen geführt werden sollte, opponirte aber gegen die Fortsetzung, welche letztere im rechten Winkel kreuzen, direct zur Donau führen, und ihr so den Verkehr entziehen musste. Diese Bedenken machte ich geltend und benutzte meinen Einfluss dazu, die

Pläne des Herrn *Abecken* zu vereiteln. Derselbe, ein sehr heftiger, nachtragender und wenig zarter Mann, hat diesen Liebesdienst meinerseits nicht vergessen und sollte leider Gelegenheit finden, diesen zu vergelten sowohl, als auch seinen Hass gegen *Ambronn* zu bethätigen.

Aus welchen Gründen und für welche Zwecke ist mir unbekannt, Herr *Abecken* kam aber später plötzlich wieder nach Rumänien, bekleidete eine nicht näher zu bezeichnende, aber höchst einflussreiche Privatstellung beim Fürsten und soll wesentlich dazu beigetragen haben, die Eisenbahn-Frage zu verschlimmern. So standen die Angelegenheiten in Rumänien.

Ich will nun nicht in Abrede stellen, dass bei einem solchen Bau und unter solchen Umständen viele Fehler begangen sein mögen; es war gar nicht zu vermeiden, dass nicht manche der Subunternehmer die Verhältnisse gemissbraucht haben sollen, es konnte dies aber später von mir gut gemacht werden, und ich hätte mich auch nicht geweigert, es zu thun. Bei einer so freien Handhabung, wie diese mir gestattet worden und hier auch erforderlich war, mögen seitens meiner Beamten manche Uebergriffe, manche Tactlosigkeiten begangen worden sein. Dergleichen war unausbleiblich, nur hätte man dieselben einzeln behandeln und Remedur von mir verlangen sollen.

Die Projectirung der Bahnen war sicherlich nicht die aller beste, sie war im grossen Ganzen die unter Umständen beste und man hätte den Verhältnissen Rechnung tragen, die Schwierigkeiten, unter denen ich arbeiten musste, berücksichtigen und nicht einen abstracten Maassstab anlegen sollen. In einer Beziehung hätte ich auch mehr Rücksicht auf die Unwissenheit und Eigenthümlichkeit des Volkes nehmen sollen, ich legte überall Gewicht auf das Praktische, das für den Betrieb Beste, ich hätte aber wissen sollen, dass der Rumäne oberflächlich ist und nur auf das ins Auge Fallende Werth legt.

So hatte ich, weil ich den Staub und die schmutzigen Gewohnheiten der Bevölkerung fürchtete, bei *Pflug* (die Fabrik ist renommirt und liefert nichts Schlechtes) Personen-Waggons mit von Leder überzogenen Sitzen bestellt. Ein wahres Geheul dröhnte durch's Land; man hörte nichts als Berichte über das schlechte Rollwesen, welches, wenn es nicht elegant genug ausgestattet war, leicht hätte verändert werden können. Die Engländer hatten Waggons mit hölzernen Trägern und nicht annähernd so gut als die unsrigen geliefert, aber sie kannten ihr Publicum, die Wagen waren daher etwas bunter. Sie hatten kleine erbärmliche Bahnhofsanlagen hergestellt, Weichen und Bahnhofszubehör, das bei uns keiner Grubenbahn gestattet werden würde, aber sie hatten auf die äussere Ausstattung Acht gegeben. Meine Anlagen waren grösser und alle Vorrichtungen bester Construction und Beschaffenheit, aber es wurde Nichts fürs Auge verziert und, da die Vollendungsarbeiten fehlten, so machte allerdings Vieles für den Laien einen schlechten Eindruck und Sachverständige waren nicht vorhanden. Ein Gegenstand erweckte besonders allgemeine Entrüstung, dass nämlich die Gebäude mit Pappdächern versehen waren. Es liesse sich noch vieles Andere erwähnen; der Leser wird aber aus dieser flüchtigen Schilderung ein ungefähres Bild der Verhältnisse gewinnen. Es kam nun aber noch ein Umstand in Betracht, der mich vollständig lähmte und bei der Art, wie dieser in Deutschland aufgefasst wurde, mich gänzlich den Rumänen Preis gab. Ja, selbst eine schriftliche Rechtfertigung war mir damals unmöglich, weil die Gemüther zu aufgeregt waren, als dass ich mit Aussicht auf Erfolg davon hätte Gebrauch machen können, und es im Interesse der Obligationsinhaber war, dass ich mich passiv verhielt und Nichts that, was die Umstände hätte verschlechtern und der rumänischen Regierung auf Kosten der Obligationsinhaber hätte dienen können.

Es ist bereits erwähnt, dass der Erlös der Obligationen bis zur Verwendung zinsbar angelegt wurde. Diese Gelder sowohl als die Zinsen hatte ich für Bauleistungen zu beanspruchen, und die Anlagen derselben geschahen auf mein Risico. Es war daher ganz natürlich, dass ich, anstatt fremde Papiere hineinzunehmen, meine eignen Effecten dazu benutzen konnte, ich war der Obligations-Aussteller und lief wie gesagt das Risico. Die rumänische Regierung hatte allerdings ein Aufsichtsrecht, und so machte ich auch dem rumänischen Commissarius, dem Geheimrath *Ambronn*, den Vorschlag „Halle-Sorauer,“ „Märkisch-Posener," „Hannover-Altenbekener" und andere meiner Actien unter Berücksichtigung der Course an Stelle fremder Effecten zu verwenden. Geheimrath *Ambronn* nahm hieran um so weniger Anstoss, als ihm diese Papiere bekannt waren und er eine gute Meinung davon hatte; er verlangte nur aus Vorsicht, dass ausserdem ein Bankhaus für den Cours derselben garantiren möge. Ein solches wurde beschafft und die Transaction perfect. Davon wie von Allem, was vorging und zum Ressort des Commissarius gehörte, machte Geheimrath *Ambronn* monatlich der rumänischen Regierung einen ausführlichen Bericht, so dass ich nicht nur die Genehmigung der mir zuständigen Behörde, sondern sogar, was für mich nicht einmal wesentlich war, auch die Zustimmung der Machtgeber der Letzteren für diese Operationen hatte, und so wurde denn auch demgemäss bis Mitte des Jahres 1870 verfahren.

Obgleich die allgemeinen Verhältnisse nach der Kriegserklärung nicht auf sehr lange Zeit danieder lagen, so wurden meine Effecten dadurch doch beinahe ganz entwerthet; Papiere, die vor dem Kriege 80 pCt. standen, waren nicht für 20 pCt. zu verkaufen, dadurch aber wurde die ganze Unterlage für die rumänischen Gelder werthlos. Der Banquier, welcher die Cours-Garantie geleistet, wurde dringend, die Sache war allerdings auch bedenklich, verstärkte Effecten-Unterlage zu geben war ich nicht in der Lage, denn der Krieg hatte mich inmitten meiner grossartigen Thätigkeit auf das allerempfindlichste getroffen. Die an meinen Bahnen beschäftigten Beamten aller Art waren dienstpflichtig, überall wurde die Arbeit im Stich gelassen, meine Bahnen im In- und Auslande und alle Materialien, die auf Hunderte von Meilen vertheilt waren, blieben ohne Aufsicht und Controlle, und es möchte schwer zu berechnen sein, wie grosse Verluste mir dadurch entstanden sind. Verpflichtungen aller Art traten an mich heran, so dass ich beim besten Willen nicht in der Lage war, die Sicherheiten zu verstärken.

Hätte ich damals meine Zahlungen eingestellt, was jeder als ganz natürlich betrachtet hätte, wozu ich mich aber aus Gründen, auf die ich noch später zurückkomme, nicht entschlossen habe, so hätte ich mein Vermögen erhalten, und man hätte, was Rumänien betrifft, höchstens sagen können, dass die Effekten, die vor dem Kriege den entsprechenden Werth gehabt, durch den Krieg entwerthet worden seien.

Da ich also meine Zahlungen nicht einstellte, so musste ich einen Weg suchen, auf dem ich andere Werthe statt der Actien beschaffen konnte, und da gab es eben kein anderes Mittel als Hypotheken. Ich besass ausgedehnte Güter und Fabriken, ich stellte daher auf alle Hypotheken bis zu dem Betrage aus, für den die Actien verpfändet waren.

Dies ist die ganz einfache, nackte und unverblümte Thatsache; wer an dieselbe eine Kritik legen will, muss den ersten, nicht den letzteren meiner Schritte tadeln; das Publicum aber, so weit es überhaupt informirt war, hat umgekehrt geurtheilt.

Ob Actien von im Bau begriffenen Bahnen eine richtige Unterlage waren, darüber lässt sich streiten. Hätte die Regierung dagegen, beim ersten Monatsbericht hierüber, Einwendungen gemacht, so hätte man die Sache nicht weiter betrieben, und da die Dimensionen verhältnissmässig klein waren, so hätte sich die Angelegenheit sofort in gewünschter Weise ändern lassen. Die Regierung selbst also und nicht ihr Commissarius trägt die Verantwortlichkeit. Hierbei muss man aber, was mich betrifft, noch berücksichtigen, dass ich die Genehmigung der Regierung dazu hatte, und dass ausserdem der Zinsverlust bei den bis dahin gemachten Operationen ein zu immenser war. Ich habe schon erwähnt, dass mich die für die Obligationen realisirten Gelder $12\frac{1}{2}$ Procent pro anno kosteten, während ich kaum 3 Procent dafür erzielte und durch Unterlegung meiner Effekten aber gegen 8 Procent ersparen konnte. Ferner hatten die Actien sämmtlich, wie dieses heute noch nachweislich, damals einen der Einlage durchaus entsprechenden Börsen-Cours, für gewöhnliche Coursschwankungen aber waren der Banquier und ich gut, schliesslich konnte man auch hierbei andere als gewöhnliche Rücksichten nehmen, weil ich selbst die Gelder zu beanspruchen hatte, man also die Papiere weder zu kündigen noch zu realisiren brauchte, sie vielmehr mir einfach für ihren angerechneten Werth in Zahlung geben konnte. Dass ich aber gegen die, durch einen unerwarteten Krieg entwertheten Effekten

Hypotheken austauschte, war nur eine Verbesserung der Sicherstellung, welche unter den obwaltenden Umständen vollständig geboten war und auch der Regierung mitgetheilt wurde. Letzteres erwähne ich zur Rechtfertigung des Commissarius, der inzwischen gestorben ist; mir war seine Genehmigung allein schon genügend.

Uebrigens war auch noch in Betracht zu ziehen — und dafür kann ich zahllose Beweise liefern — dass bei so colossalem Unternehmen und einem Unternehmer von meiner damaligen Bedeutung Bau-Vorschüsse von Millionen ohne Weiteres mehrfach gegeben worden sind. Was aber hauptsächlich in's Gewicht fällt, ist der Umstand, dass ausser den Sicherheiten, ausser der Garantie des Banquiers und meiner Person, auch meine Mitconcessionäre mit ihrem ganzen Vermögen, welches immerhin nach Millionen zu rechnen war, für mich bürgten, nicht durch specielle Erklärung, sondern, was wichtiger ist, weil Alles von mir Unternommene laut Concession und Vollmacht für sie mit geschehen, und daher also der Credit dieser Herren bei der ganzen Transaction mit in Rechnung zu ziehen war.

Die späteren Angriffe behandelten die Sache immer so, als ob Hypotheken von Anfang an genommen worden seien, und als ob das Geld überhaupt ein Depot, anstatt ein mir gehöriges, von mir zu verwendendes und für mich asservirtes Vermögen gewesen wäre.

Ich habe mich bis zum letzten Augenblick bereit erklärt, für die Hypotheken die Bahnen zu vollenden; ob die Summe ausgereicht hätte, worüber ich mich noch später auslassen werde, ist eine Nebensache. Ich war aber in der Lage, die Bauten, wenn auch mit Verlust, herzustellen; meine Unternehmungen, meine Fabriken und mein Credit, Alles, was durch diese unglückliche Affaire ruinirt wurde, boten mir die Möglichkeit dazu. Ich war bereit, Alles, was ich besass und womit ich mich beschäftigte, für die Ausführung zu verpfänden, Alles, was verlangt worden, zu gewähren und zu leisten, wenn man nur die Verzinsung, wie man sich verpflichtet, übernommen hätte und die Expropriations-Angelegenheit rechtlich zu regeln helfen würde.

Alle meine verschiedenen Unternehmungen sind durch den Misscredit, in den ich damals kam, zu Schanden geworden, Concessionen in Russland und anderwärts standen mir in Aussicht, und es wäre mir ein Leichtes gewesen, die rumänischen Bahnen zu vollenden. Dies hätte man mir daher gestatten sollen. Es lag darin kein Risico, weil ich, wie schon erwähnt, Alles, was ich hatte, dafür verpfänden wollte. Den Schreiern in Rumänien passte das aber nicht; sie wollten die Bahnen womöglich umsonst oder für ein Butterbrot haben, und es ist nur ganz besonderen glücklichen Umständen zuzuschreiben, dass ihnen dieses nicht gelungen.

Um das Vorhergehende aber weiter auszuführen, muss ich etwas zurückgreifen.

Nachdem sich, wie beschrieben, die Wolken zusammengezogen, wurde die von mir erwähnte Gerichts- und Beamten-Hatze in Scene gesetzt und so intensiv verfolgt, dass es faktisch unmöglich wurde, den Bau fortzuführen. Dieser hatte bis dahin keinen Augenblick gestockt, und Alles war darauf eingerichtet, energisch weiter zu bauen. Die Unternehmer auf den neuen Strecken hatten Materialien und Arbeiter bereit, nun konnte ich aber die Genehmigung der Pläne nicht erwirken, und daher wurde ich gezwungen, den Bau theilweise einzustellen. So weit aber wollte man es eben bringen. Was das Resultat der unerhörtesten Chicane gewesen, wurde als Bau-Einstellung aus Geldmangel bezeichnet, und nun steigerten sich die Angriffe der Presse und in der Kammer. Die Angelegenheiten der Bahnen wurden fortwährend im grellsten Lichte geschildert, und das Schlimmste fand stets einen sofortigen Wiederhall in den deutschen Zeitungen.

Die von mir schon geschilderte Finanz-Frage wurde zuerst andeutend mysteriös geflüstert, als ob plötzlich grosse Entdeckungen gemacht worden wären. Der Grund der Zerwürfnisse wurde verschwiegen, und als der Zinstermin Ende 1870 herankam, und keine Zinsen gezahlt wurden, war Alles vorbereitet, den ganzen Unwillen gegen mich zu richten und ihn gänzlich von der Regierung abzulenken. Die Nichtbezahlung der Zinsen, welches der eigentliche Grund des Streites war und woraus die Angriffe entstanden, die mich zwangen, den Bau einzustellen, wurde als Zufälligkeit der Finanz-Lage und nicht als principieller Streitpunkt geschildert, und so wurde den ganzen Verhältnissen eine andere Färbung gegeben. Während dieser Zeit war Herr *Stege* der diplomatische Agent Rumäniens in Berlin. Derselbe war ein braver, wohlgesinnter Mann, der gerne die Streitigkeiten schlichten wollte und mir anrieth, entgegenzukommen, mit der Versicherung, dass Vieles vom Ministerium nicht so böse gemeint sei, dass dessen Lage in Folge seiner früher gemachten Opposition es zu gewissen Demonstrationen zwänge, dass es aber die Sachen nicht zum Aeussersten treiben würde, wenn ich entgegen käme und die eine fällige Zinsrate bezahlen wollte. Es ist meine feste Ueberzeugung, dass Herr *Stege* wahrhaft nach seiner inneren Ueberzeugung und auch nach Instruction handelte, dass er aber selbst hintergangen worden, dass die Absicht vorlag, mich abzuhalten, aggresiv aufzutreten, bis die Angelegenheiten, wie eben geschildert, sich derart zugescpitzt hätten, dass ich den Bau einstellen musste, um dann Alles so zu schildern, als ob es aus meiner Finanz-Noth resultirte, dass also weder gebaut noch Zinsen bezahlt würden, weil kein Geld vorhanden sei, und nicht weil man das Erstere nicht zulassen wollte, und weil ich mich zum Letzteren nicht für verpflichtet ansah.

Ich war aus mehreren Ursachen milde gestimmt und bereit, Opfer zu bringen, um die Angelegenheiten friedlich zu ordnen. Erstens war, wenn auch durch die Umstände erklärlich und durch Genehmigung der Regierung gerechtfertigt, der Finanz-Zustand, der den Kriegsereignissen folgte, doch kein erfreulicher; ich fühlte, dass man nicht die Genesis der Verhältnisse, sondern das Ergebniss beurtheilen würde, und dass dieses — nackt geschildert, wie es auch geschah, — gegen mich auf's Schlimmste ausgebeutet werden würde. Zweitens fürchtete ich, dass eine Fortsetzung der Angriffe und Verdächtigungen faktisch zu financiellen Schwierigkeiten für mich führen würde, und ich dadurch unfähig werden könnte, meine Verpflichtungen zu erfüllen und so der rumänischen Regierung den von ihr gewünschten Zustand meiner Verhältnisse gerade herbeischaffen würde. Drittens war ich in meiner ganzen Thätigkeit gehemmt. Ich hätte in Russland, Ungarn und verschiedenen andern Ländern sein müssen, meine Abwesenheit übertrug sich auf die Geschäfte, ich war weder in der Lage neue Chancen, noch meine Interessen, wie ich dieses gewohnt war, bei den verschiedenen Verwaltungen wahrzunehmen. Angespornt durch die rumänischen Vorgänge, entwickelte sich überall Opposition, und ich sah voraus, wie sich dieses auch erfüllt hat, dass, wenn ich mich nicht mit Rumänien einigen könnte und die Angriffe weiter gingen, mein Credit vernichtet werden würde, dass deshalb meine anderen im Bau begriffenen Bahnen statt grossen Gewinn, grosse Verluste bringen, dass die angebahnten neuen Geschäfte, die mir Vortheile versprachen, die mich leicht über die Schäden in Rumänien hätten hinwegkommen lassen, verloren gehen mussten, und dass ich meine verschiedenen grossartigen Fabrik-Anlagen, wo Vieles zwar in der Vollendung, das Meiste noch im Werden begriffen, nicht würde beenden und so die angelegten Capitalien würde verlieren können. Endlich war mir der Gedanke schrecklich, dass ein von mir ausgegebenes Papier nicht honorirt werden sollte, denn wenn ich auch nicht die leiseste Ahnung davon hatte, dass man mich für die Zinsen verantwortlich halten könnte, so fühlte ich eine moralische Verpflichtung, Alles aufzubieten, um den Obligationsbesitzern ihre Zinsen zu schaffen, und selbst ein Opfer zu bringen, wenn dadurch die Frage früher und mehr im Interesse der Obligationsbesitzer geregelt werden konnte.

Diese Gründe machten mich für die Töne der rumänischen Sirene in der Gestalt des biederen Herrn *Stege* empfänglich, und so war ich denn auch bereit, vorläufig die Zinsen zu zahlen, wenn die Regierung mir dabei behilflich sein wollte. Sie hatte aber kein Geld und über die Hilfe, die sie mir durch Hergabe eines Theiles der noch nicht emittirten Obligationen leisten sollte und konnte, wurde verhandelt, selbstverständlich seitens Rumänien nur um Zeit zu gewinnen und sich aus der Affaire zu ziehen, denn, während ich noch mit Rumänien unterhandelte, konnte ich doch nicht die Schlechtigkeiten schildern, die dort gegen mich ausgeübt worden sind, und während ich hoffte, dass die in Aussicht gestellte Einigung stattfinden würde, theilte ich dem Publicum mit, dass nur momentane Finanz-Störungen zu überwinden seien, und dass nächstens gezahlt werden würde, und so erschien immer ich als der Schuldende und Schuldige, die Regierung aber kam gar nicht an die Oberfläche oder nur dann, als sie aufgefordert und von dem Alarm-Geheul in den rumänischen Kammern angetrieben wurde, Recht zu verschaffen. Die guten Deutschen aber steinigten dann auch ganz ruhig ihren Landsmann, während sie ihren wirklichen Schuldner nicht einmal mahnten.

Es wird einleuchtend sein, dass jeder Schritt, den ich weiter in diesem Sumpf that, mich nur dem Untergange näher führte, und doch war ich schon zu weit gegangen, um nicht noch einen Versuch machen zu müssen.

Ich habe in meiner vorliegenden Vertheidigung eine grosse Schwierigkeit zu überwinden, und diese besteht eben darin, dass es fast unmöglich ist, dem Publicum, welches mich während 6 Jahren im ununterbrochenen Todeskampf hat ringen sehen, indem ich unter obligater, illustrativer Begleitung eines Höllen-Corps der deutschen Presse endlich, vorübergehend, scheinbar miserabel erlegen bin, meine frühere Potenz, meine wirkliche Kraft zu schildern und ihm das glauben machen, was damals thatsächlich wahr gewesen, dass ich, trotz der rumänischen Complicationen, vorausgesetzt, dass sie nur früh genug beendet worden wären, und selbst die ganzen Hypotheken als werthlos angenommen, Kraft und Mittel besass, und Gewinn genug bei meinen schon bestehenden oder eben neu zu beginnenden Unternehmungen in Aussicht hatte, um die rumänischen Bahnen zu vollenden.

Dürfte ich ohne Indiscretion Verhältnisse und Personen (keine Preussen) erwähnen, die mit mir damals in Beziehung standen, so würden meine Mittheilungen staunen machen über die Aussichten, welche man damals vereitelt, und über die Kraft, welche man zerstört hat.

Das, was ich bis dahin geleistet, hätte indessen, bei einigem Verständniss für solche Angelegenheit, genügen müssen, um zu überzeugen, dass ich auch die rumänischen Bahnen vollenden würde, wenn man mich nicht daran gehindert hätte.

Wenn ich auch genug Grund habe, mich über die mir zu Theil gewordene Behandlung zu beklagen, so räume ich auch andererseits ein, dass mein ganzes Wesen und der Umfang meiner Unternehmungen viel zu sehr von dem in Deutschland Landläufigen abwichen, um richtig beurtheilt werden zu können; man hätte aber wenigstens nicht so vorschnell bei der Hand sein sollen, zu urtheilen und zu verdammen.

Nach einigem Hin- und Her-Correspondiren theilte mir Herr *Stege* mit, dass die Kammer-Verhältnisse in Bukarest es nicht zuliessen, mir entgegen zu kommen, ehe die fällige Zinsrate bezahlt wäre, dass er aber dazu ermächtigt sei, mir zu versichern, dass, wenn ich die Zinsen diesmal zahlte, ich auf ein Entgegenkommen der Regierung rechnen könne, und dass eine Einigung dann nicht schwer sein würde. Ich hatte dem Publicum, in Folge der Verhandlungen, sichere Aussichten gemacht — mir war es fürchterlich, diese wieder nicht zu erfüllen — und so entschloss ich mich, die Zinsen, wenn möglich, selbst zu zahlen.

Während dieser Zeit realisirten sich nun schon allmählig alle meine Befürchtungen. In Ungarn, Russland, bei Hannover-Altenbeken, Halle-Sorau — überall nahmen die Verhältnisse eine andere Gestaltung an. Mein Antwerpener Unternehmen, in welchem ich Millionen angelegt hatte, und in dem, wie sich später erwiesen, unermessliche Vortheile lagen, konnte ich nicht realisiren. Die Course aller meiner Papiere gingen auf beinahe Null herunter, mein und meiner Unternehmer Credit wurde geschwächt, meine Fabriken, der Viehmarkt, — Alles, was ich besass, wurde unveräusserlich, Hypotheken waren gar nicht zu placiren, und so wurde ich faktisch unfähig, zu zahlen.

Der Krieg mit seinen grossen Erfolgen näherte sich inzwischen seinem Ende, ich sah die Zukunft klar vor mir, wie Alles bei uns aufblühen würde und wie, wenn ich nur die eine Schwierigkeit überwinden könnte, Alles wieder gut würde, ich Alles nach meinem Wunsche würde gestalten können. Ein Beweis, dass ich die gute Zeit richtig voraussah, war der schon erwähnte Kauf von Schienen, während die westphälischen Werke aus Furcht verkauften.

In Erwartung der guten nahen Zukunft gründete ich dann auch die *„Allgemeine Eisenbahn-Bau-Gesellschaft“*, der ich meine sämmtlichen Fabriken, Bergwerke und guten Unternehmungen überwies. So weit ich mich erinnere, sollte das Capital 18,000,000 Thlr. betragen und zwar 12,000,000 Thlr. Stamm-Actien und 6,000,000 Thlr. Prioritäten. Von diesen Letzteren sollten 2,000,000 Thlr. als Betriebs-Capital dienen, und war darauf die erste Anzahlung baar gemacht, den Rest sämmtlicher Effecten sollte ich als Kaufpreis bekommen. Ich erwartete nicht, dass diese Effecten vorläufig verkäuflich sein würden, und wollte mit dem Verkaufe warten bis nach dem Kriege; wäre die Gesellschaft bestehen geblieben, so hätten sich auch meine Erwartungen realisirt. Ich wurde aber vom Aufsichts-Rath in Folge der Anschauungen des Finanz-Ministers gezwungen, dieselbe aufzulösen. Vorläufig wollte ich nur eine Anleihe von 2,000,000 Thlrn. auf die Prioritäten contrahiren, die ein Prioritätsrecht am Eigenthum der Gesellschaft sowohl als wie am Gewinn hatten, um die rumänische Sache zu zahlen. Ich bemerke hierzu, dass kaum ein Papier besser fundirt sein konnte, als dieses. Ein Theil der Objecte ist seit jener Zeit verkauft, und haben dieselben unter ungünstigen Umständen den doppelten Betrag der Prioritäten realisirt, mithin also das Vierfache der von mir beanspruchten Summe. Ich wandte mich nach Versailles mit dem Gesuch, mir aus Staatsmitteln — gegen Unterlage der Prioritäten — ein Darlehn zu gewähren, damit ich rumänische Zinsen zahlen könne, und wurde an den Finanz-Minister in Berlin gewiesen. Derselbe hörte mich an, glaubte aber meine Bitte nicht gewähren zu können, weil er ein Unternehmen, dessen Actien sich wesentlich in einer Hand befinden, als keine Gesellschaft betrachte und auch nur dann rathen könnte, Hülfe zu leisten, wenn die Actien bereits verkäuflich wären. Hiermit war denn meine letzte Hoffnung geschwunden, den fälligen Coupon bezahlen zu können, und nun brach das Unwetter vollends los. Durch Herrn *Stege* von Position zu Position verlockt, war ich nun erst recht ganz allein die Zielscheibe geworden; die rumänische Regierung, welche inzwischen die früher angedeutete potenzirteste feindliche Gestaltung angenommen hatte, demaskirte sich vollkommen, rief Herrn *Stege* zurück und schickte an dessen Stelle Herrn *Rosetti*, der mit den für den betreffenden Zweck entsprechenden Vollmachten ausgerüstet wurde, nach Berlin. Von einer Einigung, wie die besprochene, war nun gar keine Rede mehr. Ganz widerrechtlich wurden die Bahnen, Bücher und alles Sonstige in Rumänien confiscirt und die Concession gebrochen, während Herr *Rosetti* jetzt nur den einen Zweck verfolgte, mich gänzlich in der öffentlichen Meinung zu vernichten, alles Mögliche aufzubieten, mir Widerwärtigkeiten jeder Art zu bereiten, um mich zu einer Einigung zu zwingen bezüglich der Gelder, für welche die Hypotheken die Unterlage bildeten.

Ich habe persönlich gegen Herrn *Rosetti* nichts einzuwenden, ihm war seine Aufgabe gestellt, und er hat sie mit seltenem Geschick ausgeführt, weil er auch ganz dazu geschaffen war und ihm hier Alles in die Hände arbeitete. *Rosetti* war, was bei seinen Landsleuten selten ist, nicht ohne juristische Kenntnisse und — so weit ich es beurtheilen konnte — nicht bestechlich. Er führte mir dagegen ein fettes Ungeheuer aus Jassy zu, der angeblich Beziehungen zu den dortigen Behörden hatte und die Verhandlungen von einer Seite leiten könne, denen er fern stehen müsse. Der Betreffende hat für sich und seinen Einfluss, respective die mit ihm alliirten Minister, im Falle des Erfolges der Unterhandlungen grosse Summen beansprucht. Ob Herr *Rosetti* dabei betheiligt war, oder ob der Jassyer nur als Falle benutzt wurde, um Zeit zu gewinnen — was mir wahrscheinlicher dünkt — weiss ich nicht. Die Unterhandlungen führten zu keinem Resultat. *Rosetti* selbst war ein kalter berechnender Mann und neben seinen soliden Eigenschaften mit aller seinen Landsleuten eigenen Schlauheit ausgerüstet. Es gelang ihm, einen renommirten Berliner Rechtsanwalt nicht nur zu engagiren, sondern auch vollständig für seine Pläne einzunehmen, und somit begann denn die Schlacht. Durch meine Erfahrung belehrt, traute ich Herrn *Rosetti* nicht weiter, als ich ihn sehen konnte, und da ich durch die Schritte der rumänischen Regierung die Concession für gebrochen erachtete, so nahm ich eine ganz passive Stellung ein und liess jetzt Alles an mich herankommen.

Viele Zeitungen im ganzen Lande, namentlich aber in Berlin, wurden direct und indirect fortwährend von Herrn *Rosetti* mit Material versorgt, und selbstverständlich war Alles darauf abgezielt, die rumänische Regierung ausserhalb der Schussweite zu halten und die Angriffe ausschliesslich gegen mich zu lenken. Alle Versuche des Herrn *Rosetti*, die ich hier nicht näher bezeichnen will — Nichts blieb aber unversucht, mich zu irgend welcher Handlung zu veranlassen — scheiterten an meiner Passivität.

Der Angriffsplan seitens des Publikums war aber vorgeschrieben, es handelte sich einfach darum, die rumänische Regierung ausser Spiel zu lassen und die Concessionäre zu verklagen. Einzelne Rechtsanwälte hielten sich überhaupt für berufen, dieser Sache sich speciell annehmen zu müssen, und so bildeten sich Vereine zum Schutz der Obligationsinhaber, an deren Spitze viele Personen standen, die eigentlich gar kein Interesse daran hatten, manche Rechtsanwälte richteten ihr Bureau förmlich dazu ein, Klagen gegen die Concessionäre entgegen zu nehmen. In einer Versammlung war Seitens eines dieser Rechtsschützer der Grundsatz ausgesprochen, „man müsste durch Massenklagen im Bagatell-Wege den wirthschaftlichen Ruin des *Dr. Strousberg* herbeiführen“, und dieser Rath wurde nur ertheilt, weil dieses Verfahren schleuniger war. Es wurde also beschlossen, im Bagatell-Wege die Zinsen einzuklagen, und damit begann die Treibjagd.

Täglich wurden mir und meinen Mitconcessionären hunderte von Klagen insinuirt. Ich hatte mich nun vorzubereiten, wie diesem Sturm zu begegnen wäre. Meine Mitconcessionäre waren nach Aussen ebenso verpflichtet als ich. Ich beraumte also eine Conferenz an, und obgleich gänzlich unvorbereitet auf Ansprüche, auf die sie nie gerechnet hatten, — denn, wie früher erwähnt, war es ihnen und mir nie eingefallen, dass wir für Zinsen und Kapital verantwortlich sein könnten — behandelten sie die Angelegenheit in einer Weise, die mir ihnen gegenüber Dankbarkeit auferlegt. Contractlich war ich verpflichtet, diese Herren gegen alle Ansprüche schadlos zu halten. Da aber auf die hier erhobenen Ansprüche niemals gerechnet worden war, so hätte ich mich darauf stützen und behaupten können, dass ich dafür auch keine Garantie geleistet hätte; ich glaube auch, dass ich formell damit durchgedrungen wäre, moralisch glaubte ich indessen, meine Garantie weiter ausdehnen zu müssen. Beansprucht wurde Nichts; ich erklärte mich aber freiwillig als verpflichtet und bereit, meine Mitconcessionäre, so weit meine Kraft reiche, vor Schaden zu bewahren, theilte ihnen die Lage der Sache und meine Verhältnisse überhaupt mit und proponirte, ihnen mein ganzes Vermögen zur Disposition zu stellen und die Actien zu überlassen. Dies wurde jedoch nicht verlangt. Man ersparte mir jede Bemerkung, die mich hätte verletzen können, sprach unverändertes Vertrauen zu mir aus und bethätigte dies, indem man mir die Leitung der ganzen Angelegenheit nach wie vor überliess.

So durch Vertrauen gestärkt, traf ich denn meine Maassregeln, so viel Zeit wie möglich zu gewinnen, um eben meinen von den Gegnern erstrebten wirthschaftlichen Ruin zu verhindern und damit meinerseits Schritte gewonnen werden konnten, ein Arrangement zwischen Regierung und Obligationsbesitzern zu erzielen. Es gehörte eine eiserne Natur und Nerven von Stahl dazu, in meiner Stellung den Muth nicht zu verlieren. Alles stürmte auf mich ein, überall entstanden Conflicte. Alles, was ich befürchtete und theils im Verlauf meiner Darstellung angedeutet habe, traf ein und, wie zu erwarten war, blieben Kränkungen aller Art nicht aus. Falsche Freunde, triumphirende Feinde, verzagte Geschäftsverbündete, Belagerung durch arme Obligationsbesitzer, unaufhörliche Beleidigungen der Presse, die erwähnten Combinationen gegen mich bei der Görlitzer Bahn seitens der Disconto-Gesellschaft, das Versiegen meines Credites, die Befriedigung der sich täglich mehrenden Geldbedürfnisse neben verminderten Einnahmen, Einsturz des Gebäudes an allen Enden, Baueinstellung bei den Bahnen und Fabriken, kurz was nur Namen hatte und stören, schaden, kränken und zum Ruin führen konnte, trat ein.

Ich darf es kühn aussprechen, nicht um mich zu rühmen sondern als Beweis dafür, dass mich Pflichtgefühl und ein reines Bewusstsein allein getragen haben können, dass das, was ich damals geleistet, gelitten und ertragen habe, fast übermenschlich war, und doch habe ich nicht für eine Secunde meine Ruhe, meine Geistesgegenwart oder den Muth verloren.

Es war verabredet worden, dass mir sämmtliche Klagen eingehändigt werden sollten, von mir aus oder durch von mir beauftragte Rechtsanwälte wurden sie beantwortet, erledigt und wenn erforderlich bezahlt, ohne dass meine Consorten je für einen Pfennig in Anspruch genommen wurden. Man soll beim Berliner Stadtgericht mehr als ein Zimmer für diese Klagen eingerichtet und die Erkenntnisse haben drucken lassen. Ich gab mir Mühe, die Procedur nicht so leicht zu machen und verzögerte durch immer veränderte Einwände ein derartiges Massen-Erkennen. Immerhin wurden täglich grosse Summen fällig und bezahlt; ich hatte aber Luft mich vorzubereiten, da die ganzen Summen so nicht auf einmal an mich herantreten konnten; dieser Kampf dauerte so beinahe ein ganzes Jahr. Wo sich Arme an mich wandten, und ich irgend die Mittel auftreiben konnte, da habe ich es nie erst auf die Klagen ankommen lassen, sondern gleich bezahlt. Ich beklage mich auch nicht über diejenigen, die Etwas zu fordern hatten. Viele konnten den Verlust nicht ertragen. Alle waren berechtigt, ihre Ansprüche geltend zu machen, und man kann keine Mässigung von dem verlangen, der sich geschädigt glaubt. In wie weit und durch wen Letzteres aber geschehen, werde ich weiterhin zu erörtern versuchen. Bitter beklage ich mich aber über diejenigen, welche die Treibjagd gegen mich in Scene setzten, die als Journalisten, Juristen und unter anderen Titeln sich an die Spitze stellten und ohne obige Entschuldigung der materiellen Schädigung — denn die meisten dieser Herren hatten keine Obligationen — aus Jagdpassion, aus Ehrgeiz, häufig aus Habsucht, aus Lust am Skandal, Schadenfreude und anderen unlauteren Motiven ein Vergnügen daran fanden, mich zu Tode zu hetzen. Courage war dazu eben nicht nöthig, genutzt hat es Nichts, und das dabei an den Tag gelegte Wesen entbehrte jeder Spur von Noblesse, ja sogar von Verstand, denn diese Menschenfreunde auf der Menschenjagd hätten sich selbst sagen müssen, dass sie den Rumänen in die Hände spielten und den von ihnen vertretenen Interessen gerade dadurch schadeten.

In keinem anderen Lande der Welt wäre man so bereit gewesen, den eigenen Landsmann zu Gunsten einer fremden Regierung zu steinigen, nirgend wäre man so blind und einfältig verfahren. Während dieser Zeit blieb die Bahn, die begonnenen Bauten und Materialien vernachlässigt und ohne Aufsicht. Jeder, der mit Bau-Angelegenheiten vertraut ist, kann sich leicht eine Vorstellung machen, wie selbst unter den günstigsten Umständen dadurch Vieles zu Grunde gehen musste; wer aber die rumänischen Verhältnisse kennt, wird sich wundern müssen, dass überhaupt nicht Alles zu Grunde gegangen ist.

Die Regierung liess eine Aufstellung machen, um den Werth der Bahnen zu ermitteln und um festzustellen, was auf den eröffneten Strecken noch zu leisten sei. Hierbei wurden, wie klar ersichthich war, zwei ganz verschiedene Gesichtspunkte in's Auge gefasst. Durch das, welches als noch zu leisten bezeichnet und so hoch als möglich taxirt wurde, wollte man einen Ausgleich mit mir unmöglich machen, und auch Jeden, der etwa im Interesse der Obligationsinhaber auftreten würde, abschrecken die Bahn zu übernehmen. In Wirklichkeit wollten die ehrenwerthen Mitglieder des Ministeriums die Bahn aber für den Staat confisciren und die Obligationsbesitzer nach der Werthschätzung des Geleisteten abfinden. Dies wurde deshalb so niedrig wie möglich beziffert. Ausserdem war aber noch ein anderes Interesse vorhanden. Dieses fand seine Vertretung in dem mit Herrn *von Ofenheim* alliirten Theil des Ministeriums, dem die obige Methode der Aufstellung und Schätzung in seinen Plan passte und von dem sie, wenn auch mit verheimlichten anderen Zwecken, ausging. Nach meiner Beseitigung hatte die Partei *Herz (Bank de Romanie)* Oberwasser bekommen und arbeitete in Ofenheims Interesse. Dieser wollte die Bahn acquiriren, und da war es natürlich günstig, dass sie niedrig geschätzt wurde und noch viel zu Leistendes erforderlich schien. Wie viel von Letzterem später wirklich ausgeführt worden wäre, dafür bietet die von *Ofenheim* ausgeführte Jassyer Bahn den besten Anhalt. Dieselbe wurde in einem ganz miserablen Zustande mit nur provisorischen Holzbrücken für gut abgenommen. Vorläufig konnte man auf solche Art jedenfalls gute Uebernahmebedingungen erzielen. Der schon erwähnte, von *Rosetti* vorgestellte Vermittler unterhandelte für mich, aber, wie vorauszusehen war, vergeblich.

Die *Berliner-Handelsgesellschaft* glaubte, weil die Zeichnungen für die Obligationen bei ihr aufgelegt waren, sich verpflichtet, auch einen Versuch zu machen, die Angelegenheiten der Obligationen zu regeln, und schickte einen Herrn nach Rumänien. Ich glaube, dass die *Union-Bank* in Wien, Herrn *Ofenheims* Bank, mit der Handelsgesellschaft alliirt gewesen sein mag. Ich sage wohlweislich „mag", denn die Absicht der *Union-Bank* war sicherlich nicht das Gelingen des Projects der Handelsgesellschaft: sie war nur betheiligt oder nahm daran nur Interesse, um den Plan zu verderben. Die genaueren Beziehungen in dieser Richtung sind mir unbekannt. Ich weiss nur, dass Forderungen gestellt wurden, die für die Obligationen günstig und berechtigt waren, die aber genau darauf berechnet waren, in Rumänien zurückgewiesen zu werden, und dass die Partei *Ofenheim* im Stillen in letzterem Sinne thätig war. Die *Handelsgesellschaft* stellte Bedingungen, die Jemand, der die dortigen Verhältnisse und Anschauungen kannte, nie gestellt haben würde.

Inmitten aller dieser Intriguen schien sich plötzlich der Regierung eine Gelegenheit zu bieten, ohne die Maske der Rechtlichkeit einzubüssen, doch die Obligationsinhaber, durch Uebernahme der Bahn zum Taxpreise, zu übervortheilen. Ein Herr *Hertel*, über den ich mich der Kritik enthalte, ein Deutsch-Rumäne, der bei Chausséebauten kleine Lieferungen vermittelte und Feldmesserarbeiten lieferte, den ich in der Art kennen gelernt hatte, dass er bei mehreren Gelegenheiten, wo ich Steine oder sonstige Materialien brauchte, die Leute in der Gegend veranlasste, dieselben aufzukaufen und mir die Preise zu treiben, fasste die kühne Idee, die Bahn-Angelegenheiten zu ordnen. Er ging zum Minister und legte ihm seinen Plan vor, der darin bestand, die Obligationsinhaber in eine Gesellschaft zu verwandeln. Die Obligationen sollten vernichtet werden, die Gesellschaft sollte von der Regierung nur die bedungene Zins-Garantie zu verlangen berechtigt sein, und die Regierung der Gesellschaft die Bahnen, wie in der Concession bedungen, und alle ihre Forderungen an mich cediren. Letztere sollte die Bahnen laut *cahier de charges* ausführen und, so weit die vorhandenen Mittel nicht reichten, das Capital durch Prioritäten beschaffen. Dieser Plan ist annähernd der später wirklich ausgeführte, und es ist merkwürdig, wie sich manchmal die Verhältnisse gestalten.

Herr *Hertel* war seiner Stellung nach eben so berechtigt zu dem von ihm geplanten Unternehmen, wie dazu, den chinesischen Thron zu verlangen. Er war den maassgebenden Personen hinreichend bekannt, und dies verlockte sie eben, auf seinen Vorschlag einzugehen und ihn gewissermaassen als Vermittler zu accreditiren; da er nicht ohne Gewandtheit und nicht überbescheiden war, so nahm die Regierung an, dass er seine Offerte gehörig an die grosse Glocke bringen würde. Dadurch sollte aber documentirt werden, dass Rumänien anständig handeln wolle, und da nicht anzunehmen war, dass das Project gelingen würde, namentlich unter den Modalitäten für die Ausführung, die man in's Auge fasste, so sollte dann als einzig übrigbleibendes Auskunfts-Mittel die Bahn für den Taxwerth von der Regierung erstanden werden. Hätte die Regierung eine Ahnung gehabt, dass *Hertel's* Plan gelingen könnte, so würde sie ihn kurz abgewiesen haben. Dass sie das Gelingen des Planes nicht wollte, ergiebt sich aus der Fortsetzung, und dass auch nicht anzunehmen war, dass er gelingen würde, ergiebt sich aus der Natur der Sache. Die Ausführung musste beinahe als eine Unmöglichkeit betrachtet werden. Wie hätte man die zahllosen kleinen Obligations-Besitzer erreichen und unter Opfern ihrerseits unter einen Hut bringen und eine Gesellschaft constituiren sollen, die ausserdem die erforderlichen Geldmittel beschaffen könnte?

Herr *Hertel*, mit seinen Accreditiven ausgestattet, reiste nach Deutschland und setzte sich mit den Wiener, Breslauer und Berliner Vereinen, welche zum Schutz der Obligations-Inhaber gegründet waren, in Verbindung; diese nahmen sein Project günstig auf und wandten sich an Herrn *Jacob Landau* in Breslau, sie als Banquier zu unterstützen. Herr *Landau* schien die Schwierigkeiten der Sache richtig zu erkennen, denn er traute sich nicht zu, die Sache allein durchzuführen, und wandte sich daher an *Bleichröder* und dieser an die *Disconto-Gesellschaft*, und so kam die Angelegenheit in das einzig richtige Fahrwasser, worauf die rumänische Regierung natürlich nie vorbereitet war und nicht gerechnet hatte.

Die Unterhandlungen wurden nun zwischen der *Disconto-Gesellschaft* und den Comités als Quasi - Repräsentanten der Obligations-Besitzer gepflogen; denn wenn diese Comités in Wirklichkeit auch eigenmächtig constituirt waren und nur einen ganz verschwindend kleinen Theil des Ganzen repräsentirten, so waren sie immerhin, wenigstens dem Namen nach, Körperschaften die als bei der Sache betheiligt zu betrachten waren.

Diese Wendung der *Hertel*'schen Bestrebungen kam wie ein Schlag aus heiterem Himmel; die Patrioten in der rumänischen Kammer hatten sich schon die Hände gerieben über die laut Tax-Preis bevorstehende billige Acquisition der Bahnen, als plötzlich eine Finanzgruppe erschien, mit der schon an sich nicht zu spassen war, und die Einfluss genug besass, um durch ihr Urtheil Rumänien für ewig vom europäischen Geldmarkt auszuschliessen. Eine gewisse Unterstützung der preussischen Behörden im Interesse der deutschen Obligations-Besitzer soll auch nicht gefehlt haben, und nun musste man sich entschliessen, gute Miene zum bösen Spiel zu machen und der Kammer ein Gesetz, entsprechend den *Hertel*'schen Bedingungen, vorzulegen. Winkelzüge aller Art wurden versucht; die Disconto-Gesellschaft leitete aber die Unterhandlungen mit Ruhe und Geschick und gab nur so viel Boden auf als nöthig war, wenn man überhaupt der Regierung eine Berechtigung einräumen wollte, Obligations-Inhaber, die ihre unbedingte Garantie besassen, an ihren Rechten zu kürzen, weil erstere mit dem Unternehmer in Streit lag. Das Gesetz wurde nach vielen Mühen genehmigt, zugleich aber Bedingungen dabei aufgestellt, die es nach menschlichen Begriffen unausführbar und illusorisch machten. Neben anderen Punkten, die mir entfallen sind, die mir aber z. Z. als ganz unmotivirt erschienen, sollte das Gesetz nur in Kraft treten, wenn die grosse Majorität — die verlangte Zahl ist mir entfallen — der Obligations-Inhaber innerhalb einer, viel zu kurz bemessenen

Zeit zustimmten und sich als Gesellschaft constituirten; widrigenfalls sollten die Verhandlungen als gescheitert und die Bahn in der beliebten Form als verfallen zu betrachten sein.

Der einflussreichen Stellung der *Disconto-Gesellschaft* und *Bleichröders*, der Unterstützung unseres Ministers des Innern *Grafen Eulenburg* — der die Kreisblätter und was ihm sonst zu Gebote stand zur Verfügung stellte — der grossen Umsicht und Energie der Disconto-Gesellschaft und meinen nach allen Seiten im Stillen gerichteten Bemühungen war es allein zu verdanken, dass es möglich wurde, beinahe die gesammte Zahl der Obligationsinhaber, viele Tausende aus allen Ständen und allerorten zerstreut, zu veranlassen, Vollmachten bei den respectiven Bankhäusern zu deponiren, die das Finanz-Consortium in die Lage versetzten, die Gesellschaft zu constituiren und wirklich nicht nur, wie das Gesetz verlangte, im Namen der grossen Majorität sondern eigentlich für die Gesammtheit zu sprechen. Der Aufsichtsrath wurde zugleich aus Personen zusammengesetzt, die unantastbar waren so wohl in financieller und juristischer Beziehung als auch im Punkte der anerkannten Vertrauenswürdigkeit. Hiermit war allen gegnerischen Combinationen „Schachmatt“ geboten und die Angelegenheit endlich geregelt.

Die Gesellschaft einigte sich zunächst mit mir dahin, dass ich alle Rechte auf die Concession und den Betrieb aufgäbe; denn ich behaupte, dass bis dahin Seitens der rumänischen Regierung Alles Willkür gewesen war, und dass die Constituirung der Gesellschaft, wenn sie auch durch ein Gesetz geschaffen, darum doch nicht gesetzlich war, die Bahn und der Betrieb gehörte den Concessionären, den Obligationsinhabern nur die Geldforderung, und da diese noch gegen die Concessionäre geltend gemacht wurde, überhaupt auch nur auf Zinsen sich erstrecken durfte, so konnte man, wie dies auch geschah, wegen der Zinsen klagbar werden, gegen mich und meine Mitconcessionäre Execution vollstrecken und, wenn diese fruchtlos ausfiel, eventuell erst dann die Bahnen sequestriren und sonstige Maassregeln ergreifen. Vorläufig wurde ja aber, wo Erkenntnisse vorhanden waren, prompt bezahlt. Die Obligationen hatten also noch gar keine Berechtigung, auch die Regierung selbst hatte noch nicht in regelmässiger Weise ein Recht gegen mich erstritten, sie war für ihre Garantie noch nicht in Anspruch genommen worden, jedenfalls hatte sie nichts darauf gezahlt, hat mich aber im Bau gestört, den ich bereit war auszuführen. Die Stellung der Concessionäre hier noch weiter auszuführen, ist nicht erforderlich. Die Obligations-Inhaber hatten beschlossen, sich in eine Gesellschaft zu verwandeln und wünschten, dass die Concessionäre alle Rechte aufgeben und für die noch nicht verwandten Gelder eine Summe zahlen sollten. Es war mein Wunsch, so entgegenkommend wie möglich zu sein, und so einigte man sich dahin, dass ich 6,000,000 Thlr. zahlen solle, wofür von beiden Seiten allen Ansprüchen entsagt werden und die Gesellschaft in die Rechte und Pflichten der Concessionäre eintreten sollte.

Ich habe es für nothwendig erachtet, das Vorhergehende zu erwähnen, damit es klar gestellt würde, dass dies eine Einigung war, bei der die Concessionäre nicht nur eine gewisse Summe zahlten, die nicht so gross war als die Bestrittene, sondern dass sie ausser der Zahlung auch Rechte hergaben, die nach ihrer Meinung mehr als ein Aequivalent boten; jedenfalls aber, wie man den Werth derselben nun auch annehme, Rechte aufgaben. Die Verwaltung eines Bahnnetzes von 130 Meilen während 70 Jahre und die damit verbundenen Privilegien waren viele Millionen werth, wenigstens habe ich sie stets so geschätzt. Darin lag der einzige Vortheil, der meine Mitconcessionäre zum Beitritt ursprünglich animirte, und dieses Privilegium wurde unsrerseits neben der Zahlung der 6,000,000 Thlr. hergegeben. Die Zahlung wurde in folgender Art geleistet: 4,000,000 sofort baar und für 2,000,000 Thaler wurden mir gehörige Fabriken und Besitzungen verpfändet.

Damit diejenigen, die meinen Mitconcessionären den Vorwurf gemacht haben, sie hätten nur ihren Namen für erwartete Vortheile ohne Risico hergegeben, sich in ihrer Seele schämen mögen, mit dem Renommé hoher, höchst achtbarer Männer so gespielt zu haben, erwähne ich noch Folgendes: Um meine Gelder liquide zu machen und als Garantie für die 2,000,000 auf Hypotheken haben sich meine Mitconcessionäre in zwei verschiedenen Contracten solidarisch verpflichtet, je 500,000 Thlr. zu zahlen im Falle und in so weit die in beiden Fällen von mir gegebenen Sicherheiten bei Realisirung nicht den vollen Betrag der Schuld decken.

Für beide Summen werden die Herren wahrscheinlich in Folge der Verschleuderung meiner Besitzungen durch meinen Contract in Anspruch genommen werden, ausserdem standen dieselben zu einer Zeit mit ihrem ganzen Allodial-Vermögen und ihren Majorats-Einnahmen im Risico und hätten, wenn keine Einigung zu Stande gekommen wäre, Alles hergeben müssen. Hier war also keine Sinecure, kein blosses Namenhergeben, und dieser Umstand beweist auch, dass ich Rechte hatte, die ich geltend machen konnte, denn wäre dieses nicht der Fall gewesen, so wäre kein Grund gewesen, sich mit mir zu einigen und meine Consorten und ihren grossen Besitz zu schonen.

Ob die Gesellschaft den weisesten Gebrauch von den ihr abgetretenen Rechten für den Betrieb gemacht hat oder machen wird, ist eine Frage, die ich, wenn auch nur leise, berühren muss. Herr *Hertel* hatte ein Abkommen mit einigen der Schutzengel in den Schutzcomités, ihnen einen Theil seiner Verdienste zukommen zu lassen; mit der von mir empfangenen Summe soll er aber nicht nach Wunsch seiner Freunde verfahren sein, denn die Breslauer und Wiener Seraphen haben deswegen bei mir nachgefragt und sich darüber beklagt. Ob *Hertel* seinen Freunden eine Betheiligung bei den weiter empfangenen Summen oder an den ihm von der rumänischen Gesellschaft übertragenen Entreprisen gegeben hat, weiss ich nicht; ist dies aber nicht geschehen, so würde es heute zu spät sein, denn derselbe soll seinen Verdienst bereits wieder eingebüsst haben. — Wer die schützenden Geister aus der Commission unter Führung *Hertels* kennen gelernt hat, wird sich gewundert haben, wie diese Gestalten von den ihnen innewohnenden edlen Trieben äusserlich so ganz und gar keine Spur an sich trugen; den meisten derselben hätte ich weit eher zugetraut, sich für die Zerstörung des Tempels, als für Erlösung der Obligations-Inhaber zu interessiren. Selbstverständlich waren auch wirklich wohlwollende Herren darunter, und im Ganzen haben diese bunten Körperschaften doch wirklichen Nutzen gebracht. Sie dienten als Folie für die Bemühungen der Finanzgruppe, und es ist schade, dass diejenigen, die dabei verdienen wollten, nicht ihren vereinbarten Antheil der Belohnung empfangen haben.

Obgleich die rumänische Regierung kein Recht hatte, einen Zwang gegen die Obligationsbesitzer auszuüben, der ihre Stellung verschlimmerte, — denn die Garantie war für dieselben eben eine absolut unzweifelhafte, durch nichts zu verwirkende und unantastbare — so war es doch nur der erwähnten Zufälligkeit, den besagten Umständen zuzuschreiben, dass so viel erlangt worden ist. Die Herren *Hansemann* und *Bleichröder* sind dabei von dem löblichen Ehrgeiz geleitet worden, durch ihr Eingreifen ein Werk der Noth zu Stande zu bringen, und die Herren, die sich später beim Aufsichtsrath betheiligt haben, verdienen gewiss für ihre Thätigkeit die jährliche, nicht zu hoch gegriffene Belohnung.

Ich habe auch die feste Ueberzeugung, dass alle späteren Angriffe gegen die betheiligten Bankinstitute ungerechtfertigt sind. Letztere haben die Gesellschaft mit ihren Mitteln unterstützt, sich an Effecten-Emissionen derselben nur zum Vortheil der Gesellschaft betheiligt und überhaupt nur das Gedeihen des Unternehmens in's Auge gefasst.

Wenn die Actionäre weise handeln, so werden sie danach trachten, hier stets so viel wie möglich die ersten Vertreter der Bankhäuser in den Verwaltungsrath aufzunehmen, denn die Furcht, es gänzlich mit dem Geldmarkt zu verderben, ist der einzige Schutz gegen die vorhandene Neigung in Rumänien, sich eingegangenen Verpflichtungen zu entziehen. Diese Neigung liegt im Character der Nation, und der Wille des Einzelnen würde bei der constitutionellen Verfassung nicht ausreichen, recht zu handeln, wie er ja auch nicht ausgereicht hat — wenn er auch sicherlich vorhanden war — die Obligationsbesitzer gegen Unrecht zu schützen. In den aufgezwungenen Bedingungen lag für die Obligationsbesitzer erstens der ganze Verlust, der sich aus meinen Streitigkeiten mit der Regierung ergab, an dem die Obligationsbesitzer aber gar keine Schuld trugen, und ausserdem hat man in den Plänen für den Weiterbau, bei den Vorschriften für die Abnahme sowohl hinsichtlich der Zeit als der Leistungen Bedingungen gestellt, die der Gesellschaft viel Geld gekostet haben. Die Regierung zahlt nur die bedungene Zinssumme und hat ihren Zweck durchgesetzt, mit der Zahlung derselben erst nach wirklich vollständiger Herstellung der Strecken zu beginnen.

Wenn ich auch offen und ohne Rückhalt den Aufsichtsrath vor jeder Verdächtigung schützen möchte, so kann ich doch nicht umhin, die verfolgte Politik desselben zu tadeln und gleichzeitig zu behaupten, dass, wenn der eingeschlagene Weg selbst richtig gewesen wäre, die Bedingungen lange nicht so günstig sind, als sie hätten sein können.

Ich habe Gelegenheit gehabt, mit Herrn *v. Hansemann* die Frage zu besprechen und weiss daher, welche Motive ihn leiteten, denn wo Herr *v. Hansemann* betheiligt ist, da prägt sich sein Wille, durch Ausschluss jedes anderen, aus; nicht ebenso seine Ideen. Er ist nicht unempfänglich für die Gedanken Anderer, ist aber sein Wille einmal gefasst, so ist keine Beeinflussung weiter möglich, und in dieser Beharrlichkeit eben liegt seine Kraft. Nun hat Herr *v. Hansemann* den Grundsatz — und er ist für die Disconto-Gesellschaft nicht nur bequem und nützlich, sondern er hat sie vor Verlusten und Verwicklungen aller Art bewahrt, dass er und die Disconto-Gesellschaft sich bei industriellen Angelegenheiten, welcher Art sie auch sein mögen, nur betheiligen, wenn die Verantwortlichkeit für den Betrieb oder Ausführung auf andere Schultern gelegt werden kann. Dieses schliesst unter gewöhnlichen Verhältnissen seinen Einfluss auf die Verwaltung aber nicht aus, nur die Verantwortung übernimmt er nicht. Bei *Dortmunder Union* waren die Herren *Grillo* und *v. Born* die verantwortliche Aufsicht, bei *Görlitz* Geheim-Rath *Wilckens* und Consorten, bei *Harzer Union* Schatz-Rath *König* aus Hannover, bei *Hannover-Altenbecken* die *Magdeburg-Halberstädter Bahn* u. s. w.; die *Heinrichshütte*, die der Disconto-Gesellschaft gehörte, hatte Herr *v. Hansemann* als Erbschaft übernommen und diese ging in der *Dortmunder Union* auf.

Wenn es möglich ist, einem Institute wie der Disconto-

Gesellschaft unzählige Beziehungen zu verschaffen, wobei dieselbe alle möglichen rechtlichen Vortheile geniessen und über enorme associirte Capitalien einen unbeschränkten Willen ausüben kann, ohne verantwortlich und sogar in der Lage zu sein, ihre Speculationen in den betreffenden Papieren neben vollster Kenntniss der Verhältnisse mit einer Unbefangenheit zu handhaben, als ob sie der Sache ganz fern steht, und dass, wer auch verliert, sie sicherlich gewinnen muss, so verdient der Schöpfer dieses Systems seitens der Besitzer der Disconto-Commandit-Antheile jede Anerkennung.

Anders verhält es sich mit den Mündeln der Disconto-Gesellschaft. Diese leiden sicherlich schwer darunter, denn es kann nicht gute Früchte tragen, wenn die dirigirende Macht ohne Interesse und für den Erfolg unverantwortlich ist.

Bei Uebernahme der rumänischen Bahnen äusserte Herr *v. Hansemann:* „Ich kann nicht in Rumänien bauen, ich kann auch die Verantwortlichkeit dafür nicht übernehmen, ich muss eine andere Bahn haben, auf die ich mich stützen kann, und dieses kann nur die österreichische Staatsbahn sein.“ Von seinem Standpunkte aus waren dies sehr weise Grundsätze; er verfolgte hier keine persönlichen Zwecke, wollte nichts dabei verdienen, hatte mit aufgeregten und misstrauischen Actionären zu thun und wusste, dass das Land und die Regierung geneigt waren, ihm die grössten Schwierigkeiten zu bereiten. Ob aber ein solcher Standpunkt geeignet war, das Beste für die Gesellschaft zu erreichen, ist nach meinem Erachten eine ganz andere Frage. Der Standpunkt wurde aber eingenommen, und so ist man der Staatsbahn mit gebundenen Händen entgegen gegangen und musste sich ihre Bedingungen gefallen lassen, sich ihr auf Gnade und Ungnade ergeben. Wenn an diesem Entschlusse nicht zu rütteln war, so war auch keine Zeit zu verlieren, und so reiste denn Herr Geheim-Rath *Scheele* nach Wien und die Sache wurde abgemacht.

Ich stand kurz nach Uebernahme der rumänischen Concession auf Veranlassung eines Freundes mit der Staatsbahn in Unterhandlung, und mir wurden damals ganz unvergleichlich bessere Bedingungen offerirt, als die rumänische Gesellschaft erzielt hat. Ich habe sie zurückgewiesen, weil mir der Gedanke, die Bahnen selbst zu verwalten, interessanter war, als der sichere Profit, den mir das Geschäft mit der Staatsbahn darbot. Hätte die rumänische Gesellschaft nicht sofort abschliessen wollen, wäre sie bereit gewesen, wenigstens anfänglich, den Bau selbst in die Hand zu nehmen, oder hätte sie gar Miene gemacht, mit einer anderen ungarischen Bahn zu unterhandeln, so hätte man von der Staatsbahn die Baugelder nicht zu 8, sondern zu 4, sicher zu 5 pCt. pro anno empfangen können; hierbei ziehe ich nur eine Offerte, analog der mir gemachten, in Betracht, während die jetzt der Staatsbahn gebotene Sicherheit eine viel grössere und der Geldbedarf ein viel kleinerer gewesen wäre, als der meinige war. Bei den Verhandlungen mit mir wollte die Staatsbahn die rumänischen Obligationen bei sich deponiren, auf eigne Obligationen zu den billigsten Zinsen die Gelder in Frankreich aufnehmen und mir einen entsprechend hohen Cours für meine Obligationen geben; sie wäre dabei gut gefahren, sowohl in den ersparten Zinsen, als auch weil der Betrieb der rumänischen Bahnen ihr unendliche Vortheile bietet. Ich hätte damals selbst bauen, mich aber der Controle der Staatsbahn unterwerfen sollen, während es mir beim Betrieb freistehen sollte, darauf zu achten, dass die rumänischen Bahnen nicht nur zu Gunsten der Staatsbahn ausgebeutet würden. Die Furcht vor letzterem Umstand war auch ein Hauptgrund, der mich die Offerte zurückweisen liess, denn die rumänischen Bahnen der Staatsbahn zum Betrieb überlassen, wo die Zinsen garantirt sind, heisst den Bock zum Gärtner machen, weil die Interessen eben verschieden sind; ich aber hoffte viel von der Zukunft der Bahnen.

Hätte man die Staatsbahn an sich herankommen lassen, so würde man unvergleichlich bessere Bedingungen erzielt haben, und man brauchte sich ihr, bezüglich des Baues und der Verwaltung, nicht ganz in die Hände zu geben. Die Staatsbahn wäre aber meine letzte Zuflucht gewesen, sowohl der Verschiedenheit der Interessen halber als auch, weil keine Bahn so theuer bauen und so verschwenderisch verwalten würde. Der Director dieser Bahn ist aus der theuersten Schule der Welt;

er diente früher bei der grossen russischen Gesellschaft, welche mit einer enorm garantirten Summe nicht ausgekommen war und eine Zulage von vielen Millionen erforderte. Dieser Mann, eine schwerfällige pedantische Persönlichkeit, bezieht von der Bahn weit über 100,000 Gulden jährlich. Man denke sich einen preussischen Eisenbahn-Director mit solchen Einnahmen, und hier haben wir wenigstens wirkliche Bildung und Beamten-Tüchtigkeit. Die Staatsbahn hat grosse Einnahmen, weil sie ein selten gutes Gebiet und andere Vortheile besitzt, sie ist aber schlecht und theuer verwaltet, und der ganze französische Humbug mit unzähligen Chefs und parallel laufenden Behörden ist hier in voller Blüthe. Niemals hat noch eine französische Verwaltung billig gebaut oder verwaltet,. und ich bin bereit, den Beweis zu liefern, dass die Kosten des Baues in Rumänien mehr als um das Doppelte zu theuer geworden sind, und dass zum Betrieb ein Apparat geschaffen worden ist, der ihn auffrisst. Für diese miserabele Verwaltung ist ein grosses Palais in Bukarest acquirirt, ein vollständiges Beamtenheer beschäftigt, und an der Spitze steht ein französischer Techniker mit weit über 100,000 Frcs. Einkünfte, der in keiner Weise einem königlich preussischen Baumeister gleich zu stellen ist. Es ist heute vielleicht unwesentlich, weil der Staat die Zinsen bezahlt, wie gross die Verschwendung beim Betrieb ist, es wäre aber immer vortheilhaft, wenn die Staatsgarantie weniger in Anspruch zu nehmen wäre.

Ein Haupt-Grundsatz dieser Eisenbahn-Behörde ist, alles Deutsche zu perhorresciren, obgleich die Bahn Deutschen Actionären gehört. Der schlechteste meiner Unternehmer, ein Franzose, der gerade auf seiner Strecke den Unfug getrieben, welcher einen Vorwand für die Beschwerden der Regierung gegeben hat, ist Schoosskind dieser Verwaltung geworden und hat Millionen dabei verdient. Auch bei den Submissionen soll es menschlich zugegangen sein; wenigstens hat mir einer meiner Unternehmer mitgetheilt — er verdient Vertrauen und ich bin bereit seinen Namen zu nennen — dass er bei einer Gelegenheit eine Offerte gemacht hatte, die er auf Veranlassung eines Beamten um fünf Millionen Franken erhöhte, und welche dann von dem französischen Unternehmer für ein ganz Geringes unter diesem Preis übernommen worden ist.

Ein im Betrieb höchst routinirter Beamter, Herr *Dulin*, der vom Baurath *Grapo* geschult war und jetzt von seinem Bruder engagirt ist, wurde aus Rumänien verdrängt, und von diesem habe ich himmelschreiende, überzeugende Mittheilungen erhalten über die Millionen, die bei der Fertigstellung für den Betrieb der von mir übergebenen Strecken unnöthig vergeudet worden sind. *Dulin* ist ein ehrenhafter Character, kennt sein Fach, und ich nenne seinen Namen mit vollstem Vertrauen.

Die Details der Contracte zwischen der rumänischen Gesellschaft und der Staatsbahn sind mir nicht näher bekannt; ich habe nur immer auf Vorstellungen, die ich im obigen Sinne gemacht habe, die Antwort bekommen, die Staatsbahn sei unbeschränkt. Ich besitze keine rumänischen Actien, interessire mich aber für das Unternehmen. Mir ist es nicht gleichgültig, dass die Actionäre zu kurz kommen, und durch die Art, wie der Bau ausgeführt worden, ist ihnen beinahe unermesslicher Schaden zugefügt; ich weiss genau, was hätte verausgabt werden sollen, weiss es zu beurtheilen, wie die dortige Handhabung das Zwei- und Dreifache involvirt, ohne an Unehrlichkeit zu denken.

Die von der Regierung in ihrer Aufstellung als erforderlich bezeichneten Summen — und diese Aufstellung war absichtlich hoch gegriffen — stehen in *keinem Verhältniss* zu den *wirklichen* Ausgaben, und weil es nahe liegt, dass man mir die Schuld in die Schuhe zu schieben sucht, meine Arbeiten und den Zustand der Bahnen bei Uebergabe unterschätzt, darum und nur deshalb habe ich den Gegenstand erwähnt, mich aber beschränkt und Vieles nicht berührt, was ich mit Recht hätte kritisiren können. Wünscht man Beweise, dann bin ich bereit diese zu liefern, aber selbstverständlich muss es vor einer sachkundigen unparteiischen Commission sein, und mir müssen auch die entsprechenden Materialien zur Verfügung gestellt werden.

Ich weiss nicht, ob eine solche Untersuchung etwas nützen könnte, das Geld ist ausgegeben und da, wie ich höre, an den

Contracten nichts zu ändern ist, so kann selbst der Betrieb keinen Vortheil daraus ziehen. Es ist aber himmelschreiend, dass ein mit Deutschem Kapital und Deutscher Kraft im Auslande geschaffenes Werk einer Verwaltung anheim fällt, die das Deutsche Element verkennt. Was auch bei uns noch zu wünschen sein mag, so kann sich die beste Französische Eisenbahn-Verwaltung in Nichts mit einer Deutschen messen, unsere Elemente sind besser, gebildeter, sachkundiger und unweit billiger.

Ich mache dem Aufsichtsrath keinen Vorwurf, er hat sicher das Beste gewollt, die Stellung war sehr schwierig und der Standpunkt gewisser Maassen berechtigt, wenn auch für die Interessen der Gesellschaft bedauerlich. Im Aufsichtsrath ist, wie ich glaube, mit Ausnahme eines Herrn, keiner mit Bauangelegenheiten vertraut, dieser Herr ist auch mehr Verwaltungsmann und fehlt ihm nach meiner Wahrnehmung die Eigenschaft, Verhältnisse in der Ferne und im Grossen zu beurtheilen.

Die Rechnungen werden sicherlich gestimmt, pedantische Ordnung und Formalitäten werden nicht gefehlt haben, diese verdecken aber nur Schäden, wenn der grosse Blick fehlt, und so sind die Fehler im guten Glauben und mit bester Absicht geschehen.

Der Leser ist nun in der Lage, die Streitfrage zwischen der rumänischen Regierung und mir zu beurtheilen und zu erfahren, wie Parteileidenschaften und Intriguen sich der Frage für eigene Zwecke bedient haben, und wie ohne Weiteres Ansprüche erhoben wurden, die im Widerspruch mit der Concession und den Vereinbarungen standen, worauf hin der Bau in der beschriebenen Weise hätte allein unternommen werden können, wie Zufälligkeiten, die ein Resultat der Kriegsereignisse waren, ausgebeutet wurden, als ob etwas geschehen wäre, wovon die Regierung nie gewusst hätte, wie man dann aus diesen Verhältnissen auf Kosten der Obligationsinhaber Nutzen ziehen wollte, und durch Angriffe gegen mich die bösen Absichten und die Nichterfüllung der Pflichten der Regierung zu maskiren gesucht hat; wie man mich systematisch ruinirt hat, damit man meine sich daraus ergebende financielle Lage nicht als Resultat dieser Handlungen, sondern als Grund derselben bezeichnen und diesen Vorwand benutzen konnte, sich der Bahn zu bemächtigen und mich am Weiterbau zu hindern. Wie die Presse und das Publicum der Regierung in die Hände spielten, und während sie mich durch ihre Angriffe hinderten, die Arbeiten fortzuführen und das zu thun, was im Interesse der Obligationsbesitzer lag, sie der Regierung den Vorwand gaben, sich als geschädigt hinzustellen, die Obligationsbesitzer in einen Streit mit hineinzuziehen, der sie garnichts anging, und sie eventuell zu einer Einigung zu zwingen, die ein Unrecht war, indem ihre Forderung gegen die Regierung eine selbständige, unzweifelhafte und von meinem Gebahren ganz unabhängige war. Bei einigermassen redlichen Absichten und unter den Umständen, die mich bereit machten jedes Opfer zu bringen, um den noch schwebenden öffentlichen Scandal zu beseitigen, wäre es mir und namentlich mit Hülfe meiner sehr potenten Mitconcessionäre, deren Hülfe mir zu Theil geworden wäre und werden musste, nicht schwer gefallen, den Bau ungestört zu Ende zu führen.

Dies wollte man aber nicht, und um den eignen Willen auszuführen, haben Presse und Obligationsbesitzer alles nur Mögliche beigetragen, und wenn unter solchen Umständen noch Etwas gerettet wurde, so verdankt man es den geschilderten zufälligen Umständen und dem Eingreifen der Disconto-Gesellschaft und *Bleichröder's;* dass nicht Alles gesichert blieb, war die einzige Schuld der Obligations-Inhaber, die einem Phantom nachliefen und die Wirklichkeit entschlüpfen liessen.

Die Rechte gegen Rumänien lagen klar zu Tage, die gegen die Concessionäre waren, für den Augenblick wenigstens, zweifelhaft; nach dort, nicht hierher hätte der Angriff gerichtet werden müssen, und man hätte sich vergegenwärtigen sollen, dass grade im Verhältniss, wie sich der öffentliche Unwille gegen mich entlud, keine Entrüstung für Rumänien mehr übrig blieb; die öffentliche Meinung aber war das einzige Mittel, Rumänien zu zwingen, seine Pflicht zu erfüllen. Dazu kommt noch, dass bei mir relativ Nichts auszurichten war, denn mein wirthschaftlicher Ruin konnte nichts helfen, und wenn ich wirklich für Capital und Zinsen verantwortlich gewesen wäre, wie es nie erwartet, noch beabsichtigt worden, so musste Jeder wissen, dass ich weder 70 Millionen Capital noch die darauf fallende Verzinsung mit $7^1/_2$ Procent zahlen konnte.

Kein Opfer wäre mir zu gross gewesen, die Obligations-Inhaber zu befriedigen, und wenn es auch nicht meine Schuld ist, dass ihnen nicht Alles geworden, so kränkt es mich doch tief. Hoffentlich wird man jetzt einsehen, wie unrecht und ungerecht man gehandelt hat, indem man gegen mich aufgetreten ist.

Obgleich Jeder das Recht hat zu verlangen, was ihm zugesichert war, so behaupte ich doch, dass das Ergebniss schlechter geschildert wird, als es in der That war, und dass Mitleid da geäussert wird, wo es nicht am Platze ist. Ob Einzelne mehr gezahlt haben, weiss ich nicht; durchschnittlich habe ich keine 60 Procent für die rumänischen Obligationen empfangen. Mehrere Jahre hindurch wurden $7^1/_2$ Procent gezahlt, also nach dem durchschnittlichen Kostenpreise $12^1/_2$ Procent, seit dieser Zeit sind von der Nominalsumme 5 Procent, 4 Procent und ich glaube zuletzt $2^1/_2$ Procent bezahlt worden. Ich richte mich nicht nach dem Courszettel, sondern nach dem durchschnittlichen Kostenpreis von 60 Procent. Nach diesem gerechnet, haben die Obligationsbesitzer bis heute weit über 5 Procent pro anno für ihr Geld, und wenn ihnen ausser der Amortisation 3 Procent in Zukunft gesichert sind, und dies ist jetzt unter allen Umständen der Fall, so haben sie für die Vergangenheit mehr, für die Zukunft wenigstens immer 5 Procent für ihr Geld, und das ist eine Lage, die durchaus nicht so sehr bedauerlich ist. Der Conflict hat einen Nutzen gehabt, er hat es für Rumänien unmöglich gemacht, in Zukunft Zahlungseinwände zu machen.

Das Land ist reich genug und die Fruchtbarkeit desselben unerschöpflich, die Bevölkerung wird aber nie eine hohe Stufe in der Civilisation einnehmen und die Verwaltung immer eine derartige sein, dass von einem grossen und lang ausgedehnten Credit nie die Rede sein wird. Rumänien wird immer nur verhältnissmässig wenig und immer mit kurzer Amortisationszeit borgen können, und hierin liegt die Sicherheit seiner Zahlungsfähigkeit. Ausserdem haben die Bahnen eine unbedingt gute Zukunft, und bei richtiger Verwaltung kann die Zeit kommen, wo man die Regierungs-Garantie nicht mehr brauchen wird.

Der Besitzer von Rumänischen Papieren muss nur keinen Courszettel lesen; dann wird er wenigstens 5 pCt. Zinsen und seiner Zeit sein Geld wieder bekommen. Wenn er verkaufen muss und sich nach den Coursschwankungen zu richten hat, dann liegt die Sache anders.

Der Grund, warum z. B. in diesem Jahre nur $2\frac{1}{2}$ pCt. Zinsen bezahlt worden sind, lag in der Absicht des Aufsichtsrathes, für einen möglichen Ausfall, der durch die Veräusserung meiner Pfänder verursacht werden könnte, eine Reserve zu schaffen. Dies kann die Dividende höchstens noch ein Jahr in derselben Weise beeinflussen, wie es jetzt geschehen; die berechtigten Coursschwankungen dürften daher, nachdem die jetzigen Dividenden gezahlt sind, nicht ein Procent betragen. Wie hat aber die Börse diesen Umstand discontirt? Bei einer nachmaligen Zinskürzung ist die nöthige Reserve allerdings geschaffen, am Course (d. h. an Kapital) sind aber darum unnöthig viele Procente verloren gegangen.

Aus welchem Grunde ist der Cours überhaupt so niedrig? Selbst $2\frac{1}{2}$ pCt. Zinsen berechtigen bei einer vollendeten, im Betrieb befindlichen, in den Einnahmen wachsenden und durch Staats-Garantie gesicherten Bahn einen Cours von über 40; die Zinsen werden aber stets über 3 pCt. sein, und somit müsste der Cours viel höher stehen. Jeder wird also sein Capital von sechzig Thalern immer über fünf Procent verzinst bekommen, und wenn der ursprüngliche Obligationsbesitzer auch berechtigt ist, sich zu beklagen, dass das Ergebniss nicht besser sei, so hat unter obigen Umständen Niemand ein Recht, in *forma pauperis* an das Erbarmen der Welt zu appelliren.

Beim Schluss dieses Abschnittes kann ich, wie bei den preussischen Bahnen, versichern, dass ich auch hier meinen sogenannten goldnen Schlüssel bei den Staatsbeamten nicht in Anwendung gebracht habe. Der Unterschied ist nur der: in Preussen hätte ich ihn nicht gebrauchen können, ausserhalb aber war er sehr nothwendig, und ich hätte andere Resultate erzielt, wenn ich ihn benutzt hätte.

Zwölftes Capitel.

Ueber mein Geschäftsleben im Allgemeinen. — Meine Beziehungen zur Commerz-Leihbank in Moskau. — Meine Unternehmungen in Zbirow. — Meine Inhaftirung. — Schluss.

Zwölftes Capitel.

Ueber mein Geschäftsleben im Allgemeinen. — Meine Beziehungen zur Commerz-Leihbank in Moskau. — Meine Unternehmungen in Zbirow. — Meine Inhaftirung. — Schluss.

Meine geschäftliche Thätigkeit hat zu vielen Bemängelungen Anlass gegeben. Unzweifelhaft hat der unparteiische Beobachter häufig eine richtigere Anschauung von dem Gebahren des Handelnden, als er selbst. Dieses ist aber nur insoweit war, als man voraussetzt, dass sich der Betrachtung auch alles vergegenwärtigt, was zur Action animirt, was darin begriffen ist. Ich zweifle nicht, dass ich, vom geschäftlichen Standpuncte aus betrachtet, mich vieler Sünden, so wohl des Thun's, wie des Unterlassens schuldig gemacht habe; dass ich mir zu viel zugetraut, dass ich mir zu wenig Spielraum gelassen habe für Eventualitäten, die man nicht berechnen kann, dass ich meinen Gefühlen häufig gefolgt bin, wo die kalte Berechnung allein hätte massgebend sein müssen, dass ich die Zukunft zu sehr in's Auge gefasst und die nahe liegenden Interessen zu wenig berücksichtigt habe, dass ich mich zu wenig um die Usancen und Gewohnheiten des Landes gekümmert, dass ich zu *large* in Geldangelegenheiten gewesen und zu viel auf mich geladen habe.

Fehlerfrei ist Niemand, und wenn es möglich wäre, einen ganz correcten Maassstab anzulegen, und der Wille dazu da wäre — was aber nur dann gerechtfertigt ist, wenn sich Jemand als vollkommen hinstellt — so muss bei mir viel getadelt werden können, weil ich Vieles nicht so durchgeführt habe, wie ich es wollte, weil mir Vieles missglückt ist und weil ich nach vieljähriger Thätigkeit heute in meinen Verhältnissen schlechter dastehe, als bei Beginn meiner geschäftlichen Laufbahn in Deutschland.

Nach Resultaten allein zu urtheilen, ist nichts desto weniger falsch, und ich spreche jeder bis jetzt gegen mich gerichteten Kritik ihre Berechtigung darin ab, weil meine Verhältnisse, die Vielseitigkeit meiner Thätigkeit, meine in's Auge gefassten Ziele und der Standpunct, von dem ich ausging, von den Wenigsten beurtheilt werden könnten, selbst wenn sie vollständig orientirt wären, und dass diese Niemandem bis jetzt genügend bekannt sind, um ihn zu einem Urtheil zu berechtigen. Man kann daher nur im Allgemeinen tadeln oder loben; man mag das Richtige getroffen haben: in diesem Falle würde man es dem Zufall, vielleicht einem instinctiven Ahnungsgefühl, nicht einer reifen erschöpfenden Erwägung zu danken haben.

Indem ich aber nur getadelt worden bin und doch Vieles geleistet habe, was mich überleben wird, und da, wie aus dem so weit Geschilderten ersichtlich ist, die öffentliche Meinung nirgends informirt, überall ohne Grundlage gerichtet hat, so ist es doch vielleicht möglich, dass, wenn ich den Leser über meine Motive und Zwecke unterrichte und ihm, so weit dieses noch nicht geschehen, meine Angelegenheiten schildere, er zu der Ueberzeugung gelangen werde, dass ich stets nur Edles erstrebt und meistens nur Gutes gewollt, dass meine Zwecke berücksichtigend, ich selbst im Misslingen nicht gänzlich ohne Erfolg geblieben bin, dass unter denselben Voraussetzungen meine Berechnungen nicht ganz falsch und meine Handlungsweise nicht völlig unrichtig waren, dass bei mir Verhältnisse mitgespielt haben, auf die nicht zu rechnen war, und dass man mich ganz falsch beurtheilt und darum fast allgemein mir entgegengearbeitet hat.

Sollte es mir aber gelingen, ein ganz klares Bild zu geben, so wird man nicht umhin können, mich da zu tadeln, wo ich mir selbst längst Vorwürfe gemacht habe, und zwar, weil ich nicht vorausgesehen, wie gefährlich es sei, eine Thätigkeit in einem Lande zu entwickeln, die zur Zeit so gänzlich ausser Verhältniss zu dem dort üblichen Maassstab stand.

Ich hätte darauf gefasst sein müssen, dass es mir hier gehen musste wie *Gulliver* unter den Liliputanern; seine Dimensionen erschreckten die Einwohner und ohne zu wissen, welcher Art sein Charakter war, schien er ihnen gefährlich, und daher knebelten sie ihn während seines Schlafes mit unzähligen kleinen Mitteln, so dass er ihnen nicht gefährlich werden konnte. Diese kleinen Leute waren aber doch weise in ihrer „Generation", denn sie tödteten ihn nicht, sondern pflegten ihn und hatten daher den Vortheil, dass er, als sie ihn besser kennen gelernt, ihnen einen grossartigen Dienst leisten konnte.

Ich räume also ein, dass ich mir für mein Streben eine andere Heimath hätte suchen müssen, ich finde es natürlich, dass man mich nicht verstanden hat und mich in einem gewissen Maasse als gefährlich betrachtete, man konnte also behutsam verfahren, man hätte aber wenigstens die Weisheit der Liliputaner haben müssen, eine Kraft zu erkennen. Man konnte sie zügeln, aber man hätte sich gleich jenen sagen müssen, Kräfte sind nicht zu verachten, wir wollen sie nicht tödten, weil sie vielleicht doch nützen können. Die Verhältnisse sind bei uns seitdem ebenfalls grösser geworden, wenn man auch nicht verstanden hat, sie zu benutzen, und da ich trotz aller Schläge noch einige Kraft in mir fühle, so will ich versuchen, meinen Landsleuten ein richtiges Bild von mir zu geben; vielleicht gelingt es mir dadurch, mir ihr Vertrauen zu erwerben, um im gegenseitigen Interesse wieder wirken zu können.

Während meiner Vertretung der englischen Capitalisten bei der Tilsit-Insterburger Bahn, wurde es mir klar, dass ich dem Lande einen grossen Dienst leisten würde, wenn ich dazu beitragen könnte, die Verkehrswege zu vermehren, und, wie schon erwähnt, die Gelegenheit bot sich dazu durch die mir gemachten Vorschläge in Verbindung mit der ostpreussischen Südbahn. Ich besass bereits damals ein wenn auch nicht grosses, doch immer ansehnliches Vermögen und ich hatte mir die Frage zu stellen, welchen Weg ich einschlagen sollte, um, neben Versorgung für meine Familie, zugleich höheren Zwecken dienen zu können. Meine Zinsen genügten nicht für meine Bedürfnisse, die Vertretung einer Versicherungs - Gesellschaft war mir längst lästig, weil die Beschaffung von Policen eine für mich in keiner Weise geeignete Beschäftigung war, und auch litterarische Thätigkeit für Zeitschriften convenirte mir nicht.

Die Herstellung von Eisenbahnen schien mir, bei meiner Ansicht von ihrer Bedeutung, etwas Würdiges und versprach mir zu gleicher Zeit die Möglichkeit mich in die Lage zu setzen, später in vollster Unabhängigkeit dem öffentlichen Wohl dienen zu können.

Jeder Mensch hat seine Aspirationen; Viele haben dieselben zum Wohle der Menschheit verwirklicht, und so hatte ich auch meine Träume, diesen habe ich von frühester Jugend gelebt und Alles, was ich gethan, hatte in meinem Geiste immer Beziehung zu deren Realisirung. Ich bekenne, nachdem ich an einem Wendepuncte meines Lebensweges angekommen bin, wo mir der noch zurückzulegende Pfad von der Nothwendigkeit streng vorgezeichnet ist und ich keine Zeit mehr übrig habe, mich nach romantischen Stellen umzusehen, dass es praktisch falsch ist, seinen Beruf, welcher es auch sei, nur als nebensächlich zu betrachten und seine Wünsche auf Höheres zu richten, als den momentan angewiesenen Wirkungskreis, denn dadurch verfehlt man seine Aufgabe und erreicht sicherlich nicht das, was sonst erreichbar gewesen wäre.

Ein eifriger, fleissiger, ehrenhafter Schuhmacher kann Vermögen erwerben, die Achtung seiner Mitbürger besitzen und wahrscheinlich als Rentier communale und andere Ehren-Aemter bekleiden, während ein gesellschaftlich und geistig viel höher gestellter Mann, der sein Fach stiefmütterlich behandelt und sein Geld verausgabt, weil er sich zu Besserem berufen glaubte und den Werth geregelter Verhältnisse unterschätzt, nie die Ruhe und Gelegenheit finden wird, sich dem Besseren zu widmen. Will man im öffentlichen Leben eine Rolle spielen, so muss man sich diesem ganz widmen und dem alles Andere subordiniren, und die Beispiele sind leider sogar nicht selten, dass selbst böse, unehrliche und oberflächliche Menschen ihre Ambition, als Politiker oder Demagoge, befriedigen konnten, weil sie sich dieser ganz hingegeben haben. Als Regel kann man nur auf einem Gebiete Grosses leisten. *A deux mains* kann man ein Thier abrichten, aber auf Kosten der Action. Finanzielle Unabhängigkeit erstreben und in Behaglichkeit leben wollen, das Geld verachten und doch viel brauchen, sich in grosse Geschäfte einlassen und doch Zeit für Anderes übrig behalten u. s. w. lässt sich nicht vereinbaren. Ganz sein, was man ist, ist die einzige Regel zum Erreichen seiner Zwecke, und hätte ich diese befolgt, so brauchte ich diese Zeilen nicht zu schreiben. Wäre ich der nach Reichthum haschende Mensch gewesen, für den mich Viele gehalten haben, so hätte ich bei meinen praktischen Fähigkeiten mich über Mangel daran jetzt sicher nicht zu beklagen, und da Reichthum in unserer Zeit, unter der Bedingung, dass man ihn sicher vorhanden consolidirt glaubt, viele Sünden deckt und trotz aller Scheinheuchelei ziemlich allgemein angebetet wird, so würde mir selbst die Gelegenheit, meine Ambition zu befriedigen, nicht fehlen.

Diese Grundsätze waren mir nicht fremd, sie wurden mir von frühester Jugend eingeprägt und haben insofern gute Früchte getragen, als sie mich zum Eifer, zur Energie und zum Ernst angeregt haben. Nur macht sich leider Jeder selbst aus den weisesten Lehren seine eigne Regel, und nachdem ich mehrfach an mir selbst Gelegenheit hatte wahrzunehmen, dass ein Abweichen von diesen Grundsätzen mir geschadet und mich in grosse Sorgen gestürzt hätte, war ich immer geneigt zu glauben, dass der Fehler nicht im Prinzip meiner Handlungen, sondern in der Handhabung oder in Zufälligkeiten gelegen; und so legte ich mir auch für dieses Mal einen Plan aus, der durch die Verhältnisse begünstigt schien und, wie ich glaubte, sicherlich nicht fehlen konnte.

Indem ich meine Zwecke und Pläne schildern will, beabsichtige ich zwar zu beweisen, dass ich verkannt worden bin und Sympathie verdiene, dass meine Unternehmungen sämmtlich gut und zweckmässig waren und Rentabilität versprachen, dass man Unrecht hatte mich darin zu stören, weil dadurch höchst Werthvolles, vom finanziellen, staatsökonomischen und socialen Standpunkte betrachtet, vernichtet oder nicht realisirt worden ist. Ich bekenne aber zugleich, dass ich klüger gehandelt hätte, wenn ich mich einer meiner vielen Unternehmungen ganz gewidmet und diese sicher durchgeführt hätte, oder wenn ich, wie dieses bei mir der Fall gewesen, die Ueberzeugung hegte, dass meine Erfahrung und Naturanlagen dazu beigetragen haben, in mir für gewisse Zwecke Theorie und praktische Befähigung in einem seltenen Grade zu vereinigen, dann hätte ich mich finanziell von jeder Betheiligung fern halten und mich darauf beschränken sollen, fremde Capitalien dafür zu gewinnen und denen meine Dienste zu widmen.

Ich glaubte aber mehr unbeschränkt handeln zu können und zu gleicher Zeit dadurch nicht nur mehr zu leisten, sondern mir eine Position zu schaffen und mich finanziell so zu situiren, dass ich in Zukunft nicht nach Erwerb würde zu trachten brauchen. Meine damalige Absicht war darauf beschränkt, beim Zustandebringen von Eisenbahnen mir so viel zu erwerben, dass ich mir einen grösseren Grundbesitz kaufen konnte, mich dann von Geschäften zurück zu ziehen und bei geeigneter Gelegenheit ein Mandat für das Abgeordnetenhaus anzunehmen und mich der parlamentarischen Thätigkeit gänzlich zu widmen.

Inzwischen wurde ich durch Umstände gezwungen mich beim Bau activ zu betheiligen, und von diesem Moment stellten sich ganz andere Bedingungen ein.

Der Bau einer Bahn nimmt nöthiger Weise mehrere Jahre in Anspruch, es giebt fast keinen Bau, von dem man mit auch nur annähernder Gewissheit sagen kann, ob er Gewinn oder Verlust bringen werde, und da ist die einzige Sicherheit, mehrere Unternehmungen zu haben, damit man, da nicht Alles gleichzeitig misslingen kann, das Schlechte mit dem Gutem auszugleichen vermag. Der Apparat für die Herstellung einer Bahn ist sehr gross, Kanzlei, Registratur, das technische Bureau, Rechnung und Revisions-Wesen können mit geringen Mehrkosten für mehrere Bahnen Dienste leisten. Alle diese Branchen bleiben nach Vollendung einer Bahn noch lange für Schlussabrechnung mit der Bahn, den Lieferanten und Subunternehmern erforderlich, selbst die leitenden Techniker sind auch nach der Vollendung des Baues nicht gut entbehrlich, weil eine Menge Fragen ohne dieselben kaum zu erledigen sind. Man kann nicht auf Eifer und Rührigkeit rechnen, wenn die Beamten nicht dauerndes Engagement in Aussicht haben.

Die Gelegenheit, diesen Verhältnissen Rechnung zu tragen, bot sich von selbst an, und da ich voraussah, dass ich bei Berlin-Görlitz verlieren würde, so war es geboten, neue Geschäfte nicht auszuschlagen, dies um so mehr, als ich, wie jeder Andere damals der Ueberzeugung war, dass ich dadurch dem Lande die grössten Dienste leistete. Ein Keil treibt in der Regel den andern, und so brachte der grosse Eisenbahnbau, wie ich ihn betrieb, weitere Anforderungrn mit sich. Diese zu befriedigen, erweiterte ich meinen Wirkungskreis, entfernte mich immer mehr von meinem ursprünglichen Plane und dies gewährte mir so viel Aussicht, meine Ideen für das Wohl der Arbeiter praktisch zu verwirklichen, dass ich mich nun ganz meinen Geschäften hingab und nur noch in weiter Ferne, nach Vollbringung grosser Aufgaben an ein Zurückziehen vom Geschäftsleben dachte. Ich war auch noch aus persönlichen Gründen veranlasst, den Gedanken an eine parlamentarische Thätigkeit zu verschieben, bis ich durch praktische Erfolge mir eine Stellung verschafft haben würde, welche meinen Bemerkungen Gewicht verleihen sollte. Wenn auch nicht unfähig, mich in öffentlicher Rede zu äussern, würde ich doch nie als Volksredner haben brilliren können, da ich Principien-Fragen, Fundamental-Gesetzen und grossen Reformen gar kein Interesse abgewinnen kann, und die grossen parlamentarischen Kämpfe bei uns doch nur meistens darauf hinauslaufen. .

Ferner gehört zur schönen Rede das Absolute und auch ein gewisser, wenn auch gemachter, unwahrer Enthusiasmus. Beides liegt mir fern. Für mich ist alles Menschliche nur relativ wahr; es giebt viele Wege zum Heil, und ich bin eine zu wahre Natur, um Enthusiasmus zu heucheln. Eine sachliche und sachkundige Behandlung, ein Prüfen der Zweckmässigkeit des Erfordernisses und der Tragweite vorkommender Fragen interessirt mich. Diese Seite der Behandlung ist wenigstens in continentalen Parlamenten wenig beliebt und wird noch weniger verstanden. Ausserdem bin ich aus meinem Innersten heraus ein Feind von Reorganisirungen, Umgestaltungen und Umwälzungen; die bessernde Hand möchte ich überall anlegen, aber stets unter Conservirung des Bestehenden. Demagoge könnte ich nicht sein; aus dem Volke entsprungen, entferne ich mich nicht grade vom Volksthümlichen, aber wenigstens vom sogenannten Liberalen. Den höheren Ständen gehöre ich nicht an, und wenn ich auch alle Rechte, *so lange sie nicht schädlich wirken, conserviren* würde, so ist meine conservativ-legitimistische Gesinnung doch nicht, wie bei der Aristokratie, gewissermassen eine religiöse Ueberzeugung, mir ist Nichts geheiligt daran. Ich erkenne und glaube fest an die Zweckmässigkeit, den Werth des Herkömmlichen überhaupt und namentlich in Preussen, aber immer unter Subordination für das Gemeinwohl und so bin ich auch auf unserem conversativen Boden eine fremde Pflanze.

Für mich gab es denn nur ein Terrain, das rein Praktische. Um hier aber zur Geltung zu kommen, muss man auf Grund von Erfolgen, Autorität und durch Wohlstand unabhängig und über Verdacht erhaben sein.

Unter solchen Umständen wurde ich denn für jene Zeit ganz Unternehmer und trat, alle Segel gespannt, die Reise an. Ueber den wesentlichsten Theil meiner Thätigkeit, die bei Eisenbahnbauten, ist der Leser bereits informirt; der Rahmen ist somit gegeben, und es handelt sich also nur noch darum, dass Fehlende zu ergänzen. Wie bereits erwähnt, konnte ich auf einen Verkauf von Actien neuer Bahnen überhaupt erst rechen, nachdem das Arbeiten begonnen, das Unternehmen in gewissem Grade zur Wirklichkeit geworden, und der Werth der auszugebenden Actien reichlich durch Lieferungen und Leistungen vorhanden war. Die Caution, Präliminarkosten, Vorarbeiten, Pläne, Vorbereitungen für den Bau, Materialbeschaffungen, Anzahlungen bei Bestellungen, die Arbeiten selbst, ehe sie abgenommen und verrechnet werden konnten, verursachen in jedem Falle eine Auslage von sehr bedeutenden Summen; die Banquiers, denen das Risico einer Actienzeichnung zu gross war um sich bei neuen Bahnen zu betheiligen, befürchteten erst recht einem Unternehmer persönlichen Credit zu geben, dessen Verpflichtungen in der Uebernahme von ganzen Bahnen sich nicht berechnen liessen, dessen ganze Verhältnisse ihnen überhaupt fremd und dessen eventuelle Zahlungsfähigkeit von Geschäften abhing, die ihnen höchst riskant erschienen und die sich ihrer Beurtheilung entziehen mussten.

Ausserdem waren die in Bankgeschäften vorhandenen Capitalien zur damaligen Zeit mit wenigen Ausnahmen höchst unbedeutend, diese mussten bei der Eigenthümlichkeit des Berliner Geschäftes stets flüssig sein und, wie schon erwähnt, waren Platz-Disconten für den Berliner Banquier nicht verwendbar. Es ist überhaupt ein Irrthum, wenn man von Berliner Banken spricht. Diese sind sämmtlich nur Commissionsgeschäfte für Fonds und fremde Wechsel und im grösseren und kleineren Grade Gründungshäuser oder Gründungsgesellschaften, Spekulanten und in jüngerer Zeit, mit wenigen Ausnahmen, Wucherer. Letztere Bezeichnung bezieht sich aber nicht etwa nur auf kleinere Häuser, — sie ist beinahe allgemein gültig. Unter den alten Privatbanquiers allein findet man noch Häuser, die den anständigen Traditionen ihrer Geschäfte treu geblieben sind.

Hohe Dividenden sind heute das Criterium der Prosperität, während sie mit grösserem Recht ein Indicium sind, dem Unsolidität und Speculationen zu Grunde liegen. Soweit aber die Anschauung nicht allgemein ist, müssen hohe Dividenden erzielt werden, und dazu bieten Speculationen und Wucher die allein geeigneten Mittel. Es würde zu weit führen, hier erschöpfend meine Behauptungen beweisen zu wollen. Dieselben liegen für jeden Beobachter zu Tage. — Das Thema verdient auch specielle Behandlung, denn unser Bankwesen ist der Krebsschaden, an dem wir leiden; es untergräbt und demoralisirt unser ganzes Handelssystem.

Der Fehler liegt indessen nicht in den Personen, sondern im Charakter des Geschäftes. Niemand ist mehr von der Wichtigkeit des Banquiers überzeugt als ich. Der Banquier ist, oder soll sein, der nöthige financielle Vermittler und Träger der Beziehungen zwischen den verschiedenen Factoren des grossen Productionsapparates im Staate. Darum aber kommt es darauf an, dass die ihn leitenden Principien die richtigen sind und so möchte ich auch blos verstanden sein, dass ich gegen die Grundsätze, die unseren und den unserigen ähnlichen Banken eigen sind, zu Felde ziehe.

In England werden Geschäfte, wie die hiesigen, gar nicht Banken genannt. *Rothschild* ist eigentlich in England kein Banquier, er ist dort nur *„foreign banker“*. Jede englische

Bank, Privat- oder Actienunternehmung ist in einem gewissen Grade eine Art Kassen-Verein, bei dem sich der Inhaber oder Director nur als Verwalter fremder Gelder unter persönlicher Verantwortlichkeit betrachtet. Er ist eine Ehren-, eine Vertrauensperson. Alles beruht in diesem Fache in England auf der Annahme, dass der Banquier seine Stellung so auffasst, dass er sich bei keiner Gründung und keinen Speculationen betheiligt, dass er sich nur als Verwalter ihm anvertrauter fremder Gelder betrachtet, dass er den Theil der ihm anvertrauten Mittel, den er als Reserve bereit halten will, wie Pupillen-Gelder in den sichersten Papieren anlegt, und dass er gar keine anderen Geschäfte macht, als die Gelder der Bank auf Pfand oder Wechsel zu den üblichen mässigen Zinsen unter die Kunden der Bank, also unter die, die ihre Kasse durch ihn führen, nach deren legitimen Bedürfnissen und ihrer Creditfähigkeit unpartheiisch zu vertheilen. Die Beziehungen zwischen Banquier und Kunden sind auch derartig, dass der Banquier die Verhältnisse, die Transactionen seines Kunden, die Natur und den Hergang seiner Sicherheiten vollständig beurtheilen kann, und er fühlt sich berechtigt unter Umständen freundschaftlich warnend aufzutreten, während der Kunde in Ausnahme-Fällen oder ehe er auf besonders wichtige und grosse Geschäfte eingeht, seinen Banquier zu Rathe zieht.

Wie bei unserem schlechten System ehrenhafte Häuser die besten Beziehungen zu ihren Kunden pflegen, so kommt es natürlich auch in England, wo die Principien so durchaus gute sind, vor, dass Missbräuche zu Tage treten. Ich behaupte nur, dass wir keine eigentlichen Banken haben und dass die meisten, die dafür gelten, der Industrie keine Stütze sind und Speculation, Wucher und Unmoralität üben und verbreiten.

Dass mir der nöthige Bank-Credit nicht gewährt worden, finde ich ganz natürlich und unter den obwaltenden Umständen gerechtfertigt; worüber ich mich nur beklage, ist, dass die gebotene Vorsicht und Zurückhaltung in Verdächtigung, Verfolgung und Feindschaft ausartete, und dieses war so auffällig, dass selbst Herr *Lasker*, der in diesen Angelegenheiten nicht bewandert ist, des Umstandes als Beweis dafür erwähnt hat, dass ich kein Vertrauen verdiente. Selbst die königliche Bank hat von Anfang meiner Thätigkeit an wahrscheinlich in Folge der von den anderen Banken gegen mich gerichteten Verdächtigungen — mir das prononcirteste Misstrauen gezeigt und daraus kein Hehl gemacht. Mir ist dieses in zahllosen Fällen von meinen Geschäftsverbündeten mitgetheilt und dabei gesagt worden: Wir haben Vertrauen, wir engagiren uns bei Ihnen wie bei jedem Anderen, nur mit Summen, die wir eventuell verlieren können, weil wir wissen, dass Credit und Risico verwandt sind aber — die Abneigung der Königl. Bank erschwert uns das Geschäft, diese äussert sich nicht nur in einer gewissen Beschränkung der Summe, die wir von Ihren Papieren placiren können, sondern in einer Schädigung unseres eigenen Credites durch directe Hinweisung auf unsere Beziehungen zu Ihnen. Auch über die Grenzen Deutschlands ist von Berlin aus dasselbe Urtheil über mich verbreitet worden.

Die einzigen grossen Industriellen, die Unabhängkeit zeigten und mich nach kurzer Verbindung mit Vertrauen behandelten, waren die grossen Firmen in Rheinland und Westphalen. Diese haben die Bedeutung meiner Thätigkeit früh erkannt und mir bis zum letzten Augenblick vertraut. Jedes grosse Institut wie jeder Geschäftsmann ist berechtigt nach seinen Anschauungen im Creditgeben zu verfahren, nichts berechtigt aber dazu, einen Mann, der wie ich in grossartigster Weise die wichtigsten Unternehmungen leitete, unberufen zu verdächtigen, denn dadurch kann dasjenige erzeugt werden, was man selbst befürchten mochte (was deshalb aber keineswegs einzutreten brauchte), weil Irrthum immer möglich war, und jeder Grund dafür sprach, mich eher zu unterstützen als durch leichtsinnige Verdächtigungen zu stürzen.

Die Verhältnisse sowohl als die Neigung der Bankwelt wurden mir früh bekannt, und ich hatte zu überlegen, wie ich mir denjenigen Credit beschaffen konnte, der zur Ausführung meiner Unternehmungen erforderlich war, und hier schien mir nichts natürlicher und nichts legitimer, als meine Lieferanten und Subunternehmer, die von mir beschäftigt waren und bei mir verdienten, mit heranzuziehen und sie ganz oder theilweise in Wechseln zu bezahlen.

Wie bereits erwähnt, stand ich bezüglich Lieferungen fast

ausschliesslich mit den grössten Häusern in Beziehung und diese waren entweder im Stande, meine Wechsel bis zur Verfallzeit liegen zu lassen oder ihres eignen Giros wegen zu den üblichen Bedingungen zu begeben. Bei den Unternehmern lag der Fall häufig anders. Hier war es in meinem Interesse, mit kleinen Leuten zu arbeiten. Diese konnten meinem Papier durch ihre eigne Bedeutung keinen Werth aufprägen und so waren sie denn gezwungeu, höhere Zinsen zu bezahlen und nicht die ersten Quellen für den Discont zu suchen. Mich ging dies eigentlich nichts an, indem der Verlust nicht von mir getragen wurde, geschadet hat es mir aber insofern, als es allgemein hiess, ich verkaufe meine Wechsel mit Damno, mein Geschäft könne dabei nicht profitiren und die Sachen müssten ein schlechtes Ende nehmen. Die Angelegenheit selbst wurde auch regelmässig übertrieben. Bekanntlich sind die Vermittler in Geld-Angelegenheiten meistens arm und selten anständig. Wandte sich nun einer meiner Unternehmer an solche Quelle, so wurde ihm alles Mögliche zugesichert. Der Makler fing nun an mit dem Papier zu hausiren, es auf hundert Stellen auszubieten und, um zur Annahme zu reizen, jedes damno zu offeriren. Dieses discreditirte das Papier noch mehr; das Geschäft wurde meistens nicht gemacht, weil keine Abnehmer vorhanden waren, oder weil der Unternehmer die hohen Zinsen nicht zahlen wollte, aber es hiess gleich allgemein, fabelhafte Summen wären zu beliebigen Preisen zu haben.

Noch häufiger kam es vor, dass Makler, in der Idee, dass, wenn Sie die Mittel besorgen könnten, sie auch Wechsel finden würden, Offerten machten ohne Accepte zu besitzen; es hiess aber immer, man könne von diesen Papieren haben so viel man wolle. Meine Unternehmer hatten meistens ihre Verbindungen, wo ihnen die nöthigen Gelder zu hohen aber nicht grade exorbitanten Bedingungen gegeben wurden, und es kam nur ausnahmsweise und überhaupt nur in den letzten Jahren vor, dass Einzelne meine Wechsel, wie erwähnt, discreditirten. Wenn es mir zu Ohren kam, habe ich es gerügt; ich war aber gar nicht berechtigt, dagegen Einspruch zu thun und war nur indirect dabei interessirt. Die von mir für die Arbeiten gezahlten Preise waren so niedrig wie sie nur sein konnten, viel billiger als jeder Andere bezahlte. Die wenigsten meiner Unternehmer haben ihre Papiere verschleudert und diejenigen, die es gethan, haben eben nicht so viel bei der Arbeit verdient als ihnen gebührte oder waren, weil sie wenig Capital im Geschäft hatten, mit Geringem zufrieden.

Wenn man meine Bücher studirte, so würde man sich wundern, wie selten es vorkam, dass ich überhaupt, ausser in den letzten Jahren, auf Wechsel Geld suchte; die ganze Sache war Erdichtung und Böswilligkeit. Mein Waaren-Credit war immer ein guter, meine Lieferungscontracte waren höchst günstig und mit Häusern abgeschlossen, die mir keinen Credit gegeben hätten, wenn ich nach ihrer Ansicht ihn nicht verdiente, und solche Häuser waren zu anständig, um überspannte Forderungen zu stellen, die ich mir auch nicht hätte gefallen lassen.

Auf Actien habe ich fast nie geborgt, höchst selten und immer in der ersten Zeit meines Unternehmens damit bezahlt; ich habe es immer vorgezogen billig zu verkaufen, und so beschränkten sich meine Geldbeschaffungen nur auf Hypotheken, und hier muss ich gestehen, dass ich habe Opfer bringen müssen; aber dieses lag in der Natur dieses Geschäftes, wie es bei uns betrieben wird.

Pupillen-Gelder, sowie die Mittel anständiger Privatleute sind fast sämmtlich von Hypotheken-Instituten in Anspruch genommen, und diese treiben den ruchlosesten Wucher. Für die ersten sicheren Hypotheken werden quasi Pfandbriefe gegeben, die nicht geliefert werden, sondern wofür eine geringere Summe als pari ausgezahlt wird, und wehe dem, der Hypotheken verkaufen muss, die nicht in die erste Kategorie gehören; wenn sie auch noch so gut sind, und ob der Abnehmer Hypotheken-Anstalt oder ein Wucherer mosaischen oder christlichen Glaubens sei, — das Fell wird ihm über die Ohren gezogen und namentlich und theilweise mit Recht seit Einführung unserer neuen Hypotheken-Gesetze, denn in der Ausführung der Theorie unserer interessenlosen Oekonomen das natürlich Feste *(immobile)* flüssig *(mobil)* — zu machen, also Klage-, Subhastation und alles darauf Bezügliche so viel als thunlich zu beschleunigen, hat man jeden Hypothekenbesitz, der nicht die erste Stelle einnimmt oder wo der Besitzer der zweiten Stelle nicht unter allen Umständen seinen Vordermann bezahlen kann, absolut unsicher gemacht.

Die Folgen zeigen sich schon, und sie werden noch viel eclatanter auftreten. Grade weil für ein Haus oder Gut nicht immer gleich Käufer oder, richtiger bezeichnet, Liebhaber gefunden werden können, darum muss in einem Lande, wo die Verhältnisse einen verschuldeten Grundbesitz bedingen, Zeit vorhanden sein, um im Nothfalle die gekündigten Gelder zu suchen. Wer Gelegenheit gehabt hat, dieses zu beobachten, wird gefunden haben, dass früher nicht immer der Gläubiger gleich zum Aeussersten geschritten ist, weil er viel Zeit verlieren musste, während welcher er nur einfache Zinsen liquidiren konnte; wenn es aber doch dazu kam, so hatte der Schuldner oder der Besitzer späterer Hypotheken, meistens Zeit genug um sich das Geld anderweitig zu beschaffen. Heute wird kurzer Prozess gemacht, Subhastationen herbeigeführt, die den Besitzer ruiniren und die Hypotheken-Gläubiger schädigen.

Will man durchaus ein schleuniges Verfahren gut heissen, so dürfte höchstens die gekündigte Hypothek fällig werden und nicht gleich alle anderen Capitalien. Ich kenne scheinbar anständige Leute, die nur gute Hypotheken auf kurze Zeit kaufen und dann kündigen, um von Neuem ein grösseres oder kleineres Damno zu fordern, bei nicht pünktlicher Zinszahlung wird die Schraube in gleicher Weise gedreht, gekündigt und gegen Damno erneuert.

Der Wucher frisst Haus- und Grund-Besitzer vollständig auf und mögen sich die heute wohl Situirtesten damit allein nur nicht trösten. Wenn sie Kinder haben, ihr Vermögen theilen und die Kinder verschuldete Güter übernehmen müssen, so wird es nur eine Zeitfrage sein, wie bald letztere vermögenslos dastehen werden.

Kein Gesetz kann einer Hypothek den Verkehrswerth eines mobilen Pfandes geben, der Versuch hat die Sicherheit nicht vermehrt, sogar verringert und den Wucher zur vollen Blüthe gebracht.

Mir haben Hausbesitzer gesagt, was ich auch bestätigt

fand, dass, bei ihrem Hausbesitz, obgleich derselbe viel mehr werth, als die darauf ruhenden Hypotheken, für Damnos, die sie zu zahlen hätten, mehr als die Einnahmen erforderlich seien.

Indem ich also nach dem französischen Kriege meine Besitzungen belasten muste, hat mich die Geldbeschaffung dafür viel gekostet. Dies war aber ein Unglücksfall, da es meine Absicht gewesen, meinen Grundbesitz möglichst unverschuldet zu erhalten, was ich zu einer Zeit auch ziemlich erreicht hatte. Mir wurde aber die Geldbeschaffung noch theurer als Anderen, weil ich keine Zeit hatte mich damit zu beschäftigen, weil mir die Vertreter grosser Institute meistens zu unsympathisch waren, um mich an sie direct zu wenden, und weil die gegen mich verbreiteten Unwahrheiten mich factisch auf diejenigen anwiesen, die darum mehr von mir verlangten, als sie sonst gefordert hätten.

Während der vielen Jahre meines Bestehens habe ich trotz aller Anfeindungen, trotz ewiger Verbreitung der schädlichsten Gerüchte meine Wechsel bezahlt und meine Verpflichtungen erfüllt, und wenn ich zuletzt erlegen bin, so war dies die Consequenz vieljähriger und allseitig unverdienter Verfolgung, die mich zuletzt zwang, dasjenige zu thun, welches man früher von mir und mit Unrecht behauptete.

Es hat Befremden erregt, dass ich bei so vielen Geschäften, die so grosse Capitalien erforderten, und während ich meine Actien verschleuderte und Geld mit grossen Opfern beschaffte, so grosse Summen in Grundbesitz, Fabriken, Bergwerken und dergleichen festlegte. Die Zahl meiner Acquisitionen war in der That sehr gross, und indem meine Handlungen ewig von der Presse verfolgt und besprochen wurden, so erschien das allerdings Umfangreiche noch viel bedeutender, und ich wurde nicht nur von allen Seiten mit Offerten überhäuft, sondern es wurde angenommen, dass ich von Habsucht angeregt, kein Maass für meine Speculationen finden könnte und der Mann sei, „der Alles kauft.“

Ich will nicht leugnen, dass sich vom rein geschäftlichen Standpunkte sehr viel gegen das Festlegen meiner Mittel und namentlich in Grundbesitz einwenden lässt, aber dann kann man mir nicht Habsucht zur Last legen. Für denjenigen, der reich werden will, giebt es keine schlechtere Capital-Anlage als Land, in jeder anderen Weise kann man sein Geld besser verzinsen, und wenn man an die Möglichkeit einer Veräusserung denkt, nirgend so gefährlich an- und festlegen. Dass mir bei meiner Geschäftskenntniss dieses nicht unbekannt war, sollte man wohl annehmen; ich muss daher wohl andere Gründe als Gewinnsucht dabei gehabt haben, und dies um so mehr, als ich notorisch nie billig gekauft habe, indem der Charakter meiner Besitzungen sich zu Speculationen nicht eignete und die Art meiner Bewirthschaftung eine im höchsten Grade conservative, meliorirende, auf die Zukunft und nicht auf Verkauf berechnete war. Man handelt selten klug, wo man passionirt ist, und meine Vorliebe für Grundbesitz war eben eine Passion, früh in mir durch die Verpfändung unserer Familiengüter erweckt. Als ich im Besitze einer grossen Summe von Stamm-Actien der ostpreussischen Südbahn gelangte und noch glaubte, dass ich mich von Geschäften zurückziehen würde, bot sich die Gelegenheit, einige grössere Güter in Ost-Preussen zu kaufen, wobei ich Actien in Zahlung geben konnte. Die Besitzungen lagen nicht weit von der Bahn und die Verkäufer kannten die Verhältnisse derselben, ehe ich dabei betheiligt war. So gelangte ich zum Grundbesitz, dies wurde bekannt und mir wurden im Laufe der Zeit in allen Theilen der Monarchie Güter angeboten. Für eine Zeit lang dehnte ich meinen Besitz nicht aus. Ich kaufte allerdings Grundstücke und Häuser in Berlin aus meiner Anschauung, dass dieselben im Preise steigen müssten, und habe, weil mir an städtischem Besitze nichts lag, wenn sich die Gelegenheit bot, mit Vortheil realisirt.

Nachdem sich aber mein Vermögen vergrösserte und immer im Hinblick auf ein späteres Privatleben, kaufte ich weitere Besitzungen. Es war mir nicht daran gelegen, dieselben in einer Gegend zu haben, denn ich hatte sieben Kinder, und ich wollte für jedes meiner Kinder eine Herrschaft haben, die ich während meiner Bauthätigkeit in hohe Cultur bringen wollte, damit sie nach Jahren ertragsfähig wären. Ich hätte mich aber vielleicht nicht so früh dazu entschlossen, wenn mich die

Verhältnisse der Verkäufer nicht dazu veranlasst hätten. Es waren dieses mit einer einzigen Ausnahme sämmtlich Edelleute, die sich in derangirten Verhältnissen befanden, und bei Prüfung der Güter und Hypotheken ergab es sich, dass sie in Wucherer-Händen waren, und dass ihren Familien absoluter Ruin drohte, wenn man sie nicht davon befreite.

Ich habe in Folge dessen die Regelung ihrer Verhältnisse übernommen, und da ich die Unglücklichen nicht drücken wollte, so habe ich auch in jedem Falle theuer gekauft und mehr bezahlt, als ich nöthig gehabt hätte. Die umliegenden Besitzer und die Welt, die meine Motive nicht kannten, glaubten, ich handle aus Unkenntniss, Leichtsinn oder anderen nicht schönen Gründen, und so hat mir meine Generosität, mit der ich mich nicht rühmen wollte, in der öffentlichen Meinung geschadet.

Namen erwähne ich aus Zartgefühl nicht und berühre den Gegenstand auch nur, weil ich meine Handlungen motiviren muss, die Wahrheit des Gesagten aber ist unfraglich. Sämmtliche Güter wurden intensive bewirthschaftet, und ich kann statistisch beweisen, wie enorm ich die Cultur gehoben, die Production gesteigert habe, Einnahmen hatte ich daraus nicht, sondern fortwährende sehr grosse Geldunkosten. Wer die Landwirthschaft kennt, wird wissen, dass Meliorationen eine Reihe von Jahren zu ihrer Durchführung erfordern, während welcher Zeit man nur Geld hineinzulegen hat. Im vorigen Jahre war ich mit den meisten Herrschaften so weit gelangt, dass ich auch Erträge hätte nehmen können. Inzwischen ist mein Concurs ausgebrochen, und bei der Grösse der Besitzungen, den ungünstigen Zeitverhältnissen, dem Umstand, dass man keinen regelmässigen Ertrag nachweisen kann, und dem aus den diesjährigen Witterungsverhältnissen schlechten Stand der Saaten, sind mehrere Güter absolut verschleudert worden. Die übrigen werden ein gleiches Schicksal haben und so werden Jahre lange Mühen und grosse Capitalien meiner Masse verloren gehen und diejenigen werden ernten, die nicht gesäet haben.

Verkauft habe ich selbst nur zwei Güter, und zwar die meiner Frau gehörige Herrschaft und eine Besitzung in Westpreussen.

Die Angelegenheiten der Herrschaft *Zbirow* spielen eine Hauptrolle in dem mir zuletzt wiederfahrenen Unglück, ich werde alles darauf Bezügliche daher später zusammenfassen.

Bei den Käufen und Anlegen meiner Fabriken lagen andere Motive zu Grunde. Einen Umstand möchte ich nur erwähnen, um vorhandene Vorurtheile hierüber zu beseitigen. Ich habe nach der Meinung Vieler eigentlich nie billig gekauft und immer mehr als nothwendig bezahlt. Oberflächlich und nach den hiesigen Usancen beurtheilt, hat diese Meinung ihre Berechtigung, von meinem Standpuncte aus aber gewinnt das Bild eine andere Gestaltung. Billig und theuer sind ganz relative Begriffe. Eine Sache kann marktgängig sehr billig sein und man kann doch einen schlechten Kauf machen und viel Geld dabei verlieren. Wer die Conjunctur richtig zu beurtheilen versteht und für bestimmte Zwecke kauft, braucht sich nach Coursen, Tages-Preis und eventuell nach der Nachgiebigkeit des Verkäufers wenig zu richten.

Meine Schienenkäufe und andere ähnliche Geschäfte beweisen, dass man zur Zeit theuer bezahlen und doch ausserordentlich billig kaufen kann. Die Erfahrung und Verluste des Publicums müssen Jeden belehren, wie in dieser Beziehung die Allgemeinheit von ganz falschen Grundsätzen ausgeht. In der Regel kauft Jeder, was er nicht für momentane specielle Zwecke braucht, wenn eine gute Meinung für eine Sache vorhanden, also wenn viel Nachfrage ist. Er mag dann aber noch so billig kaufen, so bezahlt er immer theurer; und umgekehrt verkaufen die Meisten in Zeiten der Entmuthigung und darum Entwerthung; der dann höchste Preis ist aber denn doch ein niedriger. Mein Princip war stets das umgekehrte. Ich kaufte, wenn Jeder verkaufen wollte und vice versa. Heute, wo Alles darnieder liegt, wäre die Zeit, wo ich Fabriken, Bergwerke und Aehnliches kaufen würde, selbstverständlich nur, wenn diese an sich gut wären und ich die Mittel besässe. Ausserdem habe ich nie zur Speculation gekauft, sondern nur für ganz bestimmte Zwecke und zur Completirung vorhandener Anlagen und hier war für mich nicht maassgebend, was gefordert wurde, sondern welchen Werth das Object für mich hatte. Wenn man hierzu meine Charakter-Eigenthümlichkeiten in Betracht zieht, so ist die Erläuterung zu meinem Verfahren gegeben.

Ich mag nicht im Dunkeln tappen, von dem Willen Anderer abhängig sein; darum kümmerte ich mich nicht zu ermitteln oder zu versuchen, wie weit sich der Besitzer eines von mir begehrten Gegenstandes drücken lassen würde, ich war nie missgünstig und deshalb gönnte ich dem Verkäufer stets jeden Vortheil; mir ist nichts so widerlich als handeln, marchandiren und dingen. Ich wusste stets genau, was ich wollte, was eine Sache für mich werth war, und betrachtete immer das Erstreben des Besten als ein Hinderniss zur Erreichung des Guten. Zeit war für mich Geld, und deshalb gab ich stets, was gefordert wurde, wenn der Gegenstand den Werth für mich hatte, oder ich sagte rundweg, ohne jedes Manöver, den höchsten Preis, den ich geben könne. Ich war mir stets bewusst, wenn ich Vortheile nicht wahrgenommen habe, ich handelte aber aus obigen Gründen und nach diesen Grundsätzen und habe es nie bereut. Den allgemeinen, engherzigen, missgünstigen Krämer-Geist bei Geschäften habe ich stets eben so gehasst wie verachtet und ihm darum häufig mit einer gewissen Ostentation zuwider gehandelt.

Es ist ganz in der Ordnung, dass der Fabrikant oder Händler darnach trachtet, sein Handels-Object so billig wie möglich zu produciren oder zu beschaffen, verwerflich ist nur, die Noth Anderer für diese Zwecke zu benutzen oder Anderen ihren Verdienst nicht zu gönnen.

Mir ist es häufig vorgekommen, dass Leute ein Geschäft lieber nicht gemacht haben, wenn es ihnen auch Nutzen versprach, weil sie entweder nach mehr haschten oder der anderen Partei ihren Vortheil nicht gönnten, und es ist kaum zu berechnen, wie viel werthvolle Zeit bei uns in Unterhandlungen verloren geht, um womöglich den letzten Heller herauszuschlagen.

Ich erinnere mich eines Falles, wo ich von einer Gesellschaft, die eine Hochofen-Anlage und einen grossen Bergwerksbesitz hatte, einen Theil des letzteren zu einem mehrmal höheren Preise abkaufte, als diese für den ganzen Gruben-Complex gezahlt hatte. Ich konnte die Grube sehr gut verwenden und schneller zu einem Betriebe kommen, der mir in der ersparten Zeit mehr als den Kaufpreis einbringen würde. Die Gesellschaft war in Geldverlegenheit, ihre Anlagen zu vollenden und konnte sich nur durch diesen Verkauf halten; höchst anständige Leute sagten mir: „Warten Sie doch mit dem Kauf, dann muss die Gesellschaft liquidiren, und Sie können ihre ganzen Anlagen für ein Butterbrod bekommen und zugleich einen ihrer Concurrenten beseitigen". Ich wusste, dass dies der Fall sein würde, habe aber deshalb nicht einen Pfennig weniger geboten, die Parcelle gekauft und so die Gesellschaft gehalten.

An allen meinen Acquisitionen hängt nicht eine Thräne, nicht ein ungeneröser Druck, und nie habe ich von der Noth Anderer Nutzen gezogen, darum habe ich scheinbar hohe Preise bezahlt. Ich habe nichts desto weniger immer zweckentsprechend und zeitgemäss gehandelt und war deshalb in der Lage selbst in schlechten Zeiten Vieles mit Vortheil verkaufen zu können.

In den Stunden des Kummers, die ich jetzt verbringe, tröstet mich der Gedanke, dass ich im Glück nie hart gewesen bin. Bei den Käufen aus meinen Concurs-Massen in Oesterreich und Preussen hat sich mancher bereichert, mancher meine Abwesenheit dazu benutzt, seine Stellung als Hypothekengläubiger zu missbrauchen, manches gekauft, was ich bei den Beziehungen, in denen sie zu mir standen, nie gekauft haben würde. Mit Einigen behalte ich mir die Abrechnung vor und diese mögen sich die Worte des Dichters wohl merken:

„For time at last makes all things even
And if one can but wait the hour
There never yet was human power
That could evade if unforgiven
The patient search and vigil strong
Of him who treasures up a wrong."

Selbst wenn es mir auch nicht beschieden sein sollte, durch meine zukünftige Thätigkeit für meine alten Tage und für meine Familie Neues zu schaffen, so fühle ich mich doch glücklicher und erhabener als diejenigen, die nach den Worten eines dieser Herren: „meine Erbschaft angetreten haben". —

Bei den sehr grossen Bestellungen, die ich zu machen

hatte, fand ich mich in einigen Branchen total abhängig von den Fabrikanten. Ich musste grosse Anzahlungen vor und während der Fabrication leisten, vor Ablieferung voll zahlen und mir allerhand unangenehme Bedingungen gefallen lassen, während ich als Auftraggeber jede Rücksicht hätte erwarten können.

Ich war nicht dazu angelegt, dieses ruhig zu ertragen und das Benehmen des Herrn *Borsig* speciell brachte den Gedanken: mich durch Kauf oder Anlage von Fabriken bis zu einem gewissen Grade unabhängig zu machen, in mir zur Reife. Der Vorfall war folgender: Ich hatte bei Borsig — ich glaube dreissig — Locomotiven für die Berlin-Görlitzer Bahn bestellt, hierauf ein Drittheil bezahlt und für eine Zahl in Bau begriffener, entsprechend den Contractsstipulationen, ein weiteres Drittheil entrichtet, so dass Herr Borsig im Besitze von mehreren hunderttausend Thalern war, wofür ich noch Nichts empfangen hatte. Unter diesen Verhältnissen wurden die ersten drei Locomotiven fertig und abgeliefert. Dieses war contractsmässig und sollte bei Abnahme, d. h. Gutbefinden das letzte Drittheil gezahlt werden. Die Locomotiven wurden an die Görlitzer Bahn abgegeben. Ich hätte nichts dagegen gehabt, obgleich es immer ungehörig gewesen wäre, wenn Borsig der Gesellschaft die Mittheilung gemacht hätte, dass er ihr diese Locomotiven als sein Eigenthum liefere und sich dieses Eigenthumsrecht so lange vorbehalte, bis die Schlusszahlung geleistet sei. Diese Vorsichtsmassregel genügte dem genannten Herrn aber noch nicht, er liess die Steuerruder herausnehmen, damit ich ja die Locomotiven nicht etwa in Betrieb nehmen möchte. Diese Beleidigung empörte mich auf's Aeusserste. Eine solche Handlungsweise bekundete persönliche Ueberhebung, grosse Unhöflichkeit und ein ganz ungerechtfertigtes und über die Maassen beleidigendes Misstrauen. Dieses war aber um so weniger am Platze, als mich Herr Borsig nur von der besten Seite kennen gelernt hatte.

Ich war früher in der Lage gewesen, in Vertretung Anderer bei ihm einige dreissig Locomotiven und sonstige Gegenstände zu bestellen, mir wurde die damals bei Locomotivbestellungen übliche Provision von 1000 Thlr. pro Stück offerirt, ich refüsirte dieselbe und habe daher eine entsprechende Preisermässigung zu Gunsten meines Auftraggebers erlangt, und diese Handlungsweise, das einzige, was Borsig von mir wusste, hätte ihn jedenfalls veranlassen sollen, mich nicht so zu behandeln, als ob ich fähig sei, seine Locomotiven in die Tasche zu stecken und damit fortzulaufen. Man war aber damals auf Borsig angewiesen, und da ich mich entschlossen hatte, nie wieder etwas bei ihm zu bestellen, so blieb mir nichts übrig, als mir selbst eine Locomotiv-Fabrik anzulegen. Ich verhehlte mir nicht die Schwierigkeiten und wollte mich anfänglich mit Jemand associiren; ich unterhandelte deshalb mit *Schwartzkopf* darüber, und dieser Umstand wurde dann auch die Veranlassung, dass sich derselbe entschloss, Locomotiven zu bauen, und so hat sich Herr Borsig auch diese Concurrenz selbst zuzuschreiben. — Nach reiflicher Ueberlegung fand ich, dass eine Verbindung mit einem Dritten mir nichts nutzen könne, weil ich durch solche doch nicht meine Absichten erreicht haben würde. Die Fabrik unter Betheiligung eines Dritten musste immer ihre eignen Zwecke verfolgen und konnte sich nicht den meinigen, wie mir dieses allein nutzen konnte, subordiniren.

Ausser obigen sprachen noch viele gute Gründe dafür, mich in einer oder der anderen Weise bei der Eisen-Production selbst zu betheiligen. Ein wesentlicher Theil beim Eisenbahnbau ist eben Eisen in den verschiedensten Formen. Vieles wird erst, nachdem die Arbeiten ziemlich vorgeschritten sind, und Anderes bei Vollendung einer Bahn gebraucht; bestellt muss aber Alles der Natur der Sache nach womöglich gleich im Anfang werden; daraus ergaben sich grosse Anzahlungen zu einer Zeit, in der bei meiner Art zu bauen, das Geld am wenigsten vorhanden ist — nur mit grossen Opfern beschafft werden kann, und wenn man ausserdem, um nicht in Verlegenheit zu kommen, lange voraus bestellen muss, so kann man unmöglich den richtigen Spielraum für die Benutzung der Conjunctur haben. Um aber beurtheilen zu können, welche Preisforderungen gerechtfertigt sind, was man zahlen muss, und um bestimmend mitwirken zu können, ist es absolut nothwendig, der betreffenden Industrie näher zu stehen.

Submissionen bieten keinen genügenden Anhaltspunkt. In manchen Branchen giebt es Vereine, die gegründet wurden, um eine Preisdrückung durch Concurrenz zu verhindern; in anderen Fällen, wenn nicht grade grosse Noth an Bestellungen ist, wollen die Fabrikanten die Preise nicht verderben.

Die Anschauungen der deutschen Producenten sind in dieser Beziehung ganze andere, als in England. Der Engländer kümmert sich um seine Concurrenten nur in so weit, als er ihm ein Verfahren ablauschen kann; er fragt nicht, was fordert ein Anderer, sondern was kann ich erlangen und womit auskommen. Jeder geht dort darauf aus, das Meiste am billigsten zu produciren, um bei jeder Conjunctur wo möglich noch zu bestehen. Er benutzt die höchsten Preise, sucht aber voll beschäftigt zu sein, selbst bei den niedrigsten. Die General-Unkosten-Rechnung ist in Folge dessen dort eine ganz andere. Fabriksanlagen, also Verzinsung des Anlage-Capitals und alle diejenigen Ausgaben, die unter allen Umständen, ob gearbeitet wird oder nicht, zu machen sind, rechnet der Engländer in seiner Selbstkostenrechnung gar nicht, er frägt sich, welcher Umsatz zu einem gewissen Procentsatz als Profit über die aus der jedesmaligen Production entstandenen Selbstkosten ist erforderlich, um vorerwähnte Ausgaben mit zu decken, und daher ist sein Augenmerk der Umsatz. Er belastet aber nicht jeden Artikel mit General-Kosten, die sich je nach der Grösse der Production ganz anders gestalten. Erreicht er seinen vorausgesetzten Umsatz nicht, oder sind die Preise so niedrig, dass trotz des Umsatzes die permanenten Bedürfnisse nicht gedeckt werden, so arbeitet er ohne Vortheil und eventuell mit Verlust, um seine Organisation nicht zu zerstören, und wenn das Opfer zu gross ist, dann schliesst er unter Umständen die Bude zu. Er thut dieses aber nur, nachdem er versucht hat, zu dem niedrigsten Preise zu arbeiten und zu bestehen, und dieses stimulirt die äusserste Anstrengung und jede neue Erfindung, um bei billigen Preisen noch mit Vortheil arbeiten zu können.

Bei uns geht der Fabrikant von ganz anderen Grundsätzen aus. Er will jede Arbeit mit einem entsprechenden Theil der General-Kosten nach momentanen Umständen belasten, und da ist es klar, dass er sich die Selbstkosten so hoch heraus rechnen kann, dass er concurrenzunfähig wird. Wenn man beispielsweise annimmt, dass bei vollem Betriebe der Fabrik 10 pCt. für Generalia genügen, so würden, kleine Momente ungerechnet, sich bei einem Viertel der Thätigkeit dieselben auf 40 pCt. stellen und also die Selbstkosten um 30 pCt. vermehren; so aber haben unsere Fabrikanten, namentlich im Maschinenfach, früher gerechnet. Bei Bestellung der Dächer für die Halle am Görlitzer Bahnhof hatte ich Offerten von 13 Thalern bis 8 Thaler pro Centner, wofür *Wöhlert* den Auftrag übernahm. Die hohen Forderungen gingen von grossen und kleinen Fabrikanten aus, und die Selbstkostenrechnung war der Grund, dass einer beinahe das Doppelte dessen forderte, wofür ein anderes grosses Haus den Auftrag mit Vortheil übernahm.

Ausserdem macht man in England wo möglich aus jeder Sache eine Specialität, und es folgt natürlich, dass man darum billiger produciren kann. Wenn man sich mit Fabrikanten unterhält, so hört man häufig: „Ja, der oder jener kann billig arbeiten, sein Werk steht mit wenig oder gar nichts zu Buch." Da aber der Betreffende sich hüten würde, sein schon amortisirtes Werk umsonst fortzugeben und das andere trotz des grösseren Buchwerthes darum nicht mehr leistungsfähig ist, so ist dieses eben kein Factor bei der Selbstkostenberechnung. Die Anlage ist vorhanden, ob ich arbeite oder nicht; sie zu beschäftigen ist die Aufgabe. Auch bei Abschreibungen, selbst wenn diese bei jeder Selbstkostenrechnung in Betracht zu ziehen wären, verfährt man falsch. Man mag sich so viele Reserven wie möglich bilden (und bei Gesellschaften ist dies namentlich von grosser Wichtigkeit), aber nicht die Selbstkostenrechnung unnütz höher machen, weil man sich dadurch hindern lässt, Arbeiten zu übernehmen, die man mit Vortheil ausführen kann. Wenn Abschreibungen, wie sie hier landesüblich sind, richtig wären, so könnte ja nicht eine Fabrik, die Millionen werth ist, auf Grund von Abschreibungen mit einem Thaler zu Buche stehen. Es haben sich die Anschauungen auch bei uns geändert, und wer die Preise vor 12 Jahren, bei denen der Fabrikant damals nicht bestehen zu können glaubte, mit denen vergleicht, die man heute als recht profitabel betrachtet, der wird sehen, dass die Concurrenz und die Noth beten gelehrt hat. Man muss der Industrie billige Verkehrswege schaffen und sonst jede Unterstützung zu Theil werden lassen; unsere Industrie wird aber bei alledem nie eine gesunde sein, so lange sie nicht die englischen Principien verfolgt und fähig wird, auf dem Weltmarkt zu concurriren.

In Eisen hat England grosse Vortheile, aber auch nur in der Production der ordinären Sachen und in den Frachtverhältnissen. In jeder anderen Beziehung sind die Vortheile auf unserer Seite. In Verkehrs-Beziehung muss Abhilfe geschaffen werden, und in Massenproduction muss man durch Kunst die Nachtheile neutralisiren und im Uebrigen sich darauf legen, wo man eben das Meiste leisten kann.

Hier habe ich wieder der Verlockung nicht widerstehen können und ein Thema flüchtig berührt, welches dieses nicht gestattet ohne sich der Gefahr auszusetzen oberflächlich oder utopisch zu erscheinen, und doch spielte die Beurtheilung dieses Gegenstandes im aller weitesten Maasse bei meinen Entscheidungen mit. Meine Bestellungen beliefen sich auf Millionen jährlich; ich hatte nicht die Zeit jedes Einzelne bis auf das nöthige Detail zu verfolgen. Wenn ich als General-Unternehmer auskommen wollte, so musste ich versuchen das Meiste in so fern zu erzielen, dass ich meinen Bedarf, abgerechnet von glücklichen Speculationen auf Conjuncturen, zum richtigen angemessenen Preise deckte, und um dieses zu erreichen war nichts so zweckmässig, als selbst Fabriken und dadurch eine Kategorie von Beamten zu haben, die, wo sie nicht selbst Arbeiten übernehmen, mir doch die Informationen geben konnten, wonach ich die Lage des Marktes und alles auf Preis Bezügliche zu beurtheilen im Stande war, und ferner damit ich mit meinen Bestellungen nicht zu eilen brauchte, Conjuncturen abpassen konnte und im Nothfalle, um nicht in Verlegenheiten zu gerathen, mit meinen Fabriken aushelfen konnte. Ich habe nichtsdestoweniger doch, nachdem ich Fabrikbesitzer geworden, meine Aufträge meistens Dritten gegeben und für Fremde gearbeitet; ich war aber in der Lage einerseits meine Fabriken zu beschäftigen, wenn Arbeitsnoth war, andrerseits war ich durch meine Fabriken im Stande, den günstigen Zeitpunkt für meine Bestellungen abzuwarten und im Nothfalle einzugreifen. Mit Hülfe meiner Acten und Bücher mache ich mich anheischig zu beweisen, dass ich wirklich bei Einkäufen Millionen dadurch erspart habe, und wenn ich meine Fabriken hätte vollenden können und meinen Eisenbahnbau fortgesetzt hätte, würde ich dadurch geleistet und erreicht haben, was noch Niemand zu Stande gebracht hat. Hoffentlich ist es mir gelungen, wenigstens andeutend meine Gründe und Zwecke für die Betheiligung bei Fabriken klar zu legen und zu beweisen, dass meine Thätigkeit auf diesem Gebiete von meinen Verhältnissen gewissermaassen geboten wurde. Anziehend war der Gedanke aber auch an sich, und liess mich die Nothwendigkeit vielleicht eher erkennen als dieses sonst der Fall gewesen wäre.

Vom Jahre 1840 bis 1855 hatte ich Gelegenheit die verschiedenen Bewegungen, welche in England im Interesse und Seitens der arbeitenden Bevölkerung gemacht worden sind, zu beobachten und zu bearbeiten.

Was im Interesse des Arbeiters, also der Mehrzahl der Menschheit, geschieht, wird jedem rechtfühlenden Menschen, wenn er über den Gegenstand überhaupt nachdenkt, von grosser Wichtigkeit erscheinen, und so geschah es denn auch, dass ich mich als ganz junger Mensch dafür enthusiasmirte. Mir war daran gelegen die Frage, um die es sich handelte, praktisch kennen zu lernen, und so suchte ich die Bekanntschaft der verschiedensten Menschen, die auf diesem Gebiete thätig waren. Ich sah bald ein, dass die Volksbeglücker sämmtlich Unheil stifteten, weil sie entweder krankhafte Philanthropen waren, deren Bestrebungen häufiger schaden als nützen, Demokraten, welche die Stimme der arbeitenden Bevölkerung für politische Zwecke gewinnen wollten, Enthusiasten oder Heuchler die Utopien verfolgen, oder Demagogen, die ein Gewerbe daraus machen und daher Alles thun und versprechen, wenn es auch demoralisirend wirkt, was ihnen das Vertrauen und die Beiträge des Arbeiters verschafft. Meine Eintheilung ist weder erschöpfend noch umfassend genug. Ich weiss nur, dass mit Ausnahme einiger

Gesetze für die Regulirung der Arbeitszeit, Beschäftigung von Kindern in Fabriken, Sanitäts-Sicherheits-Vorschriften, alles was für den Arbeiter erstrebt wurde, schon darum schädlich war, weil es ihn glauben macht, dass eine wesentliche Hebung seines Standes anders als durch eigene Veredlung möglich ist, weil man Hoffnungen erregt, die nicht zu erfüllen sind, und Passionen erweckt, die dem Geweinwohl und darum dem Arbeiter selbst schädlich sind. Diese Ueberzeugung veranlasste mich, die Verhältnisse des arbeitenden Standes zu studiren und kennen zu lernen, um mich mit allen darauf bezüglichen Fragen vertraut zu machen. Ich verhehlte meinen Bekannten nicht, zu welchen Anschauungen mich die Beobachtung ihrer Thätigkeit gebracht hatte; da ich aber damals recht jovial und umgänglich war, so zürnte mir fast Keiner, und indem ich, wenn auch ihrer Sache feindlich gesinnt, nie boshaft aufgetreten bin, so habe ich von allen Vorgängen Kenntniss gehabt.

Das Ergebniss in meinem Geiste war, hier wie es so oft vorkommt, ein ganz alltägliches; ich sah nur Heil, wenn Arbeitsgeber und Arbeiter ihre respective Stellung richtig auffassen würden, ich nahm jede Gelegenheit wahr, um Fabriken zu besuchen und ihre Einrichtungen und Arbeitsverhältnisse kennen zu lernen und sagte mir stets im Stillen: wenn ich doch in der Lage wäre, als Fabrikant die richtigen Beziehungen mit meinen Arbeitern zu pflegen, und so ein Beispiel zu liefern, wie die Interessen beider zu vereinigen sind. Ich wünschte nichts Ueberspanntes, weil ich mir klar war, dass dasjenige im gewerblichen Leben nur bestehen könne, was practisch durchführbar und entweder rentabel oder sonst vortheilhaft für beide Parteien sei. Mein Entschluss, Fabrikant zu werden, wurde daher von der Hoffnung unterstützt, dass ich zugleich eine Lieblingsidee ausführen könnte. Die ersten Fabriken, die ich kaufte, waren die *Dortmunder Hütte* und die *Egelstorf'sche Maschinenfabrik*, alles später Acquirirte war zur Completirung dieser Anlagen bestimmt.

Mir ist alles Mögliche angeboten worden, aber es ist durchaus unrichtig, dass ich Alles zu kaufen bereit war; wo nicht specielle Gründe vorlagen, habe ich ausser Gütern nichts acquirirt, was nicht direct oder indirect auf Eisenbahnbau

Bezug hatte, gewissermaassen ein Ganzes bilden und trotz der Vielseitigkeit doch eine Specialität sein sollte. Zum richtigen Verständniss meiner Pläne ist es durchaus nothwendig, dass man meine Absichten und Ideen kenne, weshalb ich fortwährend auf diese zurückkommen und zu deren Begründung auf grosse allgemeine Fragen eingehen muss. Indem ich mir sagte, dass ich beständig Capitalien in Fabriken anlegte und die Zeit kommen würde, wo die Leitung Anderen anheimfallen würde, war es meine Absicht das Ganze so complet zu machen, dass, während die einzelnen Zweige separat verwaltet werden würden, dieselben auf einander angewiesen sein sollten, und Alles aus sich bis auf das fertige Product schaffen konnten. Es sollte also diese Gesammt-Industrie die Hauptproducte und Gegenstände in sich erzeugen und nur kleinere Bedürfnisse und Specialitäten von Aussen beziehen. Dadurch sollte jede Speculation durch unzeitige Materialbeschaffung vermieden werden und die Gelegenheit geboten sein, zu jeder Zeit und wenn nöthig auch auf weit hinaus Aufträge zu nehmen, weil dadurch stete Beschäftigung am besten zu sichern ist, und höchstens eine Conjunctur verpasst werden, nicht aber Verluste verursacht werden können.

Hier liegt in der That die grosse Klippe, an der alle Fabrikanten, namentlich Gesellschaften scheitern. In guten Zeiten ist man ungeneigt, Bestellungen zu nehmen, weil alles voll Hoffnung ist und man auf noch bessere Zustände rechnet. Was ist denn natürlicher, als dass man sich dann mit Materialien versieht, weil man fürchtet sie werden noch theurer werden. Schlägt die Conjunctur um, dann sitzt man da ohne Bestellungen und mit Roh-Producten, die im Werthe gefallen sind. Nun sucht man überall Aufträge und verarbeitet die theueren Vorräthe mit Verlust. Wenn dieses geschehen, tritt die Möglichkeit ein, wieder mit Vortheil zu arbeiten. Die Aufträge sind aber nicht immer zu haben. Dann erwacht der Eifer. Man sucht überall und findet und nimmt, was man bekommen kann. In diesem Zustande ist man aber nicht geneigt, Vorräthe zu kaufen. Man erkennt nicht an, dass man thöricht gewesen, sich während der Theuerung zu überladen, sondern glaubt, es sei gefährlich Lager zu halten, und kauft trotz der niedrigen Preise von der Hand zum Munde. Die Zeiten bessern sich nun und dann sitzt man fest mit Aufträgen zu niedrigen Preisen und muss Materialien zu steigenden Preisen beschaffen und mit Verlust oder ohne Profit arbeiten.

Ich will hier nur das Princip schildern, welches in diesen Fällen naturgemäss zur Geltung kommt, mit dem Strom zu schwimmen und darum, bei Krisen und grossen Preisschwankungen, mit der Masse zu verlieren. Ich wollte das eigne Product verarbeiten, bestmöglichst verkaufen; — hat man sich dann geirrt, so verdient man weniger, man verliert aber nicht. Ich richtete die Locomotiv-Fabrik ein, erforderlichen Falls dreihundert Locomotiven jährlich liefern zu können, weil nach meiner Berechnung man bei einer solchen Production am vortheilhaftesten und billigsten arbeiten kann. Die Fabrik war aber so hergestellt, dass man unter Umständen auch andere Aufträge ausführen konnte. Die allgemeine Direction gab ich, hatte aber tüchtige Männer, die meine Gedanken ausführten. Ich verstand es, sie für das Geschäft zu enthusiasmiren, ihnen alle mögliche Freiheit zu lassen, sie mit leichter Hand zu führen, dass sie ihr willig folgten und unter dem leisesten Ziehen einlenkten oder stehen blieben.

Als ich einem Freunde sagte, in welcher Zeit ich bezweckte, eine Fabrik, die auf vierzig Maschinen eingerichtet war und ungefähr 600 Arbeiter beschäftigte, auf die Productivität von dreihundert Maschinen zu bringen und 2500 geschulte Arbeiter herbeizuschaffen, erklärte er dies für unmöglich. Nichts desto weniger ist dieses in weniger als zwei Jahren geschehen; ohne dass die Fabrik still zu stehen brauchte, ist sie bis zu dieser Ausdehnung vergrössert und umgestaltet worden: ausserdem habe ich eine Arbeiterstadt für die Fabrikarbeiter gebaut, und es war der Anfang gemacht, weitere Einrichtungen für deren Comfort anzulegen. Die Arbeiter, obgleich von allen Theilen der Monarchie zusammengeholt, waren zufrieden und haben noch später sich meiner dankbar erinnert, die Einrichtungen waren streng, aber so weit als thunlich rücksichtsvoll, und für Weiteres war gedacht und vorbereitet als ich mich nach dem Kriege von diesem Besitz trennen musste. Trotz der Entwickelungsperiode habe ich ausserordentliche Erträge gehabt und die Fabrik mit beinahe zweijährigen Bestellungen, nicht nur von meinen eignen Bahnen, sondern von verschiedenen Bahnen im In- und Auslande an meinen Nachfolger übergeben.

Da ich noch nicht mit meinen anderen Fabriken so weit war, ein Material liefern zu können, so verfolgte ich das Princip, für jede Bestellung auch gleich mit der Material-Beschaffung vorzugehen, und so hat die Fabrik selbst bei steigenden Conjuncturen in dieser Beziehung mit Vortheil arbeiten können.

Zwei der Directoren sind Männer mit ganz vorzüglichen Eigenschaften, und doch ist ein Werk, das ich im blühendsten Zustande übergeben habe, zurückgegangen. Unter meiner Leitung wäre dieses nicht der Fall gewesen, ich hätte in der guten Zeit Bestellungen auf Jahre hinaus angenommen. Dieses ist nicht geschehen. Kleinliche Bedenken haben störend gewirkt. Anstatt die Gelegenheit zu benutzen und sich Betriebs-Capitalien zu beschaffen, hat man mit Banquier-Credit gearbeitet und aus Erträgen und geborgten Geldern Erweiterungen gemacht, vor denen ich gewarnt hatte und die unnütz waren.

Auf der einen Seite hatte die Direction zu freie Hand und ist dadurch verdorben worden, auf der anderen mischten Dilettanten und Banquiers sich störend ein. Den leitenden Director, den ich über Alles hochschätze und der alle Achtung verdient, ist in seiner jetzigen Stellung nicht mehr derselbe Mensch. Achtbar wird er immer bleiben, aber er leidet schwer am Directorendünkel.

Hier möchte ich nur nebensächlich bemerken, dass mir weder seitens der Stadt *Hannover* noch vom Staat die mir schuldende Anerkennung zu Theil geworden ist für dasjenige, was ich grade hier geleistet habe. Unmittelbar nach 1866, wo in *Hannover* die Zahl der Unzufriedenen sich noch dadurch steigerte, dass der Stadt die Einnahmen des Hofes verloren gegangen waren, habe ich für die Fabrik und Arbeiterstadt die grossartigsten Bauten ausgeführt und eine Arbeiterbevölkerung herangezogen, deren Bedürfnisse auf Handel und Verkehr selbst wohlthuend gewirkt haben und habe zugleich neben grossen Bahnbauten auch in anderen Theilen von Hannover grosse Bauten ausgeführt. Es lässt sich nicht nachweisen, wie viel diese von mir geschaffenen Vortheile dazu beigetragen haben, die Bevölkerung mit Industrie statt Politik zu beschäftigen; mir ist aber von denjenigen, die Hannover genau kennen, gesagt worden, dass meine Thätigkeit höchst wohlthuend gewirkt hat.

Die *Neustädter Hütte,* unweit Hannover, war ein in den fünfziger Jahren mit vielen Kosten neben einem grossen Torfmoor erbautes Werk. Die Idee war: mit Torf Roheisen zu erzeugen und auch damit zu puddeln. Ersteres kann auch jetzt noch nicht mit Vortheil geschehen, zu letzterem sind jetzt Einrichtungen erfunden, die damals noch nicht existirten. Die Capitalien wurden verloren und das Werk war Jahre lang ausser Thätigkeit; ich kaufte es billig und erweiterte es für die Production von Kesselblechen für Hannover und errichtete bei *Othfresen* ein Hochofen-Werk zur Erzeugung von Roheisen für Giesserei-Zwecke. Dieses letztere war nicht fertig, als ich es verkaufte.

Die *Dortmunder Hütte* war auch ein unvollkommenes Werk, eine Gründung aus den fünfziger Jahren, die dann unter der Aegide der Berliner Handelsgesellschaft als Commandit-Gesellschaft *Gustav Arndt* ihr Leben fristete. Ich kaufte die sämmtlichen Antheile, weil die Lage dieses Werkes eine ganz vorzügliche war und ich ein solches Werk haben wollte; ich vergrösserte die sämmtlichen Anlagen und gestaltete es zu einem der ersten Werke Westphalens. Das Walz- und Puddel-Werk war für mehr als die doppelte Production mit allen Vorrichtungen derart hergestellt, dass man billig arbeiten konnte und die Arbeiter weniger zu leiden hatten.

Auch hier baute ich ein grosses Arbeiterviertel, errichtete eine der ausgedehntesten Anlagen für die Herstellung von Brücken, baute 100 Coaks-Oefen, drei Hochöfen, zwei Räder-Fabriken, die eine für Waggon-, die andere für Locomotiv-Räder und eine Bessemer-Anstalt.

Um das ganze Werk unabhängig zu machen, kaufte ich die *„Glückauf“* und andere *Kohlengruben* und eine Zahl Eisengruben im Siegerlande, die zusammen einer der werthvollsten

Complexe in jener Gegend sind und darauf berechnet waren, vierzehntausend Waggons Eisenstein für Bessemer-Eisen jährlich zu liefern. Vieles war fertig und Anderes im Fertigwerden, als mich der Krieg und die rumänischen Verwicklungen trafen.

Die Werke sind in ihrem damaligen Zustande verkauft worden und so konnte ich auch hier nicht meine Pläne für die Arbeiter durchführen. Empfunden ward es von denselben und als ich später bei meinen *Zbirower* Werken deutsche Arbeiter brauchte, fand ich die grösste Bereitwilligkeit und konnte jede Anzahl bekommen, denn der Instinct der Arbeiter sagte ihnen, dass sie es bei mir gut und mit einem Manne zu thun haben würden, der ihre Bedürfnisse kennt, ihnen lohnende Beschäftigung geben würde und ein Herz für ihr Gedeihen hat.

Dieses waren meine sämmtlichen Käufe in Deutschland, und deren Beziehung zu meinen anderen Unternehmungen liegt deutlich zu Tage. Eine Kohlengrube in *Waldenburg* habe ich gekauft, um dem Besitzer der Herrschaft, worauf sie lag, aus dringender Verlegenheit zu helfen. Ich habe sie ausgebaut und ohne Verlust nach dem Kriege verkauft. Was aus Dortmund und Zubehör geworden ist, folgt später.

Ich komme jetzt auf mein *Antwerpener* Unternehmen.

Mir sind mehrere Male Offerten gemacht worden, die durch Schleifung von Festungen frei gewordenen Terrains zu kaufen. Ich bin nie darauf eingegangen, weil dies nur Land-Speculationen gewesen wären und da Festungswerke in der Regel die Städte umgeben, so sind solche Terrains meistens nur Vorstädte und brauchen als solche Jahre lang zu ihrer Verwerthung.

In Antwerpen war die Lage eine andere und wenn unsere Banquiers nur die Spur von eigenem Urtheil hätten, so müsste man auf den ersten Blick die ausserordentliche Vorzüglichkeit dieses Geschäftes eingesehen haben.

Antwerpen ist nördlich und südlich am Ufer der Schelde von Citadellen begrenzt, die Stadt konnte sich daher nicht längs dem Flusse, wie dieses natürlich und erforderlich war, ausdehnen, sondern musste eine falsche Richtung einschlagen, sich vom Flusse ab nach hinten ausdehnen. Die alte innere Stadt reichte bis an das Festungs-Rayon der Süd-Citadelle und die eine Seite der Esplanade durfte nicht mehr bebaut werden.

Einer dringenden Noth abzuhelfen wurde beschlossen, die Süd-Citadelle weiter hinauszurücken und das so frei werdende Terrain in einer Länge von gegen 2000 Metern mit einer gleich langen Wasser-Front wurde mir zu 14 Frcs. pro Quadrat-Meter verkauft.

Hier war kein Zukunftsgeschäft. Die angrenzenden Baustellen kosten zwischen 150 bis 500 Francs der Quadrat-Meter. Ich kaufte 109 Hektar für 14,000,000 Frcs. und zahlte ungefähr 4,000,000 an. Auf neun Hectaren, die in obiger Summe gratis mitgegeben waren, war der Staat verpflichtet einen grossen Central-Bahnhof anzulegen und auch Schienenwege auf seine Kosten nach dem *Quai* und allen Theilen der von mir anzulegenden Docks zu führen, ich war verpflichtet, ohne Zeitbestimmung auf einem Theil der von mir gekauften oder expropriirten Ländereien, (zu letzterem wurde mir die staatliche Genehmigung zugegeben), Docks anzulegen und einen Quai längs der Schelde vor meinen Grundstücken zu bauen; mir war auch die Anlage einer *Porte-franque* gestattet. Im Kauf waren mit inbegriffen: Die sämmtlichen Gebäude der Festung und das Arsenal, und ich konnte durch Herstellung des Quais bedeutende Terrains vom Fluss gewinnen.

Die Schifffahrt von Antwerpen war nachweislich so im Wachsen begriffen und die Docks so ungenügend, dass die Rentabilität der Anlage unfraglich war und der Quai würde sich nicht nur durch den Verkehr der dort anlegenden grossen *Steamers* rentirt haben, sondern die gewonnenen Baustellen, die werthvollsten in Antwerpen, würden mehr als die Herstellungskosten gedeckt haben.

Beim Kaufe herrschte nur ein Uebelstand. Es hing Alles davon ab, wo die Docks hinkommen sollten; denn kamen sie nächst der Stadt zu liegen, so wären die zum Kauf vorhandenen Baustellen als jenseits der Docks liegend nur schlechte Vorstadtsviertel geworden, und dann war es wichtig, dass die Docks nach aussen, nach der neuen Festung hin zu liegen kamen, weil man dann die angrenzenden, niedrigen, zum Bau unpassenden Terrains expropriiren und für die Docks benutzen konnte, und so mehr von den besten der Stadt nächst gelegenen Baustellen zu verkaufen hatte.

Mir gelang es, die Genehmigung für die Lage und Pläne ganz im obigen Sinne zu erwirken und ich war im Begriff mit den Bauten vorzugehen, als auch hier der Juli 1870 hindernd eintrat. Inzwischen war eine Aenderung im Ministerium eingetreten. Der jetzige Finanz-Minister *Malou* war früher einer der Directoren der *Société générale* und der *société immobilière,* zwei Gesellschaften, die, von Ultramontanen beherrscht, eine financiell gebietende Stellung in *Belgien* einnehmen und darum vom damaligen Finanz-Minister *Frère-Urban*, mit dem ich abgeschlossen hatte, nicht begünstigt worden sind. Sonst hätte ich die Citadelle nicht bekommen.

Malou, nun Finanz-Minister, aber doch leitend in beiden Instituten, war meinen Plänen nicht gewogen und wollte das Geschäft gerne der *Société immobilière* anvertrauen; ich konnte die weiteren Zahlungen nicht machen und nach Jahre langem Manoeuver, wobei mir Unrecht geschehen, habe ich die Sache der letzteren Gesellschaft übergeben und mein Geld wieder bekommen.

Inzwischen hatte es sich herausgestellt, dass eine Brücke erforderlich war, dass diese aber in Folge meiner Rechte für den Bau der Docks nicht ausgeführt werden konnte, und so sollte der Bau der Docks aufgegeben werden und neben anderen Zugeständnissen wurde das ganze Terrain zu Bauzwecken frei; dieses war kurz vor meinem Austritt, aber nachdem ich darauf bezügliche Contracte geschlossen hatte. Das Geschäft wurde dadurch so gut, dass ein vollständiger Sturm zu meinen Gunsten und gegen die *Société immobilière* in Antwerpen ausbrach und selbst die Stellung des Ministers erschütterte. Ich war aber nur als Deckmantel benutzt, denn die Stadt Antwerpen einigte sich mit der Gesellschaft dahin, in das Geschäft zur Hälfte einzutreten, und es blieb bei meiner Abfindung. Hierbei wurden zwischen 20 bis 30 Millionen Francs sicher verdient, und meine Stellung wäre noch eine viel günstigere gewesen, wenn ich die Restkaufgelder hätte zahlen können.

Man hat mir hier grosses Unrecht gethan und meine Lage benutzt, um mich zu einer Einigung zu zwingen, wobei ich allerdings mein Geld wiederbekam, dessen Mangel mir aber in den Jahren unvergleichlich grosse Opfer gekostet hatte, und es war ein Unglück, dass ich einen so sichern Vortheil habe aufgeben müssen.

Der *Viehmarkt* in Berlin war allerdings etwas meinen Plänen fern liegendes. Ich habe ihn einem Freund zu Gefallen und weil er mir als ein dringendes Bedürfniss erschien, übernommen, habe bei Herstellung mit vielen Widerwärtigkeiten zu kämpfen gehabt und ihn später verkauft. Die Käufer hatten eine halbe Million Provision verdient und doch hat das Publikum ein gutes Geschäft gemacht.

Ich hatte allerdings ganz andere Ideen für den Betrieb. Die Noth zwang aber zum Verkauf und so ist der Betrieb engherzig ausgeführt, Vieles für andere Zwecke verwandt, Vieles unterlassen und so der Stadt, die ihre Aufgabe nach dieser Richtung Jahrzehnte unerfüllt gelassen hat, die Gelegenheit gegeben, ihn durch eine neue Anlage zu ruiniren.

Die *Markthallen* hatte ich übernommen in der Absicht, dieselben mit dem Viehmarkt zu verbinden und dem Berliner Publikum gutes Fleisch, frische See- und andere Fische und die Hauptnahrungsmittel zu den billigsten Preisen zu liefern.

Dieses Geschäft sollte sich zwar rentiren, denn sonst wäre es nicht lebensfähig gewesen, aber nicht Gewinn, sondern Wohlthätigkeit war hier das einzige Motiv.

Die Einrichtungen waren grossentheils getroffen, selbst Schiffe für die Fischerei waren vorhanden, als auch dieses Unternehmen in Folge des Krieges aufgegeben werden musste.

So dargestellt, mag die Summe meiner Unternehmungen zu gross erscheinen und meine jetzige Lage mag diesen Schluss rechtfertigen, versichern kann ich indessen, dass Alles bis auf das kleinste Detail reichlich durchdacht und vorbereitet war und dass, wenn der Krieg sechs Monate später gekommen wäre, alles fertig und im vollsten Betriebe gewesen, und dass ich, und dieses ist das Criterium, daraus Millionen Revenüen gezogen hätte, womit ich die nicht ausbleibenden Geschäfts-Calamitäten hätte reichlich decken können.

Als der Krieg 1866 ausbrach, glaubte man allgemein, das er mich stürzen würde. Er traf mich allerdings inmitten grosser Unternehmungen und verursachte mir colossale Verluste, ich war indessen in der Lage, diese zu ertragen, meinen Verpflichtungen nachzukommen, für patriotische Zwecke, wie schon erwähnt, grosse Summen auszugeben, meine Bauten fortzusetzen, um Geschäftsfreunden und anderen behilflich zu sein.

Wenn daher auch durch Verluste geschwächt und gezwungen, durch meine Unternehmungen die Scharten auszuwetzen, so steigerte sich das Vertrauen meiner Unternehmer und Lieferanten, und mein Renommé als Eisenbahnbau-Unternehmer verbreitete sich im Auslande und führte zu den schon erwähnten Geschäften.

Meine Eisenbahn-Bauten, meine Fabrik-Anlagen waren im vollsten Gange und ich scheinbar in grösster Prosperität, als der für das Land glückliche, für mich so unheilvolle Krieg ausbrach.

Man vergegenwärtige sich nur meine Thätigkeit im Augenblick der Katastrophe, um zu ermessen, wie schrecklich ich davon berührt gewesen sein muss. Die im Bau begriffenen Bahnen hatten eine Länge von ungefähr 340 Meilen. Es handelte sich hier also um die Vollendung und Abwicklung von Bau-Geschäften und der damit verbundenen Finanz-Operationen nach zwei Richtungen, mit den Gesellschaften und mit meinen Unternehmern und Lieferanten im Betrage von ungefähr 140,000,000 Thalern.

Alles war hier im Fluss, und wenn ich die Strömungen allein betrachte, die Communications-Unterbrechungen, das Ausscheiden beinahe des sämmtlichen Aufsichts- und höheren Dienst-Personals in Betracht ziehe, so ist der Verlust kaum mit Geld zu bezahlen und die Verwicklungen, die ich in Verbindung mit den verschiedenen Bahnen geschildert habe, waren sämmtlich Folgen derselben Begebenheit und verwandelten Gewinn versprechende Unternehmungen in Verluste. In Antwerpen lagen Millionen, die ich nicht herausziehen konnte, die darin liegenden, und wie sich später erwiesen liquiden Vortheile, waren gefährdet und wurden verloren.

Forderungen aller Art traten an mich heran, auf die ich sonst nicht zu rechnen brauchte. Meine Effecten wurden entwerthet, meine Einnahmen versiegten plötzlich, die Unternehmer wurden entweder unfähig oder unwillig in gewohnter Weise zu arbeiten, bei den in Betrieb befindlichen Fabriken hatte ich Schwierigkeit, Rohmaterialien zu beschaffen und Arbeitslöhne zu zahlen. Dieses vertheuerte die Production und demoralisirte die Verhältnisse; auf meinen Gütern musste ich, um Löhne und Betriebsgelder zu beschaffen, dem Wucherer in die Hände fallen; die Ernte auf dem Halm, den Spiritus, ehe er gebraut war, unter den dafür üblichen, verzehrenden Bedingungen verkaufen, und so gerieth Alles in's Stocken.

Ich besass, bewirthschaftete und meliorirte zur Zeit beinahe 300,000 Morgen Wald und Land; an sämmtlichen von mir angeführten Bergwerken und Fabriken wurde gebaut und vorgerichtet, auf der Herrschaft Zbirow waren Bergwerke in noch viel grösserem Massstabe in der Vorrichtung begriffen, um in einigen Jahren die Basis für eine ausgedehnte Eisenproduction zu werden und auf der Herrschaft selbst wurde überall gebaut und verbessert.

Der Viehmarkt ging seiner Vollendung entgegen.

Mit einem Worte, dieser ganze grossartige Apparat war in vollster Bewegung, überall waren grossartige Summen erforderlich, alles war in Gährung. Bis dahin flossen mir die Mittel aus den Bau-Ueberschüssen reichlich zu. Ich kann auf viele Monate zurückweisen, wo auf dem Gebiete des Eisenbahnbaues der Unterschied zwischen Einnahmen und Ausgaben zu meinen Gunsten eine Million Thaler monatlich betragen hatte, und wenn dieses auch nicht alles Profit war, so konnte ich es doch zu Ankäufen und Bauten gewinnbringender Anlagen benutzen, indem diese ihrer Vollendung entgegengingen und dann für die Capitalien ein entsprechend werthwolles Object repräsentirten. Ich brauchte um so weniger an eine allgemeine Abwicklung zu denken, weil mit der Vollendung aller dieser Objecte plötzlich eine Hauptposition, die für Zinsen und Bauten grosse Summen in Anspruch nahm, sich in eine Ertragsquelle verwandeln musste, namentlich da die Betriebs-Capitalien in Hannover und Dortmund grossentheils vorhanden waren.

Vieles, das früher gekauft worden, konnte jetzt producirt werden und ich auch annehmen, dass mit Vollendung dieser sämmtlichen Anlagen mein Credit entsprechend steigen würde. Endlich aber hatte ich ausser den im Bau begriffenen Bahnen Concessionen für sechzig Meilen, die noch nicht begonnen waren, und sichere Aussichten weiterer werthvoller Concessionen mit Staatsgarantie, so dass meine Bau-Thätigkeit eher zu als abnehmen musste und ich so aus meinen Umsätzen und Bau-Soldi's, abgerechnet von meinen Profiten, auf die immer zu zählen war, den Organismus bis zur völligen Consolidirung im Gange halten und ernähren konnte.

Mit Vollendung meiner Anlagen bezweckte ich auch eine Aenderung in der von mir bis dahin angewandten Art der Ausführung von Eisenbahnen.

Viele meiner Unternehmer hatten sich bei mir Capitalien erworben und Erfahrungen gesammelt, welches beides sie befähigte, grössere als bis dahin ihnen anvertraute Bauten auszuführen.

Den Schwerpunkt meiner Thätigkeit meinen Fabriken zuwendend, wollte ich zwar meine Unternehmungen im Eisenbahnbau ausdehnen, um immer Bestellungen für meine Werke zu haben, aber mich mit dem Bau selbst weniger beschäftigen und allmälig ihn ganz aufgeben; ich wollte die Kapitalien beschaffen, alle Lieferungen übernehmen und den Bau von der Gesellschaft direct an meine Unternehmer vergeben, die ich mit Capitalien unterstützt resp. financirt haben würde und wollte dafür einen entsprechenden Antheil am Gewinn beanspruchen.

Ich wäre so aus dem Risico des Baues so vieler Bahnen getreten, hätte meine Zeit freier gehabt und hätte mehr leisten und mehr zu Stande bringen können, ohne immer meine Existenz auf's Spiel zu setzen. Die vorbereitenden Schritte für diese Umwandlung waren getroffen, und wäre diese, bei den mir schon concessionirten, aber noch nicht begonnenen Bahnen in Kraft getreten, so dass also für Wachsthum und die damit verbundenen grösseren Schwierigkeiten derart vorgesorgt war, dass mehr Schultern dabei trugen, und meine theilweise persönliche Entlastung entstanden wäre. Beiläufig beweist dies auch, dass ich die General-Entreprise in einem gewissen Grade anwenden wollte, dass ich also diese Methode unter Umständen als für beide Theile günstig halte.

Ein Unglück kommt nie allein, und so hatte ich auch noch einen grossen Verlust auf der Börse mit in den Kauf zu nehmen.

Von jeher ein abgesagter Feind jeder Börsenspeculation, besuchte ich die Börse nie. Selbst in meinen eigenen Papieren handelte ich nicht und habe nie einem anderen gerathen meine Effecten zu kaufen, weil ich sie als Speculations-Papiere betrachtete.

Am Tage, wo die Candidatur des Prinzen von Hohenzollern zurückgezogen wurde und im Moment des Jubels, dass der Frieden erhalten werden würde, war ich zufällig auf der Börse anwesend, und um meinen Glauben zu bekunden, kaufte ich per ultimo einen grossen Posten der beiden Pilze, die die continentalen Börsen vergiften: Lombarden und Franzosen. Hätte ich mit Deckung gewartet, so wäre der Verlust nicht so gross gewesen. Der Banquier war aber in Todesangst, die Summe überstieg seine Mittel und um ihn zu trösten, deckte ich vorzeitig mit grossem Verlust.

Mir war meine Lage vollständig klar, die Folgen, wenn ich mich zu halten suchte, wenn auch nicht in den Details doch im grossen Ganzen waren mir gegenwärtig, ich wusste, dass ich zu Spottpreisen realisiren musste, dass Millionen dabei verloren gehen und dass mein Credit und meine Beziehungen zu den verschiedenen Gesellschaften dauernd darunter leiden würden. Andrerseits sah ich, dass eine Zahlungseinstellung alle Schwierigkeiten beseitigen würde. In jenem Augenblicke hätte Jeder den Fall als ganz natürlich gehalten, wie es auch allgemein erwartet wurde.

Ich war nachweislich ausserordentlich vermögend, die Summe meiner Verpflichtungen und die Grösse meines Besitzes würden ein Moratorium leicht haben erwirken lassen, und so hätte ich ohne Verlust die bessere Zeit abwarten und nachher mit Leichtigkeit nebst Zinsen voll zahlen und als sehr reicher, und in Folge dieses Ergebnisses als ausserordentlich consolidirter Mann dastehen können. Meine Beamten und viele Andere können bezeugen, dass ich mir diese Alternative wiederholt vorgehalten und nach allen Seiten erwogen habe. Meine Sicherheit, die Conservirung meines Vermögens, lag in Zahlungseinstellung und ich wusste dieses; ich glaubte aber, dass Pflicht und Rücksicht für Andere mir dictirten, keinen Verlust zu scheuen und stehen zu bleiben; denn die Suspension meiner Zahlungen hätte das Fallissement vieler Hunderte im Gefolge gehabt, wenn ich auch später bezahlt hätte, und so entschloss ich mich, wohl wissend, welches Risico ich laufe, kein Opfer zu scheuen und mich zu halten. Trotz meiner gegenwärtigen Situation bereue ich meinen Entschluss nicht, wenige haben aber begriffen, von welchen selbstlosen Motiven ich geleitet und wie bewusst ich mir war, dass ich mich opferte.

Ich hätte Rumänien und Alles, was mir bis Moskau passirte, vermieden, wenn ich kaufmännisch weise gehandelt hätte und ich stünde heute geachtet da. So wenig weiss die Welt, wen sie steinigt!

Es giebt aber ein inneres Gericht, das Recht spricht und unter dem Schirm eines guten Gewissens finde ich während des über mich hereingebrochenen Sturmes Schutz.

Wie es mir bei Rumänien, bei den verschiedenen Gesellschaften mit den meisten Vermögensobjecten ergangen ist, habe ich bereits geschildert. Eine Beschreibung dessen, was ich zu leisten und ertragen hatte, um meinen Entschluss durchzuführen, würde viele Bände füllen. Die dabei von mir an den Tag gelegten Eigenschaften waren, ich sage es ohne Ueberhebung, einer besseren Aufgabe würdig.

Ich hatte Alles zu ertragen, was mir am Widerlichsten war, Alles zu thun, wogegen mein Inneres sich empörte. Täglich gingen viele Tausende verloren, die grossen Anstrengungen bezweckten nur das Fristen des Lebens, eine Bande von Blutsaugern setzte sich an meinem Leibe fest, fielen einzeln übersättigt ab und schlichen sich fort, um der Gefahr zu entgehen, einen Theil ihres Mahles wiedergeben zu müssen und Viele, denen ich Vertrauen geschenkt und die mir Alles zu verdanken hatten, benutzten die Gelegenheit, mir zu schaden und sich zu bereichern.

Kurz vorher bei meiner silbernen Hochzeit waren mir

von allen Seiten Geschenke und Ovationen dargebracht, und dieses bot mir so recht eigentlich die Gelegenheit, Menschen im Glück und Unglück kennen zu lernen.

Ungebeugt verfolgte ich doch meinen Weg, wickelte meine ungarischen und anderen Unternehmungen ab und gelangte wirklich so weit, an neues Schaffen zu denken und damit vorzugehen. Einen Theil meiner Gruben und Werke verkaufte ich unter günstigen Bedingungen an eine Gesellschaft. Die Objecte waren sämmtlich gut, die Gesellschaft konnte oder wollte nicht die nöthigen Gelder für Betrieb und Ausbau beschaffen, wurde von der Krisis überholt, und musste mit grossen Verlusten die werthvollsten Besitzungen verkaufen, um etwas zu retten.

Die *„Dortmunder Hütte,“* die Hochofen-Anlage *Othfresen* und die Kohlengrube *„Glück auf“* verkaufte ich an ein Consortium, an dessen Spitze die Disconto-Gesellschaft stand, um die Anzahlung für Rumänien zu beschaffen, verpfändete ihr unter einer Simulten-Hypothek über 2,000,000 Thaler meine sämmtlichen Besitzungen in Preussen, gab der rumänischen Gesellschaft eine Hypothek von 2,000,000 Thalern auf *Zbirow* und zur Sicherheit eine Hypothek von einer Million auf *Neustadt* und die *Siegener* Gruben.

Bei jedem dieser beiden Geschäfte gaben die Herzöge von *Ujest* und *Ratibor* und der Graf *Lehndorf* eine Bürgschaft von je 500,000 Thalern in der schon erwähnten Weise.

Bei dem Geschäft mit der Disconto-Gesellschaft verpflichtete ich mich, neben den vereinbarten Zinsen, die Güter für gemeinschaftliche Rechnung derart zu verkaufen, dass der Mehrerlös über den für jeden Besitz einzeln angesetzten Preis getheilt werden sollte, aber auch hier sollte kein Risico sein. Ich musste der Disconto-Gesellschaft ihren Profit mit 300,000 Thalern sichern und dafür, sowie für die Schuld, meine polnische Besitzung als Super-Garantie verpfänden. Der garantirte Profit wurde später auf 350,000 Thaler erhöht; verwaltet und verbessert habe ich für mein Geld, die Zinsen habe ich getragen. Durch Verkäufe sind zwischen 700,000 – 800,000 Thaler realisirt, und seit meinem Concurse kauft die Disconto-Gesellschaft meine Güter in der Subhastation für weniger als die darauf verausgabten Meliorationskosten; so gelangt sie in einen Besitz, den sie seit Jahren mit einem Leichentuch bedeckt und mich dadurch in allen meinen Bewegungen gelähmt hatte. Ich schuldete nur 2,000,000 Thaler, die ganze Summe wurde auf jeden einzelnen Besitz eingetragen und so konnte ich nirgends etwas weiter aufnehmen und schien mehr verschuldet als ich in Wirklichkeit war.

Da die „Dortmunder-Hütte“ ein Theil der *Dortmunder Union* ist, bei der das Publikum so furchtbares Geld verloren hat, so halte ich es für nothwendig, die Angelegenheiten dieser Gesellschaft etwas näher zu beleuchten. Dieselbe besteht aus den von mir für 6,000,000 Thaler gekauften Objecten und aus *Neuschottland* und *Heinrichshütte* für je 2,500,000 Thaler; erstere war eine Gesellschaft, letztere gehörte der Disconto-Gesellschaft.

Ob diese Objecte den Werth hatten, kann ich nicht beurtheilen; der Hauptfehler der Acquisition lag aber darin, dass sie mit Activen und Passiven und Bestellungen übernommen wurden, so dass es daher sehr davon abhängt, wie die Bilanz aufgestellt war. Bei Neuschottland habe ich aus glaubwürdiger Quelle vernommen, dass bei Aufstellung des dem Kauf vorangehenden Jahresabschlusses höchst optimistisch verfahren sein soll, und jedenfalls waren die Bestellungen bei beiden unter den eintretenden Verhältnissen ein *onus* von nicht viel geringerem Betrage als der Kaufpreis selbst.

Das fürchterliche Resultat ist aber ausser diesem den begonnenen Fehlern zuzuschreiben. Meine Fabriken und Bergwerke waren positiv billig, und hätte man sie richtig ausgenutzt, so müssten sie in den zwei guten Jahren beinahe den Kaufpreis an Profit gegeben haben. Sie waren auch ohne jede Last, also ohne Activa und Passiva, die nicht im Kaufpreise eingerechnet waren, übernommen und ohne Bestellungen, so dass man in der Lage war, die Conjunctur im vollsten Maasse wahrzunehmen.

Das hohe Agio, wobei sich Westphalen selbst betheiligte, war nur auf Grund der guten Meinung für meine Werke gezahlt, denn *Heinrichshütte* war nie populär und *Neuschottland* hat nie viel gebracht und die Haupterträge waren bei einem gepachteten Werke erzielt.

Die Dortmunder Union ist ein so abschreckendes Beispiel für das Publikum, sich bei industriellen Unternehmungen zu betheiligen, dass es an sich nützlich ist, die Gründe des Unfalles zu beurtheilen; denn wenn auch industrielle Unternehmungen stets als Speculation zu betrachten sind, so wäre es doch ein Unglück, wenn sich das Publikum mit den für solche Zwecke richtig zu verwendenden Mitteln nie wieder bei industriellen Anlagen betheiligen wollte.

Der Actionair soll sich aber nicht blind betheiligen, nicht dem grossen Leithammel „Disconto-Gesellschaft", oder anderen folgen, sondern nur da herangehen, wo er die Verhältnisse geprüft hat und die Geschäfte verfolgen will. Auf Namen, auf Autorität ist viel zu geben, aber es muss auf dem richtigen Gebiete und die richtige Kategorie von Personen sein. Die Disconto-Gesellschaft und ähnliche Institute sind eine Bürgschaft, dass der Hergang, die Constituirung, wahrscheinlich auch die Werthschätzung (weil man sich sicher darum Mühe geben wird) ehrlich sind; dieselbe bietet aber gar keine Gewähr, dass richtig verwaltet, billig fabricirt und öconomisch gewirthschaftet wird, ich möchte sogar sagen, dass sie eine Gefahr, eine Versuchung für das Gegentheil ist. Denn so lange die betheiligten Banken Vertrauen haben, stehen den Werken beliebige Mittel zur Verfügung, die zu Uebermuth, Ueberhebung, zur Ueberproduction, zu Materialien-Anhäufung, zu Ankäufen und Erweiterungen veranlassen, die sonst nicht gemacht werden würden, und mit dem ersten Hauch des Misstrauens oder einer Krise schwinden diese Mittel wie Nebel vor der Sonne und die strengen Grundsätze der Banquiers hindern dann diejenige Beweglichkeit, mit der man sich helfen resp. die Mittel beschaffen kann.

Viel mehr Gewicht ist darauf zu legen, dass die Organisation eine gute, der Arbeiter-Stamm ein zuverlässiger und geschickter, die Direction in allen Zweigen technisch, kaufmännisch und verwaltend, fähig und gegenseitig passend ist, und dass wo möglich ein Beamtenstand vorhanden ist, der auch gleich als Nachzucht dienen kann.

Der Kaufpreis der sämmtlichen Anlagen war also 11,000,000 Thaler und dieser wurde auch nur in Rechnung gebracht, aber die Agiotage wurde in einer ganz ungerechtfertigten Weise betrieben und dieses war um so mehr zu tadeln, als man wissen musste, dass die Bestellungen, mit denen *Heinrichs-Hütte* und *Neuschottland* belastet waren, bei den hohen Material-Preisen unbedingt sehr schwere Verluste mit sich bringen mussten.

Um dieses so wenig wie möglich bemerkbar zu machen, soll man einen Theil dieser Verlust bringenden Arbeiten auf der „Dortmunder Hütte" ausgeführt haben. Fehler sind unausbleiblich und die dadurch verursachten Verluste bedauerlich, aber sie involviren nicht nöthiger Weise etwas Unmoralisches.

Die Agiotage in diesem Falle war aber so unberechtigt, dass man sie gradezu als unmoralisch bezeichnen kann.

Was würde Herr *Lasker* sagen, wenn die Disconto-Gesellschaft diese Fabriken für 11,000,000 Thaler gekauft und für 15,000,000 Actien ausgegeben hätte? und doch geschah dies in anderer, legaler und vornehmer Weise; im *Course* nämlich, zu dem diese Actien auf den Markt gebracht wurden, lag mehr als diese Differenz. Die Zeiten waren günstig und der Emissionscredit der Discontogesellschaft gross, man hat Beides benutzt und damit war der Process lange noch nicht fertig; zu den Emissions-Coursen bekam das Publikum die Actien noch lange nicht; erst wurde es ordentlich lüstern gemacht, damit es zum besten Preise kauft, und wenn gar keine Fehler begangen wären, sich die Anlagen vollständig rentirt hätten und die Actien eventuell pari werth gewesen wären, so würde das Publikum doch immer schon, abgesehen von Speculationsverlusten, über 13,000,000 Thaler an Agios verloren haben.

Am ersten Agio theilten sich die zu primitiven Bedingungen Betheiligten und darunter waren die Mitglieder der Direction, die dann selbstverständlich nur ein speculatives statt verwaltendes Interesse an dem Unternehmen hatten, den Jubel mitmachten und direct und indirect Antheil an den verschiedenen Manipulationen nahmen, die endlich zu den ganz übermässigen Coursen führten.

Hier soll es noch, wie gewöhnlich, eingetreten sein, dass der Dumme realisirt und der Klügere in der Direction auf seinen Papieren sitzen geblieben ist, und so wieder an derjenigen Verstimmung litt, welche ihm die drohenden Verluste bringen mussten. Dass ein solcher Zustand nicht grade geeignet war, die momentane Lage objectiv zu beurtheilen, muss wohl von selbst einleuchten.

Wer in Actien-Speculationen betheiligt ist, verliert das Interesse und auch das Verständniss für das langsame, solide Gebahren, welches beim Betrieb erforderlich ist, und wenn die Direction Agiotage gar in eignen Actien treibt, oder so engagirt ist, dass sie darauf Rücksicht nehmen muss, dann sind Fehlgriffe unausbleiblich, denn das Augenmerk hat eine falsche Richtung, wenn gar die Gefahr oder Hoffnung der Speculation nicht zu Wahn, Färbungen und Handlungen führt, die sonst nicht erscheinen würden.

Während der Zeit des Jauchzens war diese Direction gerade so verwirrt und glaubte, dass hier wirklich eine Goldgrube vorhanden sei, bei der Alles gewagt, Alles unternommen werden konnte.

Ich kann nur einiges aufführen, worüber ich von Zeit zu Zeit zufällig unterrichtet wurde, und was meistens in *Dortmund* vorgegangen ist, aber es ist unzweifelhaft, dass es auf den anderen Werken ebenso ging, und dass überall Fehler begangen sein müssen; denn sonst konnten nicht die Summen verausgabt worden sein, die das Actien-Capital fast werthlos machen.

Ein Krebsschaden bei diesem Geschäft, welches Millionen gekostet haben muss, war der schon erwähnte Umstand, dass *Heinrichshütte* und *Neuschottland* gleich nach dem Kriege grosse Bestellungen zu niedrigen Preisen übernommen, die sie jetzt nicht nur mit Verlust ausführen mussten, sondern wodurch sie auch gehindert waren, neue Bestellungen zu guten Preisen anzunehmen. Der erste Fehler war aber der Kauf zur theuersten Zeit von Eisengruben sowohl in Westphalen, als auch in Schweden, wofür Millionen bezahlt worden sind, und dieser Fehler war um so grösser, als diese Gruben, wenn sie werthvoll waren, was sie nicht sind, Jahre zur Vorbereitung und viel Geld erforderten, ehe sie etwas liefern konnten. Bei einiger Berechnung hätte man sich sagen müssen, dass die Conjunctur nicht ewig anhalten kann, und dass man die theuer gekauften Gruben erst in Betrieb bringen würde, nachdem die gute Zeit vorbei war.

Die Gruben, wenigstens die in Westphalen, waren aber schlecht, und schwedische Erze beziehen zu wollen, ist vorzeitig, da weder Eisenbahn noch Schifffahrt darauf eingerichtet sind.

Als ich vor der guten Zeit, denn dann muss man kaufen, Reflectant auf ein Eisenlager war, hatte ich unter vielen anderen auch diese Lager von *Dr. Pauli* besichtigen lassen. Derselbe hielt ein Viertel des von der Union bezahlten Preises für zu hoch, weil viel Capital-Anlage und Zeit zur Entwicklung erforderlich und keineswegs sichere Resultate zu erwarten seien. Herr ***Hilgenstock,*** damals Bergdirector bei Herde, theilte diese Meinung, nur dass er positiv war hinsichtlich des schlechten Vorkommens; hier waren also einmal Millionen fruchtlos angelegt.

Nun aber war die Direction und Verwaltung dazu angethan, die Gesellschaft zu ruiniren. Nach dem schon erwähnten Princip des Herrn *v. **Hansemann*** übernahm er und die Grössen, die dabei betheiligt waren, ***Rothschild, Oppenheim, Präsident Scheele etc.*** gar keine Verantwortlichkeit. Diese Herren standen an der Spitze der Gesellschaft, illustrirten dieselbe und dieses animirte das Publicum, hohe Preise zu bezahlen.

Ohne Zweifel wünschten dieselben die beste Handhabung und den besten Erfolg, sowohl aus Rechtsgefühl und ehrenhaftem Interesse für das von ihnen geschaffene Kind, als auch deshalb, weil das Gedeihen des Unternehmens mit ihren speciellen, financiellen Interessen, den Coursen der Actien, sich vollständig und legitim vereinigte. Der Credit, die Capitalien und der grosse Einfluss des Consortiums stand der Union auch überall zur Verfügung und es war dieser letztere ein Factor für die Prosperität, der nicht hoch genug angeschlagen werden kann, wenn er richtig benutzt wurde.

Aber verantwortlich für die Leitung waren diese Herren nicht und wollten es nicht sein; dazu wurde ein localer Aufsichtsrath gewählt. Dieser war moralisch verantwortlich und diesem wurde factisch die ganze Macht ertheilt, denn der grosse Rath konnte nur glauben, und war auch erfreut, glauben zu können, denn dadurch fühlte er sich berechtigt, die Agiotage zu unterstützen und die Berichte der grossartigen Prosperität, welche die Direction unter der Aegide des localen Aufsichtsrathes machte, für vollständig gerechtfertigt zu halten. Nun finde ich es ganz erklärlich und gerechtfertigt, dass eine Zahl commercieller Magnaten, die mit eignen Geschäften überhäuft sind, die Verantwortlichkeit zurückweist, industrielle Unternehmungen zu leiten. Man kann aber einen solchen persönlichen Vertrauensposten nicht von sich auf andere übertragen und muss dann darauf verzichten, im Anfsichtsrath und gleichzeitig Gründer zu sein und einer Verwaltung oder Gesellschaft, deren Thätigkeit man nicht leiten und verfolgen kann, den Lustre seines Namens zu geben.

In Ermanglung solcher Staffage würde das Publicum sich nicht mit solcher Gier betheiligen, solch hohes Agio zu zahlen bereit sein, die Direction würde sich nicht, wie dieses hier geschehen, auf Grund dieser Beziehung überhoben haben, und es würde sich dann im Laufe der Zeit die Nothwendigkeit ergeben, nur diejenigen in den Aufsichtsrath einer Gesellschaft zu wählen, die in jeder Beziehung dazu fähig sind und dafür verantwortlich gehalten werden, und dieses würde zu gleicher Zeit eine wirkliche Aufsicht, ein Leiten und Zügeln der Direction zur Folge haben.

Uebrigens ist die Dortmunder Union kein vereinzeltes Beispiel. Namen werden überall als Lockvögel für die günstige Placirung des Actien-Capitals gewählt, nirgends hat dieses zur Prosperität beigetragen, sondern das Publicum hat nur noch neben den gewöhnlichen Verlusten das Agio verloren. Siehe *Minerva, Plessner, Cuxhafener Bahn, Donnersmark-Hütte, Shamrock & Hibernia, Laurahütte* und zahllose andere Unternehmungen, wobei Robert Warschauer, Mendelssohn, Borsig, Delbrück, Leo, Berliner Handelsgesellschaft, Bleichröder, und sonst gleich hohe Namen zu finden sind.

Welches war nun aber der locale Aufsichtsrath, der als Palladium hier aufgestellt wurde. Erstens war die Zahl zu klein. Für die Executive ist die geringste Zahl, die möglichste Einheit das Beste, der Aufsichtsrath, ein berathendes Collegium, muss gross genug sein, um in sich Partei-Bildung zu ermöglichen, aus deren Reibung die Wahrheit entwickelt wird. Die Mitglieder des Berliner Aufsichtsrathes wären in sich als Theil eines grösseren Körpers ganz geeignet. Herr *v. Born* ist ein achtbarer Banquier in Dortmund, der eine gewisse Vertrautheit mit der Eisen- und Kohlen-Industrie besitzt und bei darauf bezüglichen Discussionen mitsprechen kann, der aber keineswegs dazu angelegt ist, ein so grossartiges Werk zu leiten, wenigstens die Leitung zu beherrschen und ihr Richtung zu geben, und sein College *Grillo* war, wenn man ihn auch wirklich nach seinem Glauben an sich selbst in den Kauf nehmen wollte, dazu geschaffen, v. Born vollständig kalt zu stellen; denn v. Born ist eine schüchterne, ängstlich angelegte Natur und Grillo ist das ganze Gegentheil, und die gegenseitigen Beziehungen dieser beiden Herren waren z. Z. derartig, dass v. Born einen vollständigen Grillo-Cultus trieb und aus Ueberzeugung sich ihm ganz unterordnete.

Der locale Aufsichtsrath war also nur Grillo und dieser herrschte um so allmächtiger, als für die Disconto-Gesellschaft, wie ich schon früher erwähnte, Grillo auf diesem Gebiete eben so maassgebend war. Unter Herrn *Grillo's* Auspicien sind alle Fehler, die die Gesellschaft ruinirt haben, begangen worden, und dieses entbindet mich, den Nachweis zu liefern, dass dieser Herr die Fähigkeiten nicht besessen habe, die man ihm zutraute; er war ausserdem zu vielseitig beschäftigt, um sich dieser Sache so weit als nöthig zu widmen, und da er ferner auf das Grossartigste in der Speculation in *Dortmunder Union* engagirt war, so war es nicht zu erwarten, dass er die glänzenden Berichte des Director Müller in Frage stellen sollte. Uebrigens ist Grillo auch durch und durch Optimist, glaubte das Unglaublichste und war einer der letzten, seinen Besitz auf den Markt zu bringen.

Ich zweifle nicht an seiner Ueberzeugung, nur war eine solche Stimmung nicht geeignet, kalt prüfend an Alles heranzugehen.

In Berlin und Dortmund glaubte man gerne, und da der leitende Director gut schreiben und plausibel berichten konnte, so war die Herrn Grillo zugestandene Macht auf Müller übergegangen.

Die Direction war eben so unglücklich zusammengesetzt, und deshalb wurde die ganze Organisation eine falsche. Der eine Director spielt gar nicht mit, er ist ein ruhiger, anständiger Mann, der als Decernent ganz gut arbeiten kann, bei Leitung eines solchen Unternehmens aber gar nicht in Betracht kommt. Die Direction bestand daher nur aus zwei Personen, einem kaufmännischen Director *Müller* und einem Techniker *Nettke*. Dem ersteren ist Begabung gar nicht abzusprechen, er besitzt Scharfblick, Energie und kaufmännische Kenntnisse, ist aber ehrgeizig bis zum Excess, herrschsüchtig, kleinlich, eigensinnig und zänkisch, ein gutes Pferd in kräftigen Händen, ein Durchgeher, der über die Stränge schlägt, wenn er keine Meisterhand fühlt; er hielt sich plötzlich für ein grossartiges Thier, und arbeitete darauf los. Grillo und den Verwaltungsrath gewann er durch seine plausiblen Berichte und Nettke war er überlegen und räumte ihm, um vollständig freie Hand zu haben, auf einem Theil des technischen Gebietes ebenfalls freie Hand ein, um dessen Ehrgeiz, der auch brennend ist, gleichfalls zu befriedigen. Nettke hatte nicht das Zeug für seine Stellung; er konnte die Sachen nicht so gross auffassen, wie dieses hier nöthig war, beim besten Willen konnte er nicht in allen Branchen bewandert sein. Es wäre daher richtig gewesen, bei einem so vielseitigen Werke, in verschiedenen Gegenden zerstreut, so viel als möglich die Branchen zu theilen, und den Chefs alle mögliche Freiheit zu lassen, und sich beobachtend, tactvoll zu halten. Anstatt dessen — und dies passte auch in Müllers Plan — wurde Alles centralisirt, und die wirklich tüchtigen Directoren der einzelnen Werke und Branchen derart entmuthigt und degoutirt, dass manche abgingen, alle unzufrieden waren, und verhältnissmässig wenig leisteten. Derartiges konnte auch nicht ausbleiben, wo sich der leitende Director überall einmischte, überall störte, überall Unkenntniss documentirte und Fehler machte, und man kann sich wohl denken, welche Desorganisation hier eingetreten sein muss. Herr *Müller* war auf seiner Seite eben so rücksichtslos, kaufte Materialien, ohne die Chefs zu Rathe zu ziehen, und wenn es sich herausstellte, dass die Ankäufe sich für die Fabrication nicht eigneten, so musste es doch verarbeitet werden, und wenn der betreffende Techniker, um sein Renommé nicht auf's Spiel zu setzen, remonstrirte, dann wurde Streit gesucht und von der „Dortmunder Union" ist mancher, der bis dahin als Fabricationschef geachtet dastand, mit geschädigtem Ruf abgegangen.

Aus Interesse für die Sache bin ich häufig zur Disconto-Gesellschaft gegangen und habe dort Mittheilungen gemacht, es hat aber nichts geholfen.

So erfuhr ich, dass Herr Müller ein grosses Quantum Roheisen für Puddelzwecke gekauft hatte, welches zu grau war, und habe ausgerechnet, dass der Verbrauch dieses Eisens über tausend Thaler täglichen Verlust verursachte. Der Walzwerksdirector ging deshalb ab; man hätte das Eisen mit Vortheil verkaufen können: es nutzte nichts. Für den *Bessemer Process* in Heinrichshütte war ebenfalls nicht genügendes Material beschafft. Aus Algier bezogene theure Erze kauft *Herde* heute von der Union, natürlich weit unter dem Preise.

Mit Materialien zu hohen Preisen sollte man sich so versehen, dass man während der ganzen Zeit, wo die Preise so niedrig waren, mit Material arbeiten musste, das theurer war als das Fabrikat. Bestellungen wurden stets zurückgewiesen. Der Bruder des Herrn *Nettke* hat mir selbst erzählt, dass er eine höchst annehmbare Offerte für die Staatsbahn auf 600,000 Ctr. Bessemer Schienen gemacht hat; sie wurde nicht angenommen. Der Himmel hing nur für diese Herren voller Geigen, und wie konnte es anders sein, wenn alle bei Actien-Speculationen betheiligt waren und achtzig Procent Agio für billig hielten.

Dieses ist aber nur eine Kategorie Fehler, wo Verlust und entgangener Gewinn sich mit Millionen beziffern lassen. Inzwischen herrschte eine Pedanterie, die grade dazu angelegt war um Berlin zu befriedigen, denn bei Banken kommt alles darauf an, dass das Schema übersichtlich, die Buchungen scheinbar ordnungsmässig sind. Nach dem Schema ging alles wunderschön und die Fabrication war einträglich, bei der Materialien-Aufnahme stellte es sich aber heraus, dass in Wirklichkeit viel mehr Material verbraucht gewesen sein muss, denn es ergaben sich grosse Mancos.

Nun kommt aber erst Geldvergeudung und Nichtwahrnehmen der Conjunctur. Als Dortmund übernommen wurde, waren drei grosse Hochöfen dort beinahe und vier in Othfresen ganz fertig. Preise waren damals so hoch, dass jeder Betriebstag von sieben Hochöfen einen Profit von Tausenden täglich ausgemacht haben würde, welche Sorte von Eisen man auch producirt hätte.

Mit kleinlichen Bedenken und Ersparnissen beim Bau hat man die ganze Conjunctur verpasst und die Oefen erst angeblasen, als es kaum mehr lohnte.

Der Eisenstein in Othfresen ist eigenthümlich und will behandelt werden; man hatte aber den Techniker, der die Frage studirt hat, entlassen, und die Stellung einem andern übergeben, der überhaupt kein guter Hochofentechniker war und diese Frage gar nicht studirt hatte.

Die Dortmunder Hochöfen hatten vorzügliche Gebläse, die Lage war aber aus leichten Ursachen eine solche, dass eine gewisse Vorsicht gebraucht werden musste. Man hat darauf nicht Acht gegeben. Die Herren waren zu klug um sich von denen, die das Project gemacht hatten, unterrichten zu lassen. Die Maschinen wurden zertrümmert und die Oefen ausgeblasen. Anstatt den Fehler anzuerkennen und die leicht ausführbare Reparatur vorzunehmen, wurden diese Maschinen verdammt und *Othfresen*, welches still steht aber ganz andere Maschinen hat, demontirt. Hier wird eine Ruine gemacht und dort müssen neue Bauten vorgenommen werden. Wenn Othfresen sich auch wirklich nur bei hohen Preisen lohnt, so ist es immer eine Reserve, die sich in einem hohen Jahre bezahlt macht und dann auch von grosser Hülfe ist, wenn Roheisen knapp wird.

Das *Bessemer* Werk in Dortmund war beinahe fertig, jedenfalls konnte es, weil die Mittel vorhanden waren, in einigen Monaten in Betrieb kommen. Es war so angelegt, dass Raum für Vergrösserung vorhanden war; man hat Kessel und Alles verworfen, den ganzen Bau umgerissen und immense Summen verausgabt um die Conjunctur zu verpassen, denn fertig wurde man erst nachher.

Die Experimente, die hier während des ersten Betriebes gemacht wurden, sind nicht mit Geld zu bezahlen, und als man endlich einen tüchtigen Betriebschef hatte, ging er ab weil er mit Nettke nicht arbeiten wollte.

Aus Unvorsichtigkeit und Eigensinn in der Wasserfrage hat man 100 Coaksöfen im Betriebe vernichtet. Dieselben waren von einem bewährten Unternehmer gebaut, der die Verantwortung dafür übernehmen wollte, aber einen Fehler einzugestehen, lag nicht in Herrn Müllers Character. Die 100 Oefen wurden umgerissen und umgebaut.

Dieses ist nur ein Theil dessen, was ich gehört, und sicher weit hinter der Wirklichkeit; nun rechne man alles zusammen: schlechte Gruben, Käufe, Verluste bei mitgebrachten Bestellungen, zu grosse, theure und unzweckmässige Material-Beschaffung, Betriebsstörungen aus den angeführten Gründen und Verschwendung durch Verwerfen alter und Aufbau neuer Anlagen, so wird es nicht schwer fallen, den Verbleib der Millionen nachzuweisen, während es eben so leicht ist zu zeigen, wie grosse Profite nicht realisirt wurden, die aber hätten realisirt werden können.

Wäre man richtig verfahren, so stände die Gesellschaft gut, und trotz allem ist, da viele Fehler durch die Umsicht des Herrn *Russel* jetzt beseitigt sind, der Werth heute noch grösser als man glaubt, und ich mache mich anheischig, selbst wie die Sachen stehen, Resultate zu erzielen, an die Wenige glauben würden.

Wenn ich zu lange bei diesem Gegenstand verweilt habe, so geschah es, weil die Hauptanlagen von mir herrühren, weil ich der Sache viel Arbeit gewidmet hatte und beweisen wollte, dass die schlechten Resultate nicht in den Werken, sondern in deren Betrieb zu suchen sind.

Nach Veräusserung meiner Werke und Regulirung der

schwebenden Differenzen mit den verschiedenen Gesellschaften blieb mir nur der Bau von Hannover-Altenbeken und Verwaltung meiner Güter als Thätigkeit. Nach meinen Büchern war ich zwar noch sehr reich, denn der von mir bei dieser Gelegenheit der Disconto-Gesellschaft überreichte Status zeigte ein Vermögen von über zehn Millionen Thalern, — es war aber alles z. Z. nicht realisirbar.

Der Bau bei Hannover-Altenbeken brachte wegen der niedrigen Course Verluste, keinen momentanen Gewinn, die Güter erforderten Zuschüsse, und ich hatte eine bedeutende Schuldenlast sowohl an Hypotheken als auch an Wechseln. Beides musste verzinst, letztere schwebend erhalten und Hypotheken häufig mit Damno erneuert werden. Auch musste ich mich für die Zeit vorbereiten, wo eine oder die andere grosse Hypothek fällig wurde.

An neue Unternehmungen war nicht zu denken, denn es ist viel leichter ein neues Geschäft zu gründen, als ein bestehendes, das erschüttert worden ist, wieder aufzurichten; eine Liquidation war desshalb nicht ausführbar, weil nun, nachdem alles Verwerthbare veräussert war, nur eine Anzahl Gegenstände übrig blieb, die in ihrem damaligen Zustande unverkäuflich waren, wenn man auch mit der Hälfte des Werthes zufrieden gewesen wäre.

Die Ergebnisse der Subhastationen nach meinem Concurse beweisen, dass meine Anschauung richtig war. Ein Moratorium konnte mir nichts nützen, denn ich hätte keine frühere Zeit bestimmen können, als bis meine Besitzungen verkäuflich waren, und um dieses zu bewirken, waren grosse Capital-Anlagen erforderlich und diese hätte ich dann nicht beschaffen können. Es blieb mir also nichts übrig, als weiter zu arbeiten und zu versuchen die Gesundheit des erkrankten Körpers wieder herzustellen, und hier fragt es sich nur ob ich gegründete Aussichten hatte dieses durchzuführen.

Von meiner Lage, wie ich sie hier beschreibe, habe ich kein Hehl gemacht und es hat Niemand mit mir Geschäfte abgeschlossen oder mir Credit gegeben, der nicht davon unterrichtet gewesen wäre und dem ich dies nicht gesagt hätte, und zwar beinahe immer in folgenden Worten: „Ich bin zwar ein reicher Mann, ich bin aber versteckt, ich schulde was fällig wird, und besitze, was ich nicht realisiren kann, ich brauche Geld und Credit um meinen Besitz zu consolidiren, ich hoffe wieder Neues zu schaffen und nun ist die Frage, ob Sie meiner Tüchtigkeit trauen, das Beste zu thun, das Meiste zu leisten, den Glauben in meine Ehrenhaftigkeit haben, dass ich mein Letztes hergeben werde. Zum Gelingen will ich alles thun, das Resultat kann kein Mensch bestimmen." Bei Gelegenheit der grossen Transactionen mit der Disconto-Gesellschaft hatte sie meinen Status, wie er hier geschildert ist, und wenn es unrecht war meine kaufmännische Existenz fortzusetzen, so war es auch unrecht mit mir zu paktiren, denn die erzielten Vortheile konnten dann nur auf Kosten Anderer erzielt worden sein. Ich glaube aber, dass meine Handlungsweise gerechtfertigt war und folgendes war mein Plan.

Die Antwerpener Angelegenheit und deren Ausgang habe ich bereits erwähnt. Ich hatte darauf 4,000,000 Frcs. gezahlt, ich hoffte eine Gesellschaft zu gründen, und dabei mein Geld und einen nicht unbedeutenden Gewinn zu erzielen. Bei dem allmählichen Verkauf meiner deutschen Besitzungen, Baustellen und Häuser hoffte ich mich von den damit verbundenen Ausgaben, Zinsen und Schulden zu befreien und im Laufe einiger Jahre eine beträchtliche Summe liquide zu machen. Bei Hannover-Altenbeken berechtigte mich mein Contract nach Erschöpfung der Actien zu Baar-Zahlungen und darum und bei der Abwicklung zu sehr grossen Summen. Ich wollte mein Berliner Haus verkaufen und so durch Veräusserung der Bilder-Galerie und Möbel ungefähr eine Million realisiren. Ich hatte noch eine Menge Forderungen und Effecten, die ich, als Reserve betrachtend, hier nicht in Rechnung bringe.

Hiermit wären meinen sämmtlichen Verpflichtungen getilgt und meine ganzen Engagements auf *Zbirow* beschränkt gewesen, dem ich mich hauptsächlich widmen wollte, um mit den mir übrig bleibenden Mitteln die dort begonnenen Arbeiten allmählich weiter zu führen und im Laufe der Zeit zu vollenden, auch rechnete ich darauf, dass, — einer solchen Consolidirung und Concentrirung folgend und da ich in Zbirow Eisenbahn-Materialien im Grossen produciren wollte — sich auch wieder Bauunternehmungen bieten würden. Dieses waren keine Luftschlösser, sie beruhten auf Wirklichkeiten.

Ein grosser Theil der Summen ist factisch realisirt worden. Auf das Ausgebliebene bei Hannover-Altenbeken konnte ich contractlich rechnen und wenn dieses mir nicht, wie schon geschildert, vorenthalten worden wäre, so hätte ich nicht nur bei Antwerpen mein Geld bekommen, sondern weil ich rechtzeitig in der Lage gewesen wäre die zweite Anzahlung zu machen, hätte ich auch alles das erreicht, was die belgische Gesellschaft und die Stadt Antwerpen durch meinen Contract erreicht haben.

Ich hatte aus früheren Zeiten und auch in Verbindung mit meinen Eisenbahnbauten in Deutschland vielseitige Beziehungen in England und wollte zwar mein Geschäft in Berlin behalten aber meinen Wohnsitz in London nehmen, dort ein Bureau eröffnen, und weil London der Weltmarkt ist, wo Alles hinkommt, meine Beziehungen benutzen und in erster Linie aus meiner Antwerpener Sache eine englische Gesellschaft gründen und Concessionen für Eisenbahnbauten im Auslande übernehmen. Ich war als Unternehmer in England wohl renommirt, hatte die geeigneten Verbindungen und kannte den Markt.

Zu diesem Behufe siedelte ich im Frühjahre 1873 nach London über. Ich richtete mich dort entsprechend der Stellung, die ich einnehmen wollte, und meinen Zwecken angemessen ein, eröffnete mein Bureau und fand alle meine Erwartungen übertroffen. Von allen Seiten strömten mir Offerten und Anerbietungen zu, Bahnbauten in allen Himmelsgegenden, und ich war im vollsten Zuge die verschiedenen Unternehmungen zu prüfen um mich für das Beste zu entscheiden, weil ich darauf bedacht war, nichts unnöthig zu riskiren und nur mit wirklich guten und sicheren Sachen zu beginnen, und solche boten sich auch.

Inzwischen hatte ich ein kräftiges Consortium zu Stande gebracht, um Antwerpen als Gesellschaft auf den englischen Markt zu bringen und Alles war dazu vorbereitet, als ich in Folge eingetretener Stockungen in Berlin, plötzlich nach dort reisen musste. Mein Aufenthalt hier verlängerte sich derart, dass die Saison in England vorüberging, der Disconto stieg, der günstige Moment für die Gründung meiner Gesellschaft konnte nicht wahrgenommen werden, und weil ich nicht zurückreisen konnte, musste ich alle begonnenen Unterhandlungen für Eisenbahnbauten abbrechen und dadurch war mein ganzer Plan für England fehlgeschlagen. Ich brachte meine Familie zurück und kam auch nicht wieder dazu, nach London zu gehen. Die Hauptursache meiner Rückkehr nach Berlin war die in Wien eingetretene und hier drohende Krisis, und die specielle Ursache, entstand aus der schon erwähnten Handlungsweise der Hannover-Altenbekener Bahn. Seit Monaten wurden mir von den monatlich bescheinigten Certificaten Hunderttausende unter einem oder dem anderen Vorwande gekürzt und zuletzt Zahlung gänzlich refusirt. Es handelte sich jetzt um nahezu 1,500,000 Thaler, auf die ich gerechnet, die ich zu fordern hatte, und dieser Ausfall derangirte alle meine Berechnungen, alle meine Pläne und verursachte eine Stockung, die ich nur mit der grössten Anstrengung überwinden konnte und die mich zwang auf alle möglichen Combinationen einzugehen und endlich in meinem Ruin endete.

Der erste Schritt, den ich unternahm, war der Verkauf meiner Bilder-Galerie für ungefähr 800,000 Thaler, und nun musste ich von Neuem wieder derselben Sorte von Menschen in die Hände fallen, wie unmittelbar nach dem Kriege. Es ist unmöglich bei so verzweigten Geschäften, wie die meinigen, die Verhältnisse in irgend einem genügenden Zusammenhange zu schildern. Ich muss mich daher darauf beschränken, nur Einiges zu erwähnen um eine Idee zu geben, wie mir vom Augenblick, wo meine Geschäfte zurückgingen, Alles fehlgeschlagen und fortwährend Ereignisse eintraten, auf die nicht zu rechnen war, die aber jeden Calcül illusorisch machten. So klagte die *Norddeutsche Bank* auf Schadenersatz für ein Versprechen, das ich als Vorsitzender der Halle-Sorauer Bahn gemacht hatte, wobei ich gar nicht interessirt und woran ich ohne Schuld war; ich wurde verurtheilt 150,000 Thaler zu zahlen. Die *Berliner Handelsgesellschaft* klagte aus einem ähnlichen Geschäft bei Hannover-Altenbeken, eine Folge meiner Verbindung mit der Disconto-Gesellschaft. Sie erstritt auch 150,000 Thaler. Alle Juristen glaubten, dieses wäre eine Unmöglichkeit. *Schepeler* in Riga verklagte mich für eine Provisions-Forderung von 300,000 Thalern, und der Finanz-Minister forderte nachträglich ungefähr 150,000 Thaler Stempel für die Fabriken, die ich der allgemeinen Eisenbahn-Bau-Gesellschaft im Frühjahr 1873 übertragen, welche, wie schon erwähnt, in Folge der Meinung des Finanz-Ministers aufgelöst wurde und nie in eigentliche Thätigkeit trat. Bei Constituirung war der Notar der Meinung, dass die bei einer Societät von einem Socius eingebrachten Objecte nicht stempelpflichtig seien; bei einer Revision des Stempel-Fiskals wurde der Stempel gefordert, der Finanzminister bestätigte dieses und meine Bitte um Niederschlagung der eigenthümlichen Verhältnisse wegen wurde nicht gewährt.

Alle diese Summen, wofür ich nie etwas empfangen hatte, worauf ich mit einer Ausnahme nicht rechnen konnte, wurden um diese Zeit erstritten und damit ist der Katalog noch nicht erschöpft. Ich verlor jeden Process und, so weit ich mich erinnere, war der Gesammtbetrag dieser und ähnlicher Forderungen, die damals und in der nächstfolgenden Zeit erstritten wurden, weit über eine Million Thaler.

Niemand hat eine höhere Meinung von der über allen Zweifel erhabenen Ehrenhaftigkeit unserer Richter als ich, ich behaupte aber, viele dieser Processe dürfte ich nicht verloren haben, und ich kann es mir nur erklären, dass die Richter von der allgemeinen Eingenommenheit gegen mich unwillkürlich berührt waren, und dass dieses, wo es auf Anschauung ankam, sie für die Auffassung der Gegenpartei geneigt machte. Sei dem aber wie ihm wolle, — ich war unvorbereitet für solche Ansprüche und dadurch über die Maassen derangirt. Da bei den nächsten Begebenheiten die Zbirower Herrschaft und Werke eine Hauptrolle spielen, so ist dieses der geeignete Ort den Gegenstand zu besprechen.

Ein Berliner Kaufmann im Verein mit einem Banquier aus Krakau kauften diese Herrschaft und eine Anzahl anderer Domänen vom österreichischen Staat, und die erste Anzahlung sollte im Sommer 1868 geleistet werden. Der Berliner Kaufmann war ein langjähriger Geschäftsfreund eines Berliner Banquiers, der mir sehr nahe stand, und schuldete diesem so bedeutende Summen, dass sich daran beinahe die Existenz desselben knüpfte. Als der Termin heranrückte, konnten die Käufer die Gelder nicht aufbringen, und es drohte der Verlust der Caution, der Ruin der beiden Käufer und im Gefolge die grösste Schädigung meines Freundes. In seiner Noth frug Letzterer mich um Rath; er theilte mir mit, dass er nicht weiter helfen könne, dass aber der Sturz seiner Kunden nicht nur directe Verluste für ihn mit sich brächte, sondern — weil die Welt die Sache noch übertreibe — seinen Credit auf das allerempfindlichste schädigen würde. Mein Freund war mindestens so klug und erfahren als ich, und Rath war bei ihm ganz unnütz, ich betrachtete die Frage also einfach als dahinzielend, ob ich helfen könnte.

Ich war meinem Freunde Dank schuldig, hilfsbereit bin ich von jeher gewesen, ich entschloss mich also zu helfen, wenn es irgend möglich sei, trat der Frage näher und fand, dass die einzige Hilfe in einem Kaufe meinerseits eines Theiles der Güter lag, und so kaufte ich Zbirow und rettete meinem Freund, aus der von mir zu machenden Anzahlung, seine Forderung.

Ich kann versichern, dass ich damals aufgehört hatte Güter zu kaufen, und dass mich Freundschaft und Dankbarkeit allein dazu veranlassten Zbirow zu acquiriren.

Meine Verhältnisse waren glänzend und meine Geldangelegenheiten so flott, dass ich mich berechtigt glaubte, meinen Gefühlen in der erwähnten Richtung zu folgen.

Dieser Kauf sollte verhängnissvoll für mich werden. Wenn ich aber dadurch gestraft bin, so muss es für andere Sünden sein, denn hier verdiente ich ein besseres Schicksal. Unmittelbar nach Uebernahme der Herrschaft im Herbst 1868 brach ein Orkan mit Schneebrüchen begleitet im westlichen Böhmen aus, der beinahe die sämmtlichen Wälder in dortiger Gegend verheerte. Der Wind und Schneebruch auf der Herrschaft wurde auf 300,000 Klafter der schönsten Bestände geschätzt. Die Berichte der Forstbeamten gingen dahin, dass die Calamität die Einnahmen der Herrschaft auf Jahre hinaus beeinträchtigen würde, indem weitere Windbrüche in Folge der Löcher im Walde und ein grossartiges Auftreten des Borkenkäfers nicht ausbleiben können, da es unmöglich sein würde, die Hölzer auch nur annähernd schnell genug aufzuräumen. Die Einnahmen der 4 — 5 folgenden Jahre würden allerdings gross sein. Dabei musste aber die momentane Preisentwerthung und die Steigerung der Bereitung und Verfrachtung in Folge der grossen zu bewilligenden Massen mit in Rechnung gezogen werden, und hierzu käme noch die nach den österreichischen Gesetzen nöthige sofortige Schonung der Blössen, welche einen sehr grossen Betrag an jährlichen Culturkosten mit sich bringe, und endlich musste, um den Wald wieder einträglich zu machen, der jährliche Holzschlag während vieler Jahre verhältnissmässig auf ein sehr Geringes reducirt werden.

Die Steuern in Oesterreich sind ganz enorm, die Pflege, Schonung, Cultivirung und Instandhaltung eines Waldes von ungefähr 87,000 Morgen im Gebirge bei einer grossen Bevölkerung, die unter ärarischer Herrschaft gewohnt war, den Wald als Eigenthum zu betrachten, bedingte einen grossen und höchst kostspieligen Apparat um so mehr, da in Folge der Erschütterung, die die sämmtlichen Bäume durch den Sturm erlitten hatten, eine anhaltende kostspielige Bewachung des Borkenkäfers und Arbeit, um ihn nicht aufkommen zu lassen und eventuell auszurotten, unausbleiblich sei. Die Herrschaft ist im Ganzen ungefähr 100,000 Morgen gross, und der Wald war die eigentliche Ertragsquelle, welche auch das Capital reichlich verzinsen konnte. Die Ländereien waren in kleinen Parzellen verpachtet und devastirt, die baaren Einnahmen waren nicht unbedeutend. Diese beiden Positionen wurden aber grossentheils für Steuern, Patronats- und Dominial-Verwaltung absorbirt; die Industrie war ganz primitiv, auf Ausnutzung eines Theiles der Hölzer basirt.

Die circa 400 Gebäude-Complexe auf der Herrschaft waren in den letzten Jahren vernachlässigt und bedurften kostspieliger Reparaturen und endlich waren überall Waldwege anzulegen, wenn man das Holz herausbringen wollte; der Wald musste ganz von Neuem aufgenommen werden, um zu wissen, welche Bestände übrig waren um wirthschaften zu können.

Jener schreckliche Sturm hat mir auch noch anderen grossen Schaden zugefügt.

Ich empfing neben obiger Hiobspost an demselben Tage die Nachricht, dass in Dortmund das neue Puddelwerk, in Hannover eine grosse im Bau begriffene Halle, ein bedeutendes Bauwerk auf dem Berliner Viehmarkt und Schornsteine in drei grossen Brennereien, umgerissen worden seien.

Es würde überhaupt kaum glaublich erscheinen, wenn ich die zahllosen Unglücksfälle nach den verschiedensten Richtungen hin aufzählen wollte, die mir in den letzten acht Jahren passirt sind.

Zbirow kostete zwischen zehn und elf Millionen Gulden. Diese waren zu verzinsen und durch einen Schlag verwandelte sich die Herrschaft aus einer reichlich ertragsfähigen zu einer Geld fressenden Anlage, nicht nur für Verzinsung des Capitals, sondern zur Erhaltung und Herstellung des Ganzen. Der Werth war gross, aber aushalten konnte es nur Jemand, der, wie ich, grosse Einnahmen aus anderen Quellen beschaffen konnte.

Unter diesen Umständen reiste ich nach Zbirow, studirte die dortigen Verhältnisse und kam zu der Ueberzeugung, dass die dort vorhandenen Montanschätze und Arbeiterbevölkerung die Mittel böten eine Industrie zu gründen, die nicht nur die dafür erforderlichen Anlagen reichlich verzinsen, sondern einen Ueberschuss gewähren, welchen die Herrschaft selbst reichlich verzinsen, und so die Mittel bieten würde, so lange schonend und conservirend mit dem Walde umzugehen, bis die Folgen der Calamität beseitigt sein würden.

Nachdem ich meine Anschauung durch vielseitige, sachverständige Prüfung bewährt fand, ging ich sofort an die Arbeit und zwar vorerst an die Vorbereitung des Bergwerkswesens. Aus dem Extracte eines Berichtes über die industriellen Anlagen der Herrschaft Zbirow, welcher auf Grund von Ermittlungen seitens anerkannter Autoritäten von dem k. k. Ober-Ingenieur im Handelsministerium zu Wien, Herrn *Rziha* an den Herrn *v. Goldschmidt* in Wien gemacht wurde, ist ersichtlich, was dort hergestellt und projectirt war. Der Bericht des Herrn Rziha befindet sich als Anhang am Schluss des Werkes.

Die Basis war der Eisenstein und die Kohle auf der Herrschaft, und ich setzte dem im Berichte erwähnten Zwecke entsprechend die Arbeiten in Bewegung. Bis zum Schlusse des Jahres 1870 wurden Millionen in diese Anlagen hineingesteckt, die aber nur als werthvoll zu betrachten waren und Rente versprachen, wenn die Bergwerksarbeiten fortgesetzt und vollendet und die gleichfalls im Bericht erwähnten verschiedenen Fabrik-Anlagen, Walzwerke, Hochöfen und Gewerksbahn auch hergestellt wurden, denn die Erze hatten nur Werth und Absatz, wenn sie, wie projectirt, auf der Herrschaft verbraucht und in Folge der ganzen Combination eine Massen-Production in Oesterreich geschaffen wurde, wobei neben einem besseren Fabrikat die Erzeugung nicht wesentlich theurer als die belgische sein würde, und daher für Oesterreich Fracht und Steuer zu Gute käme und man in den Oesterreich angrenzenden Ländern die billige Production und Frachtersparnisse voraus hätte. Im Winter 1870, als die rumänischen Angelegenheiten sich eben zum vollen Ausbruch zuspitzten, ward Böhmen von einem zweiten noch grösseren Orkan heimgesucht. Die Calamität auf der Herrschaft wurde eine noch grössere, und die von mir verfolgte Politik eine noch gebotenere, die Mittel zur Ausführung als vorhanden vorausgesetzt. Der frühere Windfall war noch nicht annähernd verarbeitet als der neue darüber herkam und sich Thurm hoch darüber aufstapelte.

Ich habe bereits erwähnt, wie sich meine allgemeinen Verhältnisse bis zur Einigung mit Rumänien gestalteten; ich war dadurch gezwungen, den Bergbau auf der Herrschaft zu beschränken und eine längere Zeit für die Herstellung der Fabriksanlagen ins Auge zu fassen, d. h. an eine allmälige langsamere Entwicklung zu denken, obgleich dieses einen Zinsverlust für die gemachten und jetzt nicht ausgenutzten Arbeiten bedingte. Die gefallenen Holzmassen waren nun aber so gross, dass ich Säge-Werke errichten musste, um einen Theil zu verarbeiten, und es auch rathsam fand, mit denjenigen Bauten vorzugehen, die das meiste Holz absorbirten. Die Eisen-Industrie war günstig, so dass die alten existirenden Anlagen, die sonst nur mit Verlust arbeiteten, jetzt ziemlich rentabel waren, und so war es möglich, durch diese und die grossen

Holzverkäufe aus den Einnahmen der Herrschaft Vieles zu bestreiten, mit den Bauten vorzugehen und dieselben so weit zu bringen, dass ich bei Verkauf meiner deutschen Bergwerke und Fabriken und der damaligen hohen Meinung von der Zukunft, die der Eisen-Industrie zu blühen schien, die Entwicklung und Vollendung der Industrie-Anlagen der Herrschaft, um so mehr als Basis für eine Wiederherstellung meiner Verhältnisse zu betrachten berechtigt war, als ich keine so blühenden Zustände zu einer prosperirenden Thätigkeit der Zbirower Werke nöthig hatte.

Bei der exceptionellen Lage des österreichischen Marktes, wie auch aus dem schon erwähnten Berichte ersichtlich, konnte ich bei fast jeder Conjunctur prosperiren und so arbeitete ich fleissig an der Herstellung einer grossen Waggon- und Brücken-Fabrik und fing die Bauten der Gewerksbahn, der Arbeiter-Stadt, Beamten-Wohnungen, Hochöfen, Walzwerke u. s. w. an. Inzwischen sollte ich, wenn auch nicht in sehr grossem Maassstabe doch nicht unbeträchtlich, bei der furchtbaren Ueberschwemmung in Böhmen mit beglückt werden. Kleine Waldbrände blieben auch nicht aus und als die Elemente ausgespielt hatten, trat der Borkenkäfer*) in grossartiger Weise auf, zu dessen Bewältigung Tausende von Arbeitern erforderlich waren.

Es gelang mir, mit vielen Mühen und Kosten der Sache Herr zu werden, aber der Wald hat natürlich darunter noch weiter gelitten.

In diesen Verhältnissen befand ich mich, als mich die Verlegenheiten in Berlin aus England zurückriefen. Nicht entmuthigt, setzte ich alle Kräfte daran, die Lücke zu füllen. Der Verkauf der Bilder-Galerie war der erste Schritt und diesem folgte Realisirung verschiedener Objecte, die ich als Reserve betrachtete, Eintreibung aller Forderungen, die schon erwähnte Anleihe von der Disconto-Gesellschaft und die damit verbundene Einigung mit Hannover-Altenbeken. An die Rechtlichkeit meiner Forderung von ungefähr 2,000,000 Thlr. zweifelte

---

*) Im folgenden Jahre wurden die Wälder in Nordböhmen beinahe gänzlich davon verheert.

ich nicht, und so betrachte ich diese auch jetzt als ein Activum, welches der Zukunft zu Gute kommen würde. Um diese abwarten zu können, entschloss ich mich, die Bauten auf Zbirow langsamer zu fördern, die Antwerpener Angelegenheit, wenn auch ohne Profit, zu regeln, damit ich meine 4,000,000 Frcs. zurückbekäme und endlich einen Theil der auf Zbirow im Bau begriffenen Fabriken von der Herrschaft zu exnexuiren, damit diese ein Pfandobject, entsprechend ihrem Werthe und so, mit dem Fortgang des Baues, eine Quelle für Geldbeschaffung würden.

Ich hatte bis zu dieser Zeit, wie auch bereits erwähnt, einen Theil meiner deutschen Besitzungen beträchtlich höher als den mit der Disconto-Gesellschaft vereinbarten Auszugspreis verkauft und dadurch diese Schuld und meine Zinsenlast überhaupt reducirt. Die übrigen deutschen Güter fingen nun an sich zu verzinsen und erforderten daher auch keine Zuschüsse für Meliorationen. Die Herrschaft Zbirow gab grosse Einnahmen in Folge der massenhaften Holzverkäufe und der Werth wurde täglich durch den Bau der neuen Anlagen mehr als ersetzt. Ich konnte daher diese immer mehr ins Auge fassen und deren Vollendung als das Ziel betrachten, wodurch alle Schäden gut gemacht werden würden. Die einzige Frage war, wie die laufenden Bedürfnisse decken, wie den Bau fortführen. Das Erstere war, wie geschildert, erreicht und durch die in Aussicht genommenen Mittel den weiteren Bedürfnissen vorgebeugt. Den Bau beabsichtigte ich je nach den vorhandenen Mitteln und Credit zu fördern.

Die unter der Erde verauslagten Millionen fielen nicht ins Auge, indem ich aber in den letzten zwei Jahren den Bau der Fabriken, Gebäude und Bahn eifrig betrieben hatte, fing die Welt an eine Idee von meinen Plänen zu bekommen.

Wer kein Interesse hatte mich zu hindern, musste die Grossartigkeit und, was richtiger ist, die Wichtigkeit derselben anerkennen und dadurch steigerte sich mein localer Credit und Fabrikanten und Lieferanten waren bereit, weil sie diesen Anlagen eine grosse Zukunft zutrauten, mir ausgedehnteren Credit zu geben. Es war also trotz Stockungen und aller Unglücksfälle gelungen Licht in die Verhältnisse zu bringen, eine Zukunft zu sehen und die eingeschlagene Richtung konnte wesentlich verfolgt werden, wenn auch hinsichtlich des Baues ein langsameres Tempo geboten schien.

Die Unterhandlung bezüglich Antwerpen kam auch wirklich in das richtige Fahrwasser und so schloss das Jahr 1873 und damit auch die Bau-Saison, und ich hatte den Winter vor mir um mich für die nächste Bau-Campagne vorzubereiten.

Ich erwähne speciell diesen Zeit-Abschnitt, weil ich beinahe unmittelbar nachher mit der Moskauer Commerz-Leih-Bank in Beziehung getreten bin.

Dieses hat meinem ganzen Gebahren in den zwei folgenden Jahren seine Richtung gegeben und endlich zu dem unglückseligen Ausgang geführt, der mich seit neun Monaten in Moskau hält und neben meinem Concurse die gänzliche Entwerthung meines Besitzes veranlasst hat.

Zum Zwecke der Vertheidigung in Moskau bei den Gerichtsverhandlungen, die im Mai d. J. begonnen, aber unterbrochen worden sind, hat sich mein Vertheidiger Advocat Spiro an den Concursverwalter Dielitz in Berlin mit der Bitte gewandt, ihm einen notariellen Auszug meiner Bücher vor Ende des Jahres 1873 zu schicken. Dieses ist geschehen und dieser Auszug ergiebt, dass ich damals exclusive einer Mehrforderung gegen Hannover-Altenbeken, die noch rechnungsmässig bestand und auch noch nicht in der Bilanz aufgenommen war, ein Vermögen von 9,951,329 Thalern 19 Silbergroschen und 5 Pfennigen besessen habe, und hierbei war meine Frau als Gläubigerin mit 597,607 Thaler 10 Silbergroschen aufgeführt, welche Summe daher zu meinem Vermögen hinzuzuschreiben ist.

Ich will annehmen, dass Forderungen gegen Dritte nicht voll und manche Position gar nicht zu rechnen sind, so blieb, wenn die Güter und Zbirow nebst ihren Industrien richtig geschätzt waren, immer die Hauptsumme vorhanden. Die deutschen Güter hatten mich viel mehr gekostet als sie zu Buche standen. Ich hatte nach Vereinbarung mit der Disconto-Gesellschaft hier Abschreibungen entsprechend ihren Schätzungen gemacht; was veräussert worden ist, wurde weit über die Schätzung verkauft und hätte ich, wie dieses bezweckt war, gehandelt, denn die Disconto-Gesellschaft war in etwaigen Schritten gegen mich contractlich gehemmt, so würden die Güter weit mehr als ihren Buchwerth gebracht haben, und dass ich Zbirow zu dem Buchwerth annehmen konnte, beweist die im Anhange auf Veranlassung des Herrn v. Goldschmidt gemachte Schätzung der Industrialien am 1. März 1875, die als Basis eines von dem Hause mir zu gewährenden Darlehns vorgenommen wurde.

Ich hatte somit Anfangs 1874 die Stockungen des Vorjahres überwunden, hatte für die nächsten Bedürfnisse Mittel in Aussicht, konnte mir den Bau nach Bequemlichkeit einrichten, und hatte für Beschaffung neuer Capitalien die vorbereitenden Schritte in der Exnexuirung der Zbirower Industrie-Anlagen getroffen. Ich recapitulire hier absichtlich, denn auf diesen Moment ist der Accent zu legen.

Im Frühjahre 1874 einigte ich mich mit der Brest-Grajewoer Bahn dahin, dass ich ihr das Recht einräumte, meine bei ihr deponirten Actien zu behalten, dass beide Parteien auf alle gegenseitigen Ansprüche verzichteten, und mir eine Summe à Conto der auf meine Actien bis dahin fällig gewordenen Zinsen bezahlt wurde. Mein Hauptgrund, auf dieses Abkommen einzugehen, lag in meiner Absicht, in Russland Bestellungen für meine österreichischen Werke und vielleicht auch andere Arbeiten zu suchen, und hierzu war ich speciell durch das Stadthaupt von St. Petersburg, General Trepoff, animirt. Dieser hatte mich in Warschau kennen gelernt, meine Thätigkeit in Berlin beobachtet und wollte gerne ähnliche Anlagen wie den Berliner Viehmarkt im Interesse der Stadt Petersburg befördern.

Ich einigte mich also, damit ich in Russland ohne jede Verbindlichkeit aus der Vergangenheit auftreten konnte. Ein kleinerer Berliner Banquier, ein Pole, der für mich Geschäfte vermittelte, reiste zu dieser Zeit nach Petersburg und übernahm das Incasso der mir kommenden Forderung von der Brest-Grajewoer Bahn. Bei seiner Rückkehr theilte mir dieser mit, dass er bei seiner Anwesenheit in Russland eine frühere Bekanntschaft erneuert habe. Diese Bekanntschaft, ein früherer Banquier aus Warschau sei jetzt Director der auswärtigen Abtheilung eines grossen Bank-Institutes in Moskau, der Commerz-Leih-Bank, in Folge dessen sei er mit dieser Bank in intime Geschäftsbeziehungen getreten, und da der Director, obgleich mir nicht einmal dem Namen nach bekannt, meine Carrière seit Jahren verfolgt habe und ein Verehrer von mir sei, ja sogar während meiner Glanz-Periode den Wunsch gehegt habe, mir näher zu treten, so fand er denselben sehr geneigt, für sein Institut mit mir zu arbeiten.

In der Characterisirung dieses Directors theilte mir mein Freund mit, dass er ein Mann von grosser Erfahrung und Fähigkeit als Banquier sei, dass er stets eine Vorliebe für die Förderung industrieller Unternehmungen gehabt habe, und abgesehen von seiner guten Meinung von mir als fähiger und ehrlicher Mann, darum mit mir Geschäfte zu machen bereit sei, weil speciell seine Abtheilung durch die Crisis mit österreichischen und anderen Effecten sitzen geblieben wäre, die ihr beträchtliche Verluste verursacht haben, und er bezwecke durch die Vortheile bei meinen Geschäften diesen Verlust zu ersetzen, namentlich da seine Idee darauf hinausging, mir bei Vorschüssen diese Effecten zum Kostenpreise der Bank, also höher als der Marktpreis, in Zahlung zu geben.

Mein Geschäftsfreund, dessen Associé ein früherer Beamter von mir war, kannte meine Lage, meine ganzen Verhältnisse und Schwierigkeiten und meine Pläne und Aussichten. Er theilte meine Meinung über die grosse Zukunft der Zbirower Werke, traute mir die Fähigkeit der Ausführung zu und widmete sich der Aufgabe, mir dabei behilflich zu sein. Dieses hatte ihn veranlasst, mit dem Moskauer Director von mir zu sprechen, ihn aber auch in die Lage gesetzt, demselben ein klares Bild von mir zu entwerfen und meine Lage zu schildern, selbstverständlich gefärbt, aber ehrlich gefärbt von seiner eignen guten Meinung, die er später auch seinen Verhältnissen entsprechend auf das Aeusserste bestätigte.

Mir war eine Verbindung derart selbstverständlich sehr angenehm, weil sie mir das zu bieten versprach, was ich suchte und was mir nöthig war, einen Credit aussergewöhnlicher Art von einem Institute, welches über die nöthigen Mittel verfügt und mir diese für meine Zwecke zur Disposition stellt. Hierauf reiste mein Freund nach Moskau, und es war per Telegraph vereinbart, dass sein Haus in Berlin mir als Correspondent der Bank einen grösseren Vorschuss auf mein Antwerpener Geschäft gewähren soll, wobei ich einen Theil in Dortmunder Union und österreichischen Credit-Actien in der oben erwähnten Weise in Zahlung zu nehmen hatte. Das Geschäft wurde abgeschlossen und eine Anzahlung gemacht. Während der Abwicklung und ehe ich noch den vollen Vorschuss bekam, brachte ich die Antwerpener Sache in Brüssel zum definitiven Abschluss, bekam mein Geld und Zinsen zurück und war in der Lage, dem Berliner Hause den für die Commerz-Leih-Bank gemachten Vorschuss zurückzuzahlen, ich hatte also die damit verbunden gewesenen Opfer ohne Vortheil für mich zu tragen gehabt. Hierauf und als Ersatz proponirte mein Freund, mir für die Bank einen Vorschuss von ungefähr einer Million Thaler auf die zu exnexuirenden Industrie-Anlagen in Zbirow zu machen. Er reiste zu diesem Behufe nach Moskau und wurde ermächtigt, auf dieses Geschäft einzugehen. Der Vorschuss war auf Wechsel mit meiner und einer anderen Unterschrift gemacht, ich bekam wieder Papiere in Zahlung und die Hypothek diente als Unterlage für die Wechsel.

Ich habe aus diesem Vorschuss nur wenig empfangen, weil ausser Verlusten an Papieren und anderen Kosten ich über 600,000 Thaler an die Zbirower Hypothekengläubiger zahlen musste, damit sie ihre Genehmigung für die Exnexuirung gaben, aber ich erreichte damit, dass dieser Complex Fabriken und die Arbeiterstadt jetzt ein separates Eigenthum bildeten, auf das ich bei Fertigstellung weiter borgen konnte. Im Laufe der darauf folgenden Monate bin ich mit der Bank in so weit schriftlich in nähere Beziehungen getreten, als sie mir gestattete, auf Grund einer Accreditirung des Hauses Jos. Jaques auf sie zu ziehen.

Einige Zeit darauf reiste ich nach Petersburg und bei dieser Gelegenheit lernte ich zum ersten Mal den Director der auswärtigen Abtheilung der Bank kennen. Wir besprachen meine Angelegenheiten, er räumte ein, dass er die Hoffnung hegte, dass meine Geschäfte für die Bank einträglich werden würden, und indem ich ihn zu weiteren Vorschüssen animiren wollte, sagte er mir, dass diese Form der Bank nicht convenire und nicht stricte in ihren Rahmen passe. Er wäre dieses Mal nur darum darauf eingegangen, weil die erste Transaction so prompt erledigt worden wäre. Es sei aber eine Lebensfrage für ihn, dieses Geschäft so schnell als möglich abzuwickeln, weil, wenn es auch scheinbar ein Wechselgeschäft wäre, die Hypothek doch das Wesentliche sei und Hypotheken-Geschäfte könne er nicht machen.

Dies war die erste Gelegenheit, die ich hatte, die Anschauungen des Herrn zu hören und sie bestürzten mich in seinem Interesse, da ich keine Aussicht vor mir sah, den Vorschuss zurückzuzahlen, ehe die Werke nicht viel weiter vorgeschritten waren, denn ich hatte den Vorschuss als einen dauernden, jedenfalls längeren betrachtet, und er wollte ihn spätestens Anfang 1875 zurückbezahlt haben.

Ich sagte ihm, ich wüsste nur einen Weg, und der wäre die Erweiterung des Bank-Credits in Verbindung mit Jaques, dass ich dann den Bau fördern, das Object vergrössern und zur geeigneten Zeit die Hypothek anderweitig placiren könne. Hierauf ging er ein und dadurch hat dieser Credit, soweit mir Zahlen gegenwärtig sind, allmälig über 600,000 Thaler erreicht.

Ich hielt es für nöthig, die ersten Geschäfte dieser Bank so ausführlich zu schildern, weil diese Genesis alles weitere erklärt; die Berührungspunkte waren gegeben und die Beziehungen haben in Folge dessen Dimensionen angenommen, die es für die Bank unmöglich machten, mir nicht weiter zu helfen, ehe zwischen dem betreffenden Director und mir auch nur eine persönliche Bekanntschaft existirt hat, alles Nachträgliche ist nur eine Consequenz. Den Haupt-Director der Bank, denjenigen, der überhaupt allein zu bestimmen hatte, habe ich im Ganzen dreimal gesehen, und da ich nicht russisch spreche, so waren einige übersetzte, nichtssagende Begrüssungen die Summe unserer persönlichen Beziehungen. Die andern beiden Directoren und der Aufsichtsrath waren mir ganz unbekannt.

Durch den Einfluss des auswärtigen Directors gelang es

mir, eine Bestellung von zweitausend bedeckten Güter-Waggons zu erhalten und daraufhin wurde ein Beleihungsgeschäft zwischen der Bank und mir vereinbart.

Meine eigene Fabrik war noch nicht vollständig eingerichtet. Ich hatte Aussichten, grössere Bestellungen zu bekommen, und diese veranlassten mich, bei meiner Rückkehr die Bubnaer Waggon-Fabrik bei Prag, die vollständig eingerichtet war, derart zu kaufen, dass ich eine jährliche Abzahlung zu machen hatte. Die geleisteten Zahlungen sollten verloren gehen, wenn eine Rate unbezahlt blieb. Ich konnte dieses riskiren, denn die jährliche Zahlung betrug nicht mehr, als mir die Fabrik jährlich werth war, so lange ich sie beschäftigen konnte, es war also eine Speculation, die nur gewinnbringend war.

Ich ging nun fleissig mit dem Waggonbau auf Zbirow und in Bubna vor, war ziemlich glücklich in meinen Material-Beschaffungen und war darum im Stande, von Anfang an mit Profit zu fabriciren und einen Theil meiner Holzbestände zu verwerthen.

Im Verfolg meines Versprechens entwickelte ich die grösste Thätigkeit bei den Fabrikbauten, so dass ich im Frühjahr 1875, wie der Bericht und Schätzung zeigt, ein kaum zu erwartendes Resultat aufweisen konnte. Im Herbste musste ich wieder nach Petersburg, um bei der Pferdebahn und anderen Entreprisen zu concurriren. Ich blieb einige Monate dort, überzeugte mich aber, dass während der Jahre, in denen ich nicht in Russland gewesen, grosse Veränderungen eingetreten waren.

Einheimische Unternehmer von der Regierung unterstützt, hatten sich grosse Capitalien erworben und waren durch Local- und Personal-Kenntnisse in der Lage, den Markt zu behaupten, und ausserdem waren die Privat Ansprüche bei Vergebung der Pferdebahnen, wie dieses auch in der Stadtverordneten-Versammlung öffentlich besprochen wurde, so gross und derartig, dass ich von der Concurrenz Abstand nahm, weil ich den goldenen Schlüssel eben nicht gebrauchen wollte und mich entschloss, in Russland nur als Fabrikant aufzutreten.

Mit diesem Entschluss kehrte ich im Winter 1874 nach

Deutschland zurück. Meine Bau-Thätigkeit, der Fortschritt meiner Fabriken und die Beschäftigung derselben hätten ihren Eindruck nicht verfehlt und ich erreichte dadurch, was am allerwichtigsten war, dass man an ein Weiterarbeiten auf meiner alten Basis zu glauben anfing. Die Erschütterung dieses Glaubens hatte mich während der letzten verflossenen Jahre am meisten gehindert, und der Umschwung kam mir jetzt zu Statten. Die erste neue Entreprise, die sich mir darbot und welche ich übernahm, war die Vollendung der Mehltheuer-Weida'er Bahn. Dieses war in sich ein kleines Unternehmen, das während der Crisis in's Stocken gerathen war und wobei der General-Unternehmer seine Hilfsmittel erschöpft hatte und nicht weiter konnte. Ich versprach mir von diesem Unternehmen keinen Vortheil, ich übernahm es aber, weil es klein war und mich in nähere Beziehung mit einem grossen Institute brachte und weil damit der Welt bekundet wurde, dass ich wieder in Thätigkeit getreten sei. Diese Bahn war nach zwei Richtungen hin ausdehnungsfähig und hierauf bezüglich hatte ich spätere Schritte in Aussicht genommen.

Um dieselbe Zeit Anfangs 1875 besuchte mich ein Geschäftsfreund in Wien, der mir Eisen und andere Materialien für meine Zbirower Werke lieferte und die Bedeutung derselben vollständig kannte, und machte mir den Vorschlag, mich mit einem geachteten Wiener Bankhause in Beziehung zu bringen, welches durch ihn von der Lage meiner Industrie unterrichtet war und die Absicht hatte, weil in Oesterreich nach der Crisis im regulären Bankgeschäft nichts Erspriessliches zu leisten sei, der Industrie näher zu treten. Der Chef der Firma H. v. Goldschmidt & Cie. war mir zwar nicht persönlich bekannt, ich hatte aber nur das Achtbarste über ihn vernommen. Seine Familien-Beziehungen brachten ihn mit den Spitzen der Bankwelt in Berührung, indem sowohl sein Vater als auch Onkel, der eine in Frankfurt a. M., der andere in Wien, seit mehr als 50 Jahren eine leitende Stellung bei Rothschild einnahmen und sein Bruder in Paris und anderen Städten, an der Spitze bedeutender Bank-Firmen standen. Der Procurist des Hauses besuchte mich und ich versprach mir um so mehr das Beste von dieser Beziehung, als dieser Herr früher in einem Bankhause in Breslau thätig war, welches durch eine Anleihe in Hamburg dem Grafen Henkel v. Donnersmark in der Regelung ähnlicher Verhältnisse behilflich gewesen war. Dieser hatte sich die Mühe gegeben, meine Lage und auch die Zbirower Angelegenheiten zu studiren und überraschte mich mit seiner Kenntniss und mit seinem Verständnisse derselben. Er sagte mir, die Stellung und die Beziehungen seines Hauses im Allgemeinen seien mir ja bekannt und dies müsste mir Gewähr leisten, dass er einer solchen Sache nur mit ernsten Absichten näher treten würde und dass die Fähigkeit vorhanden sei, dasjenige durchzuführen, was diese Firma in die Hand nähme; der Weg und die Wahl der speciell Betheiligten müsste ihrer Discretion überlassen werden.

Hier bot sich mir zum ersten Mal in meinem Leben unaufgefordert Hülfe, die ich bis dahin vergebens gesucht hatte, und ein eben so seltenes Verständniss für meine Bedürfnisse, und ich fand die reservirte Haltung der angedeuteten Stützen bei deren kaufmännischen hohen Stellung vollständig erklärlich. Die gemachten Vorschläge gingen dahin, die industriellen Anlagen Zbirows durch von dem Hause H. v. Goldschmidt & Cie. zu wählende Sachverständige besichtigen und schätzen zu lassen, und mir ein dem Ergebniss der Schätzung entsprechendes Darlehn zu gewähren, womit ich existirende Lasten abtragen und den Bau zur Vollendung führen sollte, und nach Vollendung war dann zur Klärung meiner Verhältnisse ein weiteres Darlehn in's Auge gefasst, Betriebs-Capital und was sonst erforderlich, und das Haus H. v. Goldschmidt & Cie. sollte dann die Vertretung der Werke beim Ein- und Verkauf durch geeignete Organe besorgen, so dass beides unter den besten Bedingungen erfolgen könne und ich nicht nöthig hätte, Wechselcredit in Anspruch zu nehmen.

Entsprechend diesen Plänen wurde die Besichtigung unternommen. Zwei Herren, der östereichischen geologischen Reichsanstalt angehörig, und der Fabricationschef der Südbahn (ein Engländer), sämmtlich mir unbekannte Personen, wurden von Herrn v. Goldschmidt nach Zbirow geschickt und haben an Ort und Stelle die genannten Aufnahmen und Ermittlungen gemacht. Einige Zeit nachher erschien der schon erwähnte Ober-Ingenieur beim Handelsministerium, Herr Rziha, der auf diesem Gebiete eine Autorität ist, nahm alles wieder speciell in Augenschein und machte über die ganzen Verhältnisse unter Zuhülfenahme der existirenden Gutachten einen ausführlichen Bericht, woraus der schon erwähnte im Anhang beigefügte Extract. Laut diesem Berichte war der damalige Werth der exnexuirten Werke 7,000,000 Gulden und der sämmtlichen Werke inclusive dieser 12,150,000 Gulden, zu deren Vollendung 7,370,000 Gulden noch erforderlich waren.

Der Bericht ist vom 1ten März datirt. In einem Schreiben vom 16ten Februar an Herrn v. Goldschmidt wird demselben das Resultat schon mitgetheilt. Inzwischen urgirte die Commerz-Leih-Bank durch das Berliner Haus unaufhörlich, ich möchte jede Anstrengung machen, die Zbirower Hypothek einzulösen, indem das betreffende Conto vor der General-Versammlung der Bank geregelt sein müsse. Ich hatte jeden Grund, der Bank entgegenzukommen, indem sich meine Schuld wieder vergrössert hatte, sowohl durch Ueberschreitung in der Summe als auch Veränderung der Bedingungen des Waggon-Beleihungs-Geschäftes. Ich hatte nämlich über grössere Summen als vereinbart und in anderer Weise auf dieselbe Wechsel abgegeben. Herr v. Goldschmidt war der Durchführung des Zbirower Geschäftes so gewiss und seine Meinung von der Sache war eine so gute, dass er auf meine Bitte einging, vorübergehend bis zur Durchführung seines Projectes mir behilflich zu sein, der Commerz-Leih-Bank die Hypothek zu zahlen, mir auf seine Garantie einen Wechsel - Credit von einer halben Million bei der Wiener Wechsel - Stube beschaffte, den Rest übernahm er gemeinschaftlich mit einem Lütticher Hause.

Wenn man annimmt, dass der Betrag weitaus die Grenzen überschreitet, innerhalb welcher sich eine Privatfirma für einen Einzelnen engagirt, so wird man einräumen müssen, dass nur Vertrauen auf die Sache und der Glauben an die Durchführung des Projectes Herrn v. Goldschmidt habe animiren können.

Ich fühlte darum aber auch die Verpflichtung und die Berechtigung, Alles aufzubieten, was in meiner Macht stand, mit dem Bau der Werke so vorzugehen, um ihm seine Aufgabe zu erleichtern, denn eine Fabrik, wenn sie auch noch so viel gekostet, wird erst ein wirklich beleihbares Object, nachdem sie vollendet und in Betrieb gesetzt ist. Seit Projectirung der Zbirower Anlagen war eine grosse Veränderung in den Bedürfnissen bei Eisenbahnen eingetreten, indem jetzt fast sämmtliche Bahnen Bessemer Schienen verlangten, wo früher eiserne gebraucht wurden.

Bei der Aufdeckung des Zbirower Eisenlagers ergab sich, was nicht erwartet war, das Vorhandensein beinahe unerschöpflicher Massen phosphorfreien Eisenerzes, zu Bessemer Zwecken geeignet. Dieser Umstand und die sichere Aussicht, durch Herrn v. Goldschmidt die nöthigen Capitalien zu bekommen, veranlassten mich denn auch, eine Bessemer Hütte und ein Hammer- und Bandagen-Walzwerk anzulegen, und so die ganzen Werke nach allen Richtungen leistungsfähig zu machen.

Um den Leser nicht mit unnöthigen Details zu ermüden, will ich nur allgemein erwähnen, dass der Bau vom Frühjahre bis zum Herbste 1875 so intensiv betrieben wurde, dass sämmtliche Werke inclusive der oben erwähnten neuen Anlagen, welche beide nicht in der Taxe aufgenommen waren, bis Januar und April im vollsten Betriebe hätten sein können, und dass nach einer überschläglichen Berechnung meiner Techniker im September im Ganzen dazu noch höchstens zwei bis drei Millionen Gulden erforderlich waren.

In dem Gutachten des Herrn Rziha waren am ersten März für die damals projectirten Anlagen noch 7,370,000 Fl. nöthig, es müssen also 4,370,000 Fl. und beinahe eine Million à Conto der neu projectirten Werke an Bauten, Materialien, Bergwerksarbeiten, Maschinen und Gewerksbahn ausgegeben sein, und dieses stimmt auch ziemlich mit der Wirklichkeit. Durch die Bekanntschaft mit Goldschmidt bot sich auch die Gelegenheit, einen Bahnbau zu übernehmen.

Die Waagthalbahn musste, nachdem sieben Meilen von Pressburg dem Betrieb übergeben waren, die Bauten einstellen. Es sollte auch unter österreichischer Staats-Garantie eine Bahn von der österreich-ungarischen Grenze bis nach Troppau an der preussischen Grenze fortgesetzt werden, aber die österreichische Garantie sollte nur in Kraft treten, sobald die ungarische Bahn gebaut und so der Anschluss gesichert war. Die unvollendete ungarische Strecke war dreizehn Meilen. Ich verpflichtete mich diesen Bau gegen Partial-Obligationen auszuführen, die fertige und die zu bauende Bahn sollten verpfändet, und auf dieses Pfand sollten Partial-Obligationen ausgegeben werden, und die Grafen Breuner, Erdödy und Zichy, drei der reichsten Magnaten, legten zur weiteren Sicherheit noch mehrere Millionen in Staatspapieren und Wechseln unter.

Ich setzte den Bau energisch in Bewegung und hatte so nicht nur Aussicht auf einen bedeutenden Profit, sondern auch Beschäftigung für meine Fabriken, und was viel wichtiger war, weil es dieses beides in viel grösserem Massstabe bewirkte, ich schloss mit den drei Grafen, denen seitens der österreichischen Regierung die Zusicherung der Concession für die garantirte Bahn ertheilt war, einen Contract, wonach ich den Bau und mit Hilfe eines englischen Consortiums, das ich beschafft hatte, die Placirung des Capitals der Bahn, Troppau-Trentschin übernahm. Das garantirte Capital sollte 20,000,000 Gulden sein. Profit bei Eisenbahnbauten ist ja immer problematisch; zwei Sachen waren mir aber hierdurch gesichert: Für Millionen Arbeiten für meine Fabriken und ein Geldumschlag, der für meine Verhältnisse von äusserster Wichtigkeit war.

Seit meiner Rückkehr von England, wo mein Bureau bestehen blieb, wurden mir fortwährend Offerten für verschiedene Bahnen und andere Bauten gemacht. Ich hatte bis dahin Alles abgewiesen, weil ich von meinen Angelegenheiten in Oesterreich und Deutschland zu sehr in Anspruch genommen war. Im Anfang 1875 wurde mir aber von einer grossen Londoner Firma die Offerte gemacht, mir den Bau einer Bahn von Paris bis Narbonne zu übertragen.

Ich war nun dem Eisenbahnbau wieder näher getreten, und so liess ich mir die Pläne und die darauf bezüglichen Documente kommen, um die Angelegenheit zu studiren. Mir war es bekannt, dass seit vielen Jahren eine neue grössere Bahn in Frankreich nicht zu Stande gekommen war, weil der Einfluss der existirenden grossen Bahnen jeden Versuch vereitelte.

Der erste Blick auf die Karte zeigt, dass eine directe Bahn von Paris nach Narbonne sowohl im durchgehenden als auch im Local-Verkehr die günstigsten Verkehrs-Resultate erwarten lässt; anderweitig war das Unternehmen so gross — es erforderte zwischen 500—600 Millionen Franken — dass dieses eben so geeignet war abzuschrecken. Ich war aber gewöhnt, Grosses zu unternehmen, und so gab ich mir Mühe, einen Weg für die Ausführung zu finden. In einer Beziehung hatten die Concessionäre, um sich den dortigen Verhältnissen anzupassen, die Aufgabe erleichtert, indem die Durchführung von Theilstrecken in Aussicht genommen war.

In Frankreich wird nämlich eine doppelte Concession ertheilt; die erste, die dem betreffenden Besitzer den Status verleiht, wird von dem Departement gegeben und die zweite vom Staat. Es hatten sich nun in Verbindung mit dem Consortium, welches das Unternehmen projectirt hatte, in den verschiedenen Departements Comités aus den einflussreichsten Grundbesitzern gebildet und unter Legung der erforderlichen Cautionen separate Local-Concessionen für jedes Departement erlangt. Unter diesen Comités waren über sechszig Mitglieder der Kammer und es war die Absicht, für jede Concession einzeln und je nach Umständen um staatliche Concession nachzusuchen, und zwar zuerst um die Strecke von Bourgi nach Beau la Rolande, weil diese am schwierigsten zu erlangen war, und wenn erlangt, die Fortsetzungen bedingte. Die umfassendsten Ermittelungen und Pläne für sämmtliche Strecken waren gemacht, die Cautionen gelegt, und es gelang auch, die staatliche Concession für Bourgi à Beau la Rolande zu erwirken. Millionen waren für Alles dieses verausgabt. Im Besitze sämmtlicher localen und der einen definitiven Concession suchte man den geeigneten Unternehmer und der Zufall wollte es, dass man mich in England dafür hielt.

Die Pläne und die Vorarbeiten für die ganze Strecke waren mit so grosser Sorgfalt ausgeführt, dass es mir leicht wurde, neben dem Studium der localen Verhältnisse, welches ich durch meine Techniker besorgen liess, zu veranschlagen, für welchen Preis man jeden Theil herstellen könne, und welcher Profit im Vergleich zur concessionirten Summe in Aussicht stand.

Das Resultat der Untersuchung war befriedigend, und so schloss ich einen Contract mit dem Consortium, welches bis dahin gearbeitet hatte, im Besitze der Concessionen war und die Caution gestellt hatte. Ich kaufte sämmtliche Rechte, Pläne, Ansprüche auf Caution, die locale und definitive Concession und wurde so Inhaber der ganzen Angelegenheit.

Ich reiste nach England, bildete ein Consortium Capitalisten, die in den Aufsichtsrath treten sollten, und diese in Verbindung mit dem Herzog von Brissac und anderen hochgestellten Besitzern an den angrenzenden Strecken constituirten sich dem hierauf bezüglichen Concessions-Gesetze entsprechend zu einer Gesellsehaft für die Herstellung der Strecke Bourgi à Beau la Rolande als einen Theil der Bahn Paris-Narbonne. Die Gesellschaft kaufte mir meine sämmtlichen erworbenen Rechte ab, verpflichtete sich, mir oder von mir Vorzuschlagenden, weil nach französischem Gesetze Einer nicht Alles übernehmen kann, die ganzen Bauten und Lieferungen für die erste und alle anderen allmälig von der Gesellschaft auszuführenden Theilstrecken zu geben.

Für die von mir abgetretenen Rechte, Pläne, Caution etc. wurden mir Zahlungen in Actien gemacht und weitere sollten nach Fortgang der Arbeiten erfolgen. Mein Finanz-Plan war ein ganz einfacher: Nach dem Gesetz konnten die Obligationen der Bahn erst ausgegeben werden, nachdem ein gewisser Theil der Stamm-Actien, die zusammen bei dieser Strecke 14,000,000 Francs betrugen, verbaut oder verausgabt waren. Einen Theil dieser Summe empfing ich wie oben, den weiteren Rest hätte ich im Laufe von 8—10 Monaten für die inzwischen begonnenen technischen und wirklichen Arbeiten und Lieferungen empfangen. Hierauf bezüglich hatte ich Vereinbarungen mit einigen meiner früheren Unternehmer getroffen, die ihren Theil der Arbeiten vorerst gleichfalls in Actien bezahlt bekommen sollten, und ebenso hatte ich Vereinbarungen getroffen, Schienen, Locomotiven, Waggons etc. zu bestellen und darauf ebenfalls ein Drittel in Actien anzuzahlen und den Rest in baarem Gelde. Durch diese Zahlungen wäre die Gesellschaft in die

Lage gekommen, den ganzen Betrag der Obligationen auf den Markt bringen zu können, und dann würde der Weiter-Bau bis zur Verausgabung der Obligationen, also beinahe bis zur Vollendung der Bahn, für baar Geld gefördert worden sein. Für die Uebernahme der Obligationen hatte ich Arrangements in England getroffen und mit meinen Unternehmern und Lieferanten vereinbart, dass ich für ihre und meine Actien die Disposition behielte; letztere wollte ich erst bei Vollendung dieses Theiles der Bahn für gemeinschaftliche Rechnung auf den Markt bringen.

Vorläufig hatte ich allein Actien, indem ich die Bureaux und Arbeiten auf meine Kosten bis dahin mit baarem Gelde betrieben hatte. — Wenn eine Strecke vollendet war oder falls sich inzwischen eine gute Meinung für die Sache gebildet hätte, was nicht ausgeblieben wäre, so sollte man um definitive Concession einer zweiten Strecke einkommen und so im Verhältniss der Zeiten und Umstände den ganzen Plan durchführen.

Wenn man die Meinung für diese Bahn in England und die Lage derselben in Betracht zieht, so wird man einräumen, dass die Ausführung dieses grossen Projectes mir viel leichter geworden wäre, als der Bau ohne Staats-Garantie oder Hilfe in Ost-Preussen, die Grösse der Sache aber muss man meinen früheren Leistungen gegenüberstellen und wird dann sich Jeder sagen, dass ich diese Aufgabe zu lösen im Stande gewesen wäre.

Die Actien hoffte ich bei der Commerz-Leih-Bank beleihen zu können und dort zu lassen, bis der geeignete Moment gekommen, sie auf den Markt zu bringen. Jedes grosse Unternehmen ist in dieser Weise gefördert worden, wo der Bau-Unternehmer von Bank-Instituten auf Sicherheiten Vorschüsse bekommen, die noch nicht reif, noch nicht marktgängig sind, die aber auf Grund des Vertrauens, welches man dem Unternehmer und seinen Fähigkeiten, die Sache auszuführen, schenkt, unter Umständen als Sicherheit betrachtet werden. Ich hatte somit im April 1875 Unternehmungen übernommen, die ausser Waagthal und Mehltheuer-Weida für die österreichische und französische Bahn, Beschäftigung für meine Fabriken, einen collossalen Geld-Umsatz, und die Wahrscheinlichkeit, gering veranschlagt, eines Profites von 60 Millionen Francs im Laufe der nächsten fünf Jahre in Aussicht stellten.

In diesen Verhältnissen reiste ich nach Moskau, stellte meine Lage vor und setzte auseinander, dass es im eigensten Interesse der Bank war, mich in obiges Fahrwasser zu bringen, damit ich die grossen Forderungen derselben allmälig abtragen könne; denn inzwischen hatte sich das Guthaben der Bank bedeutend gesteigert. Die Art des hierauf vereinbarten Vorschusses war folgender: Die Bank sollte den Verkauf, eventuell die miethweise Verleihung von 2000 Güter-Waggons für mich übernehmen; dazu sollte ein Terrain in Moskau hergestellt werden, was auch geschah, und die Bank sollte mir annähernd den Werth der zwei Tausend Waggons gegen meine Verpflichtungen, diese innerhalb einer gewissen Zeit zu liefern, leihen. Ich versprach, die nächste mir zu gewährende Zahlung Paris-Narbonner Actien bei der Bank zu deponiren.

Um das Pariser Geschäft verfolgen zu können, beanspruchte der Director in den Verwaltungsrath zu treten, und wünschte, dass sein Schwiegersohn, ein Advocat, die Secretariatsstelle beim Verwaltungsrath übernähme, so dass er von den Verhältnissen der Bahn fortwährend unterrichtet sein könne.

Der Procurist des Hauses H. v. Goldschmidt & Co. war mit mir in Moskau, um den Director von dem Werth der Zbirower Anlagen, dem Fortschritt des Baues und der sicheren Beleihung in nächster Zeit zu unterrichten.

Dies geschah, weil die Bank über meine Verhältnisse und Aussichten gründlich informirt sein wollte, ehe sie sich weiter engagirte. Ich reiste von Moskau zurück und sandte der Bank nach Empfang die Actien der Paris-Narbonner Bahn.

Inzwischen war ich auf allen Seiten thätig, aber die Beleihung seitens des Herrn v. Goldschmidt verzögerte sich. Mir war in Aussicht gestellt gewesen, dass ich darauf rechnen könne, wie dieses auch bei der Wechsel-Transaction mit der Wechsler-Bank ins Auge gefasst war, dass das Beleihungsgeschäft im Juli zu Stande kommen würde. Es kam nicht zu Stande und so stellten sich grosse Geldbedürfnisse ein, die ich im Augenblick nicht befriedigen konnte.

Ausserdem war ich auch in Verlegenheit gesetzt, weil auf der Wiener Börse die Coursnotirung für die Waagthal-Obligationen (auf der Pesther Börse waren sie notirt) durch die Feindschaft der Staatsbahn resp. der dabei Interessirten, obgleich das Ministerium dieselbe genehmigte, verweigert wurde und ich in Ermangelung eines notirten Courses die Obligationen nicht placiren und auch schwer beleihen konnte.

Ich schrieb an die Bank und mir wurde ein Theil dieser Obligationen beliehen. Damit waren aber meine Geldbedürfnisse nicht gedeckt, denn das Verzögern des Geschäftes mit Herrn v. Goldschmidt hatte mich in die grösste Verlegenheit gesetzt. Ich hatte in nächster Zeit grössere Summen in Waagthal-Obligationen zu empfangen und schrieb daher an die Bank, schilderte ihr meine Lage und bat sie, mir vorübergehend einen Theil mir gehöriger, werthvoller bei ihr verpfändeter Effecten herauszugeben, und versprach ihr dafür in nächster Zeit Waagthal-Obligationen und auch Geld zu schicken. Die Bank ging auf meinen Wunsch ein und gab mir Effecten im Werthe von 600,000 Rubeln heraus.

Inzwischen entstand eine Meinungsverschiedenheit zwischen der Verwaltung der Waagthal-Bahn und mir, indem dieselbe sich berechtigt glaubte, aus den jetzt fälligen und zunächst fällig werdenden Zahlungen die mir ursprünglich gemachten Bau-Vorschüsse in Abzug zu bringen, während nach meiner contractlichen Auffassung dieses erst später hätte geschehen sollen. Ich war somit nicht in der Lage für die mir, wie oben erwähnt, gegebenen Effecten, wie versprochen, der Bank Ersatz zu liefern. Das Guthaben derselben war nun sehr bedeutend und wesentlich ungedeckt. Der Director der auswärtigen Abtheilung kam damals nach Deutschland, um über die ganzen Angelegenheiten Rücksprache zu nehmen. Es stellte sich nun heraus dass die Beleihung seitens des Hauses v. Goldschmidt & Co. sich wahrscheinlich bis zur Vollendung der Fabriken verzögern würde. Ich hatte auf Grund der hieraus zu erwartenden Gelder grosse Verpflichtungen übernommen; den Bau in kaum dagewesener Weise gefördert, in Frankreich und überall Gelder verausgabt, war Verbindlichkeiten eingegangen, und so war es nothwendig, dass ich wenigstens bis zum Schluss des Jahres auf 4 bis 5,000,000 Thaler rechnen musste, um den so in Bewegung gesetzten Apparat im Gange zu halten und nicht in's Stocken zu gerathen.

Für die Bank hatte die Forderung Dimensionen angenommen, die die Sicherung derselben, so weit als thunlich, zu einer Lebensfrage machte, und dazu war selbstverständlich in erster Linie meine Erhaltung die Haupt-Bedingung. Dem Director war aber auch daran gelegen, für die ungedeckten Summen Sicherheiten, so gut wie sie zu beschaffen waren, zu bekommen, und nach reiflicher Erwägung schien die einzige Aussicht, meine Fabriken in Oesterreich und Preussen in eine Gesellschaft zu verwandeln und das Prioritäts-Actien-Capital bei der Bank zu verpfänden, theils als Deckung für die Vergangenheit, theils als Unterlage für Accept-Credit, den mir die Bank geben sollte.

Der Director reiste nach Zbirow, nahm die Fabriken in Augenschein, überzeugte sich von deren Bedeutung und einigte sich dahin, in den Verwaltungsrath der neuen Gesellschaft zu treten und nach Constituirung derselben seiner Bank diese Transaction zu befürworten.

Diesen Plänen entsprechend wurde die Gesellschaft constituirt, und ich reiste Ende August nach Moskau, überlieferte der Bank die Sicherheiten und empfing einen Accept-Credit, nicht im Betrage, wie ich ihn brauchte, sondern ungefähr die Hälfte der Summe, weil, wie mir mitgetheilt wurde, die Bank im Augenblicke nicht mehr thun wolle.

Ich fürchtete, dass die mir geleistete Hilfe nicht genügen würde, reiste nach Deutschland zurück, versuchte so gut als thunlich war, damit auszukommen, fand aber, dass zu meiner Erhaltung und zur Consolidirung der Verhältnisse, so dass die gegebenen Sicherheiten wirklich werthvoll wurden, eine weitere Hilfe unumgänglich nothwendig sei. Hierauf wurde correspondirt und ich schickte einen Vertreter nach Moskau. Durch diese Verhandlungen verging ein Monat, während welcher Zeit Zahlungen und Wechsel bei mir fällig wurden. Ich vertröstete die Gläubiger durch das Versprechen, ihnen in ganz nächster Zeit zu zahlen, indem ich, wie mir von Moskau mitgetheilt worden, auf Hilfe von dort rechnen könne.

Hätte man mir dieselbe rundweg abgeschlagen, so würde ich versucht haben und wahrscheinlich wäre es mir auch gelungen, mir andere Quellen zu eröffnen.

Ich glaubte aber, dass es im Interesse der Bank war, mir zu helfen, und nicht zu wünschen, dass ich durch neue Beziehungen meine Verhältnisse weiter verwickeln würde. Die Aussichten waren mir gemacht, und endlich empfing ich telegraphische Depesche, die mich nach Moskau mit der sicheren Zusage der Hilfe berief.

Hier angekommen, fand ich bereits eine Bank-Crisis vor, auch war eine Untersuchung gegen die Bank im Gange. Ich wollte den nächsten Abend zurückreisen, um durch eine schleunige Ankunft in Berlin noch zeitig genug die nöthigen Schritte nehmen zu können, die eine Calamität bei mir herbei geführt haben würden. In Petersburg angekommen, wurde ich per Telegraph arretirt und wieder nach Moskau geschickt. Dieser Arrest ist notorisch ganz ungesetzlich und war eine Gewaltmassregel gegen mich.

Nach Moskau zurückgebracht, wurden mir Wechsel, die nach russischem Gesetz gar nicht fällig und nicht einklagbar waren, weil hierfür Sicherheiten und Unterlagen, die erst veräussert werden mussten, vorhanden waren, vorgelegt und ich wurde ohne Weiteres in Schuldhaft gebracht. Nachdem ich einige Male als Zeuge vernommen worden war, veränderte sich plötzlich das Bild, indem man mich anklagte, erst als Helfer, und da diese Klage nicht haltbar war, dann als Anstifter, durch Schenkungen die Direction veranlasst zu haben, in ihren Transactionen mit mir die Statuten zu überschreiten.

Aus dem Vorhergehenden ist der Entwicklungsgang der Geschäfte zwischen der Commerz-Leih-Bank und mir ersichtlich.

Von der Direction, die, wie ich glaube, aus vier Personen bestand, kannte ich nur den Director der ausländischen Abtheilung, der ohne Genehmigung des Vorsitzenden der Direction gar nicht handeln konnte. Die Forderung der Bank gegen mich hatte schon Dimensionen angenommen, die das Weitere bedingten, ehe ich die Direction überhaupt noch kannte.

Alles Andere war eine Consequenz des Vorangegangnen,

und in den Abwicklungen dieser Geschäfte sind zahllose Briefe zwischen der Bank und mir officiell gewechselt worden. Die meisten Vorschüsse geschahen nicht in Geld, sondern durch Ziehung von mir aus Berlin entweder direct oder durch Andere, die ich bei der Bank brieflich accreditirte. Eine Klage, wie die gegen mich erhobene, ist in der Jurisprudenz etwas Unerhörtes, weil ich als Jemand, der Credit in Anspruch nimmt, nicht die Aufgabe habe, die Direction an ihre Instructionen zu erinnern oder dieselben zu kennen, sondern im Gegentheil es Jeder als ganz berechtigt finden muss, dass ich alle erlaubten Mittel anwende, um sie für meine Wünsche willfährig zu machen, und weil ich nicht annehmen konnte, dass das ganze Bank-Personal, 4 Directoren uud 20 Verwaltungsräthe, ungesetzlich handeln würde, oder dass diesen allen, mit einer einzigen Ausnahme, zahllose Briefe und die Zahlung von vielen Millionen im Laufe von Monaten unbekannt bleiben würden. Wenn Verführung überhaupt hier möglich war und darauf eine Anklage begründet werden kann, so giebt es keine Grenzen, wo eine criminelle Handlung anfängt oder aufhört.

Die Verbindung der Bank mit mir entstand aus ihrem eignen Zustande, die Bank war nämlich Ende 1873 vor meiner Bekanntschaft bedeutend hinter sich, und darum war ihr eine Verbindung mit mir, unter den daran geknüpften Erwartungen, wünschenswerth, und ich benutzte die Gelegenheit bestmöglichst nun so viel zu borgen, als ich konnte, damit ich meine Pläne durchführen konnte. Dass ich nachträglich dem einen Director Geschenke gemacht hatte, ist nicht unrichtig. Dieses ist aber bei grösseren und ungewöhnlichen Transactionen in Russland üblich und alltäglich; in meiner Natur lag es, mich dankbar zu zeigen und darin splendid zu sein, denn ich erwartete eben durch diese Hilfe meine Verhältnisse zu regeln und in die Lage zu kommen, nicht nur die Bank zu bezahlen, sondern wieder zu prosperiren. Die sämmtlichen Gelder, die ich empfangen habe, sind, wie der Bank mitgetheilt und von ihr erwartet war, zur Herstellung meiner Anlagen verwendet, und für mich habe ich nichts erübrigt, also die Absicht einer Schädigung konnte nicht vorliegen.

Ich war einfach ein Geld bedürftiger Borger, der unter

den für ihn günstigsten Bedingungen und möglichsten Sicherheiten den Credit wahrnahm, der ihm gewährt wurde.

Der Process schwebt, ich bin nicht in der Lage und habe auch nicht den Wunsch die Gesetze und Handhabung der Jurisprudenz in Russland zu kritisiren. Ich war in Preussen etablirt und glaubte nie nach Russischen Gesetzen beurtheilt oder behandelt zu werden. Ich habe die Ueberzeugung, dass die Klage auch nach Russischen Gesetzen unhaltbar ist, dass aber der Ausgang trotzdem bei den hiesigen Verhältnissen ein Lotteriespiel ist.

Ich fühle in der Klage selbst nichts für mich Ehrenrühriges, und selbst eine Verurtheilung würde ich als ein grosses Unglück aber niemals als eine Schande betrachten, denn mein Gewissen spricht mich von jeder Schuld frei. Dass im Laufe der Abwicklung dieses Geschäftes Vieles nicht so geschehen war, wie ich es hätte wünschen können, lag in den Verhältnissen, wurde von der Noth bedingt, durch die mir gemachten Versprechungen gerechtfertigt und wäre durch deren Erfüllung beseitigt worden, das Capital der Deutsch-Böhmischen Gesellschaft war nach höchst glaubwürdiger Schätzung normirt; indem die Beleihung aber nur auf Prioritäts-Actien gemacht wurde, so war die Sicherheit eine absolut gute, vorausgesetzt, dass ich Gelegenheit gehabt hätte, die nöthigen begonnenen Schritte zu vollenden und die Verhältnisse der genannten Gesellschaft zu consolidiren.

Diese bestanden in einer Absonderung der noch nicht exnexuirten Werke, in einer Regelung des Hypotheken-Foliums und in einer Fortsetzung des Baues selbst.

Inmitten dieser Arbeiten wurde ich inhaftirt und der Concurs in Oesterreich und Preussen war die unmittelbare Folge. Wenn das Ergebniss der Abwicklung meiner Masse, wie ich fürchte, ein so schlechtes sein wird, dass die ungesicherten Gläubiger wahrscheinlich nichts bekommen werden, so liegt dieses nicht in der Werthlosigkeit meiner Masse oder der bei der Bank deponirten Effecten, sondern es ist eine Consequenz des Concurses selbst und der damit nach den obwaltenden Gesetzen in Verbindung stehenden Art der Handhabung desselben. Verschlimmert ist dies in meinem

Falle noch durch meine Abwesenheit, durch die jetzigen schlechten Zeiten und den gleichzeitigen Concurs in verschiedenen Ländern geworden.

Der Concursverwalter in Oesterreich nahm Besitz von Allem, was dort vorhanden war, und so auch von den sämmtlichen der Gesellschaft gehörigen Objecten, die ich laut Contract zur Vollendung bringen und für die ich, als Pächter bis zu einer gewissen Zeit, eine den Zinsen des Capitals entsprechende jährliche Pacht zu zahlen hatte. Die Actien der Gesellschaft waren aber Eigenthum der preussischen Concursmasse oder deren Gläubiger, der Commerz-Leih-Bank.

Während es im Interesse der preussischen Masse war, die Interessen der Gesellschaft zu schonen, Alles zusammen zu halten und den Besitz zu consolidiren, weil dadurch ein Haupt-Activum erhalten blieb, glaubte die österreichische Concursverwaltung richtig zu handeln, wenn sie ganz den entgegengesetzten Weg einschlug, alles Mobile als mir gehörig zu veräussern, die Gesellschaft zu entblössen, die Exnexuirung der Industrie-Anlagen zu verhindern und schliesslich durch eine Form die Cession des Werkes selbst an die Gesellschaft in Frage zu stellen, so dass die Gesellschaft dadurch zu existiren aufhören wird und die Herrschaft und sämmtliche Anlagen veräussert werden.

Die Herrschaft Zbirow selbst wird bei dem Zustande des Waldes gering geschätzt werden. Es sind nur Wenige vorhanden, die einen solchen Besitz kaufen können, und diejenigen, die dazu geneigt sein würden, also Standesherren und ähnlich Situirte, legen auf Industrien keinen Werth, weil dieses Thätigkeit und Risico bedingt, was sich mit der Stellung solcher Herren nicht vereinigt, und hier würde das um so mehr der Fall sein, weil die Herrschaft trotz ihres grossen Werthes in den nächsten Jahren nichts bringen kann; die bei der Herrschaft verbliebenen Industrie-Anlagen werden gleichfalls ganz unterschätzt werden müssen, weil zu ihrer Vollendung überhaupt und auch in Folge des Vorfalls seit meinem Concurse und der Veräusserung und Nichtablieferung vieler schon theilweise bezahlter Objecte sehr grosse Capitalien erforderlich sind, deren Verzinsung darum nicht gesicher tist, weil der Haupt-

Consument, der Kohlenbesitzer, der Coaks-Fabrikant und der Eisenbahnbesitzer nicht zur Herrschaft gehören.

Diese Objecte sind theils exnexuirt, theils haben sie nie zur Herrschaft gehört, und darum sind die Industrialien der Herrschaft abhängig und nicht besser als die anderen Industrie-Anlagen situirt.

Die zur Herrschaft nicht gehörigen Fabrikanlagen sind, wenn auch nicht hoch belastet, hypothekarisch verpfändet, und obgleich sehr werthvoll, so sind auch hier aus denselben Gründen sehr grosse Capitalien zur Vollendung und zum Betriebe erforderlich. Letzteres namentlich, weil ein Theil der Rohproducte jetzt von der Herrschaft oder anderen fremden Producenten zu kaufen sein würde. Zieht man nun die schlechte Zeit, die schlechte Meinung, die man für Eisen und Kohlen gewonnen hat, und die absolut erforderlichen Capitalien in Betracht, so wird Niemand auf die Industrie-Anlagen ein Gebot machen, sie werden den Hypotheken-Gläubigern für einen Spottpreis anheim fallen, und die Herrschaft wird nur als momentan devastirter Grundbesitz geschätzt und, wenn gekauft, für einen Preis gekauft, der nicht annähernd die Hypotheken decken wird. Ich nehme an, dass diese beiden Objecte, unter solchen Umständen verkauft, höchstens 4—5,000,000 Thaler bringen werden, während in ihrem Zusammenhange, die Mittel zur Vollendung, und das Verständniss und die Fähigkeit für die Durchführung und Organisation vorausgesetzt, sie mindestens 15 bis 16 Millionen Thaler werth sind.

Die beste Illustration von der Art, wie Fabriken in solchen Zeiten wie die jetzigen geschätzt werden, selbst wo dieselben vollendet und betriebsfähig sind, bietet der Verkauf der Elbinger Waggonfabrik. Diese Anlage gehörte einer Gesellschaft, stand zwischen ein und zwei Millionen zu Buch und würde auch nicht wesentlich billiger herzustellen sein. Die Lage ist günstig und bei guten Zeitverhältnissen besitzt die Fabrik manche Vorzüge. Auch ist sie nicht nöthiger Weise auf Waggonbau angewiesen.

Ich hatte ganz andere Zwecke in Aussicht. Als diese Gesellschaft in Folge der Krisis liquidiren musste, waren darauf Hypotheken im ungefähren Betrage von 700,000 Thalern und zwar im Besitze der ersten Banken, Disconto-Gesellschaft, Mitteldeutsche Credit-Anstalt und J. Simon Wittwe und Söhne. Es ist daher wohl anzunehmen, dass diese behutsamen Banquiers eine Schätzung gehabt haben mussten, die den Werth weit höher stellte als 700,000 Thaler. Diese Fabrik während meines Betriebes in Stand gesetzt und verbessert, wurde von einem der Hypothekengläubiger seit meinem Concurse für 100,000 Thaler gekauft also für $^1/_7$ derjenigen Summe, mit der man dieselbe Fabrik als mit einem Theil des damals angenommenen Werthes als Banquier sicher zu beleihen glaubte. Ob die frühere oder heutige Schätzung richtig war, will ich hier gar nicht erörtern; klüger als seine Zeit braucht man nicht zu sein.

Mir ist nur an einer moralischen Rechtfertigung gelegen und ich glaube bewiesen zu haben, wie so verschiedene Auffassungen vom Werth möglich sind, und wie ich berechtigt war, im guten Glauben mir selbst und anderen gegenüber Zbirow und Zubehör zu schätzen, wie ich dieses gethan.*) Von der Verschleuderung der Mobilien, von dem Verbrauch der für den Bau bestimmten Materialien, die kaum zu dem fünffachen des erzielten Preises wiederherzustellen sind, von dem Verluste von Anzahlungen auf Maschinen, die durch Nichtabnahme verfallen, kann ich nicht in Zahlen sprechen, aber er ist mit Millionen nicht gut zu machen.

---

*) Folgende mir eben zu Händen kommende Notiz illustrirt obiges noch auffälliger: *Dortmund*, 22. Juli. (Eisenwerk Carl Ruetz & Co.) In dem am 3. d. M. stattgehabten Verkaufstermine des Eisenwerkes Carl Ruetz & Co. dahier wurden für das gesammte Etablissement incl. Waarenvorräthe *M.* 450,000 geboten, jedoch der Zuschlag nicht ertheilt. Nebst den anschliessenden Grundstücken umfasst das Etablissement 4500 Ruthen, es liegt unmittelbar an der Zeche Tremonia, den Hochöfen von Carl v. Born, besitzt ausser den eigenen Schienensträngen 38 Puddel-, Schweiss- und Glühöfen, 34 grosse Dampfkessel, 19 Dampfmaschinen, 7 Dampfhämmer, 6 Walzenstrassen, 1 Flamm-, 3 Cupol- und 2 Trockenöfen, 48 Schmiedefeuer, 110 Adjustage- und Werkzeugmaschinen mit einer Productionsfähigkeit von 10 Millionen Kilo Walzwerks-Fabrikate, $1^1/_2$ Millionen Kilo Gusswaaren, 3500 Satz-Achsen, 6 Millionen Kilo Eisen-Construction, 10 Mill. Cubikfuss Gas.

In Preussen nahmen die Verluste, wenn auch nicht ganz so grosse doch immer die grössten Dimensionen an. Hierbei mache ich keine Vorwürfe, es liegt theilweise in den schlechten Zeiten, hauptsächlich aber in der Brutalität der überall existirenden Concursgesetze, Ueberreste von Anschauungen aus uralten Zeiten, wo der Schuldner noch Sklave wurde, Gesetze, die nur zu Verbrechen, Verlusten für Gläubiger und bitterem Unrecht führen.

In Preussen wurde bei Veräusserung der Mobilien per Auction nöthiger Weise ebenfalls Viel verloren. Wäre meine Bilder-Galerie im Concurse verkauft, so hätte sie nicht acht, sondern 200,000 Thaler gebracht. Die Natur meiner Güter habe ich schon beschrieben, und wie diese kaum für die verwandten Meliorationskosten verkauft worden, also enorme Summen verloren gegangen sind, so sind auch durch die Aufgabe meiner Bahnbauten alle in Aussicht stehenden Vortheile und auch wirkliches Vermögen verloren gegangen; bei der Waagthalbahn ist keine richtige Abnahme bis zum letzten Augenblick gemacht worden, und ich höre, dass sich die österreichische Masse mit einem Butterbrod hat abfinden lassen.

Bei Paris-Narbonne wurde eine Einzahlung ausgeschrieben und da die Commerz-Leih-Bank, die die Actien besass, die Einzahlung nicht leistete, so sind dieselben reducirt und die dann aufgewandten Gelder verloren gegangen.

Mehltheuer-Weida ist im Concurs und die mir gehörigen Actien werthlos.

Auf der anderen Seite treten Forderungen aller Art auf, die die Schuldenlast vermehren, die theilweise nie enstanden wären, wenn ich stehen geblieben wäre und die theilweise gar nicht begründet sind. Ein Beispiel. Ein österreichischer Unternehmer, der sonst ganz gut gearbeitet hat, und ganz bescheiden war, schreibt mir einen liebevollen Klagebrief, dass er 200,000 Gulden bei mir verloren habe. Ich bin fest überzeugt, wenn mein Bau-Bureau im Gange wäre, so würde eine Prüfung der Baurechnungen kaum ein Saldo von 50,000 Gulden ergeben, und so sind eine Menge von Forderungen, die sich zusammen auf Millionen beziffern, von verschiedenen Unternehmern eingereicht, die in meiner Abwesenheit und ohne die betreffenden Techniker kaum zu prüfen sind.

Alles dieses hätte vermieden werden können, wenn ich dagewesen wäre. Meine Gläubiger hätten mir sicherlich ein Moratarium gewährt; es war von der Natur der Masse geboten, und ich habe das Gefühl, dass dann Niemand etwas verloren hätte.

Es liegt auf der Hand, dass mich in Moskau zu halten ein Wahnsinn war, wenn man die materiellen Verhältnisse der Bank in Betracht zieht.

Ich habe versucht, so weit es mir in meiner gegenwärtigen Lage möglich war, ein zusammenhängendes Bild von meiner Thätigkeit zu geben, was ich geleistet, gelitten und beabsichtigt habe.

Es konnte dieses nur sehr oberflächlich sein, weil der Umfang zu gross ist und die Details zu langweilig sein würden, hätte ich Alles erschöpfend erörtern und aufzählen wollen. Die wesentlichsten Momente sind gegeben. Was ich übersehen haben sollte, kann gegenüber dem geschilderten Ganzen nur untergeordneter Natur sein.

Der menschenfreundlich gesinnte Leser wird nicht umhin können, mir seine Sympathie zu schenken; denn, wie ich auch sonst verkannt worden bin, in einer Sache hat man mir Gerechtigkeit widerfahren lassen, man hat nie an meiner Ehrlichkeit gezweifelt oder vermuthet, dass ich im Falle des Unglückes auf Kosten meiner Gläubiger für mich sorgen würde. Waren meine Berechnungen falsch, so waren sie in bester Absicht und im guten Glauben gemacht.

An Mühen und Ausdauer habe ich es sicher nicht fehlen lassen, und wenn ich zuletzt erlegen bin, so kann ich mir selbst eingestehen, dass mich ein böser Zufall getroffen, dass ich aber gekämpft, wie Wenige es hätten thun können, und dass ich im Moment des Falles einer Regelung meiner Verhältnisse vielleicht näher als je seit 1870 gewesen bin.

Man muss meine Hoffnungen nicht nach heutigen Anschauungen, nach den Ergebnissen einer höchst unglücklichen Abwicklung im Wege des Concurses beurtheilen, und man darf mich überhaupt nicht nach dem gewöhnlichen Maasstabe messen.

An mir selbst, an dem, was ich geleistet und womit ich dasjenige geschaffen habe, welches mir seine Existenz verdankt, muss man den Vergleich anstellen, und so gemessen behaupte ich, dass das, was mir im Momente des Concurses an Arbeiten und sonst zu Gebote stand, von mir ausgeführt worden wäre, und dass ich damit die Mittel geschafft hätte, grösser als je dazustehen, dass ich aber jedenfalls im Hinblick auf meine Vergangenheit und Leistungen berechtigt war, an mich in so weit zu glauben und darum moralisch gerechtfertigt dastehe. Letzteres allein ist mir von Wichtigkeit; der Verlust meines Vermögens, ja jedes Eigenthums lässt mich kalt. Ich erschrecke nicht vor dem Gedanken im 54. Lebensjahre mittel- ja selbst obdachlos und ohne jeden Anhalt, eine zahlreiche unversorgte Familie, die im Wohlstand erzogen ist, zu ernähren. Hier baue ich auf Gott und meinen guten Willen; nur möchte ich den einen Trost in die vorläufig öde erscheinende Zukunft mit mir nehmen, dass es mir gelungen ist, zu schildern, was ich bin — ein ehrlich denkender und rechtlich trachtender Mensch, dessen Streben missglückt, aber eines guten Endes würdig war.

„It is not for mortals to command success
But they may endeavour to deserve it!!"

Anhang.

Herrschaft Zbirow.

Titel I—VI des Index

zu dem

vom Herrn Oberingenieur **Rziha** an die Herren **H. v. Goldschmidt & Co.**

erstatteten Bericht.

Bericht

an die
Herren **H. v. Goldschmidt & Co.** in Wien über die auf der Herrschaft **Zbirow** befindlichen Industrie-Anlagen des Herrn Dr. **Strousberg.**

I. Grundlagen und generelle Beschreibung der Industrialwerke.

Die Industrialwerke auf der Herrschaft Zbirow gründen sich auf das eng zusammengedrängte Vorkommen bedeutender Quantitäten von Rohproducten. Innerhalb des geschlossenen Terrains der Herrschaft Zbirow, welches circa 5⅛ □Meilen Fläche einnimmt, sowie dicht an der Grenze der Herrschaft verfügt der Herr Dr. Strousberg über einen eigenen Besitz von circa

376 Millionen Ctr. Eisenerz
115 „ „ Kohle
37,865 Joch Wald.

Die Industrialwerke auf der Herrschaft Zbirow sind nur zu dem Zwecke der Verwerthung dieser Rohproducte errichtet, und bilden die Eisenerze den Grundstock.

Mit dem Holze und mittelst des Coaks aus den Kohlen des dortigen Reviers, sowie mit Zuhülfenahme der Kalksteinlager der Zbirower Gegend, sollen die Erze verschmolzen und aus diesem Schmelzproducte Guss-, Walz-, Eisen- und Stahlwaaren, theils zum Zwecke des Verkaufes, theils zum Zwecke weiterer Verarbeitung erzeugt werden.

Es sind in dieser Absicht verschiedene Industrialwerke behufs der Roherzeugung und der Raffinade vorgedacht, und sind alle diese Werke unter einander durch breitspurige Eisenbahnen derart verbunden, dass nicht nur der Verkehr der Werke unter einandor rasch und billig hergestellt werden kann, sondern dass auch die Werke Anschluss an die, die Zbirower Gegend nach allen Richtungen durchkreuzenden Hauptbahnen erhalten.

Für die im grossen Style gedachte technische Anlage wird ein sehr bedeutendes Corps von Beamten und Arbeitern nöthig sein, und ist für deren Unterkunft durch ausgedehnte Anlagen und Wohnungen entsprechend vorgedacht.

Die gesammten Anlagen zerfallen in folgende Gruppen:

1. Erzbergbau
2. Kohlenbergbau
3. Coaksöfen
4. Hochöfen
5. Walzwerke
6. Brettsägen
7. Waggonfabrik
8. Beamten- und Arbeiterhäuser
9. Industriebahnen.

Die Kalksteinbrüche, Thongruben und Ziegeleien sollen als Nebenanlagen betrachtet und hier nicht weiter erörtert werden.

Das Bild des Ineinandergreifens der verschiedenen Industrialwerke ist nun kurz das folgende:

Die auf der ganzen Herrschaft und ausserhalb dicht an ihrer Grenze zerstreuten Eisensteingruben, insbesondere die Grube bei Krusnahora, bei Hreben, bei Zajecov und bei Holoubkau, liefern die Erze, welche in den 9 Hochöfen zu Franzensthal, Holoubkau und Strasic geschmolzen werden.

Als Brennstoff dienen diesem Schmelzprocesse das Holz aus den Zbirower Forsten und die Coakse aus den 8 eignen Coaksöfen zu Miröschau, sowie die Coakse aus der Nachbarschaft.

Das geschmolzene Eisen dient entweder sofort zur Erzeugung von Gussstücken oder zur Erzeugung von Roheisen für die Zwecke weiterer Verarbeitung. Zu letzterem Zwecke sind zunächst die beiden Walzwerke zu Dobriv nächst Strasic und zu Borek nächst Zbirow angelegt. Die aus diesen Werken hervorgehenden Eisenproducte dienen theils dem Verkaufe, theils der weiteren Verarbeitung auf den 13 Frischhämmern der Herrschaft, theils der Verwerthung innerhalb der projectirten Brückenbauanstalt und der bestehenden Waggonfabrik zu Holoubkau, auch der Waggonfabrik zu Bubna bei Prag. Diese beiden Waggonfabriken basiren auf dem Holzreichthume der Zbirower Herrschaft, und werden die Schnitthölzer auf den beiden Dampfbrettsägen zu Zbirow und Holoubkau erzeugt; — der auf diesen Sägen gewonnene Ueberschuss an Schnittwaare dient dem Exporte nach Baiern und Sachsen und dem inländischen Bedarfe.

Für die Kesselfeuerung der diversen Dampfmaschinen auf der ganzen Herrschaft, Maschinen, welche eine Gesammtstärke von pp. 3300 Pferdekräften repräsentiren, ist zunächst die nicht coaksbare Steinkohle aus den Gruben nächst Wejwanow bestimmt, doch ist nicht ausgeschlossen, dass hierzu, wie in den Oefen zu Borek und Dobriv, die erzgebirgische Braunkohle aus dem Duxer Reviere verwendet werde, da die demnächstigen, nach Norden zielenden Bahnanschlüsse diesen Bezug financiell richtig gestatten werden. Für den Betrieb der Werke untereinander entsprechen, wie schon bemerkt, die die ganze Herrschaft durchziehenden, breitspurigen Industriebahnen, welche demnächst eine Gesammtausdehnung von 11¼ österr. Meilen einnehmen werden. Diese Bahnen verbinden auch die zum Betriebe der neuen Hochöfen nöthigen Kalksteinbrüche und bewerkstelligen ausserdem die Anschlüsse an die böhmische Westbahn, an die Kaiser-Franz-Josefs-Bahn und an die Staatsbahn Rakonitz-Protivin. Mittelst dieser Bahnanschlüsse, welche indirect auch die Bestreichung der Pilsen-Priesener, der Buschtiehrader und der Prag-Duxer Bahn zunächst gestatten, ist das Zbirower-Bahnnetz dem Netze der böhmischen Bahnen überhaupt einverleibt, und dadurch die Erreichung der nahe liegenden zwei wichtigsten Wasserstrassen Oestereichs, Elbe und Donau, gestattet.

Die Beamten und Arbeiter finden endlich in den schon bestehenden zahlreichen Wohnhäusern und in den neu enstandenen Arbeiter-Colonien zu Holoubkau und Borek, woselbst an 300 Häuser in Ausführung begriffen sind, ihre Unterkunft; innerhalb dieser Colonien sind humanitäre Anstalten: als Spitäler, Speise-, Wasch- und Badeanstalten, ebenso auch für den Fremdenverkehr ein ansehnliches Hôtel vorgedacht.

Wenn nun summarisch erwähnt wird, dass die Eisensteingruben per anno

9—10 Millionen Ctr. Erze,

die Kohlengruben per anno

4—5 Millionen Ctr. Kohle

fördern, die Hochöfen pro anno 13/4 Millionen Ctr. Roheisen und Gusswaaren zu liefern vermögen; dass ferner die Walzwerke 1,290,000 Ctr. Walzwaare produciren und die beiden Waggonfabriken per anno an 5000 bis 6000 Eisenbahn-Waggons liefern können, dass weiters die Coaksanlagen circa 2 Millionen Ctr. Coaks per anno produciren, und die beiden Brettsägen pro anno circa 3 1/3 Million Kubikfuss Holz verschneiden können, dass auf den Gewerksbahnen pro anno circa 16 Millionen Ctr. Güter für den eigenen Bedarf verfrachtet werden und endlich, dass in den Wohnhäusern circa 5000 Menschen beherbergt werden können, so ist mit diesem Bilde eine Thätigkeit gekennzeichnet, welche, auf dem engen Flächenraume von 5 1/3 □ Meilen und zwar in Mitten eines hoch ausgebildeten industriellen Lebens und eines vielfältig zweigenden Bahnnetzes liegend, vermöge des Beisammenliegens aller Rohstoffe vollkommen geeignet erscheint, nicht nur lukrativ für den Besitzer zu werden, sondern welche, als unbedingt als am grössten dastehend, den Markt beherrschen und für das Land Böhmen als eine wirthschaftliche Wohlthat, also auch für ganz Oestereich von grossem national-ökonomischen Werthe erscheinen muss.

VI. Resumé.

In der folgenden Tabelle soll nun eine Uebersicht der ganzen Kapitalsbewegung beziehentlich der Zbirower Werke gegeben werden, es ist dabei angenommen, dass der Kapitalswerth aus Tabelle No. 17 von 19,520,000 Gulden — 7,370,000 = 12,150,000 Gulden als bereits im Naturvorkommen, als schon vorgefundene Anlage und als schon geleistete Zahlung vorhanden, demnach nur die Beschaffungskosten von 7,370,000 Gulden noch aufzuwendender Beträge zu berücksichtigen ist.

Aus dieser Tabelle geht hervor, dass das Zbirower Gesammtunternehmen als ein durch und durch gesundes bezeichnet werden muss, und dass dasselbe nicht nur rentabal für den Besitzer sein wird, sondern auch vom volkswirthschaftlichen Standpunkte aus lebhaft begrüsst werden muss, weil die gesunde technische Unterlage und die unzweifelhaft richtige Gesammtdisposition zur Hebung des industriellen

Lebens in Böhmen und zu einem ganz bedeutenden, nach vielen Millionen zählenden Geldumsatze führen wird.

Tabelle No. 22.

Gesammt-Nachweis der Kapitalswerthe und der Rentabilität der Zbirower Industrie-Werke.

Post-No.	Benennung des Werkes.	Anlage-Capital.	Technische Rentabilität. %	Rein-Einnahme.
1.	Eisensteingruben	3,060,000	8,3	255,000
2.	Kohlengruben	1,200,000	29,0	330,000
3.	Coaksöfen	700,000	31,0	220,000
4.	Hochöfen	2,610,000	31,3	817,000
5.	Walzwerke	5,050,000	37,5	1,898,000
6.	Brettsägen	180,000	9,2	16,500
7.	Waggonfabrik	1,000,000	24,9	249,000
8.	Beamten- und Arbeiterhäuser . .	1,200,000	—	—
9.	Gewerksbahnen	4,520,000	8,8	400,500
		19,520,000	—	4,186,800
10.	Geldbeschaffungskosten für den, laut Tabelle No. 17 ausgewiesenen, zur Vollendung der gesammten Anlagen noch nöthigen Geldbetrag von 7,370,000 Fl. u. z. 5% des nöthigen Kapitals	368,500	—	—
	Summa . .	19,888,500	—	4,189,800
	Hieraus Verzinsung der gesammten Zbirower Industrialwerke rund . .	—	21	—

Wien, den 1. März 1875.

Rziha,
k. k. Ober-Ingenieur.

Nach einer Photographie.

Bar. Hoff. Jacques.

Mr Chaffers. Mr Hendrey. Capt. Johnson. Sir Henry Pellet. Mr Notman.

an. v. Sanden Landrath. Dr. Strousberg Simon geh. Commerz. Rath. Geppert Just. Rath. Kleffel Oberbürgermstr. Knüppel Stadtrath.

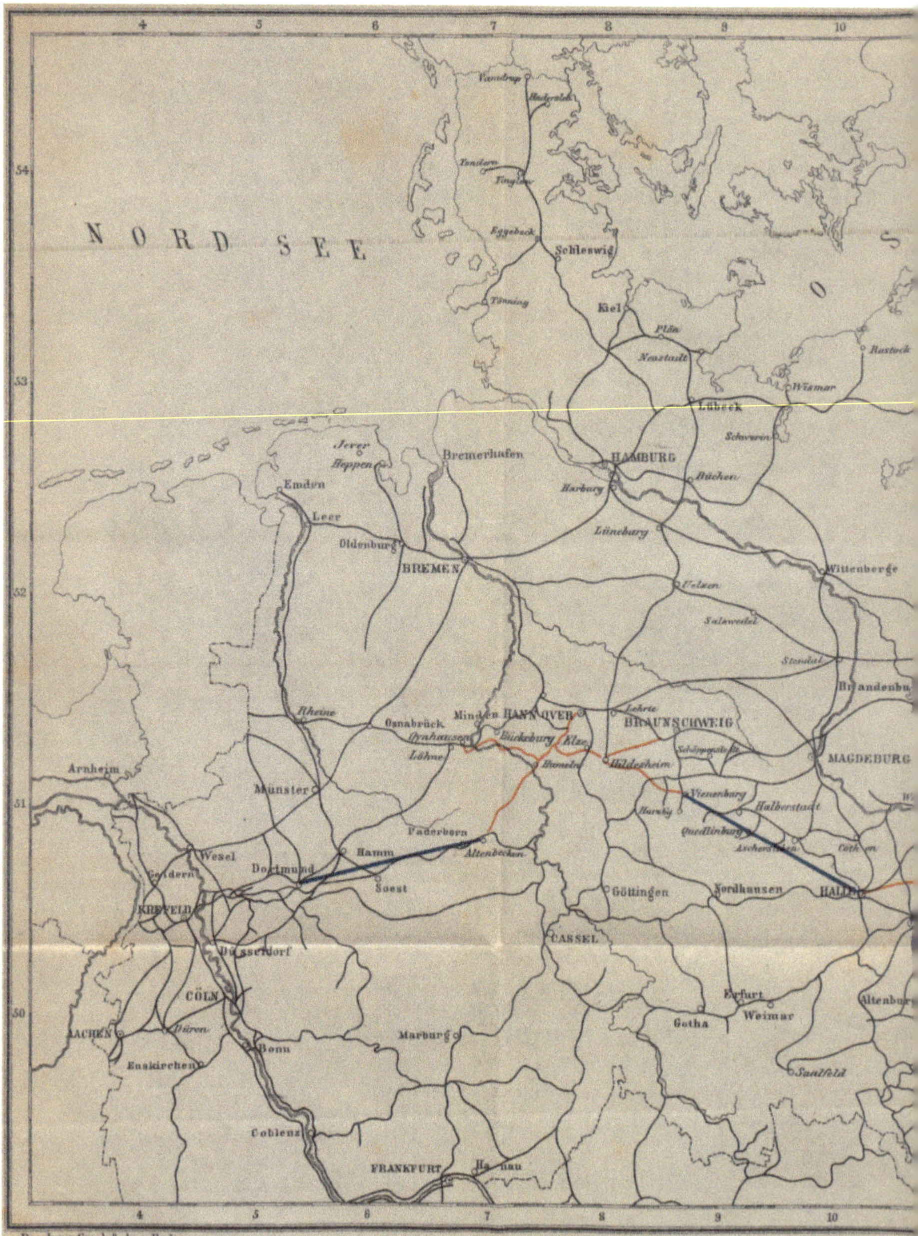

Druck von Gracb & Aron. Berlin.

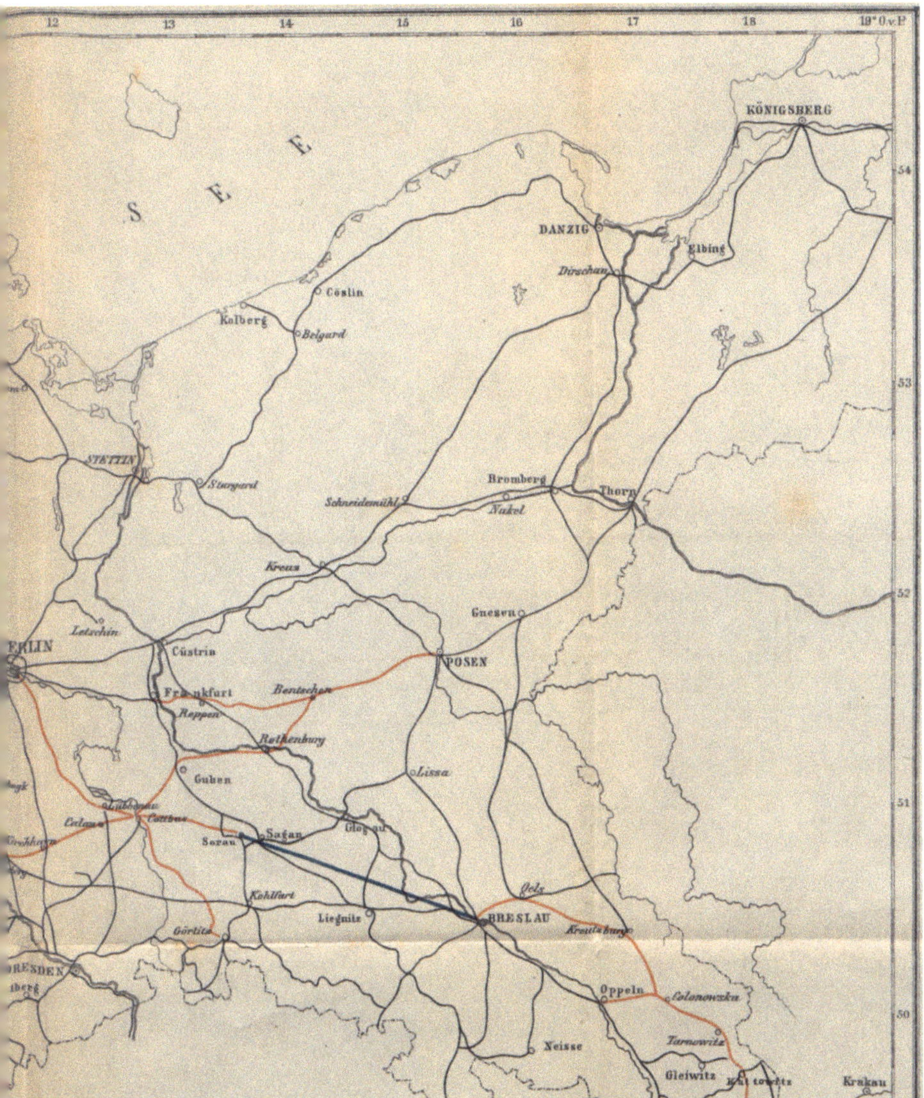

Geograph. Inst. & Landkarten Verlag Jul. Straube Berlin W.

Kolibri 360 GmbH
Ferdinand-Jühlke-Straße 7
99095 Erfurt, Deutschland
produktsicherheit@kolibri360.de